BAHAMAS
Remedios
Stationierung von
atomaren Mittelstrecken
raketen der UDSSR im
September/Oktober 1962
Atlantischer Ozean
íritus
Nuevitas
Camagüey
Holguín
Bayamo
Manzanillo
Santiago
de Cuba
Guantánamo
Playa Las
Colaradas
Landung der Granma
Dezember 1956
Sierra Maestra
US-Marinestützpunkt
Guantanamo Bay
PASEO DE LOS VIENTOS
HAITI
JAMAIKA

Traumpfade der Weltrevolution

Gerd Koenen

Traumpfade der Weltrevolution

Das Guevara-Projekt

Kiepenheuer & Witsch

1. Auflage 2008

Umschlaggestaltung: Rudolf Linn, Köln
Umschlagmotiv: © Oswaldo Rivas/Reuters/Corbis
Autorenfoto: © Maciej Rusinek
Gesetzt aus der Minion und der Neuen Helvetica
Satz: Fotosatz Reinhard Amann, Aichstetten
Druck und Bindung: GGP Media GmbH, Pößneck
ISBN 978-3-462-04008-1

Inhalt

Vorwort

> »Er liebte die Tangos, aber er schaffte es nicht, sie voneinander zu unterscheiden … Eines Tages seufzte er: ›Ich würde eine Hand opfern, um Guitarre spielen zu können.‹ Ich lachte …: ›Dann fehlt Dir aber eine, um zu spielen.‹«
>
> (Hilda Gadea, Die entscheidenden Jahre, 1972)

Ernesto Guevara wäre im Sommer 2008 achtzig Jahre alt geworden – so wie zwei Jahre vor ihm Fidel Castro, der in vieler Hinsicht als der Entdecker und Schöpfer des »Che« gelten kann. Die Lebenskurven beider Männer waren allerdings vollkommen gegenläufig: Der eine hat sein abenteuerliches Leben auf eine Karte gesetzt und ist verglüht wie ein Meteor. Der andere hat sich über ein halbes Jahrhundert an seine Macht geklammert, bis sie ihm endlich aus den Händen gefallen ist.

Dieses Buch gilt in erster Linie der historischen Figur des Ernesto »Che« Guevara und seinem Projekt einer Weltrevolution gegen die kapitalistische Supermacht USA – einer Revolution, die er auf eigene Faust entzünden und zum Flächenbrand anfachen wollte. Im Feuer dieses reinigenden Weltbrands sollte der neue, kollektive, selbstlose »Mensch des 21. Jahrhunderts« geboren und gehärtet werden. Eine ziemlich schaurige Vorstellung, der man lieber nicht näher treten möchte.

Und doch ist dieser historische Ernesto Guevara eine ungleich interessantere und komplexere Figur gewesen als die eindimensionale Ikone, die man nach seinem Tod aus ihm gemacht hat. Dieses Buch verfolgt deshalb weder das Programm einer abermaligen Romantisierung des »Che« noch das einer forcierten Entzauberung. Sondern es nimmt den Mann und sein Projekt ernst – ernster allerdings, als vielen seiner kritiklosen Bewunderer lieb sein dürfte.

Das gilt auch und gerade für den Zug phantastischer Überspannung, der ihm in jeder seiner Lebensphasen eigen war. In dieser Hinsicht gehörte Guevara mit seinem Projekt zu einem viel breiteren Strom ideologisch-phantastischer Überschüsse, die ein Signum dieser ersten Nachkriegsjahrzehnte gewesen sind. Sie haben weltweit eine ganze politische Generation geprägt, die man im Nachhinein als »68er« bezeichnet hat. Und es war jedenfalls kein Zufall, dass Che der erste ihrer Helden war und blieb. Bruder Che.

Wenn das Reden von einer »Weltrevolution« damals ganz kleine Münze war, dann weil sich in dieser Periode – etwa zwischen der Kuba-Krise 1961/62 und dem Ende des Vietnam-Kriegs Mitte der 70er Jahre – mehrere machtvolle historische Tendenzen überkreuzt und eine Springflut akuter Heils- und Unheilserfahrungen produziert haben. Das waren zum einen Jahre eines weltwirtschaftlichen Booms, der alle früheren Modernisierungs- und Entwicklungsschübe in den Schatten stellte und den Nachgeborenen der Weltkriege vollkommen neue Lebensmöglichkeiten eröffnete. Aber es waren zugleich auch Jahre am Abgrund einer tödlichen atomaren Konfrontation. Wenn das kleine Kuba für kurze Zeit ins Auge dieses Zyklons rückte, dann hatte das nicht nur mit den hysterisch übersteuerten Rivalitäten der beiden Großmächte und Militärblöcke im »Kalten Krieg« zu tun, sondern ebenso mit den Kämpfen und Konvulsionen einer sich befreienden »Dritten Welt«, für die Havanna zum neuen weltrevolutionären Mekka wurde. Nicht nur die Kampfwilligen aller Länder, sondern auch die Neuen Linken des Westens und ihre intellektuellen Vordenker pilgerten in dichtem Strom dorthin, um das Wunder eines vermeintlich unbürokratischen, unkorrupten, mit frischer erotischer Energie geladenen Sozialismus zu erleben – gleich vor der Haustür der USA.

Dieses Buch zeichnet damit auch das Bild einer Schlüsselperiode des 20. Jahrhunderts, in der die Figur des Guerilleros zum »Signifikanten« einer universellen Befreiung wurde. Und in Ernesto Guevara, genannt Che, schien dieser Guerillero seine schlechthin gültige Gestalt gefunden zu haben. Die mit fast zauberischer Leichtigkeit vollführte Revolution Fidel Castros schien der Modellfall eines auch überall sonst möglichen Sieges von David gegen Goliath. Und mehr als der Erzkubaner Castro wurde der argentinische Weltenbummler und Conquistadoren-Nachfahre Guevara zum Ideologen einer imaginären »Trikontinentale« der Völker Asiens, Afrikas und Lateinamerikas. Kuba war für ihn neben Algerien, dem Kongo oder Vietnam nur der avancierteste (und notfalls zu opfernde) Vorposten eines bevorstehenden weltweiten Entscheidungskampfs, und die Guerilla Castros in der Sierra Maestra nur eine Station seiner bewaffneten, messianisch durchglühten Pilgerreise, deren Ziel es war, ein zweites und drittes »Vietnam« zu entzünden. Ben Che.

Wenn man dieses weltrevolutionäre Guevara-Projekt dennoch

nicht als historischen Vorläufer des globalen Djihad eines Bin Laden sehen mag, dann – abgesehen von vielem anderem – auch deshalb, weil darin das weibliche Element doch nicht ganz fehlte, trotz des revolutionären Machismo des Dioskurenpaares Fidel und Che. So ist es kein reiner Zufall, wenn in der Heiligenwelt der kubanischen Revolution der Ikone des Che die von »Tania la Guerillera« zur Seite tritt.

Die Lebensgeschichte der aus Ostdeutschland stammenden Tamara Bunke ist daher in die epische Erzählung dieses Buches als ein zweiter roter Faden mit eingezeichnet. Wie Che folgte sie den mythopoetischen Traumpfaden ihrer Jugend, die sich – obwohl sie beide aus ganz unterschiedlichen Milieus stammten – in vieler Hinsicht ähnelten und überkreuzten. Dass diese »Tania« Jahre nach ihrem Tod im bolivianischen Dschungel noch zu einer seltsamen Heroine der späten DDR erhoben wurde, ist eher ein humoristisches Nachspiel dieser melancholischen Geschichte, in der die zu jedem Selbstopfer bereite Heldin sich am Ende selbst verlor.

Der dominante Dritte, ohne den es weder Che noch Tania gegeben hätte, ist natürlich Fidel Castro, dessen Lebensgeschichte einen weiteren und entscheidenden roten Faden für diese Erzählung liefert. Auch weil das Projekt Guevaras mit all seinen weltrevolutionären Ambitionen letztlich immer in den Aktionsradius der kubanischen Revolution gebannt geblieben ist, musste dieses Buch zugleich eine kurze Geschichte der kubanischen Revolution liefern.

Deren Aktionsradius war über ein, zwei Jahrzehnte hinweg allerdings erstaunlich weit gezogen. Das kleine Kuba des Fidel Castro konnte nicht nur als Wellenreiter und zeitweise als Speerspitze der Konflikte des »Kalten Kriegs« zwischen Ost und West mit einiger Selbständigkeit agieren. Es profitierte ebenso von dem dramatischen Schisma zwischen den beiden kommunistischen Weltmächten China und Sowjetunion. Es gewann weiteren Status und Prestige als Vorkämpfer und Sprecher einer erwachenden »Dritten Welt«. Und schließlich war es der exotische Sehnsuchtsort einer Neuen Linken des Westens, die sich in der idealisierten Gestalt dieser intellektuellen Tatmenschen selbst »erkannte« (oder vielmehr erfand). So war und blieb diese tropisch-utopische Revolutionsinsel ein unverwüstlicher Intellektuellentraum, der alle Frustrationen überlebt hat – sogar den Untergang des realen Sozialismus.

Dabei ist und bleibt die Geschichte Kubas mit der der USA unentrinnbar verknüpft. Ohne die Verblendungen einer Washingtoner Weltpolitik, deren Stern nun ebenfalls unaufhaltsam sinkt, wäre die Geschichte der kubanischen Revolution und des hier beschriebenen Guevara-Projekts tatsächlich nicht denkbar gewesen. Das gibt diesem Buch eine Aktualität, die über den Rahmen der hier erzählten Geschichte hinausreicht. Kuba in seiner nicht enden wollenden Fideldämmerung wartet auf den kommenden Tag, der von den Wahlen und Politikwechseln in Washington (und damit auch in Miami) vielleicht noch mehr abhängt als von den diskreten Personenrochaden und mikroskopischen Lockerungen in Havanna selbst.

Millionen Kubaner sind weg oder wollen weg (und das ist es, wovor Washington längst mehr Angst hat als vor irgendeinem von Kuba ausgehenden Revolutionsexport). Aber geblieben ist diese Insel in der Form eines Kaimans, von der ihr emigrierter Sänger Cabrera Infante schrieb, sie werde auch »nach dem letzten der Kubaner noch da sein, jeden Schiffbruch überleben, ewig vom Golfstrom umspült: schön und grün, unsterblich, ewig«.

Von der touristischen Exploitation dieses Juwels lebt die militärisch-politische Nomenklatura in Havanna seither, argwöhnische Verwalter einer charmanten Ruine aus vorrevolutionärer Zeit, eines gut überwachten »Buena Vista Social Club«, voller Devisenträger und Touristen, schöner junger Frauen und munterer 90-Jähriger, die's noch können, so wie der Maximo Lidér selbst (heißt es). So verlogen dieses weichgezeichnete Bild auch erscheint: Dass die harschen »An-die-Wand!«-Parolen und Marschrhythmen der castristischen Revolución sich langsam in die weichen Rhythmen und Lieder des Són auflösen (worin »Ton« und »Traum« sich mischen), ist sich die freundlichste aller Perspektiven im Winter des Patriarchen, der – wer weiß – noch ewig andauern kann. Oder morgen schon zu Ende sein wird.

Frankfurt, im Mai 2008

Weiße Blätter, Großer Gesang

Liebende Jungfrauen begleiteten Pawel Kortschagin auf seinem Weg ins Martyrium. Wenn sie ihm zu nahe kamen, wenn er gar – unabsichtlich – ihren Busen streifte, überkam ihn ein namenloser Schauer, bevor er sich losriss. Er hatte seiner Mutter, der Wäscherin, geschworen, »kein Mädchen anzurühren, bis wir auf der ganzen Welt mit den Burshuis fertig sind«. Wie sein Mentor, der rote Matrose Shuchraj, wäre der junge Kortschagin prädestiniert gewesen, in den geheimen Orden der Säuberer, die Tscheka oder GPU, einzutreten. Aber seine schonungslose Aufopferung im Bürgerkrieg hatte den 20-Jährigen mit einer geheimnisvollen Lähmung und schließlich mit Erblindung geschlagen. Das Instrument seiner revolutionären Männlichkeit, den Revolver, gegen sich selbst zu richten, war ihm verwehrt. So griff er schließlich zum Stift, um in qualvoller letzter Anstrengung seinen Leidensweg in Literatur zu verwandeln.

Nun fand er auch eine ergebene junge Genossin, Taja, der er bis zu seinem Hinscheiden »Freundschaft und Liebe« anbieten konnte. Die Pforte zu seinem Zimmer tat sich eines Nachts auf, und das Mädchen »schmiegte die Wange an Pawels Brust und schlief beruhigt in den Armen des Geliebten ein«. Und endlich kam der Tag, an dem das Gebietskomitee telegrafierte: »Roman begeistert aufgenommen. Wird sofort herausgegeben ...« Das war die Erfüllung: »Der eiserne Ring war gesprengt. Abermals – mit einer neuen Waffe – war er in die Kampfreihen und zum Leben zurückgekehrt.«

Seltsame Heilige bevölkerten die Heroenwelt des Hochstalinismus. Mit seinem Roman »Wie der Stahl gehärtet wurde« kreierte Nikolai Ostrowski in der autobiografisch verwandelten Gestalt des Pawel Kortschagin einen neuen Helden seiner Zeit und lieferte ein fast kanonisches, millionenfach reproduziertes sozialistisches Erziehungsepos. Und zugleich verkörperte er selbst, der blinde, gelähmte Bürgerkriegskämpfer, jene Fusion von Literatur und wirklichem Leben, die revolutionäre Romantik in »sozialistischen Realismus« verwandeln sollte.

Auf dem Vorsatzblatt des Jungmädchen-Tagebuchs findet sich in Schönschrift, mit pubertären Schreib- und Kommafehlern, gegliedert wie ein Gedicht oder Gebet, Kortschagins Credo, das auch der obligatorische Konfirmationsspruch der Freien Deutschen Jugend (FDJ) war:

> Das Wertvollste, was der Mensch besitzt, ist das Leben
> Es wird ihm nur einmal gegeben und benutzen soll er es so,
> dass ihn zwecklos verlebte Jahre nicht bedrücken,
> dass ihn die Schande einer niederträchtigen und kleinlichen
> Vergangenheit nicht brennt und
> dass er sterbend sagen kann:
> Mein ganzes Leben, meine ganze Kraft habe ich dem Herrlichsten in der Welt, dem Kampf um die Befreiung der Menschheit gewidmet.
>
> Nikolai Ostrowki

Nicht schwer, sich vorzustellen, welche heiligen Schauer die jugendliche Tagebuchschreiberin und Leserin überkommen haben, wenn die wie in einem keuschen Reigen auf- und abtretenden Freundinnen und Genossinnen Kortschagins sich ihrem mannhaften kleinen Romanhelden mit dem dichten Haarschopf näherten und er etwa – unabsichtlich – ihren Busen streifte. Und wenn er am Schluss endlich *Taja*, die treue Gefährtin seiner letzten Jahre in Tod und Verklärung, fand: War dieser Name etwa kein Omen, kein Fingerzeig?

Aber das so hoffnungsvoll eröffnete Tagebuch der jungen Tamara Bunke aus Stalinstadt (später Eisenhüttenstadt) besteht nach diesem feierlichen Vorsatz in Schönschrift nur aus weißen Blättern. Auch sie erzählen freilich eine Geschichte: die von *Tania la Guerillera*, der im argentinischen Exil aufgewachsenen, 1952 mit ihrer Familie nach Stalinstadt, DDR zurückgekehrten Tochter deutsch-jüdischer Kommunisten, die zu einem jener weißen Blätter werden sollte, auf die die Revolution nach einem Wort Maos die schönsten Schriftzeichen malt.

Im Frühsommer 1956 erhielt der zehn Jahre ältere argentinische Arzt Ernesto Guevara eine spanische Übersetzung des Ostrowski-Romans von Leonid Leonow, der an der großen sowjetischen Botschaft in Mexiko City als Kulturattaché akkreditiert war und natürlich zugleich für den KGB arbeitete. Das machte im Übrigen keinen Unterschied.

Jeder gute Genosse hatte »Tschekist« zu sein – das war ja die eigentliche Botschaft dieses sozialistisch-realistischen Musterromans, ganz im Geiste des Ordensgründers der bolschewistischen Geheimpolizei und unbefleckten »Ritters der Revolution«, Felix Dzierzynski.

Schon der Titel »Wie der Stahl gehärtet wurde« muss die Fantasie Guevaras gefesselt haben. Auch er war gerade dabei, sich als angehender Revolutionär zu härten und neu zu erfinden. Schon als Gymnasiast hatte er sich aus einer seiner wahllosen Jugendlektüren, einem Buch des französischen Paters Ducatillon mit dem Titel »Der Kommunismus und die Christen«, eine kritische Lebensbeschreibung Lenins notiert, die es ihm offenbar angetan hatte. Der Führer der Bolschewiki, hieß es da, sei zu einer Person von historischer Bedeutung geworden, weil er *mit jedem Atemzug, in jeder Lebensäußerung, ja sogar im Schlaf von der Revolution besessen war.*

Dieses puritanische Ideal, dem auch das Roman-Gelöbnis Kortschagins huldigte, hatte demnach früh schon in dem undisziplinierten Gymnasiasten und verbummelten Studenten einen diffusen Enthusiasmus erzeugt. Denn so viel stand fest: Dieser Ernesto Guevara de la Serna war von Jugend an entschlossen, die weißen Blätter seines Lebens mit möglichst großen Schriftzeichen in eigener Handschrift zu bemalen – unklar war nur, ob als Sportler, Schachmeister, Schriftsteller, Wissenschaftler, Weltreisender oder eben als Revolutionär.

Wenn es bei dem jungen Guevara bereits eine ideologische Prägung gab, die ihn antrieb, dann eine aristokratische Verachtung der Yankees oder Gringos, der Amerikaner des Nordens, die mit einem früh bei sich selbst diagnostizierten *Hass auf die Zivilisation* einherging. Seine erste Reise durch den Kontinent hatte denn auch der Entdeckung »unseres Amerika« als eines imaginären »Patria grande«, eines großen Vaterlands aller Süd- oder Latino-Amerikaner, gegolten, und der Suche nach den mythischen Wurzeln einer gemeinsamen Identität.

Guevaras *Notas de Viaje* (Reisenotizen), die es als »Motorcycle Diaries« zu posthumer Berühmtheit gebracht haben, sind die sorgsam überarbeiteten und bekenntnishaft überhöhten Aufzeichnungen dieser Entdeckungsfahrt, von der er, wie er sich feierlich attestierte, als *ein anderer* zurückgekehrt war – als ein klassischer *rebel without a cause*, ein Rebell ohne »Sache« oder klares Ziel, aber vollgesogen mit apokalyptischen Todes- und Gewaltfantasien, die eher an einen mittelalterlichen Mystiker und Aufrührer erinnern als an einen modernen Revolutionär.

Wie der junge Kortschagin im geheimnisvollen Matrosen und Tschekisten Shuchraj, wollte der junge Guevara in einem nicht genannten europäischen (vielleicht russischen oder ostjüdischen) Revolutionär in einem Dorf in der Sierra, in schwärzester Nacht unter klarem Sternenhimmel, seinen mythischen Meister und Mentor gefunden haben, dessen Beschreibung allerdings mit keiner der Personen übereinstimmt, die er und sein Freund Alberto Granado auf dieser Reise getroffen haben – einen Mentor also, den er sich offenkundig wie ein Totem oder Orakel selbst zurechtgeschnitzt hatte und im Geiste zu sich sprechen ließ:

> *Ich sah seine Zähne und die schelmische Grimasse, mit der er in die Geschichte voranschritt, spürte seinen Händedruck und hörte wie ein fernes Murmeln den zeremoniellen Abschiedsgruß …; doch trotz seiner Worte wusste ich nun, in dem Moment, da der große Spiritus Rector den gewaltigen Schnitt macht, der die gesamte Menschheit in nur zwei antagonistische Parteien teilt, werde ich mit dem Volk sein, und … ich, der eklektische Sezierer von Doktrinen und Psychoanalytiker von Dogmen, werde mit dem Geheul eines Besessenen die Barrikaden und Schützengräben stürmen, meine Waffen in Blut tauchen und rasend vor Wut jedem Besiegten, der mir in die Hände fällt, die Kehle durchschneiden … Schon spüre ich, wie sich meine Nüstern blähen …; schon spannt sich mein Leib, bereit zu dieser Schlacht, und ich mache mein Dasein zu einem Tempel, damit in ihm mit neuen Erschütterungen und neuen Hoffnungen das Wolfsgeheul des siegreichen Proletariats widerhallt.*

Diesem Anruf der Geschichte folgend, war der 25-Jährige gleich nach dem Abschluss seines Medizinstudiums zu einer zweiten Lateinamerika-Reise aufgebrochen, die ihn durch eine Reihe revolutionärer und konterrevolutionärer Wirren (in Bolivien und in Guatemala) schließlich nach Mexiko geführt hatte. Sobald er dort wieder zu Geld und Kräften gekommen war, wollte er zu einer Entdeckungs- und Erweckungsfahrt aufbrechen, die ihn rund um den Globus führen sollte, nach London und Paris, nach Moskau und Peking, nach Neu-Delhi oder nach Irgendwo.

Über dieser Suche nach einer Berufung, die seinem haltlosen Vagabundieren Ziel und Richtung geben, und zugleich nach einer Orthodoxie, die seine ausschweifenden Gedanken und Lektüren in eine sinnreiche Ordnung bringen und seinen entzündeten Geist heilend umhüllen könnte, war er zu einem romantischen Bewunderer Stalins und des von ihm geschaffenen »Weltfriedenslagers« geworden. In den Briefen und Karten an seine Familie in Buenos Aires bezeichnete er die Sowjetunion, die er unbedingt besuchen wollte, in verschlüsselter Märchensprache als *Cortisona*, eine Bezeichnung, in der »cortina« (der Eiserne Vorhang) sich mit »cortisona« verband, dem neuen Heilmittel Cortison, von dem er sich für die Bekämpfung seines schweren Asthmas Entscheidendes versprach.

Dabei folgte diese unzeitgemäße Wendung Guevaras zum Stalinismus einer eigenwilligen existenzialistischen Dialektik. Seinen geheimnisvollen Mentor und Erwecker im Dorf in der Sierra hatte er sich gerade noch als einen kommunistischen Dissidenten vorgestellt, der *aus einem europäischen Land geflohen (war), um dem Holzhammer des Dogmatismus zu entgehen,* und der *den Geschmack der Angst* kannte – den der stalinistischen Säuberungen womöglich. Und dieser Mentor hatte seinem jungen, intellektuellen Adepten lächelnd prophezeit, dass sie beide in der kommenden Weltrevolution *als authentischer Bestandteil der untergehenden Gesellschaft* den Tod finden würden, *mit geballter Faust und zusammengepressten Zähnen ..., als perfekter Beweis des Hasses und des Kampfes,* ohne auch nur zu erfahren, welchen Beitrag sie *zu der Gesellschaft ..., die sie opfert* (der sozialistischen womöglich), geleistet haben.

Diese dunkle Rede könnte von ferne an die Selbstbezichtigungen des todgeweihten Nikolai Bucharin im Schauprozess von 1938 erinnern, worin er die durch Stalin verkörperte Geschichte als »das Weltgericht« akzeptiert hatte; aber mehr noch an Arthur Koestlers Roman »Sonnenfinsternis« und die Disputationen des (Bucharin nachempfundenen) Rubaschow mit seinem Vernehmungsoffizier über »objektive Schuld« und das notwendige Selbstopfer für die Partei und für Stalin.

Guevaras Wendung zu einer verspäteten Stalin-Schwärmerei scheint erst mit dem Tod des Despoten und dem unmittelbar danach einsetzenden, ersten »Tauwetter« im östlichen Lager begonnen zu haben. Wo alle untreu wurden, da blieb er umso treuer. Noch bevor er nach Guatemala weiterreiste – wo er allen heutigen Biografen zufolge durch den von der CIA gelenkten Sturz der linksnationalistischen Regierung des Obersten Arbenz erst sein revolutionäres Erweckungserlebnis gehabt haben soll –, schrieb er im Dezember 1953 aus der »Bananenrepublik« Costa Rica, dem Reich der United Fruit Company, an seine geliebte Tante Beatriz: *Vor einem Bild des alten, betrauerten Stalin habe ich geschworen, nicht eher zu ruhen, bis diese kapitalistischen Kraken vernichtet sind. In Guatemala werde ich mich schleifen und tun, was ich tun muss, um ein richtiger Revolutionär zu werden.*

Dazu fand er im Trubel der Ereignisse zwar kaum Gelegenheit. Aber seine Lehren aus Guatemala, wie er sie in einer Denkschrift niederlegte, die er bei der sowjetischen Botschaft in Mexiko City einreichte, nicht zuletzt in der stillen Hoffnung auf eine Einladung ins Mutterland des Sozialismus, entsprachen in ihrem »stählernen« Ton ganz dem der Helden der stalinistischen Ritterromane:

> *Heute wissen die Patrioten, dass der Sieg nur durch Feuer und Blut errungen wird und dass es für Verräter kein Pardon geben kann; dass nur die totale Vernichtung der reaktionären Kräfte die Herrschaft der Gerechtigkeit … schaffen und sichern kann. (…) Wir dürfen keine Milde walten lassen, keinen Verrat dulden. Es kann nicht sein, dass das Blut eines Verräters geschont und dadurch das von Tausenden tapferer Verteidiger des Volkes vergossen wird.*

Einen weiteren Brief an Tante Beatriz vom April 1955, in dem er ihr erklärte, mittlerweile *über tiefe und wohldefinierte Überzeugungen* zu verfügen, unterzeichnete er denn auch gleich mit *Stalin II*. Das war ein Wink mit dem Zaunpfahl – freilich mit jenem Rest halbironischer Stilisierung, die er seinen großspurigen Welt- und Selbsterklärungen in der innerfamiliären Kommunikation noch immer beimischte und durch die er sich dann doch von allen echten, »wie Stahl gehärteten« Parteikadern unterschied. Mehr noch: Gerade mit seiner verbissenen Beschwörung der alten, von Aufweichung bedrohten kommunistischen Ideale und Tugenden gewann er je länger, umso mehr die Züge eines doktrinären Häretikers und Träumers, eines wahren Don Quichotte der Weltrevolution, als welchen er sich bei jedem neuen Aufbruch auch selbst beschrieb.

Das Amerika, das der junge Ernesto mit der Seele suchte und das der ältere Che gegen »die Riesen des Nordens« im Feuer des Guerillakriegs zusammenschmieden wollte, dürfte in vielem dem poetischen KosTramos des Pablo Neruda entsprungen sein. Wie ein antiker Dichter und Seher hatte dieser in Strömen hymnischer Verse ein neues, mythisches »Patria Grande« erfunden, ein Großes Vaterland der unterdrückten Volksmassen des südlichen Kontinents, in dem die geliebten kleinen Vaterländer, die »patrias chicas«, wie Chile oder Argentinien, Bolivien oder Kuba nicht verschwinden, sondern aufgehoben sein sollten. Nerudas symphonisches Großpoem »Canto General« (»Großer Gesang«) gehörte jedenfalls zu den Büchern, die der Comandante Guevara alleine oder mit Hilfe seiner leise fluchenden Kameraden auf allen Gewaltmärschen als eiserne literarische Wegzehrung im Rucksack mitführte.

Der biografische Stationenweg dieses Leitpoeten Guevaras war ja bezeichnend genug. Der im Süden Chiles als Sohn eines Lokomotivführers und einer Lehrerin geborene Neftali Ricardo Reyes y Basualto, der sich als Dichter »Pablo Neruda« nannte, war als chilenischer Konsul im republikanischen Spanien 1935/36 zum Parteigänger der Kommunisten geworden. Seine Verse aus dem Bürgerkrieg (»Spanien im Herzen«) hatten ihn neben seinen frühen Liebesgedichten vollends berühmt gemacht. Noch lebte er wie viele lateinamerikanische Intellektuelle seiner Generation ganz in der Geisteswelt Europas. Als er nach einer Zwischenstation in Paris 1940 zum Generalkonsul in Mexiko ernannt wurde, bewegte er sich vor allem in Kreisen der kommunistischen Emigranten aus Spanien, Deutschland und dem besetzten Europa, unter denen bedeutende Autoren wie Egon Erwin Kisch oder Anna Seghers sich mit abgebrühten Geheimagenten der Komintern mischten, wie zum Beispiel dem Profikiller Vittorio Vidali, dem Organisator der Attentate auf Trotzki und Gefährten der schönen Fotografin Tina Modotti. Immer tiefer tauchte Neruda aber jetzt auch in die Welt der mexikanischen Revolution (1910–1917) ein, wie sie in den monumentalen Wandmalereien Diego Riveras, David Alfaro Siqueiros und José Clemente Orozcos ihren mythologisch überhöhten Ausdruck gefunden hatte.

Erst in diesen Jahren begann Neruda, »seinen« Kontinent, den er noch kaum kannte, zu entdecken. Er besuchte und besang die Zeugnisse der alten indianischen Hochkulturen, die Pyramiden und Tempelstädte der Azteken und Mayas, die Riesenköpfe der Olmeken und die exotisch verelendeten Lebenswelten der indianischen Stämme in den lacandonischen Urwäldern. 1942 reiste er nach Kuba und in die Vereinigten Staaten, bevor er sich 1943/44 in einer langen, zeremoniellen Fahrt über Panama, Kolumbien und Peru seiner alten Heimat

Chile wieder näherte, wo er mit dem Nationalpreis für Literatur ausgezeichnet werden sollte.

Höhepunkt dieser Entdeckungsreise war der Besuch der alten Hauptstadt der Inka, Cuzco, von der aus er zur alten Bergfestung Macchu Picchu pilgerte – der er im »Canto General« ein eigenes, langes Poem widmete:

> Mutter des Steins, Schaumkrone der Condore. / Der Menschheitsdämmerung hohes Riff ... / der erhabene Sitz des menschlichen Frührots ... / Komm in mein eigenes Leben, in mein Morgengrauen ... / Noch lebt das tote Reich.

Was da unter seinem fliegenden Stift entstand, war das kosmologische Schöpfungsepos »Amerikas« als eines ganz eigenen Kontinents, in dem der Norden kaum vorkommt, außer als Feind, Unterdrücker und Ausbeuter des Südens. Alles in dieser Geschichte ist reine Natur, im Gegensatz zur verkommenen modernen Zivilisation: »Vor Perücke und Seidenfrack / waren die Ströme ... / waren die Cordilleren ... / war die Feuchte und das Dickicht ...« Im Stande ursprünglicher Unschuld lebten selbst noch die großen indianischen Reiche, einschließlich ihrer monströsen Menschenopfer:

> Schimmernden Fasanen gleich / stiegen die Priester / die aztekischen Treppen hinab ... / Und die erhabene Pyramide ... / bewahrte in ihrem beherrschenden Gefüge / wie einen Mandelkern / ein geopfertes Herz.

Der Einbruch der christlichen Konquistadoren war die Erbsünde schlechthin, der Eintritt einer neuen Gattung von Ausbeutern in das unschuldige Amerika. Cortés, ein »totes Herz in der Rüstung«; Alvarado, »des Todes heimlicher Falk«; Pizarro, »das grausame Vieh aus Estremadura«; Valverde, ein »verkommener Schakal« ... Die Aufteilung des Kontinents – ein »Pakt blutwitternder Frettchen«. Mit ihnen »begann das Blutvergießen, / drei Jahrhunderte Blut, der Blutozean, / die Blutsphäre, die mein Land bedeckte«.

Aber aus der blutgetränkten Erde wuchsen stets von Neuem die Rebellen und Befreier des Kontinents: »Seine Helden gehen aus der Erde hervor / wie aus dem Saft die Blätter«. Es »wächst der Baum, der Baum / des Volkes, aller Völker, / der Freiheit, des Kampfes«. Von Cuauhtémoc, dem letzten Aztekenfürsten, zog sich ein unsichtbares

Band bis hin zu den Unabhängigkeitskämpfern des 18./19. Jahrhunderts, zu San Martín in Argentinien, Bernardo O'Higgins in Chile und Simón Bolívar in Venezuela. Eine andere, rötere Linie führte von Toussaint L'Ouverture, dem Führer der haitianischen Sklaven, zu Emiliano Zapata, dem Organisator der mexikanischen Bauernheere, und zum Arbeiterführer und Begründer der Kommunistischen Partei Chiles, Luis Emilio Recabarren, oder zum rebellischen Hauptmann und brasilianischen KP-Führer Luis Carlos Prestes.

In legendären Führergestalten wie dem durch Jorge Amado in einem weiteren stalinistischen Großroman als »Ritter der Hoffnung« gerühmten Hauptmann Prestes verkörperte sich demnach das Volk. Und an der Seite des revolutionären Führers stand der Dichter, der diese Einheit sah und besang, so wie Neruda selbst im Sommer 1945 in einer Großkundgebung für den gerade aus dem Gefängnis entlassenen Prestes:

> Er sprach zu seinem Volk ... / Das große Stadion wimmelte / von hunderttausend roten Herzen ... / Er kam in einer unsagbaren Woge aus Gesang und Zärtlichkeit ...

Um diese Trinität von Führer, Volk und Dichter kreist Nerudas »Großer Gesang« in immer neuen rhapsodischen Wendungen:

> Befreier, in diesem Dämmern Amerikas, ... / euch übergebe ich die unendliche Liste / meiner Völker ... Soldaten von heute, Kommunisten, / kämpfende Erben / reißender metallurgischer Ströme, / hört auf meine Stimme: ... / wir sind die gleiche Erde, das gleiche / verfolgte Volk, / der gleiche Kampf umgürtet die Hüfte / unseres Amerika ...

Noch war das die Sprache der antifaschistischen Volksfront, in deren Zeichen Neruda 1945 als Kandidat der Kommunistischen Partei in den Senat der Republik Chile gewählt wurde. Mit dem Ausbruch des Kalten Kriegs zwischen Ost und West trat jedoch ein neuer Klimasturz ein. Die KP Chiles wurde 1948 verboten; Neruda musste ein Jahr lang untertauchen, bevor er über Argentinien flüchten konnte. Dieses neue, erzwungene Exil verbrachte er zu einem großen Teil in der Welt des östlichen Sozialismus, unter der Sonne Stalins, zu dessen vielleicht bedeutendstem Ruhmessänger er in diesen Jahren wurde. Im Frühjahr 1953 wurde er in Moskau mit dem Stalinpreis geehrt.

Schon in den zuletzt verfassten Teilen des »Großen Gesangs«, und erst recht dann in der im Exil verfassten Großdichtung »Die Trauben und der Wind«, wurde aus dem Schöpfungsepos Amerikas ein Liebes- und Hassgesang, der in der Weltliteratur kaum seinesgleichen hat. Waren die Konquistadoren und die frühen Diktatoren Lateinamerikas noch nach dem Muster des klerikalfaschistischen Franco-Regimes in Spanien gezeichnet, so verlagerte sich der Schwerpunkt des Hasses und der Verachtung des Dichters nun völlig auf die »feisten Cäsaren von New York«, die »neuen Sklavenhalter« im Norden, kurz: auf die Yankee-Weltausbeuter mitsamt ihren einheimischen Satrapen und Advokaten, Dichtern und Huren.

Der kreatürlich-erotischen Solidarität des Volkes stand der vampirisch-geile, bestialische Blutdurst dieser vereinigten Ausbeuterklassen gegenüber, die selbst nur noch in zoologischen Kategorien beschrieben werden konnten: »fressgierige Hyänen unserer Geschichte, nagende Ratten«; »frisch mit Stuck überglättete Säugetiere«; »Modekadaver, bleiche Maden im Käse des Kapitalismus«; »schreckliche Tiger-Saurier, Vertilger menschlichen Fleisches«; »blutgierige zählebige Laus, gemästet mit unserem Blut«; »im großen schimmlichten Käse der Tyrannei entwickelte ... Made«; und so weiter. Die Hand des Dichters zitterte so wenig wie die des Säuberers Kortaschagin, wenn er den Vers abfeuerte:

> Darum, o Volk, vor allem bemächtige dich / des Wurms, vernichte seine Seele ... / seine finstere klebrige Materie ... / die von der Erde wir tilgen werden.

Im Land der Yankees selbst wäre es die Sache der aus dem Großen Antifaschistischen Krieg zurückgekehrten Jungen gewesen, mit ihren »Sklavenhaltern« aufzuräumen, die »das alte Gift, das in Berlin gezüchtet wurde«, weiterverspritzten und neue Kriege vorbereiteten. Wenn aber nicht?! Dann stand auf der östlichen Seite der Welt eine im Feuer von Stalingrad gehärtete neue Macht bereit, ein atomar gerüsteter Gegenkontinent, der notfalls allein in der Lage war, Yankee-Amerika entgegenzutreten – so wie zuvor den Armeen Hitlers.

In Nerudas poetischer Kosmologie firmiert dieses östliche Traumland des Sozialismus als die Mutter aller Schlachten und Siege, deren Beleidiger schon den Tod verdient hatten:

Sowjetunion, wenn wir alles Blut, / in deinem Kampf vergossen, vereinten / alles, das du der Welt wie eine Mutter gabst ... / wir würden einen neuen Ozean haben ... / tätig wie das Feuer der Andenvulkane. / Tauch deine Hand in dieses Meer, / Mensch aus allen Erdteilen ... / um in ihm zu ertränken ... / den, der sich mit hundert kleinen Hunden / am Kehrichthaufen des Westens vereinte, / dein Blut zu beschimpfen, du Mutter der Freien!

Im Zentrum dieser herkulischen Gegenmacht mit ihrem »balsamischen Frieden« lebte in drei Räumen des Kreml »ein Mensch mit Namen Josef Stalin. / Spät verlöscht das Licht in seinem Zimmer«. Denn »sein ungeheures Land ist ... Teil von ihm selbst, / und er kann nicht ausruhn, weil es nicht ausruht«. Ihm zur Seite stehen »Molotow und Woroschilow / ... ich seh sie, / mit den andern, den hohen Generälen, / den unbesiegbaren.« Sie haben keine Paläste, keine Leibeigenen, keine Aktien auf Waffenfabriken –

doch alle haben sie Aktien / auf die Freude und den Aufbau ... / Sie sagen ›Kamerad‹ zur Welt ... / Sie reinigten die Dörfer. / Verteilten die Erde ... / Zertraten die Grausamen. / Sie erleuchteten die geräumige Nacht.

Wenn also Nordamerika seine Räuberheere ausschickte, um als ein wahrer Shylock noch mehr »Menschenfleisch zu fordern«, dann wehe ihm! Dann »brechen wir vor aus Stein und Luft, / dich zu zermalmen ... / Feuer zu wälzen auf dich ... / dich anzunageln mit Dornen«. Dann »ruft das raue Schlachtenhorn ... / die Söhne Amarus«, sind die »Gewehre Zapatas ... / auf die Erde von Texas gerichtet«, erwartet die Invasoren Kubas »im meerhaften Glanz / der schweißnassen Zuckerrohrfelder / ... ein einziger dunkler Blick«. In China erwartet sie »eine Wildnis / ländlicher Sicheln und ein Pulvervulkan«. Und hinter diesem dichten Wald der solidarischen Menschheit »erwarten euch / Strahlende und Entschlossene, / Stählerne und Lächelnde ... / Männer und Frauen der Tundra und Taiga ..., / Stalingrads Söhne, Riesen der Ukraine, / eine einzige hohe unermessliche Mauer aus Blut und Stein, / Eisen und Gesängen«. Und endlich wird aus den Laboratorien des Sowjetlandes »hervorfahren gleichfalls das entfesselte Atom / euren stolzen Städten entgegen«.

Das also war die Welt eines letzten, befreienden Armageddon, in die der junge Guevara auf den Traumpfaden, den Songlines, des Pablo Neruda eintrat, um sie bis zu seinem Tode nicht mehr zu verlassen.

> Gegen ein Uhr morgens bekam ich ihn auf seine Einladung hin im Ministerium für Wirtschaft und Finanz zu sehen … Che trug Stiefel, Felduniform und Pistolen im Gürtel … Seine Sätze waren kurz und endeten mit einem Lächeln … Was er über meinen ›Großen Gesang‹ sagte, freute mich. Er las ihn gewöhnlich seinen Guerilleros vor, nachts, in der Sierra Maestra. Nun, viele Jahre danach, zittere ich bei dem Gedanken, dass meine Gedichte ihn in den Tod begleiteten.

So erinnerte Pablo Neruda sich in seinen Memoiren »Ich bekenne, ich habe gelebt«. Diese erste und einzige Begegnung hatte bei einem Aufenthalt des chilenischen Dichters auf Kuba im Winter 1960/61 stattgefunden. Allerdings war Neruda nicht mehr ganz derselbe, den Guevara in seinen Aufbruchjahren gelesen hatte. Die Enthüllungen Chruschtschows über Stalins Verbrechen auf dem XX. Parteitag der KPdSU 1956 hatten den älter gewordenen Lyriker tief verunsichert. Guevara dagegen scheinen sie völlig kaltgelassen zu haben. Nach dem Zeugnis des kubanischen Journalisten Carlos Franquí, der ihn in Mexiko City kennenlernte, hielt er die Informationen über Chruschtschows Geheimrede schlicht für »imperialistische Propaganda«. Er lernte im Sowjetisch-Mexikanischen Institut eifrig Russisch und vertiefte sich nur noch verbissener in die Werke von Marx, Engels, Lenin, Stalin und Mao Tse-tung – dem emblematischen Fünfgestirn, das einen magischen Moment lang über dem »Weltfriedenslager« von der Elbe bis zum Jangtse geschwebt hatte, bevor es in tödlich verfeindete Parteien und Staaten auseinanderbrach.

Als Neruda ihn traf, war der Argentinier unter seinem Kampfnamen »Che« nicht nur Industrie- und Finanzminister Kubas, sondern zugleich Mitglied der revolutionären Oligarchie der »Comandantes« und Architekt des sich anbahnenden Bündnisses mit der atomar gerüsteten Sowjetunion.

> In jener Nacht sagte Che mir etwas, was mich ziemlich verwirrte, aber vielleicht erklärt dies teilweise sein Schicksal … Wir sprachen von der Möglichkeit eines nordamerikanischen Überfalls auf Kuba … Plötzlich sagte er: ›Der Krieg … der Krieg … Wir sind immer gegen den Krieg, aber wenn wir einmal Krieg geführt haben, können wir nicht mehr ohne Krieg leben. Wir wollen alle Augenblicke zu ihm zurückkehren.‹ Er dachte laut nach … Ich hörte mit ehrlichem Entsetzen zu.

So blieb in dieser einzigen Begegnung des politisierenden Dichterfürsten mit dem dichtenden Guerillaprinzen ein schmerzlicher Ton der Verstimmung, der auf ein tieferes Missverständnis verwies. Neruda war allen Ernüchterungen zum Trotz der Welt der Kommunistischen Parteien Lateinamerikas verhaftet geblieben, mit denen Guevara bald schon in einen scharfen Gegensatz geraten würde. Aber auch die im »Großen Gesang« entfaltete indianisch-kommunistische Kosmologie Lateinamerikas als eines leidgeprüften Rassentiegels, die eher dem Geiste Rousseaus (Jean-Jacques' oder auch Henris) als dem Marxens entsprach, hatte in der Lektüre Guevaras eine markante Abwandlung erfahren, die sich in dessen frühen kontinentalen Erkundungsfahrten bereits angekündigt hatte.

Wo Neruda das naive Heldenepos seiner Araukaner, der kämpferischen Ureinwohner seiner antarktischen Heimat also, ins Poesiealbum seiner Partei schrieb, da hatte der junge Guevara sich beim Durchfahren der Salpeterpampa im Grenzgebiet zu Peru lebhaft mit den kühnen Konquistadoren der ersten Stunde identifiziert: *(Es) ist wirklich beeindruckend, wenn man daran denkt, dass Valdivia mit seiner Handvoll Männer diese Gegenden durchquerte und fünfzig oder sechzig Kilometer zurücklegte, ohne einen Tropfen Wasser zu finden*, heißt es in seinen *Notas de Viaje* (Reisenotizen, die später »Motorcycle Diaries« genannt wurden). Um sich ganz im Stil seines anonymen revolutionären Orakels zu folgender dunkler Betrachtung zu versteigen:

> *Valdivias Tat verkörpert das nie widerlegte Streben des Menschen nach einem Ort, wo er seine unumstößliche Herrschaft ausüben kann ... Ich bin mir sicher, wäre Valdivia in seinem letzten Augenblick, da er im Kampf gegen die widerspenstigen Araukaner durch die Hand Caupolicáns starb, nicht der Raserei des gehetzten Tiers erlegen, so hätte er ... seinen Tod als unumschränkter Herrscher eines kriegerischen Volkes als völlig gerechtfertigt empfunden, gehörte er doch zu jenem besonderen ... Menschentypus, bei dem das, zuweilen unbewusste, Streben nach grenzenloser Herrschaft alles, was er zu ihrer Erlangung erleidet, als natürlich erscheinen lässt.*

Gewiss, auch der junge Guevara hatte auf seiner ersten wie auf seiner zweiten Reise das Bedürfnis gehabt, an das mythische Herz dieses Kontinents zu rühren: die von Neruda besungenen Höhen von Macchu Picchu, in denen er seinerseits einen *reinen Ausdruck der mächtigsten eingeborenen Zivilisation Amerikas, unbefleckt vom Kontakt mit der siegreichen Zivilisation*, fand. Zusammengepfercht mit schweigsamen, unbeweglichen, verlausten Indios in ihren traditionellen Ponchos auf langsam dahinkriechenden Lastwagen, hatte ihn das Panorama der Anden in einen fast religiösen Höhenrausch versetzt: *Wir sind in einem verwunschenen Tal, wo die Zeit seit Jahrhunderten stillsteht und das mit eigenen Augen zu sehen uns glücklichen Sterblichen, die wir der Zivilisation des zwanzigsten Jahrhunderts so überdrüssig sind, heute vergönnt ist.* Voller Bewunderung betrachtete er die Bewässerungskanäle, *die die Inka zum Wohl ihrer Untertanen anlegen ließen.* Und als er schließlich *das Zentrum der eroberten Territorien, den Nabel der Welt, Cuzco* erreichte, blickte er mit Wehmut auf die alte Inka-Hauptstadt mit *den geschändeten und zerstörten Tempeln, den geplünderten Palästen, dem stumpfsinnig gewordenen Volk.* Dies war *das Cuzco, das dazu einlädt, als Krieger mit der Keule in der Hand die Freiheit und das Leben der Inka zu verteidigen.*

Aber daneben erstand vor seinem geistigen Auge auch ein anderes, *kraftstrotzendes Cuzco, das mit seinen Monumenten den kühnen Mut der Sieger verrät, die diesen Landstrich eroberten.* Er fand es *in den klaren Gesichtszügen der weißen Befehlshaber, die noch heute den Stolz der Eroberer zeigen.* Und das erschien ihm ein nicht weniger erregender Blick auf diese Stadt, einer, der *dazu einlädt, das Schwert zu gürten und … im kraftvollen Galopp das schutzlose Fleisch der nackten Herde zu durchpflügen, deren Menschenmauer zu wanken beginnt und unter den vier Hufen des Tieres begraben wird.*

Der 23-Jährige, der sich in diesen pueril-blutigen Rollenspielen erging, war ja immerhin ein Urenkel des letzten spanischen Vizekönigs von Peru, des Generals José de la Serna, der erst in der entscheidenden Schlacht von Ayacucho 1824 von den kreolischen Unabhängigkeitskämpfern unter Bolívars bestem General Antonio Sucre besiegt worden war. Guevara löste diesen ideellen Konflikt, indem er – etwa in der Kathedrale von Cuzco mit ihrem von indianischen Handwerkern kunstvoll geschnitzten Chorgestühl – den *Geist zweier antagonistischer, doch fast komplementärer Völker* verschmolzen fand. Ihnen beiden, den Nachfahren der Inka und der Konquistadoren, setzte er prototypisch einen (natürlich nordamerikanischen) Besucher entgegen, der *als teilnahmsloser Tourist mit oberflächlichem Blick* die *sanfte Gleichförmigkeit* der Stadt mit ihren roten Ziegeldächern und Barockkuppeln und ihre Bewohner mit ihrem *Heimatbildkolorit* abfotografierte. Er, der Gringo, war in dieser panamerikanischen Familienaufstellung also der ausgeschlossene Dritte.

Im Toast zu seinem 24. Geburtstag in einer Leprakolonie am Oberlauf des Amazonas, *als alle schon ein bisschen angesäuselt waren*, trieb Guevara seine Verschmelzungsfantasien noch einen Schritt weiter und übte sich spielerisch in einer künftigen Rolle:

> *Auch wenn wir zu unbedeutend sind, uns zu Sprechern der Sache Amerikas zu machen, glauben wir, dass die Teilung Amerikas in zweifelhafte und kraftlose Nationen völlig fiktiv ist. Wir bilden ein einziges Volk von Mestizen, das von Mexiko bis zur Magellanstraße beachtliche ethnische Ähnlichkeiten aufweist.*

Und deshalb schlug er vor, auf *das Vereinigte Amerika* anzustoßen.

Eine der vielen Bildikonen Guevaras zeigt ihn in Bolivien, in einem Baum sitzend und lesend – ein Luftmensch, der immer zugleich in einer Parallelwelt der Bücher lebte. Dazu gehörte von Kindesbeinen an Cervantes' klassische Geschichte vom armen Ritter, der sich in die Welt seiner Romane derart verstrickt hatte, dass er endlich beschloss, »sowohl zur Vermehrung seiner Ehre als zum Besten seiner Republik ein fahrender Ritter zu werden und mit Rüstung und Pferd durch die ganze Welt zu ziehen, um ... alles Unrecht aufzuheben und sich Arbeiten und Gefahren zu unterziehen, die ihn mit ewigem Ruhm schmücken würden«.

Gewiss, der »Don Quijote« des Miguel de Cervantes ist eine komplexere Erzählung und Figur, als es das in alle Weltsprachen übertragene Jugendbuch mit seinem sprichwörtlichen »Ritter von der traurigen Gestalt«, der gegen Windmühlen kämpft, vermittelt. Dennoch ist erstaunlich, wie diese altspanische Humoreske sich in der lateinamerikanischen Lektüre des 19. und 20. Jahrhunderts in eine vollkommen ironiefreie Parabel vom Kampf eines edlen und selbstlosen Geistes gegen die Übel und Ungerechtigkeiten der Welt verwandelt hat, dessen tragische Noblesse gerade in seiner Aussichtslosigkeit liegt.

Genau so hat auch der junge Ernesto Guevara sie gelesen und auf sich bezogen, eng verknüpft mit José Hernández' Verserzählung vom gesetzlosen Gaucho »Martín Fierro«, der vielfach als der »argentinische Quijote« bezeichnet wurde und bald nach seinem Erscheinen

Ende des 19. Jahrhunderts in den Rang eines Nationalepos erhoben wurde. Seiner Freundin und späteren Frau Hilda Gadea schenkte Guevara dieses Buch in Mexiko mit der vieldeutigen Widmung: *Für Hilda, damit ihr am Tage des Aufbruchs die Grundlage meines Strebens nach Horizonten und meines kämpferischen Fatalismus bleibt. Ernesto.*

Luftmensch Che. Foto auf einem von der bolivianischen Armee erbeuteten Filmstreifen aus dem Guerillacamp am Ñancahuazú

Die »Grundlage« seines »Strebens nach Horizonten« war demnach die Literatur. Tatsächlich ist im Laufe der Neunzigerjahre ein Fundus von Gedichten und Erzählungen, Tagebüchern und Reisebildern, literarischen und philosophischen Notizen Guevaras zum Vorschein gekommen, die der eindimensionalen Ikone des »Che« als ehernem Soldaten der Weltrevolution andere, gebrochenere Farben und Facetten hinzugefügt haben, darunter das Bild eines verhinderten Schriftstellers, der sich freilich auch als Tatmensch in die Geschichte seines Zeitalters einschreiben wollte. Zwei Monate, bevor er mit der Expedition Fidel Castros nach Kuba aufbrach, schrieb er nach Hause:

> *Liebe Mama, … wie du dich erinnern wirst, … habe ich an einem Buch über die Rolle des Arztes in Lateinamerika gearbeitet, aber erst ein paar Kapitel fertig geschrieben, die sich nach einem Pamphlet mit einem Titel wie ›Körper und Seele‹ anhören. Es ist nichts als Schrott, schlecht geschrieben … (Schließlich), als ich wieder mit dem Schreiben begann, musste ich feststellen, dass es meiner abenteuerlichen Flugbahn widersprach, und so beschloss ich, mich*

… zuerst mit der Ordnung der Dinge auseinanderzusetzen, Schutzschild in der Hand, mit all meiner Fantasie, um dann, falls die Windmühlenflügel mir den Kopf nicht von den Schultern reißen, später weiterzuschreiben.

Auch als seine »abenteuerliche Flugbahn« ihn bereits viel weiter hinaus- und viel höher hinaufgetragen hatte, folgten seine Abschiedszeilen an die Eltern (als er im Frühjahr 1965 in den Kongo aufbrach) derselben vertrauten literarischen Metaphorik:

Liebe Alte, wieder einmal fühle ich unter meinen Fersen die Rippen Rosinantes. Ich kehre auf den Weg zurück, meinen Schild unter dem Arm … Viele werden mich einen Abenteurer nennen, und ich bin auch einer; nur von einem anderen Typ, einer von denen, die ihre Haut hinhalten, um ihre Wahrheit zu beweisen … Nun wird der starke Wille, den ich mit dem Vergnügen eines Künstlers geschliffen habe, meine schwachen Beine und meine müden Lungen weiter tragen. Ich werde es schaffen. Denkt bisweilen an diesen kleinen Condottiere des zwanzigsten Jahrhunderts … Ernesto.

So war aus dem verhinderten Schriftsteller ein »kleiner Condottiere« (ein Söldnerführer in den Zeiten der Renaissance und der Religionskriege, aber auch ein Virtuose der »Kriegskunst«) geworden. Schließlich erhielt sein Vater Ernesto Anfang Januar 1967 einen letzten, im bolivianischen Dschungel geschriebenen, mutmaßlich von Ches Verbindungsfrau Tamara alias »Tania« expedierten Brief mit argentinischer Marke, der in dieselbe vertraute Kerbe schlug:

Don Ernesto! Durch den von den Hufen meiner Rosinante aufgewirbelten Staub hindurch, mit eingelegter Lanze, bereit, meine Feinde, die Riesen, zu durchbohren, sende ich Euch in aller Eile diese fast telepathische Botschaft, entbiete Euch den traditionellen Neujahrsgruß und umarme Euch alle … Auf bald! Auch falls ich Dich nicht wiedersehe … Dein Sohn.

Der Kreis schloss sich, als die bolivianische Armee im Rucksack des Guerillaführers, der ihr bei seiner Festnahme und Ermordung in die Hand fiel, unter den konfiszierten Büchern, Heften und Papieren auch eine eigenhändige Abschrift des Poems des nicaraguanischen Dichters Rubén Darío »Psalm unseres Herrn Don Quijote« fand, das mit den Versen beginnt:

König der Edelleute, Herr der Betrübten,
welch starke Atemzüge und welch klare Träume,
gekrönt vom lichten Helm der Illusion …

In dieser literarisch entrückten Gestalt eines modernen Quijote also, eines Ritters der Revolution, der mit Nerudas »Großem Gesang« im Gepäck reiste, hat Ernesto Guevara de la Serna y Llosa, genannt »der Che«, sich auf den weißen Blättern seines Lebens und im Buch des Jahrhunderts in großen Schriftzeichen verewigt sehen wollen.

Im Rucksack Tania-Tamaras, die entgegen den Befehlen Guevaras ihre Rolle als Verbindungsfrau in La Paz aufgegeben und sich ohne Möglichkeit der Rückkehr in die kleine Guerillatruppe eingereiht hatte, fand sich ebenfalls ein Gedicht, das sie selbst verfasst hatte, bevor die Kugel des Feindes sie beim Überqueren des Rio Grande traf. Ob sie diese Zeilen in den Monaten qualvoller Irrmärsche durch die unwegsamen Bergwälder von Ñancahuazú geschrieben hatte, oder ob sie aus den Jahren ihrer schizophrenen Doppelexistenz als Gesellschaftsdame und Undercoveragentin in La Paz stammten, bleibt unklar. Jedenfalls bilden sie eine todtraurige Paraphrase des klingenden Mottos Kortschagin-Ostrowskis, mit dem sie ihr ungeschriebenes Tagebuch einmal eröffnet hatte, und sind so etwas wie die letzten lesbaren Zeilen, die die Revolution auf die weißen Blätter ihres kurzen Lebens geschrieben hat:

Eine Erinnerung zurücklassen
Womit werde ich fortgehen, wie Blumen, die verwelken?
Wird mein Name eines Tages nichts sein?
Werde ich nichts von mir zurücklassen auf dieser Erde?

Wenigstens Blumen, wenigstens Lieder.
Was soll mein Herz tun?
Vielleicht sind wir umsonst zum Leben, zum Aufblühen
auf diese Welt gekommen?

Der kleine Prinz

Ernesto Guevara Lynch de la Serna y Llosa wird seine Vorfahren später einmal summarisch als *Mitglieder der hohen argentinischen Rinderoligarchie* abtun. Das ist zugleich über- und untertrieben: Übertrieben, weil diese »Rinderoligarchie« einen Gutteil ihrer überschießenden Reichtumsquellen schon vor der Weltwirtschaftskrise von 1929 und dem anschließenden Niedergang der argentinischen Wirtschaft eingebüßt hatte; untertrieben, weil diese Klassifizierung die aristokratische Aura übergeht, die die Guevaras, die Lynchs wie die de la Sernas ungeachtet ihrer relativen Verarmung und demonstrativen Boheme-Existenz noch immer zum Teil der »besseren Gesellschaft« machte. Überspielt wird aber auch die Kränkung, die in dieser Deklassierung lag und die durchaus zu den subtilen Ursachen seines frühen Hasses auf die reichen Yankees zählen dürfte.

Sowohl in der väterlichen wie in der mütterlichen Linie stammte der junge Ernesto aus reinem spanischen Kolonialadel, der allerdings kein alter Stammadel war, sondern ein Dienst- und Erwerbsadel. So findet sich unter den Guevaras auch ein kurzlebiger Vizekönig von Mexiko; und ein General und Vizekönig von Peru trug wie erwähnt den Namen de la Serna. Ein Guevara soll Ende des 18. Jahrhunderts zu den reichsten Männern des Kontinents gehört haben. Aber auch die ursprünglich aus Irland stammenden Lynchs gehörten zur alteingesessenen Grundbesitzer-Oligarchie.

Das verschonte sie nicht immer vor politischen Turbulenzen, im Gegenteil. In der Zeit der späten, terroristischen Diktatur des Gaucho-Generals Juan Manuel de Rosas (eines frühen Nationalisten und Zivilisationsverächters, in dem manche sogar ein Vorbild des »Martín Fierro« sehen wollten) mussten Familienmitglieder der Lynchs 1848 nach Chile fliehen, um sich Verfolgungen zu entziehen. Mit vielen anderen argentinischen Emigranten zogen sie von dort weiter, um am Goldrausch in Kalifornien teilzunehmen. Dort traf die junge Anna Lynch, Ernestos geliebte Großmutter, seinen Großvater Roberto Guevara, dessen Familie aus Mexiko zunächst in die USA und von dort teils nach Argentinien, teils nach Kalifornien gezogen war. Man bewegte sich also polyglott den Kontinent hinauf und hinab; und noch bildeten der Norden und der Süden Amerikas eine offene, gemeinsame Hemisphäre. Im Übrigen trug gerade Argentinien ja ganz ähnliche Züge einer weißen europäischen Siedlerkolonie wie die USA.

Mit einer gewissen Logik produzierten gerade diese reichen, quasi adeligen Familien stets ihre Dissidenten und Protestanten, wie im alten Europa auch. So hatte Großvater Juan Martín de la Serna an den demokratischen Aufständen von 1890 teilgenommen und wurde ein Führer der Radikalen Jugend, die der »Unión Civica Radical« (UCR), der ältesten bürgerlich-demokratischen Oppositionspartei Argentiniens, verbunden war. In derselben Partei war auch der Großonkel Guillermo Lynch aktiv.

Mit Ernestos Eltern nahm diese bürgerlich-dissidente und säkulare Orientierung einen noch ausgeprägteren Charakter an. Die verwaiste Celia de la Serna, die bei ihrer älteren Schwester Carmen aufgewachsen war, hatte sich nach einer mystisch-katholischen Jugendphase zu einer frühen feministischen Nonkonformistin entwickelt. Sie rauchte, trug kurze Haare, trieb Sport, debattierte mit den Männern und schlug die Beine übereinander. Carmen schloss sich mit ihrem Mann, dem Dichter Córdova Iturburu, 1926 der Kommunistischen Partei an, aus der sie beide 1940 unter dem Eindruck des Hitler-Stalin-Paktes allerdings wieder austraten.

Ernesto Guevara, der Vater des späteren »Che«, war ein abgebrochener Architekturstudent, der sich – offenbar auf der Jagd nach dem alten, verflossenen Reichtum der Familie – in Business übte, ohne jemals die nötige Hartnäckigkeit, Geschicklichkeit oder Fortune zu entwickeln, die es dazu brauchte. Sein nicht unbeträchtliches Erbteil hatte er vor der Hochzeit in einer Jacht-Werft angelegt, die nur wenig abwarf und 1930 dann (unversichert) abbrannte. Das trug bereits Züge eines Fanals.

Nach seiner Muss-Ehe mit Celia de la Serna – die Geburtsurkunde ihres ersten Kindes Ernesto, mit dem sie bei der Hochzeit bereits schwanger ging, ließen sie offenbar um einen Monat, von Mai auf Juni 1928, nachdatieren – machten sich die beiden erst einmal auf und davon. Ernesto sen. legte das Erbteil seiner Frau, das sie sich gerichtlich hatte erstreiten müssen, in einer Plantage für Mate-Tee an, die er in der Provinz Misiones, im Grenzgebiet zu Paraguay und Brasilien, am Ufer der Rio Paraná aus dem Urwald herausroden ließ. Mate galt als das »grüne Gold«, eine Mate-Plantage als sicheres Geschäft. Aber die Weltwirtschaftskrise ließ auch diesen Goldrausch in sich zusammenfallen, kaum dass er begonnen hatte.

Immerhin, die drei Gründerjahre in Misiones, die auch die ersten Lebensjahre des kleinen Ernesto jun. waren, gehörten noch lange Zeit zum festen Legendenschatz der Familie. Man hatte dort in großem und abenteuerlichem Stil gelebt, in einem neu erbauten Haus auf Pfählen am Ufer des großen Flusses. Während indianische Tagelöhner die Arbeit auf der Plantage machten, kümmerten sich ein schwarzer Domestik und ein spanisches Kindermädchen um den Jungen – während das nächste Kind, Schwesterchen Celia, schon unterwegs war. Man hatte eine eigene Jacht »Ala« und eine Barkasse »Kid«, mit denen man den Strom hinauf- und hinabfuhr. Wilde Tiere zeigten sich am Ufer. Man fing große Fische und ging zum Picknick an Land.

Der Brand der Werft, der einbrechende Teemarkt und die Geburt des zweiten Kindes führten zur vorzeitigen Rückkehr nach Buenos Aires. Leben musste die Familie nun vor allem von den Einkünften aus Celias verbliebenem Landgut in der Provinz Córdoba sowie von den Zinsen oder vom Verkauf ihrer Wertpapiere. Teile des Jahres verbrachte man auf dem großen Familiengut der Großmutter Lynch. Hier wurde der kleine Ernesto in die Riten des Landlebens und die rauen Späße der Gauchos (der Rinderhirten) mit ihren Kulten der Männlichkeit eingeführt. Wir sehen ihn bereits mit vier oder fünf Jahren auf einem Pferd sitzen und mit einem kleinen Colt hantieren, den Papa ihm überlassen hatte.

Davor liegt jene Urszene, die sein gesamtes Leben psychisch und physisch prägen sollte. Celia geht mit ihrem kleinen Prinzen im kalten Meerwasser baden. Sie selbst ist eine kühne Schwimmerin, die sich immer wieder am Rande der Lebensgefahr weit draußen im Meer tummelt, während ihr Mann und ihr kleiner Sohn am Ufer Todesängste ausstehen. Diesmal bricht bei dem Zweijährigen ein Asthma aus, das sie ihm vererbt hat, in einer Heftigkeit allerdings, die die Ärzte ratlos macht.

Alles dreht sich ab jetzt um ihn, den Erstgeborenen, der bei jedem Anfall mit dem Tod zu ringen scheint. Eine Rückkehr ins feuchte Klima von Misiones ist endgültig ausgeschlossen. Die Familie zieht stattdessen ins trockenere Córdoba, und bald höher hinauf in den Kurort Alta Gracia. Aus einigen Monaten, die sie bleiben wollen, werden elf Jahre. Erst wohnt man mit Kind und Kegel im Hotel »Sierra«, dann werden alte Villen gemietet, in denen man mit Köchin und wechselndem Personal lebt; aber stets in großzügiger Vernachlässigung, ohne feste Mahlzeiten und mit Kinderhorden, die »wie die Indianer« durchs Haus ziehen. Zeitweise können die Guevaras die Miete nicht zahlen, aber das hindert sie nicht, in den Casinos und Kurhotels durchzufeiern und standesgemäß auf recht großem Fuß zu leben. Es gibt ein altes Auto, mit dem man in die Berge fährt oder hinunter ans Meer, ins mondäne Mar del Plata, wo man die heißen Sommermonate verbringt, vor und nach den Besuchen auf der großmütterlichen Hacienda.

»So begann der Leidensweg unserer Familie ... Ich fühlte mich ausgelöscht und wie ein Gefangener«, klagt Vater Ernesto in seinem nachgelieferten Kultbild »Mein Sohn Che«. Alles habe sich jahrelang um die Krankheit seines Ältesten gedreht, an dessen Bett er und seine Frau Nächte hindurch gewacht hätten; die medizinische Behandlung hätten sie oft kaum bezahlen können, und zeitweise habe er an Selbstmord gedacht. Eher lieferte die Krankheit des Sohnes wohl einen Vorwand dafür, dass Ernesto senior als notorischer Schürzenjäger mit den Allüren eines Playboys über längere Strecken seines Lebens dem edlen Nichtstun huldigte, während die Ehe mit seiner starken, eigenwilligen Frau Celia zunehmend entgleiste und auch durch die nachkommenden Kinder – insgesamt waren es schließlich fünf – nicht mehr gekittet werden konnte.

Dafür ging Ernesto junior eine umso engere, symbiotische Bindung mit seiner schönen Mutter ein, die ihn zu Hause unterrichtete, bis im Alter von neun das Schulamt intervenierte. In dieser beschützten mütterlichen Innenwelt wurde er zu einem frühen, ehrgeizigen Leser und Grübler, aber auch schon zu einem »sich Härtenden«, der es bei seinen furchterregenden Erstickungsanfällen unter den Augen der besorgten Eltern und Geschwister bis zur letzten Minute drauf ankommen ließ, bevor er den Inhalator herbeiwinkte. Nur um, kaum wiederhergestellt, ins Freie zu schlüpfen, wo er sich als Bandenführer (wie die Legende es will, an der Spitze einer Gruppe von Jungs aus dem Bergarbeiterviertel El Bajo) in rohe Spiele und physische Mutproben stürzte. Die Kinder beschossen sich mit Schleudern, kletterten auf Klippen oder in Baumwipfel, gruben Höhlen und Tunnel, balancierten auf Eisenbahnschienen über Abgründe, sprangen von einer Dachterrasse zur andern, tranken Tinte oder fraßen Kreide. Einmal brannten sie eine Zuckerrohrplantage ab.

Der junge Ernesto scheint, wenn nur die Hälfte der Erzählungen stimmt, in all diesen jugendlichen Spielen und Aktivitäten wie auch in den vornehmeren Sportarten, die er praktizierte, eine gewisse manische Verbissenheit an den Tag gelegt zu haben. Er forderte den Lokalchampion im Tischtennis heraus. Er ließ sich von einer jungen Landesmeisterin im Tennis trainieren. Er übte sich wie der Vater mit pedantischem Eifer im Golf (»dieser Sport faszinierte ihn«). Folgt man dem ruhmseligen Senior, betrieb sein Sohn außerdem, und natürlich stets exzellent, Gymnastik und Fechten, Rollschuhlaufen, Handball und Schlagball, und mit besonderer Leidenschaft Fußball, der gerade zum Nationalsport wurde. Später im Gymnasium wurde Rugby seine Leidenschaft, die ihm den Spitznamen »Fuser« – für seinen Warn- und Kampfruf *Aquí va el furibundo Serna! (Hier kommt der rasende Serna!)* – einbringt. Der Vater, als Spielkamerad seiner Kinder, stand mit dem Inhalator am Rande des Feldes.

Für seine Söhne hatte er ein kleines Motorrad gekauft, mit dem sie allerhand Touren machten. Er ging mit ihnen zum Scheibenschießen mit der Pistole. Aber natürlich wurde von Jugend an auch geschwommen, gewandert und geritten. Mehrfach zog der halbwüchsige Ernesto junior mit seinem Onkel Jorge, einem athletischen Pferdezüchter, auch zum Segelfliegen hinaus; und man sieht ihn im Geiste schon 15 Jahre später als Minister auf Kuba mit einer kleinen Cessna die Insel hin und her überfliegen, um vor staunenden Begrüßungskomitees und Auditorien zu landen, das Uniformhemd über der Hose, die Schnürsenkel offen, scharf riechend und schön wie ein junger Gott.

Aber noch bewegen wir uns ja in einer adoleszenten Welt der Rollenspiele und Selbsterkundungen. Also hätten wir als Nächstes Ernesto, den begeisterten Darsteller im Schultheater, der Kostümierungen liebte und mal als Indianer und mal als Gaucho, mal als alter Grieche und mal als französischer Marquis auftrat, und dann wieder als Boxer, der die Rolle etwas übertrieb.

Seine Hauptrolle war aber früh er selbst, der sich mit dem Eintritt in die Pubertät ein fast künstlerisches Flair bohemehafter Nachlässigkeit zulegte. Wäsche und Hemd wurden höchstens einmal die Woche gewechselt. Man sah ihn mit unterschiedlichen Einzelschuhen an den Füßen. Er verachtete alles, was nach »Manieren« aussah. Und nach langen Asthmaperioden, in denen er kaum aß, frönte er einer zügellosen Fressgier, die ihm seinen zweiten Spitznamen »chancho« (das Schwein) einbrachte. Aber all diese ungewaschene Nonchalance unterstrich eben nur seine natürliche Schönheit. Und die Menge der fotografischen Porträts und Selbstporträts, die er zeitlebens von sich machte oder machen ließ, zeigt überdeutlich, wie sehr ihm das von Jugend auf bewusst war.

Natürlich lernte Ernesto früh und methodisch selbst das Fotografieren. Eine Kamera würde auf all seinen Reisen und in seinen Dschungelcamps stets zur Grundausrüstung gehören. In Mexiko verdiente er damit zeitweise sogar seinen Lebensunterhalt. Aber zur Grundausrüstung gehörte immer auch ein kleines Schachspiel. Schon der Zehnjährige forderte in einem Hotel in Alta Gracia den gerade anwesenden kubanischen Schachmeister heraus; und in Miramar spielte der Halbwüchsige mit dem argentinischen Schachmeister Najdorf simultan mehrere Partien. Und natürlich würde dieser später seinen berühmten Landsmann als regierenden Comandante in Kuba besuchen, dort (angeblich) eine riesige Schachbibliothek von 500 Titeln bestaunen und dem »guerillero heroico« attestieren, dass an ihm ein »Spieler ersten Ranges« verloren gegangen war.

Wem bei der Vorstellung all dieser universellen Befähigungen noch nicht schwindelig ist, der muss sich – folgt man den Biografen und Memoristen Guevaras weiter – nun erst recht anschnallen. Da wäre als Nächstes der Hobby-Grafologe zu erwähnen, der sich (hier wieder dem Vater folgend) mit Studien von Handschriften als Charakterbildern befasste, vorzugsweise allerdings der Analyse der eigenen Klaue. Über mehrere Jahre hinweg trug Ernesto dazu das folgende, verblüffende Zitat in ein Heft ein, um die eigene Evolution zu verfolgen:

> *Ich glaube, über genügend Kraft zu verfügen ..., um erhobenen Hauptes auf das Schafott zu steigen. Dabei halte ich mich nicht für ein Opfer, sondern werde mit meinem Blut Frankreichs Boden fruchtbar machen. Ich sterbe, weil ich sterben muss, damit das Volk weiterleben kann.*

Diese, offenbar einem guillotinierten Jakobiner – vielleicht Danton, vielleicht Robespierre – entliehene Sentenz führt bereits in die Welt narzisstischer Todes- und Gewaltfantasien, die ab jetzt zum festen Charakterbild des künftigen »Che« gehören sollten. Seine grafologischen Selbstdiagnosen sind leider nicht überliefert. Noch haben die kubanischen und familiären Archive nicht alle Lebensdetails preisgegeben, die am Bild der Ikone kratzen könnten.

Was gibt es noch? Die musischen Seiten des jungen Mannes natürlich, die er ebenfalls wie einen Gemüsegarten zu bestellen versuchte. Ein Fernkurs in künstlerischem Zeichnen bewies ihm leider nur, dass er, aller Hingabe zum Trotz, für die Malerei kein rechtes Talent hatte. Seine Unmusikalität war früh schon legendär. Der junge Ernesto konnte sich Melodien und Rhythmen weder einprägen noch konnte er sie auseinanderhalten, sodass er bei seinen Versuchen, den Tango und andere Tänze zu üben, die Schritte »auswendig« lernen musste, was er bald sein ließ. Es ist immerhin ein historisches Phänomen von beträchtlicher Ironie, dass ausgerechnet zwei so von Musik und Tanz beschwingte Nationen wie Kuba und Argentinien mit »Fidel« und »Che« zwei Idole hervorbrachten, die dafür nicht den geringsten Sinn hatten.

Beide waren sie vielmehr von Jugend an Männer des geschriebenen und gesprochenen Worts, verliebt in Doktrinen, aber mehr noch in die große rhetorische Phrase, die mal schaurig klapperte und mal lyrisch vibrierte. Bei dem jungen Ernesto scheint die Dichtung jedenfalls von Kindesbeinen an zu seinen authentischen Passionen gehört zu haben. Mama las dem kranken Kind vor. Und Alta Gracia, vor allem das Haus von Tante Carmen und ihrem Mann, dem Dichter Iturburu, war vor und während des Krieges Treffpunkt von Schriftstellern und Künstlern.

So tauchte Klein-Ernesto aus der Welt seiner Abenteuer- und Ritterromane, von Cervantes bis Dumas, von Stevenson bis Jules Verne, mit beginnender Pubertät immer wieder und immer süchtiger in die Welt der großen Lyrik ein. Von Hernandez' Gaucho-Epos »Martín Fierro« war schon die Rede. Die französischen poètes maudits von Baudelaire bis Rimbaud gehörten offenbar zu seinen Lieblingen; und früh und immer wieder Neruda. Mit dessen Zyklus »Zwanzig Liebesgedichte und ein verzweifeltes Lied«, die er teilweise auswendig konnte, becircte der 16-Jährige seine erste romantische Flamme, die

Cousine »Negrita«, Tochter von Carmen und Córdova, mit der er (wie sie sich später gerne erinnerte) über geraume Zeit »eine Art Liebesidyll« unterhielt.

Wie die Romanze mit der Cousine einer ungeschriebenen Konvention in der éducation sentimentale eines angehenden Latino-Mannes folgte, so auch die parallel laufenden, mehr physisch-prosaischen Erkundungen in der Welt des andern Geschlechts. Die halbwüchsige Rugby-Crew organisierte mithilfe einer »mucama«, eines Dienstmädchens im Hause seines späteren Reisegefährten Calica Ferrer, die Defloration ihres jüngsten Mitglieds und wohnte ihr aus der Schlüssellochperspektive bei. Diese Sorte Dienstbotensex war ein etablierter Teil der Lebenskonventionen der bürgerlichen Oberschicht, als praktisches Gegenstück zur Unschuld ihrer zu verheiratenden Töchter. Der junge Ernesto scheint von dieser nicht mit gewerbsmäßiger Prostitution zu verwechselnden Einrichtung auch danach periodischen Gebrauch gemacht zu haben, während er nach dem etablierten Schema von »Heiliger und Hure« seine Romanzen pflegte. Eine Zeit lang soll er sich, dem väterlichen Vorbild folgend, allerdings auch als Schürzenjäger unter seinen Tanz- und Schulbekanntschaften geübt haben, in der kalten Absicht, zu testen, wer wie weit »zu haben« war.

Ob die Junggesellenbude am Busbahnhof in Córdoba, die der Gymnasiast eine Weile unterhalten haben soll, eher erotischen oder intellektuellen Erkundungen oder beidem diente, kann dahingestellt bleiben. Alle Berichte stimmen jedenfalls darin überein, dass er nicht nur in den langen Auszeiten seiner Krankheit, sondern auch in allen Pausen zwischen seinen sportlichen und sonstigen Aktivitäten – wie später in den Kampf- und Marschpausen im Dschungel – die Nase in Bücher steckte, die er stets mitschleppte, und dass er dafür immer wieder eigene Refugien suchte, und wäre es ein Baum.

Erneut ist man geneigt zu sagen: Stimmte auch nur die Hälfte dessen, was seine späteren Lobredner und Memoristen über die enzyklopädische Bildungswut des jungen Mannes zu berichten wissen – es wäre noch immer genug, um sich zu wundern, wann und wie er dieses Pensum neben allem anderen bewältigt haben soll. Dass sein Interesse an Belletristik von früh auf seinem Alter voraus war und er wenig ausließ, kann jedenfalls als gesichert gelten. Neben klassischer und moderner spanischer, lateinamerikanischer, italienischer und französischer Literatur fällt immerhin eine beträchtliche Anzahl nordamerikanischer Autoren ins Auge, wie William Faulkner, John Steinbeck oder der Kultautor aller Tramps und Zivilisationsverächter, Jack London, dessen »Ruf der Wildnis« ihn früh erreichte.

Prekärer sind die Auskünfte über Ernestos historische, philosophische, psychologische und gesellschaftstheoretische Lektüren. Dass er auf diesem Feld bereits als Halbwüchsiger brennenden Ehrgeiz entwickelte, geht aus einem vor einigen Jahren zum Vorschein gekommenen »Philosophischen Wörterbuch« hervor. Als 16-Jähriger legte er sich ein alphabetisch geordnetes Kompendium seiner Lektüren, Exzerpte und Gedanken an, das über rund zehn Jahre auf sechs Hefte mit 165 dicht beschriebenen Seiten anschwoll. Es dürfte allerdings (folgt man den divergierenden Angaben) auch ein Monument seines eklektischen Denkstils und wahllosen Wissenshungers sein. Zitate von Karl Marx entnahm der junge Guevara Hitlers »Mein Kampf« wie den Schriften Stalins. Das Denken Lenins erschloss sich ihm über die zitierte Warnschrift des französischen Paters Ducatillon sowie über ein Buch des emigrierten russischen Philosophen Berdjajew. Mussolini las er dagegen im Original, parallel zu den sozialistischen Klassikern. Über Buddha und Aristoteles gab ihm der Generalist H.G. Wells Auskunft, über das Christentum Emile Zola. Für Tod und Sterblichkeit war Friedrich Nietzsche zuständig, für die Sexualität Bertrand Russell. Auch Freuds Schriften exzerpierte er ausführlich; aber ebenso interessierten ihn der Mythengrundfischer C.G. Jung und der Sozialpsychologe Alfred Adler.

Kurzum, er las wie ein Staubsauger. Ein Foto aus der Guerilla in der Sierra Maestra zeigt Che, offenbar asthmakrank, auf einer Bettstatt liegend und »Goethe« lesend – was höchst eindrucksvoll wirkt; nur dass es sich um eine populäre Biografie des Porträtisten »großer Männer« Emil Ludwig handelte, nicht um ein Werk des Weimarer Dichterfürsten selbst. Man muss schon genau hinschauen. Und dabei bedarf es wahrhaftig nicht jenes Stichs ins Genialisch-Übermenschliche, den die posthumen Elogen auf die angeblich enzyklopädische Bildung des »Che« regelmäßig haben, um den Mann hinter der Ikone interessant zu finden.

Die lakonischen Selbstauskünfte, die der Weltrevolutionär über seine frühe, formative Phase gegeben hat, deuten gelegentlich an, dass er sich mit all seinen verbissenen Selbstanalysen doch selbst ein Rätsel geblieben ist. So wenn er einer auswärtigen Bewundererin später nüchtern erklärt: *Ich hatte keinerlei soziales Engagement in meinen Jugendjahren, und ich war auch nicht an den politischen und studentischen Kämpfen in Argentinien beteiligt.* Dem wäre wenig hinzuzufügen, wäre diese Interesselosigkeit bei einem so universell interessierten jungen Mann, der sich bald schon zu einem *political animal* im totalen Sinne mausern sollte, nicht erklärungsbedürftig. Tatsächlich stimmt diese Selbstbeschreibung auch nur begrenzt.

Den Ausgangspunkt seiner politischen Bildungsgeschichte bildete unzweifelhaft eine frühe und feurige Begeisterung für den Spanischen Bürgerkrieg, dessen Frontverläufe der Acht- bis Zehnjährige mit Fähnchen auf einer Karte absteckte. Im Park der Villa Lydia wurden von den Kindern Bunker und Gräben angelegt, in denen sie mit den benachbarten Banden »Spanischer Bürgerkrieg« spielten. Onkel Córdova Iturburu war in diesen Jahren als Korrespondent in Spanien und lieferte von dort lebhafte Berichte. Unter den Flüchtlingen, die es nach Kriegsende nach Alta Gracia verschlug, befand sich auch ein republikanischer Ex-General namens Jurado, dessen lebhaften Erzählungen – wie er die mit Pauken und Fanfaren auf Madrid vorrückenden italienischen Schwarzhemden bei Guadalajara in die Falle gelockt und aufs Haupt geschlagen hatte – der junge Ernesto gebannt lauschte.

Bald nach dem Ausbruch des Weltkriegs war Vater Guevara an der Bildung einer Ortsgruppe der »Acción Argentina« (AA) beteiligt, die es sich zur Aufgabe machte, die faschistische Infiltration in Argentinien selbst aufzudecken und zu vereiteln. Der junge Ernesto hatte einen eigenen Ausweis der Jugendorganisation und begleitete seinen Vater und andere Mitglieder in »die Gebirge Córdobas auf der Suche nach Hinweisen für Infiltrationen«. Kindlicher Feuereifer paarte sich dabei mit väterlicher Paranoia: »Die Regierung Hitlers hatte auf subversive Weise Nazizellen in unserem Land aufgebaut, die nur auf den Moment zum Losschlagen warteten, käme der Krieg an unsere Strände.« So Ernesto senior, dessen große Zeit diese Kriegsjahre offenbar waren. Seine Gruppe sammelte Beweise dafür, »dass in der Provinz Córdoba in der Nähe einer jeden Eisenbahn- oder Straßenbahnbrücke ein Haus stand, das von einem Nazi bewohnt war, der … Dynamit besaß«. An jeder Brücke ein Nazi! Auch in den Bergen fanden sie Steine mit weißen Markierungen, die »offensichtlich« für Luftaufnahmen und Landeoperationen präpariert waren. Denn: »Hitlers Regierung hatte beschlossen, die Republik Argentinien als Operationsbasis für die militärische Eroberung Amerikas zu benützen.« Mit dieser reichlich schlichten Lagebewertung wollte Guevara sen. dreißig Jahre später – schon als Staatsrentner auf Kuba – seinem Sohn posthum die Legende eines frühen, lupenreinen Antifaschisten verschaffen.

Die Sache war allerdings sehr viel komplizierter. So gab es innerhalb der großen deutschen Kolonie in Argentinien, wie in Chile, Bolivien und anderen Einwanderungsländern Südamerikas, tatsächlich lebhafte Sympathien für das nationalsozialistische Dritte Reich und Hitlers offensive Politik mit und gegenüber dem »Auslandsdeutschtum«. Viel gravierender war allerdings, dass die Mehrzahl der lateinamerikanische Regimes, vor allem die »populistischen« Militärs und Caudillos, in den Dreißigerjahren mit den europäischen Faschismen sympathisierten und sich im Weltkrieg nach 1939 zumindest neutral hielten oder den Achsenmächten auf indirektem Weg sogar Hilfe leisteten. In Argentinien spielte auch das große, aus Italien eingewanderte Bevölkerungssegment dabei eine wesentliche Rolle, in dem viele den Duce bewunderten.

Mit dem Überfall Deutschlands auf die Sowjetunion im Juni 1941 und mit dem Kriegseintritt der Vereinigten Staaten nach dem japanischen Angriff auf Pearl Harbor im Dezember gruppierte sich das politische Spektrum in den meisten lateinamerikanischen Ländern wie in einem Magnetfeld neu um, so auch in Argentinien. Während bürgerliche Radikale und Liberale, Sozialdemokraten und Kommunisten sich zu einer losen Front zusammenschlossen, die die Kriegsanstrengungen der Westalliierten wie der Sowjetunion entschieden unterstützte, hielten Militärs, Populisten und Konservative umso offensiver an ihrer Neutralitäts- und Autarkiepolitik fest, deren materielle Basis jenseits ideologischer Sympathien oder Antipathien der Zusammenbruch der Exporte nach Europa durch die alliierte Blockade des Kontinents war. Als starker Mann des nationalistischen Militärregimes, das 1943 in Buenos Aires die Macht übernahm, stellte sich bald der junge Oberst Juan Domingo Perón heraus, dessen expansive, auf Verschuldung begründete Wirtschafts- und Sozialpolitik nicht nur populär war, sondern nach Lage der Dinge auch Sinn machte.

Die demonstrative politische Abstinenz des jungen Guevara beginnt offensichtlich genau in dem Moment, in dem die argentinische Regierung sich im März 1945, in letzter Minute also, der westlichen Kriegsallianz anschloss. Während seine Eltern das als einen hoffnungsvollen Neubeginn feierten, sah Ernesto (nach dem Zeugnis seines Vaters) darin nichts als einen »Kniefall vor den USA«. Diese neue Frontstellung überwog für ihn also bereits die bisherige antifaschistische Weltkriegskonstellation.

Die Lage wurde noch komplizierter, als die regierende Militärjunta unter starkem Druck der Alliierten im Oktober 1945 den Obersten Perón entließ und unter Arrest stellte – nur um kaum acht Tage später zu kapitulieren, als Hunderttausende aus den armen Vorstädten und den Fabriken für dessen Freilassung und Wiedereinsetzung auf die Straße gingen. Das waren die größten Massendemonstrationen der argentinischen Geschichte, und vielleicht ganz Lateinamerikas. Assistiert von seiner illustren Gattin Evita, die von einer kleinen Provinzschauspielerin zum »Engel der Armen« und nach ihrem frühen Tod zur Nationalheiligen avancierte, schlug Perón die Massen über ein volles Jahrzehnt durch eine bis dahin ungekannte Fusion nationaler und sozialer Energien in seinen Bann und wirbelte mit seiner aus dem Boden gestampften peronistischen Bewegung alle bisherigen politischen Gruppierungen und Schlachtordnungen durcheinander. Im Februar 1946 gewann er als Kandidat einer improvisierten »Partido Laborista« (Arbeiterpartei) die angesetzten Wahlen, nicht zuletzt unter dem Slogan »Braden oder Perón«. Braden war der Botschafter der USA, der öffentlich Senator Tamborini, den Kandidaten der Demokraten und Linken (also auch der Familie Guevara), unterstützt hatte.

Diese nationalistische Rhetorik musste den künftigen »Che« tief beeindrucken. Allerdings konnte er nicht Peronist werden, weil das einen völligen Bruch mit sämtlichen familiären Traditionen und Usancen bedeutet hätte. Genauso wenig konnte er allerdings einem bürgerlichen Demokratismus folgen, der seinen Vater veranlasste, noch im Koreakrieg von 1950 bis 52 die Position der USA einzunehmen. Aber auch die Politik der Kommunisten, bei denen Ernesto als Student etliche Freunde hatte, musste ihm nach allen Wendungen dieses Weltkriegszeitalters wirr und weltfremd erscheinen: Erst der Pakt Stalins mit Hitler, den sie loyal hatten verteidigen müssen; dann das Bündnis mit den westlichen Demokratien, das vom KP-Vorsitzenden der USA Earl Browder als eine natürliche und dauerhafte Allianz dargestellt wurde; bevor mit Ausbruch des Kalten Krieges ab 1947 dann wiederum der Kampf gegen den »Browderismus« zur revolutionären Pflicht wurde. Am Ende stand eine noch widersprüchlichere Politik der »Volksfront« gegen den »faschistischen« Peronismus und den US-Imperialismus – während derselbe Perón in völliger Souveränität eine Serie sozialer Reformen einleitete, die weithin den Forderungen der mattgesetzten Linksparteien und Gewerkschaften entsprachen.

Die Unmöglichkeit, für irgendeine der politischen Positionen Partei zu ergreifen, kleidete Ernesto junior seinem Stil entsprechend in ätzenden Spott gegen alle und jeden. Gingen seine linken Kommilitonen, darunter die befreundeten Brüder Granado, in der Protesthochburg Córdoba gegen den »Faschismus« Peróns auf die Straße, nur um von den stets herbeizitierten »Massen« Prügel zu beziehen, verkündete Guevara mitleidlos und präpotent, er würde niemals an Demonstrationen teilnehmen, bei denen er keine Pistole mitführen dürfe. Dass Perón die handzahmen Kommunisten mit gebremster Brutalität verfolgen (allerdings nie verbieten) ließ, um sich bei den USA wieder lieb Kind zu machen, erfüllte ihn selbstverständlich ebenfalls mit Verachtung. Noch mehr galt das allerdings für die vom Antifaschismus zum Antikommunismus gewandelte Position seines Vaters – dem er im Übrigen niemals verzeihen konnte, dass dieser seine 1945 an Brustkrebs operierte Frau Celia faktisch verlassen hatte und seine nach Buenos Aires umgesiedelte Familie nur noch unregelmäßig besuchte, zumal er gerade wieder einen Bankrott hingelegt hatte.

Ernesto junior, der 1946 die Schule abgeschlossen und sich zunächst für Ingenieurwissenschaften an der Universität Córdoba eingeschrieben hatte, wandte sich im Jahr darauf schließlich der Medizin zu. Seine Eltern hatten von Beginn an über Auslöser, Erscheinungsformen und Medikationen seines Asthmas Buch geführt, und er selbst hatte sich inzwischen zum Experten und Arzt in eigener Sache gemacht. Das war es, was ihn kurz nach Studienbeginn in Buenos Aires in das Labor des bekannten Allergologen Prof. Pisani brachte, der mit riskanten Heilmethoden wie der Injektion halb verdauter Nahrungsstoffe aus menschlichen Därmen experimentierte, die der junge Guevara an sich selbst ausprobierte. Die Krebserkrankung seiner Mutter und die Pflege seiner sterbenden Großmutter, die er mit Hingabe übernahm, dürften weitere prägende Erfahrungen gewesen sein.

Dennoch wollen die geläufigen Vorstellungen eines von heilandsmäßiger Menschenliebe durchglühten Doktors Guevara, der aus reiner moralischer Empörung schließlich zum Kämpfer gegen das Unrecht der Welt wurde, nicht zu dem jungen Mann passen, der jetzt erst recht die bekannte Mischung aus manischem Aktivismus und morbider Faszination an Tod und Gefahr an den Tag legte, die seine Kinderspiele und pubertären Exzesse bereits geprägt hatte. So schleppte er in Zeitungspapier gewickelte Leichenteile aus der Pathologie in der U-Bahn mit nach Hause, um dort weiter zu schnibbeln. Er hielt Kaninchen und Meerschweinchen auf seinem Balkon, denen er Krebszellen injizierte, um neue Medikamente auszuprobieren. Aber auch seine Freunde mussten als Versuchskaninchen herhalten, so wie er selbst. Mit einem Kommilitonen entwickelte er ein Pestizid gegen Insekten, das er unter beziehungsreichen Namen wie »Attila« oder »Al Capone« und schließlich »Vendaval« (Sturmwind) zum Patent anmeldete und in der Garage des Elternhauses ohne Schutzvorrichtungen, hustend und mit tränenden Augen, zu produzieren begann. Ein anderes Mal zog er sich in Prof. Pisanis Labor beim Zerkleinern menschlicher Eingeweide eine schwere Vergiftung zu, weil er wieder einmal die vorgeschriebene Schutzkleidung verschmäht hatte; was ihn nicht daran hinderte, mit hohem Fieber zur nächsten Prüfung zu wanken.

Diese Mischung aus Doktor Eisenbart und Heros des eigenen Schicksals kreiste immer wieder um den Gegensatz zwischen einem gewöhnlichen Tod im Krankenbett und einem Heldentod draußen im Feld, im Zeichen irgendeines abstrakten Ruhmes – so in peinlicher Überdeutlichkeit in einem Gedicht des 18-Jährigen aus dem Jahr 1947:

Dein Schicksal / änderst Du durch Willenskraft.
Sterben, ja, aber durchlöchert von
Kugeln, durchstochen von Bajonetten, anders, nein …
Und im Gedächtnis bleibt, wenn mein Name vergessen,
dass ich kämpfend starb.

Dabei lebte dieser unbekannte Soldat noch ganz in einer familiären Welt liebender Frauen. Neben seiner Mutter Celia und der 1947 verstorbenen Großmutter Ana war es vor allem seine kinderlose Tante Beatriz, die ihn von Kindesbeinen an wie eine zweite Mutter umhegt hatte und dem Studenten in Buenos Aires ein weiteres Zuhause bot, in dem er nach Belieben ein und aus gehen, essen und nächtigen konnte. Tante Beatriz wurde zu einer Seelenvertrauten, der er regelmäßig und aus allen Ländern der Welt Briefe schrieb, die er wie an die Eltern vielfach mit »TT« unterzeichnete, für »Tété«, seinen familiären Kindernamen.

Eine fast zwanzigjährige Korrespondenz pflegte er auch mit einer gleichaltrigen Busenfreundin, der Medizinstudentin »Tita« Infante, die Mitglied im Kommunistischen Jugendverband war und die er ihrer Ernsthaftigkeit und marxistischen Bildung wegen platonisch bewunderte. Mit ihr erörterte er lebensphilosophische und politische Fragen, die er mit seinen Familienmitgliedern nicht diskutieren mochte.

Schließlich kam, fast wie im Musterdrehbuch eines gut sortierten bürgerlichen Lebenslaufs, noch etwas hinzu, das er bis dahin nicht gekannt hatte: eine heftige Verliebtheit in die 16-jährige »Chichina«, eine bildhübsche Tochter aus reicher Familie in Córdoba, die er bei einem Fest im Haus von Tante Carmen und Cousine »Negrita« kennenlernte. Vor den Gefühlsstürmen, die diese erste große Liebe in ihm auslöste, und vor den Verpflichtungen, die das potenziell bedeutete, nachdem sie heimlich seine »novía« (Verlobte) geworden war, flüchtete er sich in den »Raidismus«, der zum Erbteil seines Vaters gehörte. Sein Biograf Paco Ignacio Taibo II definierte das als eine »Philosophie der Umherziehenden, der organisierten Vagabunden, der zum Äußersten bereiten Reisenden«.

Seiner Mutter schrieb »Tété« Jahre später aus Mexiko, sie habe nun einmal mit ihrem Sohn *einen kleinen umherziehenden Propheten in die Welt gesetzt, der die Ankunft des Tags des Jüngsten Gerichts verkündet.* Dieser »kleine umherziehende Prophet« hatte freilich noch immer etwas vom kleinen Prinzen, der seinen häuslichen Planeten (Argentinien) mit der liebevoll umhegten Rose (Mutter, Tante, Freundin) und seinen zähen Kampf gegen die alles überwuchernden Affenbrotbäume (die Oligarchen und Kompradoren) für eine Weile verlassen hatte, um die fremde Menschenwelt draußen zu erkunden, Erfahrungen zu machen und Freunde zu finden – und irgendwann zurückzukehren.

Die Neue Welt

»Er war der erste Lateinamerikaner des Jahrhunderts: eine erstaunliche Tatsache, wenn man bedenkt, dass Hunderte von Millionen in dieser Hemisphäre durch die gleiche Sprache, dieselbe iberische Kultur, dieselbe Religion, dasselbe monströs deformierte Klassensystem, dieselbe Tradition von Gewalt und Hass miteinander verbunden sind«, schreibt Alma Guillermoprieto in einem kurzen, pointierten Porträt Guevaras (»Der harsche Engel«). Um fortzufahren: »Trotz dieser essenziellen Bande lebten die 21 Nationen Lateinamerikas in entschiedener Isolation voneinander und einem allgemeinen Misstrauen gegeneinander, bis Che daherkam und sich durch seine Aktionen als Bürger von ihnen allen deklarierte.«

Aber hatten nicht schon Simón Bolívar und seine Mitkämpfer für die Unabhängigkeit von Spanien Anfang des 19. Jahrhunderts sich als Bürger des ganzen (südlichen) Amerika deklariert? Hatte nicht José Martí, der Apostel der kubanischen Freiheitsbewegung, bereits »Unser Amerika« als einen »Schmelztiegel der Völker« und als einen Kontinent besungen, auf dem es keinen Rassenhass gebe, »weil es keine Rassen gibt«? Hatte nicht der erste Erziehungsminister des nachrevolutionären Mexiko, José Vasconcelos, das lateinamerikanische Mestizentum als den Kern einer neuen »kosmischen Rasse« gefeiert? War nicht die »Revolutionäre Amerikanische Volksallianz« (APRA) des Peruaners Haya de la Torre 1926 bereits als die erste panamerikanische Kampforganisation gegen den »Yankee-Imperialismus« gegründet worden? Hatte nicht der nicaraguanische Revolutionsgeneral Augusto César Sandino 1929 das Projekt eines Obersten Gerichtshofs, einer gemeinsamen Armee und weiterer Organe zur Schaffung »eines einzigen Nationalstaats«, genannt »Lateinamerikanische Nation« oder »Lateinamerikanischer Bund«, vorgelegt?

Guevara war sich dieser ideellen Vorläufer jedenfalls sehr bewusst. Allerdings war er wohl der erste politisch Handelnde, der sich von seiner nationalen Ausgangsbasis vollkommen gelöst hatte zugunsten einer alle Nationen Lateinamerikas – und gleich auch noch die vermeintlich verwandten Völker Asiens und Afrikas – umfassenden Globalguerilla, einer imaginären »Tricontinentale«, die dem nordamerikanischen Welthegemon als der letzte und entscheidende Gegner gegenübertreten sollte.

Wer Che auf diesen Traumpfaden seiner Weltrevolution folgen will, wird ein wenig historische Amerikakunde betreiben müssen, die mit den zentralen Begriffen selbst beginnt. So hatte die Ende des 19. Jahrhunderts aufgekommene Bezeichnung »Latino-« oder »Iberoamerica« von Beginn an einer betonten Abgrenzung gegenüber den anglophonen »Vereinigten Staaten von Amerika« gedient. Aber gerade in dieser Gegenüberstellung zeigte sich die Unbestimmtheit und Heterogenität »Lateinamerikas«.

Der staatliche Einigungsprozess Nordamerikas war von seinen Anfängen im Unabhängigkeitskrieg gegen Großbritannien an stets von mächtigen sozialökonomischen Faktoren vorangetrieben worden. Hauptmotor waren die rapide kapitalistische Industrialisierung des Nordens und Ostens und die zielstrebige Durchdringung des wachsenden Staatsgebiets der »Union« mit modernen Kommunikationsmitteln, vor allem Eisenbahnen. Die skrupellosen Gewaltmittel, die bei der Dezimierung der Indianerstämme und der Enteignung der bäuerlichen Pioniere durch die Eisenbahngesellschaften und Viehbarone angewendet wurden, waren gerade deshalb so wirkungsvoll, weil ein breit gelagertes gesellschaftliches Entwicklungsinteresse dahinterstand, das alle Widerstände überrollte. Ähnliches gilt für die kolonisierende Landnahme im pazifischen Westen und im mexikanischen Südwesten. So entstanden die »Vereinigten Staaten von Amerika« binnen kaum eines Jahrhunderts und annähernd in ihren heutigen Grenzen als ein zentralisierter Bundesstaat eigenen Typs – zu dessen endgültiger Konstituierung es allerdings eines totalen Bürgerkriegs oder Einigungskriegs der Unionisten des Nordens gegen die Konföderierten des (sklavenhaltenden) Südens bedurfte.

»Lateinamerika« mit seinen heterogenen Einzelstaaten blieb im Verhältnis dazu eine sehr viel abstraktere Größe. Auch wenn man die indianischen Urbevölkerungen und die Nachfahren der afrikanischen Sklaven mit einrechnete, blieb diese Bezeichnung der spanischen und portugiesischen Kolonialgeschichte verhaftet – von der man sich in einer Kette von Unabhängigkeitskriegen doch eben erst abgekoppelt hatte. Simón Bolívar selbst hatte seinen Kampf um ein vereintes Lateinamerika mit den Sätzen aufgegeben: »Amerika kann nicht regiert werden, und die Revolutionen haben ein Meer gepflügt.« Das hatte der Befreier vom spanischen Kolonialjoch gerade mit neidvollem Seitenblick auf die nordamerikanische wie auf die Französische Revolution gesagt. Das südliche Amerika sei zu solch durchgreifenden Gründungsakten nicht fähig. Hier seien »Verträge Papierfetzen, Verfassungen Drucksachen, Wahlen Schlachten, Freiheit Anarchie und das Leben – eine Qual.«

Allerdings war die historische Konstitution des amerikanischen Doppel-Kontinents auch einzigartig. Asien mit seinen alten Reichen hatte es bereits lange vor Europa gegeben. Der arabisch-muslimische und der türkisch-osmanische Orient waren die direkten, schließlich unterlegenen Rivalen Europas beim Griff nach der Weltmacht. Afrika blieb über Jahrhunderte das tragische Objekt des arabischen und des europäischen Sklavenhandels und Kolonialismus. Aber erst mit der Entdeckung Amerikas hatte sich das Bild der bewohnten Welt geschlossen und die Erdkugel wirklich gerundet.

Diese »Neue Welt«, wie sie sogleich genannt wurde, erwies sich als eine eigene, über Jahrtausende von den anderen Kontinenten abgetrennte »alte Welt«. Die theokratischen Despotien der Azteken und der Inka ähnelten in ihrer zeremoniellen Pracht wie in ihrer statischen (und daher instabilen) sozialen Verfassung eher den frühen orientalischen Hochkulturen, von Assyrien bis Ägypten, als den zeitgenössischen Reichen Europas oder Asiens. So »antik« die Ruinen dieser alten indianischen Reiche heute wirken, so dicht liegen ihre sozialen Sedimente und kulturellen Traditionen unter der Oberfläche der lateinamerikanischen Gesellschaften und bestimmen weithin ihre Rassen-, Clan- und Klassenordnungen.

Tzvetan Todorov hat das Rätsel der blitzschnellen, fast widerstandslosen Eroberung der beiden großen Indio-Reiche des 16. Jahrhunderts in Mittel- und Südamerika durch winzige Kontingente spanischer Konquistadoren in eine Frage der »Kommunikation« aufgelöst – was nur eine andere Bezeichnung ist für das verfügbare Wissen über die Welt und für die Bereitschaft oder Fähigkeit, etwas über den »Anderen« zu erfahren, wenn auch nur, um ihn niederzuwerfen und auszubeuten.

»Die Eroberung der Information führt zu der des Reichs«, schrieb Todorov in einer Betrachtung über den Conquistador Hernán Cortés, einen Renaissance-Tatmenschen reinsten Wassers, und den von unerklärlicher Zaghaftigkeit befallenen, mächtigen Aztekenherrscher Moctezuma. Der Schlüssel liege darin, »dass den Konquistadoren, im Unterschied zu den Indianern, der Gedanke menschlichen Andersseins nicht fremd« war. Während der in Panik geratene Aztekenherrscher über seine Priester die Götter befragen ließ, was es mit den weißhäutigen Ankömmlingen auf sich hatte, die von Sonnenaufgang her mit Schiffen über das Meer kamen, und er sich mit der Suggestion selbst lähmte, es handele sich um die prophezeite Wiederkehr eines mythischen Gottkönigs, des Quetzalcoatl, sammelten die Spanier zielstrebig Informationen, zogen sich einheimische Dolmetscher heran, allen voran die Malinche, eine ehrgeizige Fürstentochter und Geliebte des Cortéz, zeichneten Karten und machten detaillierte Aufzeichnungen über Land und Leute, einschließlich der religiösen Mythologien der Azteken. Eben das befähigte sie, die inneren Widersprüche dieses auf Terror und Tribut gegründeten, von tiefen sozialen und ethnischen Konflikten zerrissenen, in archaische Menschenopfer albtraumhaft verstrickten Vielvölkerreichs in kürzester Zeit zu erfassen und sich in kaltblütigster Weise zunutze zu machen, bis hin zur Gefangennahme des Herrschers im eigenen Palast in der eigenen Hauptstadt.

Noch unglaublicher war die fast spiegelbildliche Wiederholung dieses Handstreichs bei der Eroberung des scheinbar homogeneren und stabileren Inkareichs im heutigen Peru durch die noch kleinere und schlechter ausgerüstete Expeditionstruppe des Francisco Pizarro. Dieser zweite Coup war jedenfalls nur möglich, weil der Inkaherrscher, der sein Reich mittels eines hoch entwickelten Kommunikationssystems regierte, vom Untergang des mexikanischen Aztekenreiches zehn Jahre zuvor offenbar nichts gehört hatte. Trotz eines gewissen Handelsverkehrs auf Flößen entlang der pazifischen Küsten scheinen die Inka wie die Azteken ganz und gar in ihren eigenen Kosmos eingeschlossen gelebt zu haben.

Sollte das aus neuen archäologischen Forschungen gewonnene Bild sich erhärten, wie es Charles C. Mann in seinem großartigen Forschungsbericht »1491« gezeichnet hat: nämlich dass die Begegnung zwischen den indianischen Bevölkerungen der »Neuen Welt« und den europäischen Kolonisatoren auch deshalb so einseitig zugunsten der Letzteren verlief, weil die Bewohner der dicht bevölkerten, wohlorganisierten und keineswegs armen und rückständigen Großreiche und Stammesfürstentümer Nord-, Mittel- und Südamerikas schon im Prozess der Eroberung durch eingeschleppte Seuchen, vor allem die Pocken, zu Millionen dahingerafft wurden, so wäre dies doch nur eine besonders tragische und eindrückliche Probe auf denselben Befund: den der isolationistischen Abgeschlossenheit des amerikanischen Kontinents vom Rest der Welt.

Auch Europa war im »dramatischen 14. Jahrhundert« durch die von Seefahrern aus dem Mittleren Orient und aus Asien eingeschleppten Seuchen wie Pest und Pocken über weite Strecken entvölkert worden. Aber gerade durch diese Epidemien und fortdauernden Kontakte mit der übrigen Welt hatten die europäischen Kolonisatoren jene Resistenzen gewonnen, die die indianischen Völker nicht besaßen. Deren stummes Massensterben, das sich an den ersten Kontakt mit den unbekannten weißhäutigen und bärtigen Eroberern mit ihren nie gesehenen Schiffen und Feuerwaffen, Pferden und Hunden anschloss, die ihrerseits von diesen Seuchen unberührt blieben, muss einen absolut lähmenden Effekt auf die Überlebenden gehabt haben.

Aber diese Seuchen allein erklären noch nicht den abrupten Zusammenbruch eines Imperiums wie des Reichs der Inka, das das vielleicht größte und bestorganisierte Imperium seines Zeitalters war – nur eben ohne solche Universalien wie das Rad und die Schrift. Die Knotenschnüre (Quipú) der Inka bewahrten zwar, wie die aztekischen Bilderhandschriften, das Gedächnis an die Geschichte der Herrscherdynastien und an die eigene mythologische Herkunft auf. Aber diese Überlieferungen standen oder fielen mit der Fähigkeit der Priester oder Quipú-Deuter, die Bildfolgen, Hieroglyphen oder komplexen Knotenbündel in mündliche Erzählungen zu überführen, denen sie als Erinnerungsstütze dienten. Beide Kulturen, die der Inka wie der Azteken, waren in diesem Sinne (der Kommunizierbarkeit von Wissen und Erfahrung) somit keine mobilen Schriftkulturen. Und so wie beide Reiche mit dem Tod des Herrschers in sich zusammenstürzten und die Priesterschaften sich nach dem Sturz ihrer Hauptgötter und der systematischen Entweihung ihrer Tempel und Heiligtümer scheinbar spurlos auflösten, so verschwand mit den verbrannten Archiven der Azteken wie der Inka auch die geschichtliche Überlieferung über die Zeit vor der Ankunft der Eroberer. Eine derartige kollektive Amnesie hat es vielleicht nie vorher und nie seitdem in der menschlichen Geschichte gegeben.

Oder doch nicht? Womöglich überlebten die mythologischen Erinnerungen und religiösen Kulte dieser alten Zeit ja gerade durch ihre symbiotische Verschmelzung mit den Erzählungen und Kulten der neuen Herren und christlichen Missionare. Indianische und europäische Schöpfungsmythen verschwammen vielfältig ineinander; alte Haupt- und Nebengötter wurden umgetauft in Apostel und Heilige; heidnische Riten und Beschwörungen kleideten sich in katholische Liturgien und Gebete; Opferfeste verwandelten sich in Wallfahrten. Die auf den Fundamenten und Überresten indianischer Kultstätten gebauten Kirchen und Klöster wurden in ähnlicher Weise zu Lebensmittelpunkten wie die Tempelbezirke in den Städten der Azteken oder Inka. Wer und was genau vor den Altären und Standbildern angebetet wurde und wird, bleibt offen. Die christianisierte Lebenswelt der Indios wahrt noch Jahrhunderte später ihre Geheimnisse.

Dabei ging und geht es wohl weniger um geheimen Protest oder Widerstand. Fast im Gegenteil: Die indigenen Bevölkerungen haben sich, so scheint es, im katastrophischen Zusammensturz ihrer Welten und geschichtlichen Identitäten die biblischen Erzählungen in besonders intensiver Weise zu eigen gemacht, so wie es die verschleppten afrikanischen Sklaven auf ihre Art auch getan haben. Dazu kam, dass Kirchen und Mönchsorden den Indios in den Zeiten der Conquista und wilden Landnahme den einzigen Schutz für Leib und Leben boten und aus missionarischen Gründen ihre Gotteskindschaft (als bildbare Menschenwesen statt zu versklavende oder auszurottende »Wilde«) vor dem König verteidigt hatten. Soweit die indianischen Dorfgemeinschaften mit ihren traditionellen Produktions- und Lebensformen sich gegen die maßlose Raub- und Besitzgier der kolonialen und frühkapitalistischen Grundbesitzer hatten behaupten können, da jedenfalls weniger aufgrund der Schutzgesetze der Krone als unter dem Schirm kirchlicher Institutionen und mit ihnen zusammenlebender Priester und Mönche. Wie erratische Blöcke ragen diese vormodernen christlich-indianischen Lebenswelten bis heute in die Gesellschaften Süd- und Mittelamerikas hinein.

Bollwerke vormoderner Produktions- und Lebensformen waren aber auch die Haciendas der Kolonisatoren mit ihren feudalen Repräsentationsbedürfnissen bei weitgehender Selbstgenügsamkeit in der Alltagsversorgung, ihren auf der Ausbeutung leibeigener Knechte (Peones) beruhenden, patriarchalen Produktionsmethoden und ihrer gewohnheitsmäßigen sexuellen Ausbeutung des weiblichen Personals. Aus der kaum verhüllten Polygamie dieser Lebensform ging das Mestizentum als eine neue, das lateinamerikanische Selbstverständnis zunehmend prägende Zwischen-Ethnie hervor.

Je unproduktiver die Haciendas wirtschafteten, umso maßloser wurde ihr Hunger nach Land und nach billiger, abhängiger Arbeitskraft, für deren Erhalt sie wenig oder nichts taten. Dabei war in der »Neuen Welt« von Anfang an nichts so knapp wie Arbeitskraft, durch das Massensterben der indigenen Bevölkerungen infolge von Seuchen, Hunger, Überarbeitung und psychischer Erschöpfung, aber auch durch die notorische Arbeitsscheu der Siedler, die sich allesamt als »Edelmänner« (hidalgos) gerierten. Diese Lücke wurde durch den immer exzessiver und brutaler betriebenen Handel mit Millionen schwarzer, in Afrika eingefangener Arbeitssklaven geschlossen, der sich als ein weiterer moralisch pervertierender und ökonomisch regressiver Faktor in das chaotische Gesellschaftsgefüge der Länder Nord- wie Südamerikas einschrieb.

Der Niedergang der kolonialen Mutterländer tat ein Übriges. Das gewaltsam geraubte und eingeschmolzene oder in Sklavenarbeit zutage geförderte Gold und Silber, das zum kapitalistisch-industriellen Take-off in Zentraleuropa wesentlich beigetragen hatte, besiegelte eben dadurch den stetigen Machtverfall der iberischen Feudalreiche Spanien und Portugal und den Aufstieg ihrer moderneren Rivalen England, Holland und Frankreich. Versuche der spanischen Krone, durch die Einsetzung von »Intendanten« die koloniale Verwaltung und Ausbeutung lukrativer zu gestalten und dazu ausgerechnet die von den Jesuiten mit indianischer Arbeitskraft recht produktiv bewirtschafteten Ländereien und Manufakturen mitsamt ihren angegliederten Banken und Handelskontoren zu enteignen, verschärften nur die Misere.

Schließlich erfassten die nicht endenden Religions-, Erbfolge-, Hegemonial- und Seekriege der europäischen Mächte auch ihre amerikanischen Kolonien in Form von Nebenkriegen und einer anhaltenden Piraterie. Da die Mutterländer ihre kolonialen Gründungen weder wirksam schützen und effektiv verwalten, noch auch nur zuverlässig versorgen konnten, kam es – im Anschluss an die Rebellion und Unabhängigkeitserklärung Nordamerikas – auch im Süden des Kontinents zu einer Kette von Erhebungen, die sich in ihren Deklarationen und konstitutionellen Dokumenten von den vorausgegangenen bürgerlichen Revolutionen in Europa inspirieren ließen.

Vor allem Napoleon Bonaparte, der bei seinem Versuch, ein großes europäisches Kontinentalreich zu gründen, auch die spanische Halbinsel okkupierte und verheerte, kann in vieler Hinsicht als der eigentliche Vater der lateinamerikanischen Unabhängigkeitsbewegungen betrachtet werden. Simón Bolívar jedenfalls nahm bei seinem missglückten frühen Versuch, nach seiner Rückkehr aus Europa 1807 vom heutigen Venezuela aus ein entsprechendes lateinamerikanisches Kontinentalreich zu begründen, sehr deutlich am Militär- und Bürgerkaiser der Franzosen Maß.

Am Ende dieser Unabhängigkeitskriege war es für die schmalen bürgerlichen Intelligenzschichten, die ihre ersten Träger waren, aber ebenso für die kreolischen Grundbesitzer, Militärs und Beamten, die nach Ausschaltung der radikalen Initiatoren selbst die Macht übernahmen, sehr viel naheliegender und praktischer, separate Staaten mit eigenen Hauptstädten, eigenem Staatsoberhaupt und eigenen Institutionen zu errichten. So waren die Versuche Bolívars von Norden und San Martíns von Süden, in einer Kette von Kriegszügen ein vereintes Lateinamerika zu schaffen, auf Sand gebaut. Gerade wegen der schwachen produktiven Basis der neuen Länder blieb der Staat selbst eine der Hauptquellen von Bereicherung und Versorgung. Die periodischen Umstürze und endlosen Bürgerkriege drehten sich zu einem großen Teil gerade um den Zugang zu diesen staatlichen Ressourcen.

Zur charakteristischen Form politischer Organisation und Machtausübung in Lateinamerika wurde dabei die Unterstellung unter einen »caudillo«, einen regionalen oder nationalen »Anführer« oder »Heerführer«, nach einem aus dem Militärischen ins Politische übertragenen historischen Begriff. Das signalisierte bereits, dass Politik in aller Regel mit unmittelbarer physischer Gewalt verbunden war; dass Macht wesentlich auf einem Geflecht personaler Abhängigkeiten und Loyalitäten beruhte; und dass rhetorische Deklarationen und pathetische Gesten weitaus wichtiger waren als irgendwelche sachlichen, soziale Interessen bündelnden Programme.

Die endlosen Bürgerkriege zwischen »Liberalen« und »Konservativen«, die das ganze 19. Jahrhundert ausfüllten und bis tief ins 20. Jahrhundert hineinreichten, konnten denn auch weitaus blutiger und verheerender sein als alle späteren Revolutionen und Guerillakriege. Gabriel García Márquez hat in seinem Roman »Hundert Jahre Einsamkeit« in der archetypischen Romangestalt des Obersten Aureliano Buendía einen »liberalen« Bürgerkriegshelden gezeichnet, dem schließlich der Kampf selbst in absurder Weise zum Lebenselixier geworden war.

In all diesen Aufständen und Bürgerkriegen standen die Indiogemeinden zwischen allen Feuern. Die liberalen Forderungen nach individuellen Freiheits- und Besitzrechten waren ihrem konservativen Kollektivgeist ebenso fremd wie die Versuche der reaktionären Großgrundbesitzer, Beamten und Militärs zur Wiederherstellung der »alten Ordnung«. Selbst die gewaltige Erhebung der bäuerlichen Indiomassen in den Jahren der mexikanischen Revolution von 1913, in den Armeen Pancho Villas und Emiliano Zapatas und in anderen, lokalen Formationen, die unter der überwölbenden Forderung nach Wiederherstellung ihres Gemeindelands (ejido) stand, blieb zwiespältig. Die große Landreform der 30er- und 40er-Jahre unter der Ägide des nachrevolutionären Reformpräsidenten Lázaro Cárdenas, die den Indio-Gemeinden einen Gutteil ihrer alten Gemeindeländereien zurückgab, führte in der Praxis nur zu einer weitgehenden Zersplitterung des Bodens in winzige, selbstgenügsame Familienparzellen und damit zum fortdauernden Ausschluss der indianischen Dorfgemeinschaften aus den sozialökonomischen Entwicklungsprozessen des übrigen Landes.

So waren die 22 Einzelstaaten Lateinamerikas bis weit ins 20. Jahrhundert hinein vom Status moderner Nationalstaaten und integrierter Volkswirtschaften noch weit entfernt. Dafür gab es neben der historischen Heterogenität dieser Gesellschaften allerdings auch handfeste geografische und demografische Gründe. Nimmt man etwa das Jahr 1958 – das Jahr der kubanischen Revolution – als Stichdatum, dann drängte sich eine im 20. Jahrhundert sprunghaft angewachsene Bevölkerung auf einem Siedlungsgebiet, das kaum mehr als 2,5 % der weithin von unwegsamen Urwäldern, Gebirgen, Wüsten und Sümpfen bedeckten Gesamtfläche des Kontinents ausmachte. Zwischen diesen wenigen, dicht besiedelten Zonen gab es nur dünne und wenig leistungsfähige Verkehrsverbindungen. Diese mangelhaften Kommunikationen entsprachen der geringen Industrialisierung des Kontinents, die wiederum auf einer äußerst niedrigen agrarischen Produktivität basierte. Während die Bevölkerungszahl Südamerikas sich derjenigen Nordamerikas annäherte, betrug das Bruttosozialprodukt aller 22 Länder zusammen weniger als ein Fünftel.

Dass das kein bloßes Resultat der Ausbeutung durch die »Yankees« sein konnte, liegt auf der Hand. Die Hauptgründe dieses epochalen Rückstandes lagen vielmehr im Innern der Länder Lateinamerikas selbst, vor allem in der oligarchischen Struktur ihrer Oberschichten, die sich durch alle Reformen und Umstürze hindurch immer wieder regenerierten. Mit ihren Haciendas monopolisierten sie nach wie vor den Löwenanteil des bebaubaren Bodens und nahmen den Staat als Beute, während sie den größten Teil ihrer Einkommen konsumierten statt investierten. Soweit sie überhaupt im eigenen Land Geld anlegten oder unternehmerisch tätig wurden, taten sie es als Kompagnons, Dienstleister oder Zulieferer in jenen lukrativen Sektoren, in denen mit Hilfe ausländischen Kapitals Rohstoffe (wie Erze, Kautschuk, Sisal oder Erdöl) oder tropische Lebensmittel (wie Rohrzucker, Kaffee, Kakao, Tabak oder Bananen) für die industrialisierten Länder produziert wurden. Die Dominanz der ausländischen Kapitalien und Unternehmen war also eher ein Ausdruck des Mangels an einheimischen unternehmerischen Initiativen als die Ursache der Rückständigkeit.

Der parasitäre Lebensstil der Oberschichten prägte im Übrigen auch den der schmalen städtischen Mittelschichten, die sich in den freien Berufen drängten. Söhne aus »guter Familie« mussten Anwälte werden (wie der junge Castro) oder Ärzte (wie der junge Guevara), weniger aus Gründen des gesellschaftlichen Bedarfs, der eher Ingenieure, Volkswirte, Agronomen oder Lehrer verlangt hätte, als aus Gründen des gesellschaftlichen Status und des Zugangs zu den Ressourcen von Politik und Staat.

Die Überproduktion müßiger Akademiker führte eben deshalb zu regelmäßigen Fieberstößen des politischen Radikalismus mit immer neuen, changierenden Mischungen von Nationalismus und Sozialismus. Neben den Gymnasien und Universitäten waren die militärischen Ausbildungsstätten die andere Wiege radikaler Bestrebungen, die außer traditionellen Karriereoffizieren immer neue Generationen fanatischer Revolutionäre und ebenso fanatischer Konterrevolutionäre produzierten. Das politische und soziologische Hauptresultat dessen war aber nur, dass das Caudillotum und die bewaffnete Geheimbündelei sich nach links wie nach rechts, nach den kommunistischen wie den faschistischen Extremen hin, weiter ausdehnten – oder in »populistischen« (halb faschistischen, halb sozialistischen) Bewegungen neuen Typs miteinander verschmolzen, wie dem »Peronismus« in Argentinien, der zur größten und beständigsten politischen Parteiformation Lateinamerikas im 20. Jahrhundert wurde.

Erst mit dem Auftreten dieser »populistischen« Bewegungen betrat auch das »Volk« die politische Bühne – die große Masse der von der Hand in den Mund wirtschaftenden städtischen und ländlichen Kleineigentümer sowie der Land- und Besitzlosen, die sich als Knechte oder Tagelöhner, Dienstboten oder Vaganten durchs Leben schlugen. Dieser Auftritt der Massen entsetzte allerdings nicht nur die traditionellen Oligarchien und Beamtenschaften, die im »justicialismo« des Obersten Perón oder im »Nuevo Estado« (Neuen Staat) des brasilianischen Obersten Getulio Vargas einen Sozialismus in nationalem Gewand sahen und sich in ihren angestammten Besitzständen bedroht fühlten. Auch viele linke Intellektuelle und Gewerkschaftsführer witterten in den hysterisierten und gewaltbereiten Aufmärschen der »descamisados« (der Hemdlosen) Perons oder anderer populistischer Führer seines Schlages eher einen Pogrom faschistischer Schlägerkolonnen als eine neue progressive Bewegung.

Das eigentliche emotionale Gravitationszentrum der populistischen Massenbewegungen der Dreißiger- bis Fünfzigerjahre war aber der emphatische Bezug auf die eigene Nation, deren besondere kulturelle, ethnische und natürliche Komposition schwülstig beschworen wurde. In einem wilden Mix wurden auch künstlerische, literarische, intellektuelle Bestrebungen der Zeit mit eingeschmolzen, ob es der »Indigenismus« war, der sich auf das indianische Erbe berief und es revitalisieren wollte; ein »corriente negrista« oder »Negrismus«, der nicht nur auf den westindischen Inseln, in Kuba oder Haiti blühte, sondern auch die Kultur Brasiliens als halb portugiesisch und halb afrikanisch beschrieb; oder eben die Beschwörung des »Mestizentums« als des prädestinierten Subjekts einer neuen, höheren Staatlichkeit, wie sie am ausgeprägtesten im nachrevolutionären Mexiko betrieben wurde. Aber auch Einflüsse des »Modernismus«, besonders in der Architektur der Hauptstädte, sowie viele Elemente der ebenso befehdeten wie imitierten US-amerikanischen Populärkultur wurden faktisch zu Instrumenten eines neuen gesamtstaatlichen Zentralismus und einer modernen, massenmedial vermittelten Politik und Öffentlichkeit.

Gerade in dieser Phase des »populistischen« Nationalismus zeigte sich Lateinamerika umso deutlicher als ein Komplex vollkommen verschieden gemischter und gefärbter Länder und Staaten. Zwischen der bitterarmen schwarzen Sklaveninsel Haiti, den vorwiegend indianischen oder mestizischen Gesellschaften Mexikos, Boliviens oder Perus und den relativ reichen europäischen Siedlerkolonien Chile und Argentinien zum Beispiel gab es wenige Gemeinsamkeiten. Und auch im Innern vieler dieser Länder fehlte oft nahezu jede Verbindung zwischen den unterschiedlichen sozialen, ethnischen und regionalen Lebenskulturen.

Die historische Ratio und zum Teil auch die Leistung der autoritären Regimes dieses Zeitalters, gleich welcher ideologischen Färbung, lag also in einem ersten, notdürftigen und vielfach gewaltsamen Versuch einer nationalstaatlichen Integration ihrer fragmentierten Gesellschaften und Volkswirtschaften. Einige suchten dabei eine enge Anlehnung an die USA und verlangten für ihren demonstrativen Antikommunismus eine Prämie. Andere nutzten umgekehrt eine populistische Rhetorik des Antiimperialismus, um geschützte Wirtschaftsräume zur Entfaltung einer nationalisierten Industrie- und Agrarproduktion zu schaffen und zu behaupten.

So lebte Lateinamerika das ganze 20. Jahrhundert hindurch im Schatten, aber auch im Banne jener »Riesen des Nordens«, gegen die der junge Guevara als ein revolutionärer Don Quijote de la Serna zu Felde zu ziehen beschloss. Nur vor diesem Hintergrund lässt sich die Geschichte des »Guevara-Projekts« erzählen.

Doppelleben

Nicht weit von dem Haus in der Calle Aráoz, das die Guevaras 1948 vom Erlös der Plantage in Misiones erworben hatten und in dem Mutter Celia nach der Trennung von ihrem Mann mit ihren Kindern lebte, wuchs jene Heidi (Haydee) Tamara Bunke Bider auf, deren Gebeine heute zur Linken des Che im Mausoleum des »Guerillero Heroico« in Santa Clara, Kuba liegen. Der Schwimmklub, in den Tamara ging, lag gleich neben der als Architektenbüro deklarierten Zweitwohnung Vater Guevaras, in der Ernesto junior ihn gelegentlich besuchte. Dennoch lebten die elfjährige Schülerin als Kind kommunistischer Emigranten und der zwanzigjährige Student aus »guter Familie« in getrennten Welten. Das zu einer Multimillionen-Metropole herangewachsene Buenos Aires war von einem Netz unsichtbarer Trennlinien zwischen den national und sozial segregierten Communitys durchzogen, in denen die verschiedenen Einwanderergruppen und die ebenso scharf geschiedenen sozialen Klassen jeweils ihre eigene Existenz führten.

So landeten die Bunkes in einem halb deutschen, halb jüdischen Viertel, in dem Emigranten wie sie mit eingesessenen Nazisympathisanten Tür an Tür wohnten. Aber auch innerhalb der Flüchtlinge aus Deutschland gab es tiefe Risse und scharfe Gegensätze. Die jüdischen Emigranten hatten ihre Synagoge gleich nebenan und ihre eigenen Hilfsorganisationen (wie die »Associación Filantrópica Israelíta«), von denen die Bunkes sich jedoch fernhielten. Nadja, die Mutter Tamaras, legte noch Jahrzehnte später allergrößten Wert darauf, keinesfalls zu den »rassisch Verfolgten«, sondern zu den als Widerstandskämpfer geflüchteten Politemigranten gezählt zu werden – obwohl ihr Vater 1935 die Ausreise aus Berlin über Paris wohl auch mithilfe jüdischer Organisationen organisiert und finanziert hatte. Argentinien war ungeachtet seiner abstoßenden politischen Szenerien nach dem Militärputsch von 1930, in der sogenannten »década infame« (dem »schändlichen Jahrzehnt«), neben den USA und Palästina zum wichtigsten Fluchtziel jüdischer Emigranten aus Deutschland und Österreich geworden. Bis 1945 kamen fast 40.000, die zum größten Teil in Buenos Aires blieben.

Angespannt waren schließlich die Beziehungen zwischen den kommunistischen und nichtkommunistischen Emigranten. Zwar wurden im Zeichen der von der Moskauer Internationale seit 1935 propagierten »Volksfront« die Vorwürfe des »Sozialfaschismus« gegen die Sozialdemokraten über Nacht begraben. Aber das führte nur zu einer umso intensiveren Konkurrenz innerhalb und zwischen den verschiedenen Emigrantenorganisationen. Im Übrigen gab es gerade in Lateinamerika ein breites Zwischenfeld linkssozialistischer Gruppen und Fraktionen, die in den Jahren der Moskauer Terrorkampagnen und Schauprozesse gegen »Trotzkisten« und andere Abweichler teilweise mit einem abstrakten, tödlichen Hass verfolgt wurden, der in der Ermordung Trotzkis 1940 im mexikanischen Exil seinen Höhepunkt fand.

Tamara Bunke ist gewiss ein Beispiel für die Bindekraft kommunistischer Milieus in dieser Kernzeit des 20. Jahrhunderts. Mit ihrer enthusiastischen Hingabe an das Projekt Guevaras sollte sie sich freilich stärker am Rande der Dissidenz bewegen, als der offizielle FDJ-Kult um ihre Person später ahnen ließ. Und auch die Lebenslinie ihrer Eltern dürfte mehr Brüche und Doppelbödigkeiten aufgewiesen haben, als die bedingungslose Loyalität zu Staat und Partei, die Erich und Nadja Bunke bis über den Zusammenbruch der DDR hinaus zeigten, vermuten lässt. Es waren freilich die Brüche und Doppeldeutigkeiten einer jeden kommunistischen Kaderexistenz dieses Zeitalters, sobald sie sich in den Mahlstrom der Weltkriege und Weltbürgerkriege hinausbegab, wie die Bunkes es wohl oder übel tun mussten.

Die Doppelbödigkeiten beginnen mit der Herkunft Nadja Biders. Sie wurde 1911 in Drohiczyn geboren, das heute in Polen liegt, nahe der Grenze zu Weißrussland, damals aber zum jüdischen »Ansiedlungsrayon« des alten Russischen Reiches gehörte. Dort bekam sie den im Polnischen ungebräuchlichen Vornamen »Nadzieja«, der sie ihr Leben lang begleiten sollte, eine wörtliche Übertragung des russischen Nadeshda. Ihre Eltern seien »alte Revolutionäre« gewesen, berichtete die fast 90-Jährige in Heidi Specognas Film »Die Zeit der roten Nelken«. Aber wenn sie das waren, dann als eine Art jüdische

Nonkonformisten und Anhänger eines einfachen Lebens, die im Geiste Tolstois in Sandalen oder Bastschuhen liefen, vegetarisch aßen und als Nichtgläubige unverheiratet blieben.

Vegetarier aber waren die Bolschewiki, die 1917 im auseinanderfallenden Russischen Reich mit blutiger Konsequenz die Macht ergriffen, nicht. Die Familie Bider hatte es mittlerweile in das jüdische Babel Odessa verschlagen. Jedenfalls bildete die Erinnerung an den 1. Mai 1918 in Odessa die stärkste Kindheitserinnerung Nadjas, die sie immer wieder erzählte. Es gab ein Meer von Menschen mit roten Fahnen, und es gab Süßigkeiten für die Kinder. Aber warum war Papa, der »alte Revolutionär«, wenig später verschwunden, nach Kischinjow in Rumänien, wie es hieß? War es die Hungersnot, waren es die antisemitischen Pogrome im ukrainischen Bürgerkrieg, war es der weiße Terror – oder war es bereits der rote Terror, der längst auch alle dissidenten Sozialisten traf, die ihn außer Landes trieben? Die Mutter starb wenig später, ohne dass es die Kinder, jedenfalls Nadja, tiefer berührt hätte. Denn »der Vater war doch unser Ein und Alles«. Und dieser Vater schaffte es tatsächlich, inmitten der Wirren des russischen Bürgerkriegs seine beiden verwaisten Töchterchen im Schlitten »über die weißrussische Grenze« zu holen. Aber was war zu dieser Zeit die »weißrussische Grenze«? Tatsächlich dürfte es die nach dem polnisch-sowjetischen Krieg von 1920 wiederhergestellte Grenze Polens gewesen sein, die sie illegal überschritten; und es wurde geschossen, wie sich Nadja erinnerte.

Pawel Kortschagin alias Nikolai Ostrowski muss in dieser Zeit gerade an dieser polnischen Grenze als Tschekist Dienst geschoben haben, um mit eiserner Faust das »Banditenunwesen« auszurotten, von dem sein Roman »Wie der Stahl gehärtet wurde« in weiten Passagen handelt. So hätte die junge Nadja also von Kortschagin/Ostrowski, dem späteren Helden ihrer Tochter Tamara, dort an der Grenze erschossen werden können.

Aber sie kam sicher in der neuen Republik Polen an. Am 1. Januar 1923 schloss der Vater seine halbwüchsigen Mädchen »in Ostrów« in die Arme. Um welches Ostrów es sich handelte (es gibt mehrere), bleibt wieder unklar, wie so vieles in Nadjas Erinnerung. Wie und warum zog Papa Bider mit seinen Töchtern von hier weiter nach Deutschland, obwohl sie doch alle nun einen polnischen Pass hatten? Zuerst kamen sie anscheinend nach Hamburg. Aber 1925 sehen wir die 14-jährige Nadzieja Bider auf einem Foto als Mitglied der »Sozialistischen Arbeiterjugend«, einer sozialdemokratischen Jugendorganisation, in Frankfurt am Main. Wie war sie dahin gekommen, und wie von hier 1928 weiter nach Berlin? Und wieso kehrte der Vater, von dem unklar bleibt, welchen Geschäften er nachging, im selben Jahr nach Warschau zurück? Über ihre wohl nicht allzu proletarische »Klassenherkunft« wie über ihre frühen kulturellen Prägungen deckte Nadja Bunke zeit ihres Lebens einen Mantel der Verschleierung, wie es loyale Parteikommunisten eben taten, die ja fast alle die »falsche« soziale Herkunft hatten.

Jedenfalls lernte die 17-Jährige auf diesem Stationenweg ihres Lebens als Gymnasiastin in Berlin den kommunistischen Sportlehrer Erich Bunke kennen, den ersten und einzigen Mann in ihrem Leben. Mit ihm »wurde ich erwachsen«, wie sie erzählte. Und mit ihm erst wurde sie auch Kommunistin – wohl kaum in Übereinstimmung, eher in Opposition zur Orientierung des Vaters. Die familiären Verbindungen wurden zunehmend dünner, bis sie schließlich ganz abrissen. Im Personalbogen, den die 18-jährige Tamara Bunke im Mai 1956 für ihren Antrag auf Mitgliedschaft in der SED ausfüllte, trug sie unter Punkt 32 (der nach im Ausland lebenden Verwandten und sonstigen Auslandkontakten fragte) ein: »Großvater – Bider, Gregor – USA, New York – Anschrift unbekannt, keine Verbindung«. Familienbindungen waren für Parteiloyalitäten jederzeit zu opfern.

1931 finden wir die 19-jährige Nadja als Stenotypistin in der Sowjetischen Handelsmission in Berlin wieder, einer vor Menschen und Aktivitäten summenden Institution, die neben ihrer offiziellen Funktion die große Clearingstelle war, durch die viele auf internationale Mission geschickte Kader der Komintern und professionelle Agenten der verschiedenen sowjetischen Dienste geschleust und mit Papieren, Finanzmitteln und Instruktionen versehen wurden. Noch war Berlin die Nebenhauptstadt der Moskauer Internationale. Die junge Nadja Bider als Russisch sprechende polnische Staatsbürgerin und Lebensgefährtin des deutschen Kommunisten Erich Bunke musste ein selbstverständliches Objekt aller Werbungen dieser Dienste sein – wenn es derer überhaupt bedurft hätte.

Die wenigen erhaltenen Akten im Moskauer Komintern-Archiv geben darüber keine klare Auskunft. So wenig wie sie klären, warum Erich Bunke im Jahr 1932 als Mitglied der KPD mit Unterstützung des

ZK-Sekretariats seine »Überführung in die KPdSU« beantragte. Offiziell wollte er an der Pädagogischen Hochschule in Engels, der Hauptstadt der Deutschen Wolgarepublik, unterrichten. Strebte das junge Paar also gemeinsam in die Sowjetunion, ins Zentrum der kommunistischen Weltbewegung? Oder war es zunächst Erich allein, während Nadja ihr letztes Schuljahr in Berlin absolvierte, wo sie noch im März 1933 (im Monat des Reichstagsbrandes also) ihr Abitur machte und sich im Oktober an der Technischen Universität als Studentin der Bauwirtschaft einschrieb?

Jedenfalls stellte Erich Bunke im Herbst 1935 einen erneuten Antrag auf Einreise in die UdSSR, der über die sowjetische Vertretung in Warschau nach Moskau weitergeleitet wurde. Dem bürokratisch-paranoiden Stil der KPdSU entsprechend, wurden über ihn und seine Tätigkeiten in der deutschen Partei Beurteilungen eingeholt, die günstig waren. Dennoch wurde am 4. Dezember 1935 die Einreise in die UdSSR abgelehnt, da es »keine ausreichenden Auskünfte« über ihn gebe. Bedenkt man die Verhaftungs- und Todesraten der deutschen und polnischen Kommunisten in der Sowjetunion in den Jahren darauf (70 Prozent oder mehr), könnte diese Absage das Leben von Erich und Nadja Bunke gerettet haben. Aber solche existenziellen Fragen scheinen sie sich weder damals noch später gestellt zu haben.

Noch im selben Dezember 1935 reisten die beiden Jungkommunisten (die im nationalsozialistischen Deutschland nicht mehr heiraten konnten) mit ihrem im Mai geborenen Baby Olaf nach Argentinien aus. Es war höchste Eisenbahn. Die Gestapo hatte sie wegen »Rassenschande« und als Kommunisten verschärft ins Visier genommen. Beide waren sie – trotz Erichs Entlassung aus dem Schuldienst – nach eigenen Angaben in der Widerstandszelle von Kurt Steffelbauer aktiv, einem 1941 verhafteten und hingerichteten Berliner Gymnasiallehrer und KP-Genossen. Allerdings war es nicht die Partei, die ihnen die Passage nach Argentinien besorgte, wo Verwandte der verstorbenen Mutter lebten, sondern noch ein letztes Mal Vater Bider, der vom Erlös seines Motorrads und mithilfe jüdischer Organisationen die Visa (noch genügten Touristenvisa) und die Dampfertickets für Tochter, Schwiegersohn und Enkel kaufte.

Erich Bunke fand in Buenos Aires sehr rasch eine Anstellung in seinem Beruf als Sportlehrer, und seine sportlichen wie musischen Begabungen (er spielte Geige, Klavier und Akkordeon) waren es wohl auch, die ihm im Verein »Vorwärts«, dem Traditionsverein der deutschen sozialistischen Emigration seit 1881, Akzeptanz verschafften, wo er für die Kinder Sportstätten einrichtete und Jugendfreizeiten organisierte. Im November 1937 wurde ihre Tochter Tamara geboren, ein Wunschkind.

Zu der Zeit war Erich Bunke bereits Mitglied der Kommunistischen Partei Argentiniens geworden; Nadja, die sich zunächst um die Kinder kümmerte und mit Nebenarbeiten etwas dazuverdiente, trat erst 1945 bei. Ein solcher Übertritt in eine andere KP war nicht ungewöhnlich, da theoretisch ja alle Mitglieder einer einheitlichen »Weltpartei des Proletariats« waren; aber er war auch nicht selbstverständlich. Wenn es auf eigenen Entschluss der Bunkes geschah, dann in der richtigen Einschätzung (die allerdings niemals offen hätte ausgesprochen werden dürfen), dass es eine rasche Rückkehr nach Deutschland nicht geben würde. Jedenfalls lernten sie wie ihre Kinder rasch Spanisch und bewarben sich um die argentinische Staatsbürgerschaft.

Gleichzeitig war Erich Bunke zielstrebig bemüht, in den deutschen Exilorganisationen Einfluss zu gewinnen. Neben dem Verein »Solidarität«, in dessen Vorstand er eintrat, war dies der 1937 von unabhängigen Sozialisten gegründete Bund »Das Andere Deutschland«, der zu einem (von den Kommunisten argwöhnisch verfolgten) Sammelbecken aller antifaschistischen Strömungen wurde und in verschiedenen Ländern Lateinamerikas Ableger bildete. Initiatoren dieser Gründung waren der ehemalige linke SPD-Reichstagsabgeordnete August Siemsen, ein Erziehungsreformer und seit 1931 Mitgründer und Führungsmitglied der dissidenten »Sozialistischen Arbeiterpartei« (SAP), sowie seine beiden, sehr aktiven Söhne Hans und Pieter Siemsen.

Es gab nach anfänglicher Freundschaft viele scharfe Auseinandersetzungen, und 1940, in der Zeit des Hitler-Stalin-Paktes, gründeten die kommunistischen Emigranten in Mexiko um das KPD-Politbüromitglied Paul Merker sowie Parteiintellektuelle wie Egon Erwin Kisch und Anna Seghers den konkurrierenden »Bund Freies Deutschland«, der seinerseits Ableger in den Ländern Lateinamerikas bildete. Zwar schwächten sich mit der veränderten Weltkriegskonstellation 1941 die Differenzen zwischen dem »Anderen Deutschland« und dem »Freien Deutschland« etwas ab; sie blieben aber bestehen, wobei die von Moskau vorgegebene Parteilinie immer wieder absurde Kapriolen schlug. So verabschiedete der Kongress der deutschen Antifaschisten ganz Südamerikas in Montevideo im Januar 1943 ein Manifest, das nach der Zerschlagung des Hitler-Reichs mehrheitlich ein »sozialistisches Deutschland« forderte – gegen die Stimmen der Kommunisten, die ihrer unglaubwürdigen Antifa-Dogmatik folgend eine »bürgerlich-demokratische Republik« verlangten.

Immerhin scheint Erich Bunke, der bis 1947 – als der »Kalte Krieg« ausbrach und neue Differenzen innerhalb der Exilgemeinde aufflammten – als Vorsitzender des Vereins »Solidarität« amtierte, in diesen Querelen keine allzu engstirnige Position gegenüber den Siemsens und anderen »Abweichlern« eingenommen zu haben. Diese lebenspraktische, im stalinistischen Jargon als »versöhnlerisch« verpönte Einstellung mag zu den Schwierigkeiten beigetragen haben, auf die die Bunkes nach ihrer Rückkehr in die DDR 1952 trafen.

Der Familienlegende zufolge soll ihre Wohnung in Buenos Aires in den Kriegs- und Nachkriegsjahren als konspirativer Treffpunkt für die Kader der Kommunistischen Partei Argentiniens gedient haben.

> Wir machten unseren Kindern klar, mit einfachen, … verständlichen Worten, dass wir für das Wohl der Menschheit, für das Wohl des argentinischen Volkes kämpfen …; aber dass es eine sehr schwere und gefährliche Arbeit ist; wir wiesen sie darauf hin, wo wir uns befänden, die Polizei die Menschen verfolgt, die so denken, und dass man deshalb alles für sich behalten muss.

So berichtete es Nadja später als die Hüterin der Lebenslegende ihrer Tochter. Die Hauptagitation der (seit 1936 legalen) KP Argentiniens richtete sich ab 1943 zunehmend gegen die Person und Politik des Obersten Perón, der auch unter dem Gros der deutschen Exilierten als Halbfaschist und Nazisympathisant galt, erst recht, nachdem er nach dem Weltkrieg aktiv um Einwanderer aus dem besiegten Deutschland geworben und Argentinien als Auffangstation schwer belasteter Nationalsozialisten und international gesuchter Kriegsverbrecher zur Verfügung gestellt hatte. Darunter waren hohe SS-Schergen wie Adolf Eichmann, Alois Brunner und Walter Rauff, der Auschwitz-Arzt Josef Mengele oder der Gestapochef von Lyon, Klaus Barbie, die sich, mit falschen Identitäten ausgestattet, innerhalb oder außerhalb Argentiniens eine neue Existenz schaffen konnten.

Ob es in der Kaderbiografie der Bunkes damals und später noch eine zweite, verborgene Ebene ihrer Aktivitäten gegeben hat, muss dahingestellt bleiben. Da waren die erwähnte frühe Tätigkeit Nadjas in der Sowjetischen Handelsmission in Berlin und der Antrag Erich Bunkes, in die Reihen der KPdSU einzutreten und Sowjetbürger zu werden. Für die Emigration nach Argentinien hatte es gute persönliche Gründe gegeben; aber vielleicht gab es ja auch politische. Jedenfalls wurde gerade Argentinien vor und während der Jahre des Weltkriegs neben Mexiko zur entscheidenden Residentur der sowjetischen Dienste in Lateinamerika. Und der Kopf dieses Netzwerks war ein Landsmann Nadjas, ein gewisser Josef Romualdowitsch Grigulewitsch, den man später sogar als den »sowjetischen Lawrence« gerühmt hat – einen Lawrence von Lateinamerika.

Mit unserer Hauptgeschichte hat diese unglaubliche Nebenstory, wie wir sehen werden, gleich doppelt zu tun. Grigulewitsch, der ursprünglich aus Wilna stammte, wurde schon als Gymnasiast in Warschau Anfang der Dreißigerjahre für eine Rolle als reisender Agent der Moskauer Internationale angeworben. Mitte 1934 war er als angeblicher Auswanderer nach Argentinien gegangen, wo sein leiblicher Vater als Apotheker lebte, was ihm eine perfekte Tarnung lieferte. Binnen Kurzem spannte er ein weites Netz von Beziehungen in die polnischen, deutschen und jüdischen Hilfsvereine, Landsmannschaften und politischen Organisationen, während er insgeheim in die KP Argentiniens eintrat – zur selben Zeit, zu der die Bunkes in Buenos Aires ankamen und Fuß fassten.

1936 ging Grigulewitsch unter dem Decknamen »Max« nach Spanien, um dort im Bürgerkrieg an der Seite des NKWD-Residenten Orlow das »nasse Handwerk« zu erlernen: die Liquidierung von Dissidenten und Abtrünnigen. Sein Gesellenstück war die Ermordung von Andrés Nin, dem Führer der syndikalistisch-trotzkistischen POUM, im Gefängnis. Das qualifizierte ihn für die von Stalin selbst gestellte Aufgabe, unter dem Tarnnamen »Juzek« gemeinsam mit dem Italiener Vidali und dem mexikanischen Muralisten Siqueiros (den Freunden Nerudas also) zu einem der Hauptdrahtzieher und Organisatoren der Serie von Mordanschlägen gegen Leo Trotzki in Mexiko zu werden, bis im August 1940 auch »diese Spezialaufgabe erledigt« war, wie nach Moskau gemeldet wurde.

Nach Überreichung der Orden in der Lubjanka kam Grigulewitsch nach Argentinien zurück, wo er nun »Artur« hieß. Über diese Phase seiner globalen Agententätigkeit ist allerdings am wenigsten bekannt. Immerhin soll das Netz seiner Agenten und Helfer vor Ort an die 200 Personen umfasst haben. Außer um nachrichtendienstliche Tätigkeiten ging es jetzt darum, die Nazi-Umtriebe in Argentinien zu beobachten und zu bekämpfen sowie durch Sabotageakte Lieferungen kriegswichtiger Rohstoffe und Versorgungsgüter in das von Deutschland okkupierte Europa zu verhindern. Grigulewitsch gewann seine Mitarbeiter aus den Emigrantengruppen wie aus argentinischen Organisationen, von den Kommunisten bis zur bürgerlichen Opposition, vor allem auch aus Frontorganisationen wie der zitierten »Acción Argentina«, in der Vater Guevara mit seinem Söhnchen Ernesto unterwegs war, um nach verdächtigen Zeichen für deutsche Fallschirmspringer Ausschau zu halten.

War es denkbar, dass ihrer Sache so ergebene und aktive Politemigranten wie die Bunkes nicht in den Radius von »Artur« geraten wären? Man kann nur feststellen, dass alle Parameter sie dafür qualifiziert hätten; und Nadja als unauffällige Hausfrau sogar noch mehr als den in recht sichtbarer Funktion tätigen Erich. Wie auch immer: Die komplizenhafte Unkenntnis, in der die Bunke-Kinder in den argentinischen Jahren über die in ihrer Wohnung stattfindenden konspirativen Sitzungen und sonstigen geheimen Tätigkeiten der Eltern gehalten wurden, musste ihre kindliche Neugierde natürlich nur umso mehr anfachen. Schließlich wimmelte die Welt ihrer kommunistischen Jugendromane ja von positiven Helden und Heldinnen, die an irgendeiner »unsichtbaren Front« oder in irgendeiner »geheimen Mission« ihren Dienst für die Revolution leisteten, nach dem Vorbild Pawel Kortschagins und anderer seines Schlages – oder eben eines Josef Grigulewitsch, den Tamara allerdings kaum gekannt oder bewusst wahrgenommen haben dürfte.

Und doch enthält das ideelle biografische Band zwischen »Artur« und »Tania« noch eine ironisch gesteigerte Pointe: Denn zum »Lawrence von Lateinamerika« wurde Grigulewitsch nicht nur durch weitere, irrwitzige Kapriolen seiner Karriere – wie etwa die, dass er nach dem Krieg zum falschen Konsul von Costa Rica in Rom avancierte, von wo aus er das abtrünnigen Jugoslawien auszuspionieren hatte und 1952 Tito (den »neuen Trotzki«) ermorden sollte. Sondern seinen Ruf erwarb er sich vor allem dadurch, dass er nach dem Ausscheiden aus dem aktiven Dienst zu einem der wenigen Lateinamerika-Spezialisten in Moskau wurde.

Als Mitglied der Akademie der Wissenschaften schrieb er Dutzende Bücher, großteils über Lateinamerika, von den Inkas über Bolívar bis Martí. Dabei benutzte er das literarische Pseudonym »Josef Lawrezki«. Und unter diesem Namen schrieb er auch die in viele Sprachen, darunter ins Deutsche, übersetzte sowjetische Biografie über Ernesto Che Guevara. Damit versuchte er, den zur Kultfigur einer Neuen Linken gewordenen Toten für das Moskauer Pantheon der Weltrevolution zu reklamieren, aber auch ein wenig von den heißen Sympathieströmen, die diesem heroisch Unbedingten zuflossen, in die erkalteten Adern des »realen Sozialismus« zu lenken.

Erst seit den Neunzigerjahren ist die Identität von »Josef Lawrezki« alias Grigulewitsch bekannt geworden. Eine vor Verehrung triefende Biografie dieses Super-Agenten, die 2005 im Moskauer Verlag »Junge Garde« erschien, ist im Übrigen mit dem Vorwort eines anderen namhaften »Experten für die Spezialdienste und für Lateinamerika« (so der Verlagstext) versehen, der uns in dieser Erzählung schon begegnet ist: dem Che-Kontaktmann in Mexiko und späteren KGB-General Nikolai Leonow.

Aber noch befinden wir uns in der kindlichen argentinischen Traumwelt Heidi Tamaras, der sie lebenslang nachhängen würde. Wie sehr ihre jugendliche Hyperaktivität derjenigen ihres künftigen Helden entsprach, der gleich um die Ecke wohnte, konnte sie natürlich nicht ahnen. Jedenfalls war sie nach dem Zeugnis ihrer vom Nachruhm der Tochter bis ans Lebensende erfüllten Mutter Nadja eine leidenschaftliche Sportlerin in vielen Disziplinen. Sie turnte, schwamm und kletterte, spielte Hand- oder Volleyball, wo immer sich die Gelegenheit ergab. Auch sie sieht man früh zu Pferd; und jugendliche Schießübungen würden aus ihr später in der vormilitärischen Ausbildung der FDJ eine berühmt sichere Schützin machen. Sie las und lernte mit Feuereifer, auch wenn das dem wilden Enzyklopädentum des jungen Guevara natürlich nicht nahekam. Dafür pflegte sie ihre musischen Fähigkeiten. Wie der Vater spielte sie Klavier, Gitarre und mit argentinischer Hingabe das Akkordeon; und dazu sang sie mit ihrer dunklen, etwas heiseren Stimme alles, was die Liederbücher an lateinamerikanischer, deutscher oder russischer Folklore oder an revolutionären Gesängen aus dem Mythenschatz der kommunistischen Weltbewegung hergaben. Dann wieder übte sie sich in Volkstänzen verschiedenster Provenienz ebenso wie im modernen Ausdruckstanz, nahm Kurse im Malen, Zeichnen und Modellieren oder übte Schönschrift, mit der sie auch ihre Schulhefte musterhaft führte.

Im Juli 1952 war in Buenos Aires Abschied gefeiert worden. Die Bunkes strebten wie einige andere, befreundete Familien zurück in die alte Heimat, in die neu gegründete »Deutsche Demokratische Republik«, kurz DDR. Die KP Argentiniens war in diesen Jahren unter Perón auf ein geduldetes Schattendasein zurückgeworfen – während das Land einen sozialstaatlich unterfütterten Wohlstand erlebte, den es so kaum je gekannt hatte. Die 14-jährige Tamara sperrte sich denn auch wütend gegen die Pläne der Eltern und wollte in Buenos Aires bleiben; sie fühlte sich mittlerweile schon mehr als Argentinierin, nur in zweiter Linie als Deutsche. Tatsächlich sprach sie die Sprache ihrer Eltern nur noch mühsam und mit einem schweren Akzent. Nur mit dem ausdrücklichen Versprechen, dass sie ihren argentinischen Pass behalten und mit achtzehn selbst entscheiden dürfe, schloss sie sich der Karawane nach Hause an.

Der Empfang war eher frostig. Das gesamte, gerade erst formierte »sozialistische Lager« befand sich im Sommer und Herbst 1952 im Zustand einer galoppierenden Paranoia, deren Speerspitze sich gegen die angebliche Subversion »kosmopolitischer« und »zionistischer« Agenten des Weltimperialismus richtete. In einer Serie von Schau- und Geheimprozessen waren in Ungarn, Bulgarien, Rumänien und der Tschechoslowakei seit 1949 führende Kader der bürgerlichen wie der kommunistischen Parteien sowie prominente Künstler, Schriftsteller, Militärs und Fachleute zum Tode oder zu Lagerhaft verurteilt worden. Ein großer Anteil der Angeklagten und sonst wie inquisitorisch Verfolgten waren Rückkehrer aus der westlichen Emigration, viele von ihnen jüdischer Herkunft. Und alles deutete darauf hin, dass dies nur das Vorspiel einer neuen »Großen Säuberung« war, die selbst den Terror der Dreißigerjahre noch hätte in den Schatten stellen können.

In Moskau, wo im Oktober 1952 nach einem Geheimprozess alle noch lebenden Mitglieder des einstigen »Jüdischen Antifaschistischen Komitees der Sowjetunion«, darunter die letzten jiddischsprachigen Schriftsteller des Landes, in einer einzigen Nacht erschossen worden waren, tagte der XIX. Kongress der KPdSU. Stalin, der im Zenit seiner Macht zu stehen schien und sich offiziell eiserner Gesundheit erfreute, hatte kurz zuvor seine Schrift über »Die ökonomischen Grundlagen des Sozialismus« veröffentlicht, in der er inmitten lehrbuchhafter Ausführungen über die »Gesetzmäßigkeiten« des sozialistischen Aufbaus das knappe Szenario eines bevorstehenden dritten Weltkriegs entwarf.

Als die Bunkes sich in der DDR einzuleben versuchten, wurden in Ost-Berlin bereits die Blutgerüste für einen deutschen Schauprozess vorbereitet, der dem Drehbuch des gerade laufenden Prager Hexenprozesses gegen den ehemaligen Generalsekretär der Tschechoslowakischen Partei Rudolf Slánsky und eine Gruppe weiterer prominenter Angeklagter folgen sollte. Sie alle, ehemalige Spanienkämpfer und Westemigranten, erklärten in einer Serie gespenstischer, unter Folter erpresster Geständnisse, als volksfremde »Kosmopoliten« zu gekauften »Agenten des Imperialismus und Zionismus« geworden zu sein. Ihre Asche wurde nach der sofortigen Hinrichtung in einem finsteren exorzistischen Ritual auf den früh vereisten Straßen rings um Prag ausgestreut.

In Ost-Berlin war parallel dazu das Politbüro-Mitglied Paul Merker verhaftet worden, der während des Krieges Gründer des »Freien Deutschland« in Mexiko gewesen war und unter anderem jetzt beschuldigt wurde, im Exil wie nach der Rückkehr Diskussionen über eine notwendige Wiedergutmachung für die Überlebenden oder Hinterbliebenen des nationalsozialistischen Judenmords geführt und zugelassen zu haben, in der eindeutigen Absicht, wie es in der Anklageschrift hieß, »deutsches Volksvermögen« (!) an das zionistische und imperialistische Kapital auszuliefern und die DDR dem Feind auszuliefern.

Nur der Tod Stalins verhinderte das gespenstische Schauspiel eines für das Frühjahr 1953 angesetzten Prozesses in Ost-Berlin gegen geständige »Agenten des Zionismus« wie Paul Merker, Leo Bauer und andere. Aber auch eine Vielzahl anderer hoher Funktionäre und Propagandisten des Regimes, wie Albert Norden oder Gerhart Eisler, die im Auftrag der Partei und der Moskauer Zentrale selbst im westlichen Exil gewirkt hatten, spürten den fauligen Atem der Staatssicherheit im Nacken, als deren starker Mann sich Erich Mielke herauskristalli-

Die Hauptstraße von Stalinstadt, 1953. Irgendwo im zweiten Aufgang rechts sollen die Bunkes gewohnt haben.

sierte. Die Vorstände mehrerer Jüdischer Gemeinden in Ostdeutschland flüchteten über die noch offene Grenze nach Westen – während in Moskau die an Irrsinn grenzenden Kampagnen gegen die (mehrheitlich jüdischen) Kreml-Ärzte anliefen, die als »Mörder im weißen Kittel« angeblich Stalin selbst im Auftrag des Imperialismus und Zionismus hätten ermorden sollen.

Die Bunkes reagierten auf diese verstörende Situation mit ideologischer Überanpassung und aktivistischem Übereifer. Sie mussten es stumm und gehorsam hinnehmen, dass sie als alte Kader der KPD in den Status bloßer »Kandidaten« der SED zurückversetzt wurden, was einer Degradierung gleichkam. Sie wussten natürlich, dass alle ihre Bewegungen, Handlungen und Äußerungen überwacht wurden; und Nadja konnte noch ein Jahrzehnt nach Auflösung der DDR nicht fassen, was sie 1990 in Händen hielt: eine riesig aufgeschwollene Kaderakte. Und das bei solch loyalen Genossen wie ihnen!

So ließen sie sich bereitwillig in die um das neue Hüttenwerk »Josef W. Stalin« herum auf freiem Feld errichtete Neugründung Stalinstadt (heute Eisenhüttenstadt) versetzen. Von der geplanten sozialistischen

Mustersiedlung standen allerdings erst fünf pompöse Wohnblocks; der Rest waren Baracken. Immerhin, sie bekamen eine Wohnung im Block an der Straße der Jugend neben der HO-Gaststätte »Aktivist«.

Ihre argentinischen Pelzmäntel mussten allerdings im Koffer bleiben, solange alle anderen in russischen Wattejacken herumliefen. Dasselbe galt für die Nylons der Damen und jedes allzu elegant wirkende Stück Garderobe. Für die mit saftigen Steaks verwöhnten Ankömmlinge aus Argentinien gab es jetzt wie für alle Übrigen (da sie keine Spitzenfunktionäre oder sozialistische Musterarbeiter waren) genau 365 Gramm fettes Schwein oder zähes Rind pro Kopf und pro Monat. Und mit den übrigen Lebensmitteln sah es wenig besser aus.

Die DDR, die sich Anfang 1952 über Nacht statt ihrer ursprünglichen »demokratisch-antifaschistischen Ordnung« den sofortigen »Aufbau des Sozialismus« auf die Fahnen geschrieben hatte, bewegte sich auf eine akute innere Krise zu. Gleich nach Stalins Tod und den ersten Anzeichen eines »Tauwetters« machte sich diese Unzufriedenheit in den Streiks und Demonstrationen des 17. Juni 1953 Luft, die binnen Kurzem den Charakter eines landesweiten Volksaufstands annahmen, bevor sie von sowjetischen Panzern und regimetreuen Kräften niedergeschlagen wurden.

Für die Bunkes war dies die Stunde der Bewährung, oder richtiger: die Stunde ihrer Rehabilitierung und der Befreiung von jedem Verdacht, der unausgesprochen auf ihnen lastete. Nadja Bunke, die im Rat der Stadt arbeitete und nebenher für den sowjetischen Kommandanten der Garnison in Fürstenberg/Oder dolmetschte, war auch an diesem Tag an seiner Seite. Mit seinen humorvoll »apparatiki« (Apparatchen) genannten Feldgeschützen trieb dieser Kommandant etwa tausend streikende Bauarbeiter in Stalinstadt, die angeblich von Leuten mit »prall gefüllten Geldbörsen« und »großzügig spendierten Kästen Bier richtig in Stimmung« gebracht worden waren, zurück in ihre Baracken. Mit Geschützen zurück in die Baracken! So, wie selbstverständlich, berichtete es Nadja Bunke noch 1999 in einem etwas verspäteten Heldengemälde in eigener Sache.

In Fürstenwalde an der Spree, wo Tamara als Internatsschülerin in die Clara-Zetkin-Oberschule ging, wurde die SED-Bezirksleitung am 17. Juni von der Menge gestürmt. FDJ-Vorsitzender war hier ein gewisser Rudolf Bahro, der vierzehn Jahre später auch bei der »internen« Totenehrung für die gefallene Guerillera im November 1967 im

Gebäude des Zentralkomitees anwesend sein würde – bevor er sich in den Siebzigerjahren zum marxistisch-ökologischen Dissidenten wandelte und nach mehreren Haftjahren in die Bundesrepublik abgeschoben wurde.

Während ein Teil der Schüler der Clara-Zetkin-Schule sich den demonstrierenden Arbeitern anschloss, die die Ernst-Thälmann-Straße lang marschierten, berieten die zurückgebliebenen Loyalisten, was zu tun sei. In dieser Diskussion soll die 16-jährige Tamara sich in besonderer Weise bewährt haben. Seit ihrer Ankunft hatte sie zu den besonders Aktiven in der Sektion Schießen und Reiten der paramilitärischen »Gesellschaft für Sport und Technik« (GST) gehört und nach den Erinnerungen einer Mitschülerin »manchen Stalinstädter (brüskiert), wenn sie sonntags mit zwar verpacktem, aber geschultertem Gewehr durch die Stadt zu ihren Schießübungen lief«.

»An diesem Tag kam sie zu mir und verlangte Maßnahmen, um die vorhandenen Kleinkalibergewehre zu sichern und notfalls zur Verteidigung der Schule einzusetzen«, behauptet ein anderer Mitschüler. Das erwies sich als unnötig, da die sowjetische Kommandantur auch in Fürstenwalde die Demonstranten durch Rotarmisten, die mit Maschinenpistolen in die Luft schossen, schließlich zerstreute. Für Tamara muss das eine Schlüsselszene gewesen sein: Jetzt endlich war sie angekommen und gehörte dazu, gerade hier in Stalinstadt, wo der Stahl gehärtet wurde.

Feuertaufen

Während die 15-jährige Tamara Bunke in den heißen Junitagen 1953 ihre erste Feuertaufe erhielt – oder glücklich verpasste –, machte sich im neblig-kalten Buenos Aires der gerade 25 Jahre alt gewordene, frischgebackene Doktor der Medizin Ernesto Guevara bereit, um zu einer neuen, zweiten Reise aufzubrechen, die ihn noch einmal durch Lateinamerika führen sollte, und anschließend vielleicht um die ganze Welt.

Seine Verlobte Chichina hatte sich einem anderen zugewandt, und die ihm vorgezeichnete Karriere als Spezialist für Lepra oder Allergien mochte er nicht antreten. Nach Argentinien werde er erst in zehn Jahren zurückkehren, wenn er die Welt erkundet habe, vertraute er seiner neuen Freundin Hilda Gadea gleich beim Kennenlernen in Guatemala an. Freilich waren bei allen derartigen Selbstauskünften des jungen Arztes eine Menge pueriler Fantasien im Spiel, die das Vakuum seiner existenziellen Ziellosigkeit füllen sollten. Mal sah er sich als jenen einsamen Weltenwanderer, der nur aus dem Rucksack lebt und (wie zwanzig Jahre später Bruce Chatwin es tun würde) in Notizbüchern aufschrieb, was er auf seinen Traumpfaden erfuhr oder erlebte; und mal stellte er sich auch schon als angehenden Revolutionär vor, der sich in Kämpfen am Wege stählen und »schleifen« würde, bis er endlich die Sache gefunden hatte, die seiner würdig war. *Aquí va un soldado americano! (Hier kommt ein Soldat Amerikas!)*, soll er bei seiner Abfahrt der versammelten Familie zugerufen haben, wie Guevara senior sich zu erinnern glaubte. Wenn, dann war es jedenfalls eine humoristische Abwandlung seines Rugby-Spruchs: *Aquí va el furibundo Serna! (Hier kommt der rasende Serna!)*

Die »Sache«, die der junge Argentinier zwei Jahre später (eher zufällig) am Wegrand finden sollte, nahm just in diesen Sommertagen 1953 auf der fernen Zuckerinsel Kuba erste Gestalt an. Der in seinen Ambitionen frustrierte Anwalt und Oppositionspolitiker Fidel Castro sammelte eine Gruppe auf ihn eingeschworener Anhänger, die mit einer völlig desperaten Aktion – einem Angriff auf die Moncada-Kaserne in Santiago de Cuba, am anderen Ende der Insel – ein Fanal des Widerstands gegen die im Vorjahr installierte Halbdiktatur des ehemaligen Präsidenten und Militärchefs Fulgencio Batista setzen wollten.

Castro, ein bis zwei Jahre älter als Guevara, war als politischer Aktivist bereits ein anderes Kaliber. Als die beiden sich im Sommer 1955 über den Weg liefen, hatte der Kubaner schon eine ganze Serie von Feuertaufen hinter sich, und er hatte ein klares Ziel vor Augen. Castro wollte, koste es, was es wolle, in bester lateinamerikanischer Caudillo-Tradition eine auf ihn selbst zugeschnittene Bewegung begründen, und er wollte die ungeteilte Macht. Was er sonst noch wollte, würde sich erst allmählich aus dem Nebel seiner ruhelosen politischen Vorstöße, biografischen Prägungen und ideologischen Lektüren herauskristallisieren. Noch wusste er das selbst nicht.

Dass man diesen Fidel Castro ein halbes Jahrhundert später einmal zu den großen Figuren des 20. Jahrhunderts zählen würde, und wäre es nur, weil er alle Gegner und alle Schiffbrüche überlebt hat, verstellt eher den Blick auf die Person und ihren Werdegang. Er selbst hat freilich an dem überlebensgroßen Porträt eines homme providentiel, eines Mannes der Vorsehung von antikem Format, fleißig mitgepinselt, bis alle Anfänge und Abbrüche, alle Rückschläge und Zufälle, alle Irrungen und Wirrungen seiner Karriere sich dem triumphalen Gesamtbild einfügten. Immerhin lassen sich aus der barocken Fülle der Details und Anekdoten, die seine offiziellen und inoffiziellen Biografen überliefert haben, einige der bestimmenden Faktoren herausdestillieren, die ihn als soziale und politische Charakterfigur geprägt und nach oben getragen haben.

Dazu gehört zunächst seine Herkunft als der uneheliche, später legalisierte Abkömmling von Ángel Castro, einem Bauernsohn aus Galicien und spanischen Kolonialsoldaten, der nach der Niederlage 1898 in Kuba blieb. Vom Tagelöhner arbeitete der Analphabet sich hoch zum Besitzer eines kleinen Sägewerks, um schließlich im »Goldrausch« des Zuckerbooms während des Ersten Weltkriegs Land zu erwerben, es zu roden und Zuckerrohr anzubauen. Fidels Mutter Lina war zunächst die Dienstmagd der Castros und Konkubine des Hausherrn, bevor sie mehr als zehn Jahre nach dem Auszug der Ehefrau und langwierigen Scheidungsverhandlungen endlich die legitime zweite Gattin des Vaters ihrer inzwischen fünf »illegitimen« Kinder wurde.

Ángel Castro, dem Selbstbild eines Galiciers folgend hart wie Granit und stur wie ein Büffel, zeigte sich um seine bürgerliche Reputation wenig besorgt. Umso erfolgreicher wirtschaftete er. Zu den knapp 800 Hektar, die er sich zusammengekauft oder eigenmächtig abgezäunt hatte, pachtete er nach und nach das Zehnfache hinzu, was ihn als Herrn der Finca »La Mañaca« (Palmenhof) zu einem Großgrundbesitzer und lokalen Kaziken machte, ohne dass er seine bäuerische Lebensweise aufgegeben hätte. Ganz in der Tradition eines kolonialen Haciendero versuchte er, durch die Haltung von Vieh, Schweinen und Geflügel sowie den Anbau von Getreide und Futtermitteln neben seinen Zuckerplantagen eine selbstversorgende Großwirtschaft zu betreiben. Dazu gehörten auch eine Molkerei, eine Bäckerei und ein Dorfladen. Schließlich gelang es ihm sogar, vom Staat für sich und seine Leute eine Poststation und eine Grundschule zu bekommen. »Seine Leute«, das waren neben dem eigenen Familienclan und seinem Hausgesinde vor allem Nachfahren ehemaliger Sklaven sowie schwarze Wanderarbeiter aus Haiti und Jamaica, die sich als kleine Kätner um das Gutshaus herum ansiedelten.

Dieser autarke, geschlossene Lebenskosmos, in dem weiße Herrschaft und schwarzes Dienstvolk mit Kind und Kegel eng beieinander lebten, verbunden durch gemeinsame Feste und afro-kubanische »Santeria«-Riten (denen die fromme Mutter Lina insgeheim anhing) und doch um Welten voneinander getrennt, bildete das Kindheitsparadies des jungen Fidel Castro. Wie der Vater Ángel hoch zu Pferd seine Latifundien inspizierte und seinen Leuten Anweisungen gab, mit der unvermeidlichen Zigarre im Mund, der silbernen Peitsche am Sattel, der Hand am Knauf der Pistole – dieses Urbild patriarchaler Macht und feudaler Selbstherrlichkeit dürfte sich dem späteren Inselherrn Fidel tiefer eingeprägt haben, als er im Nachhinein zugeben mochte.

Zur Stählung des eigenen Charakters gehörte natürlich, dass er sich von Zeit zu Zeit in Auflehnung gegen den Familienpatriarchen übte, der die Zukunft seiner Söhne gleich mitplante. Der älteste, Ramón, sollte das Gut übernehmen; Fidel als der Mundfertige sollte Anwalt, der schweigsame Raúl sollte Militär werden – eine klassische postkoloniale Strategie sozialen Aufstiegs. Alle Rebellionen änderten im

Übrigen nichts daran, dass Vater Ángel seinem Sohn Fidel, als der aufs Gymnasium und dann ins Studium ging, in einem feierlichen Akt der Initiation eine Pistole überreichte; und dass noch der Rechtsanwalt und angehende Politiker Castro sich von seinem begüterten Vater jahrelang alimentieren ließ.

Eine zweite, einschneidende Erfahrung hatte er als Junge beim Besuch der katholischen Internate in Santiago gemacht, auf die er mit seinen Brüdern zunächst geschickt worden war. Trotz ihres beachtlichen Vermögens blieben die Castro-Söhne in der bigotten »guten Gesellschaft« dieser östlichen Kolonialstadt Außenseiter. Wie sich Fidel später erinnerte, sei er von seinen Mitschülern lange als »judío«, als Jude, gehänselt worden, bevor er endlich mit 13 (nach der Eheschließung seiner Eltern) christlich getauft werden konnte. Auch von den französischen und spanischen Priestern und Mönchen, die diese Schulen betrieben, sei er mit Argwohn verfolgt worden, was er ihnen wohl mit notorischer Rüpelhaftigkeit vergalt, die ums Haar zum Schulverweis geführt hätte. Trotz offenkundiger Begabung blieb Fidel ein mittelmäßiger Schüler und suchte stattdessen Anerkennung über eine schlagkräftige Physis und sportliche Erfolge.

Die anhaltende soziale Ausgrenzung war letztlich auch dafür verantwortlich, dass der 15-Jährige auf das elitäre Jesuiten-Kolleg Belén (Bethlehem) in Havanna wechselte. Hier fand er unter den Patres einige engagierte Förderer. Seine Triumphe feierte er allerdings vor allem als Führungsspieler im Basket- und im Baseball, den beiden populärsten, aus den USA importierten Sportarten Kubas. Als Schüler blieb er weiterhin eher faul und durchschnittlich, bis auf einen Preis für Rhetorik im Debattierclub des Kollegs.

Was der junge Castro in diesen Debatten, in seinen Aufsätzen und in privaten Äußerungen verkündete, dürfte eine ziemlich abenteuerliche Mixtur gewesen sein, die seinen wechselhaften Lektüren und Sympathien entsprach. Die katholischen Brüder in Santiago wie in Havanna waren überwiegend Anhänger eines christlich-autoritären Korporatismus, wie ihn das Regime des Generals Franco in Spanien idealtypisch vertrat. Eine Anziehungskraft auf Fidel übten vor allem die Schriften Primo de Riveras aus, des märtyrisierten Gründers der spanischen Falangisten, eines exzentrischen Literaten, Dandys und Pistoleros, der von den Republikanern zum Tode verurteilt worden war.

Aber auch der italienische Duce Benito Mussolini stand noch immer in hohem Ansehen, und Fidel besaß neben Biografien des Mannes eine zwölfbändige Sammlung seiner Reden und Schriften. Auch Hitlers »Mein Kampf« zirkulierte im Kolleg, hinterließ aber offenbar keinen tieferen Eindruck. Dasselbe galt vom »Kommunistischen Manifest« oder diversen Lenin-Schriften, die dafür den Reiz des Verbotenen hatten. Eine frühe Schwärmerei Fidels für Franklin D. Roosevelt, dem er in einem Fan-Brief 1940 zur Wiederwahl gratuliert hatte (mit der Bitte um eine Dollarnote), erwies sich gleichfalls als wenig dauerhaft.

Wie der halbwüchsige Ernesto in Alta Gracia, verfolgte auch der wenig ältere Fidel die Kriegsverläufe in Europa mit Karten und Fähnchen, wobei er in seinen Sympathien noch schwankender war und mal für Rommel und mal für Montgomery, mal für Patton und mal für Schukow schwärmte, wenn sie nur siegreiche Schlachten schlugen. Darin spiegelte sich der schon beschriebene Sachverhalt, dass die Frontstellungen des fernen Weltkriegs in Kuba wie in Argentinien quer durch das Land und die politischen Lager liefen und mit dem Angriff Hitlers auf die Sowjetunion und dem Kriegseintritt der USA 1941 nur noch verworrener wurden.

Der Studienbeginn des 19-jährigen Fidel Castro an der Universität Havanna 1945 war mit neuen, demütigenden Erfahrungen von Ausgrenzung und Niederlage verknüpft. Dass er vom Vater einen schicken roten Ford bekam, dazu ein Appartement im Universitätsviertel von Vedado, das er mit seiner älteren Halbschwester Lidia teilte, die ihm auch den Haushalt führte, änderte nichts daran, dass er für die meist aus der hauptstädtischen Oberschicht stammenden Kommilitonen ein neureicher Provinzler ohne Stil und Manieren blieb. Seine Fähigkeiten als Sportskanone zählten hier viel weniger, und auch seine Beredsamkeit machte keinen besonderen Eindruck. So schlug sein Versuch, in grandioser Selbstüberschätzung gleich zu Beginn des Studiums einen Sitz in der Studentenvertretung seiner Fakultät zu erobern, glatt fehl. Nicht zuletzt diese Schlappe war es, die ihn im folgenden Jahr dazu motivierte, sich einer der bewaffneten »revolutionären Aktionsgruppen« anzuschließen, die sich an der Universität Havanna die Positionen und Pfründe aufteilten oder mit der Waffe streitig machten. Damit war er – als Novize ohne politische Bildung und Orientierung, wie er selbst bekannte – mitten im Dschungel der kubanischen Politik angekommen.

In diesem Dschungel tummelten sich seit der erfolgreichen Revolution von 1933 fast nur noch Personen und Parteien, die sich auf eben diese ruhmreiche Tradition beriefen, während sie sich erbittert und vielfach gewaltsam befehdeten. Praktisch alle kubanischen Politiker bezeichneten sich als Revolutionäre; eine kleinere Münze gab es nicht.

Tatsächlich war die kubanische Revolution von 1933 als politische wie als soziale Umwälzung die bedeutendste seit der mexikanischen Revolution von 1913 gewesen. Sie hatte nicht nur das brutale Regime des »liberalen« Caudillo Gerardo Machado weggefegt, sondern mit ihm das auf die Ära der Unabhängigkeitskriege zurückgehende Establishment der »Doktoren und Generäle«. Dadurch hatte sie für die neuen bürgerlichen Mittelschichten ebenso wie für hungrige Aufsteiger aus den unteren Klassen einen erweiterten Zugang zur politischen Macht und zur Teilhabe am prekären Wohlstand des Landes eröffnet.

Die Speerspitze der Auflehnung war 1933 das »Studentische Direktorium« (Directorio Estudiantil) der Universität Havanna gewesen, das sich bereits in den frühen Zwanzigerjahren nach dem Vorbild der Studentenräte von 1918 im argentinischen Córdoba gebildet hatte. 1930 hatte es sich in eine bewaffnete Geheimorganisation umgewandelt, während sich unter Führung des ehemaligen Studentenführers Antonio Guiteras eine weitere, stärker linksorientierte Aktionsgruppe bildete, die »Revolutionäre Union« (Unión Revolucionaria), die – wie früher José Martí und später Fidel Castro – eine revolutionäre Landung durchgeführt und eine Guerilla auf dem flachen Land aufgebaut hatte. Auf der Rechten bildete sich eine Gruppe mit dem geheimnisvollen Kürzel ABC, die sich ideologisch an den spanischen Falangisten Primo de Riveras orientierte, ihre bewaffneten Aktionen jedoch vielfach mit denen der Linken koordinierte.

Der Sturz der Machado-Diktatur erfolgte allerdings weniger unter dem Druck dieses verbissenen Terrors und Gegenterrors, als vielmehr in einer Welle sozialer Unruhen und Streiks, die aus der Großen Depression der frühen Dreißigerjahre entsprangen und im August 1933 in einem politischen Generalstreik zusammenflossen. Zum Sturz Machados trug auch bei, dass die vorangegangene Wahl des Demokraten Franklin D. Roosevelt zum neuen Präsidenten in Washington von der Proklamation einer »Politik der guten Nachbarschaft« begleitet war, was im Klartext hieß, dass die USA nicht mehr länger ihre schützende

Hand über die ihnen verbundenen Diktatoren Lateinamerikas hielten, sondern sich auf einen politischen Wandel einstellten. Das galt auch für Kuba, das die Vereinigten Staaten seit dem Krieg gegen Spanien 1898 in besonderer Weise zu ihrer unmittelbaren Einflusssphäre zählten, mit Zügen eines Protektorats. 1934 kündigte Washington von sich aus das »Platt-Amendment« von 1902, das den USA ein konstitutionelles Recht auf Intervention bei Unruhen in Kuba eingeräumt hatte.

Eine soziale Vertiefung und politische Konsolidierung erfuhr die Revolution von 1933 nach der Ablösung Machados durch den Liberalen Céspedes aber erst durch eine Militärrebellion, die von dem 31-jährigen Sergeanten Fulgencio Batista angeführt wurde. Nach Absprache zwischen Batistas Unteroffiziers-Junta und dem Directorio Estudiantil, zu dessen führenden Figuren neben Antonio Guiteras auch Carlos Prío Socarrás und Eduardo Chibás zählten, wurde der Medizinprofessor Rámon Grau San Martín zum ersten Präsidenten der revolutionär erneuerten Republik ernannt. Damit hat man bereits das komplette Ensemble der Personen beieinander, die für die nächsten zwanzig Jahre in wechselnden Konstellationen die Politik Kubas führend bestimmen würden – bis Fidel Castro sie alle links überholte.

Batista stammte (wie Castro) aus der unterentwickelten östlichen Provinz Oriente. Er war der Sohn eines Plantagenarbeiters und »Mambise« (eines Unabhängigkeitskämpfers), ein Mulatte mit indianischem Einschlag, der sich in der Armee zum Stenotypisten am Militärtribunal hatte ausbilden lassen. Gut aussehend, beredt und intelligent, verkörperte dieser Autodidakt den robust plebejischen Charakter der kubanischen Revolution und könnte beinahe als die sozial repräsentativste Figur unter den führenden politischen Akteuren dieses Zeitalters bezeichnet werden. Batista, der sich mit dem malerischen Titel eines »Revolutionären Chef-Sergeanten aller Streitkräfte Kubas« schmückte, zögerte nicht, in den Anfängen der Revolution eine regelrechte Bartholomäus-Nacht im alten Offizierskorps anzurichten, was seinen Nimbus unter den revolutionären Aktivisten nur erhöhte, während es ihm selbst und seinen hungrigen Gefolgsleuten weite Spielräume des Aufstiegs eröffnete.

1934 war dieser »Chef-Sergeant« bereits in der Position, in loser Abstimmung mit dem neuen US-Botschafter die allzu nationalistisch auftretende Regierung Grau durch eine Washington genehmere zu

Der »revolutionäre Chef-Sergeant« Fulgencio Batista mit seiner Frau und Mitgliedern einer Frauenlegion, 1935/36

ersetzen und eine von Guiteras inspirierte Streik- und Guerilla-Bewegung in bonapartistischer Manier niederzuschlagen. Bis 1940 betätigte er sich als strenger, gelegentlich brutaler Supervisor von insgesamt sieben Regierungen unterschiedlicher Orientierung, bevor er selbst in die politische Arena trat.

Die wild bewegte politische Landschaft der Dreißigerjahre hatte sich gegen Ende des Jahrzehnts etwas gelichtet, nicht zuletzt infolge der wieder anziehenden Konjunktur. Die Stelle der diskreditierten Liberalen als der Hauptpartei des kubanischen Nationalismus hatte die von Grau San Martín gegründete »Revolutionäre Partei Kubas« (Partido Revolucionario Cubano, PRC) eingenommen, zu der auch die ehemaligen Studentenführer Eduardo Chibás und Prío Socarrás gehörten. Ihr ideologisches Leitgestirn war der 1898 gefallene »Apostel« und Vorkämpfer der kubanischen Unabhängigkeit, José Martí, der in seinen Schriften einen idealistischen nationalen Solidarismus gepredigt hatte, was eine Vielzahl von Deutungen ermöglichte.

Als ein neuer Faktor von politischem Gewicht etablierten sich die Kommunisten, die sich unter Führung des Literaten Juan Marinello nach Phasen der Illegalität die legale Form einer Partido Unión Revolucionaria (PUR) gaben. Ihren Haupteinfluss übten sie vor allem durch den 1939 gegründeten Gewerkschaftsbund CTC aus, dessen Chef Lázaro Peña wurde, ein schwarzer Tabakarbeiter, der zugleich Führungsmitglied der Partei war. Aber auch namhafte Intellektuelle wie die Schriftsteller Alejo Carpentier oder Nicolás Guillén zählten zu ihren Aushängeschildern.

Dieser Aufstieg der Kommunisten hatte sich nicht zuletzt unter der Patronage Batistas vollzogen, der sie als Gegengewicht zur dominanten PRC und zum gärenden Radikalismus der studentischen Aktionsgruppen päppelte. Im November 1939 wurde eine Verfassunggebende Versammlung gewählt, in der die linksbürgerliche PRC 41 Sitze gewann, während die Batista-Anhänger im Bündnis mit den Kommunisten 36 Mandate erhielten. Die Verfassung, die 1940 schließlich gemeinsam verabschiedet wurde, galt als die progressivste Lateinamerikas, wenn nicht der Welt. Sie sicherte nicht nur das Wahlrecht für Frauen und Männer sowie alle bürgerlichen Freiheiten zu, sondern darüber hinaus eine Reihe elementarer sozialer Sicherheiten, vom 8-Stunden-Tag über einen vierwöchigen Jahresurlaub bis zur allgemeinen Sozialversicherung für Alter und Invalidität. Eine achtjährige allgemeine Schulpflicht wurde proklamiert. Dem Staat wurde generell eine starke Rolle in wirtschaftlichen und sozialen Fragen eingeräumt, auch unter Einschränkung privater Eigentumsrechte.

Batistas anschließende Volkswahl zum Präsidenten erfolgte in diesem sozialdemokratischen Geist. Nach der Bildung der antifaschistischen Kriegskoalition gegen Hitler Ende 1941 wurden auch diplomatische Beziehungen zur Sowjetunion hergestellt, und Kommunisten traten als Minister in Batistas Volksfront-Regierung ein. Kuba konnte sich während des Krieges in einer neuen Kriegskonjunktur sonnen, vor allem durch die gesteigerten Zuckerexporte in die USA sowie einen wachsenden Strom vergnügungssüchtiger nordamerikanischer Touristen.

Als bei den Wahlen 1944 entgegen allen Erwartungen aber statt des Batista-Kandidaten und amtierenden Ministerpräsidenten Saladrígas der PRC-Führer Grau gewann, wurde dies im kommunistischen Lager als eine Reaktion der bürgerlichen Mittelklassen gegen die sozialen Versprechen der Ära Batista gewertet. So schrieb Pablo Neruda im Zentralorgan der chilenischen KP im November 1944 einen schwärmerischen »Gruß an Batista«, der sich fast mit seinen Elogen auf den brasilianischen KP-Führer Luis Carlos Prestes im »Canto General« vergleichen lässt:

> Eine neue Stunde schlägt jetzt der Welt, die Stunde des Volkes, die Stunde der Männer des Volkes, die Stunde, in der Batista sich mit den Volkshelden unseres Zeitalters vereint, mit den [sowjetischen Marschällen] Jeremenko und Schukow…, mit den Guerilleros in Spanien und in China, mit Tito und mit der Pasionaria [der spanischen Kommunistin Dolores Ibárruri] … Batista hat als Mann des Volkes besser als viele Demagogen die Rolle der Intellektuellen begriffen und verteidigt die Ehre ganz Amerikas … Grüßen wir in ihm den Fortsetzer und Wiederhersteller der brüderlichen Demokratie…, auf dass sein Glanz uns den Weg zur Freiheit und zur Größe Amerikas erhelle.

Der so Besungene zog sich 1945 grollend zurück, bereiste Lateinamerika und ließ sich schließlich in Florida nieder, wo er ein neues, sein zweites Buch »Sombras de América« (Amerikanische Schatten) verfasste. Bei den Wahlen 1948 tauchte er wieder auf der politischen Bühne in Havanna auf und ließ sich zum Senator wählen, ohne jedoch eine besonders aktive Rolle zu spielen. Inzwischen war er zu einem Freund und Klienten führender Mafiosi der USA geworden, besonders des illustren Glücksspielkönigs Meyer-Lansky, die Havanna zur Vergnügungsmetropole Lateinamerikas und zu ihrer geheimen Hauptstadt gemacht hatten, in der sie der US-Jurisdiktion aufs Angenehmste entzogen waren.

Die Regierung des Professors Grau San Martín, die 1944 die Geschäfte übernahm, war anfangs von großen Erwartungen getragen, zumal die wirtschaftlichen Rahmenbedingungen nach wie vor günstig waren. Aber eben deshalb produzierte die Rückkehr der PRC an die Macht auch eine Masse hemmungsloser Versorgungsansprüche und Beuteinstinkte, angefangen mit dem Präsidenten selbst und einigen seiner Minister. Es war freilich eine breit gelagerte, nepotistische Korruption: Die Zahl der Staatsbeamten und der Inhaber von Sinekuren (liebevoll *botellas*, Buddeln genannt) verdoppelte sich glatt.

Andererseits führten die Rivalitäten zwischen regierenden Demokraten und oppositionellen Republikanern in den USA mit allen daran hängenden Stiftungen, Stipendien und Subventionen zu allerhand sektiererischen Querspaltungen in der kubanischen Politik, die durch den 1946/47 ausgebrochenen Kalten Krieg noch verschärft wurden. In besonderer Weise galt das für die akademischen Jungtürken – eben jene bewaffneten »revolutionären« Aktionsgruppen, in denen der Jurastudent Fidel Castro sich Platz und Rang sichern wollte.

Alle Schilderungen dieser Milieus und Szenerien, die später unter dem Sammelbegriff des »gangsterismo« (Gangstertums) in die Annalen eingegangen sind, haben einen Zug ins düster Phantastische, der die Maßstäbe des rein Politischen überschreitet. In karikaturhafter Wiederaufnahme der historischen Rolle, die die Studenten vor und nach der Revolution von 1933 gespielt hatten, waren die universitären Organe seit 1945 zu politischen Karrieresprungbrettern und Pfründen geworden, um die unter Nebelschwaden revolutionärer Rhetorik erbittert gekämpft wurde. Der wichtigste Vorzug der Universitäten war ihre Exterritorialität, d.h. sie waren dem Zugriff von Polizei und Justiz entzogen. Viele der Hauptakteure waren denn auch Männer in den Dreißigern, die nur noch formal als Studenten registriert waren.

Ihr besonderes Flair bekamen diese fraktionellen Auseinandersetzungen durch die Verbindungen einiger Gruppen und Protagonisten zur Mafia im brodelnden Boomtown Havanna und deren ästhetische Überhöhung in den Gangsterfilmen dieser Jahre. Es war ein *radical chic* eigener Art, wie man ihn heute vielleicht bei den »Gangsta-Rappern« findet, damals natürlich mit allen Ingredienzen latinischen Machotums, wie blütenweißen Anzügen, Brillantine im Haar, Zigarre im Mund – und Pistole im Holster. Allein in der Amtszeit des Präsidenten Grau von 1944 bis 1948 gab es etwa 150 tödliche Attentate, und ein großer Teil von ihnen hatte mit den eskalierenden Kämpfen der studentischen Aktionsgruppen zu tun. Elemente archaischer Blutrache und ein mafiotischer Ehrenkodex mischten sich mit einem sektiererischen Fanatismus, der an die späteren Roten Garden der chinesischen Kulturrevolution erinnert.

Castro versuchte sich zunächst der dominierenden Gruppe, der »Sozialistisch-Revolutionären Bewegung« (MSR), zu nähern. Ihr politischer Führer war der Präsident der zentralen Studentenföderation FEU, Manolo Castro, der mit ihm nicht verwandt war. Der eigentliche Gründer und militärische Kopf war ein ehemaliger Kommunist und Spanienkämpfer, Rolando Masferrer, der dem ehrgeizigen Newcomer Castro von Beginn an misstraute und sich später, unter Batista, zu einem seiner blutrünstigsten Widersacher entwickeln würde. Darüber hinaus hatte sich eine »Revolutionäre Legion« des berüchtigen Pistoleros Marío Salabarría, der ebenfalls von der radikalen Linken kam, der MSR angeschlossen.

Ihre direkten Gegenspieler nannten sich »Aufständische Revolutionäre Union« (UIR) und wurden von Emilio Tró geführt, wohl einem ehemaligen Trotzkisten. Viele UIR-Leute waren Kriegsveteranen, die freiwillig in der US-Armee gekämpft hatten, woher sich eine Reihe von Verbindungen zu der im September 1947 gegründeten Central Intelligence Agency (CIA) wie zu den in Washington regierenden Demokraten erklärten, während die MSR eher Kontakte zu den US-Republikanern pflegte und auf der Woge des wachsenden Antikommunismus ritt – was den jungen Castro anscheinend nicht abschreckte.

Neben diesen beiden Hauptgruppen gab es Dutzende weiterer Aktionsgruppen, oft nach Fakultäten getrennt oder mit Verbindungen zu den großen Gymnasien der Stadt. Auch die Regierungspartei PRC hatte ihre eigene bewaffnete Organisation, die »Revolutionäre Assoziation Guiteras« (ARG). Und natürlich waren da noch die Kommunisten, die sich während des Krieges die betont unauffällige Bezeichnung »Sozialistische Volkspartei« (PSP) gegeben hatten, aber über eigene Kampfgruppen sowie eine komplette zweite Garnitur konspirativ operierender Kader verfügten, die über die Zeiten der 1943 formell aufgelösten Kommunistischen Internationale hinaus auch ihre Verbindungen nach Moskau gewahrt hatten und jederzeit auf die Illegalität vorbereitet waren.

Die im Korruptionssumpf versinkende Regierung Grau versuchte, die universitären Jungtürken einzubinden, indem sie ihnen hoch dotierte Regierungsposten anbot und in den Polizeiapparat einband. Tró wurde zum Leiter der staatlichen Polizeiakademie bestellt, während Salabarría führender Kommissar im neu aufgebauten Geheimdienst SIEE wurde. Das erweiterte allerdings nur ihre Operationsbasis, die sie teilweise auch für expansive Projekte eines kubanischen Mini-Imperialismus nutzten.

So hatte Präsident Grau sich zum inoffiziellen Patron und Förderer einer »Karibischen Legion« aufgeschwungen, die sich mit allerhand Komplotten in Nicaragua, Venezuela und anderswo beschäftigte, um sich im Sommer 1947 schließlich auf eine vom Exilanten Juan Bosch angeführte Militärexpedition zum Sturz des Diktators Rafael Trujillo in der benachbarten Dominikanischen Republik zu konzentrieren. In dieses Unternehmen, halb idealistische Befreiungsaktion, halb prospektiver Beutezug, waren auch die verschiedenen Aktionsgruppen eingebunden, die dafür einen Burgfrieden schließen mussten.

Nicht weniger als 1.200 junge Männer – darunter Fidel Castro, der mit eigener Uniform und Tropenhelm um jeden Preis mit von der Partie sein wollte – wurden in einer Kaserne im Oriente gesammelt und konspirativ auf die vorgelagerte Insel Cayo Confites gebracht. Es gab Landungsschiffe und Flugzeuge, sodass die Aktion das Format einer regelrechten militärischen Invasion annahm. In letzter Minute musste sie jedoch auf Drängen Washingtons abgeblasen werden. Castro entzog sich der befürchteten Internierung durch einen Sprung von Bord nahe der Küste, nicht weit von seinem Elternhaus, das er schließlich abgezehrt zu Fuß erreichte. Immerhin, dieses Abenteuer hatte er bestanden.

Derweil war in Havanna der Krieg zwischen den Aktionsgruppen wieder ausgebrochen. Der UIR-Führer Tró war von Männern Salabarrías erschossen worden. Im Februar 1948 erschossen Pistoleros der UIR im Gegenzug den MSR-Führer Manolo Castro. Diese letztere Tat wurde mit Fidel Castro in Verbindung gebracht, der inzwischen zur UIR übergelaufen war und in der Nähe des Tatorts gesehen wurde. Es war nicht die erste und würde nicht die letzte Bluttat sein, die ihm damals angelastet wurde. Insgesamt waren es schließlich vier Mordanschläge, davon drei mit tödlichem Ausgang, in denen Vorwürfe gegen Castro erhoben und staatsanwaltlich ermittelt wurde, ohne dass ihm am Ende eine Beteiligung oder Täterschaft nachgewiesen werden konnte. Belastungszeugen widerriefen ihre Aussagen, oder Entlastungszeugen bezeugten, ihn woanders gesehen zu haben. Zwei, drei Mal tauchte er für eine Weile unter, weniger aus Furcht vor der Polizei als vor der jeweiligen Gegenseite, anfangs der UIR, später der MSR. Castros Name tauchte dafür jetzt häufiger in der Presse auf, vor allem in den viel gelesenen Wochenchroniken der Zeitschrift »Bohemia«, was ihm immerhin den Nimbus eines Mannes der Tat verlieh.

Dazu trug auch ein anderes Abenteuer bei, in das er sich im April 1948 verstrickte. Mit Geldern der argentinischen Peronisten, die als offensive Gegenspieler zur Vormacht USA auftraten und missionierten, wurde Castro mit einigen anderen Organisator eines lateinamerikanischen Studentenkongresses, der als Parallel- und Protestveranstaltung gegen ein Außenministertreffen der Organisation Amerikanischer Staaten (OAS) in Bogotá in Kolumbien gedacht war. Auf dieser Konferenz sollte nach den übertriebenen Erwartungen einiger Regierungen eine Art Marshall-Plan für Lateinamerika beschlossen werden, wozu die USA in Wirklichkeit gar nicht bereit und in der Lage waren.

Unmittelbar nachdem eine Studentendelegation, darunter Castro, sich nach ihrer Ankunft in Bogotá mit dem populären Führer der kolumbianischen Liberalen Gaitán getroffen hatte, um ihn für eine Unterstützung ihres Kongresses zu gewinnen, wurde dieser von einem fanatischen Attentäter erschossen. Die Folge war eine Explosion anarchischer Gewalt, wie sie Lateinamerika kaum je gesehen hatte. Hysterisierte Anhänger der Liberalen, Aktionsgruppen aus Studenten und Arbeitern, meuternde Polizisten und Soldaten, gewaltbereite Massen jeglicher Provenienz bewaffneten sich, stürmten Regierungsgebäude, steckten Kirchen, Klöster und Paläste in Brand, plünderten Kaufhäuser und Geschäfte, stürzten Bahnen und Busse um, zündeten Autos an, lieferten sich Schlachten mit loyalen Polizei- und Militäreinheiten sowie mit den Anhängern der konservativen Regierungspartei, übten Lynchjustiz und schossen auf wirkliche oder eingebildete Gegner.

Dieser Ausbruch einer blinden Massengewalt ohne jedes bestimmte Ziel, der Hunderte von Toten und Tausende von Verletzten forderte und als »Bogotazo« in die Geschichtsbücher eingegangen ist, gehörte jedenfalls mit zu den prägenden Erfahrungen des 22-jährigen Castro, der sich nach kurzem Zögern mit vollen Zügen in den Tumult stürzte. Beim Sturm auf eine Polizeiwache besorgte er sich ein altes Mausergewehr, offenbar in der Erwartung, es müsse sich irgendeine revolutionäre Aktion entwickeln, an der er teilnehmen könnte. Die Führer der Liberalen Partei waren jedoch ebenso kopflos und verstört wie die Studenten der Universität, mit denen er in Kontakt trat. Seine Versuche, selbst als Agitator und Organisator aufzutreten, liefen ins Leere. So zog er schließlich mit seinem Gefährten Rafael del Piño ziellos durch die Straßen, um – jedenfalls nach dem prahlerischen Zeugnis des Letzteren – bei der Belagerung einer Klosterschule vier spanische Priester vom Glockenturm herunterzuschießen.

Am folgenden Tag wurde Castro in einer Rundfunkansprache des kolumbianischen Präsidenten namentlich als einer der »kubanischen Studenten« genannt, die diesen Aufruhr im Auftrag des internationalen Kommunismus angezettelt hätten. In einem Fahrzeug der argentinischen Botschaft wurden er und sein Gefährte in letzter Minute in die kubanische Botschaft gebracht, deren Leiter sie in ein gerade bereitstehendes Transportflugzeug nach Havanna verfrachtete. Es war ein hauchdünnes Entkommen.

Dieser abenteuerliche Aktivismus, der die Bereitschaft demonstrierte, jede Ausnahmesituation und jede Steigerung von Gewalt mitzugehen und das Schicksal herauszufordern, hatte als ideologisches Unterfutter noch immer keine irgendwie konturierte politische Position. Zwar hatte Fidel inzwischen auch einige Freunde und Bekannte im kommunistischen Milieu rund um die Universität. Er las Lenins »Was tun« und einiges an sowjetischer Literatur, die von Mexiko aus in preiswerten Übersetzungen in ganz Lateinamerika verbreitet wurde. Aber sein weltanschaulicher Fixstern war und blieb der Erfinder eines mythischen Kubanertums, José Martí, auf den sich auch die regierende PRC und mehr oder weniger alle beriefen.

Immerhin sicherte die Aura von Gefährlichkeit ihm einige Aufmerksamkeit, nicht zuletzt beim anderen Geschlecht, für das er bis dahin wenig Zeit gehabt hatte. Die Schwester seines Studienkollegen Rafel Díaz-Balart, Mirta, verliebte sich Hals über Kopf in den bulligen Provinzler, und auch Fidel zeigte erstmals die entsprechenden Symptome. Dass die Díaz-Balarts zu den großen Familien des Landes und im Übrigen zum näheren Umfeld des zurückgekehrten Batista gehörten, scheint ihn nicht gestört zu haben, im Gegenteil. Mirta und Fidel heirateten kurz entschlossen im Oktober 1948 und nahmen die Hochzeitsgeschenke der Verwandten und Bekannten entgegen, unter denen (so heißt es) auch zwei 500-$-Schecks von Batista waren.

Castros Vater, der sich von dieser morganatischen Verbindung einiges erhoffte, steuerte sogar stolze 10.000 Dollar bei, die es dem Paar ermöglichten, mit einem gebrauchten Lincoln drei Monate lang von Florida nach New York zu gondeln, wo auch Schwager Rafael gerade lebte, und später wieder via Miami zurück. Als sie mit ihrem Auto in Havanna eintrafen, war das Geld aufgebraucht, und Mirta war schwanger. Im September 1949 kam ihr Sohn »Fidelito« zur Welt, und im Jahr darauf eröffnete Fidel Castro – mehr als Fassade denn als reale Einkommensquelle – eine Anwaltspraxis, wie es sie zu Hunderten in Havanna gab.

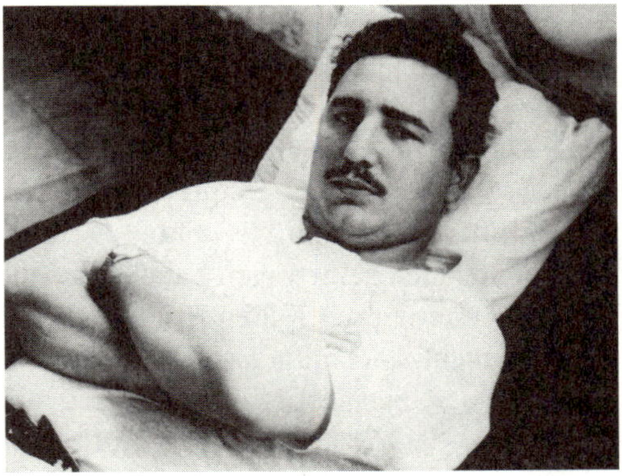

Fidel Castro als junger Anwalt, Anfang der Fünfzigerjahre – noch ganz mit dem Selbstbewusstsein eines Mitglieds der Oberschicht

Tatsächlich hatte er gleich nach der Rückkehr seine Existenz eines politisierenden Bohemiens wieder aufgenommen, allerdings auf einer solideren Basis. Innerhalb der regierenden PRC hatte sich im Vorfeld der Wahl des Nachfolgers von Grau, Prío Socarrás, eine Spaltung vollzogen. Der bei der Kandidatenkür übergangene Eduardo Chibás hatte einen eigenen Parteiflügel gegründet, dem er den Beinamen »Ortodoxo« gab, was die Mehrheit um Prío veranlasste, sich als »Autentico« zu bezeichnen – eine kurios verdoppelte Beschwörung der immer gleichen vagen Ideale. 1948 wurde aus den »Ortodoxos«, die weiterhin unter diesem Spitznamen firmierten, die »Kubanische Volkspartei« (PPC), die aber bei den Wahlen nur 16 % erreichte, während die »Autenticos« unter Prío glatt mit 46 % gewannen. Sie hatten inmitten aller Skandale eben doch wichtige Reformen auf den Weg gebracht, die soziale Lage breiter Schichten verbessert und Kuba zu einem der freiesten Länder der Hemisphäre gemacht.

Chibás, ein wenig attraktiver, etwas linkischer Mann, hatte sich die Rolle eines Kämpfers gegen die Korruption auf den Leib geschrieben, was ihm eine stetig wachsende Aufmerksamkeit sicherte, da die Präsidentschaft Prío Socarrás' binnen kurzer Zeit in einen noch tieferen Sumpf hineinführte. Chibás' wöchentliche Rundfunksendung, in der er jeweils seine neuesten Anklagematerialien präsentierte, erfreute sich einiger Popularität und war Teil einer freien und angriffslustigen Presse und Medienöffentlichkeit, die sich mit fast sportlicher Leidenschaft auf die Enthüllung korruptiver Verflechtungen zwischen Politik, Business und Mafia warf.

Castro trat 1949 den »Ortodoxos« bei und versuchte, als Mitgründer einer Jugendorganisation der Partei, der »Acción Radical Ortodoxa« (ARO), eine eigene Hausmacht zu gewinnen, was ihm angesichts seiner dubiosen politischen Vergangenheit nur begrenzt gelang. Chibás seinerseits hielt den jungen Castro, der sich mit offensichtlichen Ambitionen als Aktivist seiner Partei betätigte, auf Distanz. Dazu mochte auch beigetragen haben, dass dieser inmitten aller wachsenden Hysterien des Kalten Kriegs Kontakte mit Kommunisten unterhielt, nicht zuletzt über seinen Bruder Raúl, der in der Jugendorganisation der »Sozialistischen Volkspartei« aktiv war. Andererseits wurde ruchbar, dass Castro durch Vermittlung seines Schwagers Rafael Díaz-Balart, der mittlerweile der Führer der Jugendorganisation Batistas geworden war, sich auch mit dem Ex-Präsidenten auf dessen Landsitz getroffen habe.

Im Rückblick hat Castro sich als einen »Don Quijote der Universität« dargestellt, einen reinen Tor, der »immer Pistolen und Kugeln« um sich gehabt habe, »mehr sogar als in der Zeit in der Sierra Maestra«, und der nur durch »reinen Zufall ... diese Universitätsjahre überlebt« habe – ein bemerkenswertes Geständnis angesichts seiner späteren, mythisch überhöhten Legende als Kämpfer gegen Batista. In Wirklichkeit war Castro am Ende seiner Universitätszeit schon ein mit vielen Wassern gewaschener Politiker, während der edle Ritter von der traurigen Gestalt Eduardo Chibás hieß.

Chibás wollte nicht nur den Augiasstall der Macht auskehren, sondern auch gegenüber den USA eine nationalere Position einnehmen, ohne sich jedoch mit den Kommunisten gemein zu machen, die sich ihm als Verbündete anboten. In tragisch-komischer Zuspitzung schoss er sich im August 1951 am Ende seiner wöchentlichen Rundfunksendung, nachdem er zugeben musste, seine Korruptionsvorwürfe gegen den Erziehungsminister nicht belegen zu können, mit einem flammenden Appell an die kubanische Nation in den Bauch – während die Mikrofone tatsächlich schon abgeschaltet waren. Seine Beerdigung 14 Tage später wurde gleichwohl zu einer großen Demonstration und bot Castro eine Plattform, sich in der Rolle des neuen Chefanklägers der korrupten Regierung zu präsentieren.

Im Januar 1952 veröffentlichte er ein voluminöses Anklagedossier gegen Prío Socarrás, das von persönlicher Bereicherung bis zur Begünstigung eines verurteilten Kinderschänders reichte, und konstruierte daraus eine Verfassungsklage. Trotz der Publizität, die er mit diesem Vorstoß erntete, wurden seine Ambitionen vom Establishment der »Ortodoxos« aber weiterhin kurz gehalten. Er galt als geltungssüchtig und zu machtbetont. Die Partei unter dem neuen Führer Prof. Agramonte rechnete mit einem fast sicheren Sieg bei den Wahlen 1952 und zeigte wenig Neigung, ihre gute bürgerliche Reputation aufs Spiel zu setzen.

Mit und gegen die führenden Ortodoxos verhandelten die in zwei Flügel um Prío und Grau gespaltenen Autenticos hektisch mit Liberalen, Konservativen sowie mit Batista, der eine eigene Partei gegründet hatte, über mögliche Wahlbündnisse, während das Land von einer neuen Welle sozialer Unrast erfasst wurde. In dieser zunehmend zerfahrenen und krisenhaften Situation trug eine Gruppe jüngerer Armeeoffiziere Batista an, sich wie in einer Reprise der »Revolution der Sergeanten« von 1933 an die Spitze eines von ihnen vorbereiteten Militärstreichs zu stellen.

Nach längerem Zögern nahm Batista, dem es nicht gelungen war, eine eigene Koalition für seine Präsidentschaftskandidatur zusammenzubringen, das Angebot an. Der Coup ging im Schatten der Karnevalsfeiern in Havanna fast reibungslos vonstatten und trug eher Züge eines nächtlichen Wachwechsels. Präsident Prío floh mit seiner Privatschatulle von einer Million Dollar über Mexiko in die USA. Ein Versuch der inzwischen von den Autenticos gestellten Führung des CTC, einen Generalstreik auszurufen – nicht zuletzt aus Furcht, Batista werde die Gewerkschaften den Kommunisten zurückgeben –, wurde im Ansatz erstickt. Niemand wurde jedoch verhaftet oder erschossen. Die Verfassung wurde vorübergehend suspendiert und der Kongress mit vollen Bezügen in Urlaub geschickt. Batista begründete seine »Friedensaktion« in einer Rundfunk-Ansprache mit dem Kampf gegen Korruption und Gangstertum und rief die Kubaner zur Brüderlichkeit im Geiste José Martís auf. Demonstrationen und Streiks blieben vorerst verboten, die Pressefreiheit jedoch unangetastet. Für das folgende Jahr wurden Neuwahlen in Aussicht gestellt.

Während die überraschte US-Regierung noch zögerte, Batistas Regierung anzuerkennen, nahmen lateinamerikanische und europäische Länder die Beziehungen wieder auf. Washington schloss sich an, nachdem Batista versichert hatte, die kommunistische PSP, seine ehemaligen Verbündeten, unter scharfer Kontrolle zu halten. Tatsächlich wurden alle Parteien, die sich weigerten zu kooperieren, zunehmend drangsaliert und ihre Führer und Abgeordneten eine Zeit lang hinter Gitter gesetzt oder ins Exil entlassen. Die Parteiorgane konnten allerdings weiter erscheinen, auch die kommunistische »Hoy«, wie überhaupt die Presse lebhaft und überwiegend oppositionell blieb; was nichts daran änderte, dass die bisherigen Parteien und Bündnisse rapide zerfielen. Binnen weniger Wochen saß Batista fest im Sattel und genoss sogar einige Popularität.

Batistas Putsch war die Stunde Castros. Wie zuvor gegen Prío, reichte er jetzt gegen den Putschpräsidenten eine Klage beim Obersten Gericht ein, in der er die sofortige Verhaftung und Verurteilung wegen Bruchs der Verfassung verlangte. Der Text war freilich mehr eine pathetische Anklage als ein juristisches Dokument:

> Im Schutze des Mantels der Nacht drang er [Batista] mit waffenstarrender Hand in ein militärisches Lager der Republik ein und wiegelte die Truppen auf ... Die brutale Bemächtigung sämtlicher Rundfunkstationen durch die Aufständischen verwehrte dem Volk jeden Empfang von Nachrichten oder Weisungen, um sich zum Widerstand mobilisieren zu können. Völlig gelähmt musste die Nation mit ansehen, wie der außer Kontrolle geratene Militärapparat die Festung der Verfassung schleifte, indem er Menschenleben und Besitz der Willkür der Bajonette auslieferte.

Parallel dazu begann Castro, eine Gruppe Kampfbereiter aus dem Umfeld der jungen Ortodoxos, die sich zum Todestag von Chibás am Grab versammelt hatten, um sich zu scharen. Gleichzeitig lehnte er es aber ab, sich einer anderen, bereits existierenden Widerstandsgruppe aus Studenten und Offiziersanwärtern um den charismatischen Professor am Kriegskollegium, García Bárcena, anzuschließen, die einen direkten Angriff auf den im Kasernenkomplex von Camp Columbia bei Havanna residierenden Batista planten. Von vornherein war klar, dass Castro sich seine eigene Organisation und Legende schaffen wollte.

Obwohl er sich offen und herausfordernd bewegte, wurde er nicht behelligt, entweder weil man ihn nicht wirklich wichtig nahm oder weil die Verbindung mit der Familie seiner Frau ihn schützte. Sein Ex-Kommilitone und Schwager Rafael Díaz-Balart war inzwischen zum Staatssekretär im Innenministerium avanciert. Dabei ließ Fidel seine Frau mit ihrem Sohn weitgehend allein, nicht zuletzt, weil er inzwischen eine geheime Liaison mit Naty Revuelta, der Frau eines bekannten Herzchirurgen, begonnen hatte, die sich bedingungslos in den Dienst seiner Sache und seiner Person stellte. Die konspirative Wohnung, die sie ihm für alle Fälle besorgt hatte, war zunächst ihr Liebesnest.

Alles, was diesen Fidel Castro bisher so anrüchig gemacht hatte, seine gewaltbereite Tatkraft und denunziatorische Wortmächtigkeit, verwandelte sich jetzt in einen Trumpf. So verlangte er von den Parteiführern seiner Ortodoxos wie von denen der Autenticos mit Nachdruck Geld oder Waffen. Auch einen Zuckerbaron und selbst seinen eigenen Vater ging er bei einer Werbereise offen um Subventionen an, vergeblich. Schließlich gelang es ihm, doch einige Mittel einzutreiben. Aber seine Widerstandsgruppe blieb eine unter mehreren anderen, die alle über kleinere Einzelaktionen nicht hinauskamen.

Ostern 1953 wollte die Gruppe von García Bárcena endlich losschlagen. Der Plan sah allen Ernstes vor, mit aufgepflanzter Nationalfahne ins Hauptquartier Camp Columbia hineinzumarschieren und die Soldaten zur Meuterei gegen Batista aufzurufen. Noch vor Beginn wurde der Kern der Gruppe verhaftet, in die Festung La Cabaña über der Stadt geschleppt, gefoltert und einer Verschwörung beschuldigt. Aber ein Gericht verhängte lediglich Strafen von einigen Monaten bis zu zwei Jahren, und die Presse berichtete ausführlich über den Prozess und die zutage gekommene Misshandlung der Gefangenen.

So zeigte sich schon in dieser ersten bewaffneten Widerstands-Episode eine merkwürdige Mischung aus Terrorismus und Nachlässigkeit, Schärfe und Milde, Selbstsicherheit und Halbherzigkeit, die die Halbdiktatur Batistas von Anfang bis Ende kennzeichnen würde. Sie war zu keinem Zeitpunkt in der Lage, die pluralistische Gesellschaft des Landes und ihre Institutionen und Organe – von der Presse über die Gewerkschaften und Verbände bis zu den Parteien und zur Justiz – unter ihre Kontrolle zu bringen; und nicht einmal alle Kommandoebenen und Abteilungen von Militär und Polizei. Das war es auch, was sie binnen weniger Jahre zu Fall bringen würde.

Fidel, in seinem Eifer, die Position des Alpha-Mannes in der verbliebenen Oppositionsszene zu gewinnen, beschleunigte seine Planungen für einen großen, spektakulären Schlag. Die Wahl fiel auf die Moncada-Kaserne in Santiago, den am anderen Ende der Insel gelegenen, zweitgrößten Militärkomplex des Landes neben Camp Columbia. Als Datum wurde der 26. Juli festgelegt, ein karnevalistisch gefeiertes Fest des Stadtheiligen St. Jakob, an dem auch Militärs und Polizei teilnahmen. In mancher Hinsicht trug das Züge einer zwanghaften Wiederholung des Handstreichs der Batista-Verschwörer während des Karnevals in Havanna im Jahr davor.

Nur vier oder fünf der engsten Vertrauten Castros, darunter sein jüngerer Bruder Raúl, erfuhren von dem Plan. Die anderen Teilnehmer der Aktion bekamen lediglich die Aufforderung, sich auf einer Farm zwischen Santiago und Bayamo zu sammeln und bereitzuhalten, wo sie falsche Armeeuniformen ausgehändigt bekamen. Erst eine Stunde vor Beginn wurden sie über das Ziel aufgeklärt und erhielten Waffen, großteils leichte Jagdgewehre. Einige, die Zweifel äußerten, blieben zurück. Insgesamt waren es 125 Männer und zwei Frauen, Melba Hernández und Haydée Santamaría, die mit von der Partie waren. Die Hauptgruppe um Fidel sollte die Garnison der Moncada-Kaserne überrumpeln; Bruder Raúl sollte eine kleinere Gruppe zur Einnahme des Justizpalastes führen; die beiden Frauen und ein paar Männer würden das nahe gelegene Krankenhaus besetzen, um die Kaserne von hier aus unter Beschuss zu nehmen und die Behandlung der Verwundeten zu sichern. Eine vierte Gruppe sollte darüber hinaus einen Ablenkungsangriff gegen die Stadt Bayamo führen.

Der Plan war von einer heroischen Aussichtslosigkeit, die etwas Suizidales hatte – oder etwas Fantastisches. Jedenfalls war es ein Vabanque-Spiel, dessen einziger Sinn es sein konnte, alles auf eine Karte zu setzen und entweder einen spektakulären Heldentod à la Martí zu sterben oder sich im Ruhme einer Befreiungstat von großartiger Vergeblichkeit zu sonnen und damit zu einer nationalen Figur zu werden.

Genau das gelang Castro auch, obwohl die Aktion in ihrem realen Verlauf Züge einer tragischen Groteske annahm. Das begann mit dem Comandante selbst in seiner viel zu knappen Uniform, der über keine genaue Skizze des Kasernengeländes verfügte, das er erobern wollte. Das Auto, in dem er seiner kleinen Kolonne vorausfuhr, hing vor der Kaserne am Bordstein fest und erregte so vorzeitig Aufmerksamkeit. Die Fahrer der anderen Wagenkolonne hatten keine Stadtpläne und verfuhren sich im Dickicht der Innenstadtstraßen, die teilweise noch von heimkehrenden Festteilnehmern und Festwagen verstopft waren. Voreilige Schüsse auf die aufmerksam gewordenen Wachposten alarmierten eine Gruppe heimkehrender Soldaten, und in kürzester Zeit war die gesamte Garnison auf den Beinen. Der Vorstoß eines Rebellentrupps auf das Kasernengelände endete im Niemandsland und einem Blutbad.

Nach einer Reihe unkoordinierter Feuerwechsel, die aufseiten des Militärs dreizehn Tote und zwanzig Verwundete, aufseiten der Angreifer acht Tote und zwölf Verletzte forderten, blies Castro zum Rückzug. Aber nur vierzig seiner Leute, darunter er selbst, erreichten wieder die Ranch, von der sie gestartet waren. Mehr als die Hälfte war unterwegs gefangen genommen worden oder wurde wenig später in Zivil verhaftet. Auch die Entkommenen mussten sofort weiterflüchten. Castro selbst zog mit einer kleinen Gruppe in die nahe gelegenen Berge, die er noch aus seiner Jugendzeit kannte. Nur eine Handvoll schaffte es nach Havanna zurück.

Zu einem nachträglichen Erfolg für Castro wurde diese wahrhaft donquichottische Aktion erst durch die blutige Raserei der Militärs und Geheimpolizisten Batistas, die den Überfall am Morgen nach dem Fest als besondere Heimtücke empfanden und schworen, für jeden gefallenen Kameraden zehn ihrer Feinde umzubringen. Einige dieser Mordtaten wurden mit sadistischer Grausamkeit und in voller Öffentlichkeit vollzogen. Die Fotos der Gefolterten und Verstümmelten, die in den oppositionellen Zeitungen abgedruckt wurden, erregten Abscheu im ganzen Land.

Dieser Umschwung war es, der Castro, als er Tage später von einer Militärpatrouille überrascht und gefangen genommen wurde, das Leben rettete. Der Erzbischof von Santiago, ein Freund der Familie, hatte öffentlich gefordert, dass die wilden Mordaktionen der Armee sofort beendet würden. Und der schwarze Feldwebel, der die Patrouille geführt hatte und (wie später behauptet wurde) ein geheimes Mitglied der kommunistischen Volkspartei gewesen sei, verhinderte eine Lynchaktion durch seine Soldaten und brachte Castro zu einer Polizeistation. Er war wieder einmal gerettet.

Der Prozess im September, den Batista ungeschickterweise auch noch als Massenprozess gegen einige führende Kommunisten und Ortodoxos anlegte, die angeblich Teil der Konspiration gewesen seien, bot Castro endlich die große Tribüne, die er gesucht hatte – erst recht, nachdem sein Verfahren abgetrennt wurde. Aus seinen Interventionen vor Gericht kompilierte er später sein erstes, großes Manifest, das charakteristischerweise in der ersten Person gehalten war: »Die Geschichte wird mich freisprechen«. Die 15 Jahre Festungshaft, zu denen er verurteilt wurde, machten ihn zum ersten Gefangenen des Staates – und damit zum direkten Antagonisten Batistas, mit dessen Schicksal das seine ab jetzt untrennbar verbunden war.

Abenteurersympathien

Lass uns voranschreiten / glühender Prophet der Morgenröte ... / den grünen Kaiman zu befreien, den du so liebst. / ... Und wenn das Eisen uns den Weg versperrt, / so fordern wir nur ein Leichentuch aus kubanischen Tränen / um die Knochen der Guerilleros / bei ihrem Gang in die amerikanische Geschichte zu bedecken. / Nicht mehr.

Kein Zweifel: Der »umherziehende kleine Prophet des Jüngsten Gerichts« hatte im großen »glühenden Propheten der Morgenröte« seinen Meister gefunden. Keinen mysteriösen Guru in schwarzer Andennacht mehr, sondern den vor Aktivität sprühenden Organisator einer Militärexpedition, für die er alles auf eine Karte zu setzen bereit war. Gerade dieser ultimative und bedingungslose Charakter des geplanten Unternehmens, einer Invasion Kubas, mochte den Ausschlag gegeben haben, *als ich mich dem Rebellenkommandanten anschloss, mit dem mich von Anfang an eine romantische Abenteurersympathie verband und die Erwägung, dass es sich lohnen würde, an einem fremden Strand für ein solch reines Ideal zu sterben.*

So heißt es in einem vorsorglichen Abschiedsbrief des »Che« an seine Eltern aus dem Zentralgefängnis in Mexiko City, in dem Fidels Truppe im Juni/Juli 1956 interniert war. Seine neuen kubanischen Freunde hatten den jungen Argentinier wegen seiner Angewohnheit, jeden erst einmal mit einem »che« anzusprechen, was etwa »hey« bedeutet, auf diesen geläufigen Spitznamen getauft. Jetzt hieß er also »Hey Guevara« und hatte trotz seines Asthmas das im Mai 1956 aufgenommene Training der Truppe zeitweise leiten dürfen. Vorbei die lähmenden Selbstzweifel, die er seinen Reisenotizen Monate zuvor noch anvertraut hatte: dass er trotz revolutionärer Gesinnung womöglich nur *ein rettungslos verlorener Herumtreiber* sei, der keine Lust habe, *seine Karriere durch eine eiserne Disziplin zu ersetzen.* Schluss auch mit den schwülen Selbstbespiegelungen und Anrufungen der Geschichte, wie in seinem *Dunklen Selbstporträt*:

Ich bin allein mit der unerbittlichen Nacht / und dem süßlichen Nachgeschmack des Geldes. / Europa ruft mich mit der Stimme alten Weines / und dem Atem blonden Fleisches, mit Museumsobjekten. / Und im lustigen Trompetenklang neuer Länder / trifft meine Stirn der diffuse Aufschlag / der Klänge von Marx und Engels.

Man bemerkt: Wir befinden uns hier weniger im gemeinen Menschenleben als im Reich der Mythopoesie. Hier war einer auf der Suche nach Offenbarungen und Erleuchtungen, mehr jedenfalls als nach lebenspraktischen Erfahrungen und sachlichen Einsichten.

Natürlich waren seine beiden großen Lateinamerikafahrten, die ihn am Ende nach Mexiko geführt hatten, auch handfeste und muntere Abenteuer- und Entdeckungsreisen gewesen. Das Problem war, dass Guevara die unterschiedlichen Ebenen nicht integrieren konnte – entweder weil alle sinnlichen Erfahrungen seinen metaphysischen Hunger nicht stillen konnten; oder weil er umgekehrt seine profanen Bedürfnisse und Begierden stets in den Mantel einer mythisch-poetischen Selbststilisierung hüllen musste. Dann schrieb er sich Verse wie diese auf den Leib:

Beladen mit Schreien der Entmutigung und des Glaubens / komme ich zu euch, nördliche Brüder … / verschlinge Kilometer im Ritus des Wanderns, / mit meiner asthmatischen Materie, die ich trage wie ein Kreuz …

Eine derart angestrengte Metaphorik durchzieht alle literarischen Verarbeitungen seiner Erlebnisse wie eine Bildstörung, die im Kern eine narzisstische Störung der Wahrnehmung war. Wen immer er auf seinen Reisen traf, was immer er sah und erfuhr, lieferte ihm nur Material zu einer lyrisch verkleideten Ideologieproduktion, die obsessiv um die eigene Person und Berufung kreiste – ähnlich wie Fidels Moncada-Manifest.

Man kann diese Störung auch als ein religiöses Verhältnis zur eigenen Person mit all ihren Körper- und Welterfahrungen beschreiben – etwas, dessen Ursprung ohne alle Ferndiagnosen auf der Hand liegt. Asthmaanfälle solcher Dauer und Schwere, wie Guevara sie seit seiner frühen Kindheit periodisch durchlebte, sind Grenzerfahrungen. Teilnehmende Beobachter glaubten, qualvollen Erstickungstoden beizuwohnen – eine Wirkung, die dem jungen Ernesto von Kindesbeinen auf nicht entgangen sein kann und dem angehenden »Che« später seine besondere Aura verlieh. Wie die Epilepsie bei den Romanfiguren Dostojewskis, konnte schweres Asthma – jedenfalls damals noch – in den Augen der erschreckten Mitwelt Züge einer »heiligen Krankheit« gewinnen. Und das entsprach möglicherweise auch dem Gefühl des Kranken selbst, der immer von Neuem zwischen Todesangst und Lebenstriumph schwebte und der diesen metaphysischen Kick schließlich offensiv suchte. Nüchtern betrachtet, produzierten die Gefahrensituationen, in die Guevara sich als Kind wie als Erwachsener immer wieder hineinbegab, genau das Adrenalin, das er sich (neben anderem) zur Niederkämpfung seiner Anfälle seit dem Alter von zehn Jahren selbst spritzte.

In diesem kaum beeinflussbaren Zyklus von Aktivismus und Zusammenbruch hat sich das ganze bewusste Leben des Ernesto »Che« Guevara bis zu seinem Tod bewegt. Dabei muss es für ihn, der sich ständig mit Selbstanalysen befasste, eine intime und elementare Erfahrung gewesen sein, dass es die abgöttisch geliebte Mutter war, die ihm diese »Krankheit zum Tode« weitergegeben hatte – eine Krankheit, die er mit Kierkegaard als Sünde der Verzweiflung erfuhr, die es immer neu zu überwinden galt. Und da ihm jeder christliche Väter- und Kinderglaube abging, so bedurfte es eben eines *»glühenden Propheten der Morgenröte«*, um die Kraft zu schöpfen, sich stets von Neuem zu überwinden, Grenzen zu erkunden und zu überschreiten, dem Tod ins Auge zu schauen, mit dem Schicksal zu würfeln und als *optimistischer Fatalist* zu leben, wie er einmal schrieb. Und sich von allen Schwächen frei zu machen. Er war Nietzsches »Übermensch« in erster Person.

Die erste Reise, zu der er Anfang 1952 mit dem lustigen Alberto Granado losgezogen war, war nicht zuletzt auch eine Junggesellenfahrt gewesen, mit der er seine als Fessel empfundene Verliebtheit in die junge Chichina erfolgreich überwand. *Der Kampf fand zwischen ihr und mir statt* – bis er sich nach Tagen, die sich *wie Gummi dehnten*, endlich *mit dem bittersüßen Geschmack des Abschieds* von seiner Braut losriss und damit auch die *auf bourgeoisen Fundamenten ruhende Welt* seiner argentinischen Kindheit hinter sich ließ. Die Liebe musste jetzt und für immer zurückstehen gegenüber seinen Berufungen, die es noch herauszufinden galt.

In puncto erotischer Abenteuer bedeutete das eine zeitweilige Rückkehr in die angestammte, sorglose Welt von Mucama-Sex und Krankenhaus-Affären, erweitert um den exotischen Appeal der kleinen Mulattinnen und Mestizinnen unterwegs, die, wenn sie sich zugänglich zeigten, als *Hürchen* oder als *Hure, wie sie im Buch steht* in die Reisenotizen eingehen – ohne dass die beiden Herren Doktoren »sich dabei in die Quere kamen«, wie es in den (schon für die Bedürfnisse des Che-Kults zwanzig Jahre später verfassten) Reiseerinnerungen Granados heißt, die an den einschlägigen »Stellen« tatsächlich in bester Spießermanier mit andeutungsvollen Pünktchen-Pünktchen hausieren gehen. Seiner Studien- und Brieffreundin Tita Infante, die sich gewiss auch einmal nach ihm verzehrt hatte, gab der schöne Ernesto später den reichlich taktlosen Rat: *Denk daran, dass dieses kleine Ärgernis mit dem Namen Geschlecht seine regelmäßigen Ablenkungen benötigt, denn andernfalls … füllt es alle Augenblicke des Lebens aus und bereitet nichts als Ärger.*

Ansonsten reisten die jungen Herren als Tramps und Schnorrer der gebildeten weißen Oberklasse, auch wenn ihre *gierigen Nasen das Elend mit sadistischer Inbrunst ein(saugten).* So sehr sie es liebten, die braven Bourgeois mit ihrem Räuberzivil und ihrer Formlosigkeit zu schockieren, so gerne ließen sie sich von ihnen durchfüttern und weiterempfehlen. Das wäre alles ganz sympathisch, wäre da nicht ein ansprüchlicher Ton gewesen, der zuweilen unangenehme Noten bekam. In einer – gern etwas verschliffen übersetzten – Passage der »Motorcycle Diaries« heißt es:

> *Die Hauptaufgabe war, nach Iquitos zu kommen, also nahmen wir die Sache in Angriff. Der Erste, den es traf, war der Bürgermeister, ein gewisser Cohen; wir hatten eine Menge über ihn gehört, dass er Jude sei, was das Geld betraf, aber sonst ein guter Kerl. Dass er Jude war, war nicht zu bezweifeln, fraglich war der gute Kerl. Er wimmelte uns jedenfalls ab und verwies uns an die Reedereiagenten, die uns ebenfalls abwimmelten und zum Kapitän weiterschickten … Der empfing uns zumindest anständig und versprach als größtmögliche Konzession, uns für den Preis der Dritten Klasse in der Ersten Klasse mitreisen zu lassen. Na immerhin!*

Auch die anteilnehmenden Beobachtungen Guevaras über das Leben der Armen haben ihre Fragwürdigkeiten. Ein Wirt in Valparaiso, der die beiden Doktoren großzügig durchfütterte, schickte Guevara zu einer ehemaligen Serviererin mit Herzasthma, deren überlanges Siechtum von ihren Angehörigen *mit einer Atmosphäre kaum verhüllter Verbitterung* verfolgt wurde. Er konnte nichts für sie tun und fasste seine Eindrücke von der moralischen Depravation dieser armen Familie in das salbungsvolle Räsonnement: *Dort, in diesen letzten Momenten von Menschen, deren Horizont nie über den nächsten Tag hinausging, erfährt man die Tragödie, in der das Leben des Proletariats der ganzen Welt gefangen ist.*

Dafür trafen die beiden Tramps in der Nähe der Kupfermine von Chuquicamata im Norden Chiles bei einem nächtlichen Biwak ein kommunistisches Arbeiterehepaar, das Che – wie in einem sozialistisch-realistischen Musterroman im Stile Ostrowskis – endlich als *lebendige Verkörperung des Proletariats* erschien:

> *Die scharfen Gesichtszüge des Arbeiters verliehen ihm einen etwas geheimnisvollen und tragischen Ausdruck, in seiner einfachen und kraftvollen Sprache erzählte er von seinem dreimonatigen Gefängnisaufenthalt, von seiner hungernden Frau, die ihm mit beispielhafter Treue folgt, von seinen Kindern, die sie im Hause eines mitleidigen Nachbarn zurückgelassen hatten, von seinem vergeblichen Umherziehen auf der Suche nach Arbeit, von den auf mysteriöse Weise verschwundenen Compañeros, von denen es hieß, dass man sie im Meer versenkt hatte.*

Der Zorn des jungen Argentiniers richtete sich allerdings weniger gegen die Regierung des chilenischen Präsidenten Videla, dessen Polizei diese Morde (wenn es sie so gegeben hatte) begangen haben musste, sondern im blinden Reflex gegen die *unverschämten und tüchtigen blonden Verwalter* von Chuquicamata, US-Amerikaner natürlich, die den beiden Bildungsreisenden etwas unwillig die Besichtigung der gigantischen, tausend Meter tiefen offenen Mine und der angeschlossenen Verarbeitungsbetriebe ermöglichten. Dieser industrielle Moloch, in dem Tag und Nacht mit höllischer Effizienz Kupfererz gefördert, gemahlen, ausgefällt und gegossen wurde, erschien ihm nun schon als der *Schauplatz eines modernen Dramas*, das den ganzen Erdball umspannte:

> *Kalte Tüchtigkeit und ohnmächtige Rachegelüste gehen in der großen Mine Hand in Hand, trotz des Hasses vereint durch das gemeinsame Bedürfnis zu leben … Wir werden sehen, ob eines Tages ein Gruben-*

arbeiter seine Pike mit Spaß in die Hand nehmen und seine Lungen mit bewusster Freude vergiften wird. Es heißt, dort, woher das rote Leuchten kommt, das heute die Welt erhellt, soll es so sein. Ich weiß es nicht.

Nur ein Rest Skepsis trennte ihn noch vom naiven, fast unfreiwillig komischen Bild sozialistischen Aufbauelans, bei dem der rot illuminierte Arbeiter *seine Lungen mit bewusster Freude vergiften wird* – eine fixe Idee, die ihn später anhaltend und mit heiligem Ernst beschäftigen würde.

Aber auch seine Begeisterung für die wiederentdeckten indianischen Wurzeln Lateinamerikas vermochte er angesichts der Stummheit und Undurchdringlichkeit der Reisegefährten auf den schaukelnden Ladeflächen der Lkws nur mit Hilfe einer verschwimmenden Optik durchzuhalten, worin Anteilnahme dicht an Herablassung grenzte: *Es ist ein besiegtes Volk … Die Blicke dieser Menschen sind zahm, fast ängstlich und völlig gleichgültig gegenüber der Außenwelt.*

Um wie viel schonungsloser und präziser waren demgegenüber die Beobachtungen des zeitweisen Weggefährten seiner nächsten Reise, des exilierten argentinischen Anwalts Ricardo Rojo:

> Wir betraten eine feindliche Welt, blieben Gefangene der Bündel und Menschen, die selbst auch Bündel zu sein schienen. Schweigen, Wagengeratter, Schweigen. Wir entdeckten, dass es vergebens war, trotz all unserer Bemühungen, jenen forschenden metallischen Augen auch nur ein Zeichen der Sympathie zu entlocken, oder jenen Lippen, die gebieterisch verschlossen blieben und auf keine unserer Fragen antworteten.

Ein indianischer Intellektueller, Mitglied der antiimperialistischen APRA-Partei Perus, der sich *der Stimme seines Blutes folgend* in einem Ort im Hochland niederlassen wollte, verstörte Guevara wiederum durch den Eifer, mit dem er *für die Aymara Partei ergriff, gegen die Coyas, die er als verschlagen und feige beschimpfte*; sowie durch die abschätzige Trauer, mit der *er den gegenwärtigen Zustand der Eingeborenen beschrieb: verblödet von der Zivilisation und seinen unreinen Gefährten – seinen Erzfeinden –, den Mestizen*; sowie schließlich durch die fundamentalistische Abwehr jeder Hoffnung, *dass einer seiner Söhne es durch die Wunderwirkung des ›Tropfens‹ Konquistadorenblut, das jetzt in seinen Adern fließt, schafft, die Horizonte zu erreichen, von denen er träumte.*

Ein Ton der Kränkung ist unüberhörbar; denn gerade in der mestizischen Mischung von Konquistadorenblut mit uralter indianischer Rasse und einem Einschuss afrikanischer Vitalität hatte der Argentinier sich auf den Spuren älterer Ideologen der »kosmischen Rasse« sein Bild eines idealen Amerikanertums gebastelt.

Die zweite, im Sommer 1953 angetretene Reise gilt als die eigentliche politische Erweckungsreise des späteren »Che«, obwohl seine kargen, spät erst veröffentlichten Notizen, die er schlicht »Otra vez« (Noch einmal) betitelt hatte, das kaum hergeben. Auffällig bleibt auch hier, wie sehr ein abstrakter Überschuss an revolutionärer Gesinnung sich mit notorischer Enttäuschung über die Akteure und Verläufe der wirklichen Revolutionen paarte, deren Zaungast er wurde.

Das Bolivien, in das er mit seinem neuen Reisegefährten Calica Ferrer im Sommer 1953 kam, durchlebte gerade eine der bedeutendsten Umwälzungen in Lateinamerika nach Mexiko 1913, Kuba 1933 und Argentinien 1945. Das war allerdings nicht der Grund, warum sie hingefahren waren. Der Zug von Buenos Aires nach La Paz war eine der wenigen regulären Bahnverbindungen des Kontinents. Von Bolivien aus wollten sie weiter nach Peru, wo ein zweites Mal die erhabenen Höhen von Macchu Picchu sowie die aufwärmbare Affäre mit einer Krankenschwester in Lima auf dem Programm standen, und von dort nach Ekuador und Venezuela, wo Freund Granado als Leprologe in einer Klinik arbeitete.

In La Paz gerieten sie, ohne es so richtig zu begreifen, in eine Schlüsselszene der Revolution, die im April des Vorjahres mit dem Sturz einer Militärregierung und dem Machtantritt der »Nationalen Revolutionsbewegung« (MNR) des zuvor bereits legitim gewählten, aber von den Militärs ins Exil getriebenen Präsidenten Paz Estenssoro begonnen hatte. Nach einem kurzen, blutigen Bürgerkrieg hatten die aus Bergarbeitern und Indiobauern gebildeten Milizen der MNR die Armee zum Rückzug in die Kasernen gezwungen und Estenssoro den Weg in den Präsidentenpalast geebnet.

Der erste Akt der neuen Regierung war die Einführung des allgemeinen Wahlrechts im September 1952 gewesen. Während bis dahin nur etwa einhunderttausend gebildete und mit festem Einkommen ausgestattete Bürger die vollen Staatsbürgerrechte genossen, wurden nun Millionen armer und analphabetischer Arbeiter und Bauern, vor allem aus der indianischen Bevölkerung, an der Politik beteiligt. Im Oktober 1952 wurden die für die Ökonomie des Landes entscheidenden Zinn- und Wolframminen, die seit der Jahrhundertwende im Besitz von drei »großen Familien« (den Patiño, Hochschildt und Aramayo) gewesen waren, in eine einzige, staatliche Minengesellschaft (COMIBOL) überführt. Für den August 1953 stand als dritte und sozial einschneidendste Maßnahme die Verabschiedung einer Agrarreform auf der Tagesordnung, die sich in ihren ideologischen Begründungen auf den vorkolonialen Gemeinbesitz der Inka berief und versprach, das Gros des »feudal-kolonialen« Großgrundbesitzes zu enteignen und unter die Bauern, Landarbeiter und indianischen Dorfgemeinden zu verteilen. So wenig diese Reformen schon die Probleme von Armut und Unterentwicklung lösten, so tief war der gesellschaftliche Umbruch, den sie einleiteten.

Guevara und Ferrer kamen mitten hinein in die aufgewühlte Atmosphäre, die der endgültigen Verabschiedung des Agrargesetzes vorausging. Aus dem ganzen Land strömten Delegationen der Indiogemeinden nach La Paz, um ihre Ansprüche anzumelden. Bewaffnete Demonstrationen und Streiks waren an der Tagesordnung und sollten ihren Forderungen Nachdruck verleihen oder gegenrevolutionäre Aktionen in Schach halten.

Die beiden jungen Argentinier waren zunächst bestrebt, sich in der lokalen Exilgemeinde – die aus bürgerlichen antiperonistischen Emigranten bestand – einen Versorgungsstützpunkt zu schaffen, was ihnen in der Villa des reichen Provinzpolitikers Nogues und einigen anderen Häusern auch gelang. Dort lernten sie den Anwalt und Exilanten Ricardo Rojo kennen, der sie auf der weiteren Reise immer wieder treffen und begleiten würde. Ihre Tage verbrachten sie nach dem Zeugnis Rojos vorwiegend »in den lärmerfüllten Cafés der Avenue des 16. Juli« sowie »in der Bar des ›Sucre Palace Hotels‹«.

Von dessen Terrasse aus »konnten wir das unablässige Vorbeiziehen des bolivianischen Volkes in Revolution sehen«. Ernesto fand das, wie er in seinen Briefen nach Hause berichtete, zwar recht aufregend. *Täglich sind Schüsse zu hören und es gibt Verletzte und Tote.* Die Regierung sei nicht mehr in der Lage, *die Bauern- und Bergarbeitermassen aufzuhalten oder zumindest in bestimmte Bahnen zu lenken.* In seinen Reisenotizen zeigte er sich aber auf eine Weise enttäuscht, die man nur blasiert nennen kann:

> *Am Abend des 15. Juli fand ein langer Fackelzug statt, der für eine Demonstration zwar langweilig war, aber äußerst interessant wegen der Art und Weise, wie Zustimmung ausgedrückt wurde: durch Schüsse aus einem Mausergewehr oder ›Pirí-Pipí‹, dem schrecklichen Mausergewehr. – Am nächsten Tag marschierten Verbände, Schulen und Gewerkschaften in einem nicht enden wollenden Demonstrationszug, wozu die Mausergewehre die Begleitmusik lieferten. Alle paar Schritte schrie einer der Leiter der verschiedenen Abteilungen: ›Genossen des Verbandes Soundso, es lebe Bolivien! Ehre den ersten Märtyrern der Unabhängigkeit ...‹, und ein monotoner Chor antwortete entsprechend darauf. Es war eine malerische, aber keine männlich kraftvolle Demonstration ... es fehlten die entschlossenen Gesichter der Bergarbeiter, sagten die Kenner.*

Also besuchten die beiden stattdessen die Yungas, die tropischen Täler im Nordosten Boliviens, mit ihren üppigen Kokos-, Bananen- und Orangenplantagen (die 15 Jahre später einmal als Pflanzstätten für seinen Guerilla-Focus geprüft und verworfen werden sollten). Dort verbrachten sie *zwei herrliche Tage, doch fehlen uns zwei Frauen*, die der Reise *eine erotische Note verliehen hätten.* Zurück in der Hauptstadt, hoffte Guevara als ungeduldiger Schlachtenbummler *auf eine Entscheidung, eine Veränderung.* Viele rechneten am 2. August, wenn die Agrarreform in Kraft treten sollte, mit einer Konterrevolution von rechts, und Guevara hoffte für den Fall auf eine entsprechende Verschärfung der Revolution von links. Allerdings *ist da noch etwas anderes: Etwas mit wiegenden Hüften und Busen hat meinen Weg gekreuzt, wir werden sehen ...*

Während die erotischen Erwartungen sich mehr oder weniger erfüllten (diesmal wieder in der Oberklasse, wo Zurückhaltung geboten war), wurden die heroischen enttäuscht. Sie fuhren am Vorabend zu einer der großen Minen hinaus, vor der sich Militär und Arbeitermilizen im Jahr davor noch eine schwere Schlacht geliefert hatten. Dort wurden sie vom Betriebsarzt freundlich empfangen und durften die Gruben besichtigen. Nur fehlten *die kraftvollen Arme, die der Erde Tag für Tag das Mineral entreißen.* Es war *der 2. August, der ›Tag des Indios und der Landreform‹*, und die Minenarbeiter waren unten in La Paz, um die Regierung zu verteidigen. Erst auf dem Rückweg kamen sie ihnen auf Lkws entgegen, staubbedeckt und mit roten Plastikhelmen, *wie Krieger aus einer anderen Welt.* Die erwartete Konterrevolution war ausgeblieben, und damit leider auch die revolutionäre Kraftprobe.

Guevaras Enttäuschung wurde komplett nach einem von Rojo vermittelten Besuch beim Minister für Landwirtschaft, den sie in seinem Büro aufsuchten. Noch bevor sie zu ihm vordringen konnten, empörte er sich über eine Szene am Eingang des Ministeriums, wo die auf ihre Landurkunden wartenden Bauern, meist Dorfälteste, vor Betreten des Gebäudes mit Insektenschutzmitteln desinfiziert wurden. *»Die MNR macht die Revolution mit DDT«*, soll er Rojo zufolge sarkastisch geäußert haben. Nach dem eher »protokollarischen« Gespräch mit dem Minister, der die Maßnahme als Teil einer Erziehungs- und Hygienekampagne rechtfertigte, orakelte Guevara: *»Diese Revolution wird scheitern, wenn sie es nicht fertigbringt, an der geistigen Isolierung der Indianer zu rütteln, … ihnen die Größe zurückzugeben.«*

Das erinnert an eine Episode der ersten Reise, die Granado nur mit einiger Verlegenheit überliefert hat. Dr. Hugo Pesce, ein kommunistischer Tropenmediziner, der zu den (bis heute) legendären Vorkämpfern einer sozialen Medizin in Peru gehörte, hatte die beiden jungen Kollegen bei ihrem Besuch in Lima beköstigt, ihnen Empfehlungsschreiben mitgegeben und in der großzügigsten Weise unterstützt. Über seine Erfahrungen im indianischen Hochland, wo er nach dem Verlust seines Lehrstuhls einige Jahre in der Verbannung gelebt und praktiziert hatte, hatte er ein Buch »Breitengrad des Schweigens« verfasst und seinen beiden jungen argentinischen Gästen ein Exemplar geschenkt. Am Ende ihres Besuches wollte er wissen, was sie davon hielten. Nach einigem Herumdrucksen habe ihm Guevara schließlich geantwortet:

> *»Schauen Sie Doktor, Ihr Buch ist schlecht. Die Landschaftsbeschreibung sagt nichts Neues. Außerdem scheint es mir falsch zu sein, dass ein wahrer Kenner des Marxismus wie Sie nur die negative Seite der Psychologie der Indios beschreibt. Es ist ein pessimistisches Buch, von dem man nicht glaubt, dass ein Wissenschaftler und Kommunist es geschrieben hat.«*

So hat es Granado überliefert. Pesce, ein älterer Mann, sei in sich zusammengesunken und habe gemurmelt, das werde wohl stimmen. So waren sie voneinander geschieden.

In dieser Haltung Guevaras äußerte sich ein abstrakter, im Grunde unpolitischer Radikalismus, der sich um alle Schwierigkeiten und konkreten Umstände wenig kümmerte – was nicht weiter bemerkenswert wäre, handelte es sich bei dem heroismussüchtigen jungen Arzt nicht um den künftigen »Che«, der genau in diesem indianischen Herzland Südamerikas eine kontinentale und sogar globale Revolution zu entzünden versuchte und dabei exemplarisch scheitern sollte.

Obwohl *jeder von uns eine Liebesaffäre zurückließ*, schieden die beiden jungen Argentinier nach gut drei Wochen *ohne Wehmut* von La Paz, um weiter nach Peru zu fahren. Am Titicaca-See besuchten sie noch Tiahuanaco, die größte andine Kultstätte aus der Vor-Inka-Zeit. In den Ruinen fand Ernesto *eine weibliche Götzenstatue, die beinahe alle meine Sehnsüchte erfüllte.* Er überließ sich jetzt und für den Rest der Reise immer wieder seinen archäologischen Passionen, so sehr, dass Freunde und Verwandte annahmen, er könnte das zu seiner neuen und eigentlichen Berufung machen. Ferrer allerdings, der nicht wie der romantische Granado *Inka-Prinzessinnen heiraten und Königreiche zurückerobern wollte*, sondern über den Schmutz schimpfte und um seine Schuhe besorgt war, erwies sich als ein spröderer Reisegefährte. Immerhin bestiegen sie erneut die Höhen von Macchu Picchu und besichtigten Cuzco.

In Lima sorgte wieder Dr. Pesce dafür, dass sie eine billige Pension fanden und in der Mensa essen konnten: Guevara führte mit ihm einige politische Diskussionen und ließ sich noch einmal die seiner Klinik angeschlossene Leprastation De Guía zeigen. Während sie sich um Visa und Tickets für die Weiterreise kümmerten, gab es, wie schon bei der Einreise aus Bolivien, Schwierigkeiten mit der peruanischen Polizei. Die Militärdiktatur des Generals Odría war wegen der Unruhen im Nachbarland alarmiert und fürchtete offenbar reisende Agitatoren, auch aus dem peronistischen Argentinien. Guevara brach daraufhin den Kontakt zu Dr. Pesce ab, weil er annahm, dass dieser überwacht werde. Stattdessen vertrieben die Weltenbummler sich die Zeit mit der Besichtigung von Kirchen und Sehenswürdigkeiten, bis sie sich über Bekannte von Bekannten endlich die Fahrkarten nach Ekuador gesichert hatten.

Unterwegs zum ekuadorianischen Guayaquil trafen sie wieder auf Rojo sowie auf eine Gruppe argentinischer Studenten, mit denen sie sich in der unerträglichen Schwüle dieser Hafenstadt ein winziges Quartier teilten. Während Rojo sich weiter Richtung Panama aufmachte, blieb Guevara mit seinen neuen Kameraden allein in dem elenden Zimmer zurück, von einem schweren Asthmaanfall gequält, vollkommen pleite und in einem Zustand lähmender Entscheidungsunfähigkeit. Ein Versuch seiner Mutter, ihren Sohn dem Präsidenten Ekuadors telegrafisch zur Sorge anzuempfehlen, so wie man eben von »guter Familie« zu »guter Familie« weitergereicht wurde, scheiterte im Vorzimmer. Der Sekretär des Präsidenten beschied ihn *philosophisch*, ein junger Mann müsse auch einmal Tiefpunkte des Lebens durchstehen, und wünschte ihm dabei viel Glück.

Gegenüber seinen Kameraden beklagte Guevara sich nach deren Zeugnis lebhaft über seine Familie, auch seine Mutter Celia, die sich mit oberflächlichen Schöngeistern umgebe und mit Frauen, die Lesbierinnen seien. Andererseits erzählte er, er wolle als Arzt genug Geld verdienen, um seine Mutter zur Krebsbehandlung nach Paris zu schicken.

Diese letztere Vorstellung dürfte an die Einladung Granados gebunden gewesen sein, nach Venezuela nachzukommen, wo eine gut bezahlte Stelle mit monatlich 600 $ in einem Leprosorium winkte, bei der sie Forschung mit Praxis verbinden konnten. Das hätte an sich den Vorstellungen Guevaras entsprechen müssen, der zwischen allen seinen Reise- und sonstigen Plänen immer wieder von einer wissenschaftlichen Karriere sprach, in erster Linie natürlich als Allergologe, zumal als Schüler des international bekannten Dr. Pisani. Dazu hätte eine Arbeit als Leprologe sehr gut gepasst. Ernestos Zukunftsträume konnten allerdings auch vollkommen ins Blaue schweifen: *Wenn ich meine wirklich schöpferische Phase so um die 35 erreiche, werde ich mich ausschließlich (oder zumindest hauptsächlich) der Atomphysik, der Genetik oder einem ähnlichen Thema widmen*, schrieb er seiner kranken Mama im April 1954 – als wäre er gerade 14 geworden.

Aber die unerklärliche tropische Lähmung, die ihn in Guayaquil überfiel, hinderte ihn, dem abreisenden Ferrer wie vorgesehen nach

Caracas zu folgen. Ein anderes Projekt war plötzlich am Horizont aufgetaucht. Einer der Studenten hatte gesagt: »Jungs, warum fahrt ihr nicht mit nach Guatemala?« Und Guevara war spontan entschlossen mitzufahren, so wie er sich zwei Jahre später Castro verpflichten würde. *Der Gedanke schlummerte bereits in mir, es bedurfte nur eines kleinen Anstoßes.*

In Guatemala war seit der Revolution von 1944 ein revolutionärer Prozess in Gang; und in verschiedenen »Bananenrepubliken« Mittelamerikas gärte es. Aber war es tatsächlich das, was zur schicksalhaften Änderung der Lebensroute des Argentiniers führte? Eher dürfte es sich zunächst um eine erneute Flucht vor einer beruflichen und persönlichen Bindung gehandelt haben. Sosehr ihn die Lepra als – gleichfalls von einer mythischen Aura umgebene – Krankheit fasziniert hatte, so wenig hatte er vor, ein Menschheitsfreund wie der Doktor Schweitzer in seinem Lambarene zu werden.

Schon das Leprosorium San Pablo am Amazonas, das er mit Granado bei seiner ersten Reise besucht hatte, war ja eine sehr menschlich und modern geführte Einrichtung gewesen, die sich in ihren medizinischen Behandlungsmethoden am Louisiana State Leprosarium in den USA orientierte, der fortschrittlichsten Einrichtung ihrer Art. Dass der äußerliche Umgang mit den Kranken nicht ansteckend war, wie man über Jahrhunderte geglaubt hatte, sondern nur über Kontakt mit Blut und über sexuelle Beziehungen verlief, war natürlich unter dem Personal dieser Einrichtungen Standardwissen, wenngleich Personal und Kranke strikt voneinander separiert lebten.

Dass Ernesto und Alberto mit den Leprösen Fußball gespielt und sie in ihrer autonom geführten Siedlung auf der Insel besucht hatten, war insofern kein heroischer Akt der Selbstüberwindung gewesen, sondern Ausdruck einer freundlichen Zuwendung, für die sie von den dankbaren Kranken mit dem für die Weiterfahrt gebauten Floß (einem üblichen Verkehrsmittel) belohnt worden waren. Und so schön die Vorstellung ist, die seit der filmischen Verzauberung der »Motorcycle Diaries« zu einer eigenen, virtuellen Realität geworden ist: Wie der junge Che in der Nacht seines Geburtstagsfestes, am »Tag des heiligen Guevara« (wie er sich selbstironisch nannte), in einer ergreifenden symbolischen Geste über den reißenden, breiten, schwarzen Fluss hinüber zu den Aussätzigen, den »Verdammten dieser Erde«, schwimmt – so wenig, ach, entspricht es dem, was er selbst und sein Freund Alberto überliefert haben. In Wirklichkeit hatte dieser sportliche Selbstversuch, von Granado im Boot begleitet, drei Tage nach dem Fest stattgefunden, und fernab der Leprasiedlung, um die es dabei ja auch gar nicht ging.

Den Doktor Guevara in seinem Krankenlager in Guayaquil zog es jedenfalls nicht zu Granado und den Leprösen nach Venezuela, sondern ins unbekannte, brodelnde Mittelamerika. Die jungen Argentinier deichselten es irgendwie, eine kostenlose Passage auf einem Dampfer zu bekommen, der ausgerechnet der United Fruit Company gehörte, und landeten zunächst in Panama, das als Staat noch wenig mehr als eine erweiterte Kanalzone und US-Basis war. Nach einigem Hin und Her schafften sie es schließlich weiter nach Costa Rica.

In der Hauptstadt dieser zentralamerikanischen Schweiz, in San José, tauchten sie in eine neue Welt ein, die Guevara – neben seinen archäologischen Passionen – jetzt dauerhaft in ihren Bann ziehen sollte: die Welt der politischen Prätendenten und Emigranten, die sich in den Cafés, Salons und Küchen von San José, Guatemala City oder Mexiko City sammelten, den drei freien Hauptstädten dieser Region, um von hier aus ihre konspirativen Fäden zu ziehen, Bündnisse zu schmieden, Expeditionen, Aufstände oder Umstürze zu planen. Es war eine bunte Melange von Aktivisten jeder Couleur und Herkunft, Dichter wie Journalisten, Studenten wie Militärs, Gewerkschafter wie Abenteurer unbestimmten Profils – nicht unähnlich vielleicht der Melange, die man am Vorabend des Ersten Weltkriegs in Erwartung kommender, großer Umbrüche in den Cafés von Wien, Zürich oder Paris antreffen konnte.

Große Umbrüche konnte man mit guten Gründen auch in dieser Weltregion erwarten. Viele dieser Länder wurden noch immer oder wieder (seit dem Ausbruch des Kalten Kriegs) von Diktatoren oder Juntas regiert, die sich auf die oligarchischen Oberschichten oder das Militär stützten und außenpolitisch im Kielwasser der USA schwammen, im Tausch für entsprechende Subventionen. Das galt für das Nicaragua des Generals Somoza, aber auch für die gewaltsam pazifizierte Kaffeeplantage El Salvador und die klassische »Bananenrepublik« Honduras. Die drei großen Inselstaaten der Karibik, das Haiti des »Papa Doc« Duvalier, die Dominikanische Republik des Generals

Trujillo und nun auch das Kuba des Ex-Sergeanten Batista, waren ebenfalls Diktaturen, nicht anders als die angrenzenden Flächenstaaten des südlichen Kontinents: Venezuela unter dem Regime des Generals Jiménez (der zum Urbild von García Márquez' Potentaten im »Herbst des Patriarchen« werden sollte) und Kolumbien, das seit dem »Bogotazo« von 1948 unter der repressiven Regierung des Konservativen Laureano Gómez stand. Dazu kamen die britischen, französischen und niederländischen Kleinkolonien in der Karibik und auf dem Festland. Und auch die USA hatten mit der faktischen Annexion Puerto Ricos 1952 einen letzten Schritt kolonialer Ausdehnung unternommen.

Sah man das alles durch die Brille der Kritik eines weltumspannenden US-Imperialismus, für den Lateinamerika nur als »Hinterhof« zählte, ergab sich ein bedrückend monochromes Bild, worin die kalten Interessen ökonomischer Ausbeutung sich mit den hysterischen Erhitzungen des Kalten Kriegs zu einem permanenten Wechselbad verbanden. Wie eine Verkörperung dessen erschien der US-Außenminister John Forster Dulles, dessen Bruder Allan Dulles die junge »Central Intelligence Agency« (CIA) zur Operationszentrale im Schattenkrieg mit den Sowjets ausgebaut hatte. Der Außenminister, der vor seinem Amtsantritt mit der United Fruit Company geschäftlich eng verbunden gewesen war, fungierte zugleich auch als eine Art Chefideologe der 1952 gewählten republikanischen Administration unter General Eisenhower.

In einer Grundsatzrede unmittelbar nach dessen Amtseinführung im Januar 1953, vor dem Hintergrund der Kriege in Korea und Vietnam, zeichnete Dulles ein Bild eines kommunistischen Griffs nach der Weltmacht, das Züge einer beklemmenden Autosuggestion trug. Demnach standen die USA als »Felsen in einer sturmgepeitschten Welt« einem hochgerüsteten roten »800-Millionen-Block« gegenüber, der in Europa wie in Asien über alle natürlichen Ressourcen verfüge, während die USA auf Importe von Roh- und Energiestoffen vital angewiesen seien. Die sowjetischen Kommunisten verfolgten dabei eine zielstrebige Strategie, »die sie selbst als Einkreisung bezeichnen«. Würden die Gebiete in Asien und Europa, nach denen sie die Hand ausstreckten (wie Korea und Indochina), auch noch verloren gehen, »dann hätten die Sowjets ihre Einkreisung der Vereinigten Staaten im Wesentlichen vollendet und wären zu dem von Stalin angekündigten entscheidenden Schlag gegen uns bereit, wobei die Chancen überwältigend zu ihren Gunsten ständen«.

Die Antwort der USA auf diese Einkreisungsstrategie werde kein Präventivkrieg gegen die Sowjetunion sein, so Dulles, sondern die Stärkung der »Liebe zur Freiheit« in den Völkern der Welt, sodass sie »von der totalitären Diktatur der kommunistischen Welt niemals wirklich durchdrungen und absorbiert werden können«. Durch ihr Beispiel und ihre Leistungsfähigkeit würden die USA ihnen zeigen, »um wie viel sie dem Despotismus überlegen« waren. Den kommunistisch versklavten und terrorisierten Völkern der Welt aber riefen sie zu: »Ihr könnt euch auf uns verlassen!«

So voller paranoider Zwangsgedanken diese Sicht der Weltlage aufseiten der Eisenhower-Regierung war, so vergleichsweise aufgeklärt war sie noch im Verhältnis zu dem spekulativen Szenario eines dritten Weltkriegs, das Stalin im November 1952 im Vorfeld des Parteikongresses der KPdSU mit lakonischer Kürze umrissen hatte. In seiner millionenfach verbreiteten Grundsatzschrift mit dem harmlosen Titel »Ökonomische Probleme des Sozialismus« erklärte er autoritativ, dass es in absehbarer Zeit so wie im Ersten und im Zweiten Weltkrieg zu einer erneuten Konfrontation der imperialistischen Mächte untereinander kommen werde. Die alten Kolonialmächte England und Frankreich könnten versuchen, »sich aus der Umarmung der USA loszureißen und einen Konflikt mit ihnen zu riskieren«, während Westdeutschland und Japan, die als Besiegte »unter dem Stiefel des amerikanischen Imperialismus ein elendes Dasein fristen«, früher oder später versuchen würden, »wieder auf die Beine zu kommen und das ›Regime‹ der USA zu durchbrechen«.

Auf dem Parteikongress lobte Stalin die Bruderparteien der KPdSU für ihre Bereitschaft, »unsere Partei in ihrem Kampf für eine lichte Zukunft der Völker zu unterstützen«, und versicherte ihnen im Gegenzug, dass auch die Sowjetunion »die Völker in ihrem Kampf um die Befreiung« unterstützen werde. Er zeigte sich überzeugt, dass die Kommunisten in einer Reihe von Hauptländern des Kapitalismus wie in vielen Ländern der kolonial und neokolonial ausgebeuteten Welt in absehbarer Zeit die Macht übernehmen könnten, wenn sie es verstünden, »das Banner … der nationalen Unabhängigkeit und Souveränität ihrer Länder« aufzunehmen, das die Bourgeoisie längst über Bord geworfen habe. Und er beschwor auf seine Weise genau jenen »800-Millionen-Block«, von dem Dulles sprach, als unüberwindliches Bollwerk eines »sozialistischen Friedenslagers«, an dem der Imperialismus sich die Zähne ausbeißen werde, bis zum Endsieg des Sozialismus.

Diese Generallinie der sowjetischen Weltpolitik umriss Stalins Außenminister Molotow noch als Pensionär in den Achtzigerjahren mit einer furchterregenden Gradlinigkeit:

> Stalin hielt Kurs auf den Untergang des Imperialismus und die Annäherung an den Kommunismus ... Der Erste Weltkrieg hatte ein Land aus der kapitalistischen Sklaverei befreit, der Zweite Weltkrieg schuf das sozialistische Lager, und ein dritter Weltkrieg würde mit dem Imperialismus für immer Schluss machen.

Costa Rica, wo sich Guevara für einige Zeit einrichtete, »hatte sich in das Hauptquartier einer Organisation verwandelt, die zu ihren Mitgliedern den Präsidenten José ›Pepe‹ Figueres zählte«, berichtete Rojo in seinen bereits zitierten Erinnerungen an Che. »Diese Organisation, ›Legion del Caraibe‹ [Karibische Legion], spielte die Rolle einer internationalen Demokratie ... Die Organisation hatte sich während der Präsentschaft von Carlos Príos Socarrás in Kuba gebildet. Damals lebten in Havanna der Venezolaner Rómulo Betancourt und der Dominikaner Juan Bosch ... Nach 1952, als Fulgencio Batista die Herrschaft über Kuba an sich gerissen hatte, hatten die Führer der ›Legion‹ ihr kubanisches Asyl verlassen, um Zuflucht in San José zu suchen.«

Das war also genau jene »Karibische Legion«, mit der Fidel Castro 1947 die abgebrochene Expedition gegen die Dominikanische Republik und den Diktator Trujillo unternommen hatte. Trotz aller militärischen Misserfolge bedeutete die Schaffung der Legion »die keimhafte Bildung einer militärischen Organisation im karibischen Raum«, so Rojo, die »einigen Hunderten von jungen Leuten die Handhabung moderner Waffen« beibrachte und »die romantische Gesinnung der Studenten in ganz Mittelamerika« weckte. Sie stand in der Tradition des Projekts des 1934 ermordeten nicaraguanischen Revolutionsgenerals Sandino sowie der vom guatemaltekischen Präsidenten Arévalo 1944 ausgerufenen »Sozialistischen Republiken der Karibik«.

Im offenen Klima dieser Emigrantenszene suchte Guevara zielstrebig das Gespräch mit den führenden Prätendenten Rómulo Betancourt und Juan Bosch, die in einer Villa zusammenlebten und beide später Präsidenten ihrer Länder werden würden. Im Venezolaner Betancourt sah er sofort den Typus des Opportunisten, der *im Prinzip treu zu den Vereinigten Staaten* stehe und im Übrigen *gerne und viel auf die Kommunisten schimpft.* Besser gefiel ihm da schon der dunkelhäutige Schriftsteller und Charmeur Juan Bosch, ein Dominikaner, der immerhin ein Mann *mit klaren Vorstellungen und einer linksgerichteten Gesinnung* sei, mit dem man über Politik wie über Literatur sprechen konnte.

In einem Gespräch mit Manuel Mora Valverde, *dem kommunistischen Führer von Costa Rica*, ließ er sich die mittelamerikanische Politik der Nachkriegsjahre erklären – freilich ohne (seinen ausführlichen Aufzeichnungen zufolge) ein klares Bild zu gewinnen. Dazu hätte er allerdings auch mehr von den Irrungen und Wirrungen der »Generallinie« der kommunistischen Weltbewegung verstehen müssen, mit ihren permanenten ideologischen Stop-and-Go's.

Der letzte Leuchtturm einer sozialistischen, gegen die übermächtige Position der USA gerichteten Politik war in dieser Situation das Guatemala des linken Obersten Arbenz, der das Erbe der Revolution von 1944 verwaltete. In Guatemala City versammelten sich denn auch die radikaleren Zirkel der lateinamerikanischen Oppositionen. Und hierhin zog es Guevara nun mit aller Macht. Sein Schwur vor *dem Bild des alten, betrauerten Stalin*, sich in Guatemala *zu schleifen…, um ein richtiger Revolutionär zu werden*, griff den dramatischen Ereignissen des Jahres 1954 freilich weit voraus. Er folgte vielmehr dem *roten Leuchten*, das ihm in der chilenischen Wüste erschienen war und bei seiner Ankunft noch eine recht friedliche Szenerie erhellte.

Kurz nach seiner Ankunft in Guatemala City machte Rojo Ernesto Guevara mit Hilda Gadea bekannt, einer führenden Aktivistin der unter General Odría entmachteten und verbotenen peruanischen APRA. Sie hatte als politische Exilantin eine Stelle in der guatemaltekischen Landreform-Behörde inne und war vielen Flüchtlingen und Revolutionstouristen behilflich, Kontakte zu knüpfen und sich nach einer Stelle umzuschauen.

Hilda Gadea war eine politisch erfahrene, theoretisch gebildete und recht lebenspraktische Frau. Ihr Vater war ein abtrünniger Abkömmling der weißen Oberschicht Perus, der sich zeitweise als Seemann und einfacher Arbeiter durchgeschlagen hatte, bevor er seine Frau María Elena heiratete, die aus einer indianischen Familie in Ayacucho stammte und – wie viele Indiofrauen – mit ihrem geschäftlichen Geschick die Familie über Wasser hielt. Wegen ihrer indianischen Gesichtszüge erbte Hilda, die Älteste, auch ihren Spitznamen »La China«, die Chinesin. Ernesto hielt sie für 27, oder sie hielt ihn in diesem Glauben; tatsächlich war sie bereits 32, sieben Jahre älter als er. Sie war kein Blaustrumpf, aber eine ernsthafte Frau, die für kleine Techtelmechtel nicht zu haben war, wie Ernesto sie kurz nach seiner Ankunft schon mit einer Krankenschwester unterhielt (was Hilda nicht wusste). Der hübsche, abgemagerte und etwas verwahrloste Argentinier, der wie ein 18-Jähriger aussah, erweckte in ihr freilich Gefühle, die sie sich und ihm nicht ganz verbergen konnte.

Es war ein seltsames Menuett, das sie umeinander aufführten. Er fragte sie bei einem Spaziergang, ob sie und ihre Familie eigentlich gesund seien. Sie fragte scherzhaft zurück, ob er sie etwa als Heiratskandidatin in Betracht ziehe. Er antwortete leichthin, das wäre vielleicht keine schlechte Idee. Woraufhin sie verlegen sagte, jetzt sei doch wohl zu früh, um darüber zu reden. Beide hatten sie sich damit in verquerer Weise verraten. Bei einem schweren Asthmaanfall – der Krankheit, die er von »müttlicher Seite« geerbt hatte, wie er ihr bedeutungsvoll erklärte – *bekundete mir Hilda ihre Liebe in praktischer und Briefform. Wenn mein Asthma nicht so heftig gewesen wäre, hätte ich wohl mit ihr geschlafen. Ich warnte sie, dass ich ihr nichts anderes als eine offene Beziehung, also nichts Festes, anbieten könnte … Zu schade, dass sie so hässlich ist.*

Diese etwas herzlosen Bemerkungen (offenbar aus den bis dahin unveröffentlichten Aufzeichnungen, die Aleida March, Guevaras zweite Frau, dem Biografen John Lee Anderson zeigte) kontrastrieren mit dem harmonischen Bild eines hartnäckig um sie werbenden jugendlichen Revolutionärs, das Hilda Gadea selbst in ihren Erinnerungen gezeichnet hat. Dieses Bild kann nicht ganz falsch sein, wenngleich die Liebeserklärung in Gedichtform, die er ihr gemacht haben soll, ihr später (alle tieferen Bedeutungen beiseitegelassen) »gestohlen« wurde. Schließlich füllte Hilda ganz offenkundig die schmerzende Leerstelle, die die Trennung von seiner Mutter Celia bei Ernesto hinterlassen hatte.

Aber vor allem wurde Hilda seine intellektuelle und politische Mentorin, auch wenn er sie wegen ihrer (Noch-)Zugehörigkeit zur reformistisch gewordenen APRA spöttisch attackierte. Zu Unrecht: Sie war ungleich besser als er im Marxismus, Leninismus und in politischer Ökonomie bewandert; und auch in allgemeiner wissenschaftlicher und literarischer Bildung hielt sie ohne Weiteres mit. Sie diskutierten, Hilda zufolge, über »den Marxismus, Lenin, Engels, Stalin, Freud, die Wissenschaft in der UdSSR und Pawlows bedingte Reflexe«. Auch Kipling, Malaparte, Einstein oder Sartre waren Gegenstand ihrer ausschweifenden Lektüren und Debatten, ebenso wie die großen südamerikanischen Romane der Zeit. Sie rezitierten einander ihre Lieblingsgedichte. Und gemeinsam vertieften sie sich in die Geschichte der indianischen Kulturen Mittelamerikas.

Ernesto entwickelte aus alledem eine handgestrickte Theorie der Rassenverknüpfungen, die er beim Anblick der Friese und Skulpturen in den Tempelanlagen bestätigt fand: *Unsere Väter sind Asiaten*, schrieb er seiner Mutter nach Hause, halb scherzend wie so oft: *Sag Papa, bald muss er seine Herkunft nachweisen!* Wie Hilda war er auch überzeugt, *dass die Ausgangsbedingungen in China eher an die Lebenssituation unserer Indios und Bauern erinnern*, und in wunderlicher Weise verband sich das mit ihrer Physiognomie und ihrem Spitznamen »La China«.

In diese Idylle brach die ernüchternde Erfahrung des sang- und klanglosen Zusammenbruchs der Revolutionsregierung unter dem Druck einer von der US-Regierung gesponserten Invasion durch ein kleines Kontingent einiger hundert trainierter »Contras« (wie man sie dreißig Jahre später genannt hätte). Davor hatten Piloten in Flugzeugen ohne Hoheitszeichen Häfen, Eisenbahnen, den Präsidentenpalast und Stadtviertel bombardiert. Oberst Arbenz, der sich bei der Verteidigung ganz auf die reguläre Armee verlassen hatte, aus der er selbst kam, sah sich plötzlich einem Ultimatum seines eigenen Generalstabs gegenüber, der seinerseits nur einem Ultimatum der US-Regierung folgte. Das Ganze war ein Akt hegemonialer Einmischung von schockierender Offenheit, der sich allerdings auf eine breitere soziale Basis im Lande selbst stützen konnte, als die ihrer Position allzu sichere Vierparteien-Koalition einschließlich der Kommunisten angenommen hatte.

Insofern war es wohl nicht nur dem Defätismus von Arbenz und seinen Beratern, sondern einer Stimmung allgemeinerer Erschöpfung zu verdanken, dass die zaghaften Versuche, den Invasoren mit Volksmilizen entgegenzutreten, kein größeres Echo fanden. Guevara hatte das kommen sehen, und in seinen Beschreibungen, die er an Mama übermittelte, mischte sich grimmige Genugtuung mit zynischer Exaltation:

> *Die schlichte Wahrheit ist die, dass Arbenz es nicht verstanden hat, auf der Höhe der Situation zu sein ... (Er) glaubte nicht daran, dass es so viele Reaktionäre in der Hauptstadt gab ... Er glaubte auch nicht, dass ein bewaffnetes Volk eine unbezwingbare Macht darstellt, entgegen den Beispielen von Korea und Vietnam ... Ich traue mich kaum, dir zu gestehen, dass ich mich in den letzten Tagen köstlich amüsiert habe. Dieses magische Gefühl der Unverwundbarkeit, von dem ich dir in einem früheren Brief erzählt habe, bewirkte, dass ich mit Vergnügen zusah, wie die Leute wie die Verrückten losrannten, sobald die ersten Flugzeuge am Himmel auftauchten oder wenn die Stadt während der nächtlichen Stromsperren von nächtlichen Schüssen widerhallte.*

Er selbst nahm nach seiner Arbeit am Hospital an Wachpatrouillen teil, die von den »Jungen Brigaden der Allianz« eingeteilt wurden, und meldete sich als Arzt an eine Front, die nie errichtet wurde. Dann waren die Truppen des abtrünnigen Obersten Castillo auch schon in der Stadt, und da man den jungen Argentinier nach seinen radikalen Reden inzwischen für einen »Bolsche« (einen Bolschewisten, wie er befriedigt feststellte) hielt, ließ er sich schließlich von einem wohlmeinenden Beamten der argentinischen Botschaft überreden, mit anderen Gesuchten hier Asyl zu suchen. Die Peronisten waren zu guter Letzt fast die einzigen verbliebenen Unterstützer der guatemaltekischen Revolution gewesen.

Allerdings wollte Ernesto nicht mit den anderen Flüchtlingen nach Buenos Aires ausgeflogen werden, sondern bemühte sich um ein Asyl in Mexiko. Seiner Tante Beatriz schrieb er in einem noch abgründigeren Ton egozentrischer Heiterkeit:

Hier war es höchst amüsant: Schüsse, Bombardierungen, Reden und anderes haben die alltägliche Monotonie, in der ich gelebt habe, durchbrochen … In ein paar Tagen … reise ich nach Mexiko ab … Auf jeden Fall will ich unbedingt dabei sein, wenn irgendwo was passiert, und passieren wird bestimmt was, denn die Yankees können es nicht lassen, überall die Demokratie zu verteidigen … Es umarmt dich herzlich – dein Abenteurerneffe

Batista und Er

»Was für eine großartige Schule dieses Gefängnis ist! Hier kann ich meine Sicht der Welt formen und die Bedeutung meines Lebens vervollkommnen.« So ganz von sich erfüllt schrieb der Staatsgefangene auf der Isla de Pinos (Pinieninsel) Fidel Castro im Winter 1953/54 seiner geheimen Geliebten Naty Revuelta, die zu seiner Muse wurde. Sie bewunderte ihn rückhaltlos:

> Ich komme mir so winzig klein vor angesichts deines unermesslichen Wissens ... Du führst mich an der Hand durch die Geschichte der Menschheit ... Du eröffnest mir neue, unerforschte und überraschende Horizonte.

Sein Schwager Rafael Diaz-Balárt war inzwischen stellvertretender Innenminister, und Castro befand sich in einer Art Offiziers-Ehrenhaft mit Mannschaft. Die kleine Gruppe der politischen Häftlinge baute sich eine Bibliothek von fast 500 Bänden auf und hielt sich gegenseitig Kurse und Vorlesungen. Zweimal in der Woche war Generaldebatte. Erst als sie im Frühjahr 1954 einen Besuch von Batista, der nebenan ein Kraftwerk einweihte, durch laute Revolutionsgesänge (darunter ein selbst verfasstes Lied über den heroischen »26. Juli«) störten, wurden sie getrennt, und Castro kam für einige Monate in Einzelhaft.

Seine Haftbedingungen blieben aber weiterhin komfortabel. Er erhielt Fresspakete und Besuche, konnte sich seine Mahlzeiten selbst zubereiten, Kaffee machen und seiner geliebten Upmann Nr. 4 frönen, die er sich von Frau und Freunden schicken ließ. Wenn er nicht in Shorts in der Sonne saß, schwelgte er in großen Lektüren. »Sie werden es noch so weit bringen, dass ich mich hier im Urlaub glaube!« Dieser Argwohn war nicht ganz aus der Luft gegriffen. Batista, der fest im Sattel saß, übte sich in nationaler Versöhnung und hatte offensichtlich kein Interesse, die überlebenden Moncada-Kämpfer noch mehr zu Märtyrern zu machen, als sie es durch die Fememorde der ersten Tage bereits geworden waren.

Castro seinerseits nützte die liberalen Haftbedingungen weidlich aus. Er konnte mühelos – teils offen, teils konspirativ – mit seinen verbliebenen Helfern und Parteigängern persönliche oder briefliche Kontakte halten. Ähnlich wie bei Lenin in Zürich, war es an erster Stelle eine ihm ergebene »Frauengefolgschaft«, die er für sich einspannen konnte: seine Halbschwester Lidia, seine Geliebte Naty und seine Frau Mirta (die von Naty nichts wusste), und dann die nach einem halben Jahr entlassenen Moncada-Akteurinnen Melba Hernandéz und Haydée Santamaría. Mit ihrer Hilfe gelang es ihm, einige oppositionelle Journalisten in die Pflicht zu nehmen. Die einflussreiche »Bohemia« berichtete mit einer gewissen Regelmäßigkeit über die Gefangenen, was Castro zumindest vor dem Vergessenwerden bewahrte. Sein primärer Einflussagent wurde jedoch der Journalist Luis Conte Agüero, der in der Tradition von Chibás provokante Rundfunksendungen machte, über die sich Castro indirekt zu Wort melden konnte.

Während der Gefangene Radio und Zeitungen nur beschränkt empfangen durfte, konnte er sich sein Büchermenü mehr oder weniger frei zusammenstellen. Die Hauptlektüren dieser beiden Haftjahre lassen sich in Umrissen rekonstruieren. Allen voran standen natürlich – zum wiederholten Male – die Werke des »Apostels« des Kubanertums José Martí sowie die Memoiren und Feldtagebücher der Befreiungsgeneräle Máximo Gómez und José Miró Argenter, die er im Vorfeld der Moncada-Aktion schon einmal studiert hatte und sich später in die Sierra Maestra nachschicken ließ. Auf einer anderen Ebene lag das Studium der Schriften des preußischen Generals Carl von Clausewitz über Krieg und Politik. Jahrtausende schauten auf ihn herab, wenn er Theodor Mommsens mehrbändige »Römische Geschichte« las oder (erneut) Emil Ludwigs »Napoleon«, eine Figur, die es ihm wie kaum eine andere angetan hatte. Zur Entspannung wie zur Belehrung las er Romane Honoré de Balzacs oder Victor Hugos sowie anderer französischer, spanischer oder lateinamerikanischer Autoren des 19. und frühen 20. Jahrhunderts.

Für eine Weile vertiefte er sich in Kants »Kritik der reinen Vernunft«, um zu verstehen, »ob Erkenntnis möglich ist oder nicht«. Als Nächstes dann nahm er sich Marxens »Kapital« vor, das er durchbüffelte, um sich eine materialistische Kritik der bürgerlichen Gesellschaft anzueignen. Mit einiger Spannung las er auch dessen politischhistorische Schriften, so den »18. Brumaire des Louis Bonaparte« und den »Bürgerkrieg in Frankreich«, die von der Revolution und Konterrevolution nach 1848 und 1871 handelten. Gleich anschließend studierte er Lenins »Staat und Revolution« und verkündete abschließend seiner Muse Naty:

> Nachdem ich mir eine Weile den Kopf mit Kant zerbrochen habe, erscheint mir Marx einfacher als das Vaterunser. Sowohl er als Lenin waren gewaltige Polemiker ... Beide waren unversöhnlich und erbarmungslos gegenüber dem Feind. Zwei echte Prototypen eines Revolutionärs.

Schließlich wollte er mehr über die Revolutionen des 20. Jahrhunderts und über Sowjetrussland erfahren. Ein Buch, das ihm großen Eindruck machte, war das von Hewlett Johnson, dem »roten Dekan« der Anglikanischen Kirche Englands, über »Das Geheimnis der sowjetischen Stärke«, ein naives Ruhmeslied auf die Stalin'sche Sowjetzivilisation als Vollendung christlicher Gerechtigkeit. Einzelne Stalin-Schriften wie die »Grundlagen des Leninismus« hatte Castro schon früher gelesen. Nun tauchte er (wie zur gleichen Zeit der junge Guevara in Guatemala und Mexiko) in die Welt der stalinistischen Hochromantik ein. Zwei Bücher hatten es ihm vor allem angetan: Als Erstes natürlich Jorge Amados erotisch parfürmierte und heroisch durchglühte Heldensaga des Luis Carlos Prestes als »Ritter der Hoffnung«, die schon in ihrem Titel jene historische Rolle beschrieb, für die er selbst kandidierte. Und dann stieß auch er, fast unvermeidlich, auf Ostrowskis »Wie der Stahl gehärtet wurde«, das er als die »bewegende Autobiografie« eines jungen Mannes las, der sein Leben der Revolution geweiht hatte.

Diese Lektüren könnten durchaus geeignet scheinen, Castros spätere Behauptung zu unterstreichen, wonach er bereits lange vor seinem offiziellen Bekenntnis von 1961 ein insgeheimer Marxist-Leninist gewesen sei. Tatsächlich handelte es sich zunächst aber um wenig mehr als eine kräftige Infusion kommunistischen Schrifttums in eine autodidaktische und hoch idealistische Gedankenwelt, für die er weder jetzt noch später einen verpflichtenden ideologischen Kanon akzeptierte. Was ihn am Marxismus besonders ansprach, machte er seiner Muse Naty in einem Brief vom März 1954 deutlich, worin er Victor Hugos »Die Elenden« mit Marx' »Louis Bonaparte« verglich:

> Wo Hugo nur einen vom Glück begünstigten Abenteurer sieht, erkennt Marx das unvermeidliche Ergebnis gesellschaftlicher Widersprüche … Für den einen ist die Geschichte ein Zufall, für den anderen ist sie ein gesetzmäßiger Prozess.

Daraus sprach freilich weniger Marx als Castro selbst, dem es offenkundig darum zu tun war, seinen eigenen Anspruch als Mann der Vorsehung aus der Sphäre eines »bonapartistischen Abenteurertums« in die Perspektive eines »gesetzmäßigen Prozesses« zu rücken – auf den man dann eine Lebenswette abschließen konnte.

> Sie schrieben einander in einem entspannten Rhythmus und einem Konversationston, der unbeschränkt hätte weitergehen können. Es wäre nicht schwer, sich die beiden als einzige Überlebende auf einer Insel vorzustellen, bei dem er dozierte und sie zuhörte. Das Eiland hätte sich von seinen Verwurzelungen losreißen und auf eine ungewisse Reise gehen können, während sie beeinander im Gras lagen, eingehüllt in das mystische Aroma *seiner* Worte.

So kam es jedenfalls Alina Fernández vor, der nach der Haftentlassung gezeugten illegitimen Tochter von Naty und Fidel, als sie die intime Gefängniskorrespondenz ihrer Eltern durchsah.

Diese Idylle wurde jäh durchbrochen, als Mirta und Lidia, Castros Frau und Schwester, nach einem Besuch im Juni 1953 in einem Brief an die »Bohemia« bewegte Klage über die grausame Einzelhaft führten, der ihr Mann und Bruder unterworfen sei, »allein mit seinen Büchern, seinen Idealen und seinem Gott«. Das Batista-Regime fasste dies ganz richtig als Teil einer Amnestiekampagne auf und reagierte mit der beiläufigen Meldung, dass Castros Frau Mirta bedauerlicherweise als »Angestellte des Innenministeriums« wegen Illoyalität entlassen werden müsse.

Tatsächlich hatte Mirta von ihrem Bruder Rafael eine der üblichen »botellas« (Sinekuren ohne Gegenleistung) zugeschanzt bekommen, um sich und ihr Kind über Wasser zu halten. Castro, statt sich vor seine Frau zu stellen, sah in dieser Enthüllung nur das »allerniederträchtigste, allerfeigste, unanständigste, widerwärtigste und unerträglichste Komplott gegen mich«. Dass Mirta zu ihm gestanden hatte, sogar als sie von der Existenz seiner Geliebten erfuhr – nachdem durch ein »Versehen« des Zensors die Briefe Fidels an sie beide vertauscht worden waren –, spielte jetzt keine Rolle mehr. Er raste, forderte seinen Schwager Rafael zum Duell und schwor ersatzhalber, ihn mit eigenen Händen zu erwürgen. Nach der Scheidung im Dezember 1954 schrieb er an Lidia:

> Eines Tages komme ich hier heraus, und dann werde ich meinen Sohn und meine Ehre zurückholen, selbst wenn die Welt dabei untergehen sollte … Sie werden noch herausfinden, dass ich mir eine asiatische Ruhe zugelegt habe und bereit bin, den Hundertjährigen Krieg noch einmal zu führen. Und ich werde ihn gewinnen!

Mit diesen Ehrkränkungen als zusätzlichem Antrieb begann eine neue Phase von Aktivitäten aus dem Gefängnis heraus, für die er seine Rachegelüste tatsächlich in eine Politik »asiatischer« Zurückhaltung und bewusster Camouflage verpackte. Seinen Einflussagenten Conte Agüero schwor Castro auf eine Politik mit gespaltener Zunge ein, nicht nur gegenüber dem Regime, sondern auch gegenüber der Öffentlichkeit und der eigenen Partei:

> Mit viel Gespür vorgehen und alle anlächeln. Dieselbe Taktik verfolgen wie damals im Prozess: unsere Standpunkte vertreten, ohne jemanden zu demütigen. Später ist Zeit genug, um alle Kakerlaken auf einmal zu zertreten … Nimm alle Hilfe an, die Du bekommst, aber traue niemandem.

In einem weiteren Instruktionsbrief hieß es: »Bedingungen für die Schaffung einer Bürgerbewegung sind: Ideologie, Disziplin und Führung. Alle drei sind von wesentlicher, die Führung aber ist von grundlegender Bedeutung.« Die Führung, das war er. Als Melba Hernández vorschlug, mit anderen Gruppen innerhalb und außerhalb des Landes gemeinsam zu operieren, darunter auch mit den finanziell und organisatorisch noch immer potenten Autenticos, stauchte er sie exemplarisch zusammen: »Die Führung der Bewegung muss in den Händen der Isla de Pinos bleiben. Jede wichtige Entscheidung muss hier getroffen werden.«

Die wichtigste politische Aktion, für die sämtliche finanziellen und organisatorischen Mittel aufgeboten wurden, war es denn auch, seine Verteidigungsrede »Die Geschichte wird mich freisprechen« zum Jahrestag der Moncada-Aktion am 26. Juli drucken zu lassen. Fidel verlangte hunderttausend Exemplare, am Ende schaffte seine kleine Gefolgschaft wenigstens ein Viertel davon. Er hatte den Text zu einem Manifest und zum vorläufigen Programm einer noch gar nicht existierenden Bewegung ausgebaut, in der rhetorischen Form einer imaginären Rede an Volk und Nation. Einem pathetisch beschworenen »geeinten Kuba«, das von den Arbeitslosen über die Landarbeiter und armen Pächter bis zu den Bauern, Kleinproduzenten, Lehrern und Freiberuflern reichte, stellte er eine kleine Schicht Wohlhabender und Konservativer gegenüber, die von der Diktatur profitierten und das Land ausverkauften. So revolutionär aufgeschäumt die Rhetorik des Textes war (»Ihr alle! Kämpft mit aller Macht für eure Freiheit und euer Glück!«), so reformistisch und legalistisch waren die konkreten Forderungen, die er aufstellte: Wiederherstellung der Verfassung von 1940; Landverteilung zugunsten der kleinen Farmer und Pächter und ein garantierter Anteil am Ernteertrag beim Zucker; Gewinnbeteiligung für Arbeiter und Angestellte in der Großindustrie; Konfiskation widerrechtlich angeeigneten öffentlichen Eigentums; Nationalisierung der in ausländischem Besitz befindlichen Elektrizitäts- und Telefongesellschaften sowie der Grundstoffindustrien.

Elemente eines Roosevelt'schen »New Deal« klingen an, wo Castro die Diversifizierung der Landwirtschaft, den Ausbau von agrarischen und technischen Schulen, von Sanitär- und Gesundheitseinrichtungen sowie ein Wohnungsbauprogramm »in einem nie erträumten Umfang« fordert, finanziert von einer Nationalen Entwicklungsbank. Um schwärmerisch zu enden: »Kuba könnte eine Bevölkerung, die dreimal so groß ist wie heute, hervorragend ernähren. Es gibt keinen Grund für Armut. Die Märkte sollten vor Waren überfließen. Jeder sollte arbeiten und produzieren.« Und wer ihn, Castro, einen Träumer nenne, dem antworte er mit José Martí: »Ein wahrer Mann schaut nicht, wo er besser leben kann, sondern wohin seine Pflicht ihn ruft.«

Seine »Pflicht als wahrer Mann« war es also, das kubanische Volk frei und glücklich zu machen. Was konnte einen 27-jährigen Anwalt ohne Berufspraxis, der wenig vorzuweisen hatte außer ein paar Jahren in dubiosen universitären »Aktionsgruppen«, dann als Politiker im zweiten Glied einer mäßig erfolgreichen Oppositionspartei und schließlich als Anführer einer sinnlosen bewaffneten Aktion, die der Mehrzahl seiner Männer das Leben gekostet hatte – was also konnte einen jungen Mann wie ihn veranlassen, sich in dieser Weise als homme providentiel, Retter der Nation und neuen »Apostel« des Kubanertums in der Nachfolge Martís zu präsentieren, ohne sich der Lächerlichkeit preiszugeben? Historische Parallelen findet man eher auf der anderen Seite des politischen Spektrums. Außer Mussolini, Hitler und allenfalls Perón hat es im 20. Jahrhundert keine Führerfiguren gegeben, die in solcher Weise ganze Bewegungen, Parteien und Staaten allein um ihre Person und ihre handgestrickten Ideologeme und Doktrinen herum aufgebaut haben, wie es Castro schließlich gelang. Kommunistische Parteiführer haben sich nie in erster Linie auf ihre unmittelbare charismatische Wirkung gestützt, angefangen mit Lenin, der seine Bolschewiki zwar zu einem ganz auf ihn zugeschnittenen Kader formte, aber kaum jemals vor einer größeren Menschenmenge gestanden und sein Charisma nur in der Partei und vermittels der Partei entwickelt hat.

Castro dagegen wirkte fast ausschließlich und unmittelbar als Charismatiker, zunächst auf seine engere Gefolgschaft und Bewegung, und dann vom Tag des Einmarschs in Havanna an als ein moderner Telekrat, klassischer Demagoge und begnadeter Selbstdarsteller auf die »Massen«, die er buchstäblich schwindelig redete und in Trance versetzte. So hat er am Ende eines halben Jahrhunderts lokaler und globaler Politik statt »Gesammelter Werke«, wie sie für kommunistische Führer eigentlich obligatorisch waren, Tausende stundenlanger Reden hinterlassen, die allerdings nur in sorgsam redigierten Auszügen dokumentiert und überliefert sind, einfach weil sie – mit Ausnahme einiger Programmreden – viel zu situativ, zu improvisiert und zu widersprüchlich waren, um als dauerhafte Orientierung zu dienen. Die Orientierung, das war zu jeder Zeit er, der Commandante selbst, der seinen Subjekten sagte, wo es langging, ob geradeaus oder im Zickzack, vorwärts oder zurück.

Dabei leitete ihn ein präziser politischer Instinkt, vor allem für die Stärken und Schwächen des Gegners. Im Sommer 1954 kam die politische Szenerie in Bewegung, und Castro in seiner Zelle witterte Morgenluft. Batista hatte die beim Putsch versprochenen, zweimal verschobenen Wahlen auf den November dieses Jahres angesetzt, nicht zuletzt auf Drängen der US-Regierung.

Er hätte sich durchaus sicher fühlen können. Zwar hatte der Verfall der Weltmarktpreise für Zucker nach dem Ende des Koreakriegs 1952 viele seiner Entwicklungsprogramme zurückgeworfen und zu heftigen Streiks und Kämpfen geführt. Batista verstand es aber, die sozialen Folgen für die Arbeiter auf den Zuckerrohr-Plantagen und die kleinen Pächter, die ihre Forderungen in militanten Aktionen und Demonstrationen über ihre Gewerkschaften und Verbände vortrugen, durch staatliche Interventionen abzumildern. So korrupt sein Regime aus militärischen und zivilen Parvenüs war, so wenig war er ein Mann der alten Oligarchie oder des US-Kapitals. Eher war er ein mit allen Wassern gewaschener Hasardeur, der glaubte, die verschiedenen sozialen und politischen Kräfte gegeneinander ausspielen zu können, im Inneren wie im Äußeren.

Schließlich ging es unter ihm ja aufwärts. Statistisch war das Pro-Kopf-Einkommen in Kuba neben Argentinien das höchste in der Hemisphäre, wenn auch in äußerst ungleicher Verteilung, nicht nur zwischen den sozialen Schichten und Berufsgruppen, sondern auch zwischen Havanna und dem Rest des Landes, vor allem den ländlichen Gebieten des Ostens. Das Gesundheits- und das Schulwesen oder die Verkehrs- und Telekommunikationssysteme hatten nach den Maßstäben der Zeit sogar einen ziemlich fortgeschrittenen Standard, der teilweise dem südlicher US-Bundesstaaten oder selbst europäischer Länder wie Spanien oder Italien entsprach. Auf vierzig Einwohner kam ein Pkw (die Ruinen dieser Autos bilden heute das beliebteste touristische Fotomotiv); ungefähr genauso verhielt es sich mit den Telefonanschlüssen, während ein Fernseher sogar auf 25 und ein Radio auf 6 Einwohner kam. Aber das alles waren natürlich Entwicklungen, die nur für die besser situierte Hälfte der Bevölkerung nutzbar und fühlbar waren.

Diese besser situierte Hälfte gab es immerhin. Rechnet man zur alten und neuen Oberschicht und zur vergleichsweise breiten Mittelklasse Kubas (die etwa ein Drittel der Bevölkerung umfasste) die relativ gut bezahlten Industriearbeiter und die wohlhabenderen Bauern in den Tabak-, Kaffee-, Obst- und Gemüseanbaugebieten hinzu, dann überstieg die Zahl der »Modernisierungsgewinner« (in heutiger Terminologie) sicherlich die der Verlierer. Dass Menschen und Gesellschaften so nicht unbedingt rechnen, ist eine andere Frage.

Neben die sozialen Konflikte traten kulturelle Verwerfungen, in deren Zentrum gerade die leuchtende Metropole Havanna stand. Mit ihren zahllosen Nachtklubs und Tanzhallen, Musikbars und Spielcasinos, Hotelpalästen und Bordellen war sie über drei Jahrzehnte (seit den Prohibitionsjahren in den USA von 1919 bis 1933) zu einem karibischen Sündenbabel herangewachsen, in dem die weißen Puritaner des Nordens ihre selbst gesetzten Verbote überschritten und ihre sensuellen Bedürfnisse exzessiv auslebten, vom Alkoholgenuss über das Glücksspiel bis zur erotischen Tanzshow im legendären »Tropicana« oder in anderen, anrüchigeren Etablissements. So war Havanna sicherlich eines der frühesten und üppigsten Feuchtbiotope der aufkommenden Sexindustrie.

Und doch war es kein bloßes zweites Las Vegas. Havanna war auch eine der modernsten und lebendigsten Großstädte Lateinamerikas. Neben den alten Palästen und üppigen Wohn- und Geschäftshäusern, den Bars und Hotels der Altstadt, hinter den Villen entlang der großartigen Seepromenade des Malecón oder den wohlhabenden Quartieren draußen in Miramar erhielt die Stadt gerade in den Fünfzigerjahren mit ihren Hochhäusern, Apartmentblocks und Neubauvierteln in Centro, Vedado und Nuevo Vedado auch ein höchst zeitgenössisches Gepräge. In dieser Skyline spiegelte sich die rapide Entwicklung, die Havanna als Hafen-, Handels- und Gewerbezentrum genommen hatte.

In seinen Feuilletons aus den Vierziger- und Fünfzigerjahren erinnerte sich Alejo Carpentier fast ungläubig an die Zwanzigerjahre zurück, als dasselbe Havanna noch »die spanischste Stadt« des Kontinents war. Man hätte sie »bis nach 1927/28 als eine Stadt ohne Frauen bezeichnen können«, so Carpentier, weil junge Frauen allenfalls in männlicher Begleitung auf die Straße durften und die Annäherung der Geschlechter nach wie vor in streng ritualisierten Formen des Anstands verlief. Allerdings habe gerade das auch seit der Jahrhundertwende »einen absolut mythologischen, unglaublichen Aufschwung der Prostitution« bewirkt, eben als die bigotte Kehrseite der offiziellen katholischen Prüderie.

In den Dreißigerjahren war diese alte Geschlechterordnung wie ein Kartenhaus zusammengebrochen, nicht zuletzt unter dem wachsenden Zustrom von Besuchern und Touristen aus den USA und Europa. Frauen tauchten als Verkäuferinnen in den Geschäften oder als Stenotypistinnen in den Büros und Ämtern auf, oder sie begannen als Krankenschwestern oder Lehrerinnen zu arbeiten – und alleine auszugehen. Im Strom dieser rapiden Entwicklung drang das schwarze, proletarische Kuba mit dem sinnlichen Appeal von Musik und Tanz immer weiter ins Zentrum des weißen, bürgerlichen oder aristokratischen Havanna vor. Die Dreißiger- bis Fünfzigerjahre waren auch die legendäre Ära des kubanischen Son, der freilich keine rein bodenständige, sondern eine höchst kosmopolitische Schöpfung war, die vom Austausch der Bands und Solisten in den Musikkellern und Bars zwischen Havanna, St. Louis und Harlem lebte und hier wie dort ihre Triumphe feierte, so wie die anderen »schwarzen« oder latinischen Musiken auch, ob Jazz oder Blues, Tango, Samba oder Calypso.

In den Rissen und Verwerfungen all dieser Entwicklungen blühten im hauptstädtischen Havanna eine vielfarbige künstlerische Boheme und eine intellektuelle Szene, die ihre eigenen Klubs und Treffs bildeten. Getragen waren sie auch vom Aufschwung des höheren Bildungswesens in Form von Gymnasien, Kollegien, Akademien und einer Universität von Havanna, die Mitte der Fünfzigerjahre 20.000 Studierende zählte – für die Verhältnisse dieses Landes eine außerordentlich hohe Ziffer. Es gab einen relativ qualitätsvollen Journalismus mit Dutzenden von Zeitungen und Zeitschriften, so wie es gute Verlage und eine moderne zeitgenössische Literatur gab. Auch in dieser Hinsicht waren die sozialen Grenzen eines traditionellen, ständisch geprägten Kultur- und Bildungswesens längst überschritten. Und auch deshalb zählten die Studenten und Gymnasiasten, die Künstler und Intellektuellen zu den notorisch rebellischsten Elementen der Bevölkerung.

Ihre Aktionen fielen nicht in einen leeren und stummen sozialen Raum. Der Durchschnitt der Alphabetisierung Kubas betrug zum Zeitpunkt der Revolution 1958 immerhin 76 %, natürlich wieder mit einer gravierenden Ungleichheit zwischen der städtischen und kleinstädtischen Bevölkerung, die fast drei Fünftel der Gesamtbevölkerung ausmachten und sich der vollständigen Alphabetisierung näherten, und den zwei Fünfteln der »Guajiros«, der Bauern, Teilpächter und Landarbeiter, vor allem im Osten, die vielfach noch jenseits von Schrift und Zahl lebten, ohne Schulen, ohne Zeitungen und ohne Elektrizität.

Es kommt immer darauf an, von welchem Ende her man die Dinge betrachtet. Nur so viel ist klar: Die gärende soziale und politische Unzufriedenheit auf der Insel war kein Ausdruck von Unterentwicklung und oligarchischer Unterdrückung lateinamerikanischen Stils, sondern entsprach eher dem klassischen Fall einer »Revolution steigender Erwartungen«, um die alte Formel E. P. Thompsons zu zitieren.

Keiner hat das später so deutlich ausgesprochen wie der weiße Argentinier und frischgebackene Industrieminister Guevara, als er sagte: *Wir sind nicht so sehr unterentwickelt, als vielmehr schlecht entwickelt.* Die illusionären Erwartungen, die er selbst an diesen ökonomischen Entwicklungsgrad knüpfte, und die fatalen Maßnahmen einer »aktiven Unterentwicklung«, die er führend mit einleitete, stehen bereits auf einem anderen Blatt.

Allerdings ist im historischen Rückblick nicht leicht zu erklären, woher das anhaltend hohe Niveau politischer Gewalt im unabhängigen Kuba durch alle Wechsel der Regierungen und Regimes hindurch kam – einer Gewalt, die kaum entlang klarer sozialer, politischer, kultureller oder ethnischer Konfliktlinien verlief, sondern sich zu einem großen Teil innerhalb der verschiedenen Segmente der bürgerlichen Kern- und Mittelschichten des Landes und der staatlichen Apparate selbst konzentrierte. Diese exzessive, sich selbst nährende, zuweilen an Blutrache erinnernde Gewaltsamkeit hatte jedenfalls weniger mit der absoluten Schärfe der sozialen Widersprüche zu tun als mit einem weitgehenden Mangel an vermittelnden Institutionen und mit einer eingefleischten Kultur des Machismus und Autoritarismus, die tief in die koloniale Geschichte zurückreichte.

Dazu kam in den Vierziger- und Fünfzigerjahren die strategische Verlagerung des organisierten Verbrechens und seiner Capos aus den USA, wo die Mafia-Familien allmählich unter einen gewissen Verfolgungsdruck gesetzt und zurückgedrängt wurden, ins unabhängige Kuba. Gerade in Havanna führte das zu einer intimen Verquickung mit Teilen von Polizei und Geheimpolizei, Politik und Business, und über den universitären »banditismo« sogar mit Teilen der intellektuellen Szene, bis ein unauflösbarer Rattenkönig von Terror und Gegenterror entstand.

Batista, dessen politisches Lager von dieser Entwicklung besonders affiziert war, konnte den Anschein eines autoritären Ordnungsregimes denn auch nur über zwei, drei Jahre aufrechterhalten. Die Wahlen im November 1954, die er vielleicht sogar regulär hätte gewinnen können, wurden durch den Boykott der Oppositionsparteien, die eine Wiederherstellung der vollen verfassungsmäßigen Rechte forderten, und durch die kosmetischen Wahlfälschungen des Alleinkandidaten Batista zur Farce.

Immerhin konnte er sich am 24. Februar 1955 nun als verfassungsmäßiger Präsident vereidigen lassen. Er schwor, die Presse- und Koalitionsfreiheit nicht anzutasten, und übte sich nochmals in einer Rhetorik des demokratischen und sozialen Ausgleichs. In einem Interview stellte er eine Amnestierung der politischen Gefangenen in Aussicht, wenn der Kongress dies beschließe und es dem Frieden im Land diene. Tage später besuchte US-Vizepräsident Nixon Havanna und gab dem Ex-Sergeanten den Ritterschlag eines legitimen Staatsoberhaupts, verbunden mit Zusicherungen über die Verlängerung der US-Zuckerquote. Mehr US-Kapital als bisher strömte ins Land, das sich aus seiner zwischenzeitlichen Depression erholte und einen neuen, lebhaften Konjunkturzyklus eröffnete.

Innenminister Hermida hatte Castro schon im Vorjahr einmal im Gefängnis aufgesucht und ihm väterlich versichert, dass es keine persönliche Rankünе gegen ihn oder die anderen Gefangenen der Moncada gebe. »Seien Sie nicht ungeduldig! Sie sind noch ein junger Mann. Alles geht vorbei.« Als sich im Frühjahr 1955 die Zeichen einer Amnestie mehrten, wies Castro das mit großer Geste zurück: »Ich werde nie um eine Begnadigung bitten!« Seine journalistische Doppelzunge Conte Agüero nannte diese Haltung »ein Vorbild an edler Größe«, schrieb aber zugleich, dass das »kubanische Volk mit Donnerstimme eine Amnestie« verlange. Anfang Mai verabschiedete die Abgeordnetenkammer ein Gesetz, das alle politischen Gefangenen in Freiheit setzte – mit Ausnahme der wegen kommunistischer Aktivitäten Verurteilten. Letzteres war eine Konzession an die Obsessionen der US-Regierung; tatsächlich waren die Kommunisten, wie Batista besser als andere wusste, von allen Oppositionsparteien die zahmste.

Am 15. Mai 1955 kam der strahlende Castro unter dem Blitzlicht zahlreicher Fotografen aus dem Gefängnis. Er legte dem jungen Gefängnisdirektor den Arm um die Schulter und rühmte ihn als Soldaten und Gentleman – was eine demonstrative Geste an die Armee war. Auf Nachfrage verurteilte er eine aktuelle Serie von Bombenanschlägen in Havanna, für die Studenten verantwortlich zeichneten, als »inhuman und antirevolutionär«. Und er sprach sich für eine offene und demokratische Auseinandersetzung aus, die allerdings unverzügliche und allgemeine Neuwahlen erfordere. Er selbst sei nach wie vor ein Ortodoxo und hoffe, als solcher am politischen Prozess mitwirken zu können.

Castro mit der Gruppe der Moncada-Gefangenen bei ihrer Freilassung im Mai 1955. Nie würden Häftlinge eines der Gefängnisse Castros später so verlassen, schon gar nicht nach einem bewaffneten Umsturzversuch.

Seine Erwartungen, nun endlich in eine führende Position seiner Partei einzurücken, wurden jedoch rasch frustriert. Trotz eines herzlichen Empfangs im Bahnhof von Havanna, bei dem eine größere Menge von Anhängern und Neugierigen ihn hochleben ließ, blieb Castro eine solitäre und kaum recht zurechenbare Figur im politischen Leben Kubas. Er nutzte seine Publicity daraufhin für eine offensive Pressekampagne, in der er seine Ausfälle gegen »Despotismus« und »Korruption« der von Batista ernannten Regierung zielstrebig verschärfte, während er gleichzeitig von nationaler Versöhnung sprach. Ein verbaler Angriff auf den Moncada-Kommandeur Río Chaviano, den Castro als Mörder und Folterer seiner Kameraden brandmarkte, der die Ehre der kubanischen Armee geschändet habe, führte zur zeitweiligen Schließung der Zeitung *La Calle*, die den Artikel gedruckt hatte. Unmittelbar danach kam Batista selbst an die Reihe. Castro nannte ihn einen »dünkelhaften, hohlen, ehrlosen und korrupten« Menschen und drohte ihm unverhüllt: »Ihre Tyrannei kann nur die Kräfte herausfordern, die Sie früher oder später vernichten werden.« Daraufhin wurde auch die *Alerta*, die das gebracht hatte, für eine Weile geschlossen.

Die nicht abreißenden Bombenanschläge aus dem universitären Milieu, das sich rapide radikalisierte, reizten das Regime zusätzlich und führten zu einer Welle von Razzien und Verhaftungen. Raúl Castro, der beschuldigt wurde, in die Anschläge verwickelt zu sein, flüchtete in die mexikanische Botschaft und flog am 24. Juni ins Exil voraus. Castro seinerseits erklärte jetzt mit provozierender Offenheit, es gebe in Kuba keinen Spielraum mehr für eine friedliche Lösung; es bleibe nur der Weg von Martí und Maceo: der eines bewaffneten Aufstands.

Batista gab sich nicht die Mühe, ihn erneut zu verhaften, sondern ließ ihn ziehen, so wie er viele seiner politischen Antipoden ziehen ließ. Am 7. Juli erklärte Castro vor Reportern beim Abflug nach Mexiko, dass er das Land verlasse, »weil alle Wege eines friedlichen Kampfes für mich versperrt sind«. Von einer Reise, wie er sie nun antrete, kehre man nicht zurück – es sei denn, »mit dem Kopf des Tyrannen zu Füßen«. Eine triumphale Metapher, in der er selbst als Sankt Georg firmierte, der das Ungeheuer enthauptet. Das war natürlich Theaterdonner, aber ziemlich kühn! Die Stifte der Reporter flitzten über die Stenografenblöcke.

Fidels Feldlager

In Mexiko kam Fidel Castro ohne Mittel und ohne Gefolgschaft an, mit Ausnahme einer Handvoll Getreuer, allen voran sein Bruder Raúl. An Melba Hernández schrieb er, er fühle sich einsamer als in seiner Einzelzelle. Nach außen ließ er allerdings keinerlei Defätismus erkennen, im Gegenteil. Zunächst kam es darauf an, sich eine erste Lebens- und Aktionsbasis zu schaffen. Einige besser situierte kubanische Exilanten waren bereit zu helfen. Einflussreiche mexikanische Intellektuelle und Politiker wie die Maler Rivera und Siqueiros und der zurückgezogen lebende Ex-Präsident Cárdenas empfahlen ihn weiter. Und mit seinem Charme und seiner Beredsamkeit gelang es ihm binnen weniger Monate, sich auch hier eine neue »Frauengefolgschaft« zu schaffen, die als Quartiergeberinnen und Helferinnen zu einer entscheidenden Stütze des kleinen Feldlagers wurden, das er zielstrebig errichtete.

Bereits am dritten Tag seiner Ankunft kam es zu dem später als historisch bezeichneten, tatsächlich recht zufälligen Treffen mit dem jungen argentinischen Doktor Guevara. Ein Versprengter der Moncada-Aktion, Ñico Lopez, den Ernesto in Guatemala kennengelernt und dann in seinem Krankenhaus in Mexiko als Patienten wiedergetroffen hatte, machte ihn mit Raúl Castro bekannt. Und Raúl, der den Argentinier sofort mochte, nahm ihn mit zu einem der Treffen mit seinem gerade angekommenen Bruder.

Eine immer wieder kolportierte Legende will es, dass Castro schon in dieser ersten nächtlichen Diskussion, die acht oder zehn Stunden gedauert haben soll, den künftigen »Che« wie in einem Akt der Bekehrung dafür gewonnen habe, sich seiner geplanten Expedition anzuschließen. So hat Guevara es später berichtet, ganz Autor seiner eigenen Lebenslegende:

> *Ich begegnete ihm in einer dieser kalten mexikanischen Nächte … Nach ein paar Stunden – im Morgengrauen – hatte ich mich schon dem künftigen Unternehmen angeschlossen. Nach den Erfahrun-*

gen, die ich auf meinen Reisen durch Lateinamerika und am Ende in Guatemala gemacht habe, war es nicht schwer, mich zur Teilnahme an irgendeiner Revolution gegen einen Tyrannen zu überreden …

Und so beginnt auch der »Abschiedsbrief« Ches an Fidel aus dem Jahr 1964, den Generationen kubanischer Schulkinder und Pioniere wie ein Gedicht auswendig rezitieren konnten, mit jener Urszene:

Fidel, in diesem Augenblick erinnere ich mich an viele Dinge: an unser Treffen in María Antonias Haus, an Deinen Vorschlag, mit Dir zu kommen, an alle Spannungen, die mit den Vorbereitungen für den Aufbruch verbunden waren …

Tatsächlich lagen zwischen Kennenlernen und Aufbruch anderthalb bewegte Jahre. Guevaras Eintrag im Tagebuch berichtet nichts von einer Verpflichtung: *Ich habe die Bekanntschaft von Fidel Castro gemacht, dem kubanischen Revolutionär, jung, intelligent, sehr selbstbewusst und außerordentlich kaltblütig. Ich glaube, wir sind uns sympathisch.*

Pläne für Invasionen und Infiltrationen wurden in den Exilzirkeln von Costa Rica bis Mexiko dutzendweise ausgebrütet, ob es um die Dominikanische Republik oder Nicaragua, Venezuela oder Peru ging. Und viele davon erschienen realistischer und begründeter als das, was Castro im Sommer 1955 vorschwebte, zumal es sich um ungleich härtere, ältere und reaktionärere Diktaturen handelte als die Halbdiktatur Batistas, die auch durch eine Bürgerbewegung von innen zu Fall gebracht werden konnte. Aber Castro stand geradezu zwanghaft im Banne der historischen Landungsoperation seines Helden José Martí, als dessen Reinkarnation er sich zunehmend sah. Gerade als ein Traumtänzer ohne Netz und Seil mag er im Mythopoeten Guevara freilich einen kongenialen Mittänzer gefunden haben. Je unwahrscheinlicher das Unternehmen war, umso besser – das war die Chemie, die zwischen ihnen stimmte.

Schon in Costa Rica und dann in Guatemala hatte Guevara eine kleine Gruppe exilierter Kubaner kennengelernt und wegen ihrer grimmigen Entschlossenheit bewundert, auch wenn er sie – Rojo zufolge – anfangs damit noch aufgezogen hatte:

> Sie erzählten mit derartiger Natürlichkeit von Massenerschießungen und Dynamitanschlägen …, dass uns schwindelig wurde … Mehr als einmal schloss er [Guevara] den pathetischen Bericht der Kubaner mit dem Satz: *»Hört mal, warum macht ihr daraus nicht lieber einen Cowboy-Film?«*.

In den Krisentagen Guatemalas hatte diese versprengte Schar durch ihr kämpferisches Auftreten aber an den Nerv seiner eigenen Versagensgefühle gerührt:

> *Als ich die Kubaner mit absoluter Aufrichtigkeit reden hörte, kam ich mir ganz klein vor … Ich kann eine zehnmal objektivere Rede ohne Allgemeinplätze halten … bin aber selbst nicht davon überzeugt … Ñico schrie sich am Mikrofon die Seele aus dem Leib und konnte dadurch sogar einen Skeptiker wie mich begeistern.*

Diese Wirkung musste erst recht ein von seiner Mission Besessener wie Castro auf ihn haben, mit dem Guevara sich nach Alter und Bildung, nicht aber nach Erfahrung und Entschlossenheit vergleichen konnte. Jedenfalls verbrachte er seine Freizeit nun mit Vorliebe im verschworenen Kreis dieser Kubaner, hörte ihrem unablässig dozierenden Jefe bei der rituellen Zubereitung seiner »Spaghetti à la Fidel« in der Küche ihrer Gastgeberin María Antonia zu, ohne selbst viel zu sagen. Und fasziniert beobachtete er, wie dieser General einer toten Armee am Jahrestag der Moncada-Aktion seine kleine Schar mit ein, zwei Dutzend sympathisierender Zuschauer zu einem regelrechten Fahnenappell versammelte, bei dem er zu den Klängen einer im Gefängnis verfassten Hymne das rot-schwarze Emblem seines »Moviemento 26. Julio« hissen ließ, um anschließend unter glühender Sonne eine seiner langen Reden vom Stapel zu lassen, so als hätte er bereits Hunderttausende vor sich.

Dabei waren der kubanische Anwalt und der argentinische Doktor eigentlich vollkommen gegensätzliche Naturen, die sich aber gerade als solche anzogen: Hier der selbstgewisse Monomane mit seinem zielgerichteten Anspruch auf die Macht daheim auf seiner Insel, die er als sein legitimes Königreich betrachtete; und dort der suchende Existenzialist und Weltenwanderer, der sich in ozeanischen Gefühlen schmerzlicher Empathie mit einem universellen Proletariat erging. Man darf annehmen, dass der robuste Agnostiker Castro schallend gelacht oder milde gelächelt hätte, hätte er das verquere Mariengedicht in die Hände bekommen, das der junge Doktor Guevara einer seiner sterbenden Patientinnen unter dem Titel »Vieja María« (Alte Maria) gewidmet hatte:

> *Alte Maria, du wirst sterben; / ich will aufrichtig zu dir sein: / Dein Leben war eine Kette aus Angst und Pein, / es gab weder einen geliebten Mann, noch Gesundheit, noch Geld, / nur den Hunger, um ihn miteinander zu teilen ...*
>
> *Aber ich verspreche dir / mit der leisen und männlichen Stimme der Hoffnung, / die röteste und mannhafteste Rache ... / Gehe hin in Frieden, alte Kämpferin, / deine Enkel werden die Morgenröte erleben, / DAS SCHWÖRE ICH*

Alle diese Schwüre, Versprechen oder Pläne waren aber auch Ausdruck einer sich vertiefenden Lebens- und Orientierungskrise. Ernesto hatte Hilda kurz nach seiner Ankunft in Mexiko City Ende September 1954 wiedergetroffen, nachdem sie in Guatemala für eine Weile in Haft genommen und schließlich illegal abgeschoben worden war. Sie hatten sich erst gefreut, dann gestritten und schließlich wieder versöhnt. Noch immer war sie der feste Anker, den er brauchte. Als die Lebenstüchtigere hatte sie sich bald wieder eine neue, feste Stelle verschafft. Im Sommer 1955 besorgte sie auch eine gemeinsame Wohnung, nachdem sie zögernd (wie sie es schildert) seinen immer drängenderen Heiratsanträgen nachgegeben hatte. Guevara verdiente sein Geld mit schlecht bezahlten Krankenhausjobs und als Straßenfotograf, während er weiterhin seinen ehrgeizigen Zielen als Wissenschaftler und seinen Träumen als Weltenbummler nachhing, und natürlich seinen literarischen Ambitionen.

Das Buch, an dem er seit Guatemala schrieb, sollte »Die Arbeit des Arztes in Lateinamerika« heißen. Es war wohl ein mit soziologischen und wirtschaftlichen Daten untermauertes Plädoyer für einen »politischen Arzt«, der sich bewusst zu machen hatte, dass eine wirkliche Volksmedizin erst nach einer Revolution geschaffen werden konnte, und der sich daher dem politischen Kampf zur Verfügung stellen musste. Das hinderte Guevara nicht, beharrlich an einer Reihe wissenschaftlicher Studien zu arbeiten, für die er auch fachliche Anerkennung fand, speziell für eine immunologische Untersuchung über »Hautreaktionen bei halb verdauten Lebensmittelantigenen«. Andere Forschungen, für die er ganze Nächte im Labor verbrachte, scheinen eher im Feld der Pawlow'schen Reflextheorien gelegen zu haben, in die er sich mit Begeisterung vertieft hatte. Er ließ von Straßenjungen Katzen fangen und experimentierte (wieder ein bisschen Dr. Blaubart) am lebenden Katzenhirn.

Auf die *drei, vier sehr guten Untersuchungen*, die er auf Lager hatte, setzte er auch berufliche Hoffnungen, wenngleich nicht unbedingt in Mexiko, das er – wie ihm sein mexikanischer Biograf Jorge Castañeda vorwirft – in den mehr als zwei Jahren seines Aufenthalts nie wirklich kennengelernt und verstanden habe. Vielmehr glaubte Guevara, dass seine Fähigkeiten als Arzt und Wissenschaftler ihm auf verschiedenen Etappen seiner Reise um die Welt als Basis dienen könnten. Manche dieser Pläne verbanden sich mit Hilda, die als Statistikerin bei einer Filiale der Weltgesundheitsorganisation (WHO) arbeitete. Für eine Reise nach China, die sie im Frühjahr 1955 geplant hatten, durchaus mit dem Hintergedanken, dorthin zu gehen, hatte ihm das Reisegeld gefehlt. Später war es Schwarzafrika, wohin sie im Auftrag der WHO gemeinsam hätten gehen können – eine Perspektive, mit der Hilda noch bis ins Jahr 1956 fest rechnete.

Ganz unabhängig von ihr spann Guevara seine eigenen Fäden und Pläne. Mal schrieb er seinem Vater, er habe *Frankreich und die Cortisone [die Sowjetunion] im Visier, und stets den Genossen Mao am Ende meiner raidistischen Etappe bzw. fast am Ende, denn das Stipendium gehört zum Weg.* Das Stipendium hoffte er offenbar in der Sowjetunion zu bekommen, zu deren Botschaft er, wie beschrieben, Kontakte geknüpft hatte. Aber die Einladung war ausgeblieben. So kamen ihm wieder andere, immer neue Länder in den Sinn. Taíbo hat nicht weniger als 161 hypothetische Reiseziele gezählt, die Guevara in seinen zwei mexikanischen Jahren erwogen habe – und das noch lange, nachdem er sich Castros Expedition verschrieben hatte. Auch Kuba hätte nur eine Etappe sein sollen. (Wie hätte er auch auf die Idee kommen können, dass man ihn im Busch zum Comandante und nach dem Sieg zum Minister ernennen würde?)

Was seine Situation im Sommer 1955 existenziell veränderte, war die Feststellung, dass Hilda schwanger war. Er hatte sich, so schien es ihr, darüber sehr gefreut, und sie hatten sofort in einem schönen Ort außerhalb von Mexiko City geheiratet – mit Raúl als Trauzeugen, der wegen seiner mangelhaften Papiere allerdings nicht unterschreiben konnte. Hildas schwärmerische Erinnerungen kontrastieren freilich hart mit einer unpublizierten Tagebuchpassage Ernestos, die Anderson offenbar wieder von Aleida March zu lesen bekam:

> *Diese Entscheidung – für sie [Hilda] war sie dramatisch, für mich sehr schwer. Letztlich bekommt sie ihren Willen – aber wie ich es sehe, nur für kurze Zeit, auch wenn sie hofft, es sei fürs Leben.**

Im November hatten sie eine 14-tägige Reise zu den Maya-Pyramiden gemacht, die ihn nach wie vor tiefer interessierten als das moderne Mexiko. Hilda sah darin eine Art nachgeholte Hochzeitsreise, für ihn war es *meine lang angekündigte Rundreise durch den Südosten Mexikos.* In Palenque schrieb Ernesto, ohne dass sie es mitbekam, ein hymnisches Gedicht im Stile Nerudas auf dieses frühe Maya-Heiligtum, das ihn an die mythischen Stätten der Inka erinnerte:

> *Etwas lebt in deinem Stein, / Schwester der grünen Dämmerung …*
> *Dein Herz wird durchbohrt von dem teilnahmslos scharfen Blick eines klugen Mannes mit blitzender Brille, / während das dümmliche ›Oh!‹ eines / Gringo-Touristen dein Gesicht beleidigt …*
> *Welche Kraft trägt dich / über die Jahrhunderte hinweg, / lebendig pulsierend wie in deiner Jugend? … / Und dennoch, die Inka sind tot.*

Dass einige der besten archäologischen Studien über die Maya wie über die Inka von US-Amerikanern verfasst waren, hatte ihn schon in Macchu Picchu geärgert, so wie *das dümmliche ›Oh!‹ eines Gringo-Touristen* sich ähnlich bereits in seinen Aufzeichnungen aus Cuzco fand. Diese schluckaufartigen Aversionen könnten zuweilen fast an diejenigen erinnern, die angestammte Besucher wilhelminischer Seebäder zu Beginn des Jahrhunderts den auftauchenden »israelitischen« Gästen als Boten eines Einbruchs modernen Weltunheils entgegenbrachten.

---

* Hilda selbst, deren Erinnerungen 1972 in Mexiko erschienen sind und die 1974 in Lima gestorben ist, hat von dieser doppelten emotionalen Buchführung ihres Mannes bis zu ihrem Lebensende nichts gewusst. Für sie war es eine glückliche und schicksalhafte, nur von den Umständen des Lebens auseinandergetriebene Beziehung.

In der Zeit der Schwangerschaft hielt Guevara seiner Frau noch einigermaßen den Rücken frei, auch wenn er jetzt immer häufiger mit seinen kubanischen Freunden unterwegs war. Er hatte ihr irgendwann gesagt, dass er eventuell vorhabe, mit ihnen zu gehen, aber das stand vorerst noch in den Sternen. Noch lasen und diskutierten sie viel gemeinsam (nach Hildas Schätzung ein Buch pro Woche); und gerade im Feld der »politischen Ökonomie«, auf das Guevara sich jetzt verstärkt stürzte, war sie ihm als gelernte Ökonomin noch immer voraus, ob es um Marxens »Kapital«, Lenins »Imperialismus«-Schrift, Stalins »Grundlagen des Sozialismus« oder Maos »Untersuchungsbericht über die Bauernbewegung in Hunan« ging.

Ernesto mit Hilda auf Hochzeitsreise, Sommer 1955

Als ihre Tochter Hildita im Februar 1956 zu Welt kam, war das, wie Ernesto seiner Vertrauten Tita Infante mitteilte, für ihn *Anlass zu doppelter Freude: Erstens mildert ihre Ankunft eine furchtbare Ehesituation, und zweitens habe ich jetzt die vollständige Sicherheit, dass ich, trotz allem, weggehen kann.* Das war eine ziemlich merkwürdige und doppelbödige (um nicht zu sagen: hinterhältige) Argumentation: Hilda sei zwar *eine großartige Frau, die mich auf beinahe pathologische Weise liebt,* was ihn auf Dauer aber *zu einem gelangweilten Familienvater werden lassen könnte.* Umso sicherer sei er, *dass ich mein Bohemeleben auf unbestimmte Zeit fortsetzen werde, um schließlich mit meinen sündigen Knochen in Argentinien zu landen, wo ich die Pflicht erfüllen muss, meinen Umhang eines fahrenden Ritters abzulegen und zu dem erstbesten Kampfinstrument zu greifen.* Das war wieder die Quijote-Nummer.

Aber wieso bedeutete die Ankunft seines Kindes, *dass ich, trotz allem, weggehen kann*? Im April hatte Ernesto seinen Eltern noch überschwänglich berichtet: *Mein Kommunistenherz weitet sich: Sie [Hil-*

dita] sieht genau wie Mao Tse-tung aus. Schon jetzt erkennt man ... die mitfühlenden Augen des Führers und seine vorspringenden Wangenknochen. Im Brief vom Juni (aus dem Gefängnis), in dem er ihnen zum ersten Mal sagte, dass er seine *mittelfristige Zukunft ... mit der kubanischen Revolution verbunden* habe und er entweder *mit ihr siegen oder dort sterben* werde, legte er seinen bestürzten Eltern schließlich in einer wahrhaft literaturwürdigen Wendung den narzisstischen und existenzialistischen Kern seiner Entscheidung offen:

> *Ich bin mein ganzes Leben lang herumgestolpert auf der Suche nach einer eigenen Wahrheit, und irgendwo unterwegs, mit einer Tochter, in der ich fortleben werde, hat sich der Kreis geschlossen.*

Er würde also fortleben in einem Kind, das die indianische Physiognomie der Mutter geerbt hatte und vielleicht wie die Mutter und die Großmutter einmal »La China« gerufen werden würde. Damit stellte Hildita so etwas wie Blutsbande her zwischen ihm, dem Abkömmling lilienweißer Conquistadoren- und Kolonialgeschlechter, und der mestizischen Gesamtnation des südlichen Amerika, seines mythischen »Patria Grande«. Aber dieses Mestizentum verband die Lateinamerikaner – wie er in seiner handgestrickten Theorie der Rassen und Völker annahm – auch mit ihren Geschwisternationen in Asien wie in Afrika. Dass sein Töchterchen ihn an den Vorsitzenden Mao erinnerte, war sicher humoristisch gemeint; aber es bedeutete doch mehr, da die Indios ja im Grunde Chinesen waren ...

Hier finden wir uns in den emotionalen und weltanschaulichen, tiefen oder untiefen Gründelzonen dessen, was sich ein Jahrzehnt später im Kopf des Comandante Che zur Vorstellung eines weltrevolutionären Globalsubjekts namens »Tricontinentale« verdichten würde.

Im Frühjahr 1956 war es mit Castros Invasionsvorbereitungen ernst geworden. Nach und nach hatten sich drei, vier Dutzend Männer gesammelt, die an dem Unternehmen teilnehmen wollten, und weitere kamen nach. Castro hatte inzwischen bei wohlhabenden politischen Emigranten der alten Oberschicht, die in Mexiko auf den Sturz Batistas und seines Parvenüregimes warteten, einige größere Summen eingetrieben. Als das nicht reichte, war er im Oktober 1955 in die USA gereist, um für seine Sache zu werben und zu sammeln.

Die US-Behörden hatten dem kubanischen Revolutionär keine Steine in den Weg gelegt, obwohl sie über seine Aktivitäten gut informiert waren. Aber er galt ja nicht als »Roter«, sondern noch immer als radikaler »Ortodoxo«. Und das Gros der Batista-Gegner saß schließlich im nordamerikanischen Exil. In Philadelphia, New York und Miami hatte Castro größere Auftritte gehabt und stürmischen Beifall geerntet, wenn er sich als Schüler von Chibás präsentierte und in emphatischer Weise das Erbe José Martís und seiner revolutionären Befreiungsaktion beschwor. Im Rausch dieser Ovationen hatte er sich auch zu dem riskanten Schwur verstiegen: »1956 werden wir entweder frei sein oder Märtyrer!« – und sich damit selbst unter einen problematischen Handlungsdruck gestellt.

Aber das Spendenaufkommen seiner USA-Tour hatte kaum gereicht, um seine Reisespesen zu decken. Zwar waren einige lokale Komitees seiner »26. Juli«-Bewegung entstanden, und insgesamt ein Netzwerk von Verbindungen, das noch wichtig werden sollte. Aber auf Kuba selbst liefen die Dinge großteils an ihm vorbei. Seine Versuche, über den Arzt Faustino Pérez und den Ingenieur Armando Hart, seine wichtigsten Männer in Havanna, die Ortodoxo-Jugend auf seine Linie einzuschwören, schlugen trotz lebhaften Beifalls fehl, da er ihre förmliche Unterordnung verlangte, die diese verweigerten. Andererseits war er durch einen seiner Geldgeber, den ehemaligen Präsidenten der Agrarischen Entwicklungsbank, Justo Caríllo, über die Vorbereitungen zu einem neuen Militärputsch informiert, den eine Gruppe junger Offiziere um den ehemaligen Militärattaché in Washington, Ramón Barquín, der den Autenticos nahestand, plante. Das Programm der Offiziere war so einfach wie demokratisch: Batista festsetzen und allgemeine Wahlen ausschreiben.

Schließlich hatten die Studenten in Havanna unter ihrem neuen, charismatischen Führer, dem FEU-Präsidenten José Antonio Echevarría, gerade in der Zeit von Castros Besuch in den USA militante Demonstrationen veranstaltet und Vorbereitungen zur Gründung eines neuen »Revolutionären Direktoriums« im Geist der Dreißigerjahre getroffen. Im November war es am Universitätshügel in Havanna zu tagelangen Schießereien und Straßenkämpfen mit Polizei und Armee gekommen. In Santiago und anderen Orten explodierten Bomben. Hunderte, darunter Echevarría selbst, waren festgenommen worden. Den Aufruf der Studenten zum politischen Generalstreik hatten die

Gewerkschaften allerdings glatt ignoriert; Einzelstreiks der Hafenarbeiter und Arbeiter der Zuckerindustrie hatte Batista (gegen die Proteste der Unternehmer und Plantagenbesitzer) durch Zugeständnisse an die Arbeiter beendet. Er hatte zur Mäßigung aufgerufen und das Gros der verhafteten Studenten, auch Echevarría, nach und nach wieder freigelassen, allerdings Polizei und Militär auf den Straßen gelassen, was man als Zeichen von Stärke wie von Schwäche sehen konnte.

Castro schien mit seinem etwas anachronistisch wirkenden Landungsprojekt im Rennen gegen die Zeit und gegen eine vielseitige, starke Konkurrenz eher hinten zu liegen. Er war dennoch unbeirrt. Mit Alberto Bayo, einem gebürtigen Kubaner, der einst als Oberst in der republikanischen Luftwaffe Spaniens gedient, später an der Luftfahrtschule in Mexiko unterrichtet und schließlich eine kleine Möbelfabrik gegründet hatte, hatte er einen Vertrag geschlossen, wonach Bayo für ein Honorar von 5000 $ seine kleine Truppe trainieren und instruieren sollte. Dabei hatte der korpulente Mittfünfziger entgegen seiner Legende so gut wie keine Erfahrungen im Guerillakrieg. Immerhin hatte er eine Ranch sechzig Kilometer von der Hauptstadt entfernt gemietet und dort mit der Ausbildung begonnen. Schon seit Jahresbeginn hatten die Rekruten gruppenweise Geländemärsche und Bergexpeditionen gemacht, bis kurz unter den Gipfel des schneebedeckten, 5400 Meter hohen Popocatépetl. Jetzt kamen theoretische Instruktionen sowie Nahkampf- und Schießausbildung hinzu.

Vor allem aber herrschte ab diesem Moment strenge Konspiration – und das Kriegsrecht. Als einer der Männer bei einem Gewaltmarsch nicht mehr konnte und »meuterte«, wurde er von den beiden Castro-Brüdern in einer exemplarischen Szene zum Tode verurteilt: Leute wie er verkörperten eine »ansteckende Krankheit«, donnerten die beiden Ankläger, die von vornherein »ausgerottet« werden müsse. Noch blieb diese Urszene jeder Guerilla – das rituelle Blutopfer – eine symbolische Handlung. Kurz vor der Hinrichtung wurde der Delinquent vom Comandante begnadigt, um sich im kommenden Krieg bewähren zu dürfen – was er auch tat.*

Erst seit es in dieser Weise »todernst« wurde, hatte Che, wie er nun mit seinem Kampfnamen hieß, wirklich Feuer gefangen. Er gab nach und nach alle seine Jobs, Reisepläne und Forschungen auf und zeigte sich nur noch an Wochenenden bei Frau und Kind. Das Training war für ihn immer auch ein Kampf gegen sich selbst und sein Asthma, bei dem er vorbildliche Selbstüberwindung und einen solchen Diensteifer an den Tag legte, dass er zum Adjutanten Bayos ernannt wurde – eine quasi-militärische Auszeichnung, die ihn mit jungenhaftem Stolz erfüllte.

Fidel selbst tauchte im Lager nur selten auf. Er war damit beschäftigt, Kontakte oder taktische Bündnisse zu schließen, weitere Gelder aufzutreiben und Waffen zu kaufen, die in verschiedenen Wohnungen in Mexiko City gelagert wurden. Im März hatte er seinen Austritt aus der Ortodoxo-Partei erklärt und damit sein »Moviemento« endgültig zu einer selbstständigen politisch-militärischen Organisation gemacht. Einen Konkurrenten, den Obersten Barquín und seine Verschwörergruppe, die sich »Puros« (die Reinen, Unbestechlichen) nannten, hatte Batistas Polizei im April ausgeschaltet. Die Strafen im Militärprozess fielen allerdings verdächtig milde aus: acht Jahre für die Hauptverschwörer, was darauf hindeuten konnte, dass sie noch immer Verbindungen nach Washington hatten.

Castro erhielt daraufhin frisches Geld für sein Projekt von Barquíns Finanzier Carrillo wie auch von anderen Herren seines Kalibers wie dem Ex-Chef der kubanischen Luftfahrtgesellschaft Vilaboy oder dem Viehbaron Fajardo. Ob er allen Ernstes vorhatte, bereits zum Jahrestag der Moncada-Aktion im Juli 1956 mit seinem halben Hundert Bewaffneter loszuschippern, bleibt unklar. Klar ist aber, dass nicht nur der Geheimdienst Batistas und das FBI, sondern auch die mexikanische Polizei über die Aktivitäten der Castro-Gruppe recht genau im Bilde waren.

Im Juni wurde ihr Wehrsportlager auf der Ranch ausgehoben. Castro, der als Erster festgenommen worden war, fuhr persönlich mit dem Polizeichef vor, um Zwischenfälle zu vermeiden. Für einige Wochen wurden sie nun im Zentralgefängnis von Mexiko City interniert

* Aus dem Delinquenten Calixto Morales wurde ein beinharter Kämpfer in der Sierra, und nach der Machteroberung ein besonders radikaler und gewaltsamer Provinzmachthaber in Santa Clara, bis er wegen exzessiven Willkürakten gegen die Bevölkerung entfernt werden musste. Wie diese Brutalisierung mit seiner eigenen »Hinrichtung auf Bewährung« zusammenhing, wäre (nicht nur in diesem Fall) eine psychologisch und politisch-kriminologisch interessante Frage.

und verhört. Ein Gutteil ihrer Waffen wurde beschlagnahmt. Und da sie fast alle nur ein Touristenvisum für drei Monate besaßen, das abgelaufen war, hatten sie nicht einmal mehr gültige Aufenthaltspapiere. Das ganze Projekt schien auf den Ausgangspunkt zurückgeworfen.

In dieser Situation zeigte Castro seine Fähigkeiten als Politiker und Advokat. Als die verschreckte Hilda mit ihrem Säugling im Arm aufs Präsidium gebracht wurde, um über den Verbleib ihres Mannes verhört zu werden, traf sie im Büro des Polizeidirektors wie beim Nachmittagstee auf einen entspannten Fidel, der ihr beruhigend vorsagte, was sie zugeben konnte, weil es bekannt war. Er hatte vom Gefängnis aus alle seine Verbindungsleute in Bewegung gesetzt und nutzte geschickt die Widersprüche innerhalb der regierenden Partei und staatlichen Apparate des Gastlandes, das er, wie er versicherte, keinesfalls kompromittieren wolle. Ob die Intervention des ehemaligen Präsidenten Cárdenas den Ausschlag gab, ob größere Summen Geldes geflossen sind oder ob die mexikanischen Behörden den Zweck ihrer Intervention für erreicht hielten – am 24. Juli kam Castro mit dem Gros seiner Leute wieder frei, mit der Auflage, entweder Asyl zu beantragen und sich an die Regeln zu halten oder das Land binnen zwei Wochen zu verlassen.

Nur Guevara, bei dem man die Visitenkarte Leonows gefunden hatte und der sich in seinem Verhör mit merkwürdiger Bekennerfreude als Kommunist deklariert hatte, sowie ein anderer, illegal eingereister Kämpfer blieben in Haft. Darum entspann sich eine kleinere diplomatische Verwicklung. Mexiko City war in diesen Jahren einer der neutralen Kontakthöfe und vorgeschobenen Horchposten im Kalten Krieg, in denen sich – wie sonst nur in Wien – die gegnerischen Seiten und ihre jeweiligen Dienste geradezu auf den Füßen standen. Die Visitenkarte Leonows beim Argentinier war prompt durch die Presse gegangen. Fidel sah sein Unternehmen, für das er auch bei den Batistagegnern in den USA Geld sammelte, ins Zwielicht gesetzt. In Wirklichkeit stand Leonow mit Raúl, den er (angeblich) zufällig bei der Rückfahrt von den Weltjugendfestspielen 1951 kennengelernt hatte, in enger Verbindung. Das Zusammenspiel funktionierte: Leonow ließ sich vorsorglich abberufen, um seine kubanischen Freunde nicht zu kompromittieren.

Eine weitere kanonische Schlüsselszene der kubanischen Revolution ergab sich, als der inhaftierte Che seinem Chef sagte, dass sie nicht auf ihn warten müssten – und Fidel ihm versicherte, sie würden ihn auf keinen Fall im Stich lassen. Wieder zögert man, die Sache ganz ernst zu nehmen, denn das Expeditionsprojekt war ohnehin aufgeschoben, und drei Wochen später kamen die beiden letzten Inhaftierten ebenfalls frei. Aber Che maß dieser Geste im Nachhinein eine fast sakrale Bedeutung zu – wohl weil sie ihm bewies, dass er zu den Auserwählten gehörte. Er fühlte sich offenbar jetzt ganz nah am Kairós, am Punkt der Erfüllung seiner persönlichen Mission und Geschichte, und er hatte panische Angst, ihn zu verpassen. Bei einem der Besuche Hildas mit ihrem Kind im Gefängnis steckte er ihr jene bereits zitierte, parareligiöse Hymne auf Fidel als »glühenden Propheten der Morgenröte« zu, in der es auch hieß:

> Und wenn am Ende des Tages / die sanitäre Operation gegen den Tyrannen beginnt, / dann halten wir uns, dürstend nach dem letzten Gefecht, / an Deiner Seite.

So verband er sein weiteres Schicksal auf existenzielle Weise, *dürstend nach dem letzten Gefecht*, mit dem Fidels.

Die Leute an Castros Seite mussten sich jetzt über Wochen und Monate einzeln oder in kleinen, konspirativ abgeschirmten Gruppen im Land zerstreuen, um auf das Signal zu warten. Der Comandante selbst zitierte die Leutnants seiner nach wie vor nicht zahlreichen, aber doch gewachsenen Bewegung aus Kuba nach Mexiko. Unter ihnen ragte der 22-jährige Studentenführer Frank País aus Santiago heraus, der sich früh dem »26. Juli« angeschlossen hatte und als Einziger über ein schlagkräftiges Netzwerk von Bewaffneten verfügte, die auf sein Kommando hörten. Seine Aufgabe – wie die der anderen Gruppenführer in Havanna, Santa Clara und zwei, drei weiteren Orten – sollte es sein, am Tag der Landung loszuschlagen, um bewaffnete Aufstände zu initiieren. País hielt das für weit verfrüht und befürchtete (zu Recht) ein zweites Debakel wie beim Sturm auf die Moncada. Er musste sich aber dem Druck Castros beugen, der vehement erklärte, keinesfalls länger als bis zum Jahresende warten zu können, da er es nun einmal geschworen habe.

Mit Luís Echevarría, dem Präsidenten der FEU und Führer des »Revolutionären Direktoriums«, führte Castro im August direkte Fusionsverhandlungen. Genauer gesagt, sollte das Directorio sich seinem Moviemento ein- und unterordnen, was Echevarría (der von den Autenticos kam) kühl zurückwies. Immerhin vereinbarten sie koordinierte Aktionen, falls Castro ihm seine Landung zwei, drei Tage vorher ankündigte. In Wirklichkeit hatte Echevarría längst seinen eigenen Aktionsplan im Kopf, der ihn auf den revolutionären Olymp katapultieren sollte, auf den auch Castro Anspruch erhob. Im Oktober erschossen seine Pistoleros den Chef des militärischen Geheimdienstes, Oberst Blanco Río. Wieder kam es zu einer Serie von Feuergefechten und Bombenanschlägen, die zur Schließung der Universität führten.

Castro, der auch mit den Kommunisten der PSP inzwischen Fühlung aufgenommen hatte, nannte die studentischen Aktionen »unverantwortlich« und gab sogar eine Ehrenerklärung für den ermordeten Obersten ab, der »kein Scherge Batistas« gewesen sei. Das war ein klarer Versuch, das Korps der professionellen Armee gegen das Regime auszuspielen, wie er es auch im Moncada-Prozess schon getan hatte – und später immer wieder (mit einigem Erfolg) tun würde.

Durch alles das wurde sein eigener Handlungsdruck aber immer größer. Er brauchte hier und jetzt große Summen für Waffen und für das Allerwichtigste: ein Schiff. Ein Königreich für ein Schiff! Wie die Dinge lagen, gab es dafür nur einen Weg: den Gang nach Canossa zu jenem Ex-Präsidenten Prío Socarrás, gegen den er vor Jahren wegen Korruption Verfassungsklage erhoben hatte. Prío schmiedete, wie jeder wusste, eigene Pläne für einen bewaffneten Sturz Batistas und verfügte über erhebliche Fonds. Im September überquerte Castro illegal die (noch weithin offene) Grenze zu den USA und traf sich in einem Hotel in Texas mit dem Autentico-Führer, der ihm – wie einem Auftragskiller – bei einem kurzen Treffen 100.000 $ für seine Operation Tyrannenmord zusagte, 50.000 sofort im verschlossenen Umschlag und 50.000 »später«.

Auch mit diesem Geld konnte Castro in der Eile allerdings nichts Besseres bekommen als eine lecke, viel zu kleine Spielzeugjacht mit dem sinnträchtigen Namen »Granma« (Großmütterchen). Schließlich mussten noch eine Menge weiterer Ausrüstungen besorgt und die mexikanische Polizei fortlaufend geschmiert werden. Im November bekamen die designierten Mitglieder der Operation den Befehl, sich grüppchenweise in Tuxpan auf der Halbinsel Yucatán, die Kuba am

Havanna im Winter des Patriarchen, Dezember 2006: Die »Granma« wird zum 50. Jahrestag der Landung im Triumph über die Plaza de la Revolución geschoben. Auf der Tribüne im Hintergrund fehlt der Máximo Líder, dessen 80. Geburtstag mit dieser Feier nachgeholt werden sollte.

nächsten lag, einzufinden. Che tauchte noch einmal kurz bei Hilda und dem Kind auf, um Abschied zu nehmen. Zurück blieben ein paar Bücher, seine »Philosophischen Hefte« sowie seine Gedichte, die er Hilda zur Erinnerung gab.

Ob es stimmt, dass in den Wochen davor und unmittelbar vor der Abfahrt noch zwei Verräter in den eigenen Reihen entdeckt, liquidiert und verscharrt worden sind, wie Norberto Fuentes (der es von Raúl Castro gehört haben will) mit dem Gestus des Eingeweihten kolportiert hat, ist ungewiss. Fest steht aber, dass es einen Batista-Agenten in den Reihen der Gruppe gegeben hat. Das wäre freilich gar nicht nötig gewesen. Über die Abfahrt des Schiffs waren die Sicherheitsdienste Batistas durch Informanten in der mexikanischen Polizei auch so im Bilde. Und das genaue Landungsziel wussten auch die achtzig Männer nicht, die sich mit ihrem Comandante und dem argentinischen Doktor in strömendem Regen und bei aufgewühlter See schließlich mit Waffen, Munition und Vorräten in diese Nussschale zwängten.

Ein Bild für die Geschichtsbücher war dieses episch überfrachtete Großmütterchen von einem Schiff natürlich schon, wie es mit seinem viel zu schwachen Motor in tiefschwarzer Nacht in die aufgewühlte See hinaustuckerte. Dass dieses völlig desperate Unternehmen, bei dem nach Murphys Gesetz alles schiefging, was schiefgehen konnte, das Gros dieser Männer binnen weniger Tage das Leben kosten würde, war fast ausrechenbar. Aber wer hätte einen dialektischen Kniff der Geschichte ausrechnen können, nach der genau diese Kette von Missgeschicken, Ausfällen, Verspätungen und Versäumnissen den Comandante selbst und eine kleine Schar von Erwählten retten und binnen zwei Jahren an die Macht tragen würde?

Jugend in Deutschland

Tamara Bunke war ihren Moskauer und Ost-Berliner Parteivorderen weit voraus, als sie am 2. Januar 1959 an einen ihrer lateinamerikanischen Freunde in leicht fehlerhaftem Deutsch schrieb:

> Wir sind ganz verrückt von den Nachrichten aus Kuba und erwarten jeden Moment Neuigkeiten. Der Kampf des kubanischen Volkes ist wahrhaftig ein Beispiel für ganz Lateinamerika, für die ganze Welt. Eben wurde die Nachricht durchgegeben, dass die Partisanen Santiago besetzt haben.

Im sowjetischen Lager wurden die Ereignisse in Kuba mit eher zerstreutem Interesse verfolgt, so wie die Entwicklungen in Lateinamerika überhaupt. Ganz entgegen den US-amerikanischen Vermutungen hatte die Sowjetunion keine zusammenhängende Strategie für diese Hemisphäre. Die Internationale Abteilung des ZK der KPdSU und das Moskauer Außenministerium besaßen kaum kompetente Fachleute; erst 1961 wurde in der Akademie der Wissenschaften eine Lateinamerika-Abteilung gegründet. Nur in Mexiko, Uruguay und Argentinien gab es Mitte der Fünfzigerjahre noch sowjetische Botschaften; alle anderen Länder hatten sukzessive die Beziehungen abgebrochen. Die personell und finanziell üppig ausgestattete sowjetische Botschaft in Mexiko City mit ihren angeschlossenen Kulturinstituten sorgte zwar für eine großzügige Verbreitung sowjetischer Literatur und Propagandabroschüren in spanischer Übersetzung; vor allem diente sie aber, wie beschrieben, als geheimdienstliche Kontaktbörse und Horchstation im Vorhof der USA.

Das Scheitern der von den Kommunisten gestützten und teilweise geführten Regierung Arbenz in Guatemala 1954 war in Moskau fast teilnahmslos hingenommen worden – weshalb die militante Denkschrift des jungen Doktor Guevara über die Lehren aus Guatemala irgendwo in der Ablage landete. Die sowjetische Weltpolitik der Fünfzigerjahre konzentrierte sich in erster Linie auf die Kriege und Bürgerkriege in Asien, in denen Kommunisten nach der Macht griffen, und in zweiter Linie auf die große Entkolonialisierungsbewegung im Nahen Osten und in Afrika. Im Übrigen war die Sowjetunion noch lange nicht damit fertig, die Eroberungen des Weltkriegs – vor allem den Gürtel neuer »Volksdemokratien« in Mittelosteuropa – wirklich im Griff zu halten und zu verdauen. Und sogar die eigene, innere Ordnung war nach Stalins Tod in eine Phase dramatischer Erosionen und Gärungen übergegangen.

Im November 1956, als Castro seine Männer sammelte, um sich auf der »Granma« zur kubanischen Küste aufzumachen, wurde in Ungarn gerade ein Volksaufstand durch sowjetische Panzer niedergewalzt, während Briten und Franzosen (ohne Rückendeckung der USA) ein Rückzugsgefecht um die Kontrolle des Suez-Kanals führten und die Israelis sich parallel dazu durch einen Blitzkrieg aus der Umklammerung ihrer arabischen Nachbarn befreiten und den Sinai eroberten. Was war im Verhältnis dazu diese ferne Karibikinsel – zumal die kubanischen Kommunisten seit Jahren vor dem »Putschismus« Castros und der übrigen bürgerlichen Gegner Batistas gewarnt hatten.

Tamara dagegen hatte ihre emotionalen Bindungen zur Ursprungsheimat Argentinien wie ein Feuer gehütet und immer stärker auf ein romantisches Lateinamerika ausgedehnt, so wie Neruda es als »Patria Grande« besungen hatte. Der rote argentinische Pass, den sie noch immer besaß, wurde zu ihrem Talisman. Das war ihre ideelle Gegenwelt zur grauen Realität des ostdeutschen Sozialismus, fast wie für den umherreisenden Doktor Guevara das mystische rote Leuchten aus der »Cortisona«.

Für Tamara gehörte das alles freilich viel organischer zusammen: die russische Herkunft ihrer Mutter (unter Abspaltung der jüdischen Seite, die der verleugnete Großvater Bider in New York vertrat); die frühe KPD-Biografie ihres Vaters, die sich nun in einer enttäuschenden mittleren SED-Funktionärskarriere fortsetzte; die Untergrundwelt der Kommunistischen Internationale und der sowjetischen »Dienste«; und schließlich das argentinische Exil, das die Welt ihrer Kindheit gebildet hatte. In der Sphäre der russischen Revolutions- und der internationalen Kampflieder, die mit der lateinamerikanischen Folklore und mit den Tanzmusiken der Vorstädte von Buenos

Aires harmonisch zusammenflossen, schien das alles immerhin miteinander vereint und versöhnt.

Nur dass der DDR-Liederkanon, der – in betonter Abgrenzung gegen die »amerikanische Massenkultur« in der Bundesrepublik – auf volkstümelnde Weise den gesamtdeutschen Anspruch der DDR unterstrich, auf einen ganz anderen, süßlichen Ton gestimmt war. In ihrem musterhaft geführten Schulheft notierte sich die 17-Jährige 1955 als Pflichtprogramm für eine Schul- oder FDJ-Feier:

> Die Heimat hat sich schön gemacht / Der Wind steigt durch Wald und Feld / Wir brechen in das Dunkel ein / Liebe Heimat, deine Weiten / Im Frühling erwachen die Blumen / Wir lieben unsere Heimat.

Überhaupt: Tamaras mit Schönschrift und Farbstiften geführten Kladden, in denen sie gewissenhaft die Abfolge der Produktionsweisen (Sklavenhalterei – Feudalismus – Kapitalismus – Sozialismus – Kommunismus) und die dazugehörigen Revolutionen (Spartakusaufstand – Bauernkriege – Französische Revolution – Russische Revolution) rekapitulierte, oder was sie sonst an Aufgaben aufbekam. In großen Lettern, wie einen schlichten Sinnspruch, notierte sie sich Brechts »Lob des Kommunismus«:

> ER IST NICHT DAS RÄTSEL, / SONDERN DIE LÖSUNG. /
> ER IST DAS EINFACHE, / DAS SCHWER ZU MACHEN IST.

Wenn etwas sie mit Ulbrichts allzu deutschem Staatssozialismus verband, dann war es vielleicht diese wundersame Vereinfachung des Lebens und der Welt: hier das lichte Vaterland der Werktätigen, und da drüben der finstere Feind. So brachte wenigstens die paramilitärische Ausbildung, der sie sich mit Feuereifer widmete, ein Moment der Spannung in das allseitig regulierte Alltagsleben. In den Taschenkalendern der Halbwüchsigen, die bis 1955 noch ein Stalinbild als Frontispiz zierte, findet man keine »Dates«, dafür umso mehr »Termine«. Wenn nicht FDJ-Schulungen und -Sitzungen auf dem Programm standen, waren Reiten, Schwimmen, Geländeübungen mit Karte und Kompass, Funktechnik und Morsezeichen, Erste-Hilfe-Kurse und immer wieder Schießen angesagt, vom regelmäßigen Training bis zu Wettkämpfen und Meisterschaften. Einem argentinischen Jugendfreund schrieb sie:

> Na, Du wirst sicher schief gucken, aber weißt Du, Schießen und Schießen sind zwei Sachen. Schießen als Sportart wird es immer geben, es zwingt zur Konzentration und erzieht zur Ausdauer. Hoffentlich ist bald die Zeit da, in der wir nur noch zu diesem Zwecke schießen. Zurzeit müssen wir leider auch an andere Dinge denken. Die junge DDR wird vom Westen bedroht.

Diese Briefwechsel mit Argentinien musste sie in einem FDJ-Fragebogen von 1954 pflichtschuldig melden. Sie verband das mit dem Hinweis, FDJ-Broschüren und das Kommunistische Manifest »in Zeitschriften versteckt« rübergeschickt zu haben, um auf diese Weise »den Kampf der friedlichen Jugend der ganzen Welt zu unterstützen«.

Das galt allerdings nur begrenzt für ihren Briefwechsel mit Robert Schwartz aus Los Angeles, den sie beim 6. Weltjugendfestival im Sommer 1956 in Leningrad kennengelernt hatte. Als junger US-Bürger zu einem sowjetischen Festival zu fahren, erforderte schon ein recht entschiedenes Interesse. Robert (Bob) wollte sich denn auch voller Neugierde mit Tamara über »Lebensbedingungen, Schulen, Kultur und so weiter« in den USA und der DDR austauschen, über die »guten und schlechten Punkte« im beiderseitigen Leben.

Der Ansturm von neugierigen Fragen und Vorschlägen muss sie überrumpelt haben. Bob fragte, ob sie auch die amerikanischen Filme, die bei ihm um die Ecke in Hollywood produziert würden, sehen könne; und ob es für sie schwierig sei, in den westlichen Teil Berlins zu kommen; und ob es stimme, dass die DDR-Regierung dagegen sei, »weil die Leute möglicherweise nicht zurückkommen«; und ob die Gerüchte zuträfen, dass der Ostteil der Stadt ein »furchtbarer Slum« sei; und ob es wirklich eine solche Knappheit an Konsumgütern gebe; und ob alle Farmen kollektiviert seien; und, nicht zu vergessen, ob die Mädchen in der DDR mit den Jungen flirteten, so wie in den USA, wo »all dieses Flirten vielleicht durch die Bilder halb nackter Frauen etwas überstimuliert ist, die man überall in den Magazinen, Zeitungen, Werbetafeln und im Fernsehen sieht«. Außerdem wünschte er sich Fotos von ihr und ihrer Familie. Und er fragte, ob sie in Zukunft nicht lieber Tonbänder statt Briefe austauschen könnten?!

Das war zu viel der Freundschaft mit der »friedlichen Jugend der Welt«. Auf den ersten Brief hatte Tamara noch geantwortet, auf den zweiten vom Januar 1957 wohl nicht mehr. Da war sie schon zum Studium in Berlin, von Mutter Nadja eng am Bändel geführt, mit Ermahnungen und Fragen ganz anderer Art:

> Warum schreibst Du nicht? … Hältst Du die Wohnung in Ordnung? Und Blumen begossen? … Lerne ordentlich Deutsch! Deine Briefe sind übrigens flüssig geschrieben … Mach nur weiter so! Achte auf die Endungen: (heiß*en* Tee) … Mache keine Schulden … Das macht einen sehr schlechten Eindruck. Hast Du Deine Unterwäsche gewaschen? Wo hängst Du sie auf? … Was sagen Deine Leute zu dem argentinischen Buch? Das ist doch *Gift*! Stimmt alles nicht – Alles Lüge!

Eine Welt voller Gift und voller Reinlichkeit. Wer den zugänglichen Nachlass Tamara Bunkes – der vom sorgenden Auge der Heldinnenmutter sicherlich posthum gesäubert worden ist, was den Befund eher noch verstärkt – als Zeugnis einer Jugend in Deutschland (Ost) durchsieht, wird auf das Phänomen einer revolutionären Bravheit stoßen, die als Sozialisationstypus und Habitus noch kaum recht beschrieben ist. Man könnte ihn in psychoanalytischen Termini als ein hypertroph ausgebildetes Über-Ich beschreiben, das sich in Kampfsituationen als »revolutionäre Disziplin« begründet, in Situationen etablierter Macht und diktatorischer Ordnung aber zu einem Kanon leerer Sekundärtugenden schrumpft, mittels derer die Heranwachsenden konditioniert werden – wofür es freilich der ständigen Beschwörung eines draußen wie drinnen lauernden Feindes und der steten Mobilisierung von »Wachsamkeit« bedarf.

Die noch halb offene DDR der Fünfzigerjahre musste dem subversiven kulturellen Sog, der von Westen her auf sie einwirkte, sogar mit einem besonderen disziplinären Aufgebot an Reinheitsgeboten und Sekundärtugenden entgegentreten. Aus dieser östlich-staatssozialistischen Perspektive war die christlich-abendländisch eingebundene, sich dann aber rapide amerikanisierende Bundesrepublik jedenfalls schon der reinste Sündenpfuhl – ein »wilder Westen«, in dem sich Neofaschismus und Röhrenhosen, Wiederbewaffnung und halbstarke Teenager, Monopolkapital und Rock 'n' Roll, Kirchenglocken und Sex & Crime irgendwie aufeinander reimten. Was ja grosso modo auch stimmte; nur dass diese »Adenauerrepublik«, die seit 1968 obligatorisch mit »Muff« und »Autoritarismus« assoziiert ist, gerade durch diese Widersprüchlichkeiten und Fragwürdigkeiten doch zu einem ziemlich lebendigen Provisorium wurde; während die DDR mit ihrer starren Marschordnung, ihrem absolut gesetzten Ideologiekanon und ihren immer fiktiveren Planvorgaben ständig weiter zurückfiel und erodierte, bis sie sich schließlich einmauerte.

Tamara Bunke hat, so scheint es, diese feindliche Gegenwelt »drüben« nie kennengelernt, jedenfalls nicht in ihrem zehnjährigen DDR-Exil, obwohl sie doch jederzeit über die offene Grenze hätte hinüberfahren können, um sich umzuschauen, auszugehen und mit wem auch immer zu sprechen. Das wäre freilich ein Akt flagranten Ungehorsams gegen Staat, Partei und wohl auch die Eltern gewesen, etwas, das für eine brave Genossin wie sie prinzipiell nicht in Frage kam. Oder waren die aus ideologischem Pappmaché gefertigten Schreckensbilder von der faschistisch-kapitalistischen Räuberhöhle tatsächlich so bedrohlich, dass sie sich nur mit einer konspirativen Nebelkappe und einer antrainierten falschen Identität in diese Höhle des Löwen hineinwagen konnte, wie sie es Jahre später für die Zwecke ihrer »Mission« dann doch tun würde?

Ihr innerer Zwiespalt als DDR-Bürgerin resultierte eher daraus, dass sie nach dem Ende der Schulzeit »auf internationalem Gebiet tätig« werden wollte. In einem handgeschriebenen Lebenslauf aus dem letzten Schuljahr 1955, der ihren Antrag als SED-Kandidatin begründen sollte (dem stattgegeben wurde), beschrieb sie als Berufsziel: »Ich möchte in einer der demokratischen Weltorganisationen tätig sein (z.B. Weltbund der demokratischen Jugend; Internationale Frauenföderation usw.)«. Neben ihrer in der DDR sehr raren Fähigkeit, Spanisch als Muttersprache zu sprechen (während »ich die deutsche Sprache noch nicht perfekt beherrsche«), hob sie hervor, dass sie schon als junges Mädchen »manches durch die illegale kommunistische Arbeit meiner Eltern, von dem Kampf der gesamten Arbeiterklasse, erfahren« habe. Unter diesen Bedingungen »lernte ich die sogenannte ›demokratische Freiheit Amerikas‹ kennen« und »wurden mir die Augen über die Unterdrückung des Proletariats und aller fortschrittlichen Kräfte durch den Kapitalismus geöffnet«. Diese frühe Imprägnierung gegen die feindlichen Einflüsse aus dem Westen habe sich nur verstärkt, nachdem es »mir durch die Übersiedlung in die DDR möglich wurde, beide Gesellschaftsformen zu vergleichen«.

Mit diesen speziellen Qualifikationen bekam sie nach ihrem (sehr mäßigen) Abitur auch prompt eine Stelle im Außenministerium der DDR und als Mitarbeiterin beim FDJ-Zentralrat. Daneben spickte sie ihren Kaderbogen mit sämtlichen Formen und Funktionen »gesellschaftlicher Arbeit«, die man überhaupt ausüben konnte: als Kandidatin der SED, Gruppenleiterin im FDJ-Kreisaktiv, Aktivistin des FDGB (des Gewerkschaftsbundes), Mitglied der Bezirksleitung der GST (Gesellschaft für Sport und Technik), Helferin der VP (Volkspolizei) im Wohnbezirk sowie als Pionierleiterin an einer Schule in Berlin-Mitte.

Schien dies auf eine zielstrebige SED-Kaderkarriere hinzudeuten, so gehorchte ihre Arbeit als Stellvertretende Sekretärin in einem Zirkel lateinamerikanischer kommunistischer Studenten bereits ihrer eigenen geheimen Agenda. Der im Dezember 1957 gegründete Zirkel setzte sich das Ziel, eine »breite politische Arbeit unter den in Berlin (besonders in Westberlin) wohnenden, nichtkommunistischen lateinamerikanischen Studenten zu leisten« sowie den »in Berlin eintreffenden lateinamerikanischen Freunden zu helfen«. Den komplizierten Schachtelprinzipien kommunistischer Bündnisstrategien folgend, wurde Ende 1958 ein scheinbar überparteiliches »Komitee lateinamerikanischer Studenten« (CEL) gegründet, das sich den hehren Zielen von Befreiung, Fortschritt, Demokratie, Solidarität und Brüderlichkeit aller Nationen und Rassen verschrieb. Innerhalb dieses CEL wiederum wurde ein »Lateinamerikanisches kommunistisches Kollektiv ›Ernst Thälmann‹« gegründet, das die Kader der verschiedenen kommunistischen Parteien fraktionell zusammenfassen sollte. In diesen Zusammenhängen deklarierte Tamara sich bereits als »Argentinierin (wegen deutscher Eltern auch Deutsche)«.

Anfang 1958 machte sie einen höchst paradoxen Schritt nach vorn. Sie beantragte die volle Mitgliedschaft in der SED, bat aber gleichzeitig darum, aus der DDR-Staatsbürgerschaft entlassen zu werden. In einer Stellungnahme vom Februar 1958, die sich bereits auf eine »starke Auseinandersetzung« in ihrer Parteigruppe bezog, erklärte sie: »Ich wurde in der DDR zu einem marxistisch-leninistisch denkenden und handelnden Menschen erzogen.« Darum sei es für sie selbstverständlich, solange sie in Deutschland lebe, in den Reihen der SED zu arbeiten, so wie sie überhaupt »mein ganzes Leben, gleich in welchem

Land und unter welchen Bedingungen, in den Reihen unserer marxistisch-leninistischen Partei kämpfen« werde. Aber: »Mein größter Wunsch ist es, in meine Heimat Argentinien zurückzukehren und dort meine ganze Kraft der Partei zur Verfügung zu stellen. Ich werde selbstverständlich nur mit Einwilligung der SED in meine Heimat zurückkehren.«

Mit diesem schon ziemlich unzeitgemäßen Wunsch – als gäbe es noch eine einheitliche Weltpartei des Proletariats, der man überall beitreten konnte – hatte sie ihren Parteioberen eine harte Nuss zu knacken gegeben. Für die SED war es 1958 schon eine sehr heikle Sache, irgendeines ihrer Mitglieder aus der Staatsbürgerschaft zu entlassen. Seit der diplomatischen Anerkennung der Bundesrepublik durch die Sowjetunion 1955 und angesichts der Turbulenzen des Jahres 1956 hatte sich die SED in einer langsamen Kehrtwende zur Hüterin einer deutschen Zweistaatlichkeit (statt der deutschen Einheit) gemacht und versucht, die Grenzen – auch und gerade nach Westberlin – gegen die angebliche »Abwerbung« abzudichten.

Über neue, zunehmend ultimativ vorgetragene Forderungen zur Verwandlung Westberlins in eine »Freistadt« versuchte die sowjetische Führung ihrerseits dieses Abflussloch zu stopfen, während die DDR-Führung mit undeutlichen Vorschlägen einer »Konföderation« beider deutscher Staaten ihre gesamtdeutschen Ansprüche nominell zu wahren suchte, die sie wahlweise als Recht auf Abschließung oder Einmischung interpretierte.

Tamara Bunke reagierte auf die ablehnende, jedenfalls hinhaltende Behandlung ihres Ausreisewunsches mit einer neuen Aktivitätsoffensive. Im September 1958 wurde sie Vollmitglied der SED, und im Oktober nahm sie ein Studium der Romanistik an der Humboldt-Universität auf. Sie intensivierte ihre fraktionelle Arbeit in der »lateinamerikanischen Landsmannschaft«, wie sie das CEL recht altfränkisch nannte, und entwickelte eine rege Aktivität als »Auslandskorrespondentin« des Kommunistischen Jugendverbands Argentiniens. Sie begann, für die DDR-Presse Artikel über die Lage in Lateinamerika zu verfassen, und widmete sich mit demonstrativem Nachdruck der Propagierung der »Errungenschaften der DDR« in den Medien der lateinamerikanischen Kommunisten und in den sowjetisch inspirierten Weltverbänden.

Neben dieser abgezirkelten Welt des Parteiaktivismus gab es für Tamara aber immer eine andere, sorgsam gehütete Welt, die sich – wie für Alice im Wunderland – hinter den Hüllen ihrer als Heiligtum gehüteten Sammlung argentinischer Platten und Tonbänder und hinter den Deckeln ihrer lateinamerikanischen Liederbücher und Notenhefte verbarg. Fotos zeigen sie in eine Mantilla gehüllt, wie sie einsame Tänze in der eigenen Wohnung aufführt. Silvester 1958 – eben zur Zeit des Einmarschs der Rebellenarmee in Santiago – schrieb sie an einen ihrer argentinischen Korrespondenten: »Ich lausche Carlos Gardel, der einige unserer liebsten Tangos singt, und Du kannst Dir vorstellen, welche Sehnsucht ich habe.«

Im Vorjahr hatte sie einem argentinischen Freund noch optimistisch angekündigt, »spätestens Anfang 1959« wieder in der alten Heimat zu sein. Davon konnte keine Rede sein. Im Juli/August 1959 durfte sie zwar in der lateinamerikanischen Kommission der Weltjugendfestspiele in Wien mitarbeiten. Ihr Antrag auf Repatriierung aber blieb weiterhin unbeantwortet.

Anfang 1960 machte sie noch einmal einen Vorstoß, in dem erstmals ein Ton von Verzweiflung und Depression anklang, der sich auf die Diskussionen in ihrer Parteieinheit bezog: Man habe ihr tatsächlich Heuchelei vorgeworfen, weil sie so viel »gesellschaftliche Arbeit gemacht« habe, nur um (so die Unterstellung) »bessere Möglichkeiten zu haben … die DDR (zu) verlassen und in die ›Freie Welt‹ (zu) fahren«! Man habe ihr sogar gesagt: »Wenn Du Dich nicht als Deutsche fühlst, kannst Du nicht Mitglied der Partei sein. … Wie kannst Du nicht stolz darauf sein, Deutsche zu sein!« Aber sie fühle sich nun einmal von Kindesbeinen an »mit den Gewohnheiten, Sitten und Traditionen und mit dem alltäglichen Leben und Kampf des argentinischen Volkes verbunden«. Sie »achte das deutsche Volk« und »liebe Deutschland als meine zweite Heimat«, und in Diskussionen mit ausländischen Freunden habe sie deren Vorurteile stets bekämpft. Aber:

> Ich habe nach fast 8 Jahren festgestellt, dass ich hier nicht ewig leben kann, dass es viele Dinge gibt, mit denen ich mich stets auseinandersetzen werde, an die ich mich nie gewöhnen kann (z. B. die Beziehungen unter Männern und Frauen, die Beziehungen unter den Menschen überhaupt, usw.)

Das war nun wirklich starker Tobak. Und noch unzulässiger war, dass diese junge Genossin die Partei moralisch unter Druck setzen wollte: »Ich war nervlich erschöpft und musste mehrere Wochen mit Fieber und Magenverstimmungen im Bett bleiben. Erst nach einigen Wochen habe ich die Kraft und die Entschlossenheit gefunden, um diesen Antrag an die Partei zu richten.« Erst seither »bin ich wieder zu meiner alten Begeisterung und Arbeitslust zurückgekommen«, von der Entschlossenheit getragen, »im Jahr 1961 nach Argentinien zurückzukehren«.

So viel Eigenmächtigkeit konnte natürlich nicht durchgehen. Das wäre ja noch mal schöner! Die Genossin Bunke hatte ihr Romanistik-Studium gefälligst weiterzuführen und abzuwarten, für welche zukünftige Verwendung man sie vorsehen würde.

Die Arbeit unter den lateinamerikanischen Kommunisten wurde allerdings zu einer Schule eigener Art für sie. Denn hier war sie in den Irrungen und Wirrungen der sich aufsplitternden und zersetzenden kommunistischen Weltbewegung angelangt, und zugleich in den Niederungen der lateinamerikanischen Politik und der von ihr so gerühmten Sitten und Gewohnheiten ihrer »Landsleute«. Gewiss, als Organisatorin von Festen und geselligen Zusammenkünften war Tamara sehr beliebt – wenn sie nach allen Reden und Toasts endlich die Gitarre oder das Akkordeon hervorholte und alle gemeinsam sich quer durch den Liedergarten ihrer fernen östlichen oder westlichen Heimaten sangen. Auf einem Foto im Nachlass geht es denn auch so alkoholisiert und erotisiert zu, wie man erwarten würde – und Tamara fröhlich mittendrin.

Aber dann findet sich auch ein mit T. B. gezeichneter »Bericht über die Lage der Lateinamerikanischen Studenten in der Deutschen Demokratischen Republik« von Anfang 1960, der einen ganz anderen Ton anschlägt. Man würde ihn einen Stasi-Spitzelbericht nennen, wäre es nicht generell die Aufgabe kommunistischer Kader gewesen, in dieser Weise »Einschätzungen« zu liefern, »Wachsamkeit« zu zeigen und »Maßnahmen« zu fordern – so wie Ostrowski-Kortschagin es vorgemacht hatte.

Der Bericht stellte summarisch fest, dass ein großer Teil der lateinamerikanischen Studenten in der DDR »sich mehr oder weniger negativ entwickelt« habe. Nicht nur die Studienergebnisse seien schlecht, es sei »zur politischen Zersetzung, zu moralischen Ausschweifungen« gekommen, die nicht hingenommen werden könnten. Es fielen tatsächlich Äußerungen wie: »In der DDR gibt es keine Freiheit, Diktatur, man müsste eine ›Revolution‹ durchführen, usw.«. Und so etwas werde vor »Besuchern aus dem Ausland und Westberliner Studenten gesagt!!«.

Bei verschiedenen Genossen (die namentlich genannt werden) verbinde sich schlechte Studien- und Arbeitsmoral mit verschwenderischer Bewirtung von Freunden auf Kosten der FDJ, mit »moralischen Ausschweifungen« (diese Formulierung kommt gleich mehrfach vor), insbesondere »im Verhältnis zu Frauen«, sowie mit politischen Abweichungen, die die Berichterstatterin global als »trotzkistische Auffassungen, jugoslawischer Einfluss usw.« identifiziert. Als eine Grundlage dieser negativen Entwicklungen bezeichnet T. B. allerdings »die in der DDR und in Europa herrschenden moralischen Verhältnisse«, die auch gute Genossen aus Lateinamerika, die an das dortige »›strenge‹ Leben« gewöhnt seien, dazu verleiteten, »falsche Schlussfolgerungen (›freie‹ Liebe, usw.)« zu ziehen und »die Lage in Europa ›auszunutzen‹«. Anführungszeichen, die auf eine eifersüchtig konstatierte, allzu große Willigkeit der FDJ-Genossinnen gegenüber ihren Latinos hindeuteten.

In dieser Situation müsse das Berliner Thälmann-Komitee endlich offiziell anerkannt werden, um seine Standpunkte gegenüber dem »Liberalismus« vor allem der Leipziger Genossen durchsetzen zu können. Wer auf Kosten der Arbeiterklasse der DDR studiere, habe sich der »Unterstützung und Kontrolle durch Partei und FDJ« zu versichern, an Veranstaltungen der Universität, einschließlich Arbeitseinsätzen, teilzunehmen, sich aktiv über die »Probleme beim Aufbau des Sozialismus« in der DDR und im sozialistischen Lager zu informieren usw. Außerdem müsse man »von den Genossen eine andere Arbeitsmoral verlangen«, und es müssten durch »Kritik und Selbstkritik … moralische Ausschweifungen beigelegt werden«.

Damit nicht genug, wandte Tamara Bunke sich zusammen mit dem Genossen Ali Lameda, einem venezolanischen Dichter und Journalisten, in einem mehrseitigen Denunziationsbrief an das Exekutivkomitee der KP Kolumbiens – so als wäre ihr Thälmann-Komitee eine Art Kaderleitstelle einer lateinamerikanischen Internationale. Zentraler

Beschwerdepunkt war, dass der von ihnen als »politischer Sekretär« nach Leipzig entsandte Genosse Daniel Díaz dort auf den Widerstand einer Gruppe kolumbianischer Kommunisten gestoßen sei, bestehend aus Jaime Orejuela, Luís Villar und Carlos Lozano.

> Nach Ansicht dieser [sogenannten Kommunisten] sei die DDR nur ein einfacher Polizeistaat, ein Feind der Freiheit, beherrscht von einer Clique im Dienste Moskaus. Aus diesem Grunde sei es ... notwendig, eine Revolution in der DDR zu machen, damit die Arbeiterklasse die Macht ergreifen kann und nicht weiterhin unter Bedingungen von Elend und Ausbeutung leben müsse, unter denen die Regierung der DDR und die Sozialistische Einheitspartei sie hielten.

Villar sei eindeutig ein »Agent der jugoslawischen Revisionisten«, der von »Abenteurern aus anderen lateinamerikanischen Ländern unterstützt« werde. Im Übrigen gehe es »nicht nur um politische Abweichungen, sondern auch um schändliche und nach dem Gesetz strafbare Handlungen, wie Schmuggel, Handel mit Devisen, Beziehungen zu Feinden der DDR und sexuelle Korruption«.

Diese Denunziation scheint ins Leere gegangen zu sein – mit einem melancholischen Nachspiel. Jaime Orejuela starb 1970 unter Beileidsbekundungen als Repräsentant der kolumbianischen KP in der DDR. Carlos Lozano ist heute Chefredakteur der linken kolumbianischen Wochenzeitung »Voz«. Und dann war da der Mitdenunziant selbst, Ali Lameda, Dichter, Übersetzer und Journalist aus Venezuela, mit dem Tamara ihre kleine Säuberungsaktion betrieb, und der 1963 für seine Gedichtsammlung »El Gran Cacique« den Preis der Casa de las Americas in Havanna gewann. Und da der 1995 Verstorbene nun eine Person der Zeitgeschichte ist, findet sich in den Akten der Ost-Berliner Staatssicherheit ein dickes Konvolut über Lameda, Ali, alias IM »Branco«, das tief in die Wirrnisse einer kommunistischen Intellektuellenkarriere in Zeiten der Großen Schismen und der Kalten Kriege hineinführt – aber auch ein Stückchen Sittengeschichte der DDR ist.

Lameda hatte im Oktober 1958 um Akkreditierung als Auslandskorrespondent der kommunistischen »Tribuna Popular« und linksbürgerlichen »El Nacional« in Caracas gebeten und die Absicht geäußert, von West- nach Ost-Berlin überzusiedeln. Im Juli 1959 bekam das langjährige Mitglied der KP Venezuelas eine fertig möblierte Wohnung sowie ein monatliches Honorar von [redacted] (eingeschwärzt) plus Taxi- und Portopauschale, plus Aufwandsentschädigung für »die notwendige Arbeit in Westberlin«. Seine Aufgabe war es, positive Berichte über die DDR in Venezuela zu verbreiten sowie politische Arbeit unter den in West- und Ost-Berlin lebenden lateinamerikanischen Studenten zu treiben. Dieser Auftrag also führte ihn in den Thälmann-Zirkel, in dem Tamara Bunke bereits tätig war.

Seine offizielle Position bewahrte ihn natürlich nicht davor, wegen »Verdacht auf Untergrundtätigkeit« selbst überwacht zu werden. Ein Stasi-Kontrolleur, der mehrere »Ausländer« in Lamedas Wohnung antraf, war sich sicher, »dass es sich hier um eine illegale Versammlung gehandelt hat«. Es stellte sich heraus, dass Lameda »interessante Verbindungen zu Professoren von Westberliner Universitäten« unterhielt und »Spanier, Portugiesen, Venezolaner sowie Westberliner Intelligenzler« zu seinem Bekanntenkreis zählte, was verdächtig, aber auch verlockend war.

Im Dezember 1962 folgte daher die direkte »Kontaktaufnahme« des MfS mit Lameda, der auch bereit war, dem »Ministerium des Inneren« zu helfen, Ausländer, »welche Spekulationen und strafbare Handlungen begehen«, dingfest zu machen oder über seine Verbindungen nach Westberlin »Informationen und Hinweise zu beschaffen, die für die DDR von großem Interesse« seien. Gleichwohl weckte es weiterhin professionellen Argwohn, dass »Herr Lameda ein sehr unregelmäßiges Leben wie übrigens fast alle Südländer« führe, und dass die Gäste auf seinen Festen sich zwar »über die »Entwicklung Westdeutschlands unzufrieden« äußerten, aber »ihnen auch nicht alles in unserem Staate (behagt)«. Und: »Wenn sie Kommunisten sind ..., warum müssen die Gebrauchsgegenstände, Esswaren und sogar Toilettenpapier unbedingt aus Westberlin sein?«

Im Februar 1963 machte Lameda sich vollends verdächtig, als er in einem Gespräch über die Differenzen in der Internationalen Arbeiterbewegung erklärte, seine Partei »teile in fast allen Punkten die Haltung der Sowjetunion, fühle sich aber auch mit der chinesischen Partei brüderlich verbunden«. Zwar zeigte er sich willig, »unsaubere Elemente« zu denunzieren, so einen Studenten, der früher »Verbindungen zu Homosexuellen unterhalten« habe. Das änderte aber nichts am Eindruck der erprobten MfS-Kader, dass viele »der von ihm vorgebrachten Argumente gegnerischer Art« waren, und »dass Gen. Lameda in der Verbindung zu uns Möglichkeiten sieht, finanzielle Mittel zu bekommen«.

Man könnte lange weiter zitieren – bevor sich ein nächstes Konvolut auftut, das zwanzig Jahre später (ab 1983) spielt und von demselben IM »Branco« handelt, der mittlerweile Gesandtschaftsrat für Kultur an der Botschaft der Republik Venezuela in der DDR war. Er deklarierte sich jetzt als Freund des sozialdemokratischen Präsidenten von Venezuela Pérez, aber auch als Verehrer Fidel Castros.

Das MfS reichte »Branco« – auf dessen Wunsch – an die Kollegen vom kubanischen Geheimdienst weiter, und hier war es ein Genosse »Roque«, der ihn im August 1984 auf Herz und Nieren prüfte. Lameda wollte ihn gleich mit verschiedenen, in Westberlin lebenden venezolanischen Ex-Guerilleros bekannt machen, die dort als Restaurantbesitzer, Künstler und Galeristen arbeiteten. Er nannte den Sozialismus in der DDR allerdings ein System, das »den Menschen entwürdigt«. Fidel dagegen habe »die Notwendigkeit erkannt, Kuba vom Bürokratismus der sozialistischen Gesellschaft zu befreien«. Genosse Roque schloss daraus, dass Lameda nur noch »ein venezolanischer Bourgeois« sei, der »von dem antikommunistischen Gedankengut, das er der kapitalistischen Presse entnimmt, total vergiftet ist«. Daraufhin wurde seine Überwachung intensiviert.

Und dann taucht in den MfS-Akten über »Branco« noch eine Information auf, die eine Lücke schließt – und dieses kommunistische Intellektuellenleben in ein noch verworreneres, düstereres Zwielicht stellt. In einem IM-Bericht vom September 1983 über Lameda wird von einer »Inhaftierung des L. in der KVDR« berichtet, der Koreanischen Volksrepublik also:

> Lameda hatte als Korrespondent der Zeitung ›Tribuna Popular‹, Organ der KP Venezuelas, über Erscheinungen des Personenkults und Antisowjetismus in der KVDR berichten wollen … Die Artikel wurden damals nicht veröffentlicht, da von koreanischer Seite diese beschlagnahmt wurden.

So war es tatsächlich: Lameda war 1966 nach Nordkorea übersiedelt, um für das Zentralorgan seiner Partei zu berichten und die Werke Kim Il-Sungs ins Spanische zu übertragen. Im September 1967 war er in Pjöngjang festgenommen und zu einer langen Haftstrafe verurteilt worden – bis er 1974 nach einer internationalen Solidaritätskampagne freikam. Sein bei Amnesty International im selben Jahr veröffentlichter Bericht zählt zu den wenigen authentischen Berichten, die es über die nordkoreanischen Konzentrationslager mit ihren Praktiken von Hunger, Misshandlung, Folter und Gehirnwäsche gibt. Kim Il-Sung hatte in der großen, schismatischen Debatte zwischen der KPdSU und der KP Chinas seinen eigenen, dritten Kanon, das »Juche-Denken«, entwickelt, eine Ideologie von Autarkie und Selbstgenügsamkeit, die ein jeder zu verinnerlichen hatte:

> Ein Kommunist muss … in jeder Hinsicht ideologisch frei sein. Er muss seinen eigenen Ideen folgen und sich das Juche-Denken ganz zu eigen machen. Ein Kommunist darf nicht nach der Pfeife von irgendjemand anderem tanzen.

Es dürfte keinen Staatsführer und kein Land in der menschlichen Geschichte gegeben haben, das dem Orwell'schen Bild vom Großen Bruder und von einem euphemistischen Neusprech (Newspeak) so nahegekommen ist wie das Nordkorea Kims des Älteren, und nun des Jüngeren, das einer gigantischen Isolierzelle mit Blümchentapete gleicht. I. F. Stone, der große alte Mann der nordamerikanischen Neuen Linken der Sechzigerjahre, dessen Buch über den Koreakrieg Che gelesen hatte, gehörte zum Strom der vielen Kubabesucher dieser Jahre. Zwanzig Jahre später berichtete er in einem Interview:

> Che Guevara, den ich kannte und mochte, sagte mir, dass von allen Ländern, die er besucht hatte, Nordkorea dasjenige war, das er am meisten bewundert habe, und dass von allen Führern, die er getroffen habe, Kim Il-Sung derjenige war, der ihn am stärksten beeindruckt habe.

Sieg oder Tod

Eine filmreife Szene unter so vielen: Der fremde Comandante, der in dieser Nacht zum ersten Mal das leuchtende Havanna mit seinen neu aus dem Boden geschossenen Hochhäusern wie eine Fata Morgana hat auftauchen sehen, fährt mit einem kleinen Kommandotrupp in drei Jeeps schnurstracks hinüber zum großen Festungs- und Kasernenkomplex »La Cabaña«, der die Hauptstadt und den Hafen seit der spanischen Zeit beherrscht. Er trägt eine Hand in der Schlinge und sieht restlos übernächtigt und verschwitzt aus. Hinter den Wachposten wartet auf ihn schon Oberst Varela, der Kommandant der Festung, ein professioneller Militär, und übergibt ihm ohne weitere Aufforderung kreidebleich das Kommando. Wie sich herausstellt, hat der Oberst aus Furcht, von Fanatikern des gestürzten Regimes in letzter Minute vergiftet zu werden, seit zwei Tagen nichts gegessen und nichts getrunken. Am nächsten Morgen lässt der fremde Comandante die 3000 Soldaten des Stützpunktes antreten und verkündet ihnen mit starkem argentinischen Akzent, dass sie als »Kolonialarmee« seinen Jungs vielleicht noch das Exerzieren beibringen, von ihnen dafür aber lernen könnten, wie man einen Krieg gewinnt. Abtreten!

Es ist Tag zwei der kubanischen Revolution. Tag eins hatte mit dem plötzlichen Abflug des Semi-Diktators und seiner engeren Entourage um Mitternacht, an Silvester 1958/59, begonnen. »Der Mulatte geht. Mal schauen, was die Herren Galicier hinkriegen«, soll Batista beim Einsteigen gesagt haben. Die USA verweigerten ihm die Landung in Miami, so musste er bei seinem Kollegen und Rivalen Trujillo in der Dominikanischen Republik um Asyl bitten.

Wie die russische Revolution von 1917 gleicht die kubanische Revolution von 1958/59 eher einer »Involution«, einem Kollaps des alten Regimes, dessen Organe sich moralisch zersetzen und in antagonistische Teile zerlegen oder einfach den Dienst verweigern. Und wie den Bolschewiki gelingt es den Castristen, sich im Moment der Erschöpfung und Neutralisierung aller politischen und gesellschaftlichen Kräfte binnen weniger Wochen und Monate die ungeteilte Macht zu sichern, die sie nun fast ein halbes Jahrhundert lang in Händen halten.

Bereits Stunden vor Übernahme der Cabaña war Camilo Cíenfuegos mit seinem Buschklepper-Outfit und ein paar Mann als Deckung in Batistas Hauptquartier Camp Columbia hineingefahren, wo ihn der gerade erst aus dem Gefängnis auf der Pinieninsel geholte Oberst Barquín in seiner Fliegerjacke erwartete. Mit seiner Offiziersgefolgschaft von unkorrumpierten »Puros« sah Barquín sich als der legitime neue Oberbefehlshaber einer künftigen demokratischen Republik, was ganz dem Geist der Abkommen zwischen den Oppositionskräften entsprochen hätte. Als Cíenfuegos ihm lächelnd eröffnete, dass er selbst, Camilo, der von Castro ernannte provisorische Oberbefehlshaber sei, war der schneidige Offizier hilflos.

Dabei stellten allein die Besatzungen der beiden Festungen noch immer das Doppelte oder Dreifache dessen auf die Beine, was die verschiedenen Rebellengruppen an bewaffneten Männern zur »Einnahme der Hauptstadt« aufbieten konnten. Aber in Havanna spielten sich bereits Jagd- und Plünderungsszenen ab, die – auch darin der russischen Revolution vergleichbar – im Schwebezustand des Machtvakuums Züge eines vandalischen und pogromistischen Volksfestes annahmen. Casinos und Nachtklubs wurden gestürmt und ihrer liquiden Vorräte beraubt; die neu aufgestellten Parkuhren wurden zerschlagen und geleert; Villen, Appartements und Geschäfte der geflüchteten Batista-Leute geplündert. Und an den zahlreichen Häschern, Spitzeln oder Funktionären, die es – anders als die Größen des Regimes – nicht in die Botschaften befreundeter Länder geschafft hatten, wurde eine »Volkswut« ausgelassen, deren lautere oder weniger lautere Motive zu unterscheiden längst müßig war.

Hier enden freilich die Parallelen. Wenn Russland ein im Weltkrieg zusammengebrochenes und implodiertes Imperium war, so war Kuba im Jahr 1958 trotz aller moralischen und politischen Erschütterungen und trotz der Kämpfe der letzten Wochen ein kleines Land mit einer relativ intakten Wirtschaft und Infrastruktur. Die stetig gewachsene Opposition gegen das Regime Batistas war nicht zuletzt Ausdruck eines gestiegenen demokratischen und gesellschaftlichen Selbstbewusstseins, vor allem in den städtischen Mittelschichten und in der Intelligenz, aber auch unter den Arbeitern, Landarbeitern und Kleinpächtern, die sich von den korrumpierten Gewerkschaften und Verbänden nicht mehr vertreten fühlten.

Auch in den staatlichen Organen hatte es immer mehr Spaltungen und Risse gegeben. Gerade weil das Regime auf so schwachen Beinen stand, hatte es auf direkte Angriffe und Herausforderungen mit einer Bestialität reagiert, die zunehmend unkontrollierbar geworden war. So hatten sich innerhalb der Polizei und Geheimpolizei Todesschwadronen gebildet; und fanatische Parteigänger des Regimes hatten Privatmilizen unterhalten, unter denen die »Tigres« des Ex-Kommunisten und früheren MSR-Führers Masferrer den schwärzesten Ruf hatten. Das Korps der Streitkräfte hatte sich angesichts dessen gespalten, in Militärs, die ihre Karriere ganz an das Regime banden und dafür zu einigen Verbrechen bereit waren; und in andere, die sich als »Professionelle« verstanden und Neutralität zu wahren versuchten; und schließlich in nicht unerhebliche Teile, die (wie Barquíns »Puros«) direkt mit den Rebellengruppen konspirierten und kooperierten. Nicht viel anders war es in der Polizei und in der Justiz.

Jedenfalls hatten gerade die Exzesse des Regimes – die auch zur fortschreitenden Distanzierung der Supervisoren in Washington führten – die Keime eines moralischen und politischen Zerfalls in sich getragen, die über kurz oder lang zu einem Regimewechsel in Havanna führen mussten. Den Satz, den der »Mulatte« bei seinem Abflug sagte, hätte er auch unter anderen politischen Konstellationen sagen können; denn »Galicier« (Weiße spanischer Herkunft) waren die meisten seiner Gegner. Die Frage war nur, wer von ihnen die Oberhand gewinnen würde. Und hier hatte Fulgencio Batista wie ein Hypnotisierter seinem persönlichen »Tyrannentöter« Fidel Castro in die Hände gespielt.

Dessen Landung am Morgen des 2. Dezember 1956 hatte eher einem Schiffbruch geglichen. Die »Granma« steckte, fast mit dem letzten Tropfen Benzin, in einem Mangrovendickicht fest; und die Männer an Bord wussten nicht einmal, ob dahinter das Festland oder ein vorgelagertes Eiland lag. Dort wären sie verloren gewesen. Die Fahrt hatte sieben Tage (statt der vorgesehenen vier bis fünf) gedauert, da der Motor dieser überfrachteten Arche viel zu schwach war; zudem war sie unter die Wasserlinie gedrückt worden und leckte. Die letzten Rationen an Nahrung und Wasser waren aufgebraucht. Die Männer konnten kaum noch auf den Beinen stehen, da sie nur mit verschränkten Gliedmaßen hatten Platz finden können. Fast alle waren tagelang seekrank gewesen. Man muss sich die Helden dieses historischen Unternehmens demnach so bekotzt und verschissen wie nur möglich vorstellen – in ihrer Mitte der argentinische Doktor, der sich gerade wieder von einem schweren Asthmaanfall erholte und halb tot schien.

Hier begann ihr Glück im Unglück. Es waren nur 200 Meter bis zum Strand, die sie kriechend, kletternd oder watend zurücklegen konnten. Allerdings ging dabei die Hälfte ihrer ohnehin reduzierten Ausrüstung verloren: Rucksäcke, Waffen, Munition. Zwei Frachter hatten die Landung beobachtet; der eine machte Meldung. Wenig später tauchte schon ein Küstenwachboot auf und begann, die noch mit der Entladung beschäftigten Männer zu beschießen. Sie verließen kopflos die Jacht, ohne sie zu versenken – eine Dummheit mehr. Wenig später erschien das erste Flugzeug und nahm die Gelandeten aufs Korn, die sich überhastet auf die Flucht begeben mussten. Am späteren Nachmittag kreiste schon ein ganzer Hornissenschwarm von Kleinflugzeugen über ihnen, die sich einen Spaß draus machten, die durch Felder und Buschwerk Hastenden zu verfolgen und zu beschießen. Als sie sich sammelten, waren neun Männer bereits verloren gegangen.

Der erste Bauer, den sie fragten, wo sie sich eigentlich befänden, und der sie ein Stück weit landeinwärts führte, ließ sie irgendwo stehen und lief zum nächsten Armeeposten. *Wir hatten die Orientierung verloren und irrten im Kreis, wie eine Armee von Gespenstern, die nur von irgendeinem dunklen, psychischen Mechanismus angetrieben wurden,* schreibt Che in seinen für den Nachruhm bestimmten »Szenen aus dem Revolutionskrieg«, die den (bis heute nur teilweise veröffentlichten) originalen Tagebuchnotizen folgen, aber damit keineswegs identisch sind.

Trotz der sofort eingegangenen Meldungen brauchte die Armee eine Weile, um sich zu sammeln. Der tagelange Alarmzustand war schon halb aufgehoben. Der »Aufstand« in Santiago, der wie geplant parallel zu der für den 30. November vorgesehenen Landung stattgefunden hatte, war rasch niedergeschlagen worden. Die bewaffneten Kampfgruppen, die Frank País aufbieten konnte, hatten allerdings auf eine Wiederholung der selbstmörderischen Moncada-Aktion auch verzichtet und sich darauf beschränkt, ein paar Polizeistationen anzugreifen, in Brand zu stecken und sich dann zurückzuziehen. Sie hatten »nur« drei Tote zu beklagen. Kleinere Aktionen desselben Typs in Havanna und einigen anderen Orten waren ähnlich verlaufen. Von der »Granma« fehlte jede Spur.

Was Castro bei einer regulären Landung eigentlich vorgehabt hätte, bleibt ungewiss. Wollte er überhaupt in die Sierra, wie seine spätere Legende dogmatisch unterstellt? Jedenfalls hatten Lastwagen und ein Dutzend Helfer am Leuchtturm von Cabo Cruz auf das Schiff gewartet. Sie hätten ihn und seine Truppe offenbar zuerst nach Niquero, dann nach Manzanillo bringen sollen, die nächstgelegenen Provinzstädtchen also, die sie in einem Überraschungscoup einnehmen wollten, parallel zum »Aufstand« in Santiago. Hätte dieser Plan geklappt, hätten sie das wegen des Alarmzustands der Armee allerdings kaum überlebt, während gerade ihre verspätete Landung an einer entlegenen Stelle ihnen jene Atempause verschafft haben dürfte, die sie gerettet hat – jedenfalls einen Teil von ihnen.

So fand die höchst einseitige »Schlacht von Alegría de Pío« erst am übernächsten Tag statt. Die in einem Zuckerrohrfeld wie Tote schlafenden, von ihrem Wegführer verratenen und aus Flugzeugen verfolgten Mitglieder der Expedition wurden von einem Zug Infanterie überrascht. Es begann eine wilde Schießerei und Flucht, bei der sie auch noch den Rest ihrer Marschausrüstung zurückließen. Viele wurden an Ort und Stelle getötet oder verletzt, einige gaben sich gefangen oder rannten kopflos davon und wurden später aufgegriffen.

Wieder so eine Schlüsselszene: Che ist von einem Streifschuss am Hals getroffen, sieht sich selbst beim Sterben zu, denkt prompt an einen Helden von Jack London, der an einen Baum gelehnt seinem Erfrierungstod entgegensieht – bis ihn Juan Almeida, der einzige Schwarze in der Gruppe, hochscheucht und weitertreibt. Zuvor soll Che die symbolische Entscheidung getroffen haben, statt seiner medizinischen Ausrüstung eine Munitionskiste mit sich zu nehmen – was nach Lage der Dinge jeder andere vielleicht auch getan hätte.

Vier Dutzend Männer konnten entkommen und irrten einzeln oder in kleinen Trupps ohne Verbindung zueinander in Richtung der Berge, deren Wälder die einzige Rettungsperspektive waren. Einige desertierten oder blieben entkräftet liegen. Die Überlebenden – darunter Fidel, Raúl und Che – schlugen sich durch, indem sie sich tagsüber versteckten und nachts weiterliefen. Von einigen Bauern, die ihnen etwas zu essen gaben (darunter eine Gruppe Adventisten), hatten sie sich Zivilkleidung geben lassen. Immer noch waren Flugzeuge auf der Jagd nach ihnen. Aber in Havanna hatte UP fälschlich gemeldet: »Fidel Castro ist tot.« Auch das war eine glückliche Fügung mehr.

Raúl würde die kubanische Revolution nach dem Sieg zu einem Epos verklären, »in dessen Verlauf zwölf einsame Männer, dank der Unterstützung der gesamten Bevölkerung, in Zusammenarbeit mit Arbeitern, Angehörigen freier Berufe, Intellektuellen und Geschäftsleuten, die ihr Vaterland liebten, eine scheinbar unbesiegbare Armee vernichteten«. Das Bild der »zwölf einsamen Männer« enthielt natürlich eine recht penetrante allegorische Anspielung auf die zwölf Apostel des biblischen Erlösers.

Tatsächlich waren es 22, die sich im Laufe von knapp zwei Wochen wiederfanden. Ihre Retter waren einige Bergbauern in den Ausläufern der Sierra, die durch eine Aktivistin des »26. Juli«, Celia Sanchez, die Tochter eines Landarztes aus Manzanillo, zuvor schon dafür gewonnen worden waren, im Falle eines Falles als Auffangnetz zu dienen.

Genauer betrachtet, handelte es sich um Angehörige eines großen, patriarchal geführten Clans, die seit Jahren in einem eigenen Kleinkrieg mit der Landgendarmerie und mit den lokalen Machthabern standen, welche häufig mit den Verwaltern (mayorales) von Plantagen, Viehfarmen und Sägewerken am Fuße der Sierra identisch oder versippt waren. Hauptkonfliktpunkt war der Boden, den die Bauern sich vielfach auf eigene Faust genommen und selbst gerodet hatten. Deshalb wurden sie »precaristas« (Prekäre) genannt, Bauern ohne sicheren Besitztitel, oft auf Landstücken, die formell den Plantagen und Gesellschaften gehörten oder von ihnen beansprucht wurden. Aber zu den Brennpunkten dieses Kleinkriegs gehörten auch der illegale Anbau von Marihuana, regelmäßige Holz- oder Viehdiebstähle und ein lebhafter Schmuggelverkehr über die stillen Buchten und Gebirgspfade der Sierra.

Der unbestrittene Führer dieses Bergbauernclans, der Castro und seinen Leuten Schutz und Hilfe gewährte, war Crescencio Pérez, ein ehemaliger Lkw-Fahrer, Großbauer und Oberhaupt eines Sippenverbandes, den er durch die Zeugung von (wie es hieß) etwa achtzig legitimen und illegitimen Kindern von einem Dutzend Frauen über ein weites Gebiet ausgedehnt hatte. Der Sechzigjährige unterhielt eine eigene Miliz von Söhnen und Enkeln, Schwägern und Knechten, die man wohl auch eine »Bande« nennen könnte und die auf Repressionen der Mayorales und Landpolizisten mit eigenen Überfällen und Fememorden reagierten. Sein Adjutant war der junge Guillermo García, Besitzer einer Maultierkarawane, die er für verschiedene legale oder illegale Transaktionen verwendete. García wurde später einer der militärischen Granden in Castros Republik, in der er zugleich (recht feudal) eine Rassepferdezucht betrieb.

Crescencio Pérez also nahm Castro und seine Leute in seinem kleinen Herzogtum als Gäste und Verbündete auf. Sie begegneten sich anfangs fast wie Staatschefs oder eben Clanchefs, wobei Pérez die politische Führung und Kommandogewalt des Doktors Castro nicht in Frage stellte. Fidel seinerseits beherrschte als Sohn eines ländlichen Kaziken völlig zwanglos die Etikette eines solchen Umgangs. De facto war es eine Fusion zweier Mini-Armeen, bei der Pérez als Stellvertreter in den Kommandostab der »Vereinten Revolutionsstreitkräfte« (wie Castro sie sofort benannte) eintrat. Nur in dieser Symbiose von Guerilleros und Briganten hat sich Castros Guerilla-Focus in der Sierra Maestra im ersten Jahr behaupten können.

Die Verläufe dieses Kleinkriegs, der erst Mitte 1958 größere Dimensionen annahm, müssen hier nicht im Einzelnen beschrieben werden. Ein paar Kennziffern mögen genügen: Von den mythischen »Zwanzigtausend«, die nach der offiziellen Geschichtsschreibung von 1952 bis 1958 im Kampf gegen Batista umgekommen sein sollen, ist höchstens ein Achtel durch die bekannten Fakten gedeckt. Nach jetzigem Kenntnisstand dürften etwa 3000 Soldaten, Rebellen und Zivilisten – auf beiden Seiten – zu Tode gekommen sein. Freilich, erst wenn die kubanischen Archive sich eines Tages öffnen, kann eine auf Quellen gestützte Geschichte dieser Revolution geschrieben werden.

Bei den Gefechten in den beiden Kriegsjahren 1957/58 werden, nimmt man alle Einzelberichte zusammen, etwa 500–700 Soldaten und 150–200 Guerilleros gefallen sein; die Zahl der Verwundeten lag natürlich deutlich höher. Dazu kommen Hunderte von Toten und Füsilierten aus der Zivilbevölkerung, die zum größeren Teil auf das Konto der Armee, zum kleineren Teil auf das der Rebellen gehen.

Die Ur- oder Gründungsszene in der Sierra Maestra: Fidel Castro neben Crescentio Pérez, dem Clanchef. Ganz links: Guillermo García. Unten rechts: Juan Almeida, daneben Jorge Sotús, der später eine Anti-Castro-Guerilla gründen wird. Hinter Castro: Universo Sanchéz, einer der Begründer des Geheimdienstes G2. Vorn kniend, mit Gewehr: Raul Castro. In der zweiten Reihe links, ohne Bart und mit Käppi: Ernesto Guevara

Auch die Aktionen der städtischen Guerillagruppen – selbst wenn sie, wie beim Aufstand in Cienfuegos im September 1957, mit meuternden Marinesoldaten zusammengingen – haben Hunderte, aber sicher nicht Tausende das Leben gekostet.

Castro selbst hat die Zahlen der Kämpfer, die er unter seinem direkten Kommando hatte, nach dem Sieg – aus Gründen heroischer Legendenbildung – sogar etwas untertrieben, angefangen mit den »zwölf einsamen Männern«. Die Größenordnungen sind aber unstrittig. Demnach hatte er im Frühjahr 1957, nach der Fusion mit Pérez' Leuten, etwa fünfzig Männer in der Sierra unter Waffen. Im Sommer waren es durch Rekrutierungen in den Städten wie in den Bergen etwa 120, von denen nun jeder eine Waffe hatte. Im Frühjahr 1958 kommandierte der Comandante noch immer nicht mehr als 180 Männer, und im Sommer zum Zeitpunkt der Vernichtungsoffensive der Batista-Truppen waren es auch erst 300 (immer nach seinen eigenen Angaben). Als es vorwärts, hinunter in die Ebenen ging, mag noch einmal dieselbe Zahl hinzugestoßen sein. Selbst beim Zusammenbruch des Regimes zählte die Castro-Truppe in Stadt und Land – wenn man die Tausenden abzieht, die ihr in den letzten Tagen noch zuliefen, um beim Fest des Sieges dabei zu sein – nicht mehr als etwa 800, allerdings höchst kampferprobte Männer.

Dazu kamen rund 700 Mitglieder der kooperierenden (und rivalisierenden) anderen Gruppen. Somit stand selbst im Augenblick des Sieges einem harten Kern von circa 1500 Aufständischen mindestens die zehnfache Anzahl regulärer Soldaten gegenüber, von den Polizisten, Landgendarmen, Privatmilizen und Geheimagenten noch ganz abgesehen. Auch das gehört zum Bild einer »Involution«, eines raschen moralischen Zusammenbruchs des Regimes.

Abgesehen von zwei, drei größeren Konfrontationen während der Offensive der Armee im Sommer 1958 sowie der von Che kommandierten mehrtägigen Schlacht um Santa Clara kurz vor Toresschluss, kann man die Gefechte und Scharmützel zwischen Guerilla und Armee schwerlich »Schlachten« nennen – so eindrucksvoll sich die mit napoleonischer Grandeur gezeichneten Skizzen im Revolutionsmuseum von Havanna auch ausnehmen. Dass in solchen Kämpfen zwischen einigen Dutzend oder Hundert Bewaffneten vielleicht mehr an physischem Mut aufzubieten war als in manchen historischen Massenschlachten, ist unbenommen. Und in Relation zur kleinen Zahl der Kämpfenden waren die Verlustziffern natürlich sehr hoch.

Was die Rebellen zusammenschweißte, war auch das Bewusstsein, dass Verwundung oder Gefangenschaft bei den Batistatruppen mit Folter und Tod enden konnten. Die Massaker, die einige der Offiziere und Geheimagenten vor allem in den letzten beiden Jahren des Regimes an unbewaffneten Gefangenen und vielfach auch an einfachen Bauern und anderen, von ihnen verdächtigten Zivilisten begangen hatten, waren in ihrer Blutrünstigkeit und unmotivierten Rachsucht vollkommen unbegreiflich – und extrem kontraproduktiv.

Umgekehrt die Guerilleros, die gefangene oder verwundete Soldaten nach Möglichkeit versorgten, ihnen eine Gardinenpredigt hielten und sie dann militärisch und moralisch beschämt entließen, oft in Unterhosen. Gefangene konnten nicht gemacht werden, also gab es nur die Alternative, sie umzubringen oder zurückzuschicken. Dass

Castros Leute (von Ausnahmen abgesehen) Letzteres wählten, war weniger ein Akt der reinen Humanität als pragmatischer Klugheit, der sich bald auszahlte.

Umso härter war der Umgang der Rebellenarmee mit den sogenannten »chivatos«, den Informanten der Landpolizei oder Parteigängern des Regimes, die ihnen in die Hände fielen; vor allem aber mit Verrätern und Delinquenten unter den Bauern oder in den eigenen Reihen. In dem Berggebiet, das die Guerilla verteidigte und beherrschte, wurde eine Sonderjustiz etabliert, die sich mangels Gefängnissen auf die Alternativen von sofortiger Hinrichtung oder Freispruch auf Bewährung reduzierte. Sehr bald gewann diese Praxis einen Zug systematischen Terrors, der im Verlauf der beiden Jahre womöglich fast so viele Tote fordern sollte wie die Gefechte in der Sierra. Auch das gehörte, ob bewusst oder instinktiv, zu den Mitteln, mit denen »der Stahl gehärtet« wurde.

Che selbst, der ja erst beim Überfall auf La Plata seine erste, wirkliche Feuertaufe erhalten hatte, unterzog sich in einer frühen, düsteren Sternstunde der Guerilla bewusst auch diesem letzten Exerzitium: einen Menschen von Angesicht zu Angesicht zu töten. Sogar einen, den er wegen seiner Kühnheit und Umsicht gemocht und bewundert hatte – fast einen potenziellen Prototypus des »neuen Menschen«, um in Guevaras künftiger Terminologie zu sprechen, einer mitten aus dem Volk.

Eutimio Guerra war von Crescencio Pérez als erprobter Kämpfer wie als Führer und Bote empfohlen worden und schien sich der Sache der Rebellen mit ganzer Überzeugung verschrieben zu haben. Aber dann war er bei einem Besuch seiner Familie dem Militär in die Arme gelaufen. Der wohlinformierte Offizier hatte ihn vor die Alternative gestellt, mit Kind und Kegel umgebracht zu werden oder die Rebellen ans Messer zu liefern und belohnt zu werden. Er hatte dieses Angebot angenommen und pendelte nun zwischen der Armee und Guerilla, die ihn als Botengänger und Einkäufer einsetzte. Nachdem mehrere gezielte Angriffe vom Boden und aus der Luft gegen das Rebellenlager knapp fehlgeschlagen waren, hatte Guerra sich immer auffälliger benommen und mehr oder weniger selbst verraten, bis klar war, dass er Zuträger und Agent der Armee war.

Als es so weit war, leugnete er auch nicht, sondern verlangte, ohne weitere Umstände erschossen zu werden. In Guevaras stilisierten Erinnerungen des Revolutionskrieges wurde daraus eine ins düstere Zwielicht gehüllte Theaterszene – wenn nicht sogar eine umgekehrte biblische Erlösungsszene:

> *Der Mann erwartete seinen Tod schweigend und mit einer gewissen Würde. In diesem Moment brach ein ungeheurer Sturm los und es wurde dunkel; inmitten dieses Wolkenbruchs ... fand Eutimios Leben im Schein eines Blitzes und unter dem folgenden Donnergrollen ein Ende, und selbst die neben ihm stehenden Genossen vernahmen nicht den Schuss.*

Ungleich schonungsloser und eindeutiger war die originale Tagebuchnotiz, die Anderson vierzig Jahre später zu sehen bekam:

> *Die Situation war für die Männer und für ihn [Eutimio] unangenehm, also machte ich dem Ganzen ein Ende und schoss ihm mit einer 32er-Pistole in die rechte Gehirnhälfte mit Austrittsloch am rechten Schläfenbein ... Als ich ihm seine Habseligkeiten abnehmen wollte, konnte ich seine Uhr ... nicht losmachen, und da sprach er zu mir mit ruhiger Stimme, aus einer Ferne jenseits der Angst: ›Reiß sie ab, Junge, was spielt das noch für eine Rolle ...‹ Und das tat ich, und seine Habseligkeiten waren mein.*

Ab jetzt konnte Che »dem Tod ins Auge sehen«, dem eigenen wie dem jedes anderen. Er hatte einen weiteren Punkt seines Lebensprogramms erfüllt, wie er es in seinem ersten, aus der Sierra herausgeschmuggelten Brief an seine bangende Mutter formuliert hatte:

> *Geliebte Alte: Diese flammenden Zeilen, ganz vom Geiste Martís beseelt, erreichen Dich aus dem kubanischen Dschungel. Ich bin wohlauf und lechze nach Blut. Ganz wie ein richtiger Soldat ... – ein Gewehr an meiner Seite und, etwas Neues, eine Zigarre im Mund.*

Bereits im Frühjahr 1957 hatte die Armee begonnen, Teile der Sierra, in der die Rebellen vermutet wurden, zu entvölkern und Farmen der »precaristas« abzubrennen. Ihre Versuche, in die von den Rebellen kontrollierten, höher gelegenen Gebiete einzudringen, blieben allerdings (auch deshalb) erfolglos. So war das Niveau der eigentlichen militärischen Kampfhandlungen bis zur großen Sommeroffensive 1958 eher niedrig.

Die Siege, die Castro errang, spielten vorerst an einer ganz anderen Frontlinie: in der bürgerlichen Öffentlichkeit. Mitte Februar war es seinem Verbindungsmann in Havanna, Faustino Pérez, gelungen, durch Vermittlung des sympathisierenden Ex-Nationalbankchefs Felipe Pazos den Chefreporter der *New York Times*, Herbert Matthews, zu einem Besuch in der Sierra zu bewegen. Die Steilvorlage lieferten auch hier wieder Batista und seine Militärs, die hartnäckig behaupteten, Castro sei längst erledigt.

Tatsächlich gelang es ohne besondere Mühe, Matthews (der offiziell zu einem Besuch bei Hemingway in Cojimar weilte) in die Sierra zu bringen. Hier wurde er Zeuge einer kleinen Charade der Rebellentruppen, die sich stramm diszipliniert zeigten und häufig ablösten, sodass ihre winzige Zahl nicht auffiel. Castro hatte sich wie die meisten seiner Männer inzwischen einen schütteren Vollbart stehen lassen, was ab jetzt zu ihrem Markenzeichen als »barbudos« (Bärtige) wurde, gerade weil es sich von den Usancen kubanischer Männer stark abhob. Der Comandante gab Matthews ein grandioses Interview mit weiten Perspektiven, und beide Männer – die sich gegenseitig sehr gefielen – nahmen fürs Fotoshooting eine dicke Zigarre zwischen die Zähne. Nach seiner Rückkehr veröffentlichte Matthews das Interview, das einige Wellen schlug; und als Batista dumm genug war, es für gefälscht zu erklären, gleich einen zweiten, ausführlichen Bericht mit Fotos. Danach war Batistas Prestige schwer angeschlagen, obwohl er mit seinen bewaffneten Organen die Lage unangefochten kontrollierte. Aber was er nicht kontrollierte, war die kubanische Gesellschaft, einschließlich der Presse, die Matthews' Bericht ausführlich zitierte und Fidels Interview nachdruckte.

Castros mediale Präsenz erhöhte sich noch einmal und gewann eine romantische Aura, als er im April seinem nächsten Besucher, dem sympathisierenden US-Reporter Robert Taber, für einen Dokumentationsstreifen (»The Story of Cuba's Jungle Fighters«) eine pathetische Erklärung an das kubanische Volk in die Kamera sprach. Dabei posierte er vor einer Büste José Martís auf dem Gipfel des Pico Turquíno, umringt von seinen bärtigen Kämpfern mit gereckten Gewehren und der Nationalfahne. Vom Reporter gefragt, was sein Programm sei, hatte Castro kurz geantwortet: »Wiedereinsetzung der Verfassung von 1940 und freie Wahlen.«

Das war allerdings weniger als die halbe Wahrheit. Erklärungen wie diese waren in erster Linie für die US-amerikanische Öffentlichkeit bestimmt, in der die Kritik am Regime Batistas und seinen Praktiken immer mehr zunahm. Es war schon offizielle Washingtoner Politik, auf Neuwahlen im Jahr 1958 und damit auf eine Ablösung des Semi-Diktators zu drängen, der das im Prinzip zusagte, sich aber nicht in die Karten blicken ließ. Derweil hatten das State Department, vertreten durch den neuen Botschafter Earl Smith, ebenso wie die CIA-Zuständigen vor Ort begonnen, Fäden zur Opposition zu spinnen, auch zu Vertretern des »26. Juli«.

In einem bewegten Treffen Castros mit den Mitgliedern der nationalen Leitung seiner Bewegung, die im Februar 1958 erstmals mit ihm in der Sierra zusammenkamen, hatte Castro einige Mühe gehabt, seinen kategorischen Führungsanspruch als Gründer des »26. Juli« zu erneuern und das Primat seiner Bergguerilla durchzusetzen. Angereist waren aus Havanna Faustino Pérez, von Beruf Arzt, und Armando Hart, ein 25-jähriger Jurastudent, sowie dessen Verlobte Haydée Santamaria. Aus Santiago waren der Studentenführer Frank País sowie Vilma Espín gekommen, ebenfalls eine Studentin und Tochter einer wohlhabenden Familie; sowie schließlich Celia Sánchez, die Arzttochter aus Manzaníllo, eine ganz der Sache ergebene, androgyne Frau Mitte dreißig.

Fidel konnte zwar durchsetzen, dass der »Llano« (die Ebene, also die Städte) sich der »Sierra«, sprich ihm selbst, unterzuordnen und zu dienen habe; und dass aufzubringende Gelder, Waffen und Rekruten vorrangig in die Aufrechterhaltung seines Stützpunktgebietes fließen mussten. Es war aber unübersehbar, dass vor allem Frank País, der sich in Santiago ziemlich stark fühlte, eher daran dachte (so wie Castro 1953), seine Stadt zur revolutionären Gegenhauptstadt Havannas zu machen. Er schlug sogar vor, Fidel solle die Sierra fürs Erste wieder verlassen und vom Ausland aus für den Widerstand gegen Batista werben – ein schwerer Affront.

Castro setzte in diesem Konflikt neben seinen gewohnten Waffen wie Alter, Erfahrung, Selbstsicherheit und Rhetorik auch seine virile Präsenz ein. Jedenfalls wurde Celia Sánchez wenig später seine ihm restlos ergebene Geliebte, Emissärin und Sekretärin; während Vilma Espín die Geliebte und später Frau Raúls wurde und bald ganz in die

Sierra überwechselte. Menschlich war das verständlich, für die Führungs- und Kommandostruktur allerdings nicht unproblematisch.*

Der Konflikt zwischen »Sierra« und »Llano« nahm im Laufe der Zeit immer schärfere Formen an und wurde zunehmend ideologischer ausgetragen. Wie sich herausstellte, hatten sowohl País in Santiago wie Hart und Pérez in Havanna Kontakte zu US-Diplomaten wie zur CIA geknüpft. Während das FBI und der militärische Geheimdienst noch eng mit der Geheimpolizei Batistas kooperierten, war die CIA den Rebellen sogar bei der Beschaffung von Waffen behilflich. Noch weiter gingen die Pläne, einen von País und jungen Offizieren der Marinebasis in Cienfuegos geplanten Militäraufstand mit Wissen und Unterstützung des US-Geheimdienstes durchzuführen – einen militärischen Staatsstreich gegen Batista also!

Längst hatte die städtische Führung des »26. Juli« auch begonnen, mit den Vertretern der anderen illegalen wie legalen Oppositionsgruppen und Parteien, einschließlich ihrer historischen Exil-Führer wie Prío, über die Bildung einer Einheitsfront zu verhandeln. Es war ja nicht zu übersehen, dass »26. Juli«, »Directorio«, »Ortodoxos« und »Autenticos« sich in ihrer politischen Programmatik wie in ihrer sozialen Repräsentativität kaum wesentlich unterschieden. Sie alle stammten mit wenigen Ausnahmen aus der weißen Ober- und Mittelschicht. Und nicht nur die Aktivitäten des städtischen Untergrunds, sondern selbst die Unterstützung für Castros Bergguerilla mit Geld, Waffen, Fahrzeugen und anderen Mitteln liefen zu einem großen Teil über Kanäle der »besseren Gesellschaft«.

Gegen jede derartige Perspektive eines (gar mit Washington ausgehandelten) demokratischen Übergangs stemmte sich nun mit wachsender Heftigkeit eine Fronde der »Bärtigen«, der Sierrakämpfer, an-

* Während es den einfachen Guerilleros streng verboten war, Liebschaften zu unterhalten, lebten ihre Kommandeure bald mehr oder weniger offenkundig im Konkubinat. Das galt auch für Che, der sich im Frühjahr 1958 eine Freundin zulegte und später mitten in den Kämpfen um Santa Clara mit der Studentin Aleida March liierte. Da waren die Regeln innerhalb der Truppe allerdings schon etwas gelockert. – Robert Taber jedenfalls behauptete, bei seinen Besuchen in der Sierra Zeuge von nicht weniger als dreißig Exekutionen wegen »Vergewaltigung« geworden zu sein (was eine Chiffre für unerlaubte sexuelle Beziehungen war) und stets einen Ausdruck von Ungläubigkeit auf den Gesichtern der Exekutierten gesehen zu haben.

geführt von Che und Raúl. Als Felipe Pazos und Raúl Chibás (der Bruder des toten Ortodoxo-Führers), zwei dem »26. Juli« verbundene Schlüsselfiguren dieser demokratischen Einheitsfront, im Juli in Castros Lager eintrafen, um die Grundzüge einer gemeinsamen Position für die Verhandlungen in Miami zu skizzieren, die als »Manifest der Sierra« vorab verbreitet wurde, empörte Guevara sich über deren »erzreaktionäre Geisteshaltung«.

Fidel selbst lavierte souverän zwischen den verschiedenen Positionen, sowohl innerhalb wie außerhalb seiner Organisation. Die Hauptsache war, dass niemand ihn mehr übergehen konnte. Sein erstes taktisches Ziel war es, gegenüber allen anderen Prätendenten in eine Veto-Position zu kommen, von der aus er dann nach der Führung greifen konnte – und irgendwann nach der Macht.

Dabei spielten die Entwicklungen des Kampfes ihm (wieder einmal) in die Hände. Während er seine Stellung in den Bergen allmählich ausbauen und verstärken konnte, liefen seine Rivalen dem Regime gleich reihenweise ins Messer. Im März griff das »Directorio Revolucionario« am helllichten Tag den Präsidentenpalast und eine Rundfunkstation in Havanna an, um den Drachen in seiner Höhle zu töten und seinen Tod sofort bekannt zu geben. In wilden Feuergefechten kamen neben einem halben Dutzend Soldaten und etlichen Passanten dreißig Angreifer ums Leben, darunter auch der Directorio-Führer Echevarría selbst. Ende Mai dann meldete der Rundfunk die Landung eines Schiffes, der »Corynthia«, mit etwa dreißig Freischärlern an der Nordküste Kubas. Es handelte sich um eine von Prío in Miami ausgerüstete und losgeschickte Kampfgruppe, die jedoch binnen kurzer Zeit in Gefangenschaft fiel und hingerichtet wurde.

Im Juli schließlich wurde der charismatische Frank País von einem berüchtigten Polizeikiller in seinem Versteck in Santiago aufgespürt und hinterrücks ermordet. Seine Beerdigung geriet zu einer eindrucksvollen Demonstration, bei der die Farben und Fahnen des »26. Juli« offen gezeigt wurden. Der wenig später zu Besuch weilende US-Botschafter Smith legte Blumen an seinem Grab nieder – was eine eindrückliche Warnung an das Regime war. Castro seinerseits konnte nun vom Prestige dieses ersten bedeutenden Märtyrers seiner Bewegung zehren.

Schließlich fand im September der von País noch eingefädelte Aufstand der Marinesoldaten in Cienfuegos statt – und endete in einem weiteren Massaker. Die Regierung setzte gegen die Aufständischen, die für einen Tag die Stadt kontrollierten, sogar vom Pentagon gelieferte B-26-Bomber ein, was in der US-Öffentlichkeit zu erneuter Empörung und in der Washingtoner Administration zu einer offenen Debatte über die Einstellung sämtlicher Waffenlieferungen an das Batista-Regime führte.

Das Rebellen-Hauptquartier La Mesa in der Sierra Maestra, Teil eines ausgebauten Stützpunktsystems. Vorn links am Tisch Fidel Castro, über eine Karte oder eine Zeitung gebeugt

Unter diesen Umständen konnte sich Castro den Verhandlungen über eine demokratische Einheitsfront gegen Batista nicht entziehen. Er ließ Chibás und Pazos für sich verhandeln; und sie waren sich seiner Rückendeckung offenbar sicher, als sie Ende Oktober einen »Pakt von Miami« unterschrieben, der nach einem von den USA vermittelten Abgang Batistas bis zu den Neuwahlen eine Interimsregierung unter Pazos selbst vorsah. Dass Pazos' Sohn Javier ein aktiver Kämpfer und Waffeneinkäufer des »26. Juni« war, dürfte den meisten Unterzeichnern bekannt gewesen sein. Castro ließ sich mit einer Stellungnahme zu der auf Basis dieses Bündnisses gegründeten »Kubanischen Befreiungsjunta« Zeit – mit dem Effekt, dass alle Blicke sich umso mehr auf ihn richteten.

Che, der im Juli zum Comandante mit einem Stern an der Mütze befördert und mit der Führung einer eigenen kleinen Kolonne betraut worden war, reagierte sofort mit wütender Ablehnung auf »Miami« und formulierte im Einvernehmen mit Raúl eine radikale Gegenposition, die bis an den Rand eines Bruchs führte. In einem Briefwechsel mit País' Nachfolger Latour wie gegenüber anderen Führungsmitgliedern des »26. Juli« deklarierte Che sich nun intern offen als Kommunist, der die kubanische Bewegung aus Gründen unterstütze, die weit über sie hinauswiesen:

> *Ich gehöre aufgrund meiner ideologischen Ausbildung zu denen, die glauben, dass die Lösung für die Probleme der Welt hinter dem sogenannten Eisernen Vorhang zu finden ist, und ich betrachte unsere Bewegung als eine der vielen, die der bürgerliche Wunsch beseelt, sich von den Ketten der imperialistischen Wirtschaft zu befreien. Ich habe Fidel stets als einen authentischen Führer des linken Bürgertums erachtet, obwohl in seinem Falle außerordentliche persönliche Qualitäten hinzukommen, die ihn weit über seine Klasse hinausheben … In diesem Geist habe ich mich dem Kampf angeschlossen, ehrlich und ohne jede Hoffnung, mehr zu erreichen als die Befreiung des Landes, und entschlossen, Kuba zu verlassen, wenn die Bedingungen des Kampfes sich nach rechts (in die Richtung, die Sie repräsentieren) verlagern sollten …*

Che steigerte seine Gegnerschaft gegen den eingeschlagenen Kurs in einem persönlichen Brief an Fidel bis zur Misstrauenserklärung an die gesamte nationale Führung des »26. Juli« außerhalb der Sierra, die längst von den USA instrumentiert werde, und erklärte ultimativ seine Absicht, im Falle eines Beitritts Castros zur »Befreiungsjunta« seine Dienste zu kündigen. Als Castro am 14. Dezember schließlich verkündete, er lehne den »Pakt von Miami« ab und werde notfalls alleine weiterkämpfen, huldigte Che ihm umso überschwänglicher:

> *Nun befindest Du Dich auf einem noch großartigeren Pfad: einer von den zwei oder drei Männern in Amerika zu werden, die durch einen bewaffneten Klassenkampf an die Macht gekommen sind.*

Castro hatte in seinem Brief an die Unterzeichner des Paktes kategorisch erklärt: »Die Führung des Kampfes gegen die Tyrannei ist in Kuba in der Hand der revolutionären Kämpfer und wird es bleiben.« Damit erhob er für sich und seine Organisation einen unzweideutigen Führungsanspruch. Und er benannte in eigener Machtvollkommenheit statt Pazos den mutigen Richter Manuel Urrutía (der in einem Prozess gegen »Granma«-Überlebende ein Naturrecht auf Widerstand eingeräumt hatte) zum Kandidaten für das Amt eines provisorischen Präsidenten der Republik.

Mit diesem riskanten Schachzug hatte Castro schlagartig enthüllt, dass die breite Oppositionsfront sich aus schwachen Einzelgliedern zusammensetzte, von denen seines noch das stabilste war. Und er hatte einen scharfen nationalistischen Akzent gegen jeden Einfluss der USA auf den Sturz und die Nachfolge Batistas gesetzt.

In dieser Periode eines *bewaffneten Friedens*, in der militärisch wenig passierte, begann Guevara (in engem Einvernehmen mit Raúl, aber gewiss auch mit Billigung Fidels), das ihm zugewiesene Gebiet der Sierra rund um die Kommandanturen in El Hombrito und La Mesa mit einer festen Infrastruktur zu überziehen und zu einem revolutionären Ministaatswesen auszubauen, das zur experimentellen Zuchtstätte eines »Neuen Menschen« werden sollte.

Das begann mit dem Aufbau einer Krankenstation, bei der ihn später zwei andere Ärzte entlasteten. Um die eigene Ernährungsbasis zu sichern und zu verbessern, ließ er eine kleine Schweine- und Geflügelfarm errichten und Gemüsebeete anlegen. Ein Ofen für Brot wurde gebaut und eine Schlachterei eingerichtet, später eine kleine Manufaktur für Zigarren und Zigaretten sowie eine Schuster- und Sattlerwerkstatt. Schließlich begann man mit in die Sierra geschafften Generatoren sogar Strom zu erzeugen, der elektrisches Licht spendete und Drehbänke oder andere Maschinen antrieb, darunter eine kleine Waffenfabrik, in der mit Feuereifer an primitiven Landminen gebastelt und mit selbst konstruierten Gewehrgranaten, die sie »Sputniks« nannten, experimentiert wurde.

Dazu kamen eine Druckerei, in der Flugblätter und für eine Weile auch eine Zeitung mit dem Titel »Der freie Kubaner« produziert wurden, sowie eine Radiostation, die als »Radio Rebelde« bald auch in Teilen des Landes gehört werden konnte. Im Frühjahr 1958 erhielten die Rebellen über den US-Konsul in Santiago eine recht potente Funkanlage, von der aus sogar Telefonverbindungen ins In- und Ausland geschaltet werden konnten – bis nach Buenos Aires, wo die überraschte Mutter Celia ihren Sohn am Telefon »stark verändert« fand. Gegen die Angriffe aus der Luft wurden Schutzräume gebaut. So entstand eine primitive Festungsstadt in den Bergen mit einem Netz von Außenstellen und Ablegern.

Man erkennt in all diesen Unternehmungen noch die Züge des universal begabten, hyperaktiven Kindes, das Ernesto Guevara einmal war. Auf der gleichen Linie, allerdings noch systematischer und unter stillschweigender Einbeziehung erfahrener Untergrundkader der kommunistischen PSP, operierte Raúl in den ihm unterstellten Gebieten, die er schließlich auf die benachbarte Sierra Cristal ausdehnte – sodass die von den Rebellen beherrschten Berggebiete, die zeitweise vierzig mal fünfzig Kilometer umfassten, tatsächlich schon einem kleinen Staat im Staate glichen, der mit seinem »Kriegskommunismus« allen künftigen Entwicklungen weit vorausgriff.

Die Produktion der »Neuen Menschen«, die später zum eigentlichen ideologischen Kernpunkt des Guevarismus werden sollte, vollzog sich hier in einer sehr spezifischen Legierung von Enthusiasmus und Terror. Guevara begegnete jeder Disziplinlosigkeit, jedem »Verrat« und jedem Vergehen in seinem Machtgebiet mit eiserner Strenge. »Ches Pfad durch die Sierra war übersät mit den Leichen von chivatos, Deserteuren und Delinquenten«, schreibt Anderson nach Einsicht in das originale Tagebuch. In den redigierten Aufzeichnungen Guevaras finden sich über die Beschreibung dramatischer Einzelfälle hinaus nur vage Hinweise, wie etwa dieser:

> *Das Verfahren, gesellschaftsfeindliche Individuen hinzurichten, die im Schutze der in dieser Gegend herrschenden Zwangssituationen Übeltaten begingen, musste unglücklicherweise in der Sierra Maestra häufig angewendet werden.*

Meist handelte es sich um Gruppen junger Bauern, die die Rebellen eine Zeit lang unterstützt hatten, dann aber in ihr altes Brigantenleben zurückgekehrt waren und begannen, als angebliche Beauftragte Tribute einzutreiben oder sich zu lokalen Machthabern aufzuschwingen. Guevara zögerte nicht, selbst im Nachhinein noch zu schreiben:

> *Das waren die Männer, mit denen die Revolution gemacht wurde … Wenn die Revolution eine Minute ihre Kontrollaufgaben vernachlässigte, ließen sie sich Verfehlungen zuschulden kommen, die sie mit erschreckender Selbstverständlichkeit zum Verbrechen führten.*

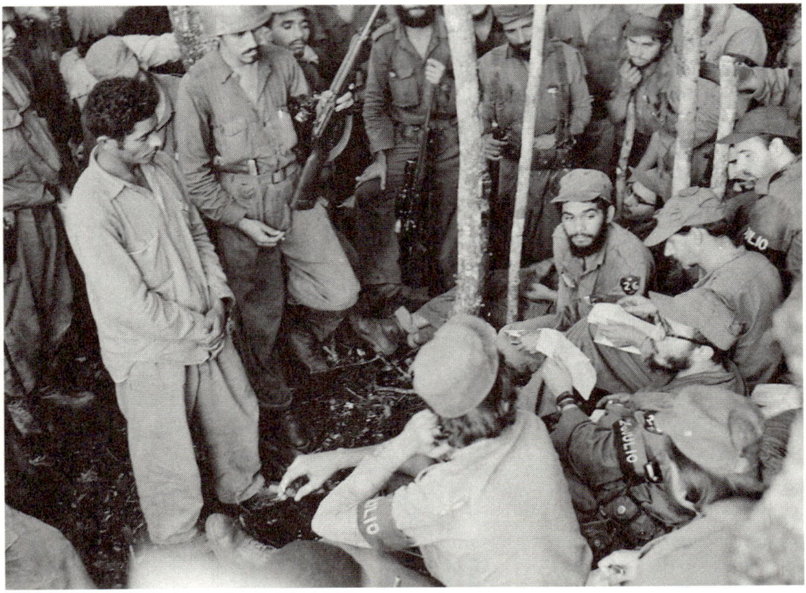

Tribunal über einen jungen Bauern in der Sierra Maestra. Fidel Castro selbst (mit Brille, rechts sitzend) verhört den Verdächtigen. In der Ecke rechts unten mit Pfeife, den Rücken zur Kamera: Che Guevara

Da war zum Beispiel der kleine Echevarría, der ursprünglich zu jener Truppe gehörte, die auf die Landung der »Granma« gewartet hatte. Dann aber wurde er des bewaffneten Raubes überführt. Er flehte weinend um sein Leben, oder jedenfalls darum, lieber im Kampf sterben zu dürfen, um seiner Mutter und seinen Brüdern, die ebenfalls in der Guerilla kämpften, die Schande zu ersparen. Aber schließlich sah er (wie der »junge Kommunist« in Brechts »Maßnahme«) die Notwendigkeit seiner Hinrichtung ein, sodass Che ihm einen rühmenden Nachruf widmen konnte:

> *Echevarría hätte ein Held der Revolution, ein ausgezeichneter Kämpfer werden können… Seine Haltung war so würdig, er sah dem Tod so standhaft ins Auge und erkannte die Gerechtigkeit seiner Bestrafung so klar an, dass wir meinen, sein Ende war nicht ehrlos.*

Exekution eines Guerilleros durch seine Kameraden. Der, der die Augen verbindet und die Exekution leitet, ist Raúl Castro.

Neben solchen exemplarischen »Lehren«, die Che seinen Rekruten durch blutige Anschauung und in feierlichen Ansprachen einhämmerte, gehörte es zu den etablierten Methoden der Guerilla, in Fällen von Desertion, Disziplinlosigkeit oder anderen Vergehen die Männer selbst über Exekution oder Schonung ihrer Kameraden diskutieren und abstimmen zu lassen. Das war eine Art der »Blutsbindung«, wie sie in allen eng verschweißten revolutionären Organisationen bewusst oder instinktiv praktiziert wird. Bei jugendlichen Delinquenten begnügte Che sich zuweilen mit Scheinhinrichtungen – was, wie er glaubwürdig schilderte, von den Delinquenten häufig mit besonderer Treue und Hingabe belohnt wurde.

Diese Beobachtung führt zum psychologischen Kern des Prozesses, mit dem er um sich herum eine verschworene Leibgarde halbwüchsiger Botenjungen und Kämpfer bildete, die ihm mit bedingungsloser, oft lebenslanger Loyalität ergeben waren. Man scheut den heute geächteten Begriff »Kindersoldaten« vielleicht nur deshalb, weil Che sich bemühte, diesen oft analphabetischen Jugendlichen, Schwarzen wie Weißen, über ihre militärische Ausbildung hinaus auch Grundelemente einer allgemeineren Bildung beizubringen; und weil in einigen Fällen daraus eine wirkliche Bindung auf Gegenseitigkeit wurde. Auf manche dieser Jungen würde er bei seinen späteren Expeditionen in Afrika und Bolivien zurückgreifen.

Schließlich wurden seine Guerilla-Zöglinge in einer Rekrutenschule (oder auch Kadettenanstalt) nicht nur militärisch trainiert, sondern auch vielseitig ausgebildet. Die Leitung übertrug Che einem jungen (schwarzen) Kommunisten, Pablo Ribalta, den die Führung der PSP – als große Ausgeschlossene aller Oppositionsbündnisse, die jetzt gezielt Kontakt zu Che und Raúl aufnahm – ihm in die Sierra geschickt hatte. Dabei war Ribalta nicht irgendjemand, sondern einer der Führer der Parteijugend, der in Prag eine Eliteschule für politische Kader absolviert hatte. Hier in der Sierra firmierte Ribalta nur als »Moises Pérez«. Che stand in der Propaganda des Batista-Lagers schon allzu sehr als der »ausländische Kommunist« im Kreuzfeuer, sodass Camouflage geboten war, jedenfalls was die Beteiligung der PSP betraf.

Dass Che selbst mit dem Vorwurf, Kommunist zu sein, offensiv und ironisch umging, ohne ihn etwa zu dementieren, gehörte allerdings auch zu seiner Aura, ebenso wie die große Bibliothek, die er sich in die Sierra hatte bringen lassen und in der er in den langen (oft krankheitsbedingten) Pausen wie seit jeher querbeet las – von Proust bis Malaparte, von Hemingway bis Faulkner, von Milton bis Neruda. Dass auch der vietnamesische General Giap sowie Mao Tse-tungs Schriften zu seinen Lektüren gehörten, wollte er später (aus Gründen der Originalität seiner eigenen Doktrinen über den »Krieg der Guerilla«) nur ungern zugeben.

Die Gerüchte, die sich um Ches Lektüren rankten, waren jedenfalls immer auch von Ehrfurcht getränkt, die sich mit seinen Attributen von Gerechtigkeit und Strenge, schonungsloser Offenheit und puritanischer Bedürfnislosigkeit paarte. Und dass der argentinische Doktor sich im Kampf nicht schonte und er keiner Strapaze aus dem Weg ging, obwohl oder gerade weil er immer wieder mit seinem Asthma zu kämpfen hatte, sprach sich ebenso herum. Alle auswärtigen Besucher, die in dichterem Strom jetzt in die Sierra kamen (was offenkundig ohne Mühe möglich war) und die außer Castro jetzt auch immer Guevara treffen wollten, registrierten diese rückhaltlose Verehrung in seiner engeren Gefolgschaft.

Für Che war der von ihm eisern etablierte Kriegskommunismus das Fluidum, in dem sich jenseits aller ideologischen Schulung ein gesundes sozialistisches Bewusstsein entwickeln konnte; denn für ihn war, wie Anderson richtig schreibt, »der Sozialismus … eine natürliche Gesellschaftsform des Menschen«, die durch den Guerillakrieg erst wieder freigesetzt wurde. Dabei analysierte er die mentale Verfassung und die reale Zwangslage der Bauern in den umkämpften Berggebieten durchaus nüchtern:

> *Das erste, von der Rebellenarmee besetzte Territorium war von einer Klasse von Bauern bewohnt, die sich in kultureller und sozialer Hinsicht sehr von jenen Landbewohnern unterscheiden, die in der extensiven und halb mechanisierten kubanischen Landwirtschaft vorherrschen … Die Soldaten, die die erste Guerilla-Armee bildeten, stammten aus einer Klasse, die am aggressivsten ihre Liebe für eigenen Landbesitz zeigte, die … [ihr Land] selbstständig bearbeiten, es verkaufen und sich durch ihre Arbeit bereichern wollten.*

So habe sich das anfängliche *Gefühl der Kameradschaft*, das diese Bauern ihnen entgegenbrachten, im Verlauf des Krieges in *Schrecken und Kälte* verwandelt. Da sie die Repressionen des Regimes fürchteten, aber auch wussten, dass *die revolutionäre Justiz kurzen Prozess machte*, habe sich die Spreu vom Weizen getrennt. Während das Segment *der bestenfalls neutralen und schwankenden Bauernschaft* sich entschieden habe, *die Sierra zu verlassen*, hätten die Verbliebenen begonnen, sich ganz der Guerilla anzuschließen und das Alltagsleben mit ihr zu teilen.

Angesprochen waren in dieser Analyse die vielen kleinen, nicht unbedingt armen Kaffeebauern, die ihre Ernte nicht mehr vermarkten und somit auch keine Lebensmittel mehr kaufen konnten. Deshalb war es notwendig, einen eigenen Wirtschaftskreislauf in Gang zu setzen. Dazu *schrieben wir einigen Bauern die Aussaat besonderer Bodenkulturen vor*, wie Bohnen, Reis oder Mais. Diese Lebensmittel konnten sie dann gegen die anderen Güter des Bedarfs tauschen, die mit Maultiertrupps durch die Belagerungsringe geschmuggelt oder in den von der Guerilla selbst organisierten Kleinbetrieben produziert wurden, die sich entsprechend vermehrten. Überdies begannen die Guerillas wie die Bauern damit, sich das lebende und das tote Inventar der pauschal als »chivatos« (Spitzel) denunzierten Flüchtlinge anzueignen. In der Guerilla-Metzgerei wurde das Fleisch des *bei Denunzianten und Großgrundbesitzern beschlagnahmten Schlachtviehs* verarbeitet und zugeteilt. Es wurde sogar recht populär, bewaffnete Requirierungszüge gegen die Viehfarmen in den Vorgebirgen und in der Ebene zu unternehmen.

In der letzten Phase des Bürgerkriegs wurde sogar die Ausgabe einer eigenen Tauschwährung diskutiert. Dazu kam es nicht mehr; aber es war zweifellos die erste Blaupause jener Zettel- und Rationierungswirtschaft, die nach den Plänen Ches schon wenige Jahre später zur Abschaffung des Geldes im revolutionären Kuba hätte führen sollen. So gewinnt die Zeit in der Sierra mit ihrer kriegskommunistischen Unmittelbarkeit in den nachträglichen Beschreibungen Ches stellenweise den Charakter einer unio mystica zwischen Guerilleros und dagebliebenen Bauern, die *zu einer Masse zu verschmelzen* begannen; oder auch einer Eucharistie, eines Pfingstwunders von Verwandlung, Reinigung und Erleuchtung, worin der »neue Bewohner« der künftigen Erde sich erstmals zeigte:

> *Es ist eines der Wunder der Revolution, dass sich – angesichts der Notwendigkeit des Krieges – nun auch die hartnäckigen Individualisten, die zuvor eifersüchtig ihr Eigentum und ihre Rechte verteidigten, der großen gemeinsamen Aufgabe des Kampfes verschrieben haben. Doch ein noch größeres Wunder ist es, dass der kubanische Bauer in den befreiten Gebieten das eigene Glück wiedergefunden hat. Wer je das ängstliche Geflüster miterlebt hat, mit dem unsere Streitmacht anfangs in Bauernhäusern empfangen wurde, den wird der unbeschwerte Jubel und das fröhliche Lachen der neuen Bewohner der Sierra mit Stolz erfüllen.*

Dass die Verhältnisse in der Sierra und die dort gemachten Erfahrungen – die wirtschaftlichen, die sozialen wie die militärischen – sich nicht annähernd auf den Rest des Landes, geschweige auf das übrige Lateinamerika übertragen ließen, wusste Guevara durchaus und sagte es auch. Aber er konnte sich nicht aus dem Bann seiner Erfahrungen lösen. Wie Trotzki die »Lehren der russischen Revolution« fast zwanghaft zu universalisieren und zu übertragen suchte, ob es um Polen, Deutschland, Großbritannien, Indien oder China ging, so klebte Che an dieser schmalen, aber ihn durch und durch prägenden Erfahrungsbasis in der Sierra Maestra – einer Erfahrung oder »Lehre«, die er in den Jahren darauf in alle denkbaren Richtungen zu verallgemeinern und zu wiederholen versuchte. Es war die Suche nach einem Passepartout der Weltrevolution, in der es in unvergleichlich größerem Maßstab erst recht heißen würde: Sieg oder Tod.

An die Wand

Das Entzücken aller Kuba-Touristen sind noch stets außer malerischen Wohnruinen und fliegenden Rostlauben die Kolonnen reizender Pioniere und Schulkinder in roten Röckchen oder in Khakihosen gewesen, die man im losen Gänsemarsch mit fröhlichen Liedern und Sprechchören vorbeiziehen sah. Und dann hörte man vielleicht einen mit kindlicher Inbrunst geschmetterten Refrain heraus, der so musikalisch und so tänzerisch war, wie es die Kubaner von Kindesbeinen an sind:

> Paredón! Paredón! Paredón!
> An die Wand! An die Wand! An die Wand!

Dieser skandierte Slogan war eine ferne, über mehrere Generationen hinweg tradierte Erinnerung an den roten Honigmond der ersten Revolutionsjahre und an die erotische Verbindung von Führer und Massen, in der die neue Macht ursprünglich gezeugt wurde. Als der hünenhafte Mann mit der Zigarre, den alle schon mit seinem Vornamen Fidel anredeten, am Ende seines acht Tage und eintausend Kilometer dauernden Triumphmarschs endlich auf einem Panzer in der Hauptstadt ankam und im Armeehauptquartier Camp Columbia vor den demobilisierten Soldaten der geschlagenen Armee zur ersten seiner stundenlangen, ingeniös extemporierten Reden ansetzte; und als sich dabei wie bestellt (oder wirklich bestellt) weiße Tauben wie Götterbotinnen auf den Schultern dieses Mannes niederließen, während die gesamte Nation das Schauspiel vor den 400.000 Fernsehgeräten live verfolgte – da muss der Effekt so stupend gewesen sein wie der Anblick des ersten Conquistadors auf amerikanischem Boden, der seiner Caravelle entstieg und so bärtig und hellhäutig war wie Quetzalcoatl, der mythische Gottkönig.

Wenn die ersten Wochen dieses neuen Regimes einer einzigen, langen Pachanga (Party) glichen, dann durch die unglaubliche Verwirbe-

Castro in Camp Columbia, die weiße Taube auf der Schulter. Hinter ihm Camilo Cienfuegos, 8. Januar 1959

lung der Milieus, Eindrücke und Stimmungen. Die Rebellenarmee, die sich blitzartig um einige Tausend neue Rekruten erweitert hatte, quartierte sich in den Luxushotels und den Villen der geflohenen Batista-Leute ein, so als hätte eine bewaffnete Boheme die Stadt erobert, was in gewisser Weise ja auch der Fall war. Fidel selbst belegte mit seinem Stab die obersten Stockwerke im neu gebauten Hilton, das in »Havanna Libre« umgetauft wurde. Für die vom Land oder aus Kleinstädten stammenden, vielfach halbwüchsigen Milizionäre war diese Hauptstadt mit ihren Leuchtreklamen und Angeboten jeder Sorte eine einzige Versuchung; und für die abenteuerlustigen Mädchen Havannas waren es diese verwilderten und ausgehungerten Siegertypen genauso.

Die »Rebellen«, wie sie sich immer noch nannten, benahmen sich im Großen und Ganzen recht diszipliniert (der drakonischen Strafen während des Feldzugs eingedenk) und wurden sofort zu Polizeiaufgaben herangezogen, waren aber dennoch in ihrem Übermut kaum zu halten. Selbst die Leibgarde Ches, des puritanischsten aller Comandantes, büchste nachts immer wieder in die Stadt aus. In kurzer Zeit verfügte das anschwellende Korps der neuen Milizionäre über eine ganze Armada requirierter Buicks, Fords und Chevrolets. Einer von

Ches halbwüchsigen Soldaten, Dariel Alarcón alias »Benigno«, der nach dem Einzug in Havanna für den Polizeidienst eingeteilt wurde, berichtet in seinen Erinnerungen, ihm hätten »nach dem Triumph der Revolution zwei Wagen gehört: ein Cadillac 59, den mir Camilo geschenkt hatte, und ein Chrysler 58, den ich zufällig gefunden hatte«. Castro würde anderthalb Jahre nach der Machteroberung in einer ungeschützten Redepassage sagen, dass mittlerweile mehr seiner Soldaten bei Unfällen mit »beschlagnahmten« Autos umgekommen seien als beim Kampf in der Sierra.

Havanna war eben immer noch Havanna, eine leuchtende, vibrierende, moderne Stadt. Nicht nur Hunderte Journalisten, auch Hunderte Schlachtenbummler aus aller Welt trafen in den nächsten Wochen und Monaten ein – und wurden von rasch geschaffenen Betreuungskomitees großzügig bewirtet und herumgeführt. Wie in Petrograd nach 1917, ergab die Kombination von revolutionären Versammlungen, Losungen und Transparenten mit dem Ambiente feudaler Paläste, luxuriöser Hotels und großbürgerlicher Villen einen Reiz ganz eigener Art. Und alle Besucher waren beeindruckt von den »sozialen Errungenschaften« der ersten Stunde.

Die Gewerkschaften, die am Umsturz kaum teilgenommen hatten, nutzten die Gunst der Stunde für kräftige Lohnerhöhungen und Arbeitszeitverkürzungen. Mieter hatten ab sofort dreißig bis fünfzig Prozent weniger Miete zu zahlen. Bus- und Bahntickets, Telefongebühren, Energie- und Lebensmittelpreise – sämtliche Kosten des Alltagslebens wurden drastisch herabgesetzt. Eine wundersame Brotvermehrung trat ein. Und die Revolutionäre versprachen für die nahe Zukunft das Blaue vom Himmel – man muss annehmen, in aller naiven Aufrichtigkeit. So erklärte Fidel Castro in seiner Antrittsrede als Ministerpräsident im April 1959:

> Wenn wir die Pläne, die wir haben, realisieren können, ohne dass man uns Schwierigkeiten macht, dann können Sie sicher sein, dass wir im Verlaufe weniger Jahre den Lebensstandard des Kubaners über den der Vereinigten Staaten und Russlands heben werden …

Aber in diesem Rausch der ersten Liebe, des frischen Appetits und der spontanen Begeisterung gab es noch ein betäubendes Moment, das den Pakt zwischen der neuen Führung und »dem Volk« massenpsychologisch besiegelte. Genau das war in dem bald allgegenwärtigen »Paredón!

Jagd auf Kollaborateure und Polizeiagenten Batistas, Januar 1959. Wie man sieht, sind es eher kleine Fische, viele von ihnen Schwarze.

Paredón! Paredón!« ausgedrückt. Täglich wurden in Ches Cabaña die Verhafteten eingeliefert – innerhalb weniger Wochen an die tausend –, um dort oben über Havanna »an die Wand« gestellt zu werden.

Ähnlich war es in Santiago am anderen Ende der Insel, wo Raúl als erster Platzkommandant fungierte. Unter der Regie dieses schmallippigen jungen Intellektuellen war es gleich in den ersten Tagen zu einem Aufflackern totalitären Vernichtungswahns gekommen, als siebzig Ex-Soldaten und Zivilisten gruppenweise vor ein Massengrab gestellt, mit Maschinengewehren niedergemäht und mit Bulldozern zugeschüttet wurden. Das war ein Fanal von hoher symbolischer Kraft, über das sich in der (noch) freien Presse ein spontanes Entsetzen erhob, wie es auch die Massaker Batistas immer begleitet und zu seinem Sturz beigetragen hatte. Fidel verstand das Signal und verbot seinem stalinistisch inspirierten Bruder diese Art summarischer Exekutionen, die sicher weitergegangen wären.

Stattdessen erkannte er als Televisionär, der er vom ersten Moment an war, den Wert einer langsam ausgekosteten Blutrache, in die nach Möglichkeit das gesamte Volk verstrickt werden sollte. Und der Meister dieser schwarzen Pädagogik war schon in der Sierra Che gewesen. So war es kein Zufall, dass gerade er in den ersten Monaten ohne formelle Funktion als Herr der Revolutionstribunale auf der Cabaña residierte, um die täglichen Verurteilungen und morgendlichen Erschießungen zu überwachen.

Wer heute Ches kleine Kommandantur dort besucht, wird auf der Terrasse einen grandiosen Blick genießen, von dem aus man Havanna »beherrscht«. Tritt man aus dem hellen Tageslicht zurück in das kleine Zimmer links, in dem er gearbeitet hat, findet man sich in der düsteren, klaustrophoben Atmosphäre einer spanischen Inquisitionskammer. Dort an dem kleinen dunklen Schreibtisch muss er die Urteile täglich abgezeichnet haben. Er selbst wohnte den Prozessen nicht bei, um »neutral« zu bleiben. Aber als Herr der Akten schaute er jedem einzelnen Delinquenten ins Gesicht.

Dafür wurden einige dieser Prozesse als Schauprozesse vor großem Publikum und als Serie im Fernsehen übertragen, und das muss jedenfalls ein Reality Play der allermodernsten und zukünftigsten Art gewesen sein. Der Prozess gegen den Major Sosa Blanco, gegen den es reichlich Beschuldigungsmaterial gab, wurde vor 17.000 Menschen in einem von Batista gebauten Sportpalast abgehalten. Es gab dramatische Verlesungen der improvisierten Anklageschriften und schneidende Verhöre der Folterer und Mörder; dann traten die Angehörigen ihrer Opfer auf, von Schmerz zerrissen, glühend vor Rachedurst, und deuteten auf die Schuldigen, die zusammengekauert auf der Bank saßen; Zeugen bestätigten in plastischen Details (wer wollte das überprüfen) diese Aussagen; und der Sonderrichter Angel Duque de Estrada, ein junger Jurist aus altem Adel (ein Fouché oder Dsershinski der kubanischen Revolution), sprach das Urteil, das Che dann in aller Regel bestätigte.

Die Zeitungen mit ihrer der US-Presse entlehnten Neigung zum Sensationalismus überboten sich in schauerlichen Enthüllungen über Folterkeller und Folterinstrumente, über Massaker und Verbrechensorgien des alten Regimes. Und die hatte es ja auch reichlich gegeben. Dabei geriet weitgehend aus dem Blick, dass die vor die Tribunale Gezerrten mit einigen prominenten Ausnahmen eher die kleineren Fische waren; und dass in ihrem Schatten bereits Leute prophylaktisch miterschossen wurden, die mit den Bluttaten des Batista-Regimes wenig zu tun gehabt hatten. Und immer wieder fragte Fidel in großen öffentlichen Reden die Massen des Volkes: Was sollen wir mit ihnen tun? Und die Massen des Volkes riefen: »Paredón! Paredón! Paredón!«

Darin äußerte sich ein nachgeholtes Rachebedürfnis, das vergessen machen sollte, dass die große Masse der Kubaner sich mit dem wirtschaftlich relativ erfolgreichen Regime Batistas bei aller Opposition doch arrangiert hatte und dass die Revolution deshalb auch kein Volksaufstand gewesen war. Jetzt mussten sich alle als Revolutionäre oder wenigstens als Opfer des alten Regimes präsentieren. Und die Schwurformel hieß wie in einer verhaltenstherapeutischen Kollektivübung: »An die Wand!«

In den ersten Wochen sind nach offiziellen Angaben etwa 550 »Batista-Leute« erschossen worden, jeden Tag ein Dutzend. Ob man die Salven frühmorgens gehört hat, so wie heute spätabends die Böller von der Cabaña? Jedenfalls war es ein wohldosierter Terror, der weit ausstrahlte, nicht zuletzt auf die Massen derer, die im Chor »Paredón!« riefen. Im Schatten dieser Schauprozesse dürften noch einige Hundert Namenlose draußen im Land mit oder ohne Prozess erschossen worden sein. Diese wie alle späteren Opferziffern des Regimes liegen bis heute im Dunkeln.

Nach sowjetischen oder chinesischen Maßstäben waren das eher wenige; auf die Bevölkerungsziffern umgerechnet freilich eine ganze Menge. Einschneidender war, dass die wilden, illegitimen Massaker des Batista-Regimes auf diese Weise mit einer kalten, summarischen Sonderjustiz »gesühnt« wurden, wie es sie unter Batista so nicht gegeben hatte (Fidel sei Zeuge). Das war allerdings ein Gedanke, der dem spontanen, »gesunden« Rechtsempfinden der meisten Bürger des Landes noch fernlag. So wenig, wie sie bemerkten, dass sie nun nach demselben Muster, nach dem die Rekruten in der Sierra durch die Teilnahme an den Exekutionen zusammengeschweißt worden waren, mit »Blutsbanden« an das neue Regime gekettet waren.

Dass gerade »El Che«, dessen Spitzname ja hieß: »der Argentinier«, diese Rolle eines Sonderkommissars zur politischen »Säuberung« (depuración) ausübte, hatte vonseiten Fidels eine Logik der Rückversicherung, die Guevara sicherlich bewusst war. Er selbst sah mit dem Einmarsch in Havanna seine eingegangene Verpflichtung eingelöst und war einigen Berichten zufolge tatsächlich auf dem Sprung, weiterzuziehen. Erst durch eine Gesetzesänderung, eine Art

Sammelbildchen für Kinder aus dem »Album der kubanischen Revolution 1952-1959«, herausgegeben im Auftrag der Konservenfabrik »Felices«, Havanna 1959. Das Album endet mit der »triumphalen Rückkehr Fidel Castros« und der Hinrichtung der »Schergen der Tyrannei«.

»Lex Che«, die ihm wegen der Teilnahme am Kampf die kubanische Staatsbürgerschaft zusprach, und bald dann auch durch die Zuweisung neuer, zentraler Funktionen wurde er zum vorläufigen Bleiben veranlasst.

Dass der Argentinier seinerseits für das tägliche Handwerk des Tötens einen entsprungenen US-Zuchthäusler namens Herman Marks als Henker einsetzte, der nach den Pelotons die »Gnadenschüsse« verabreichte und dem Zeugnis vieler Beteiligter zufolge einen pathologischen Eifer an den Tag legte, gehorchte womöglich derselben Logik.*

Blenden wir noch einmal kurz zurück, um die Situation richtig zu erfassen: Der Zusammenbruch des Batista-Regimes hatte sich trotz aller dialektischen Sprünge mit derselben, scheinbar zwingenden Logik vollzogen, mit der Fidel seinen Aufstieg zur Alleinherrschaft bewerkstelligte. Er begann, als Washington im März 1958 die Waffenlieferungen einstellte (nachdem Batista wieder einmal die Grundrechte suspendiert hatte) und ihm damit nach den hegemonialen Bräuchen der Zeit die rote Karte zeigte. Castros Versuch, diese Situation im Handstreich zu nutzen und durch einen einseitig ausgerufenen politischen Generalstreik (sprich, einen allgemeinen Volksaufstand) im April 1958 den Semi-Diktator zu Fall zu bringen, hatte jedoch in einem blutigen Fiasko geendet.

Den Preis dieser Niederlage hatten seine Kader im »Llano« (in den Städten) bezahlen müssen, die anschließend von ihm auch noch für das Scheitern verantwortlich gemacht wurden. Im Mai hatte er die nationale Führung seines »26. Juli« zum zweiten Mal in der Sierra versammelt und sie nach heftiger Kritik (bei der Che als Ankläger auftrat) fast komplett ausgewechselt. Diese Gleichschaltung ging zusammen mit einer sorgsam abgeschirmten Einbeziehung von Kadern und Ressourcen der Kommunisten in die Guerillakolonnen Ches und Raúls – was seitens der vielfach diskreditierten, aber wohlorganisier-

---

* Herman Marks ist eine düster-illustre Figur mehr, dessen Geschichte Stoff für einen Film böte. 1921 als Sohn polnisch-jüdischer Emigranten geboren, wurde er schon im jugendlichen Alter zum notorischen Delinquenten, der neben Raubüberfällen und Alkoholschmuggel auch Vergewaltigungen beging. Als er im Dezember 1957 nach Kuba kam, war er ein entsprungener Häftling auf der Flucht vor der US-Justiz. Eben deshalb schloss er sich der Guerilla in der Sierra de Escambray an. Er stellte sich Che zur Verfügung, der ihn angeblich zum Hauptmann ernannte, wegen Fehlverhaltens aber auch wieder degradierte. Trotz oder wegen seiner sadistischen Neigungen scheint Che ihn im Januar 1959 als Henker in die Cabaña geholt zu haben. Mitte 1960 geriet Marks in Konflikt mit der neuen Macht und floh mit einem als Model arbeitenden Mädchen auf einem Fischerboot zurück in die USA. Monate später wurde er in New York als »illegaler Einwanderer« festgenommen. Nach Feststellung seiner Identität kam es zu einem Prozess, der von einem prominenten Verteidiger bis zum Obersten Gerichtshof durchgefochten wurde, da Marks vom Justizministerium unter Robert Kennedy erstmals als ein zum »enemy combatant« gewordener Staatsbürger der USA beschuldigt wurde. Aus diesen Gründen ist der Fall in den Jahren nach 2001 wieder rechtsgeschichtlich bedeutsam geworden.

ten und finanzierten PSP auch eine (zögernde) Revision ihrer früheren Politik und vorläufige Anerkennung der Kommandohoheit Castros bedeutete.

Die nächste Etappe in diesem mehrgleisigen Machtspiel war, dass Castro sich durch die Häupter der zersplitterten bürgerlichen Opposition – von Príos Autenticos über Chibás' Ortodoxos und Barquíns Puros bis zum Directorio – in einem »Pakt von Caracas« im Juli 1958 formell eine Führungsrolle bescheinigen ließ, freilich im Tausch für seine Verpflichtung auf einen demokratischen Übergang, dessen Regeln er durch seine Unterschrift und öffentliche Erklärungen ausdrücklich anerkannte. Die Basis dafür hatte er in einem Interview mit dem Reporter der *Chicago Tribune*, Jules Dubois, im Mai gelegt, in dem er versicherte, keinen Anspruch auf die Präsidentschaft zu erheben. Seine Organisation werde sich nur in dem von der Verfassung festgelegten Rahmen am Wettbewerb um die politische Macht beteiligen. Eine Verstaatlichung der Wirtschaft lehne er ab, und er suche neue, freundschaftliche Beziehungen zu den USA.

Damit konnte er seine bürgerlichen Opponenten düpieren, nicht aber US-Botschafter Smith und die CIA-Leute, die inzwischen zu der (keineswegs falschen) Überzeugung gekommen waren, dass Castro ein doppeltes Spiel spiele und sich bereits eng mit der kommunistischen PSP verbündet habe. Zu dieser Wendung trug eine Episode bei, die – aus späterer Sicht – wie ein Vorspiel künftiger Auseinandersetzungen wirkte. Raúl hatte in seinem Guerillagebiet eine Anzahl US-Bürger, die für die dortigen Nickel-Bergwerke arbeiteten, als Geiseln genommen, um Waffenlieferungen an Batista, die über Somozas Nicaragua und Trujillos Dominikanische Republik liefen, zu stoppen. Fidel hatte angesichts der hellen Aufregung in der amerikanischen Öffentlichkeit seinen Bruder zwar zurückgepfiffen. Aber seiner Vertrauten Celia Sánchez schrieb er am 5. Juni 1958:

> Wenn dieser Krieg zu Ende ist, beginnt für mich ein viel längerer und größerer Krieg, der, den ich gegen sie [die US-Amerikaner] führen werde. Ich sehe, dass darin meine wahre Bestimmung liegt.

Zu dieser Zeit hatte das auf schwankendem Grund stehende Batista-Regime ein letztes Aufgebot von 10.000 Soldaten gegen Castros Bergguerilla in Marsch gesetzt. Ohne Castro zu erledigen, konnte Batista nicht hoffen, die ihm von den USA aufgezwungenen Präsidentenwahlen im Herbst in seinem Sinne manipulieren und politisch überleben zu können. Trotz wochenlanger Bombardements und systematischer Versuche, mit größeren Kontingenten in die Berge einzudringen, gelang es seinen Truppen nie, die kleinen, mobilen und gut ausgerüsteten Guerillakolonnen zum entscheidenden Kampf zu stellen. Im Gegenteil, mehrere Regimenter ließen sich in ungünstiger Position überrumpeln und einschließen, mit herben Verlusten und (noch demütigender) vielen Gefangenen. Zwei Drittel der Batista-Soldaten waren kurzfristig eingezogene, kaum ausgebildete Wehrpflichtige, die keinerlei Neigung zum Kampf zeigten. Im Übrigen schrieb Castro an einige der gegen ihn angetretenen Offiziere – bis zum Oberkommandierenden des Heeres Cantillo – Werbebriefe, worin er feierlich an ihre Offiziersehre und (wegen einer angeblich drohenden US-Intervention) an ihren Patriotismus appellierte.

Nach drei Monaten vergeblicher Kämpfe zog sich die Armee im August zurück. Das war, wie jeder sah und verstand, der Anfang vom Ende Batistas. Die für November angesetzten Wahlen wurden durch den (fast) einhelligen Boykott aller Oppositionskräfte zu einer Farce. Dass die ratlose US-Regierung einen derart »gewählten« Batista-Nachfolger (Plan A) eventuell anerkennen wollte, gleichzeitig aber (Plan B) an einem militärischen Direktorium unter Armeechef Cantillo bastelte, während sie (Plan C) mit den alten Schlachtrössern der bürgerlichen Opposition konferierte, machte das politische Chaos nur noch größer. Und jeder Eingeweihte verstand, dass Washington in all diesen hektischen Bemühungen stets Castro ante portas sah, was diesem wiederum eine stetig wachsende Bedeutung zuspielte.

Im Windschatten der sich zurückziehenden Armee waren Guevara und Cienfuegos Anfang September mit kleinen, ergebenen Hundertschaften in einem überraschenden Manöver hinunter in die Ebene aufgebrochen und in nächtlichen Eilmärschen bis in die Mitte der Insel vorgerückt. Das lief weniger auf eine neue Machtprobe mit der Armee hinaus, die sich in die Kasernen zurückgezogen hatte, als mit den in der Sierra de Escambray frisch implantierten Guerillagruppen des Directorio unter Faure Chomón und der sogenannten II. Front der Autenticos unter Gutiérrez Menoyo. Che schaffte es, in einem geschickten und energischen Spiel mit den vorhandenen Rivalitäten

Che mit seiner kleinen Kolonne nach der Eroberung der Garnison in Fomento, Ende 1958

erst die verstreuten städtischen Kader des »26. Juni«, die ihm als »Roten« skeptisch gegenüberstanden, und schließlich auch die konkurrierenden Guerillagruppen unter seinem Kommando zu sammeln. Sie koordinierten ihre Angriffe auf die verstreuten Garnisonen, die reihenweise kapitulierten, bis nur die in der Provinzmetropole Santa Clara zusammengezogenen Truppen noch den Weg nach Havanna versperrten.

In diesen Verhandlungen und Kämpfen zeigte Che tatsächlich die souveränen Fähigkeiten eines politisch-militärischen Führers, die seinen stillen Ruhm auf eine neue Ebene hoben. Aus einer von Gerüchten umwitterten, geheimnisvollen Person wurde er nun zu einer sichtbaren Figur, einem Comandante eigenen Ranges – erst recht, als er in der Schlussschlacht um Santa Clara mit einem malerisch entgleisten Panzerzug und einer meuternden Garnison von immer noch 1500 Soldaten triumphierte und in voller Schönheit im Blitzlichtgewitter der anwesenden Presse posieren konnte, nun schon mit der blutjungen Aleida an seiner Seite. Und als dann der fröhliche Camilo mit seiner Kolonne aus der Nacht auftauchte, um zum Eilmarsch nach Havanna anzusetzen, da waren diese beiden (Che & Camilo) ein charismatisches Dioskurenpaar, das sich der hünenhaften Gestalt Fidels fast gleichberechtigt zur Seite stellte.

Fidel selbst war in diesen Dezembertagen mit einem letzten Aufgebot an Leuten ebenfalls von den Bergen heruntergestiegen, nachdem er zuvor eine kleine Garnison in Guisa überfallen und zur Kapitulation gebracht hatte (eines seiner wenigen direkten militärischen Engagements). In einer zerstörten Zuckerraffinerie konferierte er mit dem eilends eingeflogenen Generalstabschef Cantillo, der einen friedlichen Machtübergang aushandeln wollte und allen Ernstes hoffte, mit dem Segen Castros wie Batistas wie der Amerikaner als Chef eines militärischen Übergangsregimes eingesetzt zu werden. Dieses allzu komplizierte Spiel ging nicht auf. Castro mit seiner Liebe für Symbolik ernannte stattdessen den in der Moncada residierenden Obersten Rego Rubido, der ihm und Raúls Leuten kampflos die Stadt Santiago überlassen hatte, zum neuen provisorischen Oberkommandierenden.

Da war es bereits der 1. Januar 1959, der Tag eins der neuen Zeitrechnung. Batista war in der Nacht mit seiner Entourage in mehreren Flugzeugen geflohen, und Castro vereidigte vor einer riesigen, enthusiastischen Menge auf dem Hauptplatz von Santiago den unbestechlichen Richter Manuel Urrutia zum neuen Übergangspräsidenten der Republik. Er, der Sohn des vernachlässigten Oriente, proklamierte unter riesigem Jubel Santiago zur provisorischen Hauptstadt Kubas, um allen Ungewissheiten und Intrigen im fernen Havanna vorzubeugen, das am Abend und in der Nacht dieses selben Tages von den Kolonnen Camilos und Ches – aber auch des Directorio und anderer Rebellengruppen – kampflos »eingenommen« wurde.

Diese Ernennungen und Proklamationen signalisierten aber auch schon: Wo er, Castro, sich befand, dort war ab jetzt die Macht und dort war die Hauptstadt. Das war, im vollsten Sinne des Wortes, eine »Machtvollkommenheit«, die ihm in dieser Stunde null, in dem durch Implosion entstandenen Vakuum aller politischen Kräfte und Mächte, wie von selbst zufiel. Und er formulierte diese Machtvollkommenheit in einem kaum bemerkten Satz seiner Rede in Santiago auch schon, als er rief: »Die Revolution ergreift die Macht, ohne jemandem verpflichtet zu sein.«

Am übernächsten Tag dann brach er zu seinem einwöchigen Triumphzug in Richtung Havanna auf, er selbst im Jeep voran oder auf einem Panzer stehend, mit Blumen überhäuft, von bärtigen Rebellen, zugelaufenen Freiwilligen und regulären Soldaten der Armee umgeben. Was für Bilder! Fluten von Bildern! Was für eine »überwältigende« Inszenierung, die sich wieder einmal fast wie von selbst ergab. Und wie viel machtpraktische Umsicht, wenn er, wohin er kam, sofort eigene Militärgouverneure einsetzte und die alten Obrigkeiten entließ. So war dieser Triumphzug ein Akt der schrittweisen Inbesitznahme des Landes.

Und dann war Fidel endlich in Havanna, das ihn nach fast vier Jahren Abwesenheit mit seinen neuen Hochhäusern überraschte und in das er nun in feierlicher Prozession unter nicht enden wollendem Jubel wie zu einer Krönungsmesse einzog. Nach seiner ersten großen Fernsehrede in Camp Columbia zeigte er sich »seinem Volk« ab jetzt nahezu täglich und in allen Medien. Die Rivalen vom Directorio und der »II. Front«, die sich zu Recht übergangen fühlten und erst den Präsidentenpalast, dann die Universität in Beschlag genommen hatten, verwies er mit zwei, drei herrischen Gesten auf die Plätze. Und dann präsentierte er seinem Volk den von ihm erwählten Präsidenten Urrutia – unter der stets wiederholten Bekundung, dass er (Castro) keinerlei politische oder militärische Ambitionen hege, sondern sich ab jetzt diesem Präsidenten und der neuen Regierung als gehorsamer Diener unterordnen werde.

Die erste Revolutionsregierung war eine Regierung der Fachleute, die die Blüte der demokratischen und liberalen Intelligenz des Landes versammelte. Ministerpräsident war der von Batista ins Exil gezwungene Anwalt und Professor Miró Cardona, bei dem Fidel auf der Universität studiert hatte. Felipe Pazos wurde wie früher Präsident der Nationalbank. Alles schien auf gutem Wege. Nur dass diese Regierung, wie sich rasch herausstellte, ausschließlich dazu diente, das heimische Bürgertum und vor allem die US-Administration ruhigzustellen, die den Machtwechsel in Havanna auch prompt als erste Regierung anerkannte.

Alle wirklichen Entscheidungen fielen im informellen Zirkel um Fidel, der doch angeblich keinerlei Machtambitionen hatte. Als Cardona und etliche seiner Minister nach kaum vier Wochen resigniert zurücktraten, wurde am 16. Februar Castro selbst als Ministerpräsident vereidigt. Aber auch das war nur eine legale Fassade. Castro erschien selten und verspätet zu den Kabinettssitzungen; und seine Minister waren nur die Notare und Ausführenden der ihnen vorgelegten Beschlüsse. Denn längst war eine Parallelstruktur im Entstehen, die in den nächsten beiden Jahren zum geheimen, eigentlichen Machtzentrum werden würde: das »Nationale Institut für die Agrarreform« (INRA), dessen Vorsitz anfangs ebenfalls Castro übernahm. Es logierte in jenem modernen Gebäude, das später mit der stählernen Silhouette des Che geschmückt wurde – gleich gegenüber dem von Fulgencio Batista 1953 gebauten Denkmal José Martís an der riesigen »Plaza de la Revolución«, auf der sich die rituellen Aufmärsche des neuen Regimes ab jetzt vollzogen. Von hier aus wurden alle entscheidenden Projekte und Maßnahmen, die in die sozialökonomische Struktur der Gesellschaft eingriffen, in Gang gesetzt – mit oder ohne Zustimmung der Regierung.

Die Verabredungen wurden in konspirativen nächtlichen Diskussionsrunden im Badeort Tarará getroffen, wohin Che sich nach der Diagnose eines drohenden Lungenemphysems im März hatte zurückziehen müssen, sowie im Fischerort Cojimar, wo sich Fidel selbst sowie der Führungsstab der kommunistischen Volkspartei in Villen einquartiert hatten. Im Zentrum der Debatten standen der Aufbau einer neuen Armee und eines eigenen Geheimdienstes sowie eine radikale Agrarreform, die der einheimischen Oligarchie wie dem US-Kapital buchstäblich den Boden unter den Füßen wegziehen sollte. Parallel dazu sollten bereits jene Verstaatlichungen in Angriff genommen werden, die Castro unverdrossen dementierte.

Hatte der neue US-Botschafter Bonsal anfangs noch erklärt, man werde mit Castro schon »klarkommen«, auch wenn dieser ihn über Wochen auf ein erstes Antrittsgespräch warten ließ, so waren die US-Geheimdienste sehr schnell anderer Ansicht. Aber auch die sozialdemokratischen Präsidenten von Venezuela und Costa Rica, die den Kampf Castros gegen Batista zuletzt aktiv unterstützt hatten, äußerten bereits im Februar die ernste Besorgnis, dass in Schlüsselgebieten Kubas eine »kommunistische Herrschaft« errichtet werde. Die Hauptbedenken richteten sich neben Raúl Castro als ehemaligem Mitglied der kommunistischen Parteijugend vor allem gegen Che, der »eindeutig Marxist, wenn nicht Kommunist« sei, wie es in einem Memorandum der US-Botschaft Mitte April hieß.

Zu dieser Zeit brach Castro in Begleitung seiner letzten bürgerlichen Minister und Berater nach Washington auf. Vor dem Nationalen Presseclub und in der Universität von Princeton hielt er derart kreideweiche Werbereden, dass Raúl ihn besorgt anrief, ob er dabei sei, Kuba zu verkaufen. Keine Angst, Bruder Fidel wusste, was er tat, wenn er etwa beredt seiner Hoffnung auf einen neuerlich verstärkten Tourismus und auf eine Fortführung des militärischen Beistandspakts mit den USA Ausdruck verlieh, natürlich unter neuen, gleichberechtigten Bedingungen. Er distanzierte sich auf mehrfaches Befragen lebhaft vom Kommunismus als einem diktatorischen System, versprach freie Wahlen für spätestens 1960 und eine weiterhin freie Presse. Und er beteuerte, dass seine Regierung »keine Revolutionen exportieren« werde. Schließlich versprach er, die anhaltenden Exekutionen (die auch unter den Linken und Liberalen Unruhe weckten) bald einzustellen, da der Gerechtigkeit Genüge getan sei.

Dass die US-Regierung – vertreten durch Vizepräsident Nixon – Castro für entweder naiv oder »von den Kommunisten gekauft« hielt und ihm kein Wort glaubte, sondern bereits erste Gedankenspiele über seine »Ablösung« anstellte, gilt vielfach als der entscheidende Impuls für die Konfrontation, die sich binnen Kurzem entwickelte. Aber in vieler Hinsicht war Washington einfach nur gut informiert. Die Weichen für die Radikalisierung der kubanischen Revolution waren längst gestellt. Und die Initiative lag bei Castro, der in Washington wenig mehr zu gewinnen hoffte als Zeit, um vollendete Tatsachen zu schaffen. Das gelang ihm glänzend.

Das am 7. Mai überraschend vorgestellte und eine Woche später im alten Kommandostand in der Sierra Maestra bereits feierlich unterzeichnete Gesetz für eine einschneidende Agrarreform war in den geheimen Konferenzen in Cojimar ausgearbeitet worden. Landwirtschaftsminister Sori-Marín, immerhin ein Mann des »26. Juli« und Agrarwissenschaftler, war nicht einmal informiert und trat prompt zurück; im Jahr darauf wurde er nach kurzem Prozess erschossen. Überhaupt wurde das Gros der eigenen Organisation Castros, besonders ihres städtischen Flügels, Zug um Zug kaltgestellt. Das erste und einzige Gesamttreffen, das der formellen Konstituierung des »26. Juli« als politischer Bewegung nach der Revolution hätte dienen sollen, hatte im Februar bereits in Zerwürfnissen geendet, die schon einer Auflösung nahekamen.

Stattdessen ging es in den Spitzengesprächen der Castro-Brüder und Ches mit der kommunistischen PSP bereits um ein viel weiter gehendes Bündnis, vor allem bei der »Säuberung« und Reorganisation der Armee, Justiz und Polizei, die – entgegen allen Versprechungen gegenüber den professionellen Militärs, Beamten und Richtern – in rabiater Weise vorangetrieben wurde. Das Instrument dazu war eine neu gegründete Geheimpolizei. Schon zwei Wochen nach dem Einmarsch in Havanna war zwischen Che, Raúl, Camilo sowie Ches engem Mitarbeiter Ramiro Valdés auf der einen, den Leitern des konspirativen Apparats der PSP, Victor Piña und Universo Sánchez, auf der anderen Seite der Aufbau »einer geheimen Einrichtung, die für die Sicherheit des revolutionären Staates verantwortlich sein wird«, verabredet worden. Daraus entstand die schattenhafte »G-2«, eine kubanische Tscheka, aus der heraus sich wie in einem Prozess der Zellteilung rasch weitere »Dienste« bildeten.

Fast unnötig zu sagen, dass alles dies ohne Zustimmung oder auch nur Wissen des legitimen Präsidenten und der meisten Regierungsmitglieder passierte. Besser informiert waren einige der jungen Offiziere, die noch auf ihren Posten waren. Im Juli desertierte der Chef der revolutionären Luftwaffe, Oberst Díaz Lanz, der schon einmal aus Batistas Armee geflohen und die Guerilla in der Sierra in riskanten Waffenflügen versorgt hatte. Nun setzte er sich erneut mit einer Maschine in die USA ab, wo er vor einem Untersuchungsausschuss des Senats über die kommunistische Infiltration der kubanischen Streitkräfte berichtete. Präsident Urrutía wies diese Anschuldigungen zwar in aller Form zurück, distanzierte sich aber seinerseits von den Kommunisten, die alles Böse in Washington und alles Heil in Moskau sähen.

Daraufhin beschuldigte Castro »seinen« Präsidenten in großer öffentlicher Anklagerede, die »revolutionäre Einheit« zu gefährden und mit Díaz Lanz insgeheim im Bunde zu stehen – und legte »aus Protest« sein eigenes Amt als Ministerpräsident nieder. Mit dem vorhersehbaren Resultat, dass die aufgebotenen Massen ihn inständig baten zu bleiben und stattdessen den sofortigen Rücktritt Urrutías forderten; der nicht einmal mehr antworten durfte, sondern (schon ohne jeden rechtlichen Vorwand) unter Hausarrest gestellt wurde. Passend zu seinem politischen Geburtstag, dem 26. Juli, den er natürlich in Santiago feierte, gab Castro daraufhin mit bewegter Geste »den Forderungen des Volkes« nach und trat sein Amt wieder an. Ab jetzt gab es keine Institutionen mehr, die den allein von ihm repräsentierten »Willen des Volkes« hätten verwässern können.

Der große Irrtum der bürgerlich-demokratischen Opponenten wie der Regierung in Washington lag freilich darin, dass Castro und seine Leute unter den Einfluss der Kommunisten und damit ins sowjetische Fahrwasser geraten seien. Sie begriffen nicht, dass Fidel, sein Bruder Raúl und vor allem Che selbst die treibenden Kräfte waren und dass sie dabei allen Konzeptionen und Doktrinen des »real existierenden Sozialismus« sowjetischen Zuschnitts weit vorauseilten.

Bei der Agrarreform zum Beispiel waren die PSP-Kader, ihren schematischen Doktrinen und Losungen folgend, gegen eine zu rasche Kollektivierung. Sie hätten aus kleinen Pächtern oder »precarios« zunächst Einzelbauern gemacht, die schrittweise in Genossenschaften zusammengefasst worden wären. Aus den großen Plantagen mit ihren Armeen von Landarbeitern hätten sie Produktionsgenossenschaften gemacht, geführt von Betriebsleitern und Agronomen, die anfangs auch mit den bisherigen Fachkräften hätten identisch sein können. Kurzum, die Parteikommunisten waren für einen langsameren Gang der Dinge, auch was die Nationalisierung der Industrien und Kommunikationsmittel betraf.

Besonders Che, aber auch Raúl, hatte eine weit radikalere und raschere Kollektivierung im Auge. So findet sich in Raúls (nachträglich redigiertem) Tagebuch aus der Sierra der frühe Eintrag: »Hier gibt es Gegenden, die eine künftige Agrarreform für kollektive Güter vorsehen kann; denn alle Familien wohnen nahe beieinander, helfen sich stets gegenseitig und zollen dem Familienoberhaupt große Achtung; es herrscht eine patriarchalische Lebensweise.« Auch Raúl war eben der Sohn Angel Castros und konnte sich einen Sozialismus nicht anders als eine riesige, kollektivierte Latifundie vorstellen, mit seinem Bruder Fidel als ideellem Gesamtpatriarchen und ihm selbst als Majordomus.

Castristen und Kommunisten trafen sich schließlich in der Mitte. Nominell erhielten die Pächter und Kleinbauern Land aus den zerschlagenen Latifundien zugeteilt; gleichzeitig sollten sie aber in einem einheitlichen Verband (ANAP) organisiert und möglichst sofort in Genossenschaften zusammengefasst werden. Noch auf dem Flug in die Sierra wurden in das eigentlich schon »verabschiedete« Gesetz sogenannte »Kooperativen« als eine zweite, höhere Grundform der künftigen Agrarverfassung von Hand hineingeschrieben. Und ähnlich handstreichartig tauchten im Jahr darauf auch schon die »Volksgüter«, d. h. Staatsgüter, auf.

Es blieb sich ohnehin gleich. In einer Programmrede vom 20. Dezember 1961 erklärte Castro rückblickend, man habe nur aus taktischen Gründen vom »Eigentum« der Genossenschaften und Kooperativen gesprochen; in Wirklichkeit handele es sich natürlich um bloße Nutzungsrechte am Staatsland unter Kontrolle des INRA, das auch den Einkauf und Verkauf der Produkte regelte, die Betriebsmittel und das Saatgut lieferte, die Volksläden betrieb usw.

Der französische Agronom René Dumont, der von den kubanischen Behörden 1961 als Berater gerufen worden, bei der Anmahnung von Rentabilität und Produktivität aber sehr schnell auf Widerstand gestoßen war, schrieb nach seiner Rückkehr, die kubanischen Kooperativen seien »den Sowchosen oder chinesischen Volkskommunen weit ähnlicher als den Kolchosen«. Immerhin besaßen die Kolchos-Mitglieder in der Sowjetunion ja private Gartenparzellen und etwas Vieh, von dem nicht nur sie selbst lebten, sondern auch die städtischen »Kolchosmärkte« und damit das halbe Land. Anders die kubanischen Mitglieder der Kooperativen und Volksgüter, die sich (bis auf ein hartnäckig Widerstand leistendes Segment) faktisch in Arbeiter und Angestellte von Staatsbetrieben verwandelten.

Für eine derart radikale Sozialisierung hätte man vielleicht auch sachliche Gründe anführen können. Kuba war in Wirklichkeit ja nur noch zur Hälfte Agrarland; und auch die Produktion von Zucker glich eher einer arbeitsteiligen Industrie, während der Tabak- oder Kaffeeanbau Züge eines gegliederten Manufakturbetriebs hatte. Es gab nur wenige, wirklich selbstständige Bauern (außer eben in der Sierra Maestra und den anderen Berggebieten, vor allem im Escambray); aber es gab auch kaum feste Traditionen genossenschaftlicher Bestrebungen. So emphatisch sich jemand wie Che immer wieder auf die »Bauern« als die Basis des Kampfes und der Revolution bezog, so unabhängig von ihren Trägern und Subjekten war die Agrarrevolution auf Kuba konzipiert.

Gleichwohl stieß diese radikale Agrarreform anfangs durchaus auf einigen Enthusiasmus, gerade bei der zurückgebliebenen Landbevölkerung. Es war schon eine imposante Verkündigungsszene, als Fidel das neue Agrargesetz am 26. Juli 1959 vor Zehntausenden, mit ihren Macheten klirrenden Bauern und Landarbeitern auf dem Hauptplatz in Santiago vorstellte – im Beisein des früheren mexikanischen Präsidenten Cardenás, der sich an ähnliche Szenen in Mexiko in den Dreißigerjahren erinnert haben mochte. Der Konsum der ärmeren Volksschichten in der Stadt wie auf dem Land nahm in den ersten zwei, drei Jahren der Revolution deutlich zu. Die Preise in den überall eingerichteten »Volksläden« waren niedriger als in den früheren Dorfläden. Und der Staat ging in großem Stil daran, Schulen, Krankenstationen, Kulturhäuser und Infrastrukturen zu bauen; auch Wohnungen für die Landbevölkerung, viele sogar mit fertigen Küchen, Bädern und Bidets; und stets mit der Versicherung, dass es in wachsendem Tempo so weitergehen werde. Es dauerte zwei bis drei Jahre, bis diese erste sozialistische Spekulationsblase, wie man sie nüchtern beschreiben könnte, platzte.

Bevor Guevara die zentralen Ämter eines Industriekommissars und Präsidenten der Zentralbank übernahm, also fast eines kubanischen Wirtschaftsdiktators, hatte Castro seinen frisch verheirateten argentinischen Kampfgefährten im Juni 1959 auf eine Goodwill-Tour durch die Welt geschickt. Ob es nur Ches Puritanismus war, der ihn veranlasste, seine junge Frau entgegen Fidels Vorschlag daheimzulassen, oder ob er sich seinen alten »raidistischen« Weltenfahrertraum erfüllen wollte, bei dem Frauen eher störten, kann dahingestellt bleiben.

Er bereiste 14 Länder in drei Monaten, nachlässig gekleidet wie eh und je. Jetzt waren es allerdings nicht gutbürgerliche Gastgeber, sondern amtierende Staatsoberhäupter, die er mit demonstrativem Nonkonformismus, intellektuellem Radikalismus und undiplomatischer Offenheit schockierte, amüsierte oder faszinierte. Nasser, den Heros eines panarabisch-nationalen Sozialismus, fragte er, wie viele aus der alten ägyptischen Oberschicht das Land nach der Revolution verlassen hätten. Als Nasser sagte, nur sehr wenige, fand Guevara das ein schlechtes Zeichen. Ihm zufolge bemaß sich der Erfolg einer sozialen Revolution gerade in der Zahl derer, die unter dem neuen Regime keine Zukunft sahen. (In dieser Hinsicht würde die kubanische Revolution noch erfolgreicher werden, als er sich hätte träumen lassen.)

Vom indischen Staatschef Nehru, der kurz vor einem Grenzkrieg mit China stand, wollte er unbedingt wissen, was er von Maos gewaltsamer Industrialisierung (dem »Großen Sprung nach vorn«) hielt und ob er dessen Schriften gelesen habe – was dieser höflich überging. Den indonesischen Staatschef Sukarno wiederum bewunderte Guevara zwar als Revolutionär und Staatsmann, nannte ihn aber auch einen bequem gewordenen Lüstling und fragte ihn schelmisch nach seiner (angeblich) von Chruschtschow als Gastgeschenk mitgebrachten russischen Mätresse, was der entsetzte Dolmetscher gerade noch abbiegen konnte.

In Japan wiederum verweigerte Guevara die vorgesehene Ehrung der Kriegstoten und ging nur nach Hiroshima, *wo die Amerikaner hunderttausend Japaner umgebracht haben.* Als der zuständige Minister die Abnahme eines fixen Zuckerkontingents ablehnte, fragte er ihn: *Sie werden von den blonden Bewohnern des Nordens unter Druck gesetzt, nicht wahr?* Was der Japaner höflich bejaht haben soll. Japan faszinierte Guevara allerdings durch seine rapiden technologischen Fortschritte, die er als eine Art »Triumph des Willens« der Besiegten interpretierte. Es sollte eine seiner fixen Ideen werden, dass Kuba in kurzer Zeit zu einem sozialistischen Japan der Karibik werden könnte, wenn es sich ebenfalls komplett industrialisierte.* In seinem militärischen Hausorgan »Verde Olivo« (Olivgrün) philosophierte er nach seiner Rückkehr:

> *Man muss sich darüber klar sein, dass in der modernen Welt der Wille viel bedeutender ist als die Existenz von Rohstoffen ... Es gibt keinen Grund, warum man in unserem Lande keine Eisen- und Stahlindustrie entwickeln sollte.*

Sonst erbrachte die Reise nicht allzu viel. Die Helden der Blockfreienbewegung, die sich gerade konstituierte, hatten Guevara letztlich allesamt enttäuscht – am meisten der Kommunist Tito, den er in Belgrad besuchte. Immerhin stellte Che fest, dass die kubanische Revolution einen Nimbus besaß, mit dem operiert werden konnte. Ansonsten besichtigte er alle denkbaren historischen Bauwerke und Sehenswürdig-

* Der Gedanke war etwas weniger abwegig, als er heute erscheint. Nimmt man nur die Automobilisierung als Indikator, kamen in Japan im Jahr 1959 erst 4 Pkw auf 1000 Einwohner; in Kuba dagegen 24. Ähnlich war es in vielen anderen Bereichen.

keiten, von den ägyptischen Pyramiden über den Fudschijama bis zu den indischen Tempeln und Palästen. Und er sinnierte über sein weiteres Schicksal und seine historische »Bestimmung«, so in einem Brief *in einer indischen Gewitternacht* an die ferne Mama, die er im Mai in Havanna wiedergesehen hatte und die er nach altem Muster zur Vertrauten seiner Selbsterfindung als Weltrevolutionär machte:

Ich bin immer noch derselbe Einzelgänger wie früher und suche meinen Weg ohne Hilfe anderer, aber jetzt kenne ich meine historische Pflicht. Ich habe keine Heimat, keine Frau, keine Kinder, keine Eltern, keine Geschwister, und meine Freunde sind nur so lange meine Freunde, wie sie meine politische Meinung teilen. Und doch bin ich zufrieden, denn ich nehme etwas wahr in meinem Leben, nicht nur eine starke innere Kraft, die ich immer gespürt habe, sondern auch die Macht, andere mitzureißen, sowie ein absolut fatalistisches Sendungsbewusstsein, das mir alle Angst nimmt.

Zauberlehrlinge

Erst mit einiger Verzögerung rückte das revolutionäre Kuba in den Fokus der sowjetischen Weltpolitik. Natürlich war man in den Sekretariaten der »Internationalen kommunistischen und Arbeiterbewegung« (so hieß die von Moskau und Prag aus koordinierte Rest-Internationale) über die kubanische Filialpartei PSP auf dem Laufenden gewesen, dass sich in der fernen Karibik etwas tat und die Kommunisten dabei mitmischten.

Andererseits gab es genügend Dinge, die die Führer der KPdSU nach dem Sieg der Castro-Rebellen bedenklich stimmen mussten. Der Führungsanspruch dieser jungen Comandantes gegenüber einer alterfahrenen Kommunistischen Partei war natürlich allenfalls vorläufig hinzunehmen. Und die Idealisierung und pathetische Überhöhung des ländlich-bäuerlichen Charakters der Guerilla durch diesen Schwarmgeist Guevara zeigte einige verdächtige Anklänge an den Maoismus, der sich seinerseits gerade zu einem auftrumpfenden Gegenspieler der KPdSU entwickelte. Auch die offensiven Bemühungen der Castro-Kubaner, unter Übergehung der KP-Führungen der lateinamerikanischen Länder irgendwelchen, aus linksradikalen Dissidenten bestehenden Guerillagruppen auf die Beine zu helfen, trug aus sowjetischer Sicht klare Züge von »Abenteurertum« und »Spaltung« – alles schwere Delikte. Und in der von Generalsekretär Chruschtschow zur neuen Generallinie erhobenen Formel von der »friedlichen Koexistenz« und vom »Wettstreit der Systeme« schien die Position der Kubaner erst recht näher bei der chinesischen oder albanischen als der sowjetischen Position zu liegen. So lief vieles am bunten Treiben im revolutionären Havanna Moskau gegen den Strich.

Im September 1959 erst war Chruschtschow im trügerischen Gefühl eines militärischen und ökonomischen Fast-Gleichstands mit den USA zu einer großen Entspannungstour ins Land des weltpolitischen Gegenspielers aufgebrochen. Für ihn kam alles darauf an, von den Amerikanern als Gleichrangiger, eben als Vertreter einer zweiten Supermacht, behandelt zu werden, mit dem sie von gleich zu gleich über alle Weltprobleme sprechen konnten und mussten – was ihm durch die bloße Tatsache des Besuchs (dem ersten eines KPdSU-Generalsekretärs) auch gelang. Es war eine Charmeoffensive, die für einen Moment tatsächlich entwaffnend wirkte – so wenn Chruschtschow in Washington treuherzig verkündete:

> Eines Tages werden unsere Kinder friedlich zwischen dem kapitalistischen und dem kommunistischen System wählen können; und da dieses das effektivere ist, habe ich keinen Zweifel, wie ihre Wahl ausfallen wird.

Von Kuba war in diesen Gesprächen mit keinem Wort die Rede gewesen. Tatsächlich gab es nach wie vor keine Beziehungen zwischen Moskau und Havanna. Erst im Oktober 1959 kamen die ersten sowjetischen Vertreter auf die Insel, so der als TASS-Korrespondent getarnte Lateinamerikaexperte des KGB Alexander Alexejew – und Ches alter Bekannter Leonid Leonow, der Ministerpräsident Mikojan als Übersetzer und Geheimdienstler nach Mexiko begleitet hatte. Es waren die Kubaner, die um die Entsendung sowjetischer Emissäre gebeten hatten.

Leonow ging gleich zu Che, der sich freudig überrascht zeigte und ihn wie einen alten Freund begrüßte: *Hombre, wo hat es dich hergeweht?* Che bekam zwei Präzisionspistolen als Geschenk. Sie sprachen über die sozialistische Literatur, die Leonow ihm damals in Mexiko gegeben hatte; und auf die direkte Frage, ob es ihm mit dem Sozialismus ernst sei, soll Che feierlich erwidert haben: »Ich werde mein Leben dieser Sache widmen.« Damit vertraute er seinem sowjetischen Gesprächspartner eine Zielvorstellung an, die dem kubanischen Volk sorgsam verborgen blieb.

Fidel seinerseits hatte in einem vorangegangenen Gespräch mit Alexejew über Lenins Strategie zur »Vorbereitung der Massen« philosophiert, und dass es nun einmal Zeit brauche, um die »Vorurteile des Volkes« auszurotten. Das Wort »Sozialismus« hatte Castro nicht verwendet, es war aber klar, dass er genau darüber sprach. Noch war das in den öffentlichen Deklarationen der kubanischen Führer ein Unwort. Zwei Jahre später, als Castro den sozialistischen Charakter der kubanischen Revolution offiziell proklamierte, würde er mit unübertrefflicher Offenheit (oder auch Zynismus) feststellen:

> Natürlich, wenn wir uns, als wir nur eine Handvoll Leute waren, auf den Pico Turquino gestellt und gesagt hätten, wir seien Marxisten-Leninisten – dann wären wir vielleicht nie in die Ebenen herabgekommen.

Die sowjetischen Vertreter wurden (kaum zufällig) in einem Moment krisenhafter Zuspitzung nach Havanna gerufen. Die Ereignisse hatten sich überschlagen, nachdem Castro begonnen hatte, auf die Presse Druck auszuüben und die Autonomie der Universitäten, des geheiligten Horts jeder Opposition unter allen Regimes, in Frage zu stellen. Auch die Gewerkschaften, und gerade der dem »26. Juli« zugehörige Flügel unter David Salvador, der auf dem Kongress des Dachverbandes CTC die PSP-Kader scharf kritisiert und klar dominiert hatte, wurden wegen ihres »Antikommunismus« gemaßregelt. Aber vor allem das Militär und die anderen bewaffneten Organe der Republik unterlagen einem durchgreifenden Prozess der »Säuberung« und Indoktrination, dessen Vordenker Che mit seiner Hauszeitschrift »Olivo Verde« war und dessen grauer Exekutor Raúl wurde.

Am 13. Oktober stellte der Militärkommandeur der Provinz Camagüey, Huber Matos, der zusammen mit Raúl Castro Santiago eingenommen hatte, aus Protest gegen die kommunistische Durchdringung der Streitkräfte seinen Posten zur Verfügung und bat um die Erlaubnis, sich ins Zivilleben zurückziehen zu dürfen. Stattdessen beschuldigte Castro ihn öffentlich der Konterrevolution und schickte Camilo Cienfuegos, der Matos gut kannte, los, um den Dissidenten und sein gesamtes Offizierskorps zu verhaften. Matos, der Cienfuegos freundschaftlich empfing, nahm keinerlei drohende Haltung ein, sondern folgte ihm ohne Widerstand nach Havanna, um seine Sache zu vertreten. Zuvor hatte er einen zweiten Brief an Castro in Umlauf gebracht, in dem es hieß:

> Nun gut, Fidel. Ich warte auf Deine Entscheidung. Du weißt, dass ich den Mut habe, zwanzig Jahre im Gefängnis zu verbringen … Ich hoffe, dass die Geschichte mich richten wird – und auch Dich, Fidel … Jetzt bist Du dabei, Dein Werk zu zerstören und die Revolution zu Grabe zu tragen.

Diesem eher stillen Eklat folgte ein zweiter, spektakulärer auf dem Fuß. Bei einer Großkundgebung am 21. Oktober tauchte der desertierte Kommandeur der revolutionären Luftwaffe, Díaz Lanz, mit einem Flugzeug am Himmel über Havanna auf und warf Flugblätter ab. Die Maschine wurde (vergeblich) mit Flak und Kanonen beschossen; es gab zwei Tote und fünfzig Verletzte. Anfangs war von einer Bombe die Rede, die von Konterrevolutionären gezündet worden sei, dann wurde behauptet, Díaz Lanz habe Havanna bombardiert, was der entschieden dementierte. Eine in mehreren Sprachen verbreitete Broschüre sprach gar von »Havannas Pearl Harbor«. Massendemonstrationen vor der US-Botschaft prangerten die USA als Aggressoren an, eine erste Kriegshysterie brach aus, die sich in Wellen fortsetzen würde; und Castro erklärte ohne den geringsten Beweis, Huber Matos und Díaz Lanz hätten gemeinsam einen Putsch im Auftrag des US-Imperialismus und der Oligarchie geplant. Die Revolutionstribunale, die suspendiert worden waren, wurden wieder eingeführt.

In diesem Klima ernannte Fidel Castro am 20. Oktober seinen Bruder Raúl zum Minister der Streitkräfte, stellvertretenden Ministerpräsidenten und designierten Nachfolger – was bedeutete, dass die Castro-Brüder sich im Einvernehmen mit Guevara und der PSP-Führung die Kontrolle über sämtliche Machtorgane sicherten. Castro selbst trat wenig später im Prozess gegen Matos als Zeuge, tatsächlich als oberster Ankläger auf. Da keinerlei Beweise für eine Verschwörung vorgelegt werden konnten, wurde Matos zu jenen zwanzig Kerkerjahren verurteilt, von denen er selbst gesprochen hatte – und die er auch »den Mut hatte«, bis zum letzten Tag abzusitzen; anders als sein Ankläger, der es unter Batista trotz wirklicher bewaffneter Rebellion auf ganze zwei Jahre gebracht hatte.

Dazwischen lag das bis heute unaufgeklärte, spurlose Verschwinden von Camilo Cienfuegos, der das Kommando in Camagüey neu aufbauen sollte. Seine Maschine verschwand am 28. Oktober vom Radarschirm, und trotz einwöchiger Suche, an der sich von Castro über Che bis Raúl »das ganze Land« beteiligte, wurden nicht einmal Wrackteile gefunden. Carlos Franqui, der Camilo liebevoll als »Christus auf Sauftour« beschrieben hatte, hat einen Großteil seiner späten Emigrationsjahre damit verbracht, ein Bild dieses farbigen »Manns des Volkes« zu zeichnen und alle Unstimmigkeiten der offiziellen Untersuchungsergebnisse aufzudecken.

»Camilo« war nach fast allgemeiner Ansicht unter den charismatischen Führern der Revolution der beliebteste, nicht zuletzt, weil er der

Benjamin und der einzige echte Habañero war; ein Student der Nationalökonomie mit künstlerischen Neigungen, dessen spielerische Verrücktheiten und Lebensfreude schnell legendär wurden. Die Revolution müsse »cubanisimo« sein, so kubanisch wie möglich, war einer seiner viel zitierten Sätze. Aber auch Che, der Puritaner, liebte ihn wie einen jüngeren, etwas unverantwortlichen Bruder und setzte ihm in seinem Buch über den Guerillakrieg ein etwas statuarisches Denkmal. Auch Castro war schnell darin, seinen Todestag zum Nationalfeiertag zu erheben, an dem die Schulkinder Blumen ins Meer werfen und singen würden: »Una flor para Camilo«, eine Blume für Camilo. Er ist bis heute der König der Herzen der Kubaner geblieben – auch durch die Art seines mysteriösen Verschwindens, das vielen zu Recht als ein böses Omen erschien.

Jedenfalls wirkte der Tod Camilos in vieler Hinsicht sehr passend, vor allem für den Aufstieg Raúls zum zweiten Mann im Staat. Es heißt, dass Cienfuegos bei seinem letzten Erscheinen in Havanna am 26. Oktober bei der Protestkundgebung vor dem Präsidentenpalast mit endlosen Ovationen empfangen worden sei, die länger und lebhafter waren als die für Fidel und Raúl – und das sei als ein Zeichen indirekten Protestes empfunden worden, da Camilo ein Radikaler, aber kein Kommunist war. Es heißt auch, es habe eine heftige Aussprache zwischen ihm und den Castro-Brüdern gegeben, bei der er die konstruierten Anklagen gegen Matos zurückgewiesen und sich einige von dessen Vorwürfen zu eigen gemacht habe. Es heißt, dass nach dem Abheben seiner kleinen Cessna vom Flughafen in Camagüey ein Abfangjäger aufgestiegen sei, der den Befehl gehabt habe, eine von Norden eingedrungene Sportmaschine über dem Meer abzuschießen. Es heißt, dass Camilos persönlicher Adjutant Cristiano Naranjo, der diese Indizien sammelte, 14 Tage später im Hauptquartier von Camp Columbia in Anwesenheit Raúls unter dubiosen Umständen erschossen wurde. Und so weiter.

Das alles ist nicht aufklärbar, solange Havanna seine Staatsgeheimnisse wahrt. Diese Tage im Oktober 1959 zählten jedenfalls zu den schwarzen Sternstunden der kubanischen Revolution. Ab jetzt galt, was die noch von Franqui selbst redigierte »Revolución« Ende 1959 mit Flammenschrift an die Wand schrieb: »In Zeiten wie diesen ist Opposition identisch mit Konterrevolution.« Und dieses Kainsmal der »Konterrevolution« trug jetzt bereits das Gros der aus dem städtischen Bürgertum stammenden Mitglieder des »26. Juli« auf der Stirn, sichtbar oder unsichtbar.

Tatsächlich war die kubanische Revolution von allen sozialistischen Revolutionen des 20. Jahrhunderts diejenige, die die Kollektivierung aller menschlichen und sachlichen Potenziale der Gesellschaft am raschesten und radikalsten durchführte. Die Sowjetunion hatte für die Kollektivierung von Industrie und Landwirtschaft mindestens zwei Anläufe und 15 Jahre gebraucht; und selbst die Volksrepublik China hatte sich sieben Jahre Zeit genommen, bis sie alle großen und kleinen Industrien nationalisiert und alle Bauern in die Volkskommunen getrieben hatte. Castros Kuba vollzog die Nationalisierung aller Infrastrukturen sowie des Großteils der industriellen und agrarischen Betriebe in zwei bis drei Jahren – und das, bevor das Ziel des Sozialismus öffentlich erklärt worden wäre.

Alles vollzog sich zunächst unter dem weiten, wolkigen Banner des Anti-Imperialismus, in einer rasenden Bewegung des Sichabtrennens und Losreißens vom mächtigen Gesellschaftskörper der USA – einer Bewegung, deren Gewaltsamkeit keineswegs nur von politischer Hegemonie und ökonomischer Abhängigkeit, sondern auch von sozialer Bindung und kultureller Nähe zeugte. Kubas Unabhängigkeit hatte spätestens seit der Revolution von 1933 und der Aufhebung des »Platt-Amendments« nicht mehr ernsthaft in Frage gestanden, trotz der engen Patronage seitens der Regierung in Washington.

Allerdings war es in die wirtschaftlichen Arbeitsteilungen des nördlichen Nachbarn integral eingebunden. Das bedeutete jedoch nicht, dass Kuba vom US-Kapital beherrscht worden wäre. Gerade im traditionellen Kernbereich, der Zuckerindustrie, war der Anteil der nordamerikanischen Firmen seit den Dreißigerjahren konstant gesunken. Nur ein Viertel der Zuckermühlen hatte 1959 noch ausländische Eigner; und der Landbesitz der US-Gesellschaften war proportional von 2,3 Millionen auf 760.000 Hektar zurückgegangen. Die US-Investitionen konzentrierten sich im Nickel-Bergbau, der strategische Bedeutung hatte, in einigen verarbeitenden Industrien, im Tourismus sowie im Bereich der Infrastrukturen.

Eben deshalb lag Kuba, wie geschildert, in der Ausstattung mit modernen Kommunikationseinrichtungen wie Telefon und Telegraf, Radiostationen und Fernsehsendern, mit privaten und öffentlichen

Transportmitteln oder in der Energieversorgung eher auf europäischem als lateinamerikanischem Niveau. Che würde genau aus dieser Ausstattung des Landes mit modernen Kommunikationsmitteln die Möglichkeit einer kompletten Zentralisierung und Kollektivierung des Wirtschaftsprozesses herleiten. (Dass die Insel stattdessen ein halbes Jahrhundert lang mit ihren Infrastrukturen auf dem Niveau von 1958 stagnieren würde, hätte er sich wohl kaum vorstellen können.)

Die arbeitsteilige Einbindung des Landes in die entsprechenden US-Strukturen hatte einige bedeutende Vorteile. So fungierte New Orleans als der Überseehafen Kubas, in dem Großfrachter für die kubanischen Häfen auf kleinere Schiffe umgeladen wurden (so wie heute die Riesencontainerschiffe in Rotterdam oder Hamburg für andere europäische Häfen). Eine kubanische Fertigungsindustrie entstand, die begann, für den nordamerikanischen und den Weltmarkt zu produzieren. Alles in allem betrug der Gesamtwert der US-Kapitalanlagen in Kuba Ende der Fünfzigerjahre ca. 1 Mrd. $, was nicht mehr als ein Sechstel des Anlagewerts aller industriellen, handwerklichen und agrarischen Betriebe der Insel war. Ein Teil dieser US-Firmen hatte im Übrigen einheimische Teilhaber, so wie es auch kubanische Kapitalanlagen in den USA gab, in Höhe von einem Drittel der US-Investitionen auf Kuba. Auch Finanzinstitute und Versicherungsgesellschaften waren überwiegend in den Händen einheimischer Bankiers und Unternehmer.

Das alles sind nur wenige, grobe Eckdaten, die das Bild einer durchgängigen Beherrschung und exzessiven Ausbeutung Kubas durch die USA – gar im Stile einer »Halbkolonie« – zumindest relativieren. Dass die hochgradige Verflechtung der kubanischen mit der nordamerikanischen Wirtschaft und der extensive und saisonale Charakter des Zuckeranbaus als des Hauptexportprodukts mit gravierenden Problemen für eine regelmäßige Beschäftigung und ausgeglichene sozialökonomische Gesamtstruktur einhergingen, ist unbestreitbar. In dieser Verflechtung lagen jedoch auch gute Chancen für eine Diversifizierung der agrarischen und gewerblichen Produktionen. Ein kleines »Japan der Karibik« hätte Kuba durchaus werden können.

Das Feindbild der kubanischen Revolutionäre – und Ches allen voran – war in seiner starren Fixierung auf den Popanz eines allmächtigen US-Imperialismus im Bund mit einer reaktionären und abhängigen »Oligarchie« lateinamerikanischen Musters insofern weithin wirklichkeitsfremd und anachronistisch. Und das Modell eines hyperzentralisierten Sozialismus, das sie dem Land überstülpten, war es erst recht, vor allem, weil sich dieses Ziel weder aus den Forderungen der stets zitierten »Massen« noch aus den positiven Bedürfnissen einer vielseitigen sozialökonomischen Entwicklung ergab, sondern an erster Stelle aus dem rein negativen Ziel der Zerschlagung des Großgrundbesitzes als der vermeintlichen *Wurzel allen Übels* sowie der Brechung der angeblichen *wirtschaftlichen Versklavung* durch die USA (um jeweils Che zu zitieren).

Die Agrarreform verwandelte binnen Kurzem die Zucker-Latifundien in sozialistische Großbetriebe und fasste das Gros der kleinen Pächter und Einzelbauern in Kooperativen zusammen, mit dem beschriebenen, eher in chinesischen oder nordkoreanischen als in sowjetischen Kategorien zu fassenden Resultat. Nach den Ölfirmen, den Telefon- und Elektrizitätsgesellschaften und anderen Säulen des »US-Kapitals« wurden im Sommer und Herbst 1960 weitere 200 kleinere ausländische Firmen sowie fast 400 kubanische Unternehmen aller Branchen nationalisiert. Damit kontrollierte der kubanische Staat bereits Ende 1960 mehr als 80 % der landwirtschaftlichen Nutzfläche und über 70 % der Industrieproduktion – ohne so richtig zu wissen, was er damit anfangen würde.

Tatsächlich liefen die faktischen Enteignungen ihrem formellen Vollzug oft noch voraus. Die Methode hieß »Intervention« und gab sich das Flair einer »Masseninitiative«. Es wurden allerhand Forderungen aus der Belegschaft gestellt, oder die Unternehmer wurden beschuldigt, Investitionen zurückzuhalten; und wenn sie diesen Forderungen oder Beschwerden nicht umgehend entsprachen, wurden sie unter die provisorische »Verwaltung« von Ches Industrieabteilung im INRA gestellt. Kamen die Unternehmer den Auflagen nach, bedeutete das, wie schnell klar wurde, lediglich einen zeitlichen Aufschub, sodass viele tatsächlich zusahen, ihre Schäfchen ins Trockene zu bringen. Dagegen ging Che, als er im November 1959 zum Direktor der Zentralbank ernannt wurde, mit rigorosen Devisenkontrollen und anderen drastischen Maßnahmen vor, die den internationalen Zahlungsverkehr des Landes weitgehend zum Erliegen brachten.

Mit der »Urbanen Reform« von 1961, die ebenfalls nur die abschließende Bestätigung eines längst eingetretenen Zustands war,

Album mit Sammelbildchen der kubanischen Revolution aus dem Jahr 1959, ein Werbegeschenk der Konservenfabrik »Felices« in Havanna. Castro, erleuchtet vom Geiste Martís, ist der Anführer. Aber alle Oppositionsgruppen gegen Batista werden ebenfalls gewürdigt. »Ruhm den mutigen Kindern Martís!«, heißt es im Editorial.

wurde auch das gesamte Immobilien-Eigentum des Landes von den Wohnungen bis zu den gewerblichen Gebäuden (mit geringen Ausnahmen) in die Hände des Staates überführt. Dass der Staat von nun an die (halbierten) Mieten kassierte, die Verantwortung für den Erhalt der Gebäude aber auf die zu nominellen »Eigentümern« der Wohnungen und Läden gewordenen Mieter abwälzte, gehörte zu den typischen Voodoo-Methoden des kubanischen Sozialismus. Statt der erwarteten dreißig Millionen US-Dollar an Mieten erhielt der Staat nur knapp die Hälfte – was schlagend zeigt, wie das Volk die vom Himmel gefallene »Sozialisierung« aller mobilen und immobilen Güter und Bestände der Gesellschaft verstand. Sie verwandelten sich in Naturressourcen wie die Luft und das Wasser, aus denen man schöpfte, um zu leben. Und so wie die Einzelnen, lebte ganz Kuba in diesen ersten Jahren der Revolution aus der Substanz.

Den Verfall dieser Substanz konnte man in einer so ganz dem Meer zugewandten und den Elementen ausgesetzten Stadt wie Havanna binnen Kurzem beobachten – wie an einem Dampfer, der, wenn er nicht jährlich gestrichen und ausgebessert wird, zu rosten und zu lecken beginnt. Aber in diesem Verfall drückte sich mehr aus: Es ging aus der Perspektive der Castro-Brüder darum, einen Augiasstall auszukehren – eine ganze, für »fremde« Einflüsse allzu offene, urbane Lebenswelt, die diese Empfänglichkeit mit ihren Leuchtreklamen, Bars, Hotels und Einkaufsstraßen auch noch plakatierte. Das bedeutete eine gewaltsame Homogenisierung und Provinzialisierung, die sich in der Exorzierung des Englischen als zweiter Verkehrssprache des

Landes vollendete. Allein das war schon ein unschätzbarer ökonomischer und kultureller Verlust.

»Verzehrt kubanische Produkte!«, wirbt die Firma auf dem Innentitel des Albums. Ein, zwei Jahre später wird auch sie verstaatlicht und die köstliche Marmelade aus Guyaba-Früchten als Relikt der imperialistischen Vergangenheit verschwunden sein.

In diesem Punkt trafen sich die von den vormodernen Lebenswelten des Orients geprägten Vorstellungen der Castro-Brüder mit denen des erklärten Zivilisationsverächters Guevara. Möglicherweise folgte das keinem bewussten Ziel oder großen Plan; aber es war das Resultat einer Politik, die (wie Che seinem Gastgeber Nasser in Ägypten erklärt hatte) ihren Erfolg vor allem im Verschwinden aller nicht ins System passenden Kategorien von Menschen sah. So überkreuzte sich der anschwellende Exodus eines beträchtlichen Teils der alten Stadtbevölkerung, die pauschal als »gusanos« (Maden, Würmer) im Fleisch des kubanischen Volkes gebrandmarkt wurden, mit einem parallelen, schlagartig einsetzenden, kaum steuerbaren Zustrom von armen Landbewohnern in die Außenbezirke wie in die historischen Zentren, wo sie von den Segnungen der Revolution zu profitieren hofften.

Noch befand diese Revolution sich ja in ihrer »humanistischen« Phase, in der alles konsumiert wurde, was es für das (noch halbwegs gedeckte) frische Revolutionsgeld mit der Signatur von »Che« zu kaufen und zu erwerben gab. Das leuchtende Havanna muss für die zuströmenden Provinzler eine Mischung aus Fantasia- und Schlaraffenland gewesen sein. Alles drängte sich an die Brüste der großen Nährerin, der revolutionären Staatsmacht, und suchte in den emporschießenden Ämtern, Komitees und Verbänden Anschluss an eine der Versorgungspipelines, die das alte System der »botellas« (der Pfründe) auf eine bisher unbekannte Stufe hoben. Aber noch gab es immerhin auch die Möglichkeit, sich mit den traditionellen Mitteln eines städtischen Zuwanderers, vom Straßenhandel bis zur Imbissbude, etwas dazuzuverdienen. (Es dauerte bis 1968, bis Castro auch diese letzten, kleinen Ecken einer dem staatlichen Zugriff entzogenen »privaten Bereicherung« auskehrte.)

Die steten Aufrufe zur »revolutionären Wachsamkeit« brachten eine zusätzliche Spannung ins Leben. Jeder konnte sich als Jäger (auf verborgene »gusanos«) und als Sammler (herrenloser Güter) betätigen. So waren der Enthusiasmus der unablässig zu dramatisch-festlichen Umzügen, Meetings, Protest- und Gedenkveranstaltungen aufgebotenen Massen und ihre Kommunion mit den Führern »ihrer« Revolution sicherlich authentisch, auch wenn sich ganz unterschiedliche Motive und Interessen darin mischten.

Revolution bedeutete vorerst noch einen Zustand, in dem alles auf zauberische Weise von unten nach oben gekehrt und auf den Kopf gestellt war – eine in vieler Hinsicht rauschhafte Situation. Eine neue, bedeutungsvolle Zeitrechnung hatte begonnen, von der eine eigene Suggestion ausging. Auf das »Jahr der Befreiung« (1959) folgte das »Jahr der Agrarrevolution« (1960), und darauf das »Jahr der Erziehung« (1961). Das »Jahr der Planung« (1962) und das »Jahr der Organisation« (1963) brachten dann bereits eine Wendung zur sozialistischen Austerität, die ironischerweise als »Normalisierung« bezeichnet wurde und deren sinnfälligster Ausdruck die libreta, die Rationierungskarte, wurde.

Nicht zufällig stammen die schwärmerischsten Berichte auswärtiger Besucher über die kubanische Revolution und ihre führenden Protagonisten aus diesen ersten Jahren eines traumhaften Schwebezustands. Simone de Beauvoir etwa sah sich bei ihrem ersten Besuch mit Sartre auf Kuba im März 1960 (zu Recht) noch in den »Flitterwochen der Revolution« und verspürte (wieder einmal) Frühlingsgefühle. »Zum ersten Mal im Leben wurden wir Zeugen eines Glücks, das durch Gewalt errungen worden war« – ein merkwürdiger Satz nach allen vorangegangenen totalitären Experimenten des Jahrhunderts, deren Zeugen und Weggenossen sie und Sartre bereits gewesen waren.

Aber es fällt alles in allem nicht schwer zu verstehen, warum die kubanische Revolution unter den Intellektuellen und Künstlern des Westens einen derart entgrenzten, an Verliebtheit streifenden Enthusiasmus hervorrief. Die Fünfzigerjahre hatten in den USA nicht anders als in Frankreich oder der Bundesrepublik (irrtümlich) als Jahre eines bloßen, vermufften Stillstands gegolten. Andererseits hatte sich die Attraktion des sowjetischen Kommunismus gerade mit dem Tod Stalins, den schockierenden Enthüllungen des XX. Parteitags 1956 und den nicht weniger beklemmenden Eindrücken des Ungarn-Aufstands im selben Jahr stark abgenutzt. Chruschtschows Verheißungen eines »Gulasch-Kommunismus« waren unter den westlichen Intellektuellen auf geheime Verachtung gestoßen. Und die bäuerliche Figur des sowjetischen Führers hatte sich in unguter Weise einem Bild eingemeindet, wonach die führenden Politiker der Welt aus durchschnittlichen, wenig charismatischen Figuren bestanden, die von Ost bis West einer überlebten Generation angehörten.

In der Zeit vor und nach Stalins Tod war China mit seinem dichtenden Großen Vorsitzenden Mao Tse-tung, dem die nobel wirkende Mandarinsgestalt eines Tschou En-lai zur Seite stand, zur geheimen ersten Liebe vieler verehrungssüchtiger Linksintellektueller geworden. Simone de Beauvoir hatte mit Sartre 1957 China besucht und mit ihrem Buch »Der lange Marsch« die Basis eines künftigen westlichen Mao-Kultes gelegt. Aber dann war China erst einmal im Nebel seines chaotischen »Großen Sprungs nach vorn« verschwunden. Nach dem Aufstand in Tibet 1959 führte es 1962 einen Grenzkrieg mit Indien, der als Schlag gegen die eben entstehende Blockfreienbewegung empfunden wurde. Und Mao nannte die imperialistische Atombombe einen »Papiertiger«, was von den Sowjets als »Abenteurertum« gebrandmarkt wurde und auch mit den Stimmungen der Anti-Atombewegungen im Westen schrill kontrastierte.

Kuba dagegen erschien in diesen ersten Revolutionsjahren wie ein einziger Intellektuellentraum, auch weil seine Führer selbst prototypische Intellektuelle westlichen Zuschnitts zu sein schienen – und zugleich Männer der kühnen Tat, erprobte Kämpfer, bereit, ihre frische Macht auch anzuwenden; lebenspraktische und willensstarke Revolutionäre, die nicht nur papierne Doktrinen verkündeten, sondern wirklich Massen führten, organisierten und anleiteten und so ihre Gesellschaften mit festem, aufs Ganze zielendem Griff umkrempelten. Fast erschienen sie als Prototypen neuer Renaissance-Menschen, aristokratisch und demokratisch zugleich; und waren bei alledem noch unverschämt jung und fotogen. Das war die Chemie, aus der weltweit eine Neue Linke geboren wurde.

Keiner hat diese Gefühle somnambuler Entrücktheit im Bannkreis dieser jugendlichen Tatmenschen so schlagend ausgedrückt wie Sartre nach seinem nächtlichen Treffen mit Che Guevara in dessen Büro:

> Ich hörte die Tür hinter meinem Rücken sich schließen, und ich verlor die Erinnerung an meine alte Müdigkeit und jeden Begriff der Zeit. Unter diesen hellwachen Männern, die auf der Höhe ihrer Macht standen, schien Schlaf kein natürliches Bedürfnis zu sein, sondern eine bloße Routine, von der sie sich mehr oder weniger befreit hatten …, so wie sie auch die Routinen von Mittag- oder Abendessen aus ihrem Tagesprogramm gestrichen hatten.

Diese Art, eine »Diktatur über die eigenen Bedürfnisse« zu errichten, um über sich hinauszuwachsen und die Menschen »aus ihrer Immanenz zu reißen«, und dabei über alle Fragen der Welt mit Philosophen, Dichtern, Journalisten oder Politikern »hellwach« diskutieren zu können – das eben machte einen unfehlbaren, vitalisierenden Eindruck auf die Intellektuellen mit ihrer »alten Müdigkeit«, die jetzt in dichtem Strom nach Havanna strebten, um irgendwann in den frühen Morgenstunden zu Castro oder Che gerufen zu werden oder einem der großen revolutionären Massenmeetings beizuwohnen. Wenn Sartre Che gar als »den vollkommensten Menschen seines Zeitalters« rühmte, dann meinte er wohl ungefähr das.

Simone de Beauvoir ihrerseits war, nachdem sie einem der routinierten Frage-und-Antwort-Spiele Castros mit der Menge beigewohnt hatte, überzeugt, dass alle wichtigen Entscheidungen im »direkten Kontakt zwischen den Führern und dem Volk« getroffen würden. Ihr blieb es auch vorbehalten, in einem Interview mit Claude Julien in *Le Monde*, das von *Revolución* kommentarlos nachgedruckt wurde, dem Ursprungskader der kubanischen Revolution nach Gesprächen mit Castro und Che das historische Todesurteil zu überbringen:

> Die Bewegung des 26. Juli … hatte einen kleinbürgerlichen Apparat, der mit der Entwicklung der Revolution nicht Schritt halten konnte, als diese sich zu radikalisieren begann. Darum ließ man ihn fallen.

Philosophisch-politisch-militärisches Gipfeltreffen: Sartre und de Beauvoir im Gespräch mit Guevara, der dem Philosophen zuvor eine Zigarre überreicht und angezündet hat

Dass sie selbst im Jahr darauf mit anderen prominenten Besuchern wie Claude Julien, dem Soziologen C. Wright Mills, den Ökonomen Huberman und Sweezy oder dem zitierten Publizisten I. E. Stone von Castro in ganz entsprechender Weise als Kleinbürger, die »mit der Revolution nicht Schritt hielten«, fallen gelassen würde, wusste sie noch nicht. In jener Rede vom 1. Dezember 1961, in der Castro sich selbst als einen Marxisten-Leninisten von Jugend auf deklarierte und allen Träumen einer Neuen Linken eine Absage erteilte, sagte er:

> Viele dieser wohlwollenden, aber vielleicht ein wenig kurzsichtigen Leute erklärten der Weltöffentlichkeit, dass die kubanische Revolution sich in ganz einzigartiger Weise verwirkliche, dass sie einer revolutionären Theorie entbehre ... Heute, nach drei Jahren, sind alle diese Versionen von den Tatsachen selbst dementiert.

So war es tatsächlich: Das Kuba des Fidel Castro war wie im Zeitraffer zu einem Mitglied des sozialistischen Weltlagers geworden, das sich um die Sowjetunion scharte – auch wenn dieser unruhige Neuankömmling noch wie ein Kuckucksjunges skeptisch beäugt wurde. Und derjenige, der dies entscheidend vorangetrieben hatte, war neben Raúl vor allem Che.

Schon im ersten Gespräch mit Alexander Alexejew am 2. Oktober 1959 zwischen 2.00 Uhr früh und der Morgendämmerung hatte Che in seiner bekannten Direktheit (laut Alexejew) gesagt: »Wir können nicht siegen und uns halten ohne die Hilfe der weltweiten revolutionären Bewegung, vor allem vonseiten des sozialistischen Blocks und der Sowjetunion.« Das sei sein »persönlicher Standpunkt«. Dass die persönlichen Standpunkte Guevaras häufig die offiziellen Standpunkte Castros von morgen waren, hatten die sowjetischen Emissäre schon von den PSP-Führern gehört und gaben es entsprechend weiter. Chruschtschow habe sich daraufhin, so Alexejew, zunehmend für die kubanische Revolution erwärmt und sei glücklich gewesen, »ein weiteres Faustpfand gegen die Amerikaner zu besitzen« – mit denen sich nach dem kurzen Honigmond seiner USA-Reise neue Konflikte anbahnten.

Im Februar 1960 wurde auf Wunsch Castros die zuerst in Washington, dann in Mexiko gezeigte sowjetische Handelsausstellung – die eher eine Potemkin'sche Zukunftsschau war als eine Messe lieferbarer Güter oder ein Abbild des realen sowjetischen Lebens – nach Havanna gebracht, wo sie von hunderttausend Besuchern bestaunt wurde. Ministerpräsident Mikojan selbst kam zur Eröffnung in Begleitung seines Sohnes Sergo (der sich mit Guevara anfreundete) und führte mit der kubanischen Führung lange nächtliche Geheimgespräche, die bereits einen weiten Horizont streiften. Fidel wie Che hätten (nach dem Zeugnis Sergo Mikojans) dem sowjetischen Ministerpräsidenten unzweideutig ihre Absicht erklärt, eine sozialistische Revolution durchzuführen, ohne dies vorerst offen sagen zu können. In diesem Kampf könnten sie »nur mit sowjetischer Hilfe überleben«.

Castro habe von fünf bis zehn Jahren gesprochen, die sie durchhalten müssten; aber Che sei ihm schroff ins Wort gefallen: »Wenn du es nicht in zwei bis drei Jahren schaffst, bist du am Ende.« Damit war klar, dass der bei diesem Besuch abgeschlossene Handelsvertrag, mit dem die Sowjetunion die von den USA nicht mehr übernommenen Restmengen kubanischen Zuckers im Tausch gegen Erdöl abnahm sowie einen Einkaufskredit von einhundert Millionen Dollar gewährte, nur eine erste provisorische Anbahnung und Anzahlung war.

Noch ging es nicht um Waffenlieferungen. Aber nachdem es den kubanischen Einkäufern nur mühsam gelungen war, in Belgien und Italien größere Mengen Waffen zu ordern, und nachdem unter ungeklärten Umständen der mit Explosivstoffen beladene belgische Frachter »La Coubre« am 4. März mitten im Hafen von Havanna explodiert war, ersuchte Castro über Alexejew die Sowjetunion um konspirative Waffenhilfe. Schon am nächsten Tag antwortete ihm Chruschtschow:

> Fidel, wir teilen Ihre Besorgnis wegen der Verteidigung Kubas und eines möglichen Angriffs, und wir werden Ihnen die Waffen liefern, die Sie brauchen. Aber warum müssen wir sie verstecken ...?

So kam zusammen mit dem Botschafter Sergej Kudrjatsow (ebenfalls ein erfahrener KGB-Mann) Anfang Mai eine erste, nur oberflächlich getarnte sowjetische Militärdelegation nach Havanna, und ab Juni/Juli begannen Waffen und Militärberater in dichtem Strom ins Land zu fließen, mit deren Hilfe die neue kubanische Armee binnen zwei, drei Jahren zu einer der stärksten und bestgerüsteten Armeen Lateinamerikas werden sollte. Im Juli ging Chruschtschow einen entscheidenden Schritt weiter. Auf dem Höhepunkt des kubanisch-amerikanischen Wirtschaftskonflikts und Kleinkriegs verkündete er, es könnten im Konfliktfall »sowjetische Artilleristen das kubanische Volk durch Geschützfeuer unterstützen« – was ein verniedlichender Verweis auf die neuen Interkontinentalraketen war, mit denen »sowjetische Artilleristen« die USA direkt erreichen konnten. Und es war Che, der diese Botschaft sofort aufnahm und herausfordernd erklärte, Kuba stehe nunmehr »unter dem Schutz der Raketen der größten Militärmacht der Geschichte«.

Diese trügerische Sicherheit wiederum verleitete ihn und die kubanische Führung insgesamt, sich ohne Rücksicht auf Verluste in die Auseinandersetzung mit den USA zu werfen. In seiner Rede vor einem lateinamerikanischen Jugendkongress Ende August gebrauchte Che bereits eine Metaphorik, die Züge eines weltgeschichtlichen Herostratentums trug, in einer apokalyptisch durchglühten Sprache, die Nerudas »Großen Gesang« zu zitieren schien:

> *Dieses Volk [Kubas], das ihr heute seht, sagt euch: Selbst wenn es vom Erdboden verschwinden sollte, weil in seinem Namen ein Atomkrieg entfesselt wurde ..., wäre es überaus glücklich, wenn jeder von euch, der in sein Land zurückkehrt, sagen könnte: ›Hier sind wir. Unsere Worte bringen die Feuchtigkeit des kubanischen Dschungels mit ..., und in unserem Geist und in unseren Händen tragen wir die Saat der Morgenröte ...‹ Und von allen anderen Bru-*

dernationen Amerikas und von unserem Land, das als Beispiel fortlebt, wird die Stimme der Völker euch antworten…: ›So soll es sein!‹

Ende Oktober begann Che seine zweite, große Reise als kubanischer Revolutionsführer, diesmal durch die Welt des östlichen Sozialismus. Sein erstes Ziel war Prag, das bald zur unentbehrlichen Basisstation aller kubanischen Geheimoperationen werden sollte. Die Tschechen versprachen einen 20-Millionen-Kredit und technische Hilfe beim Aufbau einer Automobilfabrik, die allerdings nie gebaut wurde.

Von dort ging es weiter nach Moskau. Am 7. November stand Guevara mit einer Fellmütze neben Nikita Chruschtschow auf der Tribüne, während die Gardetruppen über den Roten Platz paradierten, gefolgt von Panzern und Raketen – eine höchst demonstrative Ehrung für jemanden, der kein Parteichef und nicht einmal Staatschef war. Einige Stufen unter ihm stand ein gleichaltriger Mann, den er kurz begrüßte und der für ihn Jahre später zur Nemesis werden sollte: der bolivianische Parteichef Mario Monje.

Entgegen dem Rat seines Botschafters hatte Che es sich nicht nehmen lassen, für Stalin, dessen Leichnam (noch) neben dem Lenins im Mausoleum lag, an der Kremlmauer Blumen niederzulegen. Ob er wirklich der ahnungslose reine Tor war, als der er sich angesichts der Differenzen innerhalb der »kommunistischen Weltbewegung« gab, ist fraglich. Gerade in diesem November 1960 fand in Moskau ja jene Weltkonferenz der Kommunistischen und Arbeiterparteien statt, auf der sich das künftige Schisma bereits klar abzeichnete. Eher wird Che versucht haben, sich aus dem dogmatischen Prinzipienstreit der beiden roten Weltmächte herauszuhalten, weil er längst an seinen eigenen »guevaristischen« Welttheorien bastelte, die weder in den sowjetischen noch in den chinesischen Kanon ganz hineinpassten; und weil er sich von diesem Streit, sosehr er ihn bedauerte, kurzfristig auch einige Vorteile für Kuba erhoffen konnte.

Und so war es. Als Chruschtschow von den drei Millionen Tonnen Zucker, für die Kuba nach der Kündigung der Zuckerquote durch die USA dringend neue Abnehmer suchte, zunächst nur 1,2 Millionen Tonnen übernehmen wollte, und als Che mit seinen Einkaufslisten für ganze Fabrikausrüstungen, bis hin zu einem kompletten Stahlwerk, auf hinhaltenden Widerspruch stieß, brachte er die Chinesen ins Spiel, die sich auch willig zeigten, aber nur in Peking verhandeln wollten. So fuhr Che, wie er ohnehin geplant haben dürfte, nach China weiter, und von dort nach Nordkorea. Ärger gab es allerdings um den KGB-Mann Leonow, der Che (angeblich als Dolmetscher) nicht von der Seite wich und weder in Peking noch in Pjöngjang bei den Gesprächen erwünscht war.

In Peking wurde Che von keinem Geringeren als Mao Tse-tung empfangen und dann zu langen Gesprächen mit Tschou En-lai samt Festbankett geladen. Er absolvierte wie bei allen Besuchen ein ausgedehntes Besichtigungsprogramm mit Fotoshooting auf der Großen Mauer. Und er fand nichts dabei, auch in öffentlicher Rede und vor der Presse die chinesische Revolution im Allgemeinen und die Volkskommunen im Besonderen als »Vorbild« für ganz Lateinamerika zu preisen – mit einer Wärme, mit der er über die sowjetischen Kolchosen und Sozialverhältnisse nicht gesprochen hatte. Die Chinesen ihrerseits rühmten die kubanische Revolution, versprachen die Abnahme von einer Million Tonnen Zucker – und gaben darüber hinaus einen Warenkredit von 60 Millionen Dollar, bei dem sie zu verstehen gaben, dass er ein Geschenk sei. Für Che war das ein Vorbild an revolutionärem Altruismus, das er häufig zitierte.

Die Reise nach Nordkorea und die Gespräche mit Kim Il-Sung, dem Helden des Koreakriegs, der für Ches frühe politische Formationsphase eine zentrale Bedeutung gehabt hatte, beeindruckten ihn, wie er später vielfach bekundete, noch mehr. Die Demokratische Volksrepublik Korea war ein Land in dauerndem Kriegszustand, ein »Volk in Waffen«, das einer atomaren Drohung trotzte. Es hatte sich einer »Juche« genannten Ideologie der Autarkie verschrieben, einem puritanischen »Sozialismus der Armut«; und das Programm, das Che kurz vor seiner Reise in einer Rede vor Studenten und Milizionären verkündet hatte, war hier sehr weit gediehen:

> *Der Individualismus als solcher, als isoliertes Handeln eines Menschen …, muss in Kuba verschwinden. Der Individualismus von morgen sollte die angemessene Nutzbarmachung des ganzen Individuums zum uneingeschränkten Wohl der Gemeinschaft sein.*

Auch mit ihrer Nichtparteinahme im sowjetisch-chinesischen Streit war Che die koreanische Position offensichtlich am nächsten. Zurück in Moskau freilich erklärte er sein volles Einverständnis mit den Beschlüssen der Weltkonferenz, so als hätte sie nicht in einem latenten

Zerwürfnis geendet, und betonte die »kämpferische Solidarität zwischen dem sowjetischen und dem kubanischen Volk«. Dafür bekam er schließlich die gewünschte Abnahmegarantie für 2,7 Millionen Tonnen zu einem Festpreis, der unter dem der früheren US-Zuckerquote lag, aber deutlich über den Straßenpreisen auf dem Weltmarkt.

Selbst das gewünschte Stahlwerk mit einer Kapazität von einer Million Tonnen hätten die Russen ihren kubanischen Zauberlehrlingen wohl zähneknirschend geliefert, um eine weitere Aufsplitterung des sozialistischen Weltlagers zu verhindern. Aber diese fantastische Fehlinvestition blieb ihnen nach jahrelanger Prüfung doch erspart.

Ritter der Hoffnung

Am 23. November 1960 lehnte das Sekretariat des ZK der SED den Antrag der Genossin Bunke, Tamara ab, aus der Staatsbürgerschaft der DDR entlassen zu werden, um nach Argentinien zurückzukehren. Das ZK-Sekretariat stellte fest, dass die Genossin Bunke »an unserer Universität ausgebildet wurde« (was offenbar eine Dankesschuld begründen sollte) und dass ihre Eltern »verantwortliche Funktionen ausüben«.

Das konnte sich kaum auf die eher subalternen Positionen in Staat und Partei beziehen, die Erich Bunke als Kreissportwart für Berlin-Mitte und Nadja Bunke als Angestellte des Ministeriums für Außen-
e parallele
war, darü-
auen Auf-
auf denen
nd bis auf
chwinden
« bezeich-
»Aufklä-
ür Staats-
kus Wolf,
lächelnd

igung zu
lings war
it der In-
desamtes
nn doch
üller-En-
bergs, der HVA-Fachmann in der Bundesbehörde für die Stasi-Akten) in der Regel nur von ehemaligen Mitarbeitern des eigenen Dienstes wahrgenommen wurde – oder von solchen, die früher für die »Freunde« (die Sowjets also) gearbeitet hatten.

Schließlich gab es noch eine »verantwortliche Funktion«, die Nadja Bunke ausübte und die sie nicht nur zur Geheimnisträgerin, sondern nach den geltenden Regeln auch zur Konfidentin der zuständigen »Dienste« machte: die einer Chef-Dolmetscherin des Ministeriums für Außenhandel der DDR für das Russische, gelegentlich auch das Spanische. Nadja dolmetschte sogar Gespräche zwischen Ulbricht und Chruschtschow – und ebenso die mit Che Guevara, als dieser am 21. Dezember 1960 als Superkommissar für die kubanische Wirtschaft in Ost-Berlin eintraf.

Dieser Zwischenstopp beim Rückflug aus Moskau war relativ kurzfristig vereinbart worden. In welchem Zusammenhang das auch stehen mag: Jedenfalls revidierte das ZK-Sekretariat der SED unter dem Datum des 12. Dezember, also kurz vor dem Eintreffen Guevaras, seinen kaum drei Wochen vorher gefassten Beschluss bzgl. des Antrags der Genossin Bunke, Tamara durch die handschriftliche Streichung und Einfügung: »Das Sekretariat des ZK der SED ist mit der Übersiedlung nach Argentinien einverstanden.« Auch eine Überführung von der SED in die KP Argentiniens wurde ihr jetzt zugestanden. Die als Übersetzerin und Journalistin tätige Genossin, hieß es erklärend, habe während des Weltjugendfestivals in Wien im Sommer 1959 einen argentinischen Genossen kennengelernt, den sie heiraten wolle, und betrachte auch sonst dieses Land als ihre Heimat.

Solche Sentimentalitäten durften unter normalen Umständen keine Rolle spielen. Etwas anderes musste in den Blick geraten sein: Der erwartete »Che« Guevara war selbst Argentinier. Und Tamara sollte ihm für seinen kurzen DDR-Aufenthalt als Guide und Übersetzerin dienen, neben ihrer Mutter, die die offiziellen Gespräche dolmetschte.

Über Tamara Bunke selbst gibt es keine reguläre Akte des MfS, bis auf eine nach ihrem Tod angelegte »Erfassungs-Karte«, aus der hervorgeht, dass sie im Dezember 1958 erstmals aktiv oder passiv in den Radar der HVA geraten war. Eine auf der Karte nachträglich eingetragene »Hinweisakte« aus dem Jahr 1960 fehlt. Eine umfangreiche Akte gibt es allerdings über ihren HVA-Führungsoffizier Günter Männel, der für den Aufbau eines Agentennetzes in Nordamerika verantwortlich war und im Sommer 1961 in den Westen desertierte. Diesen Dokumenten zufolge war Tamara Bunke von ihm als Perspektivagentin für den Aufbau einer Residentur in Argentinien mit dem Ziel ihrer späteren Verpflanzung in die USA verpflichtet worden.

Alles spricht dafür, dass diese Anwerbung für die HVA, auch wenn sie noch nicht formalisiert wurde, die Voraussetzung war für die Revision des ZK-Beschlusses vom 12. Dezember über ihre Ausreise nach Argentinien und Überführung in die dortige KP. Und beides hatte mit Sicherheit etwas mit ihrer bevorstehenden Aufgabe der Betreuung des kubanischen Comandante aus Argentinien während seines Besuchs in der DDR zu tun.

Tamara, die strenge FDJ-Mutter der verlotterten lateinamerikanischen Studentenkompanie in Ost-Berlin und Leipzig, hatte die ersten »richtigen« Kubaner Anfang 1960 kennengelernt. Da war vor allem die Genossin Hortensia Gómez, eine elegante Funktionärin der von Moskau gesponserten Internationalen Frauenföderation, die Tamara in Ost-Berlin traf und mit der sie über ihre Rückkehrpläne nach Argentinien sprach: »Sie sehnte sich nach einer revolutionären Tätigkeit von größerem Ausmaß als der, die sie in Berlin durchführte.«

Die »revolutionäre Tätigkeit«, die Tamara in Berlin durchführte, bestand etwa darin, für das Kulturensemble der Humboldt-Universität die Hymne des »26. Juli«, die unter Vorbehalt in den amtlichen Liederschatz der DDR aufgenommen wurde, ins Deutsche zu übertragen. Und im Frühjahr darauf, in den Tagen der Schweinebuchtinvasion, übte sie für die Protestkundgebung mit Major Starke vom Ensemble der Deutschen Volkspolizei diese Hymne mit Tschingderassa ein. In einem melancholischen Dankesbrief äußerte der Major später sein Bedauern, »dass Sie die Deutsche Demokratische Republik bereits verlassen haben, um den kubanischen Freunden beim Aufbau ihrer Heimat zu helfen. Fast könnten wir Sie beneiden, aber auch hier ist unsere Aufgabe eine große …«

Eine erste offizielle kubanische Delegation war im Sommer 1960 in die DDR gekommen, geleitet von Nuñez Jiménez, einem aristokratisch wirkenden Geografie-Professor, der für eine Weile die operative Leitung des INRA übernahm. Ihm zur Seite stand Orlando Borrego, ein schmächtiger Student der Ökonomie, den Guevara in der Schlacht um Santa Clara aufgegabelt hatte und der zu einem seiner engsten Adjutanten werden sollte. Che selbst soll über ihn einmal gespöttelt haben, der Junge sei mit ihm derart identifiziert, dass nur noch das

Asthma fehle. Wie sich Nuñez Jiménez später erinnerte, gehörten seiner Delegation mehrere »Genossen von 22, 23, 24 Jahren an, die bereits in verantwortlicher Funktion arbeiteten«. Tamara, die sie begleitete, sei ebenfalls jung gewesen, und »darum freundeten sie sich schnell an«. Und jedenfalls habe sie schon damals davon gesprochen, »nach Kuba zu kommen«.

Ob einer dieser jungen Leute der in Tamaras Stasi-Akten erwähnte Mitarbeiter der kubanischen Botschaft in Prag war, mit dem sie zum Zeitpunkt ihrer Ausreise nach Kuba ihren Stasi-Oberen zufolge ein [redacted] (in der Kopie geschwärzt) unterhalten haben soll; und ob dieser Kubaner mit dem als Notlüge eingeführten heiratswilligen »Argentinier« vom Dezember 1960 identisch war – das alles muss uns letzten Endes nicht interessieren. Sicher ist nur, dass die kubanischen Botschaftsleute, gerade in Prag, in der einen oder anderen Form zum konspirativen Apparat des entstehenden Auslandsdienstes DGI gehörten. Und davon ging offensichtlich auch die HVA bzw. Stasi aus.

Der Besuch Guevaras in der DDR war jedenfalls kurz, erfolgreich und verwirrend. Kurz, weil er nur zwei Tage dauerte. Erfolgreich, weil der kubanische Industrieminister ein offenbar schon abgesprochenes, über fünf Jahre laufendes Handelsabkommen mit der DDR unterzeichnete; aber auch, weil zum Empfang im Außenhandelsministerium (bei dem Nadja Bunke dolmetschte) alles herbeieilte, was in der DDR Rang und Namen hatte, um dieses Wundertier eines fast schon glamourösen, etwas scharf riechenden Revolutionärs in Kampfkluft zu bestaunen. Und verwirrend war dieser Besuch, weil Che sich so zwanglos benahm, wie man das in der DDR nicht gewohnt war; und weil er beim Treffen mit den lateinamerikanischen Studenten in Leipzig (den Genossen mit dem niedrigen moralischen und ideologischen Niveau) und in einem Vortrag in der Universität mit einer Vehemenz für die Strategie des Guerillakriegs als Königsweg zum Sozialismus warb, die mit der gültigen Generallinie der lateinamerikanischen Bruderparteien nun einmal nicht übereinstimmte.

Sicher anzunehmen ist, dass dieser verwirrende Mann sich mit der Genossin Tamara, die er an ihrem Akzent erkannt haben wird, bei der Vorbesprechung in Auerbachs Keller über Argentinien und Buenos Aires unterhalten haben wird, wo sie beide nicht weit voneinander aufgewachsen waren. Und alles, was darüber hinausgeht, ist schmutzige oder kitschige Fantasie; zumal Guevara, seit er von der Droge Macht gekostet hatte, kaum noch auf erotische Abenteuer aus war. Und die Maschine in Prag wartete schon, um ihn nach Havanna zurückzubringen. Eine Einladung an diese vor Tatendrang glühende junge Genossin, doch erst einmal nach Kuba zu kommen, wo es eine kleine argentinische Gemeinde gab, mit der Guevara noch einiges vorhatte, mag es allerdings gegeben haben. Wir waren nicht dabei.

Fest steht nur, dass Tamara als (fest oder lose verpflichtete) Perspektivagentin der HVA, aber wohl auch als authentische Sympathisantin Ches, in den Monaten darauf in der neu eröffneten provisorischen Botschaft der Republik Kuba in Ost-Berlin arbeitete, zusammen mit einer Freundin namens Ina B.; und dass die beiden jungen Frauen allerhand Pläne schmiedeten, wie sie demnächst nach drüben, auf die Zuckerinsel, rübermachen könnten.

Aber selbst wenn Tamara im Kontakt mit diesen lockeren Kubanern ein wenig der Hafer stach, so blieb sie doch die brave, überaus ernsthafte Tochter ihrer Eltern, deren ungeschriebenes Tagebuch mit den eingangs zitierten, feierlichen Sätzen Ostrowskis alias Kortschagins begann. Und wenn diese stalinistischen Tscheka-Romane eine nur Eingeweihten zugängliche, höhere Wirklichkeit von geheimen Missionen mehr andeuteten als darstellten, so konnte diese Wirklichkeit zuweilen tatsächlich einem Roman gleichen – oder ihn sogar übertreffen.

Fast wie eine schicksalhafte Fusion ihrer Lebens- und Traumwelten muss es gewirkt haben, als im Januar/Februar 1961, kurz nach der aufregenden Begegnung mit Che, die in Moskau lebende Anita Leocadia Prestes-Benario zu einem Besuch in die DDR kam und Tamara sie auf ihren Besuchen, Besichtigungen und Ausflügen begleiten durfte. Anita war die Tochter jenes legendären, von Neruda und Amado besungenen »Ritters der Hoffnung« Luis Carlos Prestes und seiner deutsch-jüdischen Gefährtin Olga Benario, die gerade in diesen Jahren ins erweiterte Pantheon der Heroen und Märtyrer der DDR aufgenommen wurde. Für die elektrisierende Wirkung auf Tamara hätte es dieser Heiligsprechung kaum bedurft. Das war schließlich eine Geschichte mit allen Ingredienzien von Liebe, Mut und Tragik, mit der sie sich unmittelbar identifizieren konnte.

Diese Geschichte hatte 1928 mit einem Paukenschlag begonnen, als die Münchner Rechtsanwaltstochter und kommunistische Studentin Olga Benario ihren wegen Hochverrats angeklagten Geliebten Otto Braun, den Sohn des gleichnamigen führenden Sozialdemokraten, in einer Kampfgruppe junger Studenten mit vorgehaltener Waffe aus dem Gerichtssaal in Moabit befreite. Nach der vorbereiteten Flucht des Paares nach Moskau wurden sie beide auf der Hochschule der Kommunistischen Internationale zu professionellen Agenten mit vielseitigen Fähigkeiten wie Sprengen, Schießen, Funken, Fälschen, Reiten, Fliegen und Fallschirmspringen ausgebildet. Später trennten sich ihre Wege. Otto Braun ging nach China, wo er unter dem Kampfnamen Li Teh als Militärberater und zeitweise als Gegenspieler Mao Tse-tungs eine exponierte (und höchst problematische) Rolle spielen sollte.

Olga Benario dagegen wurde vom Moskauer Exekutivkomitee in unterschiedlichen Missionen in Paris und London eingesetzt; bis sie 1935 in Paris einem mit falschen Papieren reisenden, scheuen 37-jährigen Mann als Begleiterin zugeteilt wurde. Dieser entpuppte sich als der brasilianische Hauptmann Luis Carlos Prestes, der zur lebenden Legende gewordene Kommandeur einer rebellischen Armee-Einheit, die er 1925 auf einen 25.000 km und zwei Jahre dauernden »Langen Marsch« durch das Landesinnere Brasiliens geführt hatte; bis diese »Kolonne Prestes« einem verwilderten Bauernkriegshaufen glich und aufgerieben worden war. Prestes selbst hatte sich da bereits nach Moskau abgesetzt, wo er mehrere Jahre für seine Rolle als neuer Führer der Kommunistischen Partei Brasiliens vorbereitet worden war. Und nun war er auf dem Weg zurück.

Als die beiden in Brasilien ankamen, war Olga Benario die Geliebte und Lebensgefährtin des scheuen Revolutionärs geworden, der bis dahin, so wollte es die Legende, wie Ostrowskis Romanheld Kortschagin »keine Frau angerührt« hatte. Wenn laut Komintern-Analyse eine »revolutionäre Situation« in Brasilien herrschte, dann führte sie jedenfalls nicht zum Machtantritt des kommunistischen Hauptmanns Prestes, sondern zur Diktatur des Populisten und Mussolini-Bewunderers Oberst Vargas, der 1934 zum Präsidenten gewählt worden war. Als die Kommunisten nach einem Aufstandsversuch Ende 1936 in den Untergrund gedrängt wurden, mussten auch Benario und Prestes abtauchen. Ein Jahr später fielen sie der Polizei in Sao Paulo in die Hände.

Prestes blieb bis zum Frühjahr 1945 in Haft, bis er in dem von Neruda besungenen Triumphzug endlich das Gefängnis verlassen konnte. Seine Lebensgefährtin dagegen, die bei der Verhaftung schwanger war, wurde trotz internationaler Proteste an das nationalsozialistische Deutsche Reich ausgeliefert, in dem sie seit 1928 steckbrieflich gesucht wurde. Im Gefängnis bekam sie ihre Tochter Anita Leocadia, die schließlich von den NS-Behörden ihrer Schwiegermutter übergeben wurde. Auch Olga hätte 1939 ins rettende Mexiko abgeschoben werden können, wäre nicht der Weltkrieg ausgebrochen. So kam sie in das KZ Ravensbrück, wo sie im »Judenblock« die Blockälteste wurde. 1942 wurde sie in einer für das Euthanasieprojekt errichteten Gaskammer im Lager Bernburg ermordet.

Anfang 1961 also begleitete Tamara Bunke als Dolmetscherin und Guide die fast gleichaltrige Anita Leocadia Prestes-Benario. Sie besichtigte mit ihr Ravensbrück, wo die Geschichte ihrer Mutter bereits zur Heiligenlegende geronnen war. Und gemeinsam besuchten sie Ursula Kuczynski alias »Ruth Werner«, die soeben die maßgebliche sozialistisch-realistische Biografie Olga Benarios veröffentlicht hatte. Deren jüdische Herkunft kam darin freilich nicht vor – so wenig wie die der Autorin selbst, der jüngeren Schwester Jürgen Kuczynskis, des vielleicht bekanntesten Historikers und akademischen Großmoguls der DDR.

Damit trat Tamara allerdings gleich in einen nächsten Lebensroman ein, der kaum weniger elektrisierend wirkte. Denn diese »Ruth Werner« war unter den Kundschafterinnen der Internationale und der sowjetischen Dienste selbst eine Legende – was Eingeweihte (zu denen die Bunkes gezählt haben dürften) natürlich wussten, schon bevor diese zur Schriftstellerin gewordene Ex-Agentin unter dem militärisch knappen Titel »Sonjas Report« 1977 ihren Lebensbericht veröffentlichte. Im Klappentext des Verlags Neues Leben heißt es:

> Wir verfolgen das Leben einer Kundschafterin, einer Frau, die zwanzig Jahre lang als illegaler Kommunist von Land zu Land zieht. Ihr Haus in Shanghai ist Treffpunkt von Dr. Richard Sorge und den chinesischen Genossen. Sie ist Funkerin in China, in Polen, in der Schweiz, sie organisiert Kundschaftergruppen. Eine Frau erinnert sich an Liebe, an Verrat, an die Sorge um die Kinder …

Das war jedenfalls die Welt, in der Tamara aufgewachsen und mit der sie sich in ihrer Fantasie schon lange lebhaft beschäftigt hatte, bevor sie sich ganz ihrem eigenen »Ritter der Hoffnung« verschrieb.

»Es gibt nichts Schöneres, als dort zu sein, wo es brennt und wo der revolutionäre Kampf am härtesten ist«, schrieb Tamara Bunke an ihre Eltern in Ost-Berlin – mitten aus der Kubakrise des Oktober 1962, als die Welt am Abgrund eines atomaren Konfliktes stand. »Wie viele möchten jetzt hier in Kuba sein und an der Verteidigung der kubanischen Revolution teilnehmen, und ich habe dieses große Glück!« Um dieses Glücks willen hatte sie eine Eigenmächtigkeit begangen, die nach den Statuten ihrer Partei als Illoyalität, wenn nicht Schlimmeres verstanden werden konnte.

Am 1. Mai 1961, dem Festtag der internationalen Arbeiterklasse, während das aufmarschierte Proletariat der DDR seine von der Tribüne winkenden Führer grüßte und die Kampfgruppen paradierten, die wenig später einen »antifaschistischen Schutzwall« errichten würden, um die »Abwerbung« nach Westdeutschland zu stoppen – an diesem Tag also hatte Tamara Bunke ihre ostdeutsche Zweitheimat, mit der sie nie ganz warm geworden war, verlassen. Statt wie ursprünglich vorgesehen auf einem polnischen Frachter von Rostock nach Buenos Aires zu reisen, war sie, ohne sich abzumelden, mit dem Zug und kleinem Gepäck nach Prag gefahren, wo sie dienstlich und wegen des Mannes aus der kubanischen Botschaft öfters gewesen war. Ab Prag gingen die Flüge der kubanischen Luftfahrtgesellschaft über die Azoren nach Havanna. Und dank ihrer Beziehungen zur Primaballerina Alicia Alonso, der Prinzipalin des kubanischen Nationalballetts, das sie auf einer Tour durch die sozialistischen Länder zeitweise begleitet hatte, hatte Tamara sich den Platz eines abgesprungenen Tänzers in der Maschine sichern können.

Sie muss sich etwa zehn Tage in Prag aufgehalten haben (vielleicht aus privaten Gründen, oder weil die Verbindungen nach Kuba wegen der vorangegangenen Invasion in der Schweinebucht noch unregelmäßig waren), bevor sie mit dem Ballett am 12. Mai endlich in Havanna ankam.

> Sie atmete tropische Luft ..., stieg in einen Straßenkreuzer, made in USA, und befand sich kurz darauf in einem Hotel mit elektrisch gekühlter Luft, in einem Appartement mit Bad und eingebauter Küche.

So, ein wenig neidvoll, der FDJ-Autor Eberhard Panitz, der sie damals in Kuba traf und der zehn Jahre später unter dem Titel »Der Weg zum Rio Grande« ein sorgsam durchzensiertes Kultbuch über die eben zur DDR-Heroine erhobene Tamara verfasste.

Die Komplikationen begannen, als zwei Monate nach Tamaras Weggang ihr Führungsoffizier Günter Männel nach Westberlin desertierte, ohne dienstliche Unterlagen, aber mit der unbedingten Bereitschaft, sich erst dem US-Geheimdienst anzudienen und dann dem Bundesnachrichtendienst (BND), in dessen Dienste er schließlich übernommen wurde. Das ließ in der Stasi-Zentrale Normannenstraße sämtliche Alarmglocken schrillen. Männel war immerhin ein wichtiger Mann in der HVA-Abteilung III/1, die sich mit Nord- und Südamerika befasste.

Als 1968 die Identität der toten Guerillera »Tania« in der Truppe Guevaras in Bolivien enthüllt wurde, meldete Männel sich in der westdeutschen Presse mit der Behauptung zu Wort, er selbst habe Tamara Bunke schon 1958 für die HVA rekrutiert (das würde mit ihrer Karteikarte übereinstimmen); und er habe sie 1960 dann in Absprache mit dem KGB gezielt auf Che »angesetzt«, als dieser in der DDR zu Besuch war, um sie schließlich nach Kuba als wichtigem neuen Operationsgebiet weiterzuschicken.

Das klang nicht per se unplausibel. Über Ches Radikalismus gab es subtile Unruhe in Moskau. Und noch zählte Kuba ja nicht zum sozialistischen Lager. Die sowjetische Mission in Havanna bis zum Botschafter bestand fast ausschließlich aus KGB-Leuten, was mit der Nähe der USA, aber auch mit der unklaren Entwicklung Kubas selbst zu tun hatte, das sich überdies zu einem Zentrum revolutionärer Umtriebe in ganz Lateinamerika entwickelte. Nichts wäre insofern naheliegender gewesen, als mit brüderlicher Hilfe der HVA, die seit ihrer Gründung unter steter KGB-Supervision arbeitete, eine junge Frau mit der Biografie Tamara Bunkes, Tochter einer russischsprachigen Mutter mit (womöglich) eigenen Verbindungen zu sowjetischen Diensten, in die neue kubanische Mission in Ost-Berlin hineinzupflanzen und von dort aus nach Kuba zu schicken, wohin sie aus Liebesgründen sowieso strebte, um sie dort auf ihren berühmten Landsmann Che anzusetzen.

Die verfügbaren Akten des MfS sprechen freilich eine andere Sprache, als dieses Bild einer Top-Agentin vermittelt. In einem Bericht vom September 1961 heißt es: »Die Bunke ... hält sich zurzeit in Kuba auf... Wie sie dort hingekommen ist, ist nicht bekannt, höchstwahrscheinlich über die kubanische Botschaft in Prag.« Im Juni 1962 notierte ein Stasi-Funktionär, »dass die B. ... die DDR illegal verlassen« habe. Im Dezember 1962 behauptete ein Berichterstatter sogar: »Bunke ... wurde 1960 R.F.« Republikflüchtig, 1960!? Wenn die Überwachungswut der Stasi für ihre Objekte irgendeinen Trost geboten hat, dann nur den, dass die rechte Hand oft nicht wusste, was die linke tat, und die Subalternen nicht ahnten, was die Oberen trieben.

Für den Historiker machen diese Konfusionen die Sache natürlich umso schwieriger. 1968 ließ HVA-Chef Markus Wolf sich, wie er dem *Spiegel*-Redakteur Cordt Schnibben erzählte, »Bunkes schmale Akte« noch mal kommen. Gab es also doch eine »Akte Bunke«? War es die verschwundene »Hinweisakte« von 1960? Auf nichts ist hier Verlass, auf Wolfs selektive Erinnerungen erst recht nicht. Und so bleibt nichts übrig, als das Puzzle der verbliebenen, großteils nachträglich angelegten Aktenstücke noch einmal zusammenzusetzen.

Wie Männel unmittelbar nach dem eigenmächtigen Weggang Tamaras dienstlich zu Protokoll gegeben hatte (bevor er selbst verschwand), sollte »die B. ... in der Perspektive in Argentinien eingesetzt werden, und über das Verschwinden war nichts bekannt«. In einem zusammenfassenden Bericht seines Nachfolgers Major Täger vom Juli 1962 heißt es dagegen:

> Durch einen Hinweis der Abteilung I erhielten wir Kenntnis von der beabsichtigten Ausreise der B. nach Kuba, mit der späteren Absicht, sich endgültig in Argentinien niederzulassen ... Das Ziel bestand seinerseits darin, sie nach der Legalisierung in Argentinien nach den USA weiterzuschleusen.

Wegen des Verrats Männels sei »die B. am 4.7.1961 von uns angeschrieben (worden) mit der Aufforderung, Süd- oder Nordamerika nicht aufzusuchen« oder »vorher Rücksprache mit uns zu nehmen«. Dann heißt es, ziemlich ungnädig:

> Seitdem besteht zur B. keinerlei Verbindung und sie selbst hat nach der Ausreise nichts von sich hören lassen. Es wurde bekannt, dass sie z. Zt. in Kuba sehr fortschrittlich auftritt, aber ständig versucht, sich den DDR-Delegationen als Dolmetscherin aufzudrängen ... Ihren Entschluss, nach Argentinien auszuwandern, hat sie angeblich aufgegeben, beabsichtigt in Kuba zu bleiben und auch die kubanische Staatsbürgerschaft anzunehmen. Sie hat auch eine enge Verbindung zur kubanischen Sicherheit.

So viel ist also klar: Dem Plan der HVA zufolge hätte Tamara Bunke nach Argentinien zurückgehen und dort eine neue biografische Legende mit den dazu passenden Papieren aufbauen sollen, um später dann in die USA »weitergeschleust« zu werden. Der Aufbau eines eigenen Agentennetzes in den USA war gerade in dieser Zeit ein Schwerpunktprojekt des Dienstes, wie Markus Wolf in seinen Erinnerungen berichtet hat. Und die Methode war genau diese:

> Mit halbwegs stimmigen Lebensgeschichten mussten die Kandidaten als sogenannte Doppelgänger zuerst nach Südafrika, Lateinamerika oder Australien auswandern, wo sie eine Weile lebten, bevor das Ziel USA angepeilt werden konnte.

Tamara war also eine designierte »Doppelgängerin« der HVA, bevor sie für die kubanische DGI eine wirkliche Doppelgängerin ihrer selbst werden sollte. Klar ist auch, dass die Abteilung III sehr wohl »Kenntnis von der beabsichtigten Ausreise der B. nach Kuba« hatte, mindestens über ihre bei der Abteilung I »als KW einliegenden« Eltern, die ja in Tamaras Pläne eingeweiht waren. Aber Kuba sollte eben nur als Zwischenstation nach Argentinien dienen. Die Eigenmächtigkeit lag also vor allem darin, dass Tamara nach ihrer Ankunft in Havanna die Kontakte zur HVA abgebrochen hatte – trotz des ihr nachgeschickten, warnenden Anschreibens.*

* Dieses Anschreiben ist in den Akten des MfS allerdings nicht aufgetaucht. Interpretationsbedürftig ist auch, warum Tamara in einer Liste der nach Männels Verrat gewarnten, von ihm geführten GMs (Geheimen Mitarbeiter) und informellen KPs (Kontaktpersonen) vom 26. April 1962 nicht auftaucht. Offenbar war sie tatsächlich noch im Stadium einer Perspektivagentin; oder Männel hat sie wirklich zunächst dem KGB zugeführt statt dem eigenen Dienst; oder ihr Weggang nach Kuba war ein Sonderfall, der eine ganz eigene, neue Strategie erforderlich machte.

Kuba war in dieser Zeit aus DDR-Sicht immer noch Teil des »NSW« (des »Nicht-Sozialistischen Wirtschaftsgebiets«), also westliches Ausland. Jemand, der sich eingegangenen Verpflichtungen eigenmächtig entzogen hatte, »in Kuba fortschrittlich auftrat« und »sich DDR-Delegationen aufdrängte«, musste professionelles Misstrauen wecken. Schlimmer: Tamaras Freundin Ina B., die weiterhin in der kubanischen Mission in Ost-Berlin arbeitete, »bekam ... mehrere Briefe von der Bunke und wurde aufgefordert, ebenfalls nach Kuba zu kommen«. Das kam dem Straftatbestand der »Abwerbung« nahe. Und schließlich bestand ja »leicht die Möglichkeit ..., dass der Männel im Auftrage westlicher Geheimdienststellen jetzt noch solche Verbindungen für sich ausnutzt«. In Kuba tobte ein Untergrundkrieg der Geheimdienste; und ein zur CIA übergelaufener Männel konnte Tamara dort drüben eventuell erpressen oder umdrehen. In dieser Schattenwelt war alles möglich.

Hier beginnt der burleske Teil dieser Geschichte. Als Erster wurde ihr der bereits zitierte Eberhard Panitz hinterhergeschickt. Er sollte im Auftrag von Werner Lambertz, dem Sekretär des Zentralrats der FDJ, ein Buch über das revolutionäre Kuba schreiben. Und dabei sollte er sich unbedingt an Tamara Bunke halten, die »unlängst ziemlich eigenwillig, ohne die bürokratischen Vorschriften zu erfüllen, nach Kuba ausgereist« sei – aber nun vielleicht ja »für uns dort genau das Richtige« sei. Lambertz hatte Tamara kurz zuvor selbst in Havanna getroffen, und sie hatte ihm einen Brief an ihre Eltern mitgegeben. Das könnte man also als den Versuch einer freundschaftlichen Wiederanbahnung verstehen, nach entsprechender Überprüfung.

Das damals nicht geschriebene Buch hat Panitz 2004 unter dem schmalzigen Titel »Cuba, mi amor« nach seinen Aufzeichnungen von 1961 nachgeliefert – wie authentisch, sei dahingestellt. Es ist ein ebenso instruktives wie decouvrierendes Dokument, erst recht, wenn man es mit Panitz' parteioffizieller Tania-Hagiografie von 1973 »Der Weg zum Rio Grande« parallel liest. Das revolutionäre Kuba war für den jungen FDJler ein Wunderland, das für Freundschaftsreisende wie sie von beiden Systemen das Feinste bot.

1973 hatte Panitz nach heftigen Interventionen von Nadja Bunke nur sparsam über seine Begegnungen mit Tamara sprechen dürfen, etwa so:

> Am 24. Juli 1961 stand Tamara Bunke auf dem Flugplatz von Havanna und begrüßte mich mit etwas rauer Stimme in einwandfreiem Deutsch. Sie war mittelgroß, schlank, blond, trug eine kubanische Milizuniform – hellblaues Hemd, dunkelblaue Hose, Koppel, Schirmmütze ... Vor dem Flughafengebäude stand ein amerikanischer Straßenkreuzer, und in rasender Fahrt ging es zu dem Hotel ›Riviera‹. Dort, im Foyer, drängten sich Ausländer um einen jungen kubanischen Armeeoffizier in olivfarbener Uniform, sie drückten ihm die Hand und riefen: ›Comandante, Comandante!‹ ... Tamara (ging) zu dem Offizier, unterhielt sich mit ihm, erklärte mir dann: ›Das ist Raúl Castro, Fidels Bruder, wir werden ihn in Santiago treffen, ich organisiere das.‹

Im (nehmen wir an, authentischen) Tagebuch von Panitz aus dem Jahr 1961 stehen erst einmal ganz andere Eindrücke im Vordergrund:

> Alles ist modern, Klimaanlage, ein luxuriöses Badezimmer, wie ich es nur aus amerikanischen Filmen kenne ... Früh in einem Straßenkreuzer zur DDR-Botschaft ... Alt-Havanna. Eine Bar ... an der Wand drinnen ein ziemlich sündiges Weibchen ... Am ›Habana Libre‹-Hotel, dem früheren ›Hilton‹, ruft uns ein Neger im weißen Anzug zu: ›You will have a girl?‹

Überhaupt gibt es viele Neger und sündige Weibchen auf Kuba. Ein anderer spricht die FDJler »vor einem kleinen, noblen Haus an und erklärt, er habe eine Schwester, die ... sei Tänzerin beim Tropicana-Ballett«. Zwei Milizionäre bieten an, »uns mit ihrem Straßenkreuzer ins Hotel zu bringen. Der am Steuer erzählt, dass er mit Fidel in der Sierra Maestra war. Im Wagen sitzt ein Mädchen, das mich mit seinen dunklen Augen anglüht.« Wo immer Panitz mit seinem Reisegefährten Horst Salomon und dem später hinzustoßenden Fotografen Thomas Billhardt hinkommt, treffen sie auf jugendliche alte Kämpfer, die mit Fidel in der Sierra Maestra waren; und dunkle Augen glühen sie verheißungsvoll an.

Die Stadt ist geschmückt, weil die sowjetische Regierung Jurij Gagarin, den ersten Menschen im All, kaum auf der Erde gelandet, zu einer Werbetour um die Welt geschickt hatte, und ganz vorneweg nach Kuba, vor die Haustür der USA. Die FDJ-Delegaten gehen mit Tamara zur Kundgebung, die aus einer kurzen Ansprache Gagarins und einer 4½-Stunden-Rede Castros besteht, seiner alljährlichen Ansprache zum 26. Juli, dem Staatsfeiertag. Diese Rede ist, wie Panitz es sieht,

»ein großes Gespräch mit den Tausenden«. Ein etwas einseitiges Gespräch: Wenn Fidel die Menge fragt, ob die Revolution den Reichen alles genommen und den Armen alles gegeben habe, rufen alle »Si!«. Und wenn er, heiser geworden, scherzhaft fragt, ob sie etwa »wie die Yankees wollen, dass ich nicht mehr spreche«, antworten sie ihm »mit einem Begeisterungssturm: ›No!‹«.

Tamara umarmt ihre Besucher am Schluss und fragt in aller revolutionären Unschuld: »Versteht ihr jetzt, warum ich hier bin und nie mehr zurückwill?« Ja, leider. Am nächsten Tag ist wieder ein »Gespräch mit den Tausenden« angesetzt, diesmal am Platz der Kämpfe an der Playa Girón in der Schweinebucht. Als Che spricht, eilt Tamara nach vorne.

> Sie schwärmt für Che, auch, weil er aus Argentinien stammt … Wie sie uns erzählte, trifft sie sich ab und zu mit ihm und bringt ihm Mate-Tee … Nach Ches Rede kommt sie mit ihm unter das Sonnendach und macht uns miteinander bekannt.

So viel kann man entnehmen: Tamara bewegte sich bereits zwei Monate nach ihrer Ankunft in den Kreisen der Comandantes, wenn auch nur als eine von vielen Schlachtenbummler/inne/n aus aller Welt, die sie wie Motten das Licht umschwärmten. Panitz spricht prompt von ihrem »Schwärmen« für Che, und damit kommt ein feiner Unterton von Häme ins Spiel, der hier und da in seinen Aufzeichnungen durchschimmert. Immer wieder nervte Tamara ihre Besucher damit, dass sie Kuba und die DDR gegeneinander ausspielte oder als heikel empfundene Fragen abbog.

> Vieles resultierte aus ihrer absoluten Parteinahme für alles, was im revolutionären Kuba geschah, und geradezu sakrosankt waren für sie die Worte und Taten Che Guevaras und Fidel Castros, auch Raúl Castros.

Zu einem kleinen Showdown kommt es, als vor dem 13. August 1961, dem Tag des Mauerbaus, in den (mittlerweile weitgehend auf Linie gebrachten) kubanischen Zeitungen berichtet wird, »dass in Berlin eine kritische Situation an der Grenze herrsche«. Tamara versteht nicht, warum ihre männlichen Begleiter nicht sofort zur Botschaft eilen:

> Nach ihrem Verständnis hätten wir und andere Genossen aus der DDR, wo auch immer, sofort die Koffer packen, nach Hause eilen und uns an der Grenze oder sonst wo im Land zur Verfügung stellen müssen, um unsere sozialistische Republik zu verteidigen. Indirekt sagt sie es uns, indem sie von Che spricht, der in einer solchen Situation gewiss ›allen Compañeros Beine gemacht‹ hätte.

Ihre revolutionäre Gardinenpredigt krönte sie auch diesmal wieder mit einem triumphierenden, wenn auch reichlich paradoxen: »Na, jetzt wisst ihr, warum ich hier bin.«

Kurzum, es war ein Segen, dass sie diese Gouvernante nicht immer dabeihatten, die sehr wahrscheinlich ihr »niedriges ideologisches und moralisches Niveau« bemängelt hätte – wenn sie zum Beispiel gesehen hätte, wie die FDJ-Delegaten bei ihren spätabendlichen Exkursionen »in einige Nachtbars und ›Nightclubs‹ hineinschauten«, in denen es dunkel war und eng getanzt wurde; oder wie Panitz das Schulmädchen Lydia wieder traf, das ihm auf der Straße seine Telefonnummer gegeben hatte und sich abends in »eine Frau von faszinierender Schönheit« verwandelte, mit der er wie verabredet in den »Nightclub« (immer in bedeutungsvollen Anführungsstrichen) ging. Und wie man für ein Schäferstündchen die Etagenfrau im Hotel schmierte, die es nach dem sowjetischen System offenbar im vorsozialistischen Kuba auch bereits gab, wusste er natürlich.

Alle diese etwas späten Bekenntnisse eines tollen Hechtes vermischen sich aufs Schwülste mit den Dauerbekundungen internationaler Solidarität und revolutionärer Begeisterung bei all den Meetings und Treffen, die sie absolvierten. Und wenn sie mit wunden Füßen beim rituellen Jugendmarsch auf den Pico Turquino mitmarschierten, dann war das schon ganz schön heroisch; wofür sie später in einem Bergdorf wieder mit lockenden dunklen Augen belohnt wurden. Bis Tamara, die es schmachvollerweise nicht auf den Berggipfel geschafft hatte, sie wie versprochen mitnahm zu Raúl Castro, der sie in einer »Traumvilla an der leuchtend blauen Hafenbucht Santiagos« empfing, die einem reichen Industriellen und Fuhrunternehmer gehört hatte. Am Tag darauf besuchten sie gleich auch noch Raúls Frau Vilma Espín, »Vorsitzende des kubanischen Frauenbundes, 31 Jahre, in der Privatwohnung, einem Haus mit großem Garten, in dem ein Reh umherspringt«. War es nicht eine Lust, für das Wohl der Menschheit zu kämpfen, statt sich, wie die Intellektuellen im Kapitalismus, verkaufen zu müssen?

Die blaue Miliz-Uniform verdankte Tamara ihrer Balletttruppe, für die sie begeistert Nachtwachen gegen die Anschläge der Konterrevolution schob. Schon 14 Tage nach ihrer Ankunft (unklar, ob mit oder ohne ihren Prager Freund von der »kubanischen Sicherheit«) war für sie alles bestens geregelt, wie sie ihren Eltern begeistert schrieb. Im ersten Monat würde sie für den ISB arbeiten, den in Prag ansässigen, von Moskau gesponserten »Internationalen Studentenbund«, der sich jetzt auch in Kuba etablierte und gleich einen Kongress abhielt. Und für die Zeit danach wurde im »Kubanischen Institut für die Völkerfreundschaft« (ICAP) für sie bereits ein eigenes Arbeitszimmer eingerichtet. Sie hatte im Hotel »Riviera« für sich »ein Zimmer als Büro und daneben, mit einer Verbindungstür, eins für mich«. Ihre Fahrten erledigte sie mit »›meinem‹ Cadillac«. Und überhaupt: »Es arbeitet sich fantastisch hier«, und »Havanna ist wunderschön ..., die Palmen, das Meer ..., die Architektur«. Überall auf den Straßen Milizionäre, wie der 14-jährige Luisito, der mit einer Maschinenpistole vor ihrem Hotel Wache schob. Deshalb gebe es »kaum noch Raubüberfälle, Liebesaffären mit Ermordung usw.«.

Im Oktober wurde sie als Übersetzerin und Betreuerin dem Unterrichtsministerium zugeteilt, um dort eine »Internationale Abteilung« aufzubauen. Ihr Arbeitsplatz war das geräumte Camp Columbia, das in »Ciudad Libertad« (Freiheitsstadt) umgetauft worden war, in dem nun Tausende junger Hilfslehrer für die Alphabetisierungskampagne ausgebildet und ideologisch gefirmt wurden. Im Oktober bekam sie einen Arbeitsvertrag mit dem sehr ordentlichen Gehalt von 260 Pesos, die noch annähernd dem Dollar gleichstanden.

Diese wunderbar »unbürokratische« Art und Weise, mit der jeder, der kam und mitmachen wollte, irgendeine »Stelle« fand, und wäre sie neu erfunden worden, gehört zum Signum revolutionärer Gründungsphasen, wie man sie archetypisch aus den frühen Jahren des bolschewistischen Kriegskommunismus kennt. Es war dieser soziale Naturprozess der Stellenvermehrung, der Lenin wie Mao oder Che allerdings binnen weniger Jahre vor das selbst erzeugte und umso wütender gegeißelte Resultat stellte, dass alle ihre revolutionäre Informalität nur einen bürokratischen Drachen neuen Typs hervorgebracht hatte, gegen den der alte Staatsdrachen mit seinen »Pullen« (bottellas) und Pfründen schon fast niedlich aussah.

Hatte Tamara im Brief vom Mai noch geschwärmt, alles werde in

Kuba »fantastisch organisiert und vor allem ... schnell«, so hatte sie sich im Oktober bereits eine etwas landestypischere Sichtweise zugelegt: »wie die Kubaner immer sagen: una desorganización organizada«, eine organisierte Desorganisation. Ihre erste Aufgabe war denn auch »die Einrichtung der Personalunterlagen« des Ministeriums. Fidel hatte das neue Leitwort »Organisation« ausgegeben, und das bedeutete: »Organisation in den Gewerkschaften, in der Frauenorganisation, in der Jugendorganisation, in der Miliz und besonders in den Comités de Defensa de la Revolución«.

Diese eben geschaffenen »Komitees zur Verteidigung der Revolution« (CDR), die als revolutionäre Blockwarte das Land mit einem flächendeckenden Mobilisierungs- und Überwachungsnetz überzogen, weckten ihre besondere Begeisterung. Also trat Tamara in ihrem neuen, geräumigen Appartement im Nobelviertel Miramar sofort ihrem CDR an der Straßenecke bei und organisierte nach Feierabend Meetings und Schulungen, Arbeitseinsätze, Militärübungen oder Nachtwachen.

In gewisser Weise war das eine gesteigerte Form ihres atemlosen Organisierens und Machens, mit dem sie auch ihre Jahre in der DDR ausgefüllt hatte. Kuba war in eine Phase der rapiden Sowjetisierung eingetreten. Jeder musste in irgendeine der wuchernden Massenorganisationen eintreten, um »an der Revolution teilzunehmen«. Tamara war jetzt Mitglied der »Juventud Rebelde«, der nach dem Muster von Komsomol und FDJ neu geschaffenen staatlichen Jugendorganisation. Aber gleichzeitig organisierte sie auch eine Gewerkschaftssektion im Ministerium. Dann wieder arbeitete sie für die Propagandakommission der neuen Frauenföderation von Vilma Espín, für die sie kleine Artikel schrieb und Rundfunksendungen produzierte. Und eine ihrer bevorzugten Aktivitäten war es, an den »freiwilligen Arbeitseinsätzen« teilzunehmen, die jetzt zum Allheilmittel der beginnenden wirtschaftlichen Einbrüche wurden.

Bei einem solchen Einsatz anlässlich des Internationalen Studentenkongresses im Juni, scheint es, hatte sie auch Che erstmals wiedergetroffen, ein halbes Jahr nachdem sie ihn in Leipzig begleitet hatte. Alle Mitglieder hatten sich an einem Wochenende auf der Baustelle einer Schule versammelt, auch Che erschien und übernahm das Kommando über die erste Brigade, während Tamara (angeblich) so etwas wie die Chefin der zweiten Brigade wurde. Natürlich ging der Wettbe-

Bilder vom fröhlichen Wettkampf der Brigadierin Tamara (Mitte links) mit dem Brigadier Che (Mitte rechts), Juni 1961

werb am Ende unentschieden aus, aber nur, weil Che galanterweise seiner Konkurrentin beim Tragen der Steine geholfen haben soll, als sie in Rückstand geriet. Anschließend holte Tamara ihre Gitarre heraus und sang Revolutions- und Volkslieder, wie sie es immer und überall tat, und dabei soll sie Che lächelnd gesagt haben: »Jetzt, glaube ich, werden Sie mich nicht besiegen, Comandante!« Was eine kesse Anspielung auf dessen legendäre Unmusikalität war, und jedenfalls eine hübsche Anekdote aus ihren »Flitterwochen der Revolution«. Angela Soto, eine der kubanischen Freundinnen Tamaras in diesen beiden ersten Jahren, eine fröhliche ehemalige Schauspielerin und spätere Journalistin, glaubt sich sogar zu erinnern, dass Tamara Che zum Tanz aufgefordert habe, und dass er sich das, ungeschickt wie er war, habe gefallen lassen.

Im Brief vom 6. Oktober 1961 an ihre Eltern schreibt Tamara: »Die Partei konnte über meinen Einsatz noch nicht richtig entscheiden.« Welche Partei? Noch gab es auf Kuba keine Staatspartei. Man kann davon ausgehen, dass sich Tamara zunächst der etablierten Bruderpartei PSP »überstellt« hatte, so wie sie es mit der KP Argentiniens vorhatte.

Diese Partei (die sich zugunsten der entstehenden neuen Staatspartei eigentlich hätte auflösen müssen) war gerade in dieser Zeit auf einem stillen Vormarsch, besonders auch in dem Sektor, in dem Tamara ihre Anstellungen fand. Dass für sie alles so glattlief, hatte sicher auch mit diesen Entwicklungen zu tun, die ihren familiären Prägungen entgegenkamen und ihre Eigenmächtigkeiten hoffentlich bald vergessen lassen würden.

Castros am Vorabend der Schweinebucht-Invasion abgegebene Erklärung, dass Kuba eine »sozialistische Nation« sei, war vom Kreml mit beredtem Schweigen übergangen worden, weil Moskau solche eigenmächtigen Selbsternennungen aus dogmatischen wie pragmatischen Gründen nicht einfach akzeptieren konnte. Aber am 1. Mai 1961 hatte Castro erstmals auch von der »führenden Rolle« einer zu gründenden Partei der Arbeiterklasse in Kuba gesprochen. Und seine Rede am 26. Juli (eben die, die die FDJ-Gruppe um Panitz mit Tamara angehört hatte) war ganz diesem Thema gewidmet gewesen.

Er sprach von der notwendigen »Einheit des Volkes« und dem Kampf gegen das »Spaltertum«. Und während er allen Nichteinverstandenen nahelegte, das Land zu verlassen und sich auf diese Weise als »gusanos«, als Maden im Fleisch der Revolution, zu entlarven, entwarf er ein revolutionäres Traumkuba, in dem jeder Mann, jede Frau und jedes Kind über eine »Massenorganisation« erfasst waren und alle gemeinsam unter der Führung »einer Partei« vorwärtsmarschierten – eine Vorstellung, die ganz der sowjetischen Gesellschaftskonzeption entsprach. Eine »Integrierte Revolutionäre Organisation« (ORI) sollte zunächst die verbliebenen Aktivisten des »26. Juli« und des »Directorio« mit den Kadern der PSP zusammenführen. Ja, er selbst, Fidel Castro, der niemals ein Caudillo habe werden wollen, wie er beteuerte, sei bereit und interessiert, seine nur von den Umständen erzwungene »Alleinherrschaft« (!) aufzugeben und durch eine »kollektive Führung« zu ersetzen.

Dass im Leitungsgremium der neu geschaffenen ORI die Initiative an die PSP fiel, wurde durch die Ernennung ihres Generalsekretärs Anibal Escalante zum Chef zusätzlich unterstrichen. Mit Carlos Rafael Rodriguez, der die Leitung der im Frühjahr aus der Taufe gehobenen zentralen Planbehörde JUCEPLAN übernommen hatte, mit Lázaro Peña als dem Führer des allgemeinen Gewerkschaftsbundes CTC und mit Edith García Buchaca als Ministerin für Erziehung und Bildung (Tamaras Vorgesetzter also) war die PSP in aller Stille zur eigentlich »führenden Partei« aufgerückt, wenn auch unter der steten, informellen Oberaufsicht Castros und seiner Comandantes.

Die Konflikte, die diese Entwicklung begleiteten, kamen zunächst – wie so oft in der Krisengeschichte der kommunistischen Bewegungen und Staaten – auf dem Gebiet der Kultur zum Austrag. Eröffnet wurde dieser Kampf mit einem von PSP-Leuten initiierten Angriff auf die von Carlos Franquí herausgegebene, von glänzenden jungen Autoren wie Cabrera Infante und Heberto Padilla redigierte Kulturbeilage zur 26.-Juli-Zeitung »Revolución«. Diese unter dem Titel »Lunes« (Montag) erscheinende, wöchentliche Beilage hatte die unglaubliche Auflage von 250.000 Exemplaren erreicht und wurde in ganz Lateinamerika gelesen. Sie enthielt eine angriffslustige Fusion von linker Avantgarde und zeitgenössischem Existenzialismus ohne ideologische Scheuklappen. Guevara und Virginia Woolf, Marx und Borges, Brecht und Camus, Sartre und Kafka wurden gleichermaßen gedruckt und diskutiert; und einige respektlose Polemiken galten auch den Größen der älteren kubanischen Literatur wie Alejo Carpentier oder Nicolás Guillén, die sich zunehmend zu Hütern einer sozialistischen Klassik kubanischen Stils machten oder erheben ließen.

Den unmittelbaren Anlass zur Attacke lieferte ein von »Lunes« geförderter Dokumentarfilm »PM« (»Post Meridiem«, Nach Mitternacht), der in neorealistischem Stil die Welt der jungen Kubaner, vor allem der Schwarzen, mit ihren Erwartungen, Hoffnungen und Vergnügungen schilderte. Die zur Kulturministerin aufgerückte Chefideologin der PSP, Edith García Buchaca, und ihr zum Leiter der Filmbehörde avancierter Parteigenosse Afredo Guevara denunzierten den Film in spießerhafter Weise als »schlüpfrig« und »kleinbürgerlich«, im Klartext: als zu sexy und zu freimütig.

Daraufhin kam es im Juni 1961 zu einem von Castro selbst präsidierten Scherbengericht über alle diese noch unangepassten Triebe des Kultur- und Alltagslebens. Der Comandante en Jefe gab auch hier die Generallinie vor, als er erklärte, dass die Künstler zwar ihren Stil und ihre Themen selbst finden dürften, aber sich ganz »dem Volke« unterordnen und bereit sein müssten, »ihre eigene Berufung der Revolution zu opfern«. In diesem langen Monolog gab er auch die rigorose und zweischneidige Losung aus, die zur Leitlinie aller späteren Kampagnen der »Säuberung« und Gleichschaltung des Kultursektors wurde: »Innerhalb der Revolution alles, außerhalb der Revolution nichts.«

Der überrumpelte Franquí, der Castro und seine Tiraden über die Intellektuellen als »maricónes«, als »Schwuchteln« und »Waschlappen«, nur zu gut kannte, machte sich danach keine Illusionen mehr, wie alles ausgehen würde. Drei Monate später wurde »Lunes« eingestellt und mit ihm fast schon das letzte Biotop eines ungeschützten, freien Denkens trockengelegt. Der im August 1961 unter dem Vorsitz von Guillén (als einem Gorki Castros) gegründete »Verband kubanischer Künstler und Schriftsteller« (UNEAC) war ab jetzt die universelle Zensur- und Verteilungsinstanz für alle Produktionen von Büchern, Zeitschriften, Filmen, Musikaufnahmen und Konzerten. Noch war das mit der Erstarrung des Kulturlebens in den Ländern des realen Sozialismus unter der Leerformel des »sozialistischen Realismus« nicht zu vergleichen. Noch konnte man in Havanna Texte von Trotzki oder Pasternaks »Doktor Schiwago« kaufen. Aber die Richtung war jedem so langsam klar; und der Exodus eines erheblichen Teils der bedeutenden Künstler und Schriftsteller Kubas begann – und ist zu Lebzeiten Castros immer weitergegangen.

Sosehr das alles in eine Richtung ging, die das sozialistisch umdeklarierte Kuba dem sowjetischen Lager annäherte, so sehr hüllten sich die Führer der Sowjetunion über seinen Status nach wie vor in Schweigen. In das »sozialistische Lager« konnte man aufgenommen werden, aber nicht einfach »eintreten«. So rühmte Nikita Chruschtschow auf dem XXII. Parteikongress der KPdSU im November 1961 in seiner sechsstündigen Rede (deren Länge er Castro abgeschaut haben musste) zwar das »revolutionäre Kuba« als ein »Schild der Freiheit« und Land mit »sozialistischen Zielen«, hütete sich aber, es dem eigenen Lager zuzuschlagen.

Das hatte zwei scheinbar sich widersprechende, tatsächlich zusammenhängende Gründe: In der laufenden Auseinandersetzung mit den USA konnte Chruschtschow neben der schwelenden Berlinkrise eine Kubakrise nicht gebrauchen. Trotz der sich anspannenden Beziehungen mit Washington versuchte er, seine neue Generallinie einer »friedlichen Koexistenz« mit der kapitalistischen Welt und einer demonstrativen Distanzierung der KPdSU von ihrer stalinistischen Vergangenheit gegen alle Widerstände in der eigenen Partei und der kommunistischen Weltbewegung durchzusetzen. Die albanische Delegation verließ während seiner Rede unter Protest den Saal (ein nie da gewesener Affront), und Tschou En-lai als Delegierter der KP Chinas rührte keine Hand. Das Schisma war damit informell zur Tatsache geworden. Und vorerst war Castros Kuba in diesen Kernfragen noch ein unsicherer Kantonist.

Daraufhin unternahm Castro – der sich zuvor mit Che, Raúl und anderen Mitgliedern der Führung einem zweimonatigen Crashkurs in Marxismus-Leninismus unterzogen hatte – einen entscheidenden nächsten Schritt. In einem sorgsam inszenierten, live übertragenen Auftritt am 1. Dezember zum Jahrestag der »Granma«-Landung bekannte er sich als einen über viele Jahre suchenden und noch ungefestigten, aber dann zunehmend überzeugten Marxisten-Leninisten, der freilich immer noch vieles lesen und studieren müsse, um auf die lichten Höhen dieser, die Welt und die Geschichte umfassenden Ideologie zu kommen. Es war eine hochdramatische und wie immer frei gehaltene Rede über mehrere Stunden, von der viele sagen, dass sie (rein theatralisch und oratorisch) sein Meisterstück gewesen sei. Wie immer begann er mit weiten Abschweifungen und spiralförmigen Improvisationen, die seine Zuhörer in einen leichten Schwindelzustand versetzten und auf die Folter spannten, worum es diesmal ginge – bis er endlich zum Kern der Sache kam, seiner großen und endgültigen politisch-ideologischen Konfession.

Wieder war das, wie beim Moncada-Manifest, ein Programm für Kuba in der ersten Person. Nach »Die Geschichte wird mich freisprechen« jetzt: »Der Marxismus-Leninismus hat meinen Weg erleuchtet«. Und wie jeder echte Mann der Vorsehung identifizierte er seinen idealtypisch rekonstruierten Bildungsroman unmittelbar mit dem Schicksal des Landes, das sich nun, so wie er, in das Studium dieser niemals ausschöpfbaren wissenschaftlichen Lehre zu vertiefen hatte. Man könnte es auch mit einer mittelalterlichen Massentaufe vergleichen, wie sie germanische oder slawische Fürsten nach ihrem Übertritt zum römischen Christentum ihren versammelten Untertanen mithilfe herbeigezogener lateinischer Priester, Mönche und Lehrer angedeihen ließen.

Angela Soto erinnert sich, dass Tamara neben ihrem Organisationstalent und ihrer fast kubanischen Lebensfreude großes Prestige gewann, weil sie die grundlegenden Marx-, Engels- und Leninschriften bereits aus dem Effeff kannte, die alle jetzt zu büffeln hatten – lauter böhmische Dörfer für ihre kubanischen Kollegen und Kolleginnen, die auch im Jahr drei der Revolution davon noch keinen rosa Schimmer hatten.

Aber was hielt man daheim in Ost-Berlin von diesen Entwicklungen? Der Ton der Besorgnis in den Briefen von Tamaras Eltern, den man aus ihren verärgerten Antwortbriefen entnehmen kann, hatte außer persönlichen Gründen auch eine ins Politische reichende Seite. Die Bunkes waren schließlich »für die HVA einliegend«, und noch immer war Kuba »westliches Ausland« und nicht so gut gesichert, wie es die DDR hinter ihrem antifaschistischen Schutzwall inzwischen war. Und offenkundig machte man sich in Markus Wolfs Dienst über Tamara nach wie vor Gedanken und Sorgen. Man hatte zu dieser hoffnungsvollen Perspektivagentin nach ihrem Weggang keinerlei dienstliche Verbindung mehr, wie Wolf mir autoritativ versicherte: »Das ist definitiv!«

Umso mehr wollte man herausbekommen, was mit ihr los war. Und so wurde die von Tamara aus Kuba angeschriebene Ina B., die mit ihrer Schwester (beide hatten spanische Familienhintergründe) als Dolmetscherin an der kubanischen Botschaft arbeitete, im Juni 1961 unter dem Decknamen »Patria« verpflichtet. Allerdings verweigerte Ina B. hartnäckig die »Abgabe einer schriftlichen Verpflichtung«. Beide Schwestern hatten dennoch Informationen über das Innenleben der kubanischen Mission zu liefern. Der Erpressungspunkt war klar: Beide wollten Tamara nach Kuba folgen.

Tatsächlich wurde Ina B. alias »Patria«, nachdem man sie zur Babelsberger DEFA versetzt hatte, Mitte 1962 mit einem Filmteam nach Kuba geschickt. Auch das ist eine interessante Episode: Die DEFA drehte hier in Kooperation mit dem kubanischen Filminstitut den Film »Preludio 11« unter der Regie von Kurt Maetzig, mit Armin Mueller-Stahl, Gerry Wolf, Roberto Blanco (als echtem deutschen Neger) und vielen anderen. Der Film hatte ein hochaktuelles, revolutionär-romantisch verfremdetes Sujet: »Unter dem Tarnnamen ›Preludio 11‹ landen vier Exilkubaner und ein Landarbeiter aus Guatemala unter der Führung des amerikanischen Offiziers McLash in einer einsamen Bucht der kubanischen Insel. Ziel der Aktion ist es, Sympathisanten zu finden, die mit ihnen im Geheimen gegen das Castro-Regime rebellieren.

Nachdem sich die Truppe, in der keiner dem anderen traut, mit Verlusten durch den Dschungel geschlagen hat, soll Miguel, einer von ihnen, seine einstige Freundin Daniela zum Verrat anstiften. Als diese sich einem heimlichen Komplizen Miguels anvertraut, gerät sie zwischen die Fronten …«

So ging es auch Ina B. alias »Patria«, die in Havanna mit Tamara Bunke Kontakt aufnehmen sollte, was ihr ohne Schwierigkeit gelang. Ziel dieser HVA-Operation war es, mittels ihr als Lockvogel »zu überprüfen, inwieweit eine Verbindung GI-Patria* und Bunke Einfluss auf den Männel nehmen könnte«. War das also der Versuch, Männel nach Kuba zu locken, in der festen Annahme, dass er versuchen würde oder bereits versucht hatte, Tamara Bunke zu kontaktieren? Oder sollte Tamara entsprechend instruiert werden, um an den Verräter heranzukommen, der unbedingt zu liquidieren war? Oder ging man davon aus, dass alle drei unter einer Decke steckten?! Jedenfalls war in einer Analyse der Operation »Patria« vom Dezember 1962 noch im Präsens davon die Rede, dass »während des Aufenthaltes des GI ›Patria‹ in Kuba ein Treffen mit der B. [Bunke] bzw. dem M. [Männel] möglich ist«.

Eine ziemlich aberwitzige Situation, zumal die ahnungslose »Patria« wenig später »aus Kuba ausgewiesen wurde«. Was (ähnlich wie Panitz' Tagebuch) nebenher ein bezeichnendes Licht auf einen Kulturkonflikt wirft, der an den Kontaktflächen der beiden »Frontstaaten« Kuba und DDR immer wieder grelle Funken schlug. Ina B. alias »GI Patria« fuhr, dem HVA-Bericht zufolge, als einzige Frau in einer Gruppe von 16 aufgekratzten Männern nach Kuba. Zum Konflikt kam es sehr bald mit dem Chef, der es »bei den Kubanerinnen (versuchte)«; und als er dort abblitzte, »versuchte er es beim GI«. Als er weder hier noch dort landete, »schimpfte er auf die Kubaner« und begann, die Ina B. zu drangsalieren, die sich während der US-Blockade (wir befinden uns bereits in der Zeit der Kubakrise im Oktober 1962) »in die Reihen der Miliz« eingereiht hatte, zusammen mit ihrer inzwischen eingetroffenen Schwester – und mit ihrer Freundin Tamara.

Daraufhin verkündete ihr der Chef, sie müsse entweder sofort aus der Miliz austreten oder umgehend die Heimreise antreten. Dieses Ultimatum wurde zwar storniert. Aber: »Dem GI wurde weiterhin

---

* GI: Geheimer Informator.

vorgeworfen, dass sie Castro-revolutionär wäre und laufend die Kundgebungen, wo Castro spricht, besuche.« Außerdem habe sie sich gleich »mehrere kubanische Freunde angeschafft«, aber »nicht die Absicht, dort zu heiraten«.

Im Dezember 1962 wurde Ina B. tatsächlich zurückgeschickt, äußerte gegenüber ihrem Stasi-Offizier, der sie im Januar 1963 einvernahm, jedoch die feste Absicht, »für 2 bis 3 Jahre nach Kuba zu fahren«, so wie es ihre Schwester schon geschafft hatte. Daraufhin wurde sie wegen mangelnder Kooperationsbereitschaft von ihrer Doppelgängerrolle als GI »Patria« entpflichtet. Eine herzerwärmende Geschichte, die nebenher zeigt, wie sehr Kuba damals für viele junge Ostdeutsche, zumal nach dem Einschluss hinter der Mauer, zum Fluchtpunkt von Ausbruchs- und Abenteuerfantasien wurde, nicht zuletzt bei den jungen Frauen, die es in diesen fernen, wilden Westen zog – so wie Tamara.

Von Würmern und Menschen

»Es ging um die Rückeroberung von 371.930 Hektar Land, 9666 Immobilien, 70 Fabriken, 10 Zuckerzentralen, 3 Banken, 5 Bergwerken, 2 Zeitungen und 12 Nachtklubs.« Mit diesem Kainsmal einer nackten kapitalistischen Besitzgier stempelte Castro als frischgebackener historischer Materialist seine am 17. April 1961 in der Schweinebucht gelandeten, in zweitägigen Kämpfen vernichtend geschlagenen Gegner wie mit einem Brandeisen ab.

Die Siegesfeier war in Form einer antiken Heerschau der 1189 Gefangenen im Sportstadion von Havanna organisiert – eine triumphale Demütigung, die Castro als moderner Autokrat eigenen Typs vor laufenden Kameras durch das souveräne »Verhör von Havanna« krönte, das mit dem Theaterstück von Hans Magnus Enzensberger in die Literatur eingegangen ist. Und wer die (natürlich redigierten) Protokolle dieses »Gesprächs mit den Massen« nachliest, wird sich der dramatischen Wirkung dieser Live-Inszenierung schwer entziehen können.

Nachdem er die angetretenen Gefangenen durch Zuruf hatte bestätigen lassen, dass sie nach ihrer Gefangennahme besser behandelt worden seien, als sie erwartet hatten, ließ Castro ausgesuchte Sprecher vortreten und ihre Gründe der Invasion darlegen. Sie durften sogar Fragen stellen: »Doktor Castro …, Sie sagten, dass es eine sozialistische Ordnung sei, keine kommunistische. Meines Erachtens ist auch das demokratische System, wenn es gut gehandhabt wird, zum Nutzen des Volkes …« Worauf der Doktor ihn belehrte: »Und wer sagt Ihnen, dass unsere Revolution nicht demokratisch ist? Allein schon die Tatsache, dass Sie hier mit dem Ministerpräsidenten der Revolutionären Regierung diskutieren …« Ein anderer stellte die beflissene Frage, ob man ihn zukünftig auf der »Seite des Volkes« kämpfen lassen werde. Und der große Zampano fragte die versammelten Milizionäre: »Wie muss eurer Meinung nach die Strafe aussehen?« Und die riefen wie gewünscht: »Paredón! An die Wand!« Woraufhin Doktor Castro seinen Gefangenen, die ja sicherlich alle »mit der Todesstrafe rechneten«, im Pluralis majestatis großmütig erklärte:

> Wir denken nicht so darüber ... Nicht immer stimmt unsere Denkweise voll und ganz mit dem Empfinden der Mehrheit der Menschen überein. Und wissen Sie, was wir in diesem Falle tun? Wir sprechen mit dem Volk, wir ... versuchen, das Volk zu überzeugen.

So wurde dem überzeugten Volk schließlich als Ratschluss des Führers erklärt und verkündet: »Wir sind nach gründlichem Überlegen zu dem Schluss gekommen, dass die standrechtliche Erschießung von elfhundert oder zwölfhundert Söldnern unseren Sieg schmälern und dies im Widerspruch zu unserer Denkweise stehen würde.« Nur jene »Gruppe von Elementen, die sich in unserem Lande der Folterung, des Mordes und aller möglichen Willkürakte schuldig gemacht haben«, werde das Schwert der revolutionären Gerechtigkeit ereilen. Den Rest könnten ihre Auftraggeber im Tausch gegen nützliche Güter wie Traktoren als Leergut zurücknehmen.*

Der moralische Sieg Castros war – nicht zuletzt durch diese wuchtige Inszenierung – noch ungleich größer als der militärische. Und er hat die historische Erinnerung nachhaltig geprägt. Im Licht der gescheiterten Invasion in der Schweinebucht erschienen auch alle spontanen und autochthonen Protest- und Widerstandsaktionen dieser Jahre als bloße, von der CIA gesponserte Infiltrationen, Sabotageakte und Invasionsversuche, und alle Opponenten Castros als reiche Bürschchen und gierige Geldsäcke, Batista-Schergen und CIA-Söldner. Aber auch alle, die in einem großen Exodus jetzt das Land verließen, waren nichts als »gusanos«, Maden, Würmer – im stalinistischen Jargon: »Schädlinge«. Es war dieselbe Wortbildung.

---

* Als Kennedy – der unter wachsendem moralischen Druck stand, die Männer herauszuholen, obwohl oder gerade weil seine Regierung offiziell nicht beteiligt war – tatsächlich die geforderten Traktoren anbot, wollte Castro stattdessen Bulldozer, die auch für militärische Armierungsarbeiten hätten verwendet werden können. Als diese verweigert wurden, wollte er Geld. Erst im Dezember 1962, nach der Raketenkrise, wurden die Gefangenen gegen medizinische Güter im Wert von rd. 60 Mio. $ ausgetauscht und von Kennedy im Stadion von Miami mitsamt ihrer Regimentsfahne, die eines Tages über einem »freien Havanna« wehen werde, geehrt.

Bis Ende 1960 war die Zahl dieser »Würmer« schon auf über hunderttausend angeschwollen, und der Strom verbreiterte sich in den folgenden Jahren und Jahrzehnten sowohl der sozialen Zusammensetzung wie der Hautfarbe nach, bis er über eine Million umfasste – ein Zehntel der Bevölkerung. Den Flüchtlingen der ersten Stunde, die durch das Batista-Regime kompromittiert waren, folgten die demokratischen und die liberalen Batista-Gegner, die Autenticos und die Ortodoxos, aber auch schon ein Gutteil der »26. Juli«-Leute. Dann gingen die entlassenen oder degradierten Militärs und Beamten, die enteigneten großen und kleinen Landbesitzer und Agronomen, die Industriellen und die Händler, die Manager und die Ingenieure, die Bankfachleute und die freien Berufe, die Professoren und die Wissenschaftler, aber auch schon die ersten Büroangestellten und Facharbeiter, die Taxifahrer, Handwerker und Kleinhändler. Und natürlich, nicht zu vergessen, die Hoteliers und die Barmixer, die Casino-Angestellten und die Tänzerinnen, denen die Sänger und die Musiker folgten, die vom »Son« und den anderen, jetzt als dekadent verschrienen Liedern und Tänzen nicht lassen wollten – die Mitglieder des vereinten »Buena Vista Social Club«, metaphorisch gesprochen.

Viele, die Mehrzahl, blieben natürlich, passten sich den neuen Verhältnissen an, spielten mit oder ohne Begeisterung die jetzt gefragten Revolutions- oder Volkslieder, die Tänze und die Märsche; oder packten ihre Instrumente weg und machten etwas anderes. Und so oder so ähnlich war es in allen Professionen und Berufen. Man arrangierte sich, stellte sich auf die veränderten Sozial- und Wirtschaftsformen ein, zog neue, junge Fachkräfte aus den Aufsteigerschichten heran und machte aus dem sozialisierten »neuen Leben« das Beste. Es gibt ja auch die Freuden einer Stagnation, die sich als »soziale Sicherheit« darstellt. Und tatsächlich waren diese Gesellschaften realsozialistischen Typs (Gott sei Dank) nie so homogen, wie sie hätten werden sollen. Nur an den Feiertagen schienen sie mit den grimmig-frohsinnigen Marschkolonnen identisch zu sein, die die Führer von ihren Tribünen vorbeiziehen sahen. Im Alltag dagegen ähnelten sie eher Karstlandschaften mit zahllosen verschwiegenen Höhlen und Reservaten, Subkulturen und Biotopen.

Dennoch ist es eine Tatsache, dass Kuba – genauso wie Russland, China und alle im Zeichen einer »proletarischen Diktatur« gewaltsam umgekrempelten, nach obskuranten Klassenkriterien »gesäuberten«

Länder – durch den jahrzehntelangen Exodus eine drastische Einebnung seiner gesellschaftlichen Feingliederung erlitt. Es war ein Aderlass an menschlichem Potenzial, der bis heute anhält und das Land als Ganzes verarmt und vergröbert hat, was immer die einen und die anderen durch die Revolution hinzugewonnen haben.

In der kindlichen Perspektive von Castros Tochter Alina, die er nach seiner Freilassung 1955 mit Naty Revuelta gezeugt hatte und die von deren Mann, dem Chirurgen Orlando Fernández, mit ihrer Halbschwester Natalie aufgezogen worden war, nahm sich dieser Prozess so aus:

> Die Wahrheit war, dass der Comandante alles verschwinden ließ. Llanes [ein Leibwächter], der nett war und mir gewöhnlich die Sachen brachte, die ich gerne wollte, war weg. Der junge Soldat mit der Milchkanne war weg, und sogar meine Schwester Natalie war jetzt weg. Eines Morgens war sie nicht mehr in ihrem Bett. ›Wo ist meine Schwester?‹ – ›Orlando hat sie heute Nacht geholt. Er wollte dich nicht wecken.‹ – ›… Warum sind sie weggegangen?‹ – ›Sie haben das Land verlassen.‹ – Oh, mein Gott! Ich konnte es nicht ertragen, mir das auch nur vorzustellen! … Fidel sagte immer wieder im Radio und Fernsehen: ›Die, die das Land verlassen, sind nichts als miese Würmer.‹ Jeder, der das Land verließ, so war ich überzeugt, würde sich gleich auf dem Flugzeug in einen Wurm verwandeln … Und jetzt würden sich auch mein Doktor Pappi und Natalie in etwas so Abstoßendes verwandeln!

Die, die das Land verließen, wurden nicht nur pauschal als »gusanos« geschmäht; sie hatten auch alles, was sie besaßen, zurückzulassen. Und dabei handelte es sich nur zum geringsten Teil um Ländereien und Fabriken, Banken oder Bergwerke, wie Castros demagogische Hasslyrik unterstellte. Es ging um Häuser und Wohnungen, um Gärten und Möbel, in denen Familien gelebt hatten und Kinder aufgewachsen waren. Es ging um Läden und Ateliers, um Praxen und Kliniken (wie die von Orlando Fernández aufgebaute Herzchirurgie), um Orte, die Menschen sich geschaffen und in denen sie gearbeitet hatten. Es ging um alles, was das eigene Leben ausgemacht hatte und woran man hing. Alles fiel an den Staat zurück und wurde in den Staub der niedrigsten menschlichen Motive getreten. Nicht nur die materiellen Verluste, auch diese moralischen Erniedrigungen trugen zu der ungeheuren Erbitterung bei, die sich unter den

Exilanten und ihren Söhnen gegen Castro und seine Revolutionsgewinnler ansammelte.

Dem von Castro gezeichneten Zerrbild ähnelten am ehesten noch die ersten, gleich 1959 gebildeten Kampfgruppen, vor allem eine kurzlebige »Antikommunistische Legion der Karibik«, die sich in der benachbarten Dominikanischen Republik sammelte. Darin hatten sich unter dem Schirm des Generals Trujillo neben Söldnern und Abenteurern aus Spanien und anderen Ländern etwa hundert von Rachedurst erfüllte Söhne enteigneter oder hingerichteter Exilanten zu einer Art Contra-Version der vormaligen »Karibischen Legion« zusammengeschlossen.

Trujillo hatte sich keineswegs aus altruistischen Gründen zum Patron dieser Truppe gemacht, sondern vor allem aus Gründen des Selbstschutzes. Schon im September 1959 waren 200 kubanische und dominikanische Guerilleros in die Boote gestiegen, um die Aventüre der »Granma« oder das Abenteuer der »Karibischen Legion« von 1947 zu wiederholen. Ihr Ziel war es, den halbirren »Wohltäter des Vaterlandes« Trujillo endlich zu stürzen und dessen flüchtigen Gast Batista womöglich gleich mit zu fangen. An der Gegenküste liefen sie ihren Feinden direkt in die Arme: der wohlinformierten Dominikanischen Armee – und jener »Antikommunistischen Karibischen Legion«, die sie im Zusammenspiel mit den durch »Kopfprämien« aufgepeitschten Bauern regelrecht jagte und abschlachtete. Es war ein einziges Massaker. Der anschließende Versuch der Legion, im Gegenzug nun selbst in der Sierra de Escambray per Fallschirm zu landen, endete seinerseits im Sperrfeuer der gleichfalls informierten Castro-Milizen, und für die meisten der Gefangenen »an der Wand«.

Einer, der wegen seiner Jugend und Unerfahrenheit in Santo Domingo zurückgelassen worden war und so dem Massaker entging, war der Sohn eines Getränkehändlers aus Sancti Spiritú, der von dort nach Miami ging und sich Jahre später als »Schattenkrieger« (oder »Shadow Warrior«, als den er sich selbst stilisiert hat) auf die Spur Guevaras setzte und ihn bis zu seiner letzten Stunde begleiten würde. Mehr noch: Dieser Felix Rodriguez kann als der Prototypus eines konterrevolutionären Internationalisten betrachtet werden, der in vieler Hinsicht ein biografisches Gegenstück zu den vielen revolutionären Internationalisten abgab, denen er und seinesgleichen in den nächsten Jahren an vielen Fronten dieses Weltbürgerkriegs gegenüberstehen würden.

Ganz unabhängig davon gab es sehr früh einen aufflackernden Widerstand in Kuba selbst, der sich unter dem Druck der Umstände, aber auch den eigenen Traditionen folgend rasch militarisierte. Die Hauptträger dieser neuen Résistance waren Anhänger des ehemaligen »Directorio« oder der »Autenticos«, prominente Figuren des nichtkommunistischen Flügels des »26. Juli«, die statt ins Exil in den Untergrund gingen, sowie Mitglieder katholischer Jugendorganisationen, die sich zu einem eigenen, eher zivilen Widerstandsmilieu formierten.

In Havanna begann der Universitätsprofessor Manuel Ray Ende 1959 ein städtisches Untergrundnetz aufzubauen, dem sich auch der zugunsten der PSP-Kader um Lazaro Peña entmachtete Gewerkschaftsführer David Salvador anschloss. Jorge Sotús, ein Veteran des »26. Juli« aus Santiago und Mitkämpfer in der Sierra Maestra, organisierte eine neue Guerilla in der Sierra Cristal und gründete mit dem Professor an der Marineakademie, Manuel Artime, der nach Miami ging, eine »Bewegung zur Rettung der Revolution« (MRR). Zu diesen Widerstandsgruppen stießen – vor allem nach der Verhaftung von Huber Matos – Militärs aller Dienstgrade, die wegen der »Säuberung« der Armee desertiert oder ausgeschieden waren, sowie Gruppen der Landbevölkerung, gerade auch der freien Bauern der Berggebiete, die sich der Kollektivierung entgegenstellten.

Was die Sierra Maestra für Castro und seine Kämpfer war, wurde die von eigensinnigen, zu Pferd reitenden Bauern bewohnte Sierra del Escambray für die Anti-Castro-Gruppen. Hier, aber auch in der Sierra Cristal im Süden oder der Sierra del Rosario im Norden, und selbst in der erschöpften Sierra Maestra, entwickelte sich ein langwieriger Bürgerkrieg, der unter dem Titel »Lucha contra Bandidos« (Kampf gegen Banditen) ebenso viele, wenn nicht mehr Opfer gekostet haben dürfte als der Kampf gegen Batista. Bereits Ende 1960 wurde damit begonnen, den etwa tausend Rebellen in den Bergen des Escambray durch eine Zwangsumsiedlung der bäuerlichen Bevölkerung – nach dem Muster Batistas und der französischen Kolonialisten in Algerien oder Vietnam, aber ungleich systematischer – das Wasser abzugraben. Norberto Fuentes spricht für die Zeit von 1959 bis 1965 von etwa 550 Toten aufseiten der »Rebellenarmee« (wie sich die Castro-Armee noch immer nannte) und von mehr als 3500 Toten unter den »Banditen«.

Cazabandidos (Banditenjäger) in der Sierra del Escambray, 1961. Vorn »der Dicke«, Ricardo Rojo, Ches Gefährte auf der zweiten Lateinamerika-Reise 1953. Viele revolutionäre Touristen im Kuba der frühen Sechzigerjahre beteiligten sich an diesen Banditenjagden.

Fuentes ist (jedenfalls in diesem Punkt) ein besonders kompetenter Zeuge, da er als junger Mann selbst an diesen Antiguerilla-Operationen teilgenommen hat. Seine knappen Reportagen aus dem Bürgerkrieg in der Sierra del Escambray »Condenados de Condado« (Die Verurteilten der Grafschaft) waren 1968 mit dem Preis der »Casa de las Americas« ausgezeichnet, wegen ihrer offenherzigen Schilderung von Brutalitäten allerdings im Militärblatt »Verde Olivo« kritisiert worden. Woraufhin Fuentes sich im Vorwort seines nachfolgenden Erzählbändchens »Cazabandidos« (Banditenjäger) rühmte, bei diesen Feldzügen nicht nur Reporter gewesen zu sein, sondern auch »Untersuchungsbeamter, der die Banditen verhörte, sowie Mitglied eines Paredón«, eines Erschießungspelotons also. Er musste es demnach wissen.

Eine der genialen Methoden Castros, die Jugend unter der Fahne eines idealistischen Gemeinschaftsprojekts in einem Zustand der Dauermobilisierung zu halten, war die Alphabetisierungskampagne. Dabei gaben die zahlreichen Berichte über wirkliche oder angebliche Morde an Alphabetisatoren der Sache erst die heroische Zuspitzung, die dieses Projekt mit der Militarisierung des Landes und besonders des Erziehungssektors zusammenfließen ließ. Was für entmenschte, vom Imperialismus bezahlte Kreaturen mussten die sein, die junge Menschen ermordeten, nur weil sie das Licht der Aufklärung in die finstere Welt der Dörfer trugen! Es konnte schwerlich etwas geben, das besser geeignet war, eine manichäische Teilung in Licht und Dunkel zu erzeugen.

Der praktische Sinn des »Jahres der Alphabetisierung« 1961, das bis heute zu den Ruhmesblättern der Castro-Ära gezählt wird, war nüchtern betrachtet wohl eher fraglich. Die Kosten und der Kräfteaufwand waren exorbitant, und der Effekt begrenzter, als die triumphalen Statistiken über die »Ausrottung des Analphabetismus« verrieten. Crashartig eingetrimmte und zwangsweise verabreichte Kenntnisse haben, zumal bei Erwachsenen, eine kurze Verfallszeit. Der positive soziale Effekt, die gebildete Stadtjugend zu Zehntausenden in die Dörfer und Berge zu schicken, wurde vor allem dadurch relativiert, dass diese jugendlichen Hilfslehrer den Dorfbewohnern vor allem als Propagandisten entgegenzutreten hatten. Die Lesetexte, die die Analphabeten zu buchstabieren und nachzuschreiben hatten, waren die Slogans und Broschüren, in denen das Revolutionsregime sich selbst verherrlichte. Das gab der Kampagne etwas von rotgardistischem »Kinderkreuzzug« mit kulturrevolutionären Zügen.

Böses Blut unter den Objekten dieser Kampagne muss es auch gemacht haben, dass ihre Kinder statt in Dorfschulen in riesigen »Schulstädten« mit bis zu 20.000 Zöglingen zusammengefasst wurden – rasch improvisierten Zeltstädten, die ihrerseits einen paramilitärischen Charakter trugen und meist direkt von der Armee geleitet wurden. Auch hier war die Fusion eines hochfliegenden jugendlichen und sozialen Idealismus mit den Zwecken einer totalisierenden Durchdringung und Erfassung des Landes und seiner Bewohner mit Händen zu greifen.

Inmitten der neuen Armee-, Miliz- oder Schulcamps, die das Land überzogen, lagen auch die Trainings- und Ausbildungslager für Kämpfer aus nahezu allen lateinamerikanischen Ländern. Manche waren einfach aus Neugierde ins revolutionäre Kuba gekommen, manche zum Studium, manche waren von ihren Parteien oder Gruppen geschickt. Viele waren Teilnehmer der sich ablösenden Seminare, Festivals und Kongresse, wie des »Lateinamerikanischen Jugendkongresses« im Sommer 1960 oder des »Internationalen Studentenkongresses« im Sommer 1961. Fidel oder Che hier oder an einem der vielen Revolutionsfeiertage und Aufmärsche sprechen zu hören; gar an der nächtlichen Audienz einer Besuchergruppe teilzunehmen, wie sie aus aller Welt nach Havanna strömten; in einer der großen und kleinen Solidaritäts-Delegationen durchs Land zu fahren; in einem Sommercamp an der »freiwilligen Arbeit« teilzunehmen; mit Jugendgruppen auf den Pico Tuquino zu wandern; oder nach entsprechendem Training selbst am »Kampf gegen die Banditen« im Escambray oder einem anderen gegenrevolutionären Focus teilzunehmen – das alles wurde zu einer Erfahrung und Praxis Hunderter und Tausender. Und lange bevor Fidel in seiner »II. Deklaration von Havanna« im Januar 1962 die Losung ausgab: »Die Pflicht des Revolutionärs ist es, die Revolution zu machen«, war diese liturgische Formel schon in aller Köpfe.

Tamara etwa, die sich in Kuba als Argentinierin deklarierte, fand sich in Havanna in einer Community von etwa 300 Landsleuten wieder. Schon kurz nach ihrer Ankunft im Sommer 1961 gründeten einige von ihnen, wie eine Teilnehmerin berichtete, »eine Gruppe zum Studium der gegenwärtigen Situation in Argentinien und der Möglichkeit, eine Kampfgruppe für Argentinien aufzustellen«. Gleichzeitig stand Tamara auch in Kontakt mit einer Gruppe von Nicaraguanern um Carlos Fonseca; und es war offenbar im Gespräch, dass sie sich an einer der geplanten Expeditionen beteiligen könnte. Parallel dazu beantragte sie die kubanische Staatsbürgerschaft – so wie ihre Eltern dreißig Jahre früher die sowjetische Parteimitgliedschaft und Staatsbürgerschaft beantragt hatten. Für sie wie für viele andere in diesem ersten Aufgebot einer künftigen »Tricontinentale«, die in mancher Hinsicht in die Fußstapfen der aufgelösten »Dritten Internationale« hätte treten sollen, lag darin kein Widerspruch.

Ebenso wenig lag für die kubanische Revolutionsregierung ein Widerspruch darin, die Vorwürfe eines »Revolutionsexports« empört zu dementieren, Revolutionäre diverser lateinamerikanischer Länder aber nicht nur zu trainieren, auszurüsten und zu bewaffnen, sondern durch ausgewählte kubanische Kader direkt zu unterstützen. Wenn der US-Imperialismus reaktionäre Diktaturen oder Regimes unterstützte, ihre Armeen ausrüstete und ausbildete, wer wollte es Kuba verbieten, dasselbe für die revolutionären Kräfte zu tun? So entwickelte sich von den ersten Tagen der Revolution an ein Schattengefecht, das in Fieberstößen den ganzen karibischen Raum und bald ganz Lateinamerika erfasste.

Nachdem ein Dankesbesuch Castros im Januar 1959 bei dem aus dem Amt scheidenden Präsidenten Venezuelas, dem Admiral Larrazábal, einem seiner Unterstützer in der Sierra Maestra, in einem Zerwürfnis mit dessen gerade gewähltem Nachfolger, dem Sozialdemokraten Rómulo Betancourt, geendet hatte, wurde Venezuela zum Ziel einer in Kuba vorbereiteten und ausgerüsteten Guerilla-Operation, die mit dem Tod fast aller ihrer Teilnehmer endete. Castro hatte bei seinem Besuch in Caracas Sätze gesagt, die er offenbar als Angebot verstand, sein venezolanischer Amtskollege dagegen als Anmaßung: nämlich dass Kuba und Venezuela ein einziges Land bildeten, dessen beide Teile sich gegenseitig zur Verfügung stehen müssten; Sätze, die ein halbes Jahrhundert später im Licht der Fackelübergabe des moribunden Fidel an seinen »bolivaristischen« Verehrer Oberst Chávez neue Aktualität gewonnen haben.

Auch vor der Küste Panamas war schon im April 1959 ein Boot mit einer Hundertschaft Bewaffneter, darunter zwei Kubanern, aufgebracht worden. Im Sommer dann wurde eine größere Gruppe von Nicaraguanern, die in Kuba trainiert und ausgerüstet worden waren, an der Grenze von Honduras gestellt und interniert, die gleich nach ihrer Freilassung durch den (noch) mit Castro sympathisierenden honduranischen Präsidenten ihre Operationen zum Sturz Somozas wieder aufnahm. Unter dem Namen »Sandinistische Befreiungsfront« würde sie nach mehreren Anläufen und insgesamt zwanzig Bürgerkriegsjahren kurzfristig siegen – als die einzige von all den vielen Guerillafronten dieses Zeitalters.

Hätte Castro sich mit einer Politik »jugoslawischer« Sozialisierung und Unabhängigkeit begnügt, wäre es vielleicht auch zu Einmischungsversuchen und Subversionen seitens der USA gekommen, aber nicht zu jener Eskalation, die bis an den Rand einer Weltkatastrophe führte. Castro hatte jedoch nicht vor, sich auf die Duodezrolle eines wohltätigen Inselherrn und blockfreien Staatsgründers beschränken zu lassen; sondern er wollte ein Mit- und Gegenspieler von kontinentalem und weltpolitischem Format sein, mit Kuba als der primären Basis. Genau das war es, was die Strategen des Weißen Hauses in Alarmstimmung versetzte. In ihrer Wahrnehmung verwandelte Kuba sich aus einer Zucker- und Ferieninsel in einen Subversionsherd und einen potenziellen Flugzeugträger vor ihrer Küste.

Damit tritt man in die Dunkelkammer einer spezifischen, nicht völlig realitätsfernen und doch regelmäßig paranoid übersteuerten Wahrnehmungsstörung in den Washingtoner Machtzentralen ein – wie schon in den Jahren der »Red scare« nach der russischen Revolution von 1917; wie auf dem Höhepunkt des gerade zurückliegenden Koreakriegs und der ihn begleitenden Hexenjagden McCarthys; wie im Fall des anschließenden Vietnam-Kriegs und der ihn begleitenden Jugendproteste im Inneren; oder wie fünfzig Jahre später beim Windmühlenkampf des George W. Bush Jr. gegen die »Achse des Bösen«. Es geht also um die spezifischen Obsessionen der amerikanischen Weltmachtpolitik, ohne die diese ganze, hier erzählte Geschichte natürlich keinen Sinn macht und in deren vorderste Linie Anfang der Sechzigerjahre das Kuba Fidel Castros trat. Und gerade die im Januar 1961 nach einem hauchdünnen demokratischen Wahlsieg an die Macht gekommenen Brüder John und Robert Kennedy brachten in das Duell mit den Castro-Brüdern einen Zug persönlicher Rivalität, den diese sehr bereitwillig aufnahmen.

Die ökonomischen Interessen der USA auf Kuba hatten dabei eine viel geringere strategische Bedeutung als in anderen Ländern, in denen amerikanische Firmen Nationalisierungen hinzunehmen hatten, etwa in Bolivien oder Saudi-Arabien. Überhaupt spielten und spielen ökonomische Erwägungen in der Politik Washingtons eine geringere Rolle, als ein globales Vorurteil es bis heute möchte – wie gerade der moralisch und politisch katastrophalste Fall einer US-amerikanischen Intervention zeigte, der sich parallel zur kubanischen Krise entwickelte: der Krieg in Indochina, in dem handfeste Wirtschaftsinteressen kaum eine Rolle spielten. Stattdessen trug die der US-Politik zugrunde liegende »Domino«-Theorie (der wie Dominosteine dem Kommunismus anheimfallenden Staaten) Züge eines fast metaphysischen Katastrophismus, der die logische Kehrseite des amerikanischen Exzeptionalismus war – einer bibelfesten Überzeugtheit von sich selbst, die nie verstehen kann und konnte, warum so viele starrsinnige Völkerschaften dieser Erde nach einer anderen Fasson und anderen Uhr lebten; aber die auch immer wieder dazu tendierte, sich einen übergroßen Weltfeind (»den Kommunismus«, »den Terrorismus«) als globalen Gegenspieler projektiv zu konstruieren und zu suggerieren.

In der praktischen Politik Washingtons konnte das sowohl Isolationismus wie Interventionismus bedeuten, die sich wie Ebbe und Flut ablösten. Mit den Kennedys jedenfalls zog, wie schon ihre scharfe Wahlkampfagitation gegen die Stagnation der Eisenhower-Administration deutlich machte, eine neue Ära des demokratischen Interventionismus herauf, der sich mit tief greifenden politischen und sozialen Reformen im Inneren verbinden sollte. John F. Kennedy wollte die Systemauseinandersetzung mit der Sowjetunion offensiv führen und gewinnen, nämlich durch die erneute Mobilisierung aller sozialökonomischen Potenziale und kulturellen Attraktionen der USA, die auch im Gegenlager die »Keime der Freiheit« zur Entfaltung bringen sollte. Dadurch sollte die eigene Gesellschaft sich aus der hysterischen Schreckensstarre lösen, die der »Sputnik-Schock« von 1957 und die erfolgreichen Tests der sowjetischen Interkontinentalraketen (die die USA erstmals direkt erreichen konnten) bewirkt hatten.

Andererseits standen die USA als Staat und Gesellschaft in diesen Sechzigerjahren selbst am Kreuzweg. Die Periode, von der wir sprechen, war auch die eines Aufbruchs des schwarzen, vormals versklavten Teils der amerikanischen Bevölkerung, dessen Weg zu vollen Bürgerrechten mit den Flammenkreuzen des Ku-Klux-Klan und wenig später mit den brennenden Gettos der Großstädte markiert war, begleitet von einer Serie von Morden und Attentaten, der die Kennedys selbst wenig später zum Opfer fallen würden; aber umgekehrt auch von einer politischen Mobilisierung, die mit ihren friedlichen Bürgerrechtsmärschen und zivilen Widerstandsaktionen das Beste dieser Gesellschaft auf neue Weise zum Vorschein brachten – und zugleich, untrennbar, das Düsterste.

Die »new frontiers«, von denen John F. Kennedy in seiner Antrittsrede als Präsident sprach, lagen jedenfalls im Inneren wie im Äußeren. Der Ärger war, dass der erste Stolperstein gleich vor der Haustür lag und von Beginn an zum Lackmustest der Effizienz und Glaubwürdigkeit dieses neuen Strategiemix wurde.

Noch im letzten Jahr der Präsidentschaft General Eisenhowers war klar geworden, dass dieser Bursche Castro keines seiner im Frühjahr 1959 vor der Weltpresse abgelegten demokratischen Versprechen einzuhalten gedachte; dass er es vielmehr darauf anlegte, seine Insel zum Sammel- und Ausbildungszentrum subversiver Kräfte aus ganz Lateinamerika zu machen; dass er – kaum noch besonders heimlich – die Kommunisten mit ins Boot nahm; und dass er über Leute wie diesen Guevara dichte Verbindungen zur auftrumpfenden zweiten Supermacht, der UdSSR, knüpfte.

Und gleichzeitig führte er die US-Regierung in provozierender Manier vor, so wenn er im Oktober 1960 ultimativ die Erhöhung der »Zuckerquote«, der jährlichen Abnahmegarantie mit ihren hohen Festpreisen also, auf absurde acht Millionen Tonnen forderte, die Kuba gar nicht produzierte; während er dieselbe Quote gleichzeitig als Instrument der ökonomischen Versklavung brandmarkte. Damit war für Eisenhower und Nixon wie für ihren Herausforderer Kennedy klar, dass mit diesem Castro und seinem Regime »etwas geschehen musste«.

Die ersten Blaupausen für einen »regime change« in Kuba, die entwickelt wurden, liefen mehr oder weniger auf eine Neuauflage der Guatemala-Operation von 1954 hinaus. Sie sahen die zügige Bildung einer von der CIA ausgerüsteten und trainierten kubanischen Exil-Streitmacht vor, die nach der vorbereitenden Phase eines Nerven- und Wirtschaftskriegs von einem Nachbarland aus (in diesem Falle praktischerweise Guatemala selbst) eine Invasion starten, einen Brückenkopf errichten, eine Gegen-Regierung ausrufen und zum Widerstand aufrufen sollte, um schließlich den Kollaps des – wie man axiomatisch annahm, zunehmend unpopulären – »kommunistisch infiltrierten Regimes« herbeizuführen.

Das setzte zunächst die Bildung einer glaubwürdigen politischen und militärischen Exil-Führung voraus. Hier konnte man nach der Flucht fast der ganzen ersten Regierungsmannschaft Castros aus dem Vollen schöpfen. Allerdings meldeten die verschiedenen Widerstandsgruppen und jeweiligen Prätendenten wie Díaz Lanz eigene Ansprüche an. Immerhin hatte man mit Miró Cardóna, Castros erstem Premier, als dem nominellen politischen Führer, mit Manuel Artime und seiner MRR als dem militärischen Rückgrat der aufzubauenden Invasionstruppe sowie mit Manuel Ray als Führer des internen Widerstands recht glaubwürdige Frontfiguren. Ein rasch gebildeter »Kubanischer Revolutionsrat« fasste das Gros dieser Gruppen und Personen in repräsentativer Form zusammen, fast so wie drei Jahre zuvor im »Pakt von Miami« gegen Batista.

Der »Schattenkrieger« Felix Rodriguez mit angelandetem Material bei einem der »Runs« ins nachrevolutionäre Kuba, 1961. Man sieht, wie sehr auch diese jungen Castro-Gegner von der Idee einer »Landung« besessen waren.

»Die wachsende Zahl der Exilanten, die willens waren, gegen Fidel zu kämpfen, überforderte allmählich die Möglichkeiten der CIA«, wie Anderson schreibt. Zugleich verschwammen auf dieser Ebene die Trennlinien zum diskreditierten Batista-Lager, so wie es in der politischen Wirklichkeit Kubas vor dem Fall des Halbdiktators auch der Fall gewesen war. Im Übrigen verließen sich alle diese Exilanten-Gruppen viel zu sehr auf die Unterstützung der USA. Über ein Jahr lang ließ man sich Zeit mit der Auswahl, der Ausrüstung, dem Training der Truppe durch CIA-Ausbilder.

Etliche starteten auf eigene Faust »Runs« ins nahe gelegene Kuba hinüber und wurden zu einem großen Teil gefasst. Auch die Widerstandsgruppen auf der Insel selbst zeigten trotz eines beachtlichen Untergrundnetzwerks die alten Schwächen notorischen Draufgängertums, bei dem sie nicht nur sich selbst, sondern auch alle Möglichkeiten eines zivileren Widerstands verbrannten. Manuel Ray etwa startete einen spektakulären Überfall auf die Cabaña, bei dem es ihm tatsächlich gelang, einige der Offiziere von Matos zu befreien, konnte dann aber nur mit knapper Not entkommen und ließ seine Gruppe in Havanna mit jungen, unerfahrenen Führern zurück.

Hierin wie in vielem anderen zeigte sich, dass sie alle im Banne der kometenhaften Karriere Castros und seines revolutionären Machismo standen, bis an den Rand eines Wiederholungs- und Übertrumpfungszwangs. Aber im Banne von dessen Attitüde eines Herausforderers standen auch die Behörden in Washington. So kam es, dass Richard Bissell, der stellvertretende, später der leitende CIA-Direktor für »verdeckte Operationen«, schon am 11. Dezember 1959 dem CIA-Chef Allan Dulles ein Memo einreichte, worin der vorschlug, »die Eliminierung von Fidel Castro ernsthaft in Betracht zu ziehen«. Dulles ersetzte »Eliminierung« (elimination) durch »Entfernung« (removal).

Im August 1960 machte Bissell den nächsten Vorstoß und schlug eine gegen Castros Person gerichtete »sensitive Mission« vor, bei der eventuell auch »Gangster-Methoden« (gangster-type action) angewandt werden müssten. Daraus entwickelte sich eine fast dreijährige Staatsposse, bei der ein der Mafia verbundener Privatdetektiv namens Johnny Roselli unter Einschaltung hoher Mafiabosse wie Salvatore Giancana und Santos Trafficante von CIA-Leuten beauftragt wurde, in einer bestimmten Bar in Havanna, die Castro (wie es hieß) gelegentlich frequentierte, einen Giftanschlag mit Hilfe des Barmixers zu organisieren. Zwei Ampullen mit einem Supergift wanderten nach Havanna, kamen jedoch nie zum Einsatz.

Vorausgegangen waren einige andere, womöglich noch bizarrere Projekte, die darauf abzielten, Castro lächerlich zu machen, z.B. durch die Infusion LSD-haltiger Luft in einen Radioraum, sodass er vor dem Mikrofon ins Stammeln geriete; oder durch die Imprägnierung seiner Schuhe mit Thallium in einem Pariser Hotel, sodass ihm Haare und Bart ausfallen würden. Mit alledem befasste sich in vollem Ernst der führende Giftmischer der Agentur mit dem satirereifen Namen Dr. Sidney Gottlieb. Gerade diese frühesten Gedankenspiele zeigen, wie sehr man von der Idee besessen war, Castro als charismatischen Agitator zum Verstummen bringen zu müssen.

Diese Attentatspläne waren Teil eines abgestimmten Gesamtplans im Vorfeld der – wie man hoffte, entscheidenden – Invasion, die als eine bewusste Imitation der »Granma«-Landung zunächst in der Nahe von Trinidad am Fuße der Sierra de Escambray stattfinden sollte, von wo aus die Gelandeten mit der in den Bergen operierenden Guerilla in Verbindung treten sollten. Das wäre in jedem Falle ein sinnvollerer Plan gewesen. Stattdessen wurde der Landungsort in eklatanter Fehleinschätzung der Lage näher an Havanna, in die sogenannte Schweinebucht nahe den Zapata-Sümpfen, verlegt. Von hier aus wollte man bis zu der unter Batista gebauten Autopista Nr. 1 vorstoßen und sie als zentrale Verkehrsader der Insel durchtrennen, um dann auf Havanna vorzurücken.

So interventionistisch Kennedy bei seinem Amtsantritt im Januar 1961 gestimmt war, so peinlich waren er und seine Berater allerdings darauf bedacht, nicht selbst als Aggressoren in Erscheinung zu treten. In den internen Papieren werden im Vorfeld der Schweinebucht-Invasion alle Argumente einer gegen die USA gerichteten antiimperialistischen Propaganda penibel aufgezählt, der man keinesfalls in die Hände arbeiten dürfe. So hieß es in dem der Invasion unmittelbar vorausgehenden Memorandum von Arthur Schlesinger jr. vom 10. April 1961 warnend:

> Eine sehr große Zahl von Menschen versteht bis heute nicht, warum Kuba eine derart schwere und zwingende Bedrohung unserer nationalen Sicherheit darstellt, dass dies ein Vorgehen rechtfertigen würde, welches in einem großen Teil der Welt als kalkulierte Aggression gegen ein kleines Land verstanden werden dürfte, unter Übergehung vertraglicher Verpflichtungen und der internationalen Standards, die wir immer wieder gegenüber der kommunistischen Welt verfochten haben.

Vor allem ein Vergleich mit Ungarn, das 1956 von sowjetischen Panzern überrollt worden war, musste um jeden Preis vermieden werden. Gerade dadurch verstrickten sich die US-Regierungsbehörden allerdings in die absurdesten Dementis. So versuchten sie eisern die Behauptung durchzuhalten, dass die von CIA-Flugzeugen mit gefälschten Hoheitszeichen abgeworfenen Spreng- und Brandbomben, mit denen im Vorfeld der Invasion Flughäfen und andere Infrastrukturen zerstört und Zuckerrohrfelder angezündet wurden, von abtrünnigen Piloten der Castro-Luftwaffe im eigenen Land stammten; was nicht nur unglaubwürdig war, sondern nach Abschüssen von Piloten mit US-Papieren und CIA-Codes ein gefundenes Fressen für die kubanische Propaganda wurde.

Als sich die Invasionstruppe im April 1961 schließlich mit 1400 Mann auf einer kleinen Armada von Schiffen und mit vorausgehen-

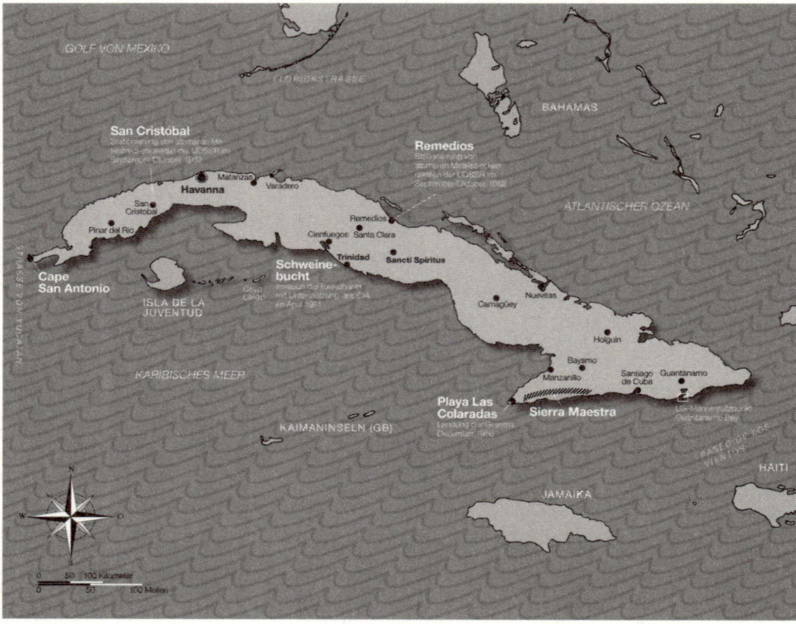

den Luftbombardements von Guatemala aus in Bewegung setzte, war im Grunde schon alles zu spät. Der Geheimdienst Castros erwartete die Invasion, auch wenn er nicht über alle operativen Details im Bilde war. Die kubanische Armee hatte mit über 100.000 regulären Soldaten und paramilitärischen Milizionären inzwischen die vierfache Stärke der Armee Batistas erreicht. Sie war modern bewaffnet und motorisiert und hatte ihre kleine Luftwaffe so gut geschützt, dass sie nur teilweise ausgeschaltet werden konnte. Umgekehrt verfügte sie über eine recht effektive Luftabwehr.

So entwickelte sich die Invasion von der ersten Minute an zu dem, was ein Historiker einen »perfekten Fehlschlag« nannte. Castro ließ es sich nicht nehmen, den Gegenangriff seiner Truppen selbst vom Feldherrnhügel aus zu dirigieren, während die Schiffe der Invasoren schon brannten, ihre Flugzeuge abgeschossen wurden und sie selbst auf einem winzigen Brückenkopf auf der Playa Girón zusammengepfercht unter Feuer lagen, vor ihnen die unwegsamen Zapata-Sümpfe, die ihnen den Weg in die Escambray-Berge abschnitten, hinter ihnen das Meer, aus dem keine Verstärkung zu erwarten war. Die vor der Küste liegenden Schiffe der US-Flotte rührten auf ausdrücklichen Befehl Kennedys keinen Finger. Während Exil-Präsident Cardóna noch tapfer verkündete, ein Großteil der Castro-Milizen sei übergelaufen und er stehe bereit, in das »freie Kuba« zu fliegen, waren über hundert seiner Leute schon tot. Der Rest ergab sich, nachdem ihnen die Munition ausging. Tage später ließ Castro sich die Gefangenen zum triumphalen »Verhör von Havanna« vorführen.

Phoenix und Asche

Danke für Playa Girón! Vor der Invasion stand die Revolution auf wackligen Beinen. Jetzt ist sie stärker denn je. Als Che am Rande der Interamerikanischen Wirtschaftskonferenz in Punta del Este in Uruguay im August 1961 diesen spöttischen Dankesgruß an Präsident Kennedy ausrichten ließ, hatte er dafür gute Gründe.

Ches Schattenmann Felix Rodriguez, der in den nächtlichen »Runs« sogenannter »grey teams« nach Kuba infiltriert worden war, hatte zur Zeit der Invasion in einer konspirativen Wohnung in Havanna gesessen. In seinen Erinnerungen schildert er, wie das gut funktionierende Untergrundnetzwerk der MRR binnen Stunden und Tagen moralisch und personell zusammenbrach. Die frisch aufgefüllten Milizen Castros machten Razzien von Haus zu Haus und kassierten Tausende »unzuverlässiger Elemente« ein. Hunderte wurden in summarischen Schnellgerichtsverfahren verurteilt, eine unbekannte Anzahl exekutiert. Rodriguez selbst konnte sich, wie viele andere, auf Umwegen in die Botschaft Venezuelas retten, um nach längeren Verhandlungen schließlich sein Land zu verlassen.

Alle Städte und Provinzen wurden unter Ausnahmezustand gestellt und von Kopf bis Fuß durchkämmt und »gesäubert«. Es gab ab jetzt keine Rechtsstandards mehr, nur noch eine »revolutionäre Justiz«. Während dieser Jagd auf Opponenten konstituierten sich die von Straße zu Straße verteilten CDR, die »Komitees zur Verteidigung der Revolution«, die zu einer festen und äußerst effektiven Einrichtung der sozialen Überwachung wurden. Erste Lager für »asoziale Elemente« wie das auf der Halbinsel Guanacahabibes waren im Vorjahr schon eingerichtet worden, in denen man auch ohne gerichtliche Verurteilung wegen bagatellhafter Delikte oder Vergehen gegen die revolutionäre Sittlichkeit wie Devisenhandel, Prostitution, Homosexualität und anderem interniert werden konnte. Che soll sogar einige seiner saumseligen Beamten zur Zwangsarbeit nach Guanacahabibes geschickt haben. Jetzt kamen Straflager für politische Gegner dazu.

Unbestreitbar ist, dass die versuchte Invasion, wie die vorangegangenen Luftangriffe und Terroranschläge, die latente Unzufriedenheit nicht etwa geschürt, sondern im Gegenteil durch eine Welle nationaler Emotionen überspült hatten. Ein Großteil der Bevölkerung war während der Kämpfe militärisch oder paramilitärisch mobilisiert worden. 200.000 Männer waren mit geschultertem Gewehr in epischen Heerzügen an die Küsten gezogen, um sie zu bewachen und zu verteidigen. Zwar blieb der Feind aus; dennoch waren das unzweifelhaft eine Gemeinschaft stiftende Operationen von beträchtlicher Bindekraft.

Ab jetzt ließen sich gegen jede Äußerung eines zivilen Protestes sofort die Schleusen eines pogromartigen Hasses öffnen. Und jede organisierte Opposition oder bewaffnete Resistance konnte als verlängerter Arm Washingtons und der CIA denunziert werden. Soweit kleine städtische Untergrundnetze oder ländliche Guerillaherde überlebten, konnten sie sich tatsächlich nur noch durch professionelle Versorgung aus der Luft und übers Meer halten, bis sie Jahre später vollständig aufgerieben waren.

Erst in diesem Klima war es Castro, wie beschrieben, möglich, Zug um Zug den Übergang zur sozialistischen Kollektivierung und zur Etablierung einer marxistisch-leninistischen Staatspartei zu betreiben, während die Wirtschafts- und Militärbeziehungen mit der Sowjetunion in großem Stil und völliger Offenheit ausgebaut wurden.

Die Schlag-auf-Schlag-Strategie, die Castro in allen Schritten seiner Konfrontation mit den USA verfolgte, wirft noch einmal ein Licht auf seine tieferen Motive. Es griffe mit Sicherheit zu kurz, seine Politik der Enteignungen und Sozialisierungen als eine reine Reaktion auf die feindselige Politik Washingtons zu sehen, zumal die Comandantes in Havanna den Strategen in Washington bei jedem Zug einen Schritt voraus waren. Es waren vielmehr die wechselnden US-Administrationen, die reagierten, während das Trio Fidel, Che und Raúl kühn und angriffslustig agierte.

Dennoch ist der Eindruck einer aus fundamentaler Gegnerschaft zu den USA gespeisten Wendung Castros zum Marxismus-Leninismus nicht völlig falsch. In der zentralen Revolutionsparole »Vaterland oder Tod« (Patria o Muerte) tritt nur in besonders sichtbarer Weise zutage, was für den »realen Sozialismus« des 20. Jahrhunderts durchweg gegolten hat. Er bezeichnete weniger ein für sich stehendes, über den Wassern schwebendes Ideal als vielmehr ein praktisches Mittel zu einem handfesten Zweck. Im Kern handelte es sich um den Versuch, die menschlichen und materiellen Ressourcen einer jeweiligen Gesellschaft in den Händen einer vermeintlich aufgeklärten neuen Staatsklasse zu konzentrieren, um auf diese Weise eine Position autarker Entwicklung und nationaler Macht gegenüber den hegemonialen Ländern der kapitalistischen Welt zu gewinnen. Die Etablierung einer sozialistischen oder kommunistischen Staatspartei war nur das zentrale Instrument des Prozesses der Formierung einer zusammengeschweißten Staatsklasse; und der Marxismus-Leninismus war die approbierte Ideologie, die dieses Unternehmen »wissenschaftlich« beglaubigte und in einen historischen und globalen Rahmen hineinstellte.

Ein kleines, mit dem mächtigen Wirtschafts- und Machtkörper der USA so eng verwobenes Land wie Kuba konnte sich aus dieser Verflechtung nur durch einen radikalen Schnitt, um den Preis großer Verluste an menschlichem und materiellem Potenzial herauslösen. Praktisch möglich war auch das nur, indem es sich sofort dem »sozialistischen Weltlager« in die Arme warf, das die einzige materiell und militärisch gesicherte Auffangposition bot, um diese rigorose Sezession zu überleben; auch wenn Moskau diesen speziellen Beitrittskandidaten aus Gründen seiner eigenen Staatsräson für eine Weile lieber noch im Wartestand gehalten hätte.

Mit seinem dramatischen Bekenntnis zum Marxismus-Leninismus vom Dezember 1961 hatte Castro aber eine definitive Bewerbungsrede für die Aufnahme ins »sozialistische Lager« gehalten, die Chruschtschow als Vorsitzender einer virtuellen Weltpartei nur schwer übergehen konnte. Wenn es dennoch bis zum Mai des kommenden Jahres dauerte, bis in der rituellen Aufzählung der »sozialistischen Bruderländer« zum Festtag der internationalen Arbeiterklasse auch Kuba endlich von der Tribüne am Roten Platz aufgerufen wurde, dann weil Castro bei allem Werben um Anerkennung eine sehr wesentliche Differenz zur Position Moskaus markiert hatte, von der er auch im Folgenden nicht abgehen würde.

Die These von der Möglichkeit und Notwendigkeit einer »friedlichen Koexistenz« sei, was die atomar gerüstete und mit Riesenschritten zum Kommunismus voranschreitende Sowjetunion betreffe, vollkommen korrekt, hatte er in seiner Rede gesagt. Aber nicht für die Länder, in denen der Kampf zwischen Ausbeutern und Ausgebeuteten, Imperialisten und Unterdrückten unvermeidlich und notwendig sei, und schon gar nicht für Lateinamerika, das sich unmittelbar dem US-Imperialismus konfrontiert sehe! Hier müsse Kuba sich das Recht vorbehalten, aktive Hilfe für den bewaffneten Kampf zu leisten.

Dass diese mehrstündige Konfession Castros schon zwei Tage später der Welt in gedruckter Form vorlag, war der Fleißarbeit der CIA und dem Alarm der US-Regierung zu verdanken, die diesen Text erregt schwenkte und eine Sondersitzung der OAS (der »Organisation Amerikanischer Staaten«) verlangte, auf der Kuba wegen des Eintritts in ein feindliches Weltlager ausgeschlossen werden müsse. Das gelang zwar auf einer rasch einberufenen Konferenz in San José, die letztlich aber in einem Patt endete, da die großen Länder Lateinamerikas von Mexiko bis Brasilien, von Argentinien bis Chile sich durchweg der Stimme enthielten.

Castro antwortete in einer neuen Schlag-auf-Schlag-Aktion mit einem riesigen Truppenaufmarsch am 2. Januar 1962, dem dritten Jahrestag der Revolution, bei dem er seine funkelnagelneuen MiG-Jäger, Kampfhubschrauber, Transportflugzeuge, schweren Tanks und Haubitzen, Raketenwerfer und Flakgeschütze vorführte, um auf einer anschließenden »Nationalversammlung des kubanischen Volkes« vor einer Million angetretener Menschen, die mit Handzeichen »abstimmten«, seine »Zweite Deklaration von Havanna« zu verkünden.

Sie war eine offene Kampfansage. Wenn die Marionetten des Imperialismus behaupteten, Kuba sei eine »Gefahr für die Hemisphäre« – wer sei die wahre Gefahr? Die imperialistischen Weltausbeuter und jene, die sich ihnen verkauft hätten, wie Betancourt in Venezuela (der eben einen Aufstand der prokubanischen MIR und der Kommunisten niedergeschlagen hatte). Wenn Bolívar noch lebte, »hätte er diese Mörder der Arbeiterklasse, der Bauern, der Studenten exekutiert – diese elenden Würmer des Imperialismus«. Und sollten die Yankees es wagen, ihren Fuß auf kubanischen Boden zu setzen, werde es ein Gemetzel mit Hunderttausenden von Toten geben. »Mit einem Lächeln auf den Lippen werden wir die Invasoren erwarten. Und mit einem Lächeln auf den Lippen werden wir sie auslöschen.« Und Castro wiederholte seine schon in der »Ersten Deklaration von Havanna« geäußerte Überzeugung, dass, wenn die

Imperialisten und ihre Handlanger den Bedürfnissen der darbenden Massen nicht bald entgegenkämen, »die Anden die Sierra Maestra Lateinamerikas« werden würden.

Das war allerdings ein epochaler Irrtum, den keiner so wie Che als liturgische Formel und Leitlinie wieder und wieder herbeizitieren sollte, und der ihn in letzter Instanz das Leben kosten würde. So eindrucksvoll die Metapher war, so völlig unsinnig war sie, wenn man sie als Handlungsmaxime ernst nahm. Der Pico Turquino in der Sierra Maestra erhebt sich auf eine Höhe von weniger als 2000 Metern inmitten dicht bewaldeter, wasserreicher Berge und bewirtschafteter Hänge und Täler; und dieses Bergmassiv umfasst insgesamt eine Fläche von etwa 30.000 Quadratkilometern. Die Anden dagegen erheben sich bis zur Höhe von fast 7000 Metern und sind eine karge, nur in den Hochtälern bewirtschaftete, weithin lebensfeindliche Landschaft, in der es über große Strecken kein Wasser und keine Nahrung gibt; und sie umfassen mit einer Länge 7500 Kilometern und einer Breite zwischen 100 und 250 Kilometern eine Fläche von mehr als einer Million Quadratkilometern. Diese Verschätzung des Maßstabs in der Größenordnung von wenigstens 1:30 könnte man fast als den Quotienten der rhetorischen Selbstüberhebung des inneren Zirkels der kubanischen Revolutionäre nehmen.

Che hatte schon in einer seiner ersten Reden nach der Machtübernahme die Theorie von der Guerilla-Armee als der *Avantgarde des kubanischen Volkes* formuliert, die in der Sierra darangegangen sei, dem Land *eine Theorie und eine Doktrin der Revolution zu geben.* Und er hatte abschließend gesagt:

> *Wir haben bewiesen, dass eine kleine Gruppe entschlossener Männer, mit Unterstützung des Volkes und ohne Furcht zu sterben, wenn es nötig sein sollte, sich gegen eine disziplinierte Armee behaupten und sie sogar entscheidend schlagen kann. Das ist eine fundamentale Lehre.*

In seiner Broschüre »Der Guerillakrieg« (La Guerra de Guerillas) von 1960 hatte er diese These doktrinär ausgebaut und in einen kontinentalen Zusammenhang gestellt. Die kubanische Revolution habe *die Mechanik der revolutionären Bewegungen in Amerika* enthüllt, die sich in drei entscheidenden Lehren zusammenfassen lasse:

1. Die Kräfte des Volkes können einen Krieg gegen eine reguläre Armee gewinnen. 2. Nicht immer muss man warten, bis alle Bedingungen für eine Revolution gegeben sind, der aufständische Fokus kann solche Bedingungen selbst schaffen. 3. Im unterentwickelten Amerika müssen Schauplatz des bewaffneten Kampfes grundsätzlich die ländlichen Gebiete sein.

Die primären historischen Bezugspunkte für diese »Focus«-Theorie Ches waren die chinesische Revolution, der Volkskrieg in Indochina sowie der algerische Befreiungskampf, auf theoretischer Ebene vor allem die Schriften Mao Tse-tungs und General Giaps. Das Beispiel des »Volksbefreiungskriegs« Koreas unter Kim Il-Sung wiederum enthielt eine andere Lehre, die für Kuba bald Aktualität gewinnen würde: die des Widerstands einer revolutionären Volksarmee gegen einen überlegenen, mit Atomwaffen ausgerüsteten Feind.

Dieser Horizont seiner militärischen Reden und Schriften enthielt von vornherein eine harsche, mehrfach wiederholte Polemik gegen alle jene linken Gruppen und Parteien Lateinamerikas, *die ihre Untätigkeit mit Geschwätz über die Unbesiegbarkeit einer regulären Armee zu rechtfertigen suchen.* Der Guerillero war für Che auch der eigentliche Sozialrevolutionär, der als Avantgardekader in seiner Person wie in seinem Verhältnis zu den Massen die künftige Gesellschaft vorwegnahm; und das sollte nach dem Sieg das Primat der Guerilla über alle Parteien, auch die kommunistischen Parteien, begründen.

Castro seinerseits formulierte das nie derart prinzipiell. Aber er handelte danach. Im Februar 1962 entmachtete er in einer Blitzaktion den PSP-Generalsekretär Anibal Escalante, der die Schaltstellen der entstehenden neuen Staatspartei mit seinen Leuten besetzt hatte, und mit ihm den Kern der Altkommunisten, soweit sie sich nicht eiligst auf seine Seite stellten und am Scherbengericht über Escalante (wegen »Sektierertums«, »Machtmissbrauchs« und so weiter) beteiligten. Es war ein durch und durch stalinistisches Schauspiel von »Kritik und Selbstkritik«, nur eben unter der Regie eines Chefkommandanten statt eines Parteiführers. Escalante selbst wurde ins lebenslange Moskauer Exil geschickt. Damit war klargestellt, dass die alte KP nur ein Element im Aufbau der neuen Staatspartei sein würde, in der die Führung weiter Castro und seinem engeren Stab zufiel: den Barbudos in Oliv und mit Pistole.

Auch der sowjetische Botschafter und KGB-General Kudrjatsow, den Castro als Intriganten und »Hurensohn« geschmäht hatte, musste abgezogen werden. Aber der Kreml hatte sich in Kuba schon zu tief eingelassen, um noch die Wahl zu haben. Chruschtschow signalisierte Castro, dass die KPdSU bereit sei, auch ohne Vermittlung der PSP-Kader mit ihm über Fragen der Ideologie und der Statuten einer künftigen Kommunistischen Partei Kubas zu sprechen. Und am 1. Mai 1962 wurde Castros Staatswesen, wie gesagt, in die Reihe der »sozialistischen Bruderländer« aufgenommen. Das enthielt in sich schon eine militärische Garantie.

Bevor der Schwanz vollends mit dem Hund zu wedeln begann, musste Chruschtschow, dessen Prestige auch aus anderen Gründen angeschlagen war, wieder in die Initiative kommen. Ende Mai 1962 beauftragte er den zum neuen Botschafter in Havanna aufgerückten Alexejew, der kubanischen Führung den Vorschlag zu überbringen, Mittelstreckenraketen neuesten Typs auf der Insel zu installieren. Wenn sich Kuba schon unter den Atomschirm der Sowjetunion begab, dann in der direktesten und wirksamsten Art und Weise.

Dabei ging es um weit mehr als den Schutz vor einer US-Intervention. Kuba war längst zu einem Treibsatz der sowjetisch-amerikanischen Spannungen geworden, bevor es in das Zentrum dieses Konflikts trat. So hatte Chruschtschow schon in einer wütenden Tirade während des Pariser Gipfeltreffens mit Kennedy im Mai 1960, das durch den sogenannten »U2-Zwischenfall« (den Abschuss einer der neuen, hoch fliegenden Spionageflugzeuge der Air Force mitten über der Sowjetunion) geplatzt war, die kubanische Revolution als Beispiel für die reziproke Verwundbarkeit der USA in der eigenen Hemisphäre herbeizitiert. Unter dem scharfen Druck der chinesischen Argumente, die ihm Appeasement (Beschwichtigung) gegenüber den USA vorwarfen, diente ihm die »internationalistische Hilfe« für Kuba – die de facto die eingefrorene sowjetische Hilfe für China und Albanien ersetzte – als willkommenes Alibi.

Dabei waren Castro und Chruschtschow mit ihrem Hang zu Realitätsvergessenheit und provokativem Auftrumpfen in mancher Hinsicht kongenial. Beim gemeinsamen Auftritt vor der UNO im Herbst 1960 hatten sie die Szene in New York raumgreifend beherrscht, als sie sich im Blitzlichtgewitter der Weltpresse im Plenarsaal, und dann noch einmal beim Besuch des Generalsekretärs in Castros Räuberhauptquartier im schwarzen Harlem, mit großer Geste abküssten und in den Armen lagen. Chruschtschow hatte in einer legendär gewordenen Szene bei der Rede des britischen Außenministers mit dem Schuh auf die Bank getrommelt. Und Castro hatte sich, von allen Regeln und Protesten unbeirrt, die längste Rede in der Geschichte der UNO (über drei Stunden) herausgenommen.

Wie erwähnt, hatte Chruschtschow für den Fall eines Angriffs auf Kuba bereits mehrfach mit den sowjetischen Raketen gedroht. Und besonders Che war in Formulierungen darauf eingegangen, die Züge einer Inpflichtnahme hatten, so als er in einer Rede im Januar 1961 zum Amtsantritt Kennedys – auf den Kuba mit einer demonstrativen Ausrufung des Alarmzustands reagierte – erklärte: *Es ist bekannt, dass die Sowjetunion und alle sozialistischen Länder bereit sind, in den Krieg einzugreifen, um unsere Souveränität zu verteidigen.*

Dieses Weltkriegs-Szenario um Kuba war (vorerst) eine freie Erfindung, die nur zeigte, wie sehr die kubanische Seite die vorwärtsdrängende war. Aber es war insoweit realistisch, als die Sowjetunion im Machtpoker mit den USA sich aus ihrem kubanischen Engagement nur noch unter unerträglichen Gesichtsverlusten hätte zurückziehen können. In seinen nach der Abdankung verfassten Memoiren legt Chruschtschow dieses Prestige-Motiv sehr einfach und deutlich offen:

> Wenn Kuba fiel, würden andere lateinamerikanische Länder uns zurückweisen und behaupten, dass die Sowjetunion trotz all ihrer Macht nicht imstande gewesen sei, etwas anderes zu tun als nichtssagende Proteste vor den Vereinten Nationen abzugeben … Wir mussten ein greifbares und wirksames Abschreckungsmittel schaffen gegen eine amerikanische Einmischung in der Karibischen See.

Umgekehrt sah es die US-Regierung. Nach dem Debakel in der Schweinebucht, das in aller Welt als Signal ihrer begrenzten Handlungsmöglichkeiten und als Ausdruck einer eklatanten Schwäche der von ihr unterstützten Oppositionskräfte wahrgenommen wurde, blieben ihr tatsächlich nur noch zwei Optionen für einen »regime change« in Kuba: eine reguläre Invasion durch eigene Truppen, die nur mit einem beträchtlichen militärischen Einsatz und um den Preis einer weltpolitischen Krisis ersten Ranges durchzuführen gewesen wäre – oder die Forcierung ihrer Bemühungen, durch eine Mischung aus politischer Isolation, wirtschaftlicher Blockade, konstanter und organisierter Subversion bis hin zur direkten »Eliminierung« (sprich Ermordung) des Hexenmeisters Castro dessen Regime zu Fall zu bringen.

Alle diese Pläne waren Teil eines »Cuba Project«, das sich unter der Supervision des vornehmen Justizministers Robert Kennedy in immer unglaublichere und ruchlosere Einzelprojekte verstrickte, wobei der Präsident und das Gros der übrigen Regierungsmitglieder, einschließlich des Verteidigungsministers, in schützender Unkenntnis gehalten wurden.

Zunächst wurde im Rahmen der »Operation Mongoose« südlich von Miami auf einem verlassenen Campus im Wald unter der mysteriösen Bezeichnung JM WAVE eine Rekrutierungs- und Ausbildungsstelle für kubanische Freischärler aufgezogen, die mit 200 CIA-Beamten und an die 2000 Rekruten enormen Umfang annahm und für ihre nächtlichen »Runs« auf die Insel hinüber sowohl in den Keys (der nahe Kuba gelegenen Kette kleiner Inseln) wie in ihren mittelamerikanischen Basen eine kleine Armada von Booten und von Flugzeugen unterhielt. Dass eine solche Station in Florida, also im Inland, von der CIA betrieben wurde, war eine eindeutige Überschreitung der gesetzlichen Befugnisse der Agency.

Einer, der noch mehrfach mit solchen »Infiltrationsteams« nach Kuba fuhr, war der erwähnte Felix Rodriguez. Aber er fand es immer schwieriger, Leute für Sabotage- oder andere Widerstandsaktionen zu gewinnen. Und immer deutlicher wurde, dass die Teams in Miami, Panama oder Guatemala und ihre Untergrundverbindungen im Landesinneren ihrerseits vom kubanischen Geheimdienst infiltriert waren, der sich in diesen Schattengefechten als G-2 (nach innen) und DGI (nach außen) zu einem der effektivsten und größten Dienste seiner Art mauserte.

Je aufwendiger und zugleich aussichtsloser dieser subversive Marathon wurde, der außer sinnlosen Sabotageakten und der Anlage von Waffendepots für die Stunde X nichts zustande brachte, umso giftiger blühten die Fantasien der Herren von der Agency. Mal sollte Castro durch einen verseuchten Tauchanzug, mal durch eine explodierende Muschel, mal durch eine präparierte Zigarre und noch immer durch den vergifteten Cocktail um die Ecke gebracht werden. Auch traditionellere Formen wie Sniper-Attacken und Bomben am Wegrand wurden in Auftrag gegeben. Nur dass von alledem kaum etwas realisiert wurde – als hätte die Attentäter selbst eine unerklärliche Lähmung befallen.

Das gilt vor allem für die letzte und »seriöseste« Aktion dieser Art: die Ankündigung des mit der Entwicklung in Kuba und mit seinem Status im Kreis der Comandantes unzufriedenen Rolando Cubela, Castro eigenhändig umzubringen. Cubela war immerhin die frühere Nummer zwei des »Directorio«, der 1955 den Chef des Militärgeheimdienstes von Batista eigenhändig erschossen hatte. Als kubanischer Vertreter auf Konferenzen in Skandinavien und Frankreich hatte er Kontakt mit Exil-Organisationen aufgenommen und von seinem Plan eines Tyrannenmords gesprochen; dann war die CIA an ihn herangetreten und hatte Unterstützung angeboten. Aber in einer Kette konspirativer Treffen stellte er immer neue und immer extravagantere Forderungen, was die Gifte, die Waffen und die sonstigen Mittel, mit denen er ausgestattet sein müsse, betraf – bis er sich bei allen verdächtig gemacht hatte.

Cubela wurde verhaftet, war sofort geständig, forderte im Schauprozess in Dialogen mit dem Ankläger, die eines Dostojewski-Helden würdig waren oder auch wie ein fernes Echo der Geständnisse in den Moskauer Prozessen klangen, für sich selbst das »Paredón«, den Tod an der Wand – nur um durch Castro in demütigender Weise zu dreißig Jahren im Kerker begnadigt zu werden. Wie überhaupt Castro es glänzend verstand, alle diese serienweise aufgedeckten, realen oder inszenierten Attentatsversuche zu einem der zentralen Versatzstücke seines persönlichen Mythos von Unverwundbarkeit und Auserwähltheit zu machen. Binnen mehrerer Jahrzehnte soll es über 500 solcher Versuche gegeben haben – und immer Nieten!

Parallel zu den Attentaten sann man in Washington über Möglichkeiten einer Eskalation nach. In einem von dem späteren CIA-Direktor Richard Helms gezeichneten Protokoll einer Sitzung des »Cuba Project« vom Januar 1962 wurde, fast schon in einem Ton der Verzweiflung, konstatiert, dass die Entwicklung Kubas zu einer kommunistischen Diktatur, einem Subversionsherd und sowjetischen Stützpunkt sich unaufhaltsam beschleunige, und dass nunmehr »das kubanische Problem zur Top-Priorität für die Regierung der Vereinigten Staaten«

werden müsse, für die weder Zeit, noch Geld, noch Mittel und Kräfte gespart werden dürften – »alles andere ist zweitrangig«. Daraus entwickelte sich ein 24-Punkte-Projekt des vormals in Indochina tätigen Brigadegenerals Lansdale, das unter der bezeichnenden Prämisse stand: »Die Zeit arbeitet gegen uns.« Zu den Vorschlägen Lansdales, wie sich notfalls »Vorwände zur Rechtfertigung einer Militärintervention in Kuba« produzieren ließen, gehörten etwa Gedankenspiele wie: »Wir könnten ein US-Schiff in Guantanamo Bay in die Luft sprengen und Kuba beschuldigen«, als bewusste Nachbildung der nie aufgeklärten Explosion des US-Kriegsschiffs »Maine« im Hafen von Havanna 1898, die den Anlass zum Spanisch-Amerikanischen Krieg gegeben hatte. Oder: »Wir könnten eine kommunistische Terrorkampagne ... gegen Flüchtlinge, die in den Vereinigten Staaten Zuflucht gefunden haben, entwickeln.« Oder: »Wir könnten eine Bootsladung mit Kubanern, die auf dem Weg nach Florida sind, versenken (real oder simuliert).«

Es blieben – so unfassbar das klingt und auch ist – zynische Gedankenspiele. Die US-Regierung zog, sooft sie intern darüber diskutierte, eine militärische Invasion Kubas nie in Betracht – außer auf dem Höhepunkt der anschließenden Kubakrise. Dass wir diese Dokumente, einschließlich der sogenannten »Kronjuwelen« der CIA, inzwischen kennen, verdankt sich einer wachsamen Öffentlichkeit, aber auch den Instanzen einer demokratischen und rechtlichen Selbstkontrolle der USA. Kongress-Ausschüsse und Sonderermittler haben mehrfach in den Siebziger- und Achtzigerjahren Dokumente gesichtet, Zeugen gehört und ihre Ergebnisse (wenn auch mit Einschwärzungen vieler Personennamen) veröffentlicht. Regierungsmitglieder haben, sogar unter Nixon, interne Revisionen und nachträgliche Rechenschaftslegungen der Geheimdienste verlangt, soweit sie (wie die CIA in dieser Periode) massiv die eigenen Gesetze und Statuten übertreten haben, von den ethischen Grenzüberschreitungen noch ganz abgesehen. Man kann das alles gedruckt in Bibliotheken finden – und vieles auf der Website der CIA selbst.

So wunderbar abgründiges Material diese Enthüllungen und Selbstenthüllungen der kubanischen Propaganda geliefert haben, so sehr beweisen sich in ihnen die USA als eine offene Gesellschaft. Was die kubanischen Archive einmal der staunenden Nachwelt preisgeben werden, so wie die sowjetischen Archive seit ihrer partiellen Öffnung in den späten Achtzigerjahren, muss sich noch zeigen. Würde man zum Beispiel die authentische Aufzeichnung der Gespräche zu sehen bekommen, die Lee Harvey Oswald im Sommer 1963 in der kubanischen Botschaft in Mexiko City geführt hat, sähe man im Falle des anschließenden tödlichen Attentats gegen John F. Kennedy jedenfalls klarer – von dem nur so viel feststeht: dass es mit den vorangegangenen Attentatsplänen gegen Fidel Castro und mit Kuba auf irgendeine Weise zusammenhängt; und dass drei einfache Gewehrschüsse in diesem Fall genügten.*

Im Juni kam eine inkognito und in Zivil reisende sowjetische Generalstabs-Delegation nach Havanna und konkretisierte das Angebot einer Raketenstationierung. Che, der das Thema bei seinem Besuch in Moskau 1960 von sich aus angeschnitten hatte, war sowieso dafür, Fidel und Raúl nach kurzem Zögern ebenfalls. Damit war in einer kurzen Sitzung im engsten Kreis die Entscheidung über Sein oder Nichtsein der Nation gefallen. Die Antwort war allerdings in typischer Weise eine Tonlage höher transponiert: Die sowjetischen Atomraketen könnten kommen, wenn sie nicht nur dazu dienten, die kubanische Revolution zu schützen, sondern auch das sozialistische Lager zu stärken, also: den USA einzuheizen.

Dreißig Jahre später (1992) würde Castro sich als einen von den Sowjets Getäuschten und Enttäuschten darstellen, womit er die eigene, treibende Rolle bei dieser Konfrontation, die die Welt für Tage an den Abgrund führte, überspielen wollte:

> Hätten wir damals über die Balance der Kräfte gewusst, was wir heute wissen, dann hätten wir begriffen, dass die Stationierung Mittelstreckenraketen in strategische Waffen verwandelte ... Das dürfte auch das wirkliche sowjetische Motiv gewesen sein – nicht die Verteidigung Kubas. Wir wussten nicht, wie wenige Raketen die Sowjetunion hatte. Wir dachten, es wären Tausende ... Wir hatten eben unbegrenztes Vertrauen.

---

* Das gilt für alle drei plausiblen Versionen dieses Mords: für die Spur, die in die CIA-Station in Miami mit ihren mafiotischen Verbindungen führt; für die Spur, die direkt nach Havanna führt – oder für die Spur, die bei Oswald als Alleintäter endet, der als verschrobener Sowjetsympathisant und manisch aktives Mitglied des »Fair Play for Cuba«-Komitees über die (real oder wirklich) aufgedeckten Attentatspläne gegen Castro im Bilde und an ihrer propagandistischen Ausschlachtung beteiligt gewesen war.

Die entscheidenden Verhandlungen führte zunächst Raúl, dann Che. Alles musste ja im Shuttleverfahren direkt und mündlich, ohne telegrafischen Verkehr und an den eigenen Diplomaten vorbei, geregelt werden. Das abschließende Gespräch führte Chruschtschow mit Che und seinem Adlatus Aragonés sowie einem Dolmetscher auf einem zugigen Kai in Jalta. Noch eine Szene für die Geschichtsbücher: Che wollte, dass der ausgehandelte Vertrag über die Stationierung veröffentlicht und die Raketen ohne Geheimniskrämerei nach Kuba gebracht werden sollten. Chruschtschow weigerte sich entschieden, da dies angesichts der Kräfteverhältnisse nicht möglich sei. Alles müsse konspirativ und blitzartig über die Bühne gehen. Und wenn die Amerikaner die Installation entdeckten und die Sache stoppten? »Dann schicke ich eben die baltische Flotte«, soll Chruschtschow vollmundig erklärt haben, als handele es sich um ein Strategiespiel von Knaben auf dem Kai.

Tatsächlich hatte die »Operation Anadyr«, wie der Codename lautete, einen weitaus größeren Umfang, als damals selbst unter den Argusaugen der US-Überwachungsflugzeuge bekannt wurde. Erst auf einer sowjetisch-amerikanischen Konferenz in Moskau 1992, an der viele der entscheidenden Akteure beider Seiten teilnahmen, wurden die ganzen Fakten enthüllt. Moskau schickte eine Elitetruppe von 42.000 Soldaten auf die Insel, um die Operation zu flankieren. Es ging um den Aufbau von 24 Rampen für Mittelstreckenraketen und 16 für Interkontinentalraketen. Jede dieser Basen hatte zwei Raketen mit einem Atomsprengkopf, der ausreichte, eine amerikanische Stadt dem Erdboden gleichzumachen. Dazu kamen 24 Stellungen für Boden-Luft-Raketen vom Typ SAM-2, um Angriffe aus der Luft abzuwehren, 42 MiG-Abfangjäger und 42 Iljuschin-28-Bomber. 12 Raketenwerfer des Typs Komar sowie eine Serie von Marschflugkörpern sollten die Küsten verteidigen. Die Konferenzteilnehmer aus den USA, darunter Ex-Verteidigungsminister McNamara, sollen etwas blass um die Nase gewesen sein.

Die ganze Operation wurde in einem erstaunlichen Tempo abgewickelt, trotz der frühzeitigen Entdeckung und Beobachtung durch amerikanische Aufklärungsflugzeuge. Noch konnten die alarmierten Stäbe in Washington sich nicht vorstellen, dass es um anderes als Flugabwehrraketen oder eventuell den Bau einer U-Boot-Basis ging. Als sie begriffen, was wirklich vorging, war ein Großteil der Raketen bereits scharf gemacht. Und die kommandierenden Offiziere unter der Leitung eines leibhaftigen Marschalls der Sowjetarmee hatten den Befehl, im Falle eines Angriffs diese Raketen auf die einprogrammierten Ziele abzuschießen.

Dass Kennedy seinerseits mit dem Gedanken eines Erstschlags gespielt hat, zunächst gegen Kuba und notfalls auch gegen die Sowjetunion; dass er sich dann für die Seeblockade als Machtprobe im Vorfeld entschied; und dass die sowjetischen Frachter im entscheidenden Moment abdrehten, sodass schließlich in einer Art Gentleman's Agreement zwischen Chruschtschow und Kennedy der umgehende Wiederabzug der Raketen aus Kuba und (als Kompensation) der US-Raketen aus der Türkei vereinbart werden konnte – das alles ist bekannt.

Den Ausschlag gab die Information, die der US-Präsident wie der SU-Generalsekretär jeweils von ihren Militärs erhielten: dass die Überlegenheit der USA bei einem atomaren Schlagabtausch nach wie vor erdrückend war (etwa im Verhältnis 7:1). Umso hohler klang, was der ahnungslose Che nach seiner Rückkehr aus Moskau bei einem Empfang in der brasilianischen Botschaft in gehobener Stimmung verkündete: Die von ihm soeben getroffene Vereinbarung über militärische Hilfe werde eine Wende in den Machtverhältnissen zwischen Ost und West bringen. Das Blatt habe sich zugunsten des sozialistischen Lagers gewendet. »Den Vereinigten Staaten bleibt nichts anderes übrig, als nachzugeben.« Diese Unterschätzung des Hauptgegners war nicht der erste und nicht der letzte, allerdings der potenziell verhängnisvollste seiner großen Lebensirrtümer.

Die Soldaten der sowjetischen Raketentruppen, die an diesem 22. Oktober 1962 zu ihren Stellungen eilten, hatten sich zuvor mit heiligem Ernst gewaschen, rasiert und parfümiert* – wie Selbstmordattentäter es heute tun, bevor sie hinausgehen, um sich und andere in die Luft zu jagen. Niemand von ihnen nahm an, dass er den nächsten Tag noch erleben würde, wenn der Befehl kam, den sie erwarteten.

Die kubanischen »Massen« waren über Charakter und Ausmaß der tödlichen Bedrohung weithin uninformiert. Die Alarmpläne simu-

---

* So haben es die Veteranen der Kuba-Operation von 1962 Bärbel Sarkić, einer Fernsehjournalistin des ZDF, bei ihren Recherchen 2002 berichtet.

lierten, dass (wieder mal) eine große US-Invasion bevorstehe. 100.000 reguläre Soldaten, 170.000 Reservisten und fast noch einmal so viele Milizionäre wurden mobilisiert, über 400.000 mithin. Auch Mädchenabteilungen mit Stahlhelmen, frischen Uniformen und Milizpistolen wurden aufgeboten; und die gesetzten Frauen der DDR-Mission übergaben ihnen ein FDJ-Ehrenbanner, als ginge es zu einer Festtagsparade. Alles hatte eine irgendwie surreale Atmosphäre. Die Kinder gingen zur Schule, die Fabriken hatten zu arbeiten. Niemand wusste, wie die Dinge wirklich standen.

In der DDR-Mission, wo man zumindest ahnte, worum es ging, herrschte allerdings ernste Stimmung. Missionschef Loesch gab das Kommando, dass sich alle Frauen und Kinder am Abend des 28. Oktober auf ein vor dem Hafen festliegendes DDR-Urlauberschiff zu begeben hatten, das freie Passage durch den Blockadering bekommen sollte. Die Männer hätten auf ihrem Posten zu bleiben.

Tamara und die Schwestern B. reihten sich wie viele der in Kuba anwesenden Ausländer in eine Art »Internationale Brigade« ein, was schon als Reminiszenz die Herzen höher schlagen ließ, angesichts der realen Situation dagegen etwas albern wirkte. Der aufgekratzte Ton, in dem Tamara ihren besorgten Eltern über diese Erlebnisse berichtete, verrät jedoch, wie weit sie sich von ihren FDJ-Ehrenbannertagen entfernt hatte:

> Die lateinamerikanische Revolution dringt immer mehr in den Mittelpunkt, und ich habe das große Glück, an dieser teilnehmen zu können! … All diese fantastische revolutionäre Begeisterung …, die Größe Fidel Castros als Führer der Ersten Sozialistischen Revolution Lateinamerikas, all das tritt jetzt mit größter Kraft in Erscheinung.

Tage später ermahnte sie ihre Eltern, die Worte Castros gut zu studieren: »Sie haben eine große Bedeutung für die Entwicklung des nationalen Befreiungskampfes, für die Haltung der marxistisch-leninistischen Bewegung zu diesen Problemen.«

Ob dazu auch gehörte, was Castro in einer vor Wut schäumenden Rede in der Universität in bester Macho-Diktion gesagt hatte, nachdem die sowjetischen Schiffe abgedreht hatten? Die Führer der Sowjetunion hätten »no cojones« (keine Eier), also keinen Mumm gezeigt, um den USA Paroli zu bieten. Indem Washington und Moskau den Konflikt direkt, ohne Konsultation der kubanischen Regierung, beigelegt hätten, hätten die Sowjets die Souveränität ihres Verbündeten in schändlicher Weise übergangen. Völlig falsch war das nicht: Chruschtschow hatte unter dem Druck des amerikanischen Ultimatums sogar UN-Inspektionen auf Kuba zugesagt, die Castro kategorisch ablehnte.

Aber die rasende Erbitterung des Übergangenen galt vor allem der Tatsache, dass es nicht gelungen war, den definitiven Beweis für die Ohnmacht der nördlichen Supermacht zu liefern, auf den es ihm angekommen war. Draußen auf den Straßen gab es Protestkundgebungen, die durchaus den frivolen Tonfall ihres Maximo Líder trafen, wenn sie riefen: »Nikita, mariqita! Lo que se da no se quita!« (Nikita, du Tunte, was man einmal geschenkt hat, nimmt man nicht wieder zurück!)

Was sein blind empörtes Volk nicht wusste: Castro hatte auf dem Höhepunkt der Krise an Chruschtschow telegrafiert, falls die amerikanischen Aggressoren kubanischen Boden beträten, erwarte er, dass die Sowjets mit ihren Raketen einen Erstschlag führten. Und er hatte versichert, sein Volk und er selbst seien bereit, dafür zu sterben. Als Chruschtschow ihm das nach dem Ende der Krise vorhielt, wollte er nicht von einem Erstschlag gesprochen haben, sondern nur von einer »nuklearen Verteidigung« der Insel im Falle eines Angriffs der USA – was freilich auf dasselbe herauskam. Insofern spitzte Che in seinem Gespräch mit dem Korrespondenten des britischen *Daily Worker*, Sam Russell, das er Wochen nach dem Ende der Krise geführt hatte, diese Position nur weiter zu, als er zur Irritation des Interviewers in seiner berühmten Offenheit sagte:

> Wenn sie uns angreifen, werden wir bis zum Ende kämpfen. Wären die Raketen hier geblieben, hätten wir sie bei unserer Verteidigung gegen die Aggression alle eingesetzt und sie direkt auf das Herz der USA gerichtet, sogar auf New York.*

* Die Authentizität dieser häufig zitierten Sätze ist nicht restlos verbürgt. Castañeda verweist auf einen gedruckten BBC-Report vom 7. Dezember 1962, in dem es heißt, diese Sätze seien an die Redaktion des *Daily Worker* übermittelt, aber nicht gedruckt worden. Der Interviewer selbst, der Moskau-Korrespondent des KP-Blattes, hat das weder bestätigt noch dementiert.

Natürlich hatten die Kubaner die Raketen nicht zu ihrer Verfügung – der »Tunte Nikita« sei Dank! Aber der Tenor war derselbe, den Che schon in einem Durchhalte-Artikel in *Verde Olivo* während der Krise angeschlagen hatte:

> *Wir müssen den Weg der Befreiung auch dann gehen, wenn er Millionen atomarer Opfer kosten sollte, weil in einem Kampf auf Leben und Tod zwischen zwei Systemen das Einzige, was zählt, der endgültige Sieg des Sozialismus oder seine Rückbildung nach dem nuklearen Sieg einer imperialistischen Aggression wäre.*

Das Kreisen um diese Frage hatte etwas Obsessives. In einem Artikel über »Taktik und Strategie der lateinamerikanischen Revolution« rühmte er wenig später das kubanische Volk für seine Bereitschaft zum kollektiven Selbstopfer, von der es gar nichts geahnt hatte:

> *Es lieferte das erregende Beispiel eines Volkes, das bereit war, sich im nuklearen Krieg aufzuopfern, damit seine Asche als Fundament für eine neue Gesellschaft diene. Und als ein Abkommen zum Abzug der Raketen geschlossen wurde, bei dem es nicht gefragt wurde, da atmete es nicht erleichtert auf und dankte nicht für diese Atempause. Sondern es stürzte sich wieder auf den Kampfplatz, um … seine Entschlossenheit zu demonstrieren, auch alleine gegen alle Gefahren und sogar gegen die atomare Bedrohung durch den Yankee-Imperialismus zu kämpfen.*

Hombre Nuevo

Ist es möglich, einem Menschen mit der nötigen Empathie des Biografen zu folgen, der in einer am Abgrund eines Weltkriegs balancierenden Konfrontation solche Hurras auf die eigene Courage zum millionenfachen Mord und Selbstmord ausbringt? Die Gegenfrage lautet: Wie anders könnte man sich jemandem nähern, der eine solche Faszination ausgeübt hat und noch ausübt, wenn man nicht die ganze Spannbreite seiner Äußerungen und Handlungen in Betracht zu ziehen versuchte: die, in denen er wie ein »Torpedokäfer« (à la Franz Jung) die papierdünnen Wände des Wahnsinns streift; und die, in denen er menschlich und zugänglich wirkt.

Der Torpedokäfer hat sich früh in der Larve des kleinen Prinzen gerührt, in jenen Äußerungen, die man zunächst nur als Ausdruck pueriler Weltuntergangslust betrachten würde, die im Lichte der zitierten späteren Äußerungen aber ein neues Gewicht gewinnen. So hatten den radikalen Raidisten in Guatemala und Mexiko die *neuen Koreas*, die der Imperialismus vorbereite, anhaltend beschäftigt. Nur die atomare Gegenmacht der Sowjetunion (das *rote Leuchten im Osten*) könne die Herren in Washington davon abhalten, den Völkern der Welt den *totalen Krieg* zu erklären. Und da, wie er in einer doktrinären Abhandlung »*Die Arbeiterklasse der USA – Feind oder Verbündeter?*« damals schrieb, dieser erhoffte Verbündete längst ein korrumpiertes Werkzeug des Weltbösen geworden sei, müssten die Völker ihren finalen Weltbefreiungskrieg *gegen das gesamte Volk der USA* führen. Das klang schon weniger nach Stalin oder Mao als nach Lin Piao oder Bin Laden (bevor es ihn gab).

Und wie humoristisch war es gemeint, wenn Ernesto seiner Mama im Juni 1955 erklärte, dass sie einen *kleinen, umherziehenden Propheten des nahenden Jüngsten Gerichts* in die Welt gesetzt habe? Vater Guevara, der die Briefe seines Sohnes unter dem martialischen Titel »*Hier kommt ein Soldat Amerikas!*« herausgegeben hat, zitiert in einer Fußnote eine nicht abgedruckte Karte, ebenfalls an Mutter Celia, worin der Sohn mitteilte, dass er nach Kuba gehen wolle, um dort den

Weltimperialismus zu bekämpfen. Entweder werde sie binnen fünf Jahren die Früchte seiner Arbeit sehen – oder er werde *diese Welt als ein Hampelmann, der in der Stratosphäre Pirouetten dreht, verlassen* haben. Ein irrwitziges, freilich ganz aus der Zeit gegriffenes Bild, worin Macheten und Raketen, Atompilze und Raumfahrer apokalyptisch zusammenflossen.

Als Mutter Celia und Vater Ernesto vor laufenden Fernsehkameras ihren verlorenen Sohn am 8. Januar 1959 auf dem Flughafen von Havanna in die Arme schlossen, kaum eine Woche nach dem siegreichen Einzug der Rebellen in die Stadt, da kamen sie natürlich, um die »Früchte seiner Arbeit« zu bestaunen. Ihr Filius sah trotz seines zum Markenzeichen gewordenen Barts noch immer aus »wie jener junge Mann, der Buenos Aires vor mehr als sechs Jahren an einem kalten Juliabend verlassen hatte« – so Ernesto senior in seinen stolzen Erinnerungen. Irritierend war nur die Entourage aus jugendlichen Barbudos mit Halsketten aus Hundezähnen und okkulten Amuletten. Einer von ihnen war Camilo, der sich diese »kleine Überraschung« für seinen Kumpel ausgedacht hatte.

In Wirklichkeit kamen seine Eltern, die vom jüngsten Bruder Juan Martín begleitet wurden, Che denkbar ungelegen, und so quartierte er sie in einem der Luxushotels ein, ging mit ihnen ein paar Mal essen und schickte sie dann mit einem Wagen und Chauffeuren aus seiner Leibwache auf eine kleine Tour durchs Land. Das Benzin mussten sie zum Beweis, dass andere, proletarischere Zeiten angebrochen waren, selbst bezahlen. Eine rührend-naive Szene: Vater Ernesto nahm seinen Sohn zu einem »ernsten Gespräch« beiseite, um ihn zu fragen, wie es denn nun mit seiner Berufsperspektive als Arzt stehe und ob er nicht langsam wieder nach Hause zurückkommen wolle. Der erwiderte (irgendwo zwischen kindlicher Ernsthaftigkeit und Gereiztheit), dass er den Arztberuf längst aufgegeben habe und jetzt ein Kämpfer sei, »der daran arbeitet, eine Regierung zu unterstützen«. Was aus ihm werden solle und »in welchem Teil der Erde ich einmal meine Knochen lassen werde«, wisse er nicht. Vater Guevara fasste seine ersten Eindrücke (später) in einer ganz treffenden Formulierung zusammen, worin sich das Staunen über diesen Sohn mit einem Anflug von Unbehagen mischte: »Er war sich seiner Persönlichkeit bewusst und verwandelte sich in einen Menschen, dessen Glauben an den Sieg seiner Ideale fast an Mystik grenzte.«

Celia fuhr Anfang Mai noch einmal alleine nach Kuba. Von diesem Treffen gibt es jene entrückten Mutter-Sohn-Bilder, die eine andere Ebene seiner Person abbilden. Che war gerade dabei, sich von Hilda Gadea scheiden zu lassen, die mit ihrem Töchterchen Hildita im Januar ebenfalls (und noch ungelegener) in Havanna aufgetaucht war – nur um zu erfahren, dass Ernesto eine andere hatte, eben Aleida March, die er gleich im Anschluss an die Scheidung von Hilda auch heiratete, sie in Weiß, er in Oliv. Wären auf den Fotos nicht die Kampfmonturen des Bräutigams und seiner Trauzeugen, allen voran Fidel, man würde es für eine traditionelle lateinamerikanische Familienszene halten.

Im August 1961 fuhr der ganze Clan aus Buenos Aires, bestehend aus Ernestos Eltern, seinen Schwestern Celia und Ana Maria, seinen Brüdern Roberto und Juan Martín sowie seiner Tante Beatriz, zur OAS-Konferenz in Punta del Este im benachbarten Uruguay, um ihren geliebten Sohn, Bruder und Neffen noch einmal zu sehen. Auch einige seiner alten Schulfreunde waren gekommen, und ebenso der dicke Rojo, der ihn auf seiner zweiten Reise begleitet hatte. Es war ein kurzes und sentimentales Wiedersehen an einem der Konferenzabende. Viel mehr Zeit blieb nicht.

Jetzt war Ernesto nicht mehr nur ein aus der Sierra heil wieder aufgetauchter, zum Kommandeur avancierter Buschkrieger, wie noch im Januar 1959. Sondern jetzt war dieser »Che Guevara« bereits eine weltweit beachtete Figur, als Industrieminister Kubas wie als Propagandist eines kontinentalen oder sogar globalen Guerillakriegs. In der Fama der kubanischen Emigranten galt der Argentinier sogar als Mastermind der Revolution. Das US-Magazin *Time* hatte ihm im Vorjahr eine Titelgeschichte gewidmet, worin er als das »Hirn« der kubanischen Revolution porträtiert wurde, während Fidel ihr »Herz« und Raúl ihre »Faust« sein sollten.

Menschenmengen hatten Che in Montevideo schon am Flughafen und bei der Fahrt in die Stadt begrüßt, Neugierige und Demonstranten, aufgerufen von »castristischen« Gruppen, die sich als eine neue, einflussreiche Strömung einer lateinamerikanischen Neuen Linken überall formierten. Auch lokalpatriotischer Stolz auf diesen Sohn des »Cono del Sur«, des »südlichen Horns« des Kontinents, mag bei diesem großen Empfang eine Rolle gespielt und auf Ches Familie und Freunde ausgestrahlt haben. Bei einem kurzen Privattreffen mit dem argentinischen Präsidenten Frondizi an einem Abend in Buenos Aires durften sie freilich nicht dabei sein. Es war das letzte, kurze Wiedersehen mit seiner Heimatstadt.

Che selbst hatte einen glänzenden Auftritt auf der Konferenz, die sich – völlig gegen die Absicht der Organisatoren – über weite Strecken auf ihn und auf Kuba (das aus der OAS ausgeschlossen werden sollte) konzentrierte. Hier in Punta del Este trat er wie ein Stierkämpfer mit rotem Tuch in die Arena, und sein Gegner war der nicht anwesende Kennedy, mit dem er sich eine Art Fernduell lieferte. Che hatte, seinem Vorbild Fidel folgend, die großen, führerhaften Auftritte inzwischen perfekt gelernt, sowohl vor kubanischen Massen wie auf den internationalen Bühnen; etwas, an das er im Januar 1959 im Traum noch nicht gedacht hatte. Jetzt konnte auch er wie Fidel auf Basis minimaler Notizen eine lange, polemisch geschliffene und dramaturgisch aufgebaute Rede hinlegen – und hier in Punta del Este sogar eine, die in ihrer souveränen Mischung aus Sarkasmus, Lakonie und Pathos als rhetorisches Dokument noch heute beeindrucken kann.

Nichts von dem Gesagten darf man allerdings auf die Goldwaage einer Realitätsprüfung legen. So überzeugend viele seiner Polemiken gegen die von den USA angekündigte »Allianz für den Fortschritt« klangen, so pseudologisch-fantastisch waren seine Voraussagen für die weitere Entwicklung. Wenn die USA den Ländern Lateinamerikas ein Wachstum von jährlich 2,5 bis 3,0 Prozent versprächen, so sehe Kuba mit großer Gewissheit einem Wachstum von jährlich 10 Prozent entgegen, mit dem es bald die fortgeschrittensten kapitalistischen Länder wie Schweden oder die USA eingeholt haben werde.

Von dieser gesicherten Position aus sei seine Regierung durchaus zum Frieden mit allen Nachbarn, auch den USA, bereit. Er könne auch *garantieren, dass wir die Revolution nicht exportieren, … dass nicht eine einzige Waffe für den Einsatz in einem anderen Land Amerikas Kuba verlässt.* Nicht verzichten könne Kuba allerdings darauf, *ein Modell zu exportieren …, denn dieses Modell wirkt naturgemäß grenzüberschreitend.* Ja, das kubanische Beispiel werde bald *einen Flächenbrand auslösen,* wenn die Lebensbedingungen der verarmten Massen nicht durchgreifend verändert würden. Dann werde sich die Voraussage Fidel Castros bewahrheiten und *die Anden die Sierra Maestra* ganz Amerikas werden.

Vor die Weltpresse, die ihn mit Fragen bestürmte, trat Che wie ein charmanter Dompteur. Er wird die Situation mehr, als er zugab, genossen haben, gerade weil das für ihn eine bourgeoise Meute war, die da an seinen Lippen hing. Als ein Reporter ihn nach Privatem befragte, ob er rauche, trinke und »die Frauen liebe«, antwortete er als seine eigene »Persona« (wie in einem antiken Maskenspiel):

> Ich trinke nicht. Ich rauche. Ich wäre kein Mann, wenn ich die Frauen nicht liebte. Ich wäre kein Revolutionär, wenn ich meinen revolutionären Pflichten … nicht voll und ganz nachkommen würde. Ich arbeite 16 bis 18 Stunden täglich und schlafe 6 Stunden, wenn ich kann … Ich glaube, dass ich eine Mission zu erfüllen habe auf dieser Welt, und dieser Aufgabe muss ich alles opfern, jedes tägliche Vergnügen, ein Zuhause, persönliche Sicherheit und möglicherweise auch mein eigenes Leben.

So oder so ähnlich hatten er und Fidel ihr Leben an der Macht allerdings auch tatsächlich eingerichtet. Gerade auf dieser Ebene stimmte – bei allen Differenzen, die es gab – ihre Chemie. Dabei waren sie eigentlich polare Persönlichkeiten. Castro blieb in all seiner globalen und panamerikanischen Rhetorik letztlich der Herr seiner Insel, der Sesshafte. Gerade als solcher hatte er es geschafft, den ruhelosen Weltenwanderer Guevara für ein paar Jahre in das Zentrum einer wirklichen Revolution zu bringen und zu binden – wofür der kleine »Prophet des Weltendes« dem großen »Propheten der Morgenröte« lebenslang und authentisch dankbar war. Hier mauserte der jungenhafte Ernesto sich zum »Che«, zu seinem überlebensgroßen Doppelgänger, seiner »Persona«.

Seine Arbeitswut war für ihn tatsächlich eine eiserne Pflicht; aber darin steckte auch der alte Drang des Asthmatikers, über seine physischen Grenzen hinauszugehen. Insoweit hatte Che Züge eines Masochisten und Puritaners, der seine Befriedigung eher im Strom der ozeanischen Gefühle fand, die ihn umspielten. Dazu gehörte auch das narzisstische Abbild seiner selbst im Spiegel der Öffentlichkeit. So viele Fotos von einem Menschen findet man nur, wenn er sich dem gierigen Auge der Kameras mit einem gewissen Genuss hingibt – in einer Fotostrecke für den »Playboy« 1960 sogar mit entblößtem Oberkörper auf dem Feldbett. (Fast wie Andreas Baader fünf Jahre später für den schwulen Modefotografen Herbert Tobias.)

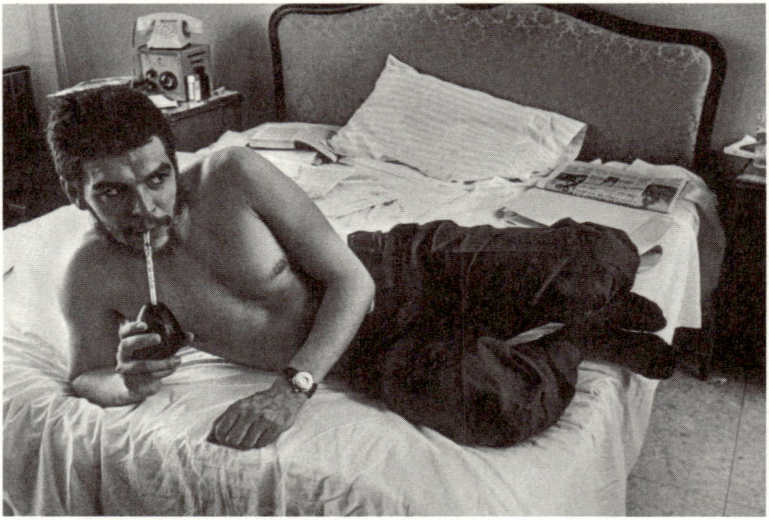

Fotografie von Andrew St. George, 1960. Sie kannten sich bereits aus der Sierra Maestra. Später verdächtigte man St. George, CIA-Agent zu sein. Tatsächlich war er ein ungarischer Emigrant, der nach anfänglichen Sympathien dem Castro-Regime immer kritischer gegenüberstand.

Guevara war bei allem Puritanismus kein unsinnlicher Mann. Er konnte mit Genuss essen, sogar schlingen, wenn es etwas Gutes, Argentinisches gab. Nicht nur aus der Zahl der Kinder, die er seiner Frau bei seinen familiären Zwischenaufenthalten machte, sondern auch aus Andeutungen etlicher, die ihm nahestanden, lässt sich schließen, dass er seine ehelichen Pflichten mit einiger, anfallartiger Leidenschaft erfüllte. Aber seine Hörner hatte er sich, nach allem, was man wissen kann, auf seinen frühen Reisen abgestoßen. Als Machtmensch war er jedenfalls kein Schürzenjäger, schon weil er ständig gegen entsprechende Usancen seiner Mitkämpfer ankämpfen musste.*

* Der einzige nachgewiesene Fehltritt Ches war eine kurze Affäre mit einer Mitarbeiterin, die er aus der Cabaña kannte: Lilia Rosa Pérez. 1963 hatte er sie wieder getroffen und geschwängert, und im März 1964 wurde ein Sohn namens Omar geboren, der später auch von seinen Halbgeschwistern anerkannt wurde, vor allem von Hildita, die 1995 mit kaum vierzig Jahren an Krebs und Alkohol starb.

Wenn es nicht zu anspielungsreich klingt: Das karibische Paffen großer Zigarren unter Hombres war von allen phallischen Genüssen wohl der höchste, es sei denn, dass der zärtliche Umgang mit den Waffen und die regelmäßigen Schießübungen noch höher standen. Wie überhaupt das Leben im Feldlager das war, was Che immer wieder suchte und was er auch als Minister und Comandante in Havanna praktizierte. Es durfte nichts geben, das ihn hätte binden, »verweichlichen«, zu einem Bonvivant oder Familientier hätte machen können.

Dabei brauchte er stets eine familiäre Umgebung als emotionale Basis und Auffangstation. Seine Verbindungen zur Familie in Buenos Aires dünnten allmählich aus; aber er litt mit seiner kranken Mutter und Tante, und er vergaß sie keinen Moment. Seine Brüder, vor allem den jüngsten, Juan Martín, und seine Jugendfreunde, vor allem Granado, wollte er möglichst in Havanna um sich haben.

Familiäre Züge trugen auch die Beziehungen Ches zu seinen ehemaligen Kindersoldaten aus der Sierra, die heirateten und sich einrichteten. Aber sie blieben ihm nur nahe, wenn sie jederzeit bereit waren, alles hinter sich zu lassen und ihrer gemeinsamen Mission zu opfern. So wie er selbst bei Aleida, die einen ordentlichen Haushalt führte, und bei seinen nachwachsenden Kinder ein ewiger Gast blieb. Schließlich gab es noch Hilda, die (zum Gram seiner Frau) als Angestellte der INRA in Ches Nähe arbeitete und ihm sein Töchterchen Hildita regelmäßig ins Büro brachte, wo sie spielte oder las und von wo er sie als »seine Älteste« gelegentlich mit nach Hause nahm.

Aber das alles waren, militärisch gesprochen, nur emotionale Basislager. Seine eigentliche Welt waren die Tage und Nächte im Büro; die zahllosen Sitzungen und Kongresse; die Inspektionsflüge mit Hubschrauber oder Flugzeug (das er selbst steuerte) oder die Ausfahrten in kleiner oder großer Kolonne übers Land; die Sonntage bei der »freiwilligen Arbeit« auf den Feldern, Baustellen oder Hafenpiers; die Gespräche mit Besuchern zwischen ein und drei Uhr morgens; die Stunden der einsamen Lektüren (womöglich danach); und der kurze, erschöpfte Schlaf auf dem Feldbett.

Omar wurde in den späten Achtzigerjahren, Castañeda zufolge, »ein regimekritischer Dichter und Übersetzer, der in einem der von seinem Vater eingerichteten Arbeitslager eine Strafe wegen Widerstands gegen das Regime und Verweigerung des Militärdienstes verbüßt hat«.

Das Lebensmodell Fidels sah ähnlich und doch anders aus. Seine Verbindung mit Celia Sanchez lebte wohl recht bald ganz von der Erotik der Macht. Sie schuf ihm einen häuslichen Hafen, aber mehr noch ein gut funktionierendes Sekretariat, über das in der Art eines sprichwörtlichen »Küchenkabinetts« ein großer Teil der Entscheidungen lief. Viele hielten in den Sechzigerjahren diese »Sekretärin des Staatsrats« (so ihre offizielle Funktion) in allen Fragen der inneren Politik und personellen Besetzungen für die zweitmächtigste Person in Havanna, als stille Architektin der neuen Staatsklasse oder Nomenklatura.

Auch Castro brauchte einen erweiterten familiären Rahmen. Dazu gehörten zwar nicht seine Eltern (sein Vater Angél war 1956 verbittert gestorben, seine Mutter Lina lebte zurückgezogen in einem Häuschen auf der sozialisierten Plantage nahe Birán), aber doch die meisten seiner zahlreichen Geschwister und Halbgeschwister. Aber vor allem gehörten seine Kinder dazu, in denen er sich reinkarniert sah. Den Kampf um Fidelito, den Ältesten, hatte er durch seinen raschen Einmarsch in Havanna gewonnen. Während Mirta ihrem Bruder Rafael Díaz-Balart ins Exil folgte, blieb der Sohn auf Kuba und wuchs im Schatten des Vaters auf, der ihn zum Studium der Atomphysik nach Moskau schickte, um seinem Erstgeborenen die Rolle eines prometheischen Anzünders des kubanischen Atomfeuers zuzuweisen.*

Naty Revuelta mit ihrer Tochter Alina blieb Castro als platonische Zweitfrau loyal ergeben. Er kam periodisch mit Geschenken, streckte sich auf dem Sofa aus, spielte mit der Kleinen, sorgte für einen standesgemäßen Lebensunterhalt mit Oma und Haushälterin, und verwendete Naty (wie Lenin seine Ex-Geliebte Inessa) für gelegentliche Sondermissionen. Erst nach der Emigration ihres Stiefvaters Orlando und ihrer Halbschwester Natalie erfuhr Alina durch die Schulkinder, die sie hänselten, dass sie die Tochter dieses bärtigen Mannes war, der sich so selbstverständlich bei ihnen breitmachte.

---

* 1980 wurde der eben dreißigjährige Fidelito Generalsekretär der kubanischen Atomenergiekommission und leitete den Bau des ersten Atomreaktors Kubas in der Bucht von Cíenfuegos. Zwölf Jahre später, nachdem schätzungsweise eine Milliarde Dollar in das Objekt geflossen waren, gaben Kuba und vor allem die Partner in Russland das Projekt auf. In Kategorien einer politischen Ökonomie gesprochen, entsprach dieses Debakel in seiner Größenordnung etwa dem Versuch der DDR, unter ähnlich großem Deviseneinsatz einen »Super-Chip« bei Robotron in Dresden zu produzieren.

Aber das alles waren für Fidel nur familiäre Rückzugshäfen in einem das Land überspannenden Netz von Datschen, Buden und Schlupfwinkeln. Seine Hauptbasis blieben über lange Zeit der oberste Stock im Hilton alias »Habana Libre« und seine Stadtwohnung in der Calle Once. Parallel dazu unterhielt er Refugien auf Militärcamps, in Staatsfarmen, am Meer oder in der Sierra Maestra, mal alte Villen (wie in Cojimar) und mal bescheidene Datschen. Wo der Comandante en Jefe eigentlich lebt, ist bis heute ein Geheimnis, das zu seiner Aura gehört. Natürlich waren die Mordanschläge der CIA ein perfekter Vorwand für diese Lebensweise. Dabei bewegte er sich angesichts von angeblich Hunderten Anschlägen auf sein Leben (was ungefähr einen Anschlag pro Woche bedeutet hätte) manchmal erstaunlich ungeschützt. In den ersten Jahren spielte er sogar Harun Al-Rashid, fuhr oder spazierte mit kleiner Begleitung nachts durch die Stadt, schaute in Bars hinein, ließ sich von Gästen umringen, die ihn mit Wünschen überschütteten, welche seine Begleiter notieren mussten.

Es war offensichtlich, dass er diesen beständigen, physischen Kontakt brauchte, was sich ideologisch als »Gespräch mit den Massen« und psychologisch als Sucht nach der Droge Anerkennung beschreiben lässt. Dazu gehörten auch seine erotischen Eskapaden, die er ganz »Mann ist Mann«-mäßig betrieb; gelegentlich, wie im Fall der deutschen Kapitänstochter Marita Lorenz*, wohl mit Anflügen akuter Verliebtheit, sonst eher im Hochgefühl viriler Selbstbestätigung. Überhaupt gab es in allem Verzicht auf äußeren Luxus einen Genuss seiner Machtfülle, der etwas Sinnliches, Körperliches und Exzessives, fast Gargantueskes, hatte. Ein Puritaner wie Che war Fidel jedenfalls nicht.

Seine Domizile, die Besucher sporadisch zu sehen bekamen, glichen Studentenbuden mit Couch und auf dem Boden herumliegenden Büchern und Papieren. In der Art eines ewigen Studenten, der (ähnlich wie Josef Stalin) die Nacht zum Tage machte, lebte und re-

---

* Dass Marita Lorenz sich Anfang 1960, schon als Mafia-Liebchen, noch einmal hat als Mörderbiene gegen Fidel einsetzen lassen, nur um halb hingeschmolzen und halb schon enttarnt vor dem großen Mann ihre Verstrickung zu bekennen und sich zurückschicken zu lassen, gehört in all seiner Unwahrscheinlichkeit zum Aroma dieser Jahre. Auch in ihrem Falle führen – unterschiedlich deutbare – Spuren von den Mordanschlägen gegen Castro zum vollendeten Mord an Kennedy.

gierte er auch tatsächlich. Selbst seine engsten Mitarbeiter wussten oft nicht, wo er steckte. Tatsächlich ließ er sich von spontanen Einfällen treiben, packte dies an und ließ jenes liegen. Von auswärtigen Besuchern umgeben, wurde aus dem Stegreif beschlossen, hierhin oder dorthin zu fahren, quer durchs Land. Diese »vueltas« (Rundfahrten) konnten auch mehrere Tage dauern. Der von Castro eingeladene französische Agrarexperte René Dumont, der ihm helfen sollte, die überhastet kollektivierte Landwirtschaft neu in Gang zu bringen, hat darüber einen eindrücklichen Bericht hinterlassen:

> Wenn ich mit Castro herumreiste, hatte ich zuweilen den Eindruck, dass ich Kuba mit seinem Besitzer besuchte, der mir seine Felder und Weiden, sein Vieh und sogar seine Menschen zeigte ... Die fortgesetzte Ausübung der Macht hat ihn davon überzeugt, dass er jedes Problem besser versteht als irgendjemand anderes ... Er findet eine Brücke in schlechtem Zustand und gibt Anweisungen, sie unverzüglich zu reparieren. Fünfzig Meilen weiter bleibt der Jeep im Schlamm stecken ... ›Seht zu, dass hier eine anständige Asphaltstraße hinkommt.‹ ... An anderer Stelle scheint die Anpflanzung vernachlässigt. ›Ich will eine landwirtschaftliche Schule hierhin.‹

Dabei ging es allerdings um weit mehr als nur einen bloßen Stil des Regierens. Tatsächlich befindet man sich hier schon im Zentrum von Theorie und Praxis der kubanischen Revolution. Und der Chefideologe dieser Art des Wirtschaftens und Lebens unter dem absoluten Primat der Politik und des freien Experiments war Che, der nur scheinbar organisierter und systematischer agierte als Fidel.

Nachdem der Großgrundbesitz zerschlagen und das Gros der Industrien nationalisiert waren, und nachdem der faktische Abbruch der wirtschaftlichen Beziehungen mit den USA zur Tatsache geworden war, war es die Aufgabe Ches als erstem Wirtschaftszar, den ökonomischen Gesamtprozess zu reorganisieren. Das Handelsembargo, das zuerst durch Eisenhower im Oktober 1960 – als Antwort auf die faktisch entschädigungslosen Enteignungen – und in strikterer Fassung als offensive Kampfmaßnahme dann durch Kennedy im Februar 1961 verhängt wurde, besiegelte und verschärfte diesen Stand der Dinge, aber es begründete ihn nicht.

Rohstoffe, Nahrungsmittel, Konsumgüter, Ersatzteile und technisches Know-how – alles, was Kuba vom nahen nördlichen Nachbarn in einem fließenden Austauschprozess mit kurzen Fristen bezogen hatte, musste jetzt entweder schleunigst aus eigener Produktion ersetzt oder über wochenlange Seewege aus der Sowjetunion und den »sozialistischen Bruderländern« herbeigeschafft werden. Es mussten Lagerhallen, Kühlhäuser und neue Strukturen von Vertrieb und Verteilung aufgebaut werden, oder die Lieferungen verrotteten und verrosteten auf den Kais und Lagerplätzen. Und weder die technischen Normen noch die Sprache noch die Arbeitsweisen der neuen Partner passten zusammen. Die Länder des sowjetischen Blocks hatten ihre laufenden Fünfjahrespläne, innerhalb deren sie kaum flexibel reagieren konnten, und wenn, dann nur unter herben eigenen Verlusten – während sie mit ihren enormen militärischen Aufrüstungsprogrammen wie mit ihren Versprechen eines »Gulaschkommunismus« selbst unter wachsendem inneren Druck standen. Alle hochfliegenden Hoffnungen und Erwartungen, die sich an die scheinbar großzügigen Abmachungen knüpften, landeten binnen Kurzem in den tristen Niederungen eines sozialistischen Wirtschaftsverkehrs.

Che war überdies noch von der Idee getrieben, diesen kaum zu bewältigenden Neuanfang mit einer radikalen Umsteuerung der kubanischen Ökonomie zu verbinden. Die Stichworte hießen »Diversifizierung der Landwirtschaft« und »umfassende Industrialisierung«. Und als wäre das nicht genug, hatte sich die Revolutionsregierung mit ihrer Senkung aller Preise, Tarife und Mieten und ihren populistischen Versprechen einer baldigen, enormen Steigerung des Lebensstandards ihrerseits unter einen erheblichen Zugzwang gesetzt. Nur auf dieser Honigspur hatte sie den unerklärten Systemwechsel hinbekommen. Jetzt lief sie Gefahr, auf dieser Honigspur kleben zu bleiben.

»Natürlich« sprach darüber niemand so offen wie Che. Es war eins der wirksamsten Mittel, das seinen Nimbus begründete: dass er Klartext sprach und nichts beschönigte – allerdings stets mit dem Gestus dessen, der mit allen anderen gemeinsam lernte, es besser zu machen; sodass über den Einbrüchen der Wirtschaft und Entbehrungen des Alltagslebens der verheißungsvolle Schleier eines großen Experiments lag. Jede »Niederlage« war, wie im Partisanenkrieg, nur die Voraussetzung für den nächsten »Sieg«. Dass sich der komplexe Prozess eines gesellschaftlichen Stoffwechsels nicht in solchen militärischen Kategorien fassen ließ, dass gerade dieses permanente Kommandieren und »tatkräftige« Agieren die Hauptquelle der »organisierten

Desorganisation« waren (um Tamara zu zitieren), musste ihm aus dieser Perspektive verborgen bleiben. Umso drastischer nahm er von Versammlung zu Versammlung und Jahr für Jahr sich und seine jeweils versammelten Kader bei den Eselsohren:

> *Wir bauen Tausende von Heimen, obwohl wir wissen, dass es aus rein wirtschaftlicher Sicht besser wäre, Fabriken zu bauen. (1961)*
>
> *Wir hatten den Viehbestand für den öffentlichen Verbrauch zugänglich gemacht. Das Vieh wurde wahllos geschlachtet, die Leute gewöhnten sich an, Fleisch zu essen. Das ist zwar eine wunderbare Angewohnheit (wie ich vielleicht mehr als jeder andere zugeben muss), aber sie konnte zu diesem Zeitpunkt nicht in den Mengen befriedigt werden, die das kubanische Volk verdient hätte. (1962)*
>
> *Wir gingen das Jahrbuch für Außenhandel durch und sagten: Hier werden soundso viele Schaufeln importiert, lasst uns eine Schaufelfabrik bauen. Es werden soundso viele Macheten importiert, lasst uns eine Machetenfabrik bauen … eine Bürstenfabrik … eine Fahrradfabrik … eine Kupferdrahtfabrik … Wir übersahen allerdings einen grundlegenden Sachverhalt: Damit sich ein Land, so klein es auch sein mag, entwickeln kann, braucht es eine Mindestmenge eigener Rohstoffe … Wir gingen ganz unbekümmert davon aus, dass die Fabriken in den geplanten Fristen fertiggestellt sein würden. (1963)*

Dieses universelle, selbstkritische »Wir« schloss immer ihn selbst ein, nahm allerdings auch alle anderen mit in die Pflicht. Dabei war er ja deutlich der Erste unter Gleichen, der Taktgeber und Vordenker, der genau diesen Weg eingeschlagen hatte, dessen bedauerliche Resultate er zu konstatieren hatte.

Im März 1962 musste die »libreta«, die Rationierungskarte (oder wörtlich: das Versorgungsheft), für viele Basisgüter des täglichen Bedarfs eingeführt werden – mit allen polizeilich-bürokratischen Nebeneffekten, die mit zum Zweck der Sache gehörten. Nicht nur Fisch, Fleisch, Öle und Fette, Milch und Eier, Reis und Bohnen, Waschmittel, Zahnpasta, Deodorants, Seife, sondern bald auch Zigaretten und Zigarren, Kaffee und Zucker (!) wurden nur noch in rationierten Mengen zugeteilt, die deutlich unter dem vorrevolutionären Durchschnittskonsum lagen. Selbst Kartoffeln oder Malanga (eine traditionelle, der Yam-Wurzel ähnliche Bodenfrucht) waren jetzt Mangelware. Fidel machte im Gestus komischer Verzweiflung daraus ein Mysterium (»Keine Malanga in Kuba«, wann hatte es das schon gegeben!), das nur durch die Sabotage der inneren und äußeren Feinde aufgeklärt werden konnte.

Dabei war das Geheimnis nicht schwierig zu lüften. Es hatte nach der Kollektivierung eine schlagartige Landflucht gegeben. In den Kooperativen und Staatsformen herrschten Desorganisation und Arbeitskräftemangel; die halbe Obst- und Gemüseernte war auf den Feldern oder in den Lagern verrottet. Und auch die nominell selbstständigen Bauern, die 1963 noch ein Viertel oder Fünftel des Bodens bewirtschafteten, durften ihre Ernten nicht selbst verkaufen, sondern mussten sie gegen niedrige Festpreise abliefern, ohne für das Geld noch viel kaufen zu können. Im Kampf gegen die zwangsläufig entstehenden Schwarzmärkte wurden die ihnen verbliebenen Ländereien daraufhin abermals verkleinert und die Ablieferungspflichten noch strenger gefasst, um diese letzten Reste von Selbstständigkeit »absterben« zu lassen. Auch die noch bestehenden Kleinbetriebe bis 15 Beschäftigen wurden 1963 verstaatlicht. Damit wurde der materielle Wirtschaftskreislauf jenseits der aufgeblähten Statistiken immer enger statt weiter. Die Rationierungskarte war der handgreifliche Ausdruck eines Kriegskommunismus, der zunächst als eine vorübergehende Maßnahme galt, bis zwanzig, dreißig oder vierzig Jahre später klar war, dass er zur Dauereinrichtung geworden war, nun schon mit der Weihe der sozialen Gerechtigkeit.

Ungeachtet all dessen bestand Che auf einer Vorwärtsstrategie, die über den Bau von nicht weniger als 205 kompletten neuen Fabriken zur »wirtschaftlichen Unabhängigkeit« Kubas führen sollte. Im Februar 1964 freilich musste er verärgert konstatieren: *Die Leute wollen immer mehr Dinge, ständig verlangen sie Nahrungsmittel, Schuhe, Kleidung und alle anderen zum Leben notwendigen Konsumgüter.* Dabei sei der Bau neuer Fabriken doch eine notwendige Investition in die Zukunft, was nun einmal auf Kosten des aktuellen Konsums gehe.

Gleichzeitig musste er zugeben, dass die maßgeblich von ihm betriebene, überhastete Abkehr von der Zuckerproduktion kontraproduktiv gewesen sei, so vernünftig der Gedanke der Diversifizierung war – nur eben nicht so blind drauflos und kampagnenmäßig forciert. Jetzt bestätigte er, was die Experten wie der erwähnte René Dumont oder selbst der maoistisch inspirierte Charles Bettelheim ihm früh gesagt hatten:

> Die gesamte ökonomische Geschichte Kubas hat bewiesen, dass keine andere landwirtschaftliche Aktivität bessere Ergebnisse brachte als der Anbau von Zuckerrohr … Auf fetischistische Weise verbanden wir in unsrer Vorstellung den Zucker mit unserer Abhängigkeit vom Imperialismus.

Darin schwang bereits ein Ton von Resignation und Rückzug mit. Che hatte, wieder einmal, Burgfrieden schließen müssen, diesmal mit den Wirtschaftskadern der ehemaligen PSP wie Marcelo Fernández, seinem Nachfolger als Bankpräsident, und Carlos Rafel Rodriguez, der auch die Leitung des INRA übernommen hatte und sich beim Scherbengericht über Escalante, wie die meisten anderen auch, routiniert auf die Seite von Castro geschlagen hatte, ohne seine am sowjetischen Beispiel orientierten Sozial- und Wirtschaftsvorstellungen aufgegeben zu haben. Zwar waren diese sowjetischen Doktrinen selbst gerade in Bewegung gekommen, allerdings in eine Richtung, die der Ches erst recht widersprach.

In der Zeit vor und nach der Raketenkrise hatte Castro eine riskante Politik des Ausspielens der Kräfte betrieben, auf die er seine Macht stützen konnte. So wie er 1959/60 mit Hilfe der PSP den demokratischen Flügel seiner eigenen Bewegung ausgeschaltet, den Bruch mit den USA betrieben und sich in die Arme der Sowjetunion geworfen hatte, so hatte er im März 1962 nach dem Schlag gegen die PSP-Führung um Escalante wieder seine ursprünglichen Gefolgsleute, die »Barbudos«, in viele Schlüsselpositionen geschoben. Einige von ihnen hatten sich, ähnlich wie Che und im Austausch mit der entstehenden internationalen »Neuen Linken«, auf eine zunehmend radikalere Position begeben. So druckte »Revolución« jetzt an prominenter Stelle chinesische Stellungnahmen ab, vor allem rhetorische Unterstützungserklärungen für die kubanische Linie des bewaffneten Kampfs und für die Proteste Havannas gegen den Abzug der Atomraketen, die Mao 1957 als »Papiertiger« bezeichnet hatte.

Castro ließ das geschehen, um Moskau unter Druck zu setzen und alternative Optionen für Kuba anzudeuten, die es in Wirklichkeit gar nicht gab. China war nach den Katastrophen des »Großen Sprungs« und am Vorabend der Wirren der »Kulturrevolution« aus vielen Gründen kein Ersatzpartner. Dennoch war Castro in seiner Brüskierung der Sowjets so weit gegangen, Ministerpräsident Mikojan bei einem mehr als dreiwöchigen Versöhnungsbesuch im Februar 1963 in fast demütigender Weise auf Termine warten zu lassen und in aggressive Wortgefechte zu verwickeln – in denen dieser allerdings mit stoischer Ruhe seinen Standpunkt behauptete, so als er Che sagte: »Wir haben alles getan, damit Kuba nicht zerstört wird. Wir sehen Ihre Bereitschaft, auf schöne Art zu sterben, aber wir glauben, es lohnt sich nicht, schön zu sterben.« Ein Satz, den Che sich hätte ins Stammbuch schreiben können.

Mikojan hatte einen 31-seitigen persönlichen Brief Chruschtschows an Castro dabei, der – bei entschiedener Zurückweisung der kubanischen Vorwürfe – eine Einladung nach Moskau enthielt. Castro nahm an. Sein Besuch im Mai 1963, der mehr als vierzig Tage dauerte, war, wie viele Beobachter konstatierten, als ein Triumphzug organisiert, wobei es unter den jüngeren Sowjetbürgern wohl eine authentische Begeisterung für die ferne kubanische Revolution gab. Überlegungen einer eventuellen Wiederannäherung an Kuba, die in der Kennedy-Administration in den Monaten nach der Raketenkrise aufkamen, waren mit diesem demonstrativen Schulterschluss hinfällig. Wie Kennedy eifersüchtig bemerkte, habe es einen mehrwöchigen Staatsbesuch in der Sowjetunion noch für keinen anderen Staats- oder Parteichef je gegeben.

Chruschtschow bot Castro eine stufenweise Steigerung des Aufkaufkontingents an Zucker bis 1970 von vier auf fünf Millionen Tonnen zum exorbitanten Festpreis von 6 Cts./lb an. Dafür konnten die Kubaner in großem Stil sowjetische Industrieausrüstungen sowie Roh- und Energiestoffe einkaufen. Faktisch lief das auf eine alljährliche Multimilliarden-Subvention hinaus, von der Castros Kuba bis kurz vor Ende der Sowjetunion wesentlich gezehrt hat. In geheimen Zusatzvereinbarungen wurde überdies festgelegt, dass Kuba sowjetische Waffen neuesten Typs mehr oder weniger umsonst geliefert bekommen würde. Auch diese Regelung hielt mindestens bis zur Ära Gorbatschows und lieferte die Basis für jene Großoperationen kubanischer Kontingente in Angola und Äthiopien während der Siebziger- und Achtzigerjahre, bei denen nie zu sagen war, inwieweit sie auf eigene Rechnung oder auf die der sowjetischen Weltpolitik gingen.

Nach seiner Rückkehr verkündete Castro autoritativ die Wiederaufnahme der Zuckerproduktion in großem, sogar in drastisch gesteigertem Maße. Er nannte erstmals das magische Ziel von 10 Millionen

Tonnen. Der Zuckeranbau sollte neben dem Nickelabbau nun als eine Art kubanische »Schwerindustrie« betrachtet werden, auf deren Fels der weitere sozialistische Aufbau gegründet werden könnte. Diesem neuen Kurs hatte auch Che sich zu fügen – allerdings mit erkennbarem Widerwillen. Über die Jahre hatte er seine Position zur Fortentwicklung des kubanischen Sozialismus auf (scheinbar) neuen Pfaden immer weiter ausgearbeitet, bis sich die Umrisse einer »guevaristischen« Doktrin abzeichneten, die auch die offene Polemik mit den Wirtschaftsreform-Diskussionen in der Sowjetunion wie im Gürtel ihrer osteuropäischen Satellitenstaaten keineswegs scheute; so wenig wie mit den Wirtschaftsreformern im eigenen Land.

Im Gegenteil: Ches Verhalten als Machtträger nahm im Jahr 1964 fast provokative Züge an. Den Wirtschaftsminister Regino Boti empfing er auf einer Sitzung mit der schneidend ironischen Sentenz: *Ich grüße Sie, Genosse Minister, mit dem Kampfruf des Zentralen Planungsrates: Es lebe der Papierkrieg! Nieder mit der produktiven Arbeit!* Fidel, der die bewährte Taktik vorzog, »die Tiger kämpfen zu lassen«, ergriff für keine Seite Partei, außer in personellen Fragen, in denen er mal die einen und mal die anderen promovierte oder degradierte. Che blieb unantastbar, aber er rückte immer mehr aus dem Zentrum des Geschehens heraus.

Hätten seine Initiativen sich auf das beschränkt, was 1959/60 mit der Errichtung eines großen Schulzentrums auf den Namen »Camilo Cienfuegos« durch Tausende freiwilliger Helfer begonnen worden war und seither zum Stil und zur Ausstrahlung der kubanischen Revolution gehörte, wäre wenig dagegen zu sagen gewesen. Auch in westlichen Ländern war es in den Sechzigerjahren sehr verbreitet und populär, für gemeinnützige Organisationen oder Jugendwerke in Sommercamps zu arbeiten, oft ideell verbunden mit Wiederaufbau und Wiedergutmachung.

So werden auch die kubanischen Jugendcamps und Erntelager eine sozial belebende und bei bestimmten Projekten sogar ökonomisch sinnvolle Rolle gespielt haben. Viele Teilnehmer haben es offenbar gern getan, ob aus politischen, moralischen oder erotischen Gründen, war schließlich egal. Che freilich machte sehr früh daraus eine Religion, und schlimmer, ein entscheidendes Heilmittel für alles, was im regulären Arbeits- und Wirtschaftsprozess schieflief. Am Ende sah er nicht nur in der »freiwilligen Arbeit« an Wochenenden oder in den Erntezeiten, sondern in der generellen Ablösung aller niederen »materiellen Anreize« (wie Lohn und Lebensstandard) durch höhere »moralische Belohnungen« und ein »kommunistisches Bewusstsein« den Schlüssel zum Erfolg der Wirtschaft wie der Revolution insgesamt.

Dabei trug der *Neue Mensch*, von dem er zu sprechen begann, in fast schon tragisch-komischer Weise seine eigenen Züge. Wir befinden uns also abermals in der Welt Ostrowski-Kortschagins und des Stahls, der gehärtet wird, allerdings weniger in Tradition der eisernen Tschekisten als der sowjetischen Stoßarbeiter nach dem Vorbild des Alexander Stachanow. Mit dem wesentlichen Unterschied, dass Che, statt nur Orden und Urkunden zu verleihen, zunehmend selbst Stachanow spielte, der immer verbissener versuchte, physisch und persönlich mit leuchtendem Beispiel voranzugehen. Taibo hat einige dieser Episoden nachgezeichnet:

> Am 31. Juli [1962] soll in der Weizenmühle José Antonio Echevarría ein neuer Produktionsrekord aufgestellt werden. Che folgt der Einladung der Arbeiter … Der Mehlstaub löst einen Asthmaanfall aus; er verabreicht sich einige Inhalationen und arbeitet weiter. Er schafft 100 Säcke. Er dankt den Arbeitern, dass sie ihm erlaubt haben, am Rekord teilzunehmen … und einem Minister die Rückkehr zur körperlichen Arbeit zu ermöglichen.

Im Februar 1963 wollte Che selbst prüfen oder vielmehr demonstrieren, wie eine Schneidemaschine für Zuckerrohr (die einem amerikanischen Wochenschaufilm abgeschaut und nachgebaut worden war) mit begleitender Teamarbeit funktionierte. Die Maschine stand immer wieder still, sie schnitt nicht sauber, riss Wurzeln mit heraus oder ließ Stümpfe stehen, die von einem Dutzend Begleitern, die hinterhergingen, von Hand nachgeschnitten werden mussten. Das war im Übrigen eines der großen Probleme der freiwilligen, in Wirklichkeit längst obligatorischen Ernteeinsätze, zu denen Heerscharen städtischer Jugendlicher und Büroleute alljährlich auf die Felder transportiert wurden – ein Problem, auf das Skeptiker wie Dumont und andere früh hingewiesen hatten: Wenn das Zuckerrohr nicht richtig geschnitten wird, fallen im Jahr darauf die Erträge drastisch. So war es auch in den Jahren 1962 und 1963, als die Zuckerernten fast auf die Hälfte des vorrevolutionären Ertrags fielen.

Jetzt also hatte sich Che in den Kopf gesetzt, das Funktionieren einer Maschine zu demonstrieren, von der er bereits 1000 Exemplare in Auftrag gegeben hatte, ohne dass es einen einzigen erprobten Prototypus gab. Insofern war auch diese Episode von exemplarischer Bedeutung – und so fasste Che sie auch auf. Er saß fast zwei Wochen auf dieser Maschine, machte kaum Pausen, außer wenn sie wieder stand, versessen darauf, mit diesem mangelhaften Gerät einen Rekord aufzustellen.

> Das Unterstützungsteam geht an Ches Arbeitsstil fast zugrunde: keine individuelle Verpflegung, keine individuellen Pausen; wenn es keinen Kaffee für alle gibt, gibt es für niemanden Kaffee … Die einzige Art, ihn zu stoppen, ist, sich vor den Traktor zu stellen und ihm zu sagen, dass die Leute, die mit ihm arbeiten, nicht mehr können. Direkt dort auf dem Feld, nachdem er sich mit kaltem Wasser gewaschen hat, empfängt er den Generalbevollmächtigten der Bank von Moskau …

Eindrucksvolle Szenen, sicherlich. Natürlich war ein Fernsehteam bei diesem Rekordversuch dabei, ebenso Fotoreporter, darunter Korda, der berühmteste seiner Ikonografen; und natürlich war Che darüber gebührend verärgert, duldete es aber doch. So entstand eins der bekanntesten Bilder von ihm: Wie er vom Acker- und Zuckerstaub eingeschwärzt auf diesem Traktor sitzt. Am Ende hatte er die Tagesleistung seines »Teams« von 6000 auf 20.000 Arroba hochgetrieben und hatte an acht Tagen über 100.000 Arroba geschnitten. Aber um welchen volkswirtschaftlichen Preis? Er und seine Leute wurden ein- und ausgeflogen. Die Arbeit im Ministerium blieb liegen. Und war es sinnvoll, mit der Bank von Moskau auf dem Feld zu verhandeln? Natürlich, es ging um ein Experiment – nur dass das in seiner gewaltsamen Art wieder ziemlich unsinnig und (was den Bau der Erntemaschine betraf) völlig unverantwortlich war. Bis heute wird Zuckerrohr in weiten Teilen der Welt noch mit der Hand geschlagen, aus handfesten ökonomischen, agronomischen wie (neuerdings) ökologischen Gründen.

Im ersten Halbjahr 1964 hatte Che 240 Stunden freiwilliger Zusatzarbeit (praktisch jeden Sonntag über zehn Stunden) auf seinem moralischen Konto. Dass Zuckerrohrstaub (wie Mehl- oder Industriestaub) Gift für seine Lungen war, was galt's. *Der Revolutionär, ideologischer*

Motor der Revolution ..., verbraucht sich in dieser unablässigen Aktivität, die erst mit dem Tod endet, heißt es in Ches berühmtem Programmtext »*Der Sozialismus und der Mensch in Kuba*«, der testamentarischen Charakter trägt. Als er im März 1965 in einer uruguayischen Zeitschrift erschien, war Che bereits spurlos aus Kuba verschwunden.

Das war nur der letzte von vielen Versuchen, einen theoretischen Überbau zu seiner Diagnose der Gebrechen des kubanischen Sozialismus zu liefern. Sollte es einmal eine wissenschaftlich edierte Gesamtausgabe der Werke Ches geben (den MEGA-Che sozusagen), wären zu seinen zahllosen Artikeln und Reden wohl noch mehrere Bände mit den Stenogrammen der Studien-Sitzungen in seinem Industrieministerium hinzuzufügen, in denen er, flankiert von Borrego als seinem faktischen Sekretär, dem er dieses Material zu treuen Händen überließ, und einem Dutzend anderer enger Mitarbeiter, versuchte, tatsächlich eine konsequente kommunistische Alternative zum »realen Sozialismus« seiner Zeit zu entwerfen.

Seine Kerndiagnose war, dass die sinkende Produktivität der Arbeit und Qualität der Produkte, der schlampige Umgang mit den Arbeitsmitteln, der alarmierende »Absentismus« der Arbeiter (das unentschuldigte Fernbleiben von der Arbeit), gerade in den fortgeschrittenen großen Betrieben, in denen früher recht hohe Löhne gezahlt worden waren, nichts mit dem gesunkenen Lebensstandard, sondern nur mit den fehlenden Motivationen einer neuen, kommunistischen Arbeitsweise zu tun hätten.

Während die Reformer in der Sowjetunion, in Polen oder der Tschechoslowakei die Lösung in einer begrenzten Autonomie der Betriebe und einer besseren Entlohnung der Belegschaften und der einzelnen Beschäftigten für effektive Arbeit sahen, plädierte Che genau umgekehrt für eine immer striktere Einbindung in einen hermetisch vorgegebenen und kontrollierten Gesamtplan, bis hin zu der Vorstellung, dass sämtliche Einnahmen der Betriebe zuerst an sein Ministerium zu fließen hatten und von dort dann nach Bedarf rückverteilt würden. Gerade weil Kuba aus seiner »amerikanischen« Periode über weit modernere Kommunikations- und Buchhaltungssysteme verfüge als die Sowjetunion, könne es seine Industrien ebenso wie die Kernbereiche seiner Landwirtschaft in einem einzigen, zentralistisch und kommunistisch geführten Gesamtwirtschaftskomplex zusammenfassen. Die Lebensbedürfnisse ließen sich mathematisch ermitteln und systematisch immer besser befriedigen, sofern die Menschen sich von ihrem alten Warenfetischismus befreiten. Löhne und Preise wie das Geld überhaupt waren dann reine Rechnungsgrößen, die nach übergeordneten Zielsetzungen festgelegt werden konnten. Kriterien der »Rentabilität« eines Betriebs oder der »Produktivität« eines Arbeitsprozesses waren schon Wege zurück zur Herrschaft des Wertgesetzes, also in den Kapitalismus.*

Bei seinem letzten Besuch in der Sowjetunion im November 1964 demonstrierte Che denn auch deutlich seine zunehmende Dissidenz. Nikita Chruschtschow war gerade gestürzt worden. Die neue Führung hatte einige der (mit dem Ökonomen Libermann verknüpften) Reformvorschläge unter Vorbehalt übernommen. Nach dem Besuch einer sowjetischen Fabrik erklärte Che abschätzig: *Dies ist eine kapitalistische Fabrik wie in Kuba vor der Nationalisierung.* In einer Diskussion mit kubanischen Studenten in Moskau kritisierte er das von der KPdSU autorisierte »Handbuch der politischen Ökonomie«, wie die Chinesen, als *Ausfluss einer revisionistischen Tendenz* und stellte mitleidlos fest, dass auch ein halbes Jahrhundert nach der Oktoberrevolution *der westliche Block der europäischen Länder schneller voranschreitet als der Block der Volksdemokratien.*

Seitdem galt er hinter vorgehaltener Hand als verkappter Maoist und Trotzkist, was im Katzendämmergrau des sowjetischen Ideologiekanons mehr oder weniger dasselbe war. Zurück in Havanna, zeigte Che keine Scheu, diesen Vorwurf offensiv aufzunehmen: *Ich habe Meinungen geäußert, die näher bei der chinesischen Seite liegen können …, und sie sind auch mit ein bisschen Trotzkismus gemischt. Sie [die KPdSU-Führer] sagen, die Chinesen seien Spalter und Trotzkisten, und auch mir hängen sie dieses Etikett an.* Er betonte aber, dass er in allen offiziellen Gesprächen die Position der kubanischen Regierung vertreten habe, nämlich *absolute Neutralität …, was die chinesisch-sowjetische Polemik betrifft,* zu wahren. Aus Moskauer Sicht war Neutralität bei einem so kostspieligen Verbündeten natürlich bei Weitem zu wenig.

Im Dezember 1964 traf sich Che mit seinem engsten Mitarbeiterstab im Industrieministerium, und mitten in einer Philippika gegen die Gefahren des Bürokratismus setzte er zu einer merkwürdigen Rede

---

* Zur Identifikation von »Wertgesetz« mit Kapitalismus vgl. Fußnote S. 426

an, die im Lichte des Kommenden einen besonderen Klang bekam, als er sagte:

> *Das Leben eines Revolutionsführers in der nationalen Leitung ist ... ein Leben, das wirklich eine enttäuschende Geschichte wäre, hätte ich nicht die Genugtuung, ein Werk entstehen zu sehen ... Meine Kinder sagen zu den Wachsoldaten Papa, denn sie sehen sie jeden Tag ... Ein Leben wie das, das wir führen, ist ein Leben, das auszehrt ... Wir können die Maschine so benutzen, dass sie fünf Jahre lang das Maximum hergibt und im sechsten Jahr kaputtgeht ... Obwohl wir die müden Kader sahen, hat niemand, wenigstens ich nicht, zu einem gesagt: ›Ruh dich aus!‹*

Das war eine für Che völlig untypische Linie der Selbstkritik, die im selben Atemzug auch schon zum glatten Gegenteil führte:

> *Zu oft ließen wir die Neigung zur Selbsterhaltung sich festsetzen, aufgrund einer falschen Vorstellung von unserer zukünftigen Bedeutung ... Wir müssen einen falschen Begriff unserer Verantwortlichkeit aufgeben, der uns dazu treibt, uns für die Zukunft aufzusparen.*

In diesen Wochen des Abschieds also verfasste er seinen programmatischen Artikel »*Der Sozialismus und der Mensch in Kuba*«. Dieser Text ist der fast verzweifelte, ins voluntaristische Extrem getriebene Versuch, einen Menschentypus zu entwerfen, der sich organisch aus der sozialistischen Ordnung entwickelt und wieder in sie einpasst, sodass sie sich selbst tragen kann. Denn anders als Marx es erwartet hatte, so Guevara, können *die eigenen Widersprüche* die entwickelte kapitalistische Gesellschaft nicht sprengen. Nur *der Befreiungskampf gegen einen auswärtigen Unterdrücker*, also der Kampf gegen den US-Imperialismus, könne die nötigen Energien hervorbringen. Ein im ständigen antiimperialistischen Kampf errungener Sozialismus wie der in Kuba musste sich demnach vor allem auf diese subjektiven Energien stützen und sie in einen sozialistischen Alltags- und Aufbauelan überführen.

Che laborierte damit am Kernproblem aller kommunistischen Staatsgründungen des 20. Jahrhunderts herum, nämlich dass sie aus sich heraus keine selbsttragende und langwirkende sozialökonomische Dynamik hatten entfalten können. So dekretierte er, nicht eben originell: *Um den Kommunismus aufzubauen, müssen wir mit der materiellen Basis gleichzeitig den Neuen Menschen schaffen.*

Neu war in Ches Entwurf nur der Rigorismus, mit dem der *Mensch der Zukunft* als ein geradezu fleischloses, von allen niederen Begierden gereinigtes Wesen gezeichnet wird, das *keine andere Befriedigung* kennt, als *seine Pflicht zu erfüllen.* Noch in jeder Alltagsverrichtung zeigt es eine *heroische Haltung.* Nur als *Mitglied der Gemeinschaft*, als *revolutionäre Masse* kann es seine entfremdete Existenz als *Ware Mensch* überwinden, zu der es im Kapitalismus verurteilt ist. Alle Postulate und Träume der historischen Arbeiterbewegung vom guten Leben verdampfen hier spurlos in der Salz- und Schweißpfanne eines terrorisierenden Über-Ichs.

Da die »alten Menschen« in ihrer ererbten Unmündigkeit zu dieser befreienden Tat selbst nicht in der Lage sind, gewinnen sie ein Bewusstsein *ihrer eigenen Bedeutung* erst, indem sie *ihrer Vorhut folgen, die aus der Partei und den fortschrittlichen Arbeitern besteht.* Diese hat *ihren Blick auf die Zukunft und auf ihre Belohnung gerichtet ...: die Gesellschaft des kommunistischen Menschen.* Die Vorhut wiederum *bildet sich aus einer bedeutenden Gruppe von Revolutionären, die sich im gleichen Sinne entwickelt wie der oberste Anführer* – Fidel.

Der Führerschaft Fidels ist ihrerseits aber nur *die Folge der umfassenden Interpretation der Wünsche und Sehnsüchte des Volkes* durch ihn. Um diese Wünsche und Sehnsüchte zu ermitteln, wendet Fidel eine *intuitive Methode* an, die nur würdigen kann, wer *seine besondere Art, mit dem Volk eins zu werden, ... einmal erlebt hat.* Sie gleicht nämlich *dem Dialog zweier Stimmgabeln, deren Schwingungen bei dem Gesprächspartner neue Schwingungen hervorrufen*, bis der Führer *und die Massen beginnen, in einem Dialog von wachsender Intensität* zu verschmelzen.

Nach diesem Akt der Vereinigung von Führer und Massen *zu einer höheren dialektischen Einheit* zieht die fröhliche Heerschar geschlossen der Zukunft entgegen: *An der Spitze der riesigen Kolonne ... geht Fidel, dann kommen die besten Kader der Partei und unmittelbar dahinter ... geht das Volk.* Diese hierarchische Ordnung der Führer, Kader und Massen *entspricht ihrem Bewusstsein von der Notwendigkeit dieser Ordnung.* So, im definitorischen Indikativ und in wasserdichten Tautologien, schreitet auch Ches Argumentation gemessen voran.

Die Erziehung wirkt in den Massen, und die verkündete neue Einstellung beginnt langsam zur Gewohnheit zu werden. (Nicht umsonst hatte Che sich in Mexiko neben den Schriften Stalins mit Pawlows Theorien der Konditionierung beschäftigt.) *Die Gesellschaft muss sich in ihrer Gesamtheit in eine riesige Schule verwandeln.* Neben der Partei wird vor allem die Jugend *den Ton liefern, aus dem sich der neue Mensch ohne all seine früheren Mängel formen lässt.* So werden aus Lohnempfängern und Stipendiaten, Künstlern und Intellektuellen – aus all diesen Kreaturen *unseres dekadenten und kranken Jahrhunderts* – endlich *Revolutionäre erwachsen, die das Hohelied vom neuen Menschen mit der wahren Stimme des Volkes anstimmen.*

In seiner früheren Schrift über den »*Krieg der Guerilla*« hatte Che den *nicht sehr schmeichelhaften Ausspruch ›Der Guerillero ist der Jesuit des Krieges‹* zitiert, mit der einzigen Einschränkung, das es sich natürlich um *ein Jesuitentum besonderer Art* handele. Diese verblüffende Charakterisierung wird im Bild des *wahren Revolutionärs* nun wieder aufgenommen. Dieser hat sich von seiner ›*Erbsünde*‹ (der materiellen Gier) befreit und wird stattdessen *von großen Gefühlen der Liebe geleitet* – wie Che *auf die Gefahr hin, lächerlich zu erscheinen*, schreibt. Hier, an dieser einen Stelle, kommt in den aus kalten, abstrakten Formeln gegossenen Text ein Ton brühwarmen Selbstmitleids:

> *Unsere Revolutionäre der Vorhut … können nicht mit einer kleinen Portion täglicher Zuneigung zu den Plätzen hinuntersteigen, an denen die gewöhnlichen Menschen ihre Gefühle zeigen. Die Führer der Revolution haben Kinder, die mit ihrem ersten Gestammel nicht den Vater nennen lernen; Frauen, die ein Teil ihres allgemeinen Verzichts auf das Leben sein müssen …; der Kreis der Freunde ist eng begrenzt auf den Kreis der Revolutionsgefährten. Es gibt kein Leben außerhalb der Revolution.*

Denn wenn des Führers *revolutionärer Elan erlahmt …, dann hört die Revolution, die er leitet, auf, eine treibende Kraft zu sein.* Diese, in ihrem ungeschützten Willenskult erstaunliche Formulierung überbietet Che noch mit der absurden Metapher: *Wir werden den Menschen des 21. Jahrhunderts hervorbringen: Wir uns selbst.* Ein Münchhausen-Projekt.

Festzuhalten wäre nur noch, dass der Neue Mensch, der *Hombre Nuevo*, ebenso wie der Guerillero, semantisch ein Hombre, ein Mann ist. Und seine Zeugung scheint sich im stets wiederholten Urakt der Revolution zu vollziehen: der *dialektischen Vereinigung* des Führers mit dem Volk – das demnach weiblich kodiert sein musste.

Bevor man dieser fatalen Metaphorik noch weiter nachgeht, bleibt die Frage nach dem theoretischen Gehalt und historischen Ort dieser fast kanonischen Schrift Ches. Ihre Kerngedanken waren alles andere als neu. Sie bewegten sich ganz in den Spuren kommunistischer Parteitheorien und Führerkulte, vom Leninismus über den Trotzkismus und Stalinismus zum Maoismus. Von jeher haben die kommunistischen Parteien und Kader sich als die »bewusste Avantgarde« oder die »Besten des Proletariats« selbst idolisiert. Und nach einer nachvollziehbaren Logik mussten diese Bewegungen sich in der Gestalt eines Führers verkörpern, der wiederum die »besten Eigenschaften« seiner Partei und der führenden Klasse in sich vereinen sollte; und der seinerseits nun seine Kader und die aus der jugendlichen Rohmasse heraus rekrutierten Nachrücker zu seiner eigenen, lichten Höhe erhob. Anders gesagt: Der Führer schuf die Partei nach seinem Bilde, und die Partei schuf die Klasse und damit Staat, Volk und Gesellschaft nach ihrem Bilde. Das war der Kern aller kommunistischen Schöpfungsmythen, die die jeweiligen religiösen Mythen ersetzt und jeder historischen Revolution ihren eigenen Godfather beschert haben.

Letztlich fällt Che beim Versuch einer Fusion aller historischen Quellentexte, die er herangezogen haben mag, hinter seine Vorbilder zurück. Lenins »Staat und Revolution« atmet ja wenigstens noch etwas vom weiten, universalen Geist des ursprünglichen Marxismus. Und welche irrwitzige Imaginationskraft, welches enzyklopädische Schöpfen aus den Wissenschaften seiner Zeit und welche großartige literarische Gestaltungskraft findet man in Trotzkis Entwürfen seines Neuen Menschen in »Literatur und Revolution«! Selbst Maos dunkel bedrohliche »Reden über Literatur und Kunst in Jenan« lassen etwas vom knappen Duktus seiner in kaiserlichem Stil hingetuschten Gedichte ahnen. So schwer es fällt: Die im puren definitorischen Infinitiv gehaltenen, tautologisch klappernden Formeln Ches erinnern im Duktus am ehesten an Stalins letzte Schrift über »Die ökonomischen Grundlagen des Sozialismus«. Oder an Kims scholastische Darlegung seiner fixen »Juche«-Ideen über die vollendete Einheit von Führer, Partei, Nation und Massen, die im Kindergarten beginnt, wo *Kinder … mit ihrem ersten Gestammel nicht den Vater nennen lernen*, sondern den Führer.

Jedenfalls lässt sich die monomane Überspannung dieses Schlüsseltextes, mit dem Che weit hinter seinen sprachlichen und intellektuellen Fähigkeiten zurückbleibt, nur als der Reflex eines praktischen Scheiterns verstehen. Kehren wir also zurück zu unserem *kleinen Condottiere des 20. Jahrhunderts*, der sich anschickte, seine Rosinante wieder zu satteln, um einen neuen »Focus« zu schaffen, in dem er wie mit einem Brennglas das Buschfeuer einer wirklichen Weltrevolution zu entzünden hoffte.

Frühling der Patriarchen

Heidi Tamara trug Zöpfchen, in die Bänder und Rosetten mit den argentinischen Nationalfarben geflochten waren. Es war der Nationalfeiertag Argentiniens, der 25. Mai 1962, und die kleine Kolonie von fast 400 Argentiniern in Havanna wollte den Tag mit einem großen Fest begehen, dem der berühmte Landsmann präsidieren sollte. Che hatte Tamara als Organisatorin des Festprogramms empfohlen. Die hatte die Sache mit dem ihr eigenen Elan in die Hand genommen und darauf bestanden, dass die Mädchen das Essen in Volkstrachten servierten und die Samba tanzten. Die ihr zugedachte Tracht hatte sie jedoch einer anderen gegeben, sodass sie im schwarzen Kleid vor dem Comandante tanzte, was sie nur umso mehr heraushob.

Leider hatte es sich als unmöglich erwiesen, einen Ochsen aufzutreiben, um ihn für einen richtigen »asado« im eigenen Fell am Spieß zu braten, wie Che sich das gewünscht hatte. Es gab nur ein Kälbchen, das in Stücke geteilt und gebraten wurde. Der argentinische Hunger nach Fleisch musste sich auch an diesem Festtag geschlagen geben.

Che nahm die Gelegenheit wahr, um eine lange, programmatische Rede zu halten, die ohne Umschweife von der Geschichte zur Gegenwart kam. Wie der Schlachtruf (der »grito«) des Generals San Martín vom Mai 1810 die Ära der Unabhängigkeitskriege gegen die spanische Kolonialherrschaft vom Süden her eingeleitet habe und wie es der Stolz der argentinischen Kämpfer gewesen sei, die Anden zu überqueren und in Chile und in Peru für die Freiheit des Kontinents zu kämpfen, so eröffne die kubanische Revolution heute eine neue Ära der Unabhängigkeitskriege gegen die Herrschaft der imperialistischen Monopole. *Unsere* [kubanische] *Revolution ist eine Revolution, die es erfordert, dass ihre Ideen sich ausbreiten und von anderen Völkern aufgenommen werden …, dass andere Völker die Kraft schöpfen, die Waffen und die Macht ergreifen.* Und dieser Kampf der Völker Lateinamerikas fließe mit dem der Völker Asiens und Afrikas zusammen, von Algerien und vom Kongo bis Vietnam. *Das ist alles Teil eines Kampfes –*

eines Kampfes, der *nicht anders enden kann als mit der totalen Vernichtung des Imperialismus.*

Bedauerlicherweise seien die argentinischen Revolutionäre durch unterschiedliche Ideologien in Kommunisten, Sozialisten oder Peronisten getrennt. Aber die einzig relevante Frage sei, ob man bereit sei, gegen die Monopole zu kämpfen oder nicht. Es gebe jetzt nur noch zwei Alternativen: *direkter Kampf oder Kollaboration.* Die Staatsmacht stütze sich nur noch auf die Bajonette – *und auf die Uneinigkeit unserer Kräfte… Die Errichtung einer revolutionären Macht ist in jedem Land Amerikas in kurzer Frist möglich, und gerade in Argentinien.*

Das war ein mehr oder weniger direkter Appell an die Anwesenden. Dabei berief Che sich weder in seiner Beschreibung der Situation noch der Kampfziele auf den kurz zuvor erfolgten Militärstreich in Buenos Aires, bei dem der gewählte Präsident Frondizi wie die wieder erstarkten, bei den Gouverneurswahlen im März siegreichen Peronisten nach bewährtem Muster von der Macht verdrängt worden waren. Es ging eben nicht um die Wiederherstellung der Demokratie, sondern unmittelbar und in kontinentalem Maßstab um eine bewaffnete sozialistische Revolution.

Bemerkenswert war auch, dass für die Anwesenden ein ehemaliger Jugendführer und Abgeordneter der Peronisten, William Cooke, sprach, der, wie jeder wusste, nach wie vor mit Juan Domingo Perón in seinem spanischen Exil in Verbindung stand. Cooke, der in olivfarbenem Kampfdress auftrat, unterstützte die Ausführungen Ches ohne Einschränkungen.

Zwei Tage nach dem Fest kam es zu einer heftigen Auseinandersetzung über die Reden Ches und Cookes. In dieser Diskussion, so hat es eine Teilnehmerin berichtet, sei Tamara schließlich aufgestanden und habe kühl erklärt, sie gehe, weil sie keine Zeit zu verlieren habe. Einige gingen mit ihr, und seitdem mied sie diese Treffen ihrer Landsleute. Im Jahr darauf war sie allerdings wieder beteiligt, das Fest zum Nationalfeiertag zu organisieren, und wieder war Che der Hauptredner, der zu dieser Zeit in seinen Vorbereitungen für eine argentinische Guerilla bereits weit gediehen war – und auch sie, Tamara, unter ihrem neuen nom de guerre »Tania« bereits in seine Pläne einbezogen hatte.

Damit hatte sie einen deutlichen Bruch mit ihrer Herkunft vollzogen. Das 1970 in Kuba, 1973 auch in der DDR herausgegebene Kultbuch »Tania La Guerillera« verhüllt sorgsam die Tatsache, dass es um einen offenen Konflikt mit genau jener KP Argentiniens ging, der ihre Eltern angehört hatten und der sie selbst hatte »überstellt« werden wollen. Diese Partei wurde von einem der starrköpfigsten KP-Kader Lateinamerikas geführt, Vittorio Codovilla, einem Italo-Argentinier und früheren Gefährten Grigulewitschs im sowjetischen Geheimdienst in Spanien und in Mexiko. Nach dem Mord an Trotzki waren beide nach Argentinien geschickt worden, Codovilla mit dem Auftrag, die dortige Partei unter straffe Moskauer Führung zu nehmen, was er über drei lähmende Dekaden hinweg tat.

Aus Sicht dieses Dogmatikers der jeweils gültigen Moskauer Generallinien waren Ches Aufrufe und seine personellen Rochaden zur Errichtung einer Guerilla-Front in Argentinien gefährliche linksradikale Abweichungen. Die in Kuba anwesenden Argentinier wurden von der Parteizentrale aus unmissverständlich aufgefordert, »Stellung zu beziehen« und das guevaristische »Abenteurertum« zurückzuweisen. Indem Tamara sich diesen Aufforderungen verweigerte, vollzog sie einen sichtbaren Bruch mit ihren bisherigen Loyalitäten – mit dem erklärten Ziel allerdings, nun erst recht auf den Traumpfaden jener Weltrevolution zu wandeln, die von Kindesbeinen an den Raum ihrer Fantasie ausgefüllt hatte.

Auch Guevaras Haltung zu den Peronisten hatte sich von seinen ursprünglichen familiären Prägungen immer mehr entfernt. Er hatte nicht vergessen, dass die Regierung Perón 1954 die einzige gewesen war, die bis zuletzt die Regierung Arbenz in Guatemala unterstützt hatte. Den Sturz des Caudillo selbst im Sommer 1955 durch eine Allianz aus Militär, Bürgertum und Kirche (unter betonter Neutralität der Kommunisten) hatte er als einen von den Yankees eingefädelten, reaktionären Putsch verurteilt und seine Eltern, die sich als traditionelle Antiperonisten und Antifaschisten ebenfalls neutral gehalten hatten, in Briefen erbittert kritisiert.

Dass diese Militärregierung Anfang 1958 demokratische Wahlen ansetzte, die vom Vertreter des linken Flügels der Radikalen, Arturo Frondizi, in stiller Absprache mit dem im spanischen Exil lebenden Perón gewonnen wurden, passte natürlich nicht so recht in dieses Bild. Bei diesen Wahlabsprachen war Ches alter Kumpel Rojo, der sich Frondizi angeschlossen hatte, mit dem Journalisten und Führer einer peronistischen Kampfgruppe, Jorge Masetti, in Kontakt gekommen, der ihn gebeten hatte, ein Interview mit ihrem Landsmann in der Sierra Maestra zu vermitteln.

Im März 1958 schaffte Masetti es (wie etliche andere Besucher und Journalisten) in die Sierra. Er lebte mehrere Wochen in Ches Lager, freundete sich mit ihm an und schrieb über diese Begegnung später einen bewundernden Artikel. Beide waren sie etwa gleichaltrig (29 Jahre), beide sahen sie glänzend aus, und, wie Rojo schreibt, auch in Masettis Brust »pochte das Herz eines Menschenführers, eines ›caudillo‹«.

Gleich nach der Machteroberung holte Guevara Masetti nach Havanna und betraute ihn mit der Leitung einer neu gegründeten Nachrichtenagentur, der »Prensa Latina«. Diese sollte den US-amerikanischen Agenturen das Feld der weltweiten Berichterstattung streitig machen – ein altes peronistisches Projekt. Bald arbeiteten für die »Prensa« über hundert Journalisten aus vielen Ländern, darunter auch später berühmt gewordene Autoren wie der Kolumbianer Gabriel García Márquez. Im April 1961 allerdings musste Masetti wegen wachsender Differenzen mit seinen kubanischen Kollegen, von denen viele traditionell-kommunistischer Observanz waren, das Feld räumen. Ab dieser Zeit, so scheint es, nahm Che ihn ganz für sein Projekt einer Guerilla in Argentinien in Beschlag.

Diese Rekrutierungen Ches liefen vielfach entlang zufällig wirkender Linien persönlicher Freundschaften und Bekanntschaften. Rojo hatte ihm Masetti zugeführt und wurde auch später noch für verschiedene Missionen eingesetzt. In ähnlicher Weise hatte Che seinen alten Kumpel Alberto Granado, der als Arzt in Havanna und Santiago arbeitete, gebeten, nach Rekruten Ausschau zu halten. Auf diese Weise kam der argentinische Kunstmaler Ciro Roberto Bustos, der wie viele junge Enthusiasten nach Kuba gekommen war und in Santiago Malkurse gab, eines Tages zu Che – eine Begegnung, die für beide schicksalhaft werden würde.

Che führte mit seinen argentinischen Besuchern und Bekannten jeweils ausführliche Gespräche über die Lage im Land, um auf dem Laufenden zu bleiben, aber auch um auf den Busch zu klopfen. Tage nach seiner umstrittenen Rede am Nationalfeiertag besuchten ihn einige Landsleute in seinem Büro und fanden ihn über einer Karte des Landes. Er erklärte ihnen, dass eine Revolution überall ausbrechen könne. »Überall?«, fragten sie, und er wies mit dem Finger auf die Stadt seiner Jugend und erklärte bestimmt: »Sogar in Córdoba kann es einen Guerillakrieg geben.«

Masetti erhielt als Erstes eine regelrechte Offiziersausbildung und wurde dann von Che auf geheime Missionen geschickt. So war er mit daran beteiligt, die in Prag mit Unterstützung (und diskreter Überwachung) des tschechoslowakischen Geheimdienstes eingerichtete Basisstation für die kubanischen Operationen in aller Welt weiter auszubauen. Von Prag ging Masetti weiter nach Algerien, wo 1962 die Nationale Befreiungsfront FNL nach zehnjährigem Kampf und zweijährigen Verhandlungen endlich die Macht von den französischen Kolonialbehörden übernommen hatte. Er beteiligte sich (noch in der Periode des Machtübergangs, via Tunesien) am Schmuggel einer großen Lieferung in der Schweinebucht erbeuteter amerikanischer Waffen für die FNL und bildete ihre Kämpfer daran aus.

Das war der Beginn einer militärisch-politischen Achse zwischen Havanna und Algier, die für einige Jahre von zentraler Bedeutung sein sollte. 1963 stellte Havanna den Algeriern bereits ein komplettes kubanisches Bataillon mit 22 modernen, mit Nachtsichtgeräten ausgestatteten Panzern ins Feld, mit dessen Hilfe ein Grenzkrieg mit Marokko (das als »US-Marionette« nur drei alte Panzer besaß) rasch entschieden wurde. Das gibt eine gewisse Vorstellung davon, welche Waffenströme aus sowjetischer Produktion sich bereits auf die Karibikinsel ergossen hatten, und war im Übrigen die erste in einer Kette regulärer militärischer Interventionen Kubas in Afrika, die in den Achtzigerjahren in Angola und Äthiopien ihren Höhepunkt erreichen würden. Die Volksrepublik China wiederum lieferte in einem großen Dreiecksdeal 120 Tonnen an leichten und schweren Waffen nach Algerien, die für die kubanischen Operationen in Afrika und Lateinamerika bestimmt waren. Als Tarnung wie als Tauschwährung dienten jeweils Schiffsladungen kubanischen Zuckers.

Unter der Regie Masettis wurde in Algerien ein eigenes Trainings- und Versorgungslager für lateinamerikanische Guerilla-Operationen errichtet. Die »Villa Susini« mit großem, geschütztem Areal wurde zum kubanischen Stabshauptquartier in den Bergen über Algier. »Die große Entfernung [zwischen beiden Ländern] war kein Problem, im Gegenteil, sie war für die Geheimhaltung von Operationen großen

Stils ein Vorteil«, schrieb der ehemalige algerische Präsident Ben Bella in einem Erinnerungstext an Che, mit dem er gleich bei seinem ersten Besuch in Havanna eine enge persönliche Verbindung eingegangen war.

Von Algier aus knüpfte Ches Statthalter, der Botschafter »Papito« Serguera, auch feste Beziehungen zum exilierten Perón nach Madrid, die zu einer weiteren Säule der strategischen Planungen werden sollten. Nur zur Erinnerung: Die Rede ist vom spätfaschistischen Spanien des Caudillo von Gottes Gnaden, Francisco Franco, der seinem argentinischen Kollegen Perón nach dessen Sturz 1955 ein großzügiges Asyl geboten hatte. Das hatte Perón nicht gehindert, kurz nach der kubanischen Revolution in einem Telegramm an Castro seine Unterstützung zu erklären; und hatte Castro nicht gehindert, Perón nach Havanna einzuladen, mit dem Hintergedanken, dass dieser hier sein neues Exil nehmen könnte.

1963/64 suchten beide Seiten den direkten Kontakt. Perón bemühte sich, Wege und Mittel für eine baldige Rückkehr nach Argentinien zu finden, da er das Militärregime (zu Recht) als schwach und zerstritten einschätzte; nur dass Havanna als Exilort für ihn doch zu heikel war. Die Kubaner, und besonders Che, wollten dagegen sondieren, ob sie mit einer Rückendeckung der Peronisten für den Aufbau eines Guerilla-Focus in Argentinien rechnen könnten. Nach glaubwürdigen Berichten sowohl Sergueras wie der beteiligten Helfer Peróns kam es zu einem stillen Agreement. Perón erhielt eine große Summe Geldes aus dem kubanischen Reptilienfonds, dem sogenannten »Befreiungsfonds«. Dazu kamen Privilegien seiner Handelskommis für den Vertrieb kubanischer Zigarren und anderer Güter in Europa. Im Gegenzug versprach Perón, das Projekt der Errichtung einer guevaristischen Guerilla in Nord-Argentinien ideell und organisatorisch zu unterstützen.

Im März oder April 1964 während der ruhelosen und für die Biografen bis heute vielfach im Nebel liegenden Reisen Ches zwischen Genf, Prag, Paris und Algier (man fragt sich, wie offen oder konspirativ, unter welchem Namen und mit welchen Papieren er reiste) gab es offenkundig sogar eine direkte Begegnung mit Perón in Madrid. Che soll als Mönch verkleidet gewesen sein, was gut erfunden und trotzdem plausibel wirkt.

Er hatte kurz zuvor von einem alten Bekannten und Mittelsmann, dem Anwalt Gustavo Roca, bei einem Treffen in Paris die Mitteilung bekommen, dass die von ihm initiierte Guerilla-Gruppe im nordargentinischen Salta aufgerieben sei und dass von Masetti, seinem dortigen »Comandante Segundo«, jede Nachricht fehle. Gut möglich, dass sein waghalsiger Besuch bei Perón ein verzweifelter, letzter Versuch war, die Überlebenden von Salta mit Hilfe der Peronisten zu retten.

Es gab nichts mehr zu retten. Das rasche Ende der Guerilla von Salta ist in der langen, verfehlten Geschichte der Versuche, Guevaras Theorien folgend einen Guerillaherd nach kubanischem Vorbild zu begründen, nur eine von vielen, flüchtigen Episoden. Aber es ist eine der düstersten und bizarrsten, und für Che, der sein Leben als ein künstlerisches Projekt betrieb, war es ein exemplarisches Scheitern, das sein eigenes Ende vorwegnahm.

Die »Operation Sombra«, wie sie genannt wurde, sollte von Bolivien her gestartet und dann über die Grenze nach Argentinien verlagert werden. Sobald die Gruppe um Masetti sich dort festgesetzt hatte, wollte Che nachkommen und das Kommando übernehmen. Er kannte die Grenzprovinzen Jujuy und Salta am Fuß der Anden aus seinen jugendlichen Rundfahrten auf dem Fahrrad mit Hilfsmotor. Aus unerfindlichem Grund erklärte er, dass die Bedingungen hier denen in der Sierra Maestra ähnelten – was für dieses außerhalb der Stadt Salta kaum besiedelte Gebiet, in dem es Wüste und Urwald, eisige Hochplateaus und Berge bis zur Höhe von 6000 Metern gibt, schwerlich zutraf.

Der fantastische Überschuss in diesen Planungen zeigte sich auch in der Bezeichnung der Operation (»Sombra«) wie in den Kriegsnamen, die die Teilnehmer sich gaben. Sie waren vorzugsweise dem Fundus der argentinischen Literatur entnommen, so Masettis Selbstbezeichnung als »Comandante Segundo« (nach der Romanfigur des »Segundo Sombra«); was freilich auch wörtlich bedeutete, dass Masetti der »Zweite« (Segundo) in der Kommandolinie war. Ob es stimmt, dass Che sich unmittelbar nach seinem Jugendhelden hätte »Martin Fierro« nennen wollen, bleibt offen.

Die Truppe, die Masetti bis Ende 1962 zusammengebracht hatte, war ein winziger, bunt zusammengewürfelter Haufen. Drei neue argentinische Rekruten, ein Arzt, ein Student und ein Techniker, waren von Granado bei einer Reise in die alte Heimat angeworben worden;

dazu kamen Ciro Bustos und zwei aus Ches engster Entourage: sein Fahrer Alberto Castellanos und der Chef seiner Leibwache, Hauptmann Hermes Peña, der als sein Statthalter an der Seite Masettis fungieren sollte. Che hielt der kleinen Truppe zum Abschied in Havanna (laut Bustos) eine Rede, die man als Leitmotiv seines ganzen Handelns sehen kann:

> *Nun seid ihr also hier. Ihr habt euch bereit erklärt mitzumachen ..., doch betrachtet euch ab sofort als tot. Der Tod ist bei dieser Sache das Einzige, das gewiss ist. Einige von euch werden vielleicht überleben, doch ihr alle solltet die Zeit, die euch zum Leben bleibt, als geborgt betrachten.*

Die logistische Vorbereitung der Operation vor Ort wurde Abelardo Colomé Ibarra, genannt »Furri«, übertragen, damals Polizeichef von Havanna und später Innenminister Kubas. Ein weiterer Vertrauter Ches, José Martínez Tamayo, genannt »Papi«, auch er ein hoher Offizier, wurde nach Bolivien geschickt, um in Absprache mit der KP Boliviens die nötigen Vorbereitungen zu treffen. Ciro Bustos, der in Havanna in konspirativen Techniken ausgebildet wurde, sollte als Sicherheitschef der Gruppe fungieren.

Das letzte Training der Truppe fand Anfang 1963 in dem von Masetti vorbereiteten Lager in Algerien statt. Die größte Gefahr für sie war, sich auf der Straße zu zeigen; durch Algier raste eine Welle hysterischer »Säuberungen« gegen die verbliebenen Algerienfranzosen und ihre Kollaborateure. Die Atmosphäre wirkte womöglich ansteckend: In der Gruppe kam es zu einem Zwischenfall, der wie ein Menetekel wirkte und sich später in Argentinien fast spiegelbildlich wiederholen sollte.

Einer der Rekruten, Miguel (ein »gebildeter junger Jude«, dessen Nachname nicht bekannt ist), weigerte sich, die Autorität Masettis bedingungslos anzuerkennen. Außerdem wurde er beschuldigt, einen Brief nach Hause geschickt zu haben, was streng verboten war. Wie in Fidels Vorbereitungsgruppe in Mexiko herrschte Kriegsrecht; und nach derselben Logik wurde Miguel jetzt von einem improvisierten Feldgericht mit Bustos als Ankläger zum Tode verurteilt. Alle mussten die Hand heben. Allerdings übergaben sie den Deliquenten, da sie schon im Aufbruch waren, den Algeriern, die ihn später laufen ließen. In den Erzählungen blieb er jedoch »der Füsilierte«.

Im Juni 1963 sammelten sie sich – die alle mit falschen Namen und Pässen auf verschlungenen Wegen angereist waren – auf einer eigens gekauften Farm nahe Tarija in Bolivien, nicht weit von der Grenze nach Argentinien. Während die winzige Gruppe von sieben Mann sich noch zu einer ersten Erkundungsexpedition über die Grenze befand, begann die politische Szenerie in Argentinien sich rapide zu verändern. Die untereinander zerstrittenen Militärs hatten (wie 1958) die Macht freiwillig abgegeben. Aus den rasch abgehaltenen Wahlen vom 7. Juli 1963 ging der Kandidat der Radikalen, der Arzt Dr. Arturo Illia, als Sieger hervor. Die Militärdiktatur hatte aber zumindest als legitimierender Vorwand für die zu errichtende Guerillafront gedient. Was tun?

Hinzu kam, dass ein unter dem Codenamen »Operación Matraca« angesetztes Parallelunternehmen zur »Operación Sombra« bereits Wochen zuvor im Ansatz gescheitert war: der Versuch einer Gruppe von Peruanern, die sich ELN (Nationale Befreiungs-Armee) nannte und von Héctor Béjar geführt wurde, zu den Gebieten im peruanischen Hochland vorzustoßen, in denen wenige Monate zuvor der trotzkistische Student Hugo Blanco eine Welle bewaffneter Landbesetzungen initiiert hatte. Die kleine Gruppe, zu der auch der Dichter Javier Heraud gehörte, wurde bereits an der Grenze abgefangen und aufgerieben. Auch Blanco war längst verhaftet, seine Milizen zerstreut. Damit war ein weiteres Glied des Projekts einer »Guerillakette von Peru bis Nordargentinien« (so Rojo) weggebrochen, noch bevor Masettis Operation überhaupt begonnen hatte.

Masetti ließ sich nicht beirren. Im September überschritt seine Gruppe, die sich jetzt EGP (Guerilla-Armee des Volkes) nannte, die Grenze nach Argentinien. Sie blieben unbemerkt, schon weil niemand mit ihnen rechnete. Das Jahr 1963 war in Argentinien mit Streiks, Demonstrationen, einer Militärmeuterei und lebhaften politischen Debatten und Umgruppierungen erfüllt. Aber alle hochkonspirativen und aufwendigen Vorbereitungen hatten nicht dazu geführt, dass die Truppe Masettis zu relevanten gesellschaftlichen Kräften Kontakte aufgebaut hätte. Sie kämpfte sich tapfer über große Strecken voran und richtete ein erstes Basislager in den Bergen über Oran ein. Doch niemand beachtete sie, weder die Armee noch die Bevölkerung.

Erst als Masetti alias »Comandante Segundo« in einem Brief und Manifest den eben gewählten Präsidenten Illia zum Verzicht aufforderte, da die Peronisten nicht hatten kandidieren können, wurden Armee und Polizei auf die mysteriöse Gruppe aufmerksam. In der politischen Öffentlichkeit Argentiniens wurde der in einer linksperonistischen Zeitung veröffentlichte Text, der Züge eines anonymen Bekennerschreibens trug, allerdings kaum ernst genommen. Immerhin gelang es Ciro Bustos, der ohne Schwierigkeiten im Land herumreisen konnte, durch Kontakte mit alten Bekannten und abgeschirmte Diskussionen in Milieus der radikalen Intelligenz ein städtisches Unterstützungsnetz aufzubauen sowie dem in den Bergen ausharrenden Masetti ein Dutzend neuer Rekruten zuzuführen, die vom Nimbus des »Che« angezogen waren. »Furri« und »Papi« schleusten einige, in Kuba selbst angeheuerte Rekruten (meist argentinische Studenten) ins Land, dazu mehrere Ladungen an Waffen, Munition und Lebensmitteln, die mit einem Kleintransporter angeliefert wurden.

Die Neuankömmlinge bildeten abermals eine völlig zufällige Mischung: ein Maurer und ein Philosophiestudent, zwei Angestellte der israelitischen Bank in Córdoba, ein aus der Armee desertierter Mediziner, ein Matrose der Handelsflotte usw. Aus dem anfänglichen Enthusiasmus wurde bei einigen bald schon blanke Verzweiflung. Die auf dreißig Mann gewachsene Truppe marschierte über Wochen zwecks Training und Erkundung, aber ohne erkennbares Ziel durch das unwirtliche und menschenleere Hochland. Sobald die Versorgung aus der Stadt oder vom Basislager aus stockte, herrschte blanker Hunger. Und worum ging der Kampf noch?

Ein 24-jähriger Student und Asthmatiker, Adolfo (»Pupi«) Rotblat, konnte bei den Märschen nicht mehr mithalten und bat, entlassen zu werden. Ein Kriegsgericht trat zusammen und verurteilte ihn wegen des Versuchs der Desertion exemplarisch zum Tode. Masetti befahl einem gerade erst eingetroffenen Studenten aus Buenos Aires (der darüber in völlige Verstörung geriet und später von einer Mission in der Stadt nicht zurückkehrte), seinen Mitrekruten zu erschießen. Ches Adjudant Hermes Peña vollendete die Exekution, die der Abschreckung in den eigenen Reihen diente. Niemand durfte die Truppe jetzt noch verlassen.

Sie schuf sich ein neues Basislager nahe der Stadt Salta, um die Versorgungswege zu verkürzen. Im Februar 1964 kam es zur nächsten Krise: Ein 19-jähriger Junge namens Bernardo (»Nardo«) Groswald, der zu ihnen gestoßen war, wurde wegen Disziplinlosigkeit (unter anderem »wegen andauerndem Geflenne und täglich mehrfachem Masturbieren«) vor ein neues Feldgericht gestellt. Diesmal waren die Meinungen geteilt, aber Masetti drang unerbittlich auf die Todesstrafe – so wie er es in der Sierra Maestra oder in seinen Ausbildungskursen gelernt hatte. Groswald, der sich gefasst hatte, bat darum, in seiner Uniform erschossen zu werden. Er schaute dem Peloton der drei Kameraden, die ihn zu erschießen hatten, mutig ins Gesicht. Sie schossen schlecht; wieder musste Ches Stellvertreter Peña dem Delinquenten den Gnadenschuss geben. Zufall oder nicht: Drei jüdische Todeskandidaten pflasterten den Weg der Truppe Masettis, die noch keinen Schuss auf den Feind abgegeben hatte.

Dafür waren unter den letzten Nachkömmlingen zwei eingeschleuste Spitzel, die als Mitglieder der KP offenbar Parteiführer Codovilla mit Informationen über diese mysteriöse Guerillaarmee versorgen sollten, aber auch für die Geheimpolizei arbeiteten. Allerdings waren nicht sie es, die die Gendarmerie auf die Spur der Gruppe führten, sondern misstrauisch gewordene Anwohner. Bei einer überraschenden Konfrontation mit einer Patrouille kam es zu einem Schusswechsel, bei dem Hermes Peña (der eigentliche Kommandeur) starb. Es folgte eine lange Treibjagd. Die kleine Gruppe wurde in immer unwegsamere Gebiete abgedrängt. Drei Guerilleros verhungerten auf dem Marsch. Nach weiteren Gefechten hatten die Gendarmen vierzehn Guerilleros verwundet oder gefangen genommen. Einer von ihnen war Ches Fahrer Alberto Castellanos. Im späteren Prozess konnte er seine Identität erfolgreich verbergen und kam nach einigen Jahren frei.

Eine Restgruppe um Masetti, am Ende wohl nur zwei oder drei, zog sich in ein unwegsames Waldgebiet zurück, das voller wilder Tiere war und in dem sie spurlos verschwanden. Darüber gibt es zwei Theorien: Entweder waren es tatsächlich der Wald und seine Tiere, die sie tot oder lebendig verschlungen hatten. Oder die Gendarmen hatten sie doch gestellt. Masetti trug eine größere Geldsumme mit sich und besaß wie alle kommandierenden Kader eine Rolex, die damals weniger Luxusobjekt als eine teure, zuverlässige Uhr war. Die Gendarmen werden sich die Beute geteilt und ihre Gefangenen spurlos beseitigt haben. Auch das hätte also das Schicksal des Che gewesen sein können.

Masetti und seine oft nur mit Spitznamen bekannten Gefährten sind Teil einer Geisterarmee von Gefallenen, Ermordeten, Gefolterten und elend Krepierten auf einem ganzen Friedhof verschwundener Gruppen und vergessener »Operationen« mit malerischen Namen. Sie entsprangen einer generalstabsmäßigen Politik der Revolutionierung, wie das Regime Fidel Castros sie im kontinentalen und zeitweise im globalen Maßstab betrieb. Schon die Operationen der alten Moskauer Kommunistischen Internationale hatten freilich an ihrer Überprofessionalisierung gelitten, durch die sie je länger, desto mehr mit denen der sowjetischen Geheimdienste verschmolzen. Originäre Revolutionen wie die in China hatten sich erst des Diktats der Komintern-Instrukteure (wie Olga Benarios früherem Gefährten Otto Braun alias Li Teh) entwinden müssen, um die Verbindung mit den sozialen und politischen Konflikten im eigenen Land nicht zu verlieren. Die spanische Republik starb 1937/38 im doppelten Würgegriff des faschistischen Putsches von General Franco und der terroristischen Säuberungen stalinistischer Kommissare und Emissäre vom Schlag Grigulewitschs und Codovillas hinter der eigenen Front.

Die kubanische Revolution wiederholte diesen Fehler in einer fast noch einseitiger aufs Militärische und Konspirative reduzierten Art und Weise. Auf diesem Spielfeld traf sich der hochfliegende Idealismus der zuströmenden Volontäre mit einer ans Infantile grenzenden Besessenheit der Kommandanten in Havanna, die die universelle Geländegängigkeit ihres Revolutionsmodells beweisen wollten – etwa so wie Che die Serientauglichkeit seiner Zuckerschneidemaschine.

> Bei Einbruch der Nacht, ein oder zwei Mal im Monat, nahm Fidel einige Auserwählte mit nach Punto Cero. Dieser vieleckige Komplex lag nicht weit von der zentralen *autopista*, etwa dreißig Kilometer außerhalb der Hauptstadt, von Hügeln verdeckt … Durch dieses Lager sind in den Sechziger- und Siebzigerjahren mehrere tausend Guerillero-Anwärter aller Länder gegangen … Die Mitte des Lagers wurde von hölzernen Baracken eingenommen, in denen die Instruktionskurse abgehalten wurden: Sprengstoffe, Waffen, Nachrichtenübermittlung, *Check-und-Countercheck* für die städtischen Milieus. Die Verwaltung ließ den Platz räumen, wenn der Oberkommandierende zu später Stunde erschien, um einen bestimmten Punkt seiner Doktrinen zu verifizieren. Zu seinen Gefährten des Moments zählten: Kommandant Piñeiro, der Chef der Sicherheits- und Aufklärungsdienste, genannt Rotbart, unbestimmt und neckisch; Valléjo, sein Leibarzt, phlegmatisch

und mit langem weißen Bart; Jesús Montané, schweigsam und mit prallem Bauch; Papito Serguera, der vormalige Botschafter in Algerien, ein junger Witzbold ..., und, im Gewand eines Gesprächspartners und Zeugen, halb Maskottchen, halb Verwendungsfähiger, *Debraï der Franzose ...*

Ziel der hier beschriebenen Exkursion war es, einem Kommandeur namens ›Ricardo‹, dem Chef der Armee der Armen (EGP) Guatemalas, an einem Lkw mit teils auf-, teils abgesessenen Soldatenpuppen zu demonstrieren, wie er mit einer gewissen Technik des Hinterhalts und der Feuerleitung, die Castro »manguera« (Gießkanne) nannte, mit Hilfe von Leuchtspurmunition sowie einem durch Zugseile improvisierten Alarmsystem in der Lage sei, von statischer Selbstverteidigung unmittelbar zum Angriff überzugehen, so wie es die Focus-Theorie verlangte. »Heute haben drei Leute mit einer AK-47 dieselbe Feuerkraft wie eine ganze Kompanie am Anfang des Jahrhunderts«, dozierte Fidel in dieser Szene, in der ohnehin nur er sprach. Und was bedeutete das? »Habt ihr keine Augen im Kopf? Das bedeutet, dass man heute mit drei Mann einen Krieg eröffnen kann!«

Derjenige, der diese Szene mit so distanzierter Ironie aus seiner Erinnerung zurückholt, Régis Debray, war freilich in diesen Jahren selbst einer der exponiertesten Ideologen eines absoluten Primats des bewaffneten Kampfs über alle hergebrachten Formen von Politik. Von Castro persönlich nach Kuba eingeladen, schrieb er 1966 dort seine scholastische Abhandlung »Revolution in der Revolution?«, in der er noch guevaristischer als Guevara argumentierte.

Die nach Fidel bedeutendste Figur in dieser Gruppenszene ist die des »unbestimmten und neckischen« Kommandanten Piñeiro alias »Barbaroja« mit seinem roten Bart von Taliban-Format. Der von ihm mitgeschaffene Auslandsgeheimdienst DGI hatte (anders als die befreundete HVA des Markus Wolf) ihren eigentlichen Schwerpunkt nicht in der bloßen Sammlung von Informationen durch einen Schwarm von Agenten, sondern in operativen Einrichtungen, die eine institutionell sorgsam kaschierte Existenz führten. So gab es innerhalb des 1961 reorganisierten Innenministeriums, in dem Piñeiro formell die Rolle eines Stellvertreters spielte, ein diskretes »Technisches Vize-Ministerium«, das informell »Befreiungsministerium« genannt wurde. Dieses unterhielt wiederum eine »Abteilung für Spezialoperationen«

(DOE), deren exklusive Aufgabe es war, sich um alle militärischen und persönlichen Kontakte mit revolutionären Gruppen in der Welt, vor allem in Lateinamerika, zu kümmern, insbesondere bei Operationen zur Implantation neuer Guerillafronten.

Dies war die Welt von Manuel Piñeiro Losada, genannt »Rotbart«, der eine ähnlich enigmatische Persönlichkeit wie (bis in die Achtzigerjahre hinein) Markus Wolf blieb. Anders als Wolf hat er allerdings keine Erinnerungen hinterlassen, oder wir kennen sie nicht. Erst kurz vor seinem Tod am Ende des Millenniums hat er in einigen kargen Interviews etwas über Umfang und Charakter seiner Operationen preisgegeben. Der Sohn eines Spirituosenhändlers (andere sagen: eines Abteilungsleiters im Bacardi-Konzern) war 1952/53 ein Studentenführer in Havanna gewesen, der nach polizeilichen Verfolgungen sein Studium der Wirtschaftswissenschaften an der Columbia-Universität in New York fortgesetzt hatte, bevor er sich Castros Bewegung anschloss. Piñeiro trat sofort nach der Machtergreifung in den neu gegründeten Geheimdienst G-2 ein und spezialisierte sich hier auf die später in der DGI zusammengefassten Auslandsoperationen, deren Leiter er 1962 schließlich wurde.

Unter den einschlägigen Diensten des Kalten Krieges dürfte die kubanische DGI nach Anzahl und Umfang ihrer Agenten und Operationen hinter der CIA und dem KGB, aber vor der (verbündeten) HVA und etwa gleichauf mit dem (gegnerischen) Mossad rangiert haben. Über die Kosten dieses enormen Netzes und der daran hängenden logistischen Apparate kann man nur Vermutungen anstellen. Allein die kurze Masetti-Episode zum Beispiel dürfte Mittel und Manpower beansprucht haben, die einige Hunderttausend Dollar verschlangen.

Dazu kamen die zu Hunderten und Tausenden nach Havanna strömenden revolutionären Touristen und Rekruten oder politischen Emigranten. Debray erinnert sich:

> Ich war 24 Jahre alt und hatte ein Auto mit Chauffeur bei Tag und bei Nacht zur Verfügung; eine Art Adjutant; eine Terrasse und einen reservierten Aufzug. Ein weißes Telefon, allerdings ohne internationale Rufnummern ... Ein Leben wie im Kino.

Später bekam er mit seiner venezolanischen Lebensgefährtin Elisabeth Burgos, wie zuvor Tamara, ein geräumiges Appartement in Miramar zur Verfügung gestellt.

In den Dutzenden von »Operationen«, die Piñeiros Geheimdienst mit Training, Geld, Waffen, Kommunikationsmitteln und eigenen Kadern und Kommandeuren konzipierte oder unterstützte, ergibt sich das immer gleiche Bild, das sich auch in der Masetti-Episode oder schließlich in den letzten Aventüren Ches zeigte. Einem enormen Aufwand an professioneller Vorbereitung und Begleitung stand eine eklatante, fast unbegreifliche Unverbundenheit mit dem lebendigen Spiel der sozialen und politischen Kräfte und Widersprüche im jeweiligen Land gegenüber – kaum anders als bei den von der CIA allzu perfekt ausgebildeten und ausgerüsteten Contra-Kubanern auf der Gegenseite.

Allerdings wäre der Eindruck falsch, dass alle Guerillakämpfe und Aufstandsversuche dieser Jahre in Havanna geplant und initiiert worden wären. Eher sah sich Havanna als das neue Mekka der lateinamerikanischen Revolution von Wünschen nach militärischer Ausbildung und materieller Unterstützung geradezu überrannt. Die erstaunliche Leichtigkeit der Castro-Revolution, die sich in Ches viel zitiertem Satz zusammenfasste, wonach ein paar Hundert entschlossene Guerilleros eine reguläre Armee besiegen könnten, hatte etwas Verführerisches. Die ersten, in aller Hast ausgerüsteten Expeditionen der Jahre 1959/60, die nach Panama, Venezuela, in die Dominikanische Republik, Haiti, Puerto Rica, Paraguay, Nicaragua und Guatemala abgingen, folgten dieser fixen Idee – und endeten in demütigenden Fehlschlägen oder blankem Horror.

Das änderte nichts an der suggestiven Vorstellung bei Freund und Feind, dass das in der Schweinebucht siegreich verteidigte Kuba das ausstrahlende Zentrum aller Kämpfe dieser Jahre sei. Allein die rasende Wut, die Castros Regime in Washington auslöste, schien ihm den Rang eines antiimperialistischen Bollwerks zuzuweisen, mit dessen Existenz die Kräfteverhältnisse in der Region sich entscheidend verschoben hätten. Sämtliche Streiks und Unruhen, Meutereien und Bürgerkriege schienen irgendwie mit Kuba in Beziehung zu stehen. Darin lag allerdings eine fundamentale Verzerrung der Perspektive – bei den Zeitgenossen und den Akteuren wie in der historischen Erinnerung.

Richard Gotts 1970 veröffentlichte, breit angelegte Darstellung der »Guerilla Movements in Latin America« kommt zu dem nüchternen Resultat, dass nur in wenigen Ländern Guerillas im kubanischen Sinn eine Rolle gespielt haben, die mehr als episodisch war. Nur in Guatemala, Venezuela und Kolumbien hatten diese, der »Focus«-Theorie verpflichteten Gruppen die Sechzigerjahre überlebt. Und selbst dort waren die kubanischen Bezüge schwächer als angenommen. Guatemala hatte – wie Nicaragua, das man hier hinzuzählen müsste – eine ganz eigene, lange Geschichte bewaffneter Kämpfe, von der bereits die Rede war. Dasselbe galt für Venezuela, das 1958 seinen schillernden Diktator Pérez Jiménez durch einen bewaffneten Aufstand gestürzt hatte und sich dann in einen zehnjährigen, terroristisch geführten Bürgerkrieg zwischen der Regierung des gewählten Präsidenten Betancourt und einer (zeitweise auch von den in die Illegalität abgedrängten Kommunisten mitgetragenen) Stadt- und Landguerilla verstrickte. Schon bevor er von den Kubanern rekrutiert wurde, hatte Debray 1963 hier als abenteuernder und verliebter Studiosus erste episodische Erfahrungen im bewaffneten Kampf gesammelt.

Am schlagendsten ist das Beispiel Kolumbiens. Die Geschichte der kolumbianischen »violencia«, eines permanenten Bürgerkriegs, reicht (wie von García Márquez in seinen »Hundert Jahren Einsamkeit« klassisch beschrieben) bis tief ins 19. Jahrhundert zurück, in die endemischen Kämpfe zwischen Liberalen und Konservativen. Nach dem »Bogotazo«, in den der junge Castro 1948 geraten oder verwickelt war, brach dieser uralte, blinde Zirkel staatlicher Repressionen und verheerender, sektiererischer Kämpfe zwischen den Parteien von Neuem auf und forderte in den Fünfzigerjahren bereits mehr als 100.000 Tote. Und diese »violencia« hält bis zum heutigen Tag an, inzwischen in einer sehr »modernen« Mischung aus Drogen, Blutrache, Kriminalität und Ideologie.

Die kubanischen Vorbilder und Einmischungen kamen in den frühen Sechzigerjahren lediglich als ein Moment der weiteren Verschärfung und Verwirrung aller Fronten hinzu.

Schließlich hatte es in nahezu allen Ländern des Kontinents in den Fünfziger- und Sechzigerjahren aus jeweils eigenen Gründen und Motiven Bauernunruhen, Militärmeutereien oder bewaffnete Zusammenstöße gegeben, die vielfach einen bedeutenderen Umfang hatten als die Revolution Castros. In den Siebzigerjahren wiederum entstanden Gruppen von »Stadtguerillas«, die eher größere Schlagkraft entfalteten als die den Focus-Theorien Guevaras verpflichteten Gruppen. Mit den Kämpfen in der Sierra Maestra hatten alle diese bewaffneten Aktionen und Aufstände nicht einmal entfernte Ähnlichkeiten.

Gerade dieser Suggestion, dass die kubanische Revolution alle sozialen Kämpfe in Lateinamerika auf eine neue Stufe der antikapitalistischen und antiimperialistischen Militanz gehoben und sie unmittelbar mit den Vormachtbestrebungen der kommunistischen Supermacht Sowjetunion synchronisiert habe, erlag aber niemand so sehr wie das offizielle Washington, ob unter Kennedy, Johnson oder Nixon.

Das war zwar nicht völlig aus der Luft gegriffen, aber ergab doch ein grotesk überzeichnetes und viel zu geschlossenes Bild. Die Brüder Kennedy versuchten, eine Strategie der entschiedenen und gezielten Counter-Insurgency mit einer Politik der großzügigen wirtschaftlichen Förderung des südlichen Kontinents zu verknüpfen. Die besten Köpfe der Politischen und Wirtschaftswissenschaften der USA wie Gabriel Almond, Seymour Lipset und Walter Rostow wurden darangesetzt, im Rahmen der proklamierten »Allianz für den Fortschritt« Modelle einer marktwirtschaftlichen und sozial ausgeglichenen Entwicklung zu entwerfen, die allen staatssozialistischen Modellen entgegengesetzt werden konnten. Gleichzeitig wurde in der Kanalzone in Panama das »South America Strategic Command« in ein großes Antiguerilla-Camp verwandelt, in dem Ranger- und Spezialtruppen aller Länder ausgebildet wurden, um der scheinbar allgegenwärtigen Subversion zu begegnen.

Diese beiden komplementär verstandenen Strategien blockierten sich aber letztlich. In einer Folge düsterer Machinationen, die so moralisch schändlich wie für die selbst gesetzten Zwecke politisch schädlich waren, unterstützten die USA in den Sechziger-, Siebziger- und Achtzigerjahren eine Serie von militärischen Umstürzen, mit denen demokratisch gewählte Regierungen mit linker Tendenz aus dem Amt gedrängt, gestürzt oder ermordet und soziale Auflehnungen jeder Art unter dem Signum des Kampfes gegen die »Subversion« blutig niedergeschlagen wurden.

Auch sozialökonomisch wirkten diese Regimes mehrheitlich eher kontraproduktiv. Vielfach waren die führenden Militärs mit den überkommenen Oligarchien verschwägert oder verbündet, die zu Haupthemmnissen der gesellschaftlichen Entwicklung geworden waren. Die Programme der »Allianz für den Fortschritt« blieben nicht nur hinter den ursprünglich versprochenen Hilfszusagen zurück; sie entwickelten auch nur eine begrenzte Schubkraft. Die bescheidenen Wachstumsziele von jährlich 2,5 % (über die Che sich in Punta del Este lustig gemacht hatte) wurden tatsächlich noch unterschritten und lagen unter dem Zuwachs der Bevölkerung. Vor allem die Landwirtschaft, die durchgreifende Landreformen und gezielte Entwicklungsprogramme gebraucht hätte, stagnierte oder fiel zurück.

So lieferte der südliche Kontinent in diesen Jahrzehnten das scheinbar monochrome Bild einer Welt der Armut und Stagnation, der Belagerungszustände und Todesschwadrone, der Schreie von Gefolterten und einem obszön prassenden Reichtum kastenmäßig abgeschotteter Besitzerklassen. So jedenfalls konnte man ein Panoramagemälde des Kontinents mit großen, blutig roten Flächen und düster leuchtenden Hintergründen plausibel zeichnen – wie Neruda das in seinem »Großen Gesang« oder wie die mexikanischen Muralisten es in ihren Wandgemälden getan hatten; oder wie García Márquez in seinem »Herbst des Patriarchen« als dem archetypischen Bild eines scheinbar ewigen Potentatentums.

Im Rückblick ist klar, dass dieses bis heute geläufige Bild – nicht anders als das in Washington gezeichnete Gegenbild einer globalen und kontinentalen Subversion – viel zu monochrom und zu hermetisch war und ist; dass sich schon damals unter der scheinbar unzerbrechlichen, militärisch armierten Betonschicht Keime neuer sozialer, ökonomischer und kultureller Entwicklungen geregt haben, die inzwischen die Physiognomie der lateinamerikanischen Gesellschaften rasant verändert haben – bis auf Kuba, in dem (ironisch genug) der ewig währende »Herbst des Patriarchen« in einen nicht enden wollenden Winter übergegangen ist.

Aber damals waren sie jung und schön. Und es gehörte zum Charme der kubanischen Revolution wie zu dem einer ganzen Plejade neuer, revolutionärer Aufbrüche in den Ländern der westlichen Hemisphäre wie der »Dritten Welt«, von der man damals zu sprechen begann, dass die Sünden und die »Fehler« der früheren Phasen kommunistischer Revolutionen, so schien es, gelöscht und überwunden werden könnten.

Jede Generation erfindet sich und ihre Welt neu – oder glaubt das wenigstens eine Zeit lang. Zwischen dem Kommunismus der Weltkriegsepoche und den Neugründungen der Sechziger- und Siebzigerjahre lassen sich viele historische und philologische Verbindungslinien ziehen. Und gerade die »Neue Linke« dieser Zeit war ja süchtig nach historischen Rückbindungen und Kostümen – so wie der junge Guevara mit seiner romantischen Neuerfindung des eben verstorbenen und halb schon verstoßenen Stalin; oder wie Tamara mit ihren literarischen Ausflügen in die Welt eines Pawel Kortschagin oder einer Olga Benario mit ihrem »Ritter der Hoffnung«. Indem man zu den Quellen und zu den Klassikern zurückkehrte, glaubte man, noch einmal von vorne zu beginnen.

In all diesen hektischen Such-, Anknüpfungs- und Gründungsbewegungen gab es aber eine Ebene generationeller Gemeinsamkeiten, die ihre eigenen Suggestionen und ihre besondere Chemie erzeugte. Ohne diesen Faktor lässt sich kaum erfassen, warum die schon erschöpften Theoreme und Doktrinen des Marxismus-Leninismus in ihren verschiedenen Varianten und Auslegungen sich in derart intensiver Weise noch einmal mit zeitgenössischen philosophischen oder künstlerischen Strömungen wie dem französischen Existenzialismus, der deutschen Kritischen Theorie oder dem italienischen Neorealismus verbinden und eine solche soziale und psychische Dynamik hervorbringen konnten, einen brodelnden Hexenkessel von Jugend- und Befreiungsbewegungen, der die Welt in diesen Sechziger- und Siebzigerjahren bis an den Rand zu füllen schien.

So muss man sich auch die Serie von Treffen spätnachts oder früh am Morgen, in denen sich im März und April 1963 »der größte Wunsch von Haydée Tamara Bunke Bider, argentinisch-deutscher Nationalität, zu erfüllen (begann), ›sich völlig in den Dienst der Revolution zu stellen‹« – um wieder das Kultbuch von 1970 zu zitieren –, auch als Begegnungen zwischen jungen Männern und einer jungen Frau Mitte zwanzig vorstellen. Beim ersten Treffen im Hause Piñeiros waren außer »Barbaroja« selbst (29) der schon erwähnte Martinez Tamayo alias »Papi« (26) anwesend. »Und dann war ich da, Ulises, ein großer, sehr schmaler Afro-Kubaner, der kaum 25 Jahre alt war.«

Mit Ulises Estrada Lescaille betritt ein weiterer Akteur und Zeuge dieser Geschichte den Raum. Jung wie er war, hatte er schon als provisorischer Chef der G-2 im Escambray gearbeitet, bevor er 1961 in Piñeiros Dienste trat. Er würde der Ausbilder und (in klarer Verletzung der Regularien) wenig später auch der Geliebte Tamaras werden.

Es war Che gewesen, der Piñeiro 1962 gebeten hatte, für die geplante Argentinien-Operation Masettis eine geeignete Verbindungsfrau zu finden; und er hatte auch gleich Tamara als erste Wahl genannt. Sie hatte sich nach dem Zeugnis von Piñeiros Stellvertreter »Ariel« bereits mehrfach für »internationalistische Missionen« angeboten, allerdings immer mit dem starken Wunsch, selbst irgendwann in die Guerilla eintreten zu können. Diese Operationen waren (dem kubanischen Vorbild folgend) bis dahin jedoch fast ausschließlich Männersache.

Immerhin war die HVA sich im Juli 1962 schon sicher, dass »die B. ... eine enge Verbindung zur kubanischen Sicherheit« hat. Tatsächlich hatte Tamara begonnen, sich bei der Korrespondenz mit ihren Eltern in einen Kokon der Geheimniskrämerei zu hüllen, indem sie ihnen drei verschiedene Adressen für Privatbriefe, »Material« und »vertrauliche Dinge« angab. Im August stauchte sie die Eltern brieflich zusammen, als diese Nachforschungen anstellten, weil sie keine Post mehr von ihrer Tochter bekamen: »Ich denke, ich habe doch revolutionäre Eltern ... Und wenn mir die Partei einen schwierigen Auftrag gibt?«

Zu dieser Zeit war »die monatelange Überprüfung« noch im Gange, der sie vor ihrer endgültigen Verpflichtung unterzogen wurde. Hier wird die Sache freilich widersprüchlich. Piñeiro hat in seinen späten Interviews mehrfach erklärt, Tamara habe auf die direkte Frage, ob sie sich der HVA verpflichtet habe, klar mit »Nein« geantwortet. Er hätte sie aber trotzdem genommen, fügte er hinzu, da sie der kubanischen Revolution tief ergeben gewesen sei. Borrego, der sie seit dem Besuch in Ost-Berlin 1960 gut kannte und, wie er mit einem Anflug von Bedauern sagte, »etwas unterschätzt« und von Che möglichst ferngehalten habe (so wie andere junge Frauen auch), wollte im Nachhinein nicht einmal ausschließen, dass sie noch in Kuba für die HVA gearbeitet habe, fand das aber unerheblich: Ihre Loyalitäten seien klar gewesen.

Gewiss. Aber hätte das eine explizite Lüge gerechtfertigt? Und hätte die »kubanische Sicherheit« nicht wissen müssen, dass Tamaras ostdeutscher Führungsoffizier Männel zu den Amerikanern übergelaufen war und dass die HVA befürchtete, dass dieser Top-Agent versuchen könnte, auf Kuba an sie heranzukommen? Jedenfalls musste Tamara doch davon ausgehen, dass der Überläufer ihren Namen und ihre biografischen Daten der CIA genannt hatte; und das musste für eine Verpflichtung zu einer Auslandsmission der DGI doch wohl auch Konsequenzen haben.

Estrada, dem ich diese Frage ebenfalls zu stellen versuche, übergeht sie ähnlich geschmeidig wie Borrego. In seinen Erinnerungen schreibt Estrada allerdings: »In Tamaras Fall … mussten wir auch Informationen aus der DDR über sie sammeln, ohne dass wir der ostdeutschen Kommunistischen Partei, dem Geheimdienst oder der Spionageabwehr die Natur unseres Interesses … offenbarten.« Ein eigens in die DDR entsandter Genosse habe diese »diskrete Untersuchung« durchgeführt.

Aber gab es zwischen der HVA und den kubanischen Diensten nicht eine »technische Zusammenarbeit«? Markus Wolf datierte diese in seinen Erinnerungen und auch im Gespräch – wieder »definitiv« – auf eine Zeit Anfang 1965, als er das erste Mal Kuba besucht habe, um mit Piñeiro zu sprechen, der ihm eine lange Wunschliste von Spionage-Equipment überreicht habe. Bei diesem Besuch will Wolf auch Tamara Bunke gesehen haben. Auf Nachfragen schrumpft diese Begegnung auf eine Episode beim Besuch im kubanischen Innenministerium, bei dem sein Stellvertreter Horst Jänicke eine junge Frau begrüßt und kurz gesprochen habe, die vor dem Ministerium Wache stand. Im Hineingehen habe Jänicke zu ihm gesagt: »Weißt du, wer das war? Das war die Bunke.«

Nur war Tamara Bunke im Januar 1965 »definitiv« bereits in La Paz und kann schwerlich vor dem Innenministerium in Havanna Wache gestanden haben. Aber Markus Wolf verlegt in seinen Erinnerungen die kubanische Revolution ja auch glatt in das Jahr 1960, wie umgekehrt Ulises Estrada den Besuch Ches in der DDR in das Jahr 1959 verlegt und die Stadt Prag (in der er viele Monate verbracht hat) »an den Zusammenfluss von Donau und Wolga«. Man hat den Eindruck, als führe eine habituelle Praxis der Desinformation zu massiven eigenen Verwirrungen in der Rekonstruktion der Wirklichkeit.

Wir müssen alle diese Nebelschwaden nicht unbedingt lichten. Es genügt festzustellen, dass Tamara, um ihrem Wunsch näherzukommen, jedenfalls eine erneute, gravierende Eigenmächtigkeit beging, die nicht ohne Risiko war. Und diese zweite Eigenmächtigkeit hing mit ihrer ersten insofern zusammen, als sie von sich aus auf einen direkten Informationsaustausch zwischen HVA und DGI zur Klärung der Feindlage und der Risiken hätte drängen müssen – was sie offenkundig scheute.

Die Mission, die ihr übertragen wurde, war jedenfalls keine geringe. Demnach gehörte zu ihren Aufgaben:

> Personen ausfindig zu machen und zu gewinnen, die geeignet und bereit waren, verschiedene Aufgaben im revolutionären Kampf zu erfüllen; Entgegennahme und Weiterleitung von Informationen und Nachrichten; Beschaffung von Medikamenten und Lebensmitteln; Organisierung eines geeigneten Versorgungs- und Nachrichtennetzes; Erkundung geheimer Stadtgebiete und Vororte für künftige Aktionen; Beschaffung von Daten über die politische, ökonomische und militärische Stärke jener Regimes, gegen die gekämpft wird, sowie Informationen über das Eindringen des nordamerikanischen Imperialismus; und schließlich im gegebenen Augenblick mit der Waffe in der Hand zu kämpfen.

Der bürokratisch-polizeiliche Geheimdienstjargon ebenso wie die Tatsache, dass Tamara – wie später die Kämpfer Ches – das Land, in das sie gehen sollte, erst in letzter Minute genannt bekam, verriet viel über die abstrakte Austauschbarkeit dieser »Operationen«.

Für Tamara zählte vorerst aber nur eines: dass sie vor ihrer endgültigen Verpflichtung direkt zu Che gebracht wurde, der ihr fest in die Augen schaute und von ihr selbst noch einmal hören wollte, ob sie bereit sei, für diese lange, entbehrungsreiche und vielfach einsame Mission alles ihr Liebe und Vertraute hinter sich zu lassen. Daraus schloss sie zu ihrer überströmenden Freude, dass sie direkt für ihn arbeiten würde.

In der Niemandsbucht

Kuba, an dessen Küste der junge Argentinier Ernesto Guevara als Arzt mit einem Rebellenschiff gelandet war; in dessen Hauptstadt er als Comandante Che eingezogen war; dessen blutige erste Abrechnung mit dem alten Regime er, der Fremde, auf sich genommen hatte; das er aus seiner selbstvergessenen Leichtigkeit aufwecken und auf den harten Weg revolutionärer Pflichterfüllung hatte führen wollen … – diese Insel war jetzt, da er zu einer politischen Figur von globalem Format geworden war, sein Sprungbrett und seine Ausgangsbasis für einen nächsten, größeren Akt, der noch kommen musste. Und dabei trieb ihn ein Gedanke obsessiv voran, dass er mit vierzig zu alt sein werde für diesen Kampf, der ihm vorschwebte. Somit hatte er noch drei oder vier Jahre Zeit.

Im Zentrum dieses eigentlichen Lebensprojekts stand die Gründung einer kontinentalen »Mutterguerilla«, die, wie ein Kristall unter extremem Druck gehärtet, sich durch Rekrutierungen und den magnetischen Nachzug Freiwilliger beständig erweitern und immer neue Kolonnen aus sich heraus freisetzen würde, die in andere Richtungen abmarschieren und neue Guerilla-Herde in anderen Ländern begründen konnten.

Angebote, die Che schon bald nach der Machteroberung in Havanna sporadisch gemacht hatte: sich etwa in Nicaragua, Venezuela, Kolumbien oder Paraguay einer der geplanten Guerillafronten als Berater oder auch Politkommissar auf Zeit zur Verfügung zu stellen, blieben Gedankenspiele. Das erste Projekt, das ganz sein eigenes gewesen wäre, war die Masetti-Operation im bolivianisch-argentinischen Grenzland. Die Rekrutierung Tamaras als zentraler Verbindungsfrau Anfang 1963 war offensichtlich für dieses Unternehmen bestimmt, das nach seinem raschen Scheitern natürlich ganz neu konzipiert werden musste.

Es handelte sich dabei um nichts weniger als die systematische Suche nach dem archimedischen Punkt, von dem aus die imperiale

Weltordnung insgesamt aus den Angeln gehoben werden könnte – ein Punkt, der nur in der eigenen Hemisphäre der US-Supermacht liegen konnte. Der geostrategische Kerngedanke dieses Guevara-Projektes war eine wörtliche Umsetzung des Castro-Satzes, wonach eines nicht fernen Tages »die Anden die Sierra Maestra Lateinamerikas« werden würden. Und genau dieses letzte, alles übergreifende und entscheidende Projekt wollte Che selbst in die Hand nehmen. Es erhielt (den Erinnerungen Ulises Estradas zufolge) einen Codenamen, den man für einen schlechten Witz halten würde, wäre er nicht der revolutionären Imagination Barbarojas oder Ches selbst entsprungen: »Operación Fantasma«.

Im Spanischen ist Fantasma ein »Gespenst«, und gut möglich, dass Che dabei an Marxens »Gespenst des Kommunismus« gedacht hatte, das von nun an als Gespenst einer kontinentalen Revolution durch die amerikanische Hemisphäre schleichen sollte. Barbaroja hatte für Ulises und Tamara eine andere, direktere Erklärung parat: Alle Teilnehmer dieser Super-Operation sollten zunächst so unsichtbar und geräuschlos wie »Phantome« zu Werke gehen, bis an einem geeigneten Zeitpunkt der erste Schuss in diesem neuen Krieg abgegeben würde.

Tamara hatte sich, nach einem Kriegsnamen gefragt, sofort für »Tania« entschieden – ein Name, den sie sich insgeheim wohl längst zurechtgelegt hatte. Er war einer hingerichteten sowjetischen Partisanin entlehnt, die sich in die Reihen der Feinde eingeschlichen hatte, in diesem Falle der deutschen Invasoren, und entstammte insoweit wieder dem Kosmos ihrer kindlichen Licht- und Schattengestalten, so als wäre »Tania« eine der Gefährtinnen Kortschagins gewesen.

Ihr selbst war es jetzt ebenfalls aufgegeben, »sich in eine andere zu verwandeln«, also ein Fantasma, ein Phantom zu werden. Aber diese »Doppelgängerin« in der Terminologie der HVA, diese andere würde nicht zunächst »Tania«, sondern eine Dritte sein, deren falschen Namen und fiktive Biografie sie zu verinnerlichen hatte, bis sie – wie sie sagte – »jeden für verrückt erklärte, der ihr einreden wollte, nicht diese Person zu sein«.

Die Aufgabe, die ihr nach diesem Akt der Verwandlung zugedacht war, war in Wirklichkeit noch größer, als sie ahnte: Sie sollte in der »Operation Fantasma« so etwas wie die zentrale Verbindungs- und

Kommunikationsstelle werden, eine »Agentin« im direktesten Sinne dieses Wortes, die im Körper des Feindes selbst implantiert werden sollte. Dass sie die einzige Frau in diesem professionell gespannten Netz war, war kein Zufall. Nur eine Frau hätte tatsächlich das vollbringen können, was sie vollbrachte.

Die Verwandlung Tamaras in Tania begann damit, dass sie sich unter Vorwänden aus dem Netz ihrer Bekannten und Freunde in Havanna zurückziehen musste, obwohl sie fast ein Jahr noch in der Stadt blieb. Aus dem geselligen Leben, das sie geführt hatte, musste sie sich über Nacht in die geschlossene Welt ihrer geheimdienstlichen Ausbildung begeben, zu einem Schatten ihrer selbst werden, und das kam sie bitter an. Auch die Beziehungen mit ihren Eltern mussten weiter eingeschränkt werden. Im Oktober 1963 erhielten Erich und Nadja Bunke von ihrer Tochter die unbestimmte Auskunft: »[Im] Moment habe ich einige spezielle Arbeiten ... (vertrauliche Arbeit!).« Zur Entlastung wurden sie in bewährter Weise ausgeschimpft, weil sie sich nach der schlechten Versorgungslage in Havanna erkundigt hatten – »wie Provokateure«! Hätten sie denn so gejammert, damals 1952 in der DDR, als es auch nichts zu essen gab!?

Das üppige Vierzimmer-Appartement, das Tamara bis dahin bewohnt hatte, tauschte sie gegen die kleinere Wohnung einer Nachbarfamilie, natürlich im Geiste revolutionärer Selbstlosigkeit, allerdings auch, weil sie nicht mehr so viele Gäste empfangen durfte. Derjenige, der mit seinem Mitausbilder Juan Carlos oder auch ganz alleine jede Nacht kam und bis in die frühen Morgenstunden blieb, um mit ihr vorbereitende Gespräche zu führen und allgemeine Einführungen zu geben, war Ulises, den sie praktischerweise gleich als ihren »Freund« deklarierte. Die beiden plauderten, wie Ulises bekennt, auch über Musik und Kino, Literatur und Sport. Dann holte sie ihre Gitarre heraus und sang argentinische Volkslieder oder die »Moskauer Nächte«, und davon war er hin und weg. Und von der ganzen Frau ziemlich bald auch.

Tagsüber erhielt Tamara eine erweiterte militärische Ausbildung; und da sie schon eine sehr gute Schützin war, wurde sie vor allem im Umgang mit Sprengmitteln trainiert. Bei scharfen Handgranaten hatte sie anfangs leichte Panik, aber dann warf sie sie ganz routiniert; so wie sie auch kleine Bomben aus CIA- oder DGI-Produktion sicher placierte, scharf machte und zündete. Als Nächstes kamen Kurse in Fotografie, Mikrofilm, unsichtbarer Schrift, Geheimcodes, Anlage von Geheimfächern in Koffern, Taschen oder Möbeln und von toten Briefkästen. Schließlich lernte sie Radiotelegrafie, sowohl mit einem schweren Sender (wir nehmen mal an, sowjetischer Bauart) wie mit einem im Escambray erbeuteten, handlichen Mini-Funkgerät, das von der CIA geliefert worden war.

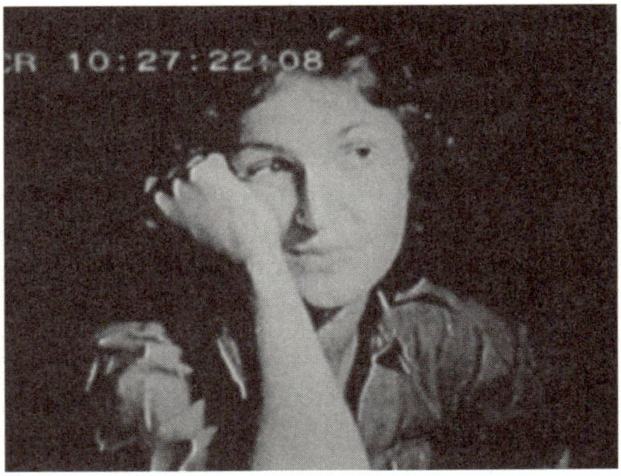

Filmstill von Tamara bei einer Veranstaltung in Havanna, 1961

Tania war eine vorbildliche Schülerin, und tatsächlich knüpfte diese Ausbildung in vieler Hinsicht an ihre paramilitärischen Freizeitvergnügungen in der »Gesellschaft für Sport und Technik« an. Allerdings musste sie wegen ihres Kleidungsstils verwarnt werden. Das erste Mal galt die Rüge der Tatsache, dass sie auch außerhalb des Dienstes mit Milizuniform und Pistole herumlief, was nur wenige kubanische Mädchen taten, und Ausländerinnen erst recht nicht. Ein anderes Mal tadelte ihr Ausbilder sie, weil sie sich »in einem in Kuba ungewöhnlichen Stil kleidete, der sie mit ihrer attraktiven Erscheinung überall herausstechen ließ«. Das dürfte, in Ulises' wunderbar altfränkischer Ausdrucksweise, eher ein Hinweis auf zu große modische Extravaganz gewesen sein.

Schließlich begann sie »sich wie eine kleinbürgerliche Frau zu kleiden«. Sie lernte auch, »ihre Worte so zu wählen, dass sie eine kalte Distanz von anderen Menschen ausdrückten und der vagen, ausbeuterischen Sprache der Bourgeoisie entsprachen«. Kurzum, sie »lernte, sich wie die herrschenden Klassen zu benehmen, und war in der Lage, ihr Verhalten bis zur reinen Artistik zu imitieren«.

In scheu bewundernden Formulierungen wie diesen hat Ulises Estrada die Leser seiner Erinnerungen an Tania im Jahr 2005 auch endlich eingeweiht, dass jener geheimnisvolle Mann, »dem sie ihre

Liebe schenkte«, kein anderer war als eben er. In Wirklichkeit hatte er selbst die entsprechenden Passagen in dem offiziellen Kultbuch »Tania la Guerillera« von 1970 verfasst. Aber als einer der kubanischen Profi-Weltrevolutionäre, als der er bis Ende der Achtzigerjahre noch auf allen Kontinenten konspirativ unterwegs war – mit Che in Afrika, in der Leibwache Allendes in Chile, in Palästina bei der PLO und einem weiteren Dutzend Ländern der Welt –, durfte das auf keinen Fall bekannt werden.

Die Geschichte dieses ersten, aus Briefen, Dokumenten und mündlichen Berichten ziemlich chaotisch kompilierten Kultbuchs »Tania, la Guerillera inolvidable« (Tania, die unvergessliche Guerillera) muss hier kurz erzählt werden. Die beiden Journalistinnen Marta Rojas und Mirta Rodríguez, die als Autorinnen firmierten, hatten vor allem eine tarnende Funktion. Die eigentlichen Autoren waren Nadja Bunke, die mehr als ein Jahr nach dem Tod ihrer Tochter nach Havanna eingeladen worden war, um ihre persönlichen Erinnerungen und Unterlagen in dieses Projekt einzubringen; sowie Ulises Estrada, der einige Berichte und Dokumente der kubanischen Seite beisteuerte. Nadja schrieb also über das Leben von Tamara, Ulises über das der Tania. Beide wohnten sie für einige Monate in benachbarten Zimmern im »Habana Libre« und bauten am Altar ihrer Heldin.

Und dann war da noch ein Autor, ohne den kaum ein politisches Buch in Kuba erscheinen konnte: der Comandante en Jefe, der im geschlossenen obersten Stock dieses Hotels residierte. Die Manuskriptblätter gingen täglich zu ihm hinauf, und nach seinen Anweisungen wurden sie von den beiden Journalistinnen redigiert. So blieb Fidel, der die Publikation Blatt für Blatt »autorisiert« hatte, hier wie in allem der Autor der Geschichte seines Landes und seiner Subjekte. Und insoweit es sich dabei um die Aufnahme Tanias unter die Heiligen der kubanischen Revolution handelte, amtierte er als Präfekt der Glaubenskongregation und Papst in einem.

Erst im Jahr 2001 durfte Ulises Estrada bei einer Neuausgabe des Kultbuchs in Havanna auch formell als Koautor in Erscheinung treten. Und 2005 dann konnte und wollte er als alter Mann endlich auch seine eigene, etwas persönlichere Version dieser Geschichte erzählen – und wäre es nur, um der durch ein Dutzend Guevara-Biografien geisternden und ums Haar zu einer großen Hollywood-Story gereiften Behauptung entgegenzutreten, Tania sei die Geliebte des Che gewesen.

In einer spröderen Mischung aus geheimdienstlicher Verschwiegenheit und kavaliersmäßiger Diskretion ist eine Liebesgeschichte seit den Tagen Ostrowskis allerdings kaum erzählt worden. Schon in die Märtyrerlegende von 1970 hatte Estrada seinerzeit hineingeschrieben, dass die Heldin sich einen treuen Revolutionär als Gatten an ihrer Seite gewünscht hatte:

> Und sie hatte diesen Mann gefunden, dem sie ihre Liebe schenkte … Sie träumte von einem Kind, dem sie ihre Zärtlichkeit widmen wollte, von einem Heim in Kuba … (Doch) sie durfte weder heiraten noch ein Kind haben …, sie selbst kam zu der Überzeugung, dass ihr Auftrag als Revolutionärin die Konzentration aller Kräfte erforderte … Und er, der gleich ihr von jedem Egoismus frei und ebenfalls bereit war, sich vollkommen dem revolutionären Kampf hinzugeben, verstand sie, und sie versprachen einander zu warten – bis zu dem Zeitpunkt, wenn die Pflicht erfüllt sein werde.

In seinen Erinnerungen von 2005 holt Ulises Estrada diese Geschichte wenigstens in kurzen Momenten zurück auf den Boden des profanen Menschenlebens. Er gibt preis, dass er, der verheiratete Mann, mit ihr in klarer Überschreitung der Regeln auch über seine »Eheprobleme« gesprochen und sie an »Familiensonntagen« mit seinen zwei kleinen Töchtern besucht habe, in die Tamara sich sofort verliebte. Und dass sie beide dann irgendwann und immer öfter begannen, so diskret, dass nicht einmal der Mitausbilder etwas bemerkte, nachts ans Meer zu fahren.

> Und in einem dieser intimen Momente … geschah das Unvermeidliche. Am Strand von Baracoa sitzend, schauten wir uns in die Augen und sprachen über unsere Gefühle, und gaben ihnen mit der Leidenschaft von jungen Menschen unseres Alters nach.

Erst weihte Ulises seinen Vorgesetzten ein, der ihn nur bat, es vor seinen Kollegen geheim zu halten. Dann fasste sich Ulises (da ihm die Sache ernst war) ein Herz und beichtete es Barbaroja, der ihn erst zusammenschiss und dann scharf ermahnte, es keinesfalls seinem Vorgesetzten zu sagen (den er doch schon eingeweiht hatte!), und noch weniger seinem Kollegen Juan Carlos. Aber der sah es den beiden längst an der Nasenspitze an. Kurzum, es passierte genau das, weshalb Frauen aus all diesen »Operationen« sonst strikt herausgehalten wurden. Aber Tania war eben ein Sonderprojekt des Che, und sie ließ sich, brav wie sie war, auch keinerlei weitere »Disziplinlosigkeit« zuschulden kommen. Und also durften die beiden ihr kleines Liebesidyll noch ein paar Monate weiterführen, solange die Ausbildung in Kuba selbst dauerte.

An ihrem Ende stand als praktisches Examen eine Ernstfallübung im eigenen Land. Achtung, Achtung, Genossen von der Miliz und von der Gegenspionage! Eine Person mit dem Namen »Tamara Lorenzo«, die als Übersetzerin in einem Ministerium arbeitet, aber verdächtig ist, »mit feindlichen Aktivitäten in Verbindung zu stehen«, soll sich demnächst im Raum Cíenfuegos als angebliche Touristin aufhalten. Dringende Bitte, sie aufzuspüren, aber vorerst kein Zugriff, nur beobachten!

Und jetzt Genossin Tania, die sich vorstellen muss, sich in Kuba als einem »feindlichen Land« zu bewegen und einen genauen Operationsplan abzuarbeiten: Sie quartiert sich mit einem professionell gefälschten Pass im Hotelzimmer »Jagua« ein; später wohnt sie bei einem »Cousin«, einem eingeweihten Geheimdienstler; hier bringt sie ihr Funkequipment und Fotolabor gut versteckt in Stellung. Dann muss sie als Touristin durch die Stadt laufen, um sie zu erkunden, Fotos und Skizzen anzufertigen, tote Briefkästen anzulegen usw. Dabei soll sie eventuelle Beschatter erkennen und notfalls abschütteln; andererseits unverbindliche Gespräche in Cafés oder Geschäften anknüpfen und Informationen sammeln. Abends in ihrem Zimmer hat sie ihre Fotos zu entwickeln und Lageberichte mit unsichtbarer Tinte zu schreiben, um sie am nächsten Tag zu deponieren.

Alles lief perfekt. Tania zeigte vor allem ihr Talent, auf leichte Art Kontakte zu machen und Leute auszufragen. Allerdings »erkannte« sie überall Feinde und Beschatter, konnte sich Gesichter und Details der Verdächtigen schlecht merken – Anfängerfehler, und jedenfalls besser als Leichtsinn! Der Fehlschlag zum Schluss ging nicht auf ihr Konto: Sie sollte in einem alten Industriegelände eine Bombe legen, die von einem Boot gebracht und in einem Versteck am Strand deponiert werden sollte. Leider konnte sie die Bombe nicht finden. An Bord des Bootes war Feuer ausgebrochen, und Ulises hatte den Sprengkörper (der demnach scharf war!) ins Meer geworfen. Tania hatte leichte

Panik gezeigt, als sie das Versteck leer fand, aber die Nerven behalten. Mit diesem glänzend bestandenen Examen war sie zu einer »Expertin in klandestiner Arbeit« graduiert.

Die letzte Stufe ihrer Ausbildung sollte in Prag stattfinden, von wo aus sie Reisen in den unbekannten Westen unternehmen sollte, um ihre neue Identität zu erproben. Deren Grundlage sollte ein mit ihrem Bild versehener, echter Pass einer italienischen Staatsbürgerin namens Vittoria Pancini sein. Um ihre deutschen Sprachkenntnisse zu begründen, sollte sie als eine in Südtirol aufgewachsene Deutsch-Italienerin firmieren. Leider hatten weder Tamara noch ihre Ausbilder von Land und Leuten die geringste Ahnung. Insofern wirkte die Coverstory mehr als unbeholfen: Vittorias Eltern waren demnach Faschisten, die sie 1944 zu ihren Verwandten nach Uruguay geschickt hatten, von wo sie wiederum mit 18 Jahren zum Studium nach Westberlin gekommen sei, um dort Ethnografie zu studieren.

Bevor Tamara nach Europa abfuhr, wollte sie sich in ihrer zweiten, eigentlichen Identität verewigen: als »Tania«. So kam das ikonografische Foto mit der Che-Mütze zustande, das sie als Dokument ihrer Verwandlung machen ließ. In einer anderen Version schaut sie ohne Mütze, mit offenem Haar und festem Blick, in die Kamera. Erstaunlicherweise zeigt das Foto der Kämpferin mit dem Béret ihre weicheren Züge. Das waren freilich keine Privatfotos: Alle auf Mission abgehenden Agenten der kubanischen Dienste wurden noch einmal fotografiert.

Che, der gerade von einer Europatour zurückkam, empfing Tamara vor ihrer Abreise noch einmal in seinem Büro. Sie sprachen sehr lange. Hier gab er ihr auch das Ziel ihrer späteren Mission bekannt: La Paz. Sie sollte sich zunächst dort legalisieren, dann ihre Coverstory benutzen, um als Expertin für Folklore und Ethnografie durchs Land zu reisen und Studien über die sozialen, politischen und ökonomischen Eigenheiten der verschiedenen Regionen anzufertigen. Und sie sollte versuchen, möglichst »enge Verbindungen mit Leuten aus der herrschenden Bourgeoisie und der politischen Macht, der Regierung und den Streitkräften« zu knüpfen. Nach einiger Zeit würde ein Genosse sie kontaktieren und über ihre weiteren Aufgaben informieren. Sie dürfe aber keinerlei Versuch machen, selbst wenn sie in eine schwierige Lage gerate, mit Havanna Kon-

Das offizielle »Tania«-Foto des kubanischen Geheimdienstes

takt aufzunehmen, oder ihre Identität preisgeben, auch nicht den bolivianischen Revolutionären. »Ihr Misstrauen sollte total, allgemein und konstant sein.«

Bolivien also – das zu diesem Zeitpunkt noch von dem reformistischen und nationalistischen MNR-Führer Paz Estenssoro regiert wurde, der bei einem Besuch in den USA 1962 seinen Frieden mit Kennedy gemacht hat, so wie dieser trotz der weitgehenden Nationalisierungen mit ihm; der aber trotz des Drucks aus Washington auch mit Kuba, das in La Paz eine Botschaft unterhielt, gute Beziehungen gewahrt hatte. Auch in Bolivien hatte der geplante Guerillakampf also nichts mit dem Kampf gegen eine Diktatur zu tun, sondern folgte geostrategischen Erwägungen.

Ulises wie Tamara hatten fest damit gerechnet, dass er sie wenigstens noch nach Prag begleiten dürfe, um ihre Ausbildung dort abzuschließen. Aber Piñeiro beendete das Idyll mit harter Hand. Genosse »Diosdado« (José Gómez Abad) würde Tamara begleiten, weil er mehr Erfahrung mit Untergrundarbeit im westlichen Ausland hatte. Letztlich ging es natürlich um das Risiko, dass die irreguläre Liebesgeschichte zwischen Tania und Ulises das Projekt noch gefährden konnte.

Am 9. April 1964 war die Stunde des Abschieds gekommen. Beide schworen, aufeinander zu warten und im Fall ihrer Rückkehr zu heiraten. Er gab ihr zwei Gedichte mit, die er für sie geschrieben hatte. Das »Poem von der Erfüllung der Pflicht« klang noch hoffnungsvoll:

Ein Abschied aus Pflichterfüllung trennt niemals,
vereint nur noch mehr …
Wenn Du wiederkommst … wird es eine großartige Ehre sein.
Wenn Du nicht wiederkommst … Adios!
Du kommst zurück!

Das andere hieß »Du gehst, und ich bleibe« und war von einer stoischen Schicksalsergebenheit, wie Che sie seinen Leuten predigte:

Du gehst und ich bleibe …
Und warte auf eine Rückkehr, die nicht sein wird …
Du gehst, und ich bleibe, und am Ende wird alles sterben,
so wie die Wellen, dort wo das Meer endet.
Nur die Wellen kehren zurück mit Kämmen von Schnee.
Und wenn sie sterben, erneuern sie sich, um nie zurückzukehren.

Sehr viel unbeschwerter klang ein Brief, den Tamara nach ihrer Ankunft in Prag ihren Eltern schrieb. Sie teilte ihnen mit, dass sie auf eine längere Dienstreise gehe, und machte ihnen als brave Tochter schließlich eine wichtige Mitteilung für die Zeit nach der Rückkehr:

»Wenn man mir meinen ›Negrito‹ bis zu meiner Rückkehr nicht wegschnappt, dann heirate ich … Ob es gleich mulatitos gibt, weiß ich noch nicht, aber es ist sehr gut möglich. Wie er aussieht: Flaco, alto, bastante negro, típicamente cubano; muy, muy cariñoso. [Schlank, groß, ziemlich schwarz, typisch kubanisch; sehr, sehr zärtlich.] Seid ihr einverstanden???«

So zuversichtlich das klang, so bang nahmen die Bunkes die Eröffnungen Tamaras wohl zur Kenntnis. Man hörte über die jungen DDR-Frauen auf Kuba (wie die Schwestern B.) ja so einiges. Als Ulises sich ihnen nach dem Tod der Tochter dann allerdings als jener »Negrito« vorstellte, der ihr Schwiegersohn hätte werden sollen, waren sie nachträglich beruhigt. Ein »niedriges moralisches und ideologisches Niveau« in dem von Tamara als FDJ-Kommissarin bei ihren Latino-Buben einst gegeißelten Sinne konnte man diesem ernsten, gravitätischen Mann wahrlich nicht vorwerfen.

Nach Prag reiste Tamara mit einem kubanischen Pass auf den Namen »Haydee Bidel González«. Sie trug die blonden Haare hochgesteckt und schaute etwas streng aus. Bei ihrer Ankunft wurde sie von

Tamara als Marta Iriarte …

… und als Haydée Bidel Gonzalez

Agenten der tschechoslowakischen »Sicherheit« in Empfang genommen. Nach wie vor war Prag-Havanna die Hauptverbindungslinie, und die kubanische Botschaft am Ort mit die größte weltweit. Die Tschechoslowakei war als Produzent von Waffen, Sprengstoffen und anderem Equipment ein wichtiger Lieferant für die Befreiungsbewegungen und Bürgerkriegsparteien in aller Welt, in Verbindung und Ergänzung zur Sowjetunion und in Konkurrenz mit China, aber in gewissem Grade auch auf eigene Rechnung. Und mit seinem lebhaften Tourismus und seiner Position als westlichster Stadt des Ostblocks war Prag auch der gegebene Ausgangspunkt für Exkursionen auf die andere Seite.

Das war die erste Aufgabe, die Tamara jetzt zu bewältigen hatte. Sie wurde in einer schon eingespielten tschechisch-kubanischen Koproduktion mit einem falschen argentinischen Pass auf den Namen »Marta Iriarte« versehen. Wieder traten Maskenbildner und Friseusen in Aktion: Jetzt trug sie dunklere Haare um ein rundes und weiches Gesicht. So, als eine wieder »andere« hergerichtet, machte sie sich Tage später auf den Weg

Das war dann schon ihre fünfte Identität, für die sie natürlich erneut eine Coverstory brauchte. Also: »Marta Iriarte« war Gymnastik- und Nachhilfelehrerin, verstand sich schlecht mit ihren betuchten

Eltern, lebte mit Freundinnen in Buenos Aires, machte jetzt eine Touristenreise durch Europa, um für argentinische Bekannte ein paar geschäftliche Dinge zu erledigen und Freunde in der BRD zu besuchen … Diese Reise sollte allerdings dazu dienen, Partikel einer Pseudo-Realität für ihre eigentliche Cover-Geschichte als »Vittoria Pancini« zu sammeln, deren Name vorerst nicht auftauchen durfte.

Mit anderen Worten: Als argentinische Touristin namens Marta sollte Tamara alias Tania versuchen, die Welt von Vittoria neu zu erfinden. Ein an sich schon groteskes Unterfangen, dessen Naivität noch durch die Tatsache gesteigert wurde, dass Tamara zum ersten Mal die ihr nur aus der Propaganda bekannte Welt des Westens betrat. Sie sollte über die »sozialen Verhältnisse« und (so wörtlich) die »Sitten und Gebräuche« der Bewohner dieser fremden Breiten Kenntnisse erwerben. Außerdem musste Marta alias Vittoria dringend Italienisch lernen.

Sie begann ihre Tour d'Europe ausgerechnet in Westberlin, woran sich natürlich schon jede Menge Vermutungen geknüpft haben. Die offizielle Version ist, dass sie von Prag nicht über Ost-Berlin, sondern über Frankfurt am Main gereist sei. Sie habe das Wohnhaus ihrer Eltern nur von der westlichen Seite der Mauer (wie stellen uns vor: von einer der Besucherplattformen aus) gesehen und habe trotz wilden Heimwehs der Versuchung widerstanden, über die Friedrichstraße hinüberzureisen. Bei allen Unklarheiten und Doppelbödigkeiten ihrer Geschichte gibt es keinen ersichtlichen Grund, diese Version anzuzweifeln. Eine fünfte oder sechste Identität Tamaras als professionelle HVA-Informantin oder auch noch als KGB-Agentin, wie einige Autoren unterstellt haben, dürfte eine eher abwegige Vorstellung sein. Tamara hatte sich dem Guevara-Projekt und keiner anderen Mission verschrieben, und es war neben aller Überzeugtheit auch Liebe im Spiel.

Alles war auch so schon schwierig und verwirrend genug. Von Westberlin reiste sie mit dem Flugzeug wieder nach Frankfurt zurück (worüber man, wie sie nach Havanna meldete, keine Eintragung im Pass machte), und mit dem Zug weiter über München und Innsbruck nach Italien. Sie hatten auf der Karte »ein Dorf an der Grenze in Tirol« herausgesucht, in dem Vittoria als deutsch-italienisches Faschistenkind aufgewachsen sein sollte, ohne allerdings die Geschichte Tirols und Südtirols zu bedenken. Tamara/Tania alias Marta alias Vittoria fühlte sich mit ihrer doppelten Pseudo-Biografie unbehaglich. Aber auch mit der Situation als solcher:

> Für eine Frau, die allein als Touristin in Europa unterwegs ist, wird die Frage des Anschlusses und der Bekanntschaften zu einem schwer lösbaren Problem.

Es gebe Länder, in denen man sich mit einem Mann normal unterhalten könne, und andere, wo »er einem nach wenigen Minuten den Hof macht«. (Dass Kuba dazugehörte, wo sie mit ihren Kollegen ausgiebig und keineswegs allzu böse über deren »machismo« stritt, ließ sie in diesem Bericht nach Havanna unerwähnt.) Hier ging es vor allem um Italien, über dessen Mittelstand sie wie eine Ethnologin, die sie ihrer Legende nach ja auch war, Informationen einzuholen hatte. Alles war einigermaßen verwirrend und natürlich sehr gefährlich:

> In der Nähe der Agenturen für Stadtrundfahrten umkreisten mich immer Studenten und junge Menschen ohne Beschäftigung, auch Elemente aus dem Lumpenproletariat, die gewiss sehr geneigt sind, mit der Polizei zusammenzuarbeiten … Da ich ständig von verschiedenen Elementen umlagert wurde, entschloss ich mich, ›mit jemandem anzubinden‹, als dass man ›mit mir anzubändeln‹ versuchte. So lernte ich Pacifico kennen …

Schaut man die Fotos an, in denen Pacifico an ihrem Ohr schnuppert und sie ihre Hand vertraulich auf seinem Knie liegen hat, muss man die Kühnheit dieses Schrittes bewundern. »Durch Pacifico erfuhr ich viele Einzelheiten, die mich interessierten. Ich fand Anschluss an andere Familien aus dem Mittelstand.« Pacifico war Grafikstudent auf einer Abendschule und fuhr mit dem Motorrad. Er brachte sie mit seinen Freunden und seiner Familie zusammen, und irgendwann musste sie dann auch etwas von sich erzählen, was sie schon mit einer gewissen Routine tat. Ein Problem war, dass Pacifico und seine Freunde im Prinzip zwar unpolitisch waren, aber doch »fast fortschrittlich«, was insofern schlecht war, als Marta alias Vittoria sich streng antikommunistisch zu geben hatte.

Einfacher schien insofern eine aktive »Anbindung« mit Tomasso, einem Polizisten in Südtirol, und der Gang seiner Freunde. Diese Jungs versuchten zwar ständig, »ihre Identität zu kontrollieren«, sprich: etwas über die schöne Fremde zu erfahren, und Tomasso war peinlicherweise ernstlich verknallt, was es Tamara umso leichter machte, wichtige Informationen über die Grenzkontrollen zwischen Italien, der Schweiz und Österreich zu sammeln. Auch mit Tomasso und seinen Freunden machte sie eine Serie von »Familienfotos«, die als eine Hauptausbeute der Reise dienen sollten, da sie die fiktive Familie bzw. die Freunde von Vittoria darstellen sollten, die sie später in Lateinamerika als Bilder von »daheim« aus der Handtasche ziehen konnte: Hier mein Verlobter, hier mein Bruder mit seinen Freunden, hier die Eltern …

Die Aufnahme eines älteren Ehepaares in jenem »Dorf in Tirol«, die sie als ihre Eltern ausgegeben sollte, gelang ihr allerdings nur sehr ungenügend. Auch ihre Fähigkeiten, vom Spanischen ins Italienische zu wechseln, hatte sie überschätzt. Es reichte also gerade für Marta, um »anzubinden« – aber für Vittoria reichte es nicht. Bei aller kaltblütigen Einholung von »Material« über das Leben der anderen war Tamara mit ihrem designierten Alter Ego kaum näher bekannt geworden.

Womit war sie überhaupt bekannt geworden? Sie bewegte sich im Feindesland, von dem sie nichts wirklich sah oder wahrnahm. Auch die »Mittelklasse« war in dieser Vorstellung eine kleinbürgerlich-reaktionäre Masse, die man allenfalls studieren konnte wie fremde Insektenstämme. Eben auf diese Weise schirmte sie sich ab gegen den verwirrenden Appeal des alten europäischen Westens, der hier und dort in ihren Berichten (soweit sie bekannt sind) durchschimmert. In Ulises' etwas treuherziger Zusammenfassung klingt das so:

> Tania … kam zum ersten Mal in Kontakt mit dem Lebensstil, den Bräuchen und Traditionen der ›entwickelten‹ kapitalistischen Länder. Sie konnte nun selbst die Klassengegensätze, die Armut inmitten des Reichtums und die Selbstsüchtigkeit sehen, die diese Gesellschaften auszeichnet.

Tatsächlich hatte man ihr (oder sie sich) ganze 14 Tage Zeit gegeben, um die »›entwickelten‹ kapitalistischen Länder« von Westberlin bis Norditalien zu erkunden und mit einer Beute von Pseudo-Dokumenten wieder ins Prager Mauseloch zurückzuschlüpfen. Auf der Rückfahrt gab es noch einen bezeichnenden Moment der Panik: Ein »seltsamer Mann betrat mein Abteil«. Er sprach ein schlechtes Spanisch, das sie, obwohl sie als Marta Iriarte reiste, nicht zu verstehen vorgab. Wegen seines Akzents »forschte ich ihn aus, ob er ein Amerikaner sei«. Auf Deutsch berichtete er »reichlich wirr von einer angeblichen Reise, die er als Journalist nach Kuba unternommen hätte«, wobei er andeutete, »dass er Partisan gewesen wäre«.

> Ich frage ihn aufgebracht, ob er ein Kommunist sei und sich als Journalist ausweisen könne, worauf er erklärte, dass er eine politische Arbeit ausführe und es ihm deshalb verboten sei, sich auszuweisen... Das ging so weit, dass die anderen Deutschen im Abteil für mich Partei ergriffen und ihn zwangen zu gehen. Ich habe niemals erfahren, ob jener ›Provokateur‹ mir geglaubt hat, aber dessen bin ich sicher: Seine Mission hatte nicht die erwarteten Ergebnisse gebracht.

Wie immer man diese Situation interpretiert (es gab sie ja schon, die vagierenden und fabulierenden Sturmvögel einer Neuen Linken, die freilich so gar nicht in Tamaras hermetisches Bild vom Westen hineinpassten): Sie illustriert jedenfalls eindrucksvoll den Modus der paranoiden Abwehr, mit der Tamara die feindliche Welt ringsum wahrnahm oder vielmehr ausblendete, in der sie auch in Zukunft würde leben müssen.

Als sie Anfang Mai zurück in Prag war und das von ihrem Geheimdienst betriebene »Operative Haus« bezog, einen einsamen Bauernhof zwanzig Kilometer vor der Stadt, wird sie aufgeatmet haben. »Diosdado«, ihr neuer Ausbilder und Supervisor, kam kurz darauf aus Havanna an. Er hatte von Ulises die diskrete Anweisung erhalten, »auf sie aufzupassen«, da vor der Abreise ihre Monatsregel ausgeblieben war. Aber das war falscher Alarm, und eine Schwangerschaft hätte sie, so gerne sie »mulatitos« wollte, wohl auch nicht mehr aufgehalten.

»Vittoria Pancini«, so viel war in den Diskussionen schnell klar, war trotz aller Beutestücke unbrauchbar. Es hätte eines weiteren Jahres derartiger Exkursionen »nach Europa« bedurft, um diese leere Attrappe mit einem Pseudo-Leben zu füllen. Stattdessen musste eine Figur her, die in direkterer Weise mit den wirklichen Lebensorten und Erfahrungen Tamaras verbunden war. Es musste also eine Deutsch-

Argentinierin sein wie sie selbst, und sie brauchte einen aktuellen argentinischen Pass – der momentan allerdings nicht einmal als Vorlage einer Fälschung greifbar war. Die tschechischen Genossen mussten ihn erst besorgen, und das konnte dauern.

Also verordnete Tamara mit ihrer »deutschen Disziplin« (Ulises) ihrem Ausbilder für die Zeit des Wartens einen strengen Tagesplan: Aufstehn um 7.30 Uhr, Frühgymnastik, dann allerhand Kurse und Schulungslektüren sowie Arbeit an den Einzelheiten der neuen falschen Identität, abends Hören von Radio Havanna. An den Wochenenden oder vereinbarten Tagen ging es mit dem Rucksack hinaus zu Geländeübungen, um sich fit zu halten. Ein Picknick war dann schon eine »Guerillaübung«. Tamara kümmerte sich um die Wäsche, eingekauft wurde von ihrer Haushälterin Maria von der tschechischen »Sicherheit«. Aber Tamara zankte mit Diosdado oft und gerne um dessen »machismo«, der es ihm erschwerte, Haushaltsarbeiten zu verrichten, was natürlich gar nicht guerillamäßig war. Außerdem hatte Diosdado nach Ulises' großmütiger Einschätzung Schwierigkeiten, mit einer Frau allein unter einem Dach zu leben, »mit der er kein Verhältnis hatte«. Alle mussten sie dazulernen.

So vergingen Wochen und Monate. Während Diosdado einmal wöchentlich unter diversen Vorwänden nach Prag hineinfuhr und Tamara (die er auch noch spöttisch »meine kleine Nonne« nannte) sitzen ließ, durfte sie aus ihrem Bau kaum heraus. Nachdem ihre neue Identität als Deutsch-Argentinierin »Laura Guitiérrez Bauer« allerdings genehmigt war, musste sie noch einmal eine Reise in den Westen unternehmen.

Ihr neues Alter Ego sollte »eine psychologisch konfliktreiche Gestalt« sein, die von Kindheit an unter der schlechten Ehe ihrer Eltern gelitten hatte. Mütterlicherseits war sie deutsch-jüdischer und väterlicherseits argentinischer Herkunft. Aufgewachsen war sie genau im selben Viertel um die Cangalloschule wie Klein-Tamara. Ihr Vater war ein Geschäftsmann, der seine Familie 1952 nach Deutschland gebracht hatte, nach Frankfurt am Main und Westberlin. Ihre gramerfüllte Mutter war vor Kurzem gestorben. Um sich vom tyrannischen Vater, der sie zwangsverheiraten wollte, zu lösen, hatte Laura sich als Übersetzerin ernährt und ein Studium der Ethnologie begonnen. Mit dieser Geschichte sollte sich auch begründen lassen, »warum sie in Bolivien isoliert lebt und nur ungern von ihrer Vergangenheit spricht«.

Ingesamt war diese falsche Biografie so konstruiert, dass Tamara möglichst Orte und Leute aus dem eigenen Leben vor Augen hatte, um sie sich einzuprägen und ihrem Pseudonym wie eine zweite Haut überzuziehen. Was freilich fehlte, waren Kenntnisse der westdeutschen Orte, an denen »Laura« jahrelang gelebt haben sollte.

Also fuhr Tamara im August 1964 noch einmal nach Frankfurt und Westberlin. Über ihr Leben als Doppelgängerin schrieb sie Ulises einen nächtlichen Brief, der – man möchte meinen, mit etwas alkoholischer Unterstützung – ihren frei flottierenden Gedankenstrom zu Papier brachte:

> Hier sitze ich vor meiner Schreibmaschine … mit Deinen Briefen in den Händen und meinem Kopf, ›einem Filmprodukt‹, voll Gedanken, die sich überschneiden, und ich muss mir Mühe geben, ›die Persönlichkeit‹ nicht zu verwechseln. (…)
>
> Ich erinnere mich, dass wir darüber sprachen, es werde das erste Mal nach so vielen Jahren sein, dass ich in der ›freien Welt‹ lebe, und unter diesen Bedingungen … würde das für mich etwas sehr Neues sein …
>
> Inzwischen habe ich die ersten Schrittchen gemacht … Anfangs fragte ich mich selbst verwundert, wenn ich einen dieser ›Augenblicke‹ durchzustehen hatte: Wie kannst du so ruhig sein, als wärst DU es tatsächlich, als wäre es die Wahrheit, als hätte alles seine Richtigkeit …
>
> Jetzt beginne ich sogar, diese ›kleinen Freuden‹ zu spüren … Ich beobachte die ›uniformierten Püppchen‹, und sie tun mir leid und reizen mich, über sie zu lachen, ihnen zu sagen: Wie stumpfsinnig seid ihr! Wie stark seid ihr? Und wenn ich so unter den Leuten ›kreise‹ … und so tue, als wäre ich eine der Ihren, beobachtet mein ›verstecktes Ich‹ und notiert alles wie ein Journalist in einem Mantel, der ihn unsichtbar macht …
>
> Ich habe festgestellt, dass ich über ›Fähigkeiten als Schauspieler‹ verfüge und meine Rolle ausgezeichnet interpretiere …
>
> Ob ich mich einsam fühle? Ja, oft, und in solchen Momenten hilft mir am meisten, wenn ich ein wenig ›träume‹ … Es hilft ungeheuer, ein gutes Radio zu besitzen … Erst die politischen Informationen, und dann die gefühlvollen Momente …, wenn man unsere Musik hört.

Sie berichtete ihm, dass sie ihre Eltern von Westberlin aus zwei- oder dreimal angerufen habe, ohne sagen zu können, dass sie sich nur ein paar Hundert Meter entfernt jenseits der Mauer befand. Die Alten hätten gedrängt, sie doch endlich einmal in Ost-Berlin zu besuchen, und gefragt, ob sie nicht demnächst einmal nach Havanna kommen könnten (Vater Bunke war jetzt immerhin Vorsitzender einer Deutsch-kubanischen Freundschaftsgesellschaft). Schließlich wollten sie ihren Verlobten doch kennenlernen … Wäre es nicht besser, ihren Eltern klar zu sagen, dass sie im »Parteiauftrag« unterwegs sei und sich nicht melden könne? Das würden sie sicher verstehen. Oder (so schrieb sie an Ulises): Ladet sie ein und »rekrutiert sie …, lach nicht, ich meine es ernst«.

> Es ist sechs Uhr morgens, das Grauen eines traurigen und kalten Tages – kalt und trostlos. Das macht die Sehnsucht nur noch größer, dort auf unserer kleinen Insel zu sein, wo alles mehr Farbe hat, die Palmen, das Meer, der Mond … und die tapferen Herzen ihrer Männer.

Tamara hielt sich also mühsam in einer inneren Balance. Freilich scheint es schon jetzt Momente gegeben zu haben, in denen sie das Gefühl hatte, sich zu verlieren. In Estradas Erinnerungen an Tania findet sich eine Strichzeichung »Panchini – der vorbildliche Agent«, die sie mit einem ironischen Brief nach Havanna schickte:

> Jetzt, wo ich hinausgehen und mein ›Vaterland oder Tod‹ auf den Prüfstand stellen muss …, immer meiner Schwächen, Defekte, Mängel und schlechten Angewohnheiten etc. bewusst …, hoffe ich, dass Ihr die Hoffnung noch nicht aufgegeben habt, bessere Internationale Agenten (IA's) zu schaffen … Ich schicke Euch hiermit einen Projektvorschlag für die Kreierung eines … Modell-IA's der Avantgarde.

Der Modell-IA ist ein Roboter mit Antennen, Sensoren und beschrifteten Knöpfen, denen sie Funktionen zuweist wie: »Direkteingang für Instruktionen«; »Atomare Ladung (für unbegrenztes Funktionieren)«; »Kontrolle der Bewegungen«; »Kontrolle künstlerischer Tätigkeit«; »Kontrolle der Reinheit«; »Kontrolle der Gefühle«; »Kontrolle der Gedanken« etc. Ulises, den ich frage, ob das nicht ein ziemlich trauriges Dokument sei, lächelt nachsichtig: Nein, Tamara war sehr diszipliniert, eine Deutsche eben, und sie konnte ihre Identitäten speichern, so wie man auf einer Festplatte die alte durch eine neue Version überschreibt. Kein Problem!

So scheinbar problemlos also nahm sie ihre neue Identität als Laura Guitiérrez Bauer an. Wieder wurde sie zu einem Geheimdienst-Visagisten gebracht. Jetzt bekam sie dunkle Haare und eine steife Haarbombe. Ihre Gesichtsmaske machte sie zur Gouvernante. Bevor die endgültige Abreise nahte, verstummte sie. Als sie sich mit ihrem Gefährten dem Bahnhof näherte, begann sie haltlos zu weinen.

> Schließlich gelang es ihm, sie zu beruhigen, indem er versprach, mit auf den Bahnsteig zu kommen, aber getrennt von ihr … Sie umarmten sich. Sie drückte seine Hand und gab ihm einen Kuss: ›Entschuldige mein Verhalten … Du warst wie ein Bruder zu mir … Und sag meinem Negrito, er soll auf mich warten.‹

Es war der 3. Oktober 1964. Sie fuhr mit dem Zug nach Wien, dann über München nach Frankfurt, flog noch einmal nach Westberlin und schließlich nach Paris. Von dort ging ihr Flug nach Peru, wo sie am 5. November ankam. In diesen vier Wochen, in denen sie noch einmal durch das westliche Europa reiste, musste sie sich vollends an ihre neue Rolle gewöhnen. Sie nutzte die Zeit, um ein paar weitere oberflächliche Bekanntschaften anzuknüpfen, diesmal eher mit Frauen, mit denen sie dann später nichtssagende Kärtchen und Briefe wechseln konnte, so mit einer Alice aus Paris, die in einem Briefchen mit Neujahrsgrüßen gerne »an unser kleines Souper im Café gegenüber dem Kaufhaus, wo Sie mit so gutem Appetit gegessen haben«, zurückdachte. Alles das war freilich nur Stoff zur Tarnung und diente dem weiteren Studium der »kalten Distanz … und der vagen, ausbeuterischen Sprache der Bourgeoisie«.

Als Tamara in der peruanischen Hauptstadt Lima ankam, wurde sie von der.Nachricht überrascht, dass der bolivianische Präsident Paz Estenssoro zwei Tage zuvor von einer Junta unter General Barrientos gestürzt worden war. Statt mit dem Flugzeug nach La Paz fuhr sie mit dem Zug nach Cuzco. Hier wurde ihre Tarnung unerwartet einem Test unterzogen: Sie kannte die junge Hotelbesitzerin aus Havanna! Aber sie ließ sich nichts anmerken, und die Maske hielt. Noch schwieriger wurde es, als eine Gruppe Studenten sie flirtend belagerte und begann, von Kuba und Castro zu schwärmen. Sie flüchtete sich in demonstratives Desinteresse, wie es Laura verordnet war. Allerdings verriet sie sich beinahe durch ihren kubanischen Akzent, den sie sich zugelegt hatte. Jetzt hieß es also, den alten argentinischen Akzent wieder zu üben.

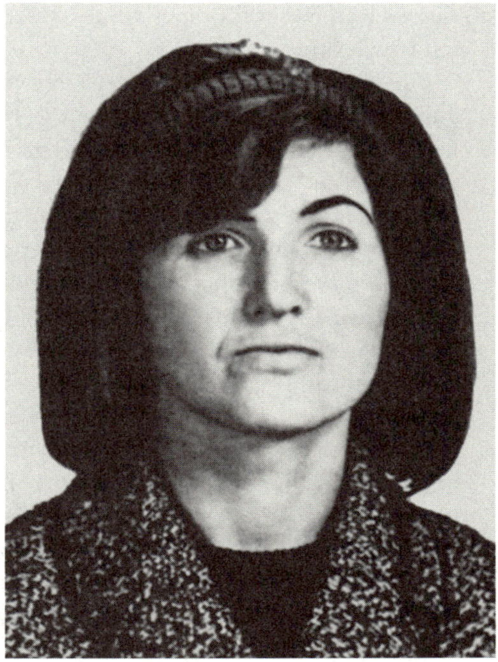
Tamara als Laura, ihre letzte Doppelgängerin

Da der Putsch in Bolivien unblutig verlaufen war, machte sie sich bald zur Grenze auf. Der Grenzposten war verlassen! Sie schaffte es ohne Probleme, sich in Copacabana am Titicaca-See nachträglich einen Grenzkontrollstempel zu besorgen. Ihr gefälschter argentinischer Pass hielt (trotz der falschen Fingerabdrücke). In La Paz hatte sich die Atmosphäre unter dem neuen Regime nicht allzu sichtbar verändert. Es herrschte kein Belagerungszustand, allerdings standen alle Parteien vom MNR bis weiter links unter verschärfter Kontrolle, insbesondere auch die kubanische Botschaft. Monate später würde die Militärregierung des Generals Barrientos, die auf enge Beziehungen mit Washington setzte, der Mehrheit der OAS-Staaten folgend die Beziehungen mit Havanna abbrechen.

Tamara alias Laura hatte sich von allen solchen Verbindungen ohnehin fernzuhalten. Sie quartierte sich in einem Hotel ein, in dem viele Touristen wohnten, meldete sich ohne Probleme mit ihrem in Paris ausgegebenen Visum bei der Polizei an, akklimatisierte sich und absolvierte, halb ihrer Legende, halb ihren Neigungen folgend, ein touristisch-archäologisches Programm. Dabei stieß sie schon nach wenigen Tagen auf Moisés Chile Barrientos, einen Maler, der sie im Archäologischen Museum ansprach, wo er nebenher arbeitete. Barrientos war, wie er ihr offenbar gleich erzählte, ein Cousin des regierenden Generals.

Bingo! Sie gingen miteinander essen, und bald fuhr er sie im VW durch La Paz und zu den Ruinen von Tiahuanaco. Gegenüber späteren Rechercheuren (so José Friedl Zapata) hat der gealterte Maler sich in genießerischen Andeutungen ergangen, wonach Tania »meine größte Liebe, die ich nie vergessen werde«, gewesen sei, und er selbst »ihre erste große Liebe in Bolivien«. Nun ja. Im Bericht, den sie mehr als ein Jahr später ihren Verbindungsleuten in Havanna über ihr erstes Jahr in La Paz lieferte, heißt es lakonisch, der etwa dreißigjährige Vater von fünf Kindern »machte mir den Hof und so weiter«. Unangenehm sei eher gewesen, dass sowohl der Maler wie ein anderer Cousin, den er ihr vorstellte, »linksgerichtete Ideen« äußerten, wenn auch nur aus Snobismus. Jedenfalls »erregte er [der angebliche Cousin] mein Misstrauen«. Deshalb hörte sie ihrem Report nach auf, sich mit Barrientos überhaupt zu treffen. Er selbst freilich behauptete, sie noch eine Weile lang zu Ausstellungen, Empfängen und Partys mitgenommen zu haben.

Wie auch immer: Seine nützliche Idiotenfunktion hatte er bereits erfüllt. Er hatte sie gleich zu Beginn der für Folklore und Archäologie zuständigen Abteilungsleiterin im Ministerium, Dr. Julia Elena Fortún, vorgestellt. Die Dame war entzückt und wollte Tania alias Laura sofort ihrem Team aus Wissenschaftlern, Künstlern und Intellektuellen eingliedern. Wegen des amtlichen Charakters brauchte es nur noch ein Empfehlungsschreiben der argentinischen Botschaft, das sie gleich selbst besorgen half, indem sie ihren Schützling dem Botschaftssekretär Ricardo Arce avisierte.

Der Fünfzigjährige, laut Tania ein »Junggeselle, der sehr viel für Frauen übrighat«, zeigte sich von seiner Landsfrau seinerseits entzückt und gab ihr ohne Umstände das gewünschte Schreiben. Und natürlich machte er ihr ebenfalls Avancen, denen sie (ihrem Bericht zufolge) auswich. Im Februar habe sie ihn bei einem Karnevalsfest dann wieder getroffen, wo er mit ihr tanzte und sie in angetrunkenem Zustand als Mitarbeiterin der Botschaft vorstellte. Auch nicht schlecht! Zapata und anderen zufolge soll Arce dagegen verheiratet gewesen sein; und er und Tania hätten sich »regelmäßig verabredet« und »die renommiertesten Nachtklubs der Stadt« besucht. Schließlich habe sie mit ihm »gebrochen«, was ein »schwerer Schlag« gewesen sei. »Reumütig kehrte er zu seiner Frau zurück ...«

Da wären wir also im Februar/März, und Laura hätte sich diesen erotischen überhitzten Konspirationstheorien zufolge schon zwei Geweihe an die Wand nageln können. Als drittes, glaubt man den Erzählungen Zapatas und anderer, wäre kein geringeres als das des neuen Staatspräsidenten Barrientos dazugekommen. Bezeugt ist immerhin, dass sie dem General auf einem Folklorefestival im Frühjahr am Seeufer vorgestellt wurde, wohin auch das diplomatische Korps zu einem Festessen geladen war. Arce »nahm mich als seine Ehefrau mit«, wogegen sie (wie sie in ihrem späteren Report schrieb) sich anfangs gesträubt, dann aber professionellerweise zugestimmt habe. Dort wurde sie tatsächlich dem Präsidenten vorgestellt, der sich als bekannter Schürzenjäger länger mit ihr unterhielt. Auch ein Foto wurde dabei gemacht, das später jedoch spurlos verschwunden sei (der Fama zufolge habe Barrientos selbst es aus dem Verkehr gezogen). Der Maler Barrientos dagegen behauptet, er habe seine kleine Freundin seinem großen Cousin in dessen Präsidentenbüro zugeführt; und dann habe er eifersüchtig, aber machtlos zusehen müssen, wie der Präsident und sie …

Schluss und Vorhang! Dass »Tania« als Mata Hari für Biografen, die nach Beef suchen, mehr hergibt, ist klar. Nur dass eine Rolle als männermordender Vamp so gar nicht in das Bild hineinpasst, das man sonst von unserer braven Heldin gewinnen kann. Noch abwegiger erscheinen diese, sich buchstäblich auf den Füßen stehenden Männergeschichten, wenn man die Situation Tamaras bedenkt. Hätte sie sich auch nur gerüchteweise einen Ruf als Flittchen (um in den Kategorien der Zeit zu sprechen) erworben, hätte sie das Netzwerk schwerlich knüpfen können, das sie sich nach kurzer Zeit schon geschaffen hatte. Ihre entscheidenden Kontakte waren nicht ihre diversen Verehrer, sondern die Damen der Gesellschaft, die sie als eine nach den Maßstäben der Zeit und des Landes emanzipierte Frau in ihre mütterliche oder schwesterliche Obhut nahmen. Dass diese Laura allein reiste und öfters auch allein oder in Begleitung ausging, war gerade das Maß an Kühnheit, das man ihr zugestand. Mehr wäre fatal gewesen.

Ihr guter Geist Elena Fortún hatte ihr eine kleine Wohnung bei Bekannten besorgt. Dort freundete Tania sich mit ihrer gleichaltrigen Nachbarin an, einer Ana Henrich, die als Sekretärin im Senat der Republik arbeitete und der (rechten) »Authentisch-Revolutionären Partei«, der sogenannten Falange, nahestand, die die neue Militärregierung unterstützte. Über Ana Henrich ergab sich die Verbindung zu dem prominenten Anwalt Bascope Méndez. Lauras falscher argentinischer Pass war das Hauptrisiko, das noch auszuschalten war. Im Januar zeigte sie verzweifelt und händeringend den Verlust des Dokumentes an. Kein Problem: Der Anwalt ging mit ihr auf das zuständige Amt, und mit einer kleinen Bestechungssumme war Laura Guitierrez kaum drei Monate nach ihrer Ankunft in La Paz im Besitz eines gültigen, wenn auch provisorischen Personalausweises.

Alles lief fast wie von selbst. Laura wurde von einem zum anderen gereicht. So lernte sie den bekannten Journalisten Mario Quiroga kennen, der ihr bei der Tageszeitung »Presencia« gleich einen Job verschaffen wollte, was sie wegen ihrer archäologischen Studien ausschlug. Gleichwohl gab er ihr einen Beschäftigungsnachweis, den sie für einen Daueraufenthalt in Bolivien brauchte. So kam ein Baustein zum nächsten.

Unter ihren neuen Bekannten galt sie (wie ihre Legende es besagte) als etwas vermögend. Später begann sie, als Deutschlehrerin Privatstunden zu geben, was ihr wieder neue Verbindungen eröffnete und ihren Lebensstil – zu dem am Ende auch die Anschaffung eines eigenen Jeeps gehörte – plausibel machte. Auch das professionelle Tonaufnahme-Equipment, das sie besaß, machte Furore. So etwas besaßen die Forscher des Ministeriums nicht. Damit fuhr sie allein oder mit Bekannten durchs Land, machte bei Folklore-Konzerten oder mit Sängern und Gruppen Aufnahmen, legte eine große Sammlung von Tonaufnahmen an, die (so die vielleicht übertriebene Behauptung) »einzigartig« gewesen sei. Und nicht selten nahm sie in den Musiklokalen der Hauptstadt oder bei den vielen Festen, zu denen sie eingeladen wurde, spät am Abend selbst die Gitarre in die Hand und sang argentinische Volkslieder.

Bedurfte es für all das eigentlich irgendeiner besonderen geheimdienstlichen Raffinesse? So ähnlich problemlos waren der junge Guevara und seine Reisekumpane zehn Jahre davor ja auch von der guten Gesellschaft in den Hauptstädten Lateinamerikas durchgefüttert worden. Die »kalte Distanz der Bourgeoisie« war für unsere Heldin vorerst einmal ein recht warmes Nest. Natürlich erforderte das eine gewisse Verstellung. Aber die fiel ihr mit wachsender Übung zunehmend leichter, sicherlich auch wegen der »kleinen Freuden«, die sie in ihrem betrunkenen Klagebrief an Ulises beschrieben hatte: diesem herrlich überlegenen Gefühl, die »uniformierten Püppchen« zu beobachten »und über sie zu lachen, ihnen zu sagen: Wie stumpfsinnig seid ihr! Wie stark seid ihr?«.

Allerdings entspricht eine solche kalte Distanz gar nicht den rühmenden Beschreibungen ihrer vielen Bekannten aus La Paz, als nach ihrem Tod ihre Identität bekannt wurde. Alle schilderten Tania als warmherzig, freundlich, hilfsbereit, kultiviert, gebildet usw. Kein einziges Attribut eines gutbürgerlichen Komments, das man ihr nicht zugeschrieben hätte. Und warum hätte jemand ihre Geschichte auch bezweifeln sollen. Wer hätte misstrauisch werden sollen? So unüblich ihre Rolle in den »Operationen« der kubanischen Dienste war, so wenig rechnete die bolivianische Gegenaufklärung oder auch die in La Paz zunehmend präsente CIA mit jemandem wie ihr.

Kurzum, die Überlegenheit des Sozialismus über die verkommene bürgerliche Gesellschaft zeigte sich erneut in der geradezu trotteligen Vertrauensseligkeit, mit der diese Top-Agentin des berühmten Weltrevolutionärs mitten unter dem Militärregime des von der CIA gestützten Generals Barrientos herumgereicht wurde. Ein infiltrierter imperialistischer »Wurm« mit solch verdächtiger Neugierde und Kontaktfreude hätte sich im revolutionären Havanna oder Cienfuegos keine zwei Wochen dem wachsamen Blick der zuständigen Nachbarschaftskomitees oder dem professionellen Blick der Sicherheitsorgane entziehen können!

Für Tamara alias Tania alias Laura lief dagegen alles bestens. Die einzige Frage, die sich ihr, als das Jahr 1965 ins Land ging, immer quälender stellte, war: Wo blieb Che? Worin bestand nun ihre Mission? Sie durfte von sich aus ja keine Kontakte mit Havanna oder mit irgendjemandem sonst, schon gar nicht aus dem linken Spektrum, aufnehmen. Ihre Existenz war so geheim, dass sie sich langsam fragte, ob es sie eigentlich noch gebe – außer natürlich in der Gestalt dieser anderen, ihrer Doppelgängerin.

Das Guevara-Projekt

Die Frage: Wo ist Che? beschäftigte im Frühjahr 1965 nicht nur die in La Paz von allen Verbindungen abgeschnittene, auf sich gestellte Tania, sondern zunehmend die ganze Welt. Mitte März war Guevara von einer mehrmonatigen Reise durch Afrika zurückgekehrt. Fidel selbst hatte ihn an der Spitze einer großen Delegation am Flughafen begrüßt, die beiden waren zu einem langen Gespräch fortgefahren – und danach war der Argentinier von der Bildfläche verschwunden. Bald machten Gerüchte von einem Zerwürfnis die Runde und schienen nach Lage der Dinge auch nicht ganz unbegründet. Erst drei Jahrzehnte später würde sich das Staatsgeheimnis um Ches »Jahr, in dem wir nirgendwo waren«, allmählich lüften.

Che hatte in seinem letzten Jahr auf Kuba noch immer eine sehr herausgehobene Position innegehabt, trotz der wachsenden Irritationen unter den sowjetischen Verbündeten über seine Auftritte und Interventionen. So hatte er auf der Gründungsversammlung der UNCTAD (der »UN-Konferenz für Handel und Entwicklung«) im März des Vorjahres in Genf eine *Gerechtigkeit, die aus der Tiefe der generationenlang von Ausbeutung unterdrückten Seelen* schöpfen müsse, gefordert und verlangt, dass sämtliche Zahlungsrückstände und Kreditschulden der unterentwickelten Länder sofort zu tilgen seien, was nicht ganz der Position der sozialistischen Länder entsprach, zu deren Delegationstreffen er auch nicht hinzugezogen wurde – eine Tatsache, die wiederum von den Chinesen genau beobachtet wurde.

Er war überhaupt eine ringsum belagerte Figur und trat als Ehrengast auf einigen gesellschaftlichen Ereignissen in Genf auf. Eine Zeit lang ließ er sich von einem jungen Schweizer, dem Soziologen Jean Ziegler, herumchauffieren – der ihn allerdings im persönlichen Umgang als kalt, abweisend und verletzend empfand.

Dass Guevara einen vollen Monat in Genf blieb, aber für Tage verschwand und dann wieder auftauchte, ließ vermuten, dass er in Nebenmissionen unterwegs war. Als Ziegler ihm in der Nacht vor der

Abreise sagte: »Comandante, ich möchte mit euch gehen«, habe Guevara ihn an das Fenster seines Zimmers im 8. Stock des Interconti gewinkt und auf die illuminierte Stadt mit ihren Leuchtreklamen gezeigt: *Siehst du, da unten? … Das ist das Gehirn des Monsters, da musst du kämpfen!*

Von den (offenen oder verdeckten) Exkursionen, die Che in diesen Wochen von seiner Genfer Basis aus nach Prag, Paris, Algier und Madrid unternahm, war schon die Rede; und auch davon, dass ihn in dieser Zeit die ersten Nachrichten vom Ende der Masetti-Operation erreichten – die alle seine Pläne über den Haufen warfen. Da unter den Gefallenen auch sein Leibwächter Hermes Peña war und die Identität des »Comandante Segundo« alias Masetti sich ebenfalls rasch klärte, war klar, dass es sich um ein von Kuba gestütztes Unternehmen gehandelt hatte, und zwar in einem Land, in dem es bis dahin keine Guerilla gegeben hatte. Kurzum: Die Vermutung lag nahe, dass das Masetti-Unternehmen eine Operation Guevaras zur bewaffneten Rückkehr in sein Heimatland gewesen war.

Nicht nur die argentinischen Behörden, die seine Angehörigen überwachten und seine kranke Mutter Celia nach der Rückkehr aus Kuba im Jahr zuvor sogar für einige Wochen in Untersuchungshaft gesteckt hatten, waren alarmiert. Noch besorgter war womöglich die Führung der KP Argentiniens um Codovilla, die ihre legale Existenz keinesfalls aufs Spiel setzen wollte und die KPdSU wie die anderen Bruderparteien vor den Umtrieben Guevaras warnte.

Nach seiner Rückkehr analysierte Che mit dem nach Havanna beorderten Ciro Bustos die Ursachen des Debakels. Dass man in den dichten Wäldern, durch die Masettis Truppe sich über weite Strecken bewegt hatte, verhungern und verdursten konnte, wie Bustos aus eigener Erfahrung beschrieb, wollte Che absolut nicht in den Kopf. (Er würde es drei Jahre später selbst erleben.) Eine der Direktiven, die Ches Mann in Buenos Aires mit nach Hause nahm, lautete, seine Anwerbungen diskret fortzusetzen und dabei auf keinerlei politische Erbhöfe und Spaltungen Rücksicht zu nehmen.

Inwieweit Guevara bei solchen Absprachen jeweils die Rückendeckung Castros hatte oder auf eigene Faust handelte, bleibt unklar. Aber im Spiel mit mehreren Bällen über die Bande lag ja Castros Stärke. Da er materiell zunehmend auf die Hilfe des sowjetischen Lagers angewiesen war, machte er in Abstimmung mit Moskau im Frühjahr 1964 einige verbale Avancen an die Adresse Washingtons, wo sich Kennedys Nachfolger Johnson zur Wiederwahl stellen musste. Nachdem die USA aber auf seine (sehr weit gehenden) Bedingungen nicht eingingen, sondern ihre Sanktionen noch verschärften und auch die letzten widerstrebenden OAS-Mitglieder (mit Ausnahme Mexikos) auf einen Abbruch der Beziehungen mit Kuba verpflichteten, konnte Castro auf seine ursprüngliche Linie der Konfrontation zurückschwenken.

Che ging auf einer Konferenz seiner Stoß- und Musterarbeiter Mitte August 1964 wie immer noch einen Schritt weiter, als er erneut versicherte, dass selbst in einem atomar geführten Krieg der Sozialismus den Endsieg erringen werde:

> *Überall werden Tausende von Menschen sterben, aber die Verantwortung dafür liegt bei ihnen [den Imperialisten], und ihre Völker werden ebenfalls zu leiden haben … Wir können uns auf die große Stärke all jener Länder der Welt verlassen, die den sozialistischen Block bilden, und all jener Völker, die für ihre Befreiung kämpfen; und vor allem auf die Stärke und den Zusammenhalt unseres Volkes, auf seine Entschlossenheit zu kämpfen – bis zum letzten Mann, bis zur letzten Frau, bis zum letzten menschlichen Wesen, das ein Gewehr halten kann.*

Ches Beschwörung totaler Kriegsbereitschaft gipfelte in der Feststellung: *Gegen diese Art von Hyäne [den US-Imperialismus] gibt es … kein anderes Mittel als Ausrottung!* Auf dem Gegenpol dieses Endkampfszenarios stand in derselben Rede die – kaum weniger weltentrückte – Ausmalung einer sozialistischen Arbeitsidylle, die er mit den Versen des spanischen Dichters León Filipe einleitete:

> *›Niemand hat den Rhythmus der Sonne verstanden …, niemand hat bisher eine Ähre mit Anmut geschnitten.‹ Ich zitiere diese Worte, weil wir heute diesem großen, verzweifelten Dichter sagen würden: In Kuba könnte er sehen, wie der Mensch … wieder zum Spiel zurückgefunden hat … Wir würden ihm unsere Zuckerrohrfelder zeigen, damit er sähe, wie unsere Frauen das Zuckerrohr mit Liebe und Anmut schneiden, und damit er die Kraft unserer Arbeiter bewunderte … und ihre neue Einstellung zur Arbeit sehen könnte.*

Die Arbeiter verwandelten sich unter Ches visionärem Blick in *bewusste Rädchen* einer sozialistischen Produktionsapparatur, die *einen eigenen Antrieb hat*: nämlich das revolutionäre Bewusstsein. Diesem Bild eines magisch erweckten Gesellschaftsorganismus entsprach die Beschreibung der ideellen Gesamtguerilla, die Che in seinem lehrbuchartigen Text »*Guerillakrieg – eine Methode*« mit einem *Bienenvolk* verglich, das sich bei einer gewissen Stärke und Reife organisch teilte: eine fatale Metapher mehr, die man lieber nicht ausbuchstabieren möchte. Jedenfalls ging es um seine alte Vorstellung einer »Mutterguerilla« als einem schnellen Brüter immer neuer Kampfkolonnen, die nach dem Sieg zum Nukleus eines von Hass und Liebe durchglühten Organismus mit Führern, Arbeitern und Soldaten werden würden.

Den Hintergrund dieser Brandrede Ches bildete der sogenannte »Tonkin-Zwischenfall« (der vorgebliche Angriff vietnamesischer Schnellboote auf die US-Flotte vor Nordvietnam) am 5. August 1964, mit dem der zweite Indochinakrieg voll entbrannte. Parallel dazu hatte sich ein weiterer großer Konfliktherd aufgetan, in dem Kuba womöglich noch direkter gefordert sein würde: Im Kongo hatte sich zwei Jahre nach der Ermordung von Patrice Lumumba, dem Vorkämpfer der Unabhängigkeit, wieder eine »lumumbistische« Befreiungsfront gebildet, die mit Unterstützung anderer afrikanischer Regierungen und chinesischer Waffenhilfe in kürzester Zeit die Hälfte dieses riesigen afrikanischen Kernlandes erobert hatte, einschließlich der östlichen Metropole Stanleyville (Kisangani). Dort hatten diese als »Simbas« (Löwen) bezeichneten und geschmückten, vielfach nur mit Speeren bewaffneten jugendlichen Stammeskrieger einen roten Terror gegen die lokalen schwarzen Amtsträger und »Bourgeois« geübt und über tausend weiße Siedler, Geschäftsleute, Verwaltungsbeamte, Missionare und Nonnen als Geiseln genommen.

Afrika begann Che jetzt zunehmend zu beschäftigen – während sich der Gedanke in ihm verdichtete, dass es hohe Zeit sei, sein kubanisches Abenteuer zu beenden und ein neues zu beginnen. Als Industrieminister war er am Ende seines Wegs angelangt. Mitte 1964 kehrte Kuba nach Absprachen Fidels mit Moskau zur alten Zucker-Monokultur zurück; und in den Diskussionen über die nötigen Wirtschaftsreformen fielen Ches Polemiken gegen »materielle Anreize« zunehmend in einen von hohlem Applaus erfüllten, leeren Raum.

Seine Reise nach Moskau im November 1964 besiegelte, wie schon beschrieben, diesen latenten Bruch. Einem von Anderson interviewten Lateinamerikaexperten der neuen sowjetischen Führung um Leonid Breschnew zufolge wurde Che hier mehrheitlich bereits als »Abenteurer, Parteigänger der Chinesen und Trotzkist« eingeschätzt. Lateinamerika sei damals nämlich schon »weniger als Schlachtfeld zwischen den USA und der UdSSR, sondern eher als Schauplatz des chinesisch-sowjetischen Ringens um Einfluss betrachtet worden«. Das eben machte Che für Moskau zu einer potenziell gefährlichen Figur.

So hatte der Kreml auf Vorschlag Codovillas gleich im Anschluss an die Moskauer Revolutionsfeiern eine Konferenz der lateinamerikanischen kommunistischen Parteien nach Havanna einberufen, die offenkundig dazu dienen sollte, die kubanische Partei und Regierung im Konflikt mit Peking endgültig einzubinden. Che boykottierte diese Konferenz demonstrativ und fuhr »zum Zuckerrohrschneiden« in den Osten Kubas. In Santiago hielt er eine weitere Brandrede, in der er in kaum verschlüsselter Form die in Havanna versammelten Parteien angriff, weil sie sich scheuten, offen um die Macht zu kämpfen.

Auffällig breiten Raum nahmen in dieser Rede vom 30. November (seiner letzten öffentlichen Rede in Kuba) aber erneut die Entwicklungen im Kongo ein, wo die Lumumbisten durch eine von der CIA organisierte Luftlandeoperation belgischer Fallschirmjäger und den Vormarsch weißer Legionäre gerade wieder aus ihrer provisorischen Hauptstadt Stanleyville vertrieben worden waren. Er verglich die von diesen *Bestien* des Neokolonialismus veranstalteten Massaker mit denen der *Horden Hitlers* und forderte eine weltweite Unterstützung der afrikanischen Revolutionäre.

Wie es scheint, hat Che gleich nach seiner Rückkehr aus Moskau Fidel seinen Entschluss mitgeteilt, aus der kubanischen Regierung auszuscheiden und sich auf eine ausgedehnte Sondierungsreise zu begeben, um herauszufinden, was Kuba für die endgültige Befreiung Afrikas tun könne. Gleichzeitig hatte er vor, in Afrika und vor allem in Algerien Basislager für seine eigene, künftige Mission in Lateinamerika einzurichten. Welche Rolle er selbst in dieser transatlantischen Revolutionsachse spielen wollte, blieb vorerst offen.

Castro hatte nicht nur seinen Rücktritt akzeptiert, sondern ihm auch für seine zukünftigen Pläne Rückendeckung zugesichert. Bei der Konferenz in Havanna hatte er mit der Führung der KPdSU und der lateinamerikanischen »Bruderparteien« einen Formelkompromiss gefunden, der ihm ein jährliches Fixum an sowjetischen Subventionen garantierte und dennoch Handlungsfreiheit ließ. So hatte Castro sich mit einem Lippenbekenntnis zur »friedlichen Koexistenz« im Streit mit Peking sichtbar auf die sowjetische Seite geschlagen, andererseits aber festgehalten, dass im Falle einer Illegalisierung von kommunistischen Parteien (wie in einigen Ländern Lateinamerikas) und erst recht gegenüber einer imperialistischen Intervention wie in Vietnam, im Kongo oder in Kuba selbst es prinzipiell das Recht geben müsse, sich mit Waffengewalt zu wehren. Das war eine Formel, der auch die Moskauer Politbürokraten zustimmen mussten, wenn sie nicht die chinesischen Vorwürfe des »Revisionismus« bestätigen wollten.

Im Übrigen war Afrika für die sowjetische Weltpolitik ein etwas anderer Fall als Lateinamerika. Es war der Hauptkampfplatz einer breiten Entkolonialisierungsbewegung, die noch längst nicht abgeschlossen war. Und gerade im ehemals belgischen Kongo, so schien es, stand eine Entscheidungsschlacht bevor. Die schwachen Machthaber in der Hauptstadt Leopoldville-Kinshasa hatten ausgerechnet den verhassten Moïse Tschombé aus seinem belgischen Exil zurückgeholt und als neuen Regierungschef installiert. Dieser skrupellose Machtmensch, dem auch der Mord an Lumumba zur Last gelegt wurde, war erst im Jahr zuvor von UNO-Truppen als Chef einer international geächteten Separatregierung in der Provinz Katanga vertrieben worden, die er mit Hilfe der ehemaligen Kolonialmacht und weißen Söldnertruppen aus Europa und Südafrika 1961 errichtet hatte. Bei diesem separatistischen Projekt war es für alle Welt sichtbar darum gegangen, die Südostprovinzen des Kongo als Schatzkammern strategischer Rohstoffe (von Kupfer über Kobalt bis Uran) für die vormaligen kolonialen Firmenkonsortien und Mächte zu erhalten. Die USA hatten, um nicht weiter in den Geruch des Neokolonialismus zu geraten, beim Sturz des Separatisten Tschombé mitgewirkt – sich seiner Rückkehr an die Spitze der Zentralregierung angesichts des Vormarschs der lumumbistischen Aufständischen aber nicht widersetzt.

Plakat der in Havanna ansässigen OSPAAL (Solidaritätsorganisation der Völker Asiens, Afrikas und Lateinamerikas), Mitte der Sechzigerjahre

Tschombé hatte daraufhin – zur hellen Empörung fast aller afrikanischen Regierungen – seine früheren Söldner aus Südafrika in den Kongo zurückgeholt und sie in enger Koordination mit verbliebenen belgischen »Schutztruppen« gegen die »Simba«-Rebellen an die Front geschickt. Nach der Einnahme von Stanleyville hatten sie wie in den düstersten Zeiten der kolonialen Unterdrückungsexpeditionen eine blutige Spur gezogen und hatten bis Mitte November die Lumumbisten wieder auf ihre engeren Stammesgebiete zurückgedrängt.

Dass gerade der Kongo, das Herz Schwarzafrikas, der einst als der Hort aller kolonialen Gräuel gegolten hatte, zum zweiten, großen Brennpunkt einer antiimperialistischen Befreiungsbewegung neben Vietnam werden könnte, war in Anbetracht dieser Situation sicher keine abwegige Idee. Und dabei war der Kongo ja keineswegs das einzige Land Afrikas, in dem sich neue, auf Buschguerillas gestützte Befreiungsbewegungen formierten. Auch in den portugiesischen Kolonien Angola, Mozambique und Guinea-Bissau zeigten sich die ersten Ansätze einer bewaffneten Résistance, ebenso wie in den weißen Siedlerkolonien Rhodesien (dem heutigen Zimbabwe), Südwestafrika (Namibia) und in Südafrika selbst, dem Bollwerk einer terroristisch aufrechterhaltenen rassischen Apartheid.

Gleichzeitig bildete sich in diesen Jahren eine Front linksnationalistischer Regierungen, die sich der endgültigen Hinausdrängung der Kolonialmächte aus Afrika verpflichtet hatten, allerdings selbst auf wackeligen Füßen standen und zwischen den Weltmächten, Militärblöcken und weltanschaulichen Lagern manövrieren mussten. Das Kuba Fidel Castros war für sie ein riskanter, aber attraktiver Partner, von dem sie zwar wenig wirtschaftliche Hilfe, dafür aber unentgeltliche militärische Unterstützung erwarten konnten. Die enge Verbindung der Kubaner mit der neuen Revolutionsregierung Algeriens erhöhte ihr Gewicht zusätzlich.

Neben dem Algier Ben Bellas waren das Kairo des Ex-Obersten und arabischen Sozialisten Gamal Abd-el Nasser und das Daressalam des afrikanischen Sozialisten Julius Nyerere zu den Hauptstädten dieser pan-afrikanischen Befreiungsbewegung geworden – die sich jenseits dieser hochfliegenden Gesamtziele freilich in viele einzelne Gruppen und Prätendenten teilte, die durchweg in giftige Rivalitäten und Widersprüche verstrickt waren.

Auch kleinere Staaten und Staatsoberhäupter Schwarzafrikas mischten in diesem kontinentalen Spiel aktiv mit: Kwame Nkrumah, der Präsident Ghanas und charismatische Ideologe eines Panafrikanismus; oder Sekou Touré, der noch etwas linker profilierte Präsident Guineas. Mit Alphonse Massemba-Débat, der sich im Sommer 1963 im vormals französischen Kongo-Brazzaville an die Macht geputscht hatte, betrat noch ein weiterer Akteur die Bühne. Brazzaville lag gleich gegenüber Leopoldville-Kinshasa am anderen Ufer des Sambesi. Massemba-Débat nahm als erster Staatschef Schwarzafrikas diplomatische Beziehungen zur VR China auf, die das mit großzügiger Hilfe entgalt. Und er legte sich in aller Stille 1964/65 eine von Kubanern gestellte und organisierte Leibgarde von einigen Hundert Mann zu. Schließlich machte er Brazzaville neben Daressalam zum zweiten Sprungbrett einer revolutionären Intervention in den Bürgerkrieg im benachbarten Kongo.

Dies war Ende 1964 die Ausgangssituation, die Che den Gedanken eingab, nach seinen Jahren als Minister in Havanna nun Afrika als Zwischenstation und Übungsgelände für seine künftige Rolle als Weltguerillero in Erwägung zu ziehen – auch wenn es am Ende natürlich Lateinamerika sein musste, wo dieser Kampf seinem großen Finale entgegengetrieben werden würde.

Am Beginn dieses Abenteuers stand ein letzter Auftritt vor der Weltöffentlichkeit, der ein Signal war und zugleich der Vernebelung diente: Ches große Rede vor der UN-Vollversammlung in New York am 11. Dezember 1964. Das war, abgesehen von den wenigen Tagen, die er 1952 als jugendlicher Tramp mit knurrendem Magen bei einem Zwischenstopp in Miami verbracht hatte, sein erster Besuch in den USA – im wahren »Herzen der Finsternis«, das für ihn genau hier, im babylonischen Zentrum der kapitalistischen Hochfinanz, lag.

Angesichts dessen bewegte er sich erstaunlich unbekümmert mit seiner kleinen Entourage durch den Großstadtdschungel. Eine junge, mit einer Pistole (andere behaupten, einem Messer) bewaffnete Exilkubanerin, die angeblich wie eine wiedergeborene Fanny Kaplan oder Charlotte Corday vor dem UN-Gebäude und noch einmal am Ausgang eines Kinos auf ihn gelauert habe, soll er entwaffnet haben, indem er frontal auf sie zutrat. Eine Legende mehr, die den sozialistischen Übermenschen Che bis heute umweht.

Seine Rede vor dem Weltforum war naturgemäß eine epische, wenn auch diplomatisch gemilderte Abrechnung mit dem Weltfeind, in dessen »Brust« er sich eben aufhielt. Kuba – *einer der Schützengräben der Freiheit, nur wenige Schritte vom nordamerikanischen Imperialismus entfernt* – zeige durch sein eigenes Beispiel und mit Unterstützung des *jeden Tag stärker werdenden … und besser ausgerüsteten sozialistischen Lagers*, dass Befreiung möglich sei.

Neben dieser, gewiss mit Castro abgesprochenen Reverenz an die sowjetische Schutzmacht – eine Reverenz, die als solche schon die Vertreter Washingtons zur Weißglut bringen musste – gab es freilich eine andere Linie der Polemik, die in weniger eindeutigen Frontstellungen verlief. Demnach versuche *der Imperialismus – insbesondere der nordamerikanische – … die Meinung zu verbreiten, dass die friedliche Koexistenz ausschließlich eine Frage der großen Mächte sei.* Die kubanische Position dazu habe sich jedoch nicht geändert:

> *Als Marxisten vertreten wir die Meinung, dass die friedliche Koexistenz zwischen Staaten nicht die Koexistenz zwischen Ausgebeuteten und Ausbeutern, zwischen Unterdrückern und Unterdrückten umfasst.*

Ob der sowjetische Botschafter an dieser Stelle applaudiert hat oder nicht, ist nicht überliefert. Nach Aufzählung aller akuten Fälle imperialistischer Aggression und kolonialer Unterdrückung – von Vietnam über Zypern bis Puerto Rico und Südafrika – kam Guevara mit besonderem Nachdruck auf den Kampf im Kongo zu sprechen. Hier schwang er sich zu rhetorischen Höhen auf, in denen er alle diplomatische Zurückhaltung fahren ließ und gleichsam in eine fremde (schwarze) Haut zu schlüpfen schien, fast wie ein mit Löwenfell geschmückter »Simba«, der sich zum Kampf rüstet und in Trance redet:

> *Unsere freien Augen erblicken heute neue Horizonte und sind fähig zu sehen, was wir gestern in unserer Eigenschaft als koloniale Sklaven nicht sehen konnten, nämlich dass die ›westliche Zivilisation‹ hinter ihrer ansehnlichen Fassade Hyänen und Schakale verbirgt … Ein reißendes Tier, das sich an wehrlosen Völkern mästet, das ist der Imperialismus …, und das zeichnet den imperialen ›Weißen‹ aus. Alle freien Menschen der Welt müssen heute dazu beitragen, das Verbrechen im Kongo zu rächen.*

Aber am Ende aller Rachezüge würde natürlich die Befreiung seines eigenen Kontinents stehen. Kuba werde zu Recht als das *erste freie Territorium Amerikas* bezeichnet. Und dieses Beispiel werde *Früchte tragen, so wie das in gewisser Weise bereits in Guatemala, Kolumbien und Venezuela der Fall ist* – wo Gruppen bewaffneter Guerillas den Kampf aufgenommen hatten. Ches große Ansprache an die Weltgemeinschaft schloss mit einem Zitat aus der »Zweiten Deklaration von Havanna«, mit den Worten Fidel Castros also, deren Brio er womöglich noch lyrisch-pathetischer aufnahm und modulierte:

> *Kein Volk Amerikas ist schwach, denn es ist Teil einer Familie von zweihundert Millionen Brüdern … Diese anonyme Masse des vielfarbigen, düsteren, schweigsamen Amerika, die über den ganzen Kontinent hin mit der gleichen Trauer und Enttäuschung singt, diese Masse … beginnt nun endgültig ihre eigene Geschichte zu schreiben, beginnt sie mit ihrem Blut zu schreiben …*
>
> *Man sieht sie schon über Tage hinweg zu Fuß auf ihrem endlosen Marsch über Hunderte Kilometer, um zum ›Olymp‹ der Regierenden vorzudringen und ihre Rechte einzufordern. Man sieht sie schon, bewaffnet mit Steinen, Stöcken, Macheten, wie sie hier oder dort Ländereien besetzen und ihre Hacken in den Boden schlagen, der jetzt ihnen gehört … Diese Welle des Zorns …, die über die Länder Lateinamerikas hinweggeht, wird nicht mehr abebben …*

Denn diese große Menschheit hat gesagt: ›Genug!‹ … und ihr gigantischer Marsch wird nicht enden, bis sie ihre wahre Unabhängigkeit erkämpft hat …, so wie es die Kubaner in der Playa Giron [der Schweinebucht] für ihre eigene, wahre und unveräußerliche Unabhängigkeit getan haben.

Hört und schaut man sich Ches Auftritt auf den Kultseiten des Internets im Original noch einmal an, dann klingt seine Rede mit ihrem hohen, singenden Tonfall wie das Rezitativ eines langen, die Welt umfassenden »Großen Gesangs«. Und wie verborgene Lineaturen lassen sich in ihren rhapsodischen Passagen die Songlines oder Traumpfade herauslesen, denen folgend er sich jetzt wieder auf Wanderschaft begeben würde – auch wenn das zu diesem Zeitpunkt noch niemand wusste oder zu deuten verstand.

Von New York flog Che jedenfalls erst einmal nach Algier. Das war der Beginn einer dreimonatigen Reise, auf der er inmitten aller rastlosen militärisch-politischen Erkundungen auch seinen alten »raidistischen« Leidenschaften noch ein letztes Mal frönte. *Aus Theben, der ersten Hauptstadt der Träume, einen Gruß von diesem Dichter, der keine Gedichte schreibt und sich in einen würdigen Bürokraten mit beträchtlichem Wanst und hässlichen Gebräuchen verwandelt hat*, schrieb er im alten, selbstironischen Vagantenton an seine Tante Beatriz aus den Tempelstädten Oberägyptens.

Seine Reiseetappen, als Diagramm auf einer Karte eingezeichnet, ergeben das Bild eines ruhelosen Zickzacks. Algier war die Basisstation und der algerische Revolutionsführer Ahmed Ben Bella sein wichtigster Vertrauensmann, mit dem er in tagelangen Gesprächen die Lage in Afrika und im Nahen Orient besprach. Che vertiefte sich in Frantz Fanons radikales antikoloniales Manifest »Die Verdammten dieser Erde« und gab Fanons Witwe Josie ein Interview für die Zeitschrift »Jeune Afrique«, in dem er unter anderem sagte: *Die Imperialisten bauen eine Internationale der Unterdrückung auf … Afrika stellt in diesem Kampf ein, wenn nicht sogar das wichtigste Schlachtfeld dar.* Zugleich sprach er von der vordringlichen *Organisation eines kontinentalen Kampfes gegen den Imperialismus und seine Verbündeten* in Lateinamerika selbst.

Für ihn waren das keine Alternativen, sondern im Gegenteil bewegliche, sich stützende Glieder eine Globalstrategie, die jetzt zunehmend Gestalt annahm. Immer wieder beklagte er gegenüber seinen afrikanischen und arabischen Gesprächspartnern den unversöhnlichen Bruch zwischen der Sowjetunion und China, den er mit seiner Vorstellung einer die »drei Kontinente« überspannenden, antiimperialistischen Internationale wenn schon nicht zu kitten, so doch zu überspringen hoffte.

Das war die Blaupause des eigentlichen Guevara-Projekts: jener »Tricontinentale«, die im April 1966 auch tatsächlich in Havanna (in seiner Abwesenheit) proklamiert werden würde. Offensichtlich hoffte Che darauf, dass auch andere Staaten und Befreiungsfronten nach dem Vorbild des kämpfenden Nordvietnam von beiden kommunistischen Großmächten unterstützt werden könnten, ja, dass es sogar möglich sein könnte, deren momentane Rivalität auszunützen. Und Kuba wäre so etwas wie das Scharnier oder das vermittelnde Glied, aber auch ein eigenes, ganz auf die »Dritte Welt« und die »Blockfreien-Bewegung« ausgerichtetes revolutionäres Zentrum.

Tatsächlich wurden die Kubaner von den afrikanischen Regierungen und Befreiungsbewegungen in einer Weise mit Wünschen nach militärischer und finanzieller Unterstützung überschüttet, die ihre Möglichkeiten bei Weitem überstiegen. Kein Wunder: Alles, was sie an Waffen, Trainingsmöglichkeiten oder auch Finanzhilfen anboten, gaben sie prinzipiell umsonst. Dass sie das in Wirklichkeit nur als Klienten der laufenden sowjetischen Subventionen tun konnten, minderte Ches Empörung nicht im Geringsten, wo immer er erfuhr, dass die Sowjets wie die Tschechoslowaken den Afrikanern ihre Waffen teilweise auf Kredit verkauften.

Das trieb ihn noch einmal auf die Seite der Chinesen, die ähnlich wie die Kubaner die »solidarischen Hilfen«, die sie geben konnten (vor allem Waffen), mehr oder weniger umsonst lieferten. So fuhr Che Anfang Februar 1965 noch einmal von Algier aus nach Peking, um die Lage zu sondieren. Seine Begleiter waren Osmany Cienfuegos (der Bruder von Camilo) und Emilio Aragonés, der Organisationssekretär der neuen, provisorischen Staatspartei PURS, die beide seiner Position nicht fernstanden. Sie wurden als Delegation von Ministerpräsident Tschou En-lai und Staatspräsident Liu Shao-shi empfangen, nicht aber von Mao Tse-tung. Die Atmosphäre war drückend und undurchschaubar. Peking stand am Vorabend des Ausbruchs der »Kulturrevolution«, in der Liu wenig später auf Geheiß Maos als »chinesischer Chruschtschow« gestürzt, von fanatischen Rotgardisten öffentlich gequält und gedemütigt und schließlich in die Siele geschickt werden würde.

Eine wirkliche Diskussion kam jedenfalls nicht zustande. Die chinesischen Gesprächspartner bezichtigten die Kubaner, mit der Konferenz in Havanna ihre Neutralität aufgegeben und sich auf die Seite der Sowjetunion geschlagen zu haben – eine Darstellung, der Che nur halbherzig widersprechen konnte. So nahe ihm die chinesische Position in vieler Hinsicht war, was die Bedeutung des bewaffneten Kampfes, die Rolle der Bauern und der »Weltdörfer« gegenüber den »Weltmetropolen« oder was die Bewertung Stalins und des Stalinismus anging, so sehr musste ihn die engstirnige und sektiererische Politik der KP Chinas in der Auseinandersetzung befremden.

Immerhin versprach Tschou En-lai, die Rebellen im Kongo, denen Ches aktuelles Hauptinteresse galt, verstärkt mit Waffen, Munition und Uniformen zu versorgen. Und jedenfalls waren die schwarzafrikanischen Regierungen, auf die Che sich bei seiner bevorstehenden Operation am stärksten stützen würde, die von Massemba-Débat in Brazzaville und Julius Nyerere in Daressalam, auch diejenigen, die am engsten mit China verbunden waren. Insofern ergab sich doch eine stille Achse der Zusammenarbeit.

Che befand sich, als er aus Peking nach Kairo zurückkehrte, in einer seltsam schwebenden geistigen Verfassung, die er – wenn man den Aufzeichnungen Muhammad Heikals, des engsten Vertrauten Gamal Abd-el Nassers, trauen darf – in seinen Gesprächen mit den ägyptischen Führern mit erstaunlicher Offenheit preisgab. Che habe mit einer gewissen Obsession vom Tod, genauer gesagt: vom Heldentod, gesprochen, so wenn er (Heikal zufolge) sagte:

> *Der entscheidende Augenblick im Leben eines Mannes ist, wenn er sich entschließt, dem Tod ins Auge zu sehen. Wenn er es tut, wird er ein Held sein – ob er nun bei seiner Aufgabe erfolgreich ist oder nicht … Aber wenn er dem Tod nicht ins Auge sieht, wird er niemals mehr als ein Politiker sein.*

Diese Verachtung für »Politiker«, ja, für das Medium des Politischen überhaupt, das nun einmal mit Kompromissen und einer Pragmatik des Machbaren verbunden war, bildete seine größte und am Ende tödliche Schwäche. Er war wirklich ein Romantiker – fast möchte man sagen: im schlimmsten Sinne –, wenn auch gemildert durch einen Schuss sarkastischer Hellsicht, so wenn er vor Nasser und Heikal über das politische System Kubas sinnierte:

> *Welches Verhältnis besteht zwischen der Partei und dem Staat? Zwischen dem Volk und der Revolution? Bis heute werden die Beziehungen durch Telepathie aufrechterhalten, aber Telepathie wird auf Dauer nicht ausreichen … Wir sind nicht glücklich mit dem Stalinismus, aber wir akzeptieren auch nicht den sowjetischen Umgang mit dem Stalinismus.*

Es war klar, dass Che über das System des sozialistischen »Personenkults« sprach, das in der beschönigenden sowjetischen Terminologie jetzt für den Stalinismus stand, das Castro aber in etwas anderer Weise ebenfalls vorgeworfen werden konnte. »Telepathie« war eine bewundernde, aber auch problembewusste Beschreibung der Beziehungen zwischen Führer und Massen in Kuba. Wer hätte schließlich ahnen können, dass der Máximo Líder auch Jahrzehnte später sein Volk noch immer »telepathisch« regieren würde – am Ende sogar noch mit letzten Botschaften vom Krankenbett aus.

Dass er, Che, als Industrieminister durch seinen eigenen, romantischen Stalinismus zu Fehlern verleitet worden sei, schloss er nicht aus, so wenn er, fast übertrieben, aber umso bezeichnender sagte: *Wir haben 98 % von dem, was wir vorfanden, nationalisiert.* Vielleicht sei diese Totalkollektivierung mangels passender Kader doch etwas zu viel gewesen. Und er machte keinen Hehl daraus, dass er nicht in seine alte Funktion zurückkehren werde, sondern eine neue Aufgabe an einer anderen Front suchte. Und diese Front würde, wie er Nasser beim zweiten Besuch im März 1965, vor seinem Rückflug nach Kuba, offenbarte, im Herzen Afrikas liegen:

> *Ich denke, ich werde in den Kongo gehen, weil das zurzeit der heißeste Ort auf der Welt ist. Mit Hilfe der Afrikaner … und mit zwei Bataillonen Kubanern glaube ich, dass wir das Herz der imperialistischen Interessen in Katanga treffen können.*

Nasser zeigte sich verwundert, sogar erschrocken, und riet ihm unverblümt ab, sich als ein revolutionärer weißer Tarzan zum Anführer afrikanischer Befreiungsbewegungen machen zu wollen. Ches Aufforderung, ein ägyptisches Bataillon zur Kongo-Operation beizusteuern, lehnte er kategorisch ab, da dies als »ausländische Intervention angesehen« und nichts als Schaden bringen würde. Das war eine deutliche Warnung an seinen kubanischen Gast.

Auch Ben Bella würde später berichten, er habe Che dringend abgeraten, unter den Afrikanern als Messias aufzutreten und die Bedeutung der Schranken von Rasse, Hautfarbe und Kultur zu unterschätzen. Vergeblich: Che hatte globalstrategisch entschieden, dass im gegebenen Moment *Afrika der Kontinent auf der Welt war, der am offensten für große Veränderungen war … und den Kurs für die Erneuerung des antiimperialistischen Kampfes festlegen* würde. Der Kongo verfügte schließlich über mehrere, bäuerlich geprägte Guerillabewegungen und hatte Grenzen mit sieben anderen afrikanischen Ländern, in denen es bereits Basen und Unterstützer gab. Kurzum: »Es war eine Art afrikanisches Bolivien« (so Jorge Castañeda).

Weitere geostrategische Überlegungen Ches hätten (wie sein algerischer Statthalter Jorge Serguera sich erinnerte) in der Annahme bestanden, dass die USA in Vietnam bereits zu sehr gebunden seien, um ähnlich massiv und direkt im Kongo zu intervenieren; während umgekehrt sowohl Sowjets wie Chinesen bereit sein würden, strategische Hilfe zu leisten. Ja, vielleicht würde ein von den Kubanern forcierter Erfolg im Kongo helfen, ihre Differenzen zu mildern oder sogar beizulegen.

Alle diese Erwägungen zusammengenommen hatten eine beträchtliche Plausibilität – allerdings nur dann, wenn man, wie Che, auf der ruhelosen Suche nach dem archimedischen Punkt war, von dem aus die von den USA dominierte Weltordnung aus den Angeln gehoben werden konnte. Das eben war das Guevara-Projekt.

Dabei waren seine ersten Berührungen mit den kongolesischen Freiheitskämpfern alles andere als ermutigend. In seinem auf Basis von Tagebuchaufzeichnungen (die im Original freilich nicht vorliegen) verfassten Bericht über das afrikanische Abenteuer hat Guevara seine Eindrücke mit schonungslosem Sarkasmus zusammengefasst. Bei seinem Besuch in Daressalam Mitte Februar 1965, wo er mit Pablo Rivalta einen weiteren seiner alten Gefolgsleute als neuen Botschafter installiert hatte, war es zu einer Reihe von Treffen gekommen. Che spricht in seinem Bericht, erkennbar abschätzig, von *einer beträchtli-*

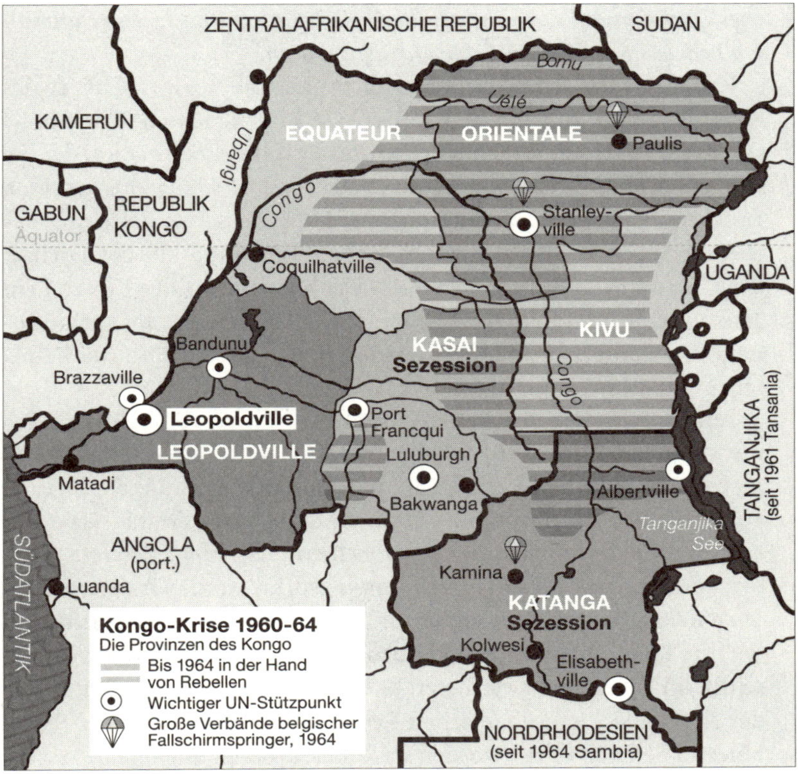

chen Anzahl von ›freedom fighters‹, die aus ihrer Situation einen wirklichen, mitunter lukrativen und selten anstrengenden Beruf gemacht haben und meist in Hotels ein behagliches Leben führen. Alles, was sie von ihm gewollt hätten, seien *eine militärische Ausbildung auf Kuba und finanzielle Unterstützung* gewesen.

Den besten Eindruck hatte auf ihn noch der Führer der Rebellenfront in Nord-Katanga, Laurent Kabila, gemacht, dessen Ausführungen immerhin *verständlich, anschaulich und entschlossen* geklungen hätten. Kabilas Behauptung allerdings, dass er gerade aus dem Kampfgebiet gekommen sei, erwies sich als Bluff. Er war nur in Kigoma gewesen, einem kleinen Ort am Tanganyika-See, *der als Ausgangspunkt für das Vordringen in den Kongo diente sowie als behagli-*

ches Quartier und Zufluchtsort für die Revolutionäre, die des gefahrvollen Lebens in den Bergen … überdrüssig waren.

Kabila sprach seinerseits abträglich über die übrigen Führer des kongolesischen Aufstands, wie den Gegenpräsidenten Christophe Gbenyé und seinen Verteidigungsminister Gaston Soumaliot, der bei einem Treffen mit Che wiederum *keinen Zweifel an seiner Opposition zu Gbenyé* ließ. Kurzum, die Köpfe der kongolesischen Befreiungsbewegung waren heillos zerstritten. Kabila war immerhin der Einzige, der Che darin zustimmte, dass die Unabhängigkeit des Kongo kein afrikanisches, sondern *ein weltweites Problem* sei, das auf revolutionäre Weise internationalisiert werden müsse. Deshalb wurde Kabila sein Hauptansprechpartner.

Auf einem »Rebellentreffen« mit etwa fünfzig Teilnehmern aus mehreren Ländern, die Rivalta in der Botschaft in Daressalam zusammengetrommelt hatte, stieß Che mit diesen Vorstellungen dagegen auf einhellige Ablehnung. Er argumentierte noch einmal, dass der Kampf *nicht gegen irgendeine Marionette wie Tschombé, sondern gegen den nordamerikanischen Imperialismus* geführt werden müsse, der *die Unabhängigkeit fast aller afrikanischen Völker bedrohte.* Deshalb sollten ihre Kader nicht im fernen Kuba, sondern an der Front im Kongo selbst, im Feuer des bewaffneten Kampfes, ausgebildet werden, so wie der Kernkader der kubanischen Revolution im Kampf in der Sierra Maestra herausgebildet worden sei. Kuba sei bereit, Ausbilder zu schicken, um eine solche panafrikanische »Mutterguerilla« (er verwendete diesen Begriff nicht) zu formen. Ein Sieg im Kongo, gab er ihnen zu bedenken, *würde sich auf den gesamten Kontinent auswirken, und eine Niederlage ebenfalls.*

Die Reaktion auf meine Rede war mehr als frostig … Kühl und höflich verabschiedeten sie sich. Che focht das nicht an. Die Vorbereitungen für sein Projekt waren schon angelaufen, das darin bestand, *eine Gruppe schwarzer Kubaner auszuwählen und sie, natürlich freiwillig, in den Kongo zu entsenden, um hier den Befreiungskampf zu unterstützen.* Und er selbst war entschlossen, sie anzuführen.

Vor der Rückkehr nach Kuba trat Che Ende Februar noch bei einem »Wirtschaftsseminar für afro-asiatische Solidarität« in Algier auf, an dem Delegationen von vierzig Staaten und Befreiungsbewegungen teilnahmen. Er war der charismatische Mittelpunkt der Konferenz und nutzte sie, um ohne diplomatische Rücksichtnahme seine Ansichten über eine sozialistische Wirtschaft und Gesellschaft wie über solidarische Beziehungen zwischen entwickelten und weniger entwickelten sozialistischen Ländern darzulegen. Seine Predigt einer Moral revolutionärer Selbstlosigkeit, wie er sie zur gleichen Zeit in seiner Schrift »*Sozialismus und Mensch in Kuba*« testamentarisch niederlegte, übertrug er hier unmittelbar auf die internationale Ebene.

Hintergrund war ein gerade geschlossenes Langzeitabkommen über Handel und Zahlungsverkehr zwischen Kuba und der Sowjetunion, worin die Sowjetunion im Gegenzug für ihre feste, weit überzahlte »Zuckerquote« nun auch für die von ihr zu liefernden Maschinen und Ersatzteile Weltmarktpreise verlangte – und das gegen alle Widerstände der kubanischen Seite auch durchsetzte. So wurde Ches Rede zu einer Philippika gegen die »sozialistische Arbeitsteilung« sowjetischen Typs, in die sein Land nun eingebunden wurde, so wie andere Entwicklungsländer auch:

> *Wie kann von ›gegenseitigem Nutzen‹ gesprochen werden, wenn zu Weltmarktpreisen Rohstoffe verkauft werden müssen, die die unterentwickelten Länder Schweiß und grenzenloses Elend kosten, und zu Weltmarktpreisen Maschinen gekauft werden, die heute in großen automatisierten Fabriken hergestellt werden. – Wenn wir Beziehungen dieser Art … herstellen, dann müssen wir auch feststellen, dass die sozialistischen Länder in gewisser Weise Komplizen der imperialistischen Ausbeutung sind.*

Dahinter steckte die keineswegs nur von Che vertretene Auffassung, dass »gerechte Preise« solche seien, die die jeweils aufgewendete menschliche Arbeit bezahlten – sodass mit geringer Produktivität und großem Einsatz einfacher Arbeit hergestellte Erzeugnisse (wie Rohstoffe oder Manufakturwaren) proportional höher zu bezahlen seien als mit hoher Produktivität und maschinellen Mitteln hergestellte Industriewaren. Das war eine rigorose und konsequente Vorstellung von wirtschaftlichen Beziehungen, die moralisch-politische Postulate einer egalitären Gerechtigkeit an die Stelle eigentlich »ökonomischer«, d.h. auf die Minimierung der eingesetzten Mittel und Arbeitsleistungen angelegter Kriterien setzte. Das berührte einen neuralgischen Punkt aller sozialistischen Planwirtschaften, nämlich ihre Unsicherheiten der Preisfindung. Und jedenfalls war es ein Punkt dauernder Friktionen in den Beziehungen der Länder des sowjetischen Lagers mit Kuba, da die Kubaner auch von Ländern mit eigenem Zuckerüberschuss wie der DDR für ihren unraffinierten Rohrzucker den dreifachen Weltmarktpreis forderten und auch erhielten. *

Mit besonderer polemischer Schärfe bedachte Che die Verkäufe von Waffen an Entwicklungsländer und Befreiungsbewegungen, auch wenn er die sowjetische Aufrüstung Kubas ausdrücklich rühmte. Genau dieses Modell müsse angesichts des globalen Kampfes gegen den Imperialismus aber für alle gelten. Die sozialistischen Staaten hätten *den Ländern, die sie darum bitten, kostenlos und in jeder verfügbaren Menge* die Waffen zu liefern, die sie produzierten. Denn:

> *Wenn der Gedanke absurd ist, dass der Führer eines sozialistischen Landes im Kriegszustand Zweifel am Sinn einer Lieferung von Panzern an eine Front hegt, weil dort keine Zahlungsgarantien gegeben werden können, so wäre die Vorstellung nicht minder absurd, es müsse die Zahlungsfähigkeit eines sich befreienden Volkes überprüft werden.*

Ches Gedanke war so einfach wie klar: Die Welt war ein großes Schlachtfeld geworden, und die sozialistischen Länder hatten sich mit denen der Dritten Welt zu einem *großen, geschlossen auftretenden Block* zu vereinen, um – gleich mit welchen Opfern und zu welchen Kosten – den Imperialismus endgültig in den Staub zu treten.

Bei der Rückkehr nach Kuba am 14. März erwartete ihn der schon erwähnte große Bahnhof auf dem Flughafen Rancho Boyeros. Fidel, Raúl, Staatspräsident Dorticós – alle waren angetreten, dazu Aleida, die das in Abwesenheit des Vaters geborene vierte Kind auf dem Arm

---

* In einer Ausarbeitung für das Politbüro der SED vom 1. Juli 1966, die sich mit der kubanischen Weigerung beschäftigte, den Zuckerpreis perspektivisch dem Weltmarktniveau anzupassen und umgekehrt für Lieferungen und Leistungen der DDR Marktpreise zu zahlen, wurden zunächst Marxens Polemiken gegen einen »gerechten Preis« schulmäßig rekapituliert. Dann hieß es in fast komischer Verzweiflung: »Außenhandelspreise zu fordern ..., die die nationalen Kosten der jeweiligen Produzenten decken, würde bedeuten, das Prinzip der Weltmarktpreise aufzugeben, den Weltmarktmechanismus letzten Endes zu zerstören und einen allgemeinen Preisauftrieb einzuleiten.«

trug, den kleinen Ernesto (»Ernestito«). Merkwürdig war nur, dass es nach allen Küssen und Umarmungen keinerlei Pressekonferenz oder sonstigen öffentlichen Auftritt gab. Sondern Che fuhr mit Fidel im Wagen davon – und ward nicht mehr gesehen.

Sicher ist, dass es eine lange, streckenweise heftige Diskussion zwischen ihnen gab, die nach manchen Berichten eine ganze Nacht, einen Tag und noch eine Nacht gedauert haben soll. Guevaras lebhaft applaudierte Forderungen und Kritiken in Algier hatten in Moskau natürlich böses Blut erzeugt und Havanna in Erklärungsnotstand gebracht. Die Castro-Brüder sahen das mühsam neu ausgehandelte Arrangement mit der Sowjetunion, von dem ihr Regime de facto abhing, in Gefahr. Che verteidigte sich trotzig damit, dass er nur seine persönliche Meinung geäußert und nicht namens der kubanischen Regierung gesprochen habe.

Das Letztere, so viel war klar, würde er nun auch nicht mehr tun können. Ihre Wege trennten sich. Ob man das ein Zerwürfnis nennen kann, ist allerdings fraglich. Es war das Ende eines Arrangements auf Zeit. Che würde, wie er es immer vorhatte, seine Rosinante wieder satteln und auf neue Schlachtfelder weiterziehen. Fidel würde ihn dabei, soweit es auf der Linie seiner weltpolitischen Ambitionen lag, nach Kräften unterstützen. Inwieweit Raúl, der als Stellvertreter Fidels und als Verteidigungsminister zugleich als Gewährsmann Moskaus galt, oder der enigmatische Chef der Auslandsoperationen »Barbaroja« Piñeiro, der längst überall seine eigenen Fäden spann, den Vorgaben und Anforderungen Ches künftig folgen würden, war eine zweite Frage.

Tatsächlich waren die Vorbereitungen für die Kongo-Operation bereits angelaufen. Sie war weder die erste noch die letzte, und schon gar nicht die größte der dreißigjährigen Operationen Kubas in Afrika. Aber sie war die am längsten von Geheimnissen umwitterte, und am Ende – durch die späte Freigabe des Berichts von Guevara über sein afrikanisches Abenteuer und durch die zahlreichen mündlichen Zeugnisse seiner Mitkämpfer – dann doch die einzige halbwegs dokumentierte Operation dieser Art.

Schon im Januar 1965 war Victor Dreke, der Stellvertretende Kommandeur bei der »Banditenbekämpfung« (der Lucha contra los bandidos, LCB) in der Provinz Las Villas, zu einer nicht genannten anderen Mission abkommandiert worden: »Du musst eine Gruppe zusammenstellen, eine Einheit ..., schwarz und mit Kampferfahrung in der Rebellenarmee (der regulären Armee) oder im LCB. – Als er mir das sagt, dämmert es mir: Afrika, du meine Güte!«

Die von Dreke Angeheuerten, die nichts wissen und ihren Familien nichts sagen durften, außer dass ihre Mission fünf Jahre dauern könnte, wurden zum Ausbildungslager Peti-I, genannt »El Amazonas«, in den Candelaria-Bergen in der Westprovinz Pinar del Rio gebracht, eines von vielen über das Land verstreuten Trainingscamps dieser Art. Die ersten dreißig, die eintrafen, schauten sich nach dem Zeugnis eines der Teilnehmer verblüfft an: »Verdammt, wo kommen all die Neger her! Als ob sie alle Schwarzen in Kuba eingesammelt und hierher gebracht hätten.«

Noch immer waren Afrokubaner in den Machtapparaten des neuen Regimes, einschließlich der Armee, weit unterrepräsentiert, ohne jede formelle Diskriminierung. Ähnliches galt im Übrigen für die kubanischen Frauen. Das Regime der Brüder Castro war von Beginn an männlich und weiß, und ist es auch immer geblieben, obwohl das Land durch den Exodus der städtischen weißen Mittelschichten immer »schwärzer« geworden ist.

Schaut man die verstreuten Interviews der Teilnehmer der Afrika-Expedition durch, scheint es, dass viele, vielleicht die Mehrzahl aus dem »Kampf gegen die Banditen« kamen, der 1964 noch einmal aufgeflammt war. Die Aufständischen im Escambray und in Las Villas, in der Sierra Maestra oder den Bergen im Norden, waren meist kleine weiße Farmer, unterstützt von desertierten oder entlassenen Militärs und relegierten Studenten. Gegen diese kubanische »Vendée«, so scheint es (obwohl auch über dieses Tabuthema keine gesicherten Quellen und Darstellungen vorliegen), wurden besonders gern schwarze Rekruten und Karrieresoldaten wie Dreke aufgeboten, die sich hier ihre Sporen verdienen konnten.

Freilich gab es auch andere, die aus dem gleichen sozialen Umfeld kamen wie die Aufständischen selbst – so der früher erwähnte Dariel Alarcón Ramírez, genannt »Benigno«, der sich als Halbwüchsiger in der Sierra Maestra der Kolonne Camilos angeschlossen hatte, anfangs als Botenjunge, dann als Maschinengewehrschütze. Nach einer bescheidenen Militärkarriere hatte er sich 1963 in eine aufständische Gruppe in Las Villas infiltrieren lassen, die von seinem früheren

Kampfgefährten Arnoldo Martínez angeführt wurde, der sich wiederum mit Pepe Viatón, einem Ex-Hauptmann der Rebellenarmee in der Sierra Maestra, koordiniert hatte. Erst nachdem im Sommer 1964 über zehntausend Milizionäre unter dem Kommando dreier bekannter Befehlshaber (Puerta, Tomascevich und Pinares) in konzentrischen Säuberungsoperationen ganz Las Villas durchkämmt und tief ins Escambray vorgerückt waren, konnten die »Banditen« in blutigen Kämpfen aufgerieben werden.

Das war nicht zuletzt eingeschleusten Informanten wie »Benigno« zu danken, der allerdings bei seiner »Gefangennahme« von den eigenen Genossen ums Haar an die Wand gestellt worden wäre, so wie es vielen der »Banditen« erging. Nach Feststellung seiner Identität wurde er befördert (obwohl er noch immer Analphabet war) und zum militärischen Ausbilder zahlreicher Gruppen von Lateinamerikanern und Afrikanern – bis ihn im Mai 1965 der Ruf erreichte, als einer der wenigen weißen Teilnehmer an der schon im Gang befindlichen Kongo-Operation Ches teilzunehmen.

Guevara verbrachte seine letzten Tage auf Kuba damit, seine Dinge zu ordnen und Briefe zu schreiben – darunter den eingangs dieses Buches zitierten Brief des »kleinen Condottiere des XX. Jahrhunderts« an seine Eltern. Alles musste jetzt plötzlich sehr schnell gehen. Seinen engeren Mitarbeitern gab er einen kurzen Bericht über seine Afrika-Reise, teilte ihnen mit, dass er die Leitung des Ministeriums abgebe und für einige Zeit zum Zuckerrohrschneiden in die Provinz gehen werde. Er machte ein paar Fotos, verteilte ein paar persönliche Gegenstände und verabschiedete sich. Nur einem seiner Mitarbeiter gegenüber soll er bitter gesagt haben: *Ein Revolutionär tritt nicht zurück…, sie haben mich rausgeworfen.* Ein wirklich erfüllter Abschied war es jedenfalls nicht.

Von seinem Chauffeur ließ er sich, Aleida im Arm, den Hund Muralla auf dem Schoß und einen kleinen Koffer samt Machete im Kofferraum, für ein paar letzte Erledigungen noch einmal durch Havanna fahren, während im Radio, so will es die Legende, der Tango »Veinte años no es nada« (Zwanzig Jahre, das macht gar nichts) lief, um ihn am Ende in einer Kaserne abzuliefern.

Dort unterzog er sich unter den Händen eines Geheimdienstspezialisten namens »Dr. Fisin« einer kosmetischen Operation, die ihn vermittels einer Zahnprothese, Haarentfernung und anderen Maßnahmen in einen behäbigen, mittelalten Geschäftsmann mit Halbglatze und Brille verwandelte. Seine angetretenen Kampfgefährten, denen er als wichtiger Genosse namens »Ramón« vorgestellt wurde, welcher die Expedition leiten würde, erkannten ihn zunächst nicht – bis er sie endlich mit der Nase drauf stieß. Dieses Verwandlungspiel würde ab jetzt noch öfters gespielt werden.

Am Abend vor der Abreise, am 31. März, kam Fidel ins Camp, die beiden Männer zogen sich zu einem Gespräch zurück, und dabei übergab ihm Che offenbar jenen Abschiedsbrief, der in die kubanische Literatur und Folklore eingegangen ist. Es ist ein persönlicher Brief, aber doch ganz vom Bewusstsein der gemeinsamen historischen Mission und Bedeutung erfüllt:

> *Fidel, in dieser Stunde erinnere ich mich an viele Dinge, wie ich Dich im Haus von María Antonia kennenlernte, als Du mir vorschlugst mitzukommen …*
>
> *Heute hat alles einen weniger dramatischen Klang, denn wir sind reifer, aber das Ereignis wiederholt sich. Ich spüre, dass ich meinen Teil der Pflicht erfüllt habe, die mich an die kubanische Revolution auf ihrem Gebiet gebunden hat, und ich verabschiede mich von Dir, von den Genossen, von Deinem Volk, das jetzt meines ist …*
>
> *Ich habe großartige Tage erlebt und an Deiner Seite in den leuchtenden und traurigen Tagen der Karibik-Krise [im Oktober 1962] den Stolz gefühlt, zu unserem Volk gehören zu können. Nur selten hat ein Staatsmann so geglänzt wie Du in jenen Tagen. Ich bin auch stolz darauf, Dir ohne Zaudern gefolgt zu sein … Andere Länder der Welt fordern den Beitrag meiner bescheidenen Bemühungen. Ich kann das tun, was Dir wegen Deiner Verantwortung gegenüber Kuba verwehrt bleibt, und für uns nun ist die Stunde der Trennung gekommen.*

Che gab seine kubanische Staatsbürgerschaft zurück und entband die kubanische Regierung (so wie alle anderen auf Mission abgehenden Kader es auch schriftlich tun mussten) von der Verantwortung für alles, was er in Zukunft unternehmen werde. Für seine Familie verlangte er nur, dass *der Staat ihnen das Nötige für Lebensunterhalt und Ausbildung geben* möge. Wie Taibo richtig bemerkt, fehlen in diesem Brief »die üblichen spöttischen Töne«; vielmehr klingt er nach einem Abschied für immer und einem Testament. Aber es ist auch eine Art Liebesbrief, wie er vielleicht nur unter zwei derart homophoben Männern möglich ist:

Wenn meine letzte Stunde unter einem anderen Himmel schlagen sollte, dann wird mein letzter Gedanke diesem Volk und besonders Dir gelten … Vorwärts bis zum Sieg! Vaterland oder Tod! Ich umarme Dich mit aller revolutionären Leidenschaft. Che

Herz der Finsternis

Dies ist die Geschichte eines Scheiterns … Treffender gesagt: Dies ist die Geschichte einer Auflösung. So ganz und gar illusionslos beginnt Ernesto Guevaras Bericht über seine Kongo-Operation. Deren Leitgedanke sei es gewesen, *in Befreiungskriegen und Kämpfen gegen die kubanische Reaktion erprobte Männer gemeinsam mit unerfahrenen Leuten kämpfen zu lassen und so das zu bewirken, was wir die ›Kubanisierung‹ der Kongolesen nannten.* Das Ergebnis sei genau das entgegengesetzte gewesen: *die ›Kongolisierung‹ der Kubaner.*

Der Originaltitel dieses Berichts, den Che nach seiner Evakuierung in der Botschaft in Daressalam schrieb, lautete: »*Pasajes de la guerra revolucionaria: Congo*« und folgte damit dem Titel seines Berichts über die kubanische Revolution, der unter dem deutschen Titel »Episoden aus dem Revolutionskrieg« erschienen ist. Dabei entspricht das spanische »Pasajes« wörtlich dem deutschen »Passagen«, womit Reisen oder Überfahrten gemeint sein können, aber auch Ausschnitte einer fortlaufenden Ereignisfolge oder eines Textes.

Das alles ist in Guevaras Titel enthalten. Seine »Pasajes« sind der fortgesetzte Bericht seiner abenteuerlichen Lebensreise und seines Wirkens als Weltrevolutionär, ein Bericht, der in einer noch unbekannten Zahl von Kapiteln (Kuba, Kongo … und so weiter) erstattet werden sollte, voller bezeichnender und belehrender Episoden; und der fortzuschreiben gewesen wäre, so weit die »weißen Blätter« seines Lebens eben reichen würden. In dieser Hinsicht war Ernesto Guevara einzig mit Leo Trotzki zu vergleichen, der – wie weiland Julius Cäsar – die Geschichte seiner Feldzüge gleichsam mit fliegendem Stift auf den Knien schrieb oder in seinem fliegenden Feldbüro diktierte. Immerhin sprach Che, anders als Trotzki und Cäsar, von sich nicht in der dritten Person.

Dass die Differenz zwischen der »Kubanisierung der Kongolesen« und der »Kongolisierung der Kubaner« keinen bloßen Unterschied an praktischer Kampferfahrung meinte, sondern eine gewaltige zivilisatorische Differenz und Entwicklungsaufgabe umschloss, brachte Guevara seinen afrokubanischen Mitkämpfern ohne die geringste Scheu bei. So rekapitulierte ein Arzt mit dem Kampfnamen »Kumi« die ersten Instruktionen Ches:

> Die Spielregeln: Wir würden einer Befreiungsbewegung zu Hilfe kommen, einer Bewegung, die bereits über eine gute Organisation verfügte. Unsere Hilfe würde deshalb vor allem in Beratung bestehen. Er [Che] sprach von den Erfahrungen in der Sierra. Wie dort würden wir zunächst geben müssen statt zu empfangen, würden wir Opfer bringen müssen, niemals vor den einheimischen Guerilleros mit dem Essen anfangen dürfen, und sollte einmal zu wenig da sein, würden sie die Ersten sein, die darauf ein Anrecht hätten, und erst danach wir. Er wollte nicht, dass es zu Überheblichkeiten kam, sondern dass wir … uns darüber bewusst sein müssten, dass dies ein Land mit einem Rückstand von vier Jahrhunderten war.

Das waren hehre Vorsätze, welche sich in kürzester Zeit allerdings einer Realität konfrontiert sahen, die weder mit revolutionärer Indoktrination noch mit missionarischer Herablassung zu beeinflussen war.

Am 2. April 1965 flogen die drei Kommandeure mit falschen Papieren – Che in der beschriebenen Verkleidung – ihrer ersten Kolonne von dreißig Kämpfern und Technikern nach Daressalam voraus. Tatsächlich war die Reise ein 14-tägiger Trip über mehrere Etappen, der nicht zuletzt der Irreführung dienen sollte – der Agenten des Imperialismus kaum weniger als der Geheimdienste der sozialistischen Bruderländer. Formell war Victor Dreke der Oberkommandierende, und José María Martínez Tamayo, Kampfname »Papi«, der schon in der Masetti-Operation eine zentrale Rolle gespielt hatte und in der späteren Bolivien-Expedition nochmals spielen würde, dessen Stellvertreter. In Wirklichkeit war der weiße Major Tamayo, der wegen seiner hünenhaften Gestalt den Spitznamen »Tarzan« trug (»Tania« jedenfalls nannte ihn so), Dreke übergeordnet. Guevara alias »Ramon« war offiziell nur der Arzt und Dolmetscher, in Wirklichkeit aber der Oberkommandierende. Die Rangfolge war also genau umgekehrt, wie die Tarnnamen in Suaheli, die sie sich gaben, suggerierten: Dreke als »Moja« (Nummer eins), Tamayo als »Mbili« (Nummer zwei) und Che als »Tatu« (Nummer drei). Das kubanische

Expeditionskorps war eine schwarze Truppe mit zwei weißen Kommandeuren.

Die Position als Dolmetscher (für das Französische) gab Che die Möglichkeit, dem nominellen Kommandierenden Dreke in den Mund zu legen, was dieser fragen oder erklären sollte, oder nach Belieben selbst zu sagen oder einzuflechten, was er übermitteln wollte. Tatsächlich hielt Che, der seine Gesichtsmaske kurz nach der Ankunft in Tansania abgelegt hatte, diese subalterne Rolle nur kurze Zeit durch. Noch bevor die kongolesischen Funktionäre und Kämpfer wussten, wer der angebliche Dolmetscher war, sahen sie ihn schon Verhandlungen führen und Kommandos geben.

Der ursprüngliche Plan hatte vorgesehen, in Daressalam das Eintreffen des Gesamtkontingents abzuwarten und sich dann in Absprache mit den kongolesischen Revolutionsführern auf die verschiedenen Frontabschnitte zu verteilen. Aber sehr bald war klar, dass die Leute erst nach und nach aus Kuba eintreffen würden (am Ende waren es sechs Gruppen, die bis zum Herbst ankamen und das Gesamtkontingent, bevor es wieder abzog, auf über 130 Kämpfer samt Technikern und Logistikern erhöhten). Che fühlte sich schon nach einer Woche auf glühenden Kohlen – *denn unsere Bewegungen mussten bereits vom Imperialismus aufgespürt worden sein, der alle Fluggesellschaften und die Flughäfen der Region unter Kontrolle hatte.*

Die Regierung von Tansania wiederum hatte keine Ahnung, dass er im Lande war. Tatsächlich hatte Che aber auch *keinem Kongolesen meine Absicht, in seinem Land zu kämpfen, mitgeteilt.* Hätten Soumaliot oder Kabila das abgelehnt, wäre er in einer peinlichen Situation gewesen. *Ich beschloss also, die Leute vor vollendete Tatsachen zu stellen, ihre Reaktion auf meine Anwesenheit abzuwarten und mich dementsprechend zu verhalten.* Das war eine riskante Strategie, die darauf setzte, *dass es ihnen sehr schwerfallen würde, sich einer Zusammenarbeit mit mir zu verweigern. Ich erpresste sie sozusagen durch meine Anwesenheit.*

Dazu kam ein weiteres *Problem, auf das wir nicht vorbereitet waren: Kabila hielt sich, wie alle Mitglieder der Revolutionsregierung, in Kairo auf, um Gespräche … über die Neugestaltung der revolutionären Organisation zu führen.* Nur ein Vertreter war vor Ort, ein ehemaliger Student namens Chamaleso, dem sie intern den launigen Spitznamen

»Tremendo Punto« (alter Gauner) gaben. Da die Kubaner, wie ihr »Dolmetscher« dem überrumpelten Vertreter erklärte, so schnell wie möglich aufbrechen wollten, gab der schließlich nach.

Die Grenze zwischen Tansania und dem Kongo verlief in der Mitte des Tanganyika-Sees, eines afrikanischen Binnenmeeres, das an der vorgesehenen Stelle etwa vierzig Meilen breit war. Kigoma, der kleine Hafenort auf tansanischer Seite, erwies sich als ein von den kongolesischen Kämpfern regelmäßig frequentierter Ort voller Bordelle und Lokale. Die Seemitte wurde von Patrouillenbooten der kongolesischen Zentralregierung überwacht.

Che drängte auf eine sofortige Überfahrt, obwohl das Boot, das das Vorauskommando aufgetrieben hatte, nur für 18 Personen ausgelegt war und einen halb defekten Motor hatte. Es regnete in dieser Nacht, sie mussten ständig Wasser schöpfen, der Wellengang brachte sie vom Kurs ab, der Motor versagte und sprang nur mühsam wieder an, einige Männer konnten nicht schwimmen, ein Kampf mit den Marinebooten wäre aussichtslos gewesen – kurzum, alles wirkte wie eine fast zwanghafte Wiederholung der »Granma«-Aventüre zehn Jahre zuvor. Am Ende stieg die Spannung, ob auf der anderen Seite nicht Verrat auf sie wartete oder eine versehentliche Schießerei, bei der man sich nicht würde verständigen können.

Aber alles ging gut. Sie wurden von Kämpfern der Revolutionsarmee empfangen, die überraschend gut ausgerüstet schienen und sogar eine kleine Ehrenformation bildeten. Die Kubaner erkundeten routinemäßig sofort die nähere Umgebung, stellten eigene Wachen auf, es gab Maniok und Fleisch zum Frühstück, Zigaretten wurden getauscht – und bei der Vorstellung der fremden Kommandeure lösten deren Kampfnamen »Eins«, »Zwei«, »Drei« in Suaheli fröhliches Gelächter aus. Ach, wie schön war Afrika!

Als Chamaleso in einer Versammlung mit den herbeigekommenen Kommandeuren der nächstliegenden Frontabschnitte vorschlug, dass »Nummer eins« (Moja-Dreke) an den Beratungen des Generalstabs teilnehmen dürfe, stieß das allerdings auf taube Ohren. Wie sich herausstellte, vertrat Chamaleso eine Exilführung, die sich lange nicht hatte blicken lassen und kaum Autorität genoss.

Am nächsten Tag beschloss Che, wenigstens dem Vertreter Kabilas reinen Wein einzuschenken, wer er eigentlich war. *Die Reaktion war niederschmetternd. Er [Chamaleso] wiederholte die Sätze: ›Internatio-*

naler Skandal!‹ und ›Dass das bloß niemand erfährt, dass das bloß niemand erfährt!‹. Noch in der Nacht brach er nach Daressalam auf, um Kabila in Kairo zu informieren, dass Che sich im Kongo befinde.

Gleich in einem der ersten Gespräche mit einem lokalen Kommandeur, in dem es um die wachsende Präsenz feindlicher Flugzeuge ging, wurde Che mit einem der Grundelemente der Kriegsführung im Kongo konfrontiert, das die Kubaner völlig verwirrte:

> *Oberstleutnant Lambert, sympathisch, in festlicher Stimmung, erklärte mir, dass die Flugzeuge für sie keine Bedeutung hätten, weil sie die Dawa besäßen, ein Heilmittel, das gegen Kugeln unverwundbar mache … Bald wurde mir klar, dass dies ernst gemeint war … Das Prinzip ist Folgendes: Der Kämpfer wird mit einer Flüssigkeit, in der Kräutersäfte und andere Zauberstoffe aufgelöst sind, übergossen. Dann werden einige kabbalistische Zeichen über ihm und fast immer eine Kohlemarkierung auf seine Stirn gemacht; nun ist er gegen jede Art feindlicher Waffen geschützt …, aber er darf keinen Gegenstand anfassen, der ihm nicht gehört, auch keine Frau, und keine Angst verspüren, weil er sonst den Schutz verliert.*

Wer verwundet oder getötet wurde, hatte eben Angst gehabt oder eine der Regeln verletzt. Jedenfalls, kein Kämpfer ging ohne Dawa in einen Kampf; was bedeutete, dass immer Medizinmänner (Mugangas) zur Hand sein mussten – nicht die alten, weisen Männer, die sich mit Wurzeln und Gräsern auskannten und daraus das geweihte Wasser bereiteten, sondern von ihnen ausgewählte, halbwüchsige Jungen, die die Zeremonie durchführten, weil nur Kinder »rein« genug dafür waren. Alle Versuche Ches, bei den kongolesischen Kommandeuren »Überzeugungsarbeit« zu leisten, um mit diesem Aberglauben aufzuräumen, stießen auf Granit. *Die politisch am weitesten Entwickelten sagten, dass dies eine natürliche, materielle Kraft sei und dass sie als dialektische Materialisten die Kraft der Dawa anerkennen …*

Wie sich herausstellte, war der 14-jährige Freddy Ilanga, ein heller Junge, der Che als Übersetzer aus dem Französischen und Lehrer für Suaheli dienen sollte, nebenher selbst ein solcher Zauberlehrling. Er weihte Che in die verwirrenden Riten und damit verbundenen Vorstellungen ein. Und er berichtete ihm von den Kämpfen der »Simbas«, die am Anfang der Revolte gestanden hatten:

> Die Taktik bestand darin, gegen den Feind vorzurücken, als sei man auf einer Demonstration … Wir rückten mit Stöcken, Steinen und Speeren vor, wir sangen und tanzten, überzeugt, dass uns die Kugeln nicht treffen würden … Die Armee begann zu glauben, dass uns die *dawa* wirklich unsterblich machte, und um dagegen anzukämpfen, brachten sie Leute her, die nicht daran glaubten, weiße Söldner.

Beim Zusammenstoß motorisierter, aus der Luft unterstützter, von weißen Profis geführter und trainierter Militärkolonnen mit den jugendlichen Dorfrebellen, die sich weder mit modernen Waffen noch mit den Regeln eines koordinierten Gefechts auskannten, war die »lumumbistische« Revolte nach dem Fall von Stanleyville auf breiter Front zusammengebrochen. Die Masse ihrer Kämpfer hatte sich in ihre Stammesgebiete oder in die Berge zurückgezogen. Die Regierungsarmee wiederum hatte weder die Mittel noch die Motivation, nachzusetzen.

Als das kubanische Kontingent eintraf, war der Konflikt in einer Art Stellungskrieg eingefroren, vergleichbar dem »bewaffneten Frieden« im ersten Jahr in der Sierra Maestra. Aus der Perspektive Ches fehlte den Rebellen eben das Entscheidende: Führung und Organisation als Voraussetzung für »revolutionäres Bewusstsein«. Die politischen Führer galten für die lokalen Kommandeure generell als »Ausländer«. Im Übrigen kursierten hundert Geschichten und Gerüchte: Präsident Gbenyé, den alle für einen Strauchdieb hielten, habe die Inhaftierung von Gizenga, dem frühen Stellvertreter Lumumbas, veranlasst, weil der mit der Zentralregierung Kontakte aufgenommen habe; ein Stellvertreter Muleles war in Kairo während eines Streits erschossen worden; auch auf Mitoudidi, den Stellvertreter Kabilas, war ein Mordversuch unternommen worden; und so weiter.

Fast alle diese Führer stammten aus der schmalen Schicht der auf ausländischen Universitäten Gebildeten und benahmen sich, wenn sie überhaupt an den Fronten auftauchten – wie Che am Beispiel einer aus China zurückgekehrten Gruppe von Studenten beobachtete –, sofort wie kleine Potentaten, die in irgendeinem oberflächlich antrainierten marxistischen Jargon ihre Machtansprüche über die »unaufgeklärte« Masse der Bauern demonstrierten. Im Übrigen war selbst das Suaheli, das die Kubaner (Che voran) sich mit Mühe in Brocken beizubringen versuchten, in Wirklichkeit eine Herrschafts- und

Verwaltungssprache, die nur partiell Verbindung zu den gesprochenen Sprachen und Dialekten hatte. Die Kubaner bewegten sich also sprachlich wie kulturell in einem für sie undurchschaubaren babylonischen Dschungel, der weitaus schlimmer war als der wirkliche Dschungel mit seinen Schlangen, Raubtieren und giftigen Insekten. Und der war schlimm genug, voller nächtlicher Geräusche und unbekannter Gefahren.

Die lokalen Kommandeure dagegen bewegten sich durch ihre Stammesgebiete als klassische Warlords. Ihre Soldaten wiederum erwarteten, dass ihre Kommandeure für ihre Versorgung aufkamen, während sie selbst dafür keinen Finger rührten. Das Bild, das Che sich nach den ersten Erkundungen von der Lage machte, war eindrucksvoll, vielleicht etwas polemisch verzerrt:

> *Die Kämpfer bezogen das, was man hier Sperren nannte. Diese Sperren lagen an nach taktischen Gesichtspunkten gut ausgewählten Orten, auf sehr hohen, schwer zugänglichen Bergen. Aber dort führten die Männer ein Lagerleben, ohne jemals Aktionen durchzuführen, ohne ausgebildet zu werden, im Vertrauen auf die Untätigkeit der feindlichen Armee… Die Volksbefreiungsarmee war also eine Parasitenarmee, sie arbeitete nicht, sie hielt keine Übungen ab, sie kämpfte nicht und forderte von der Bevölkerung Proviant und Arbeit, manchmal mit äußerster Härte… Wenn den Leuten etwas zum Schleppen gegeben wurde, sagten sie ›Mimi apana motocari‹ (ich bin doch kein Lastwagen) oder ›Mimi apana cuban‹ (ich bin doch kein Kubaner).*

Verkompliziert wurde die Lage noch durch die Anwesenheit einiger Tausend Ruander, die sich den kongolesischen Aufständischen auf Zeit angeschlossen hatten, um später von ihnen im Gegenzug Hilfe für Operationen im eigenen Land zu bekommen. Wie sich herausstellte, handelte es sich um Tutsikrieger, von Haus aus Viehzüchter, die nach einem ersten, kurz nach der Unabhängigkeit von Hutu-Milizen verübten Massaker mitsamt einigen Rinderherden und Kind und Kegel zu ihren im Kongo lebenden Stammesverwandten (den Banyamulenge) geflüchtet waren.

Man befindet sich hier bereits im Hexenkessel jener nationalen, tribalistischen und sozialen Konflikte, die sich – verstärkt durch äußere Einmischungen von jeder Seite – im Herzen Afrikas zu einem explosiven Gemisch verdichteten, das in einer nicht abreißenden Kette von

Bürgerkriegen und Stammeskriegen explodierte. Dieser Dreißigjährige Krieg (der inzwischen schon vierzig oder fünfzig Jahre andauert) hat genau damals begonnen und ist nach den monströsen Massakern in Ruanda und Burundi und nach dem Tod des »zairischen« Diktators Mobutu in den späten Neunzigerjahren von Neuem aufgeflammt. Von UN-Truppen nur mühsam eingedämmt, hat er inzwischen Millionen von Verstümmelten und Toten gefordert und Heerscharen von Flüchtlingen produziert. Und der Kriegsherr, der sich – anfangs mit Hilfe ruandischer Tutsi-Truppen und dann im Kampf gegen sie – 1997 schließlich als »revolutionärer« Potentat in Kinshasa installierte, war eben Laurent Kabila.

Das, was Che aus der Egozentrik seines »trikontinentalen« Weltrevolutionsprojekts als die Geschichte eines Scheiterns oder einer Auflösung beschrieb, wäre aus kongolesischer Perspektive also eher als die erneute Öffnung einer Büchse der Pandora zu beschreiben. Tatsächlich war Ches Bemühen von Beginn an darauf gerichtet, die als »alarmierend« empfundene Situation des Stillstands der Kämpfe zu durchbrechen – schon um die Moral der eigenen Truppe hochzuhalten und zu stählen, in der sehr rasch die Frage aufkam, was sie hier eigentlich zu tun hatten.

Sein Hauptproblem war, dass er und seine Kubaner ohne die Zustimmung Kabilas als dem politisch Zuständigen für diese »Front« nicht in Aktion treten konnten. Aber Kabila kam und kam nicht. Wenigstens schickte er im Mai einen seiner Adjutanten, den jungen Leonard Mitoudidi, der gut Französisch sprach und für Kommunikation und Nachschub zuständig war; und er ließ Che ausrichten, er möge seine Identität unbedingt weiter geheim halten.

Nach vierwöchiger Untätigkeit hatten die Kubaner auf eigene Faust begonnen, auf einem 3000 m hohen Berg bei Luluaburg, nicht weit vom See, eine eigene, zweite Basis zu errichten, die sie als Kommando- und Ausbildungslager nutzen wollten. Hier oben war es fast immer neblig, was Gefühle einer gewissen Entrücktheit provozierte. Che verordnete seiner Truppe ein strammes, tägliches Schulungs- und Übungsprogramm. Selbst saß er vielfach abseits und las in den Zeitungen und Zeitschriften, die ihm über die eigene Nachschub-Pipeline aus Daressalam zugeschickt wurden, sowie in den Werken von Martí und Marx, darunter zum wiederholten Male »Das Kapital«. Er führte Tagebuch, schrieb Briefe, fotografierte und organisierte in der Nähe ein medizinisches Behandlungszentrum.

In Bewegung hielten sie sich vor allem durch die ständigen Auf- und Abstiege. Am Seeufer lagen Nachschubgüter für die kongolesische Volksbefreiungsarmee in wildem Durcheinander herum, die nicht abgeholt wurden, eben weil die Kongolesen »keine Lastwagen« und »keine Kubaner« waren. Der junge Freddy Ilanga beobachtete das Treiben seines Chefs, der keuchend vor ihm lief, denn auch mit Kopfschütteln: »Alles, was wir machten, war Berge hinauf, Berge hinunter. Ich sagte mir: Dieser verdammte Weiße, haben die zu Hause keine Berge?«

Mitoudidi hatte einen Befehl Kabilas mitgebracht, umgehend einen Angriff auf die südlich gelegene Provinzmetropole Albertville zu unternehmen – ein vollkommen absurder Befehl. Es gelang Che, ihm das Unternehmen auszureden und ihn dafür zu gewinnen, erst einmal die näher gelegenen Frontabschnitte und noch gehaltenen Orte mit gemischten Kolonnen zu erkunden. Zuvor müsse allerdings die Spreu vom Weizen getrennt und Disziplin hergestellt werden. Die Nachschubroute über den See wurde von kongolesischen Kämpfern routinemäßig genutzt, um sich in den Kneipen und Bordellen von Kigoma zu »erholen«. Sie kamen mit schweren Alkoholvergiftungen – durch das hochprozentige Bauernbier Pombe – und Geschlechtskrankheiten zurück und mussten laufend behandelt werden.

Che machte sich früh paranoide Vorstellungen, dass eine feindliche Politik der Zersetzung dahinterstecken könnte: *Wer bezahlte diese Frauen? Mit welchem Geld?* Die Chefs der Truppen vor Ort hatten eigene Mätressen und hielten *unglaubliche Saufgelage* vor den Augen der Bevölkerung ab, machten *Reisen ohne Ziel, Benzin war reichlich vorhanden.* Mitoudidi (nominell der Generalstabschef) war ihnen gegenüber völlig machtlos, weil er auch ein »Ausländer« war, d.h. kein Mitglied ihres Stammes und ein Städter.

Daraus resultierte die erste Katastrophe des Feldzugs: Mitoudidi setzte Anfang Juni mit mehreren Booten über den See, um neue Befehle von Kabila einzuholen, der zurück in Daressalam war, um (so die letzte Meldung) Tschou En-lai zu treffen und dann selbst zu kommen. Bei dieser Überfahrt geschahen *eine Reihe merkwürdiger Ereignisse, bei denen man nicht weiß, ob man sie der Dummheit, dem außer-*

gewöhnlichen Aberglauben (der See war von jeder Art von Geistern bewohnt) oder etwas Ernsterem zuschreiben soll. Mitoudidi sei bei Wellengang über Bord gegangen, hieß es; wenig später auch noch ein zweiter seiner Offiziere. Merkwürdigerweise wurde daraufhin der Motor ausgeschaltet, sodass das Boot vollends manövrierunfähig war. Als er wieder angeworfen wurde, strebte das Boot zielstrebig dem Ufer zu, während noch die Rufe der Ertrinkenden zu hören waren. Mit dem jungen Mitoudidi hatten die Kubaner ihren einzigen Hoffnungsträger verloren.

Fast zur selben Zeit erfuhr Che aus dem Mund von Osmany Cienfuegos, der überraschend mit einigen neuen Männern eingetroffen war, dass seine Mutter in Buenos Aires im Sterben lag. Hätte er gewusst, dass sein Abschiedsbrief aus Kuba seine Eltern nicht erreicht hatte (erst im Oktober bekam sein Vater ihn auf Umwegen zugestellt), wäre die Nachricht womöglich noch niederschmetternder gewesen. Er zog sich mit steinerner Miene zurück. Nachts schrieb er an einer Selbstreflexion, die einen ungeschützten Einblick in seine Zerrissenheit, seine Zweifel und Selbstzweifel, Wünsche und Sehnsüchte gab.

> *Der Todesbote war gegangen … Warten war alles, was ich tun konnte. Wenn die Nachricht offiziell würde, wollte ich entscheiden, ob ich das Recht hätte, meine Trauer zu zeigen, oder nicht. Ich neigte zu der Ansicht, nein.*
>
> *Die Morgensonne brannte heiß nach dem Regen. Daran war nichts Besonderes: Jeden Morgen regnete es, und dann kam die Sonne heraus und verscheuchte den Dunst … Man sagt, dass es am 20. Mai aufhören würde zu regnen und dass bis Oktober kein Tropfen mehr fallen würde.*
>
> *Man sagt … Aber man sagt so viel, was nicht stimmt … Mir war es egal, ob die Natur sich vom Kalender leiten lassen würde oder nicht. Im Allgemeinen war mir alles egal, sowohl die erzwungene Untätigkeit als auch dieser unsinnige Krieg ohne jedes Ziel. Nun ja, ohne jedes Ziel stimmt nicht ganz, nur dass es so vage war, so … unerreichbar schien wie eine surrealistische Hölle, wo die ewige Strafe Langeweile ist …*

Das war der Ton seiner früheren Briefe nach Hause, an Mama und Tante Beatriz, den Vater oder Tita Infante – voller literarischer Zitate, Zynismen und Selbstironien, getränkt mit existenzialistischem Überdruss am banalen Leben:

Che in seiner Hauptbasis in Luluaburg, von seinen Männern abgesondert, lesend – das Bild einer Vereinsamung mitten im Lärm des Feldzuges

> *Man muss einen Weg finden, diese Langeweile zu durchbrechen, dachte ich. Das zu denken war einfach; man konnte tausend Pläne machen, einer verlockender als der andere, und dann … auf einen Zettel schreiben und weitergeben. Dort endete dann alles, und man musste von Neuem beginnen. Eine Bürokratie, die intelligenter war als üblich: Statt alles zu den Akten zu nehmen, ließ man es verschwinden. Meine Männer sagten, dass sie es zum Rauchen benutzten, jedes Stückchen Papier …*

Diese Anwandlungen sarkastischer Hellsicht, worin seine Guerillamethoden sich (zu Recht) mit der wuchernden Bürokratie seines zurückgelassenen Ministeriums assoziativ verbanden, näherten sich in freiem Gedankenfluss einem psychoanalytischen Selbstgespräch.

> *Ihr Gazetuch … Sie [Aleida] hatte es mir für den Fall gegeben, dass ich am Arm verletzt werden würde, dann wäre es so etwas Ähnliches wie eine Liebesschlinge. Das Problem war nur, wie ich es benutzen sollte, wenn ich in den Rücken geschossen würde … Ich würde es mir um den Kopf binden, um die Kinnlade zu stützen, wenn man mich ins Grab legen würde. Getreu bis in den Tod … Man würde mich ins Gras legen oder mich wie ein Ausstellungsstück der Welt vorführen, und vielleicht würde ich dann in [der US-Illustrierten] ›Life‹ erschei-*

nen, mit einem verzweifelten, in die Ferne gerichteten sterbenden Blick im Moment höchster Angst. Denn man hat Angst, wozu das leugnen?

Von dieser beklemmend realistischen Todesvision kehrte der Strom seiner trüben Gedanken zu dem zurück, was ihn mit seiner aufgegebenen Familie verband:

Nur zwei kleine Erinnerungsstücke hatte ich mit in den Kampf genommen: das Gazetuch von meiner Frau und den Schlüsselanhänger mit dem kleinen Stein von meiner Mutter... Der Stein hatte sich gelöst, und ich trug ihn seitdem in der Tasche bei mir.

War er gnädig oder rachsüchtig oder nur unpersönlich wie ein Chef, der Fluss [in dem der Stein verloren gegangen war]? Weint man nicht, weil man nicht weinen darf oder nicht weinen kann? Gibt es kein Recht auf Vergessen, nicht mal im Krieg? Ist es nötig, sich als eiskalter Macho zu tarnen?

Ich weiß es nicht... Ich weiß nur, dass ich ein körperliches Bedürfnis verspüre, meine Mutter zu sehen, den Kopf in ihren mageren Schoß zu legen und sie mit rauer Zärtlichkeit zu mir sagen zu hören: ›Mein Kleiner‹ ... Es ist nicht nötig, sie um Verzeihung zu bitten, sie versteht alles.

In Wahrheit hatte sie ihn schon lange nicht mehr verstanden. Im letzten Brief vor ihrem Tod, der ihn nicht mehr erreicht hatte, hatte sie eingangs sich (und ihn) gefragt, »ob wir die Natürlichkeit verloren haben, mit der wir miteinander sprachen, oder aber, ob wir sie nie besessen ... haben«. Jedenfalls, seit »wir diesen diplomatischen Ton in unseren Briefwechseln anschlagen, forsche ich zwischen den Zeilen nach einer versteckten Bedeutung«. Herausgekommen sei nur »ein Meer der Verwirrung, eine immer größere Angst und Furcht«.

Sie hatte im März noch über Gustavo Roca einen kurzen Brief von Ernesto aus Paris bekommen, in dem er bereits angekündigt hatte, von seinen Ämtern zurückzutreten, dann für einen Monat Zuckerrohr zu schneiden und schließlich für fünf Jahre in einer Fabrik zu arbeiten. Und er hatte sie gebeten, nicht nach Kuba zu kommen, eine Bitte, die sie als alarmierendes Signal aufgefasst hatte. War er in Ungnade gefallen – oder Schlimmeres?

Also wusch sie ihm erst einmal den Kopf, dass alles, was er ihr da geschrieben habe, »barer Unsinn« sei. Es müsse Gründe geben, die sie nicht kenne. Sie spreche nicht als Mutter, sondern »als alte Frau, die noch zu erleben hofft, dass sich die ganze Welt zum Sozialismus bekehrt«. (So weit also war sie ihrem Sohn gefolgt.) Aber wie sollte eine solche Vergeudung seiner Talente dem Sozialismus nützen?! »Wenn aus irgendeinem Grund die Wege in Kuba für Dich versperrt sind, so lebt in Algerien ein Herr Ben Bella, der Dir danken würde, wenn Du ihm seine Wirtschaft aufbauen würdest; oder in Ghana ein Herr Nkrumah, der ebenfalls eine solche Hilfe begrüßen würde.«

Da sprach eben doch die Mutter, die die Karriere ihres begabten Kindes im Auge hatte, das gesalbt war mit einer historischen Mission. Aber eben das machte ihr ja solche Angst, zumal angesichts der sich überschlagenden Gerüchte um das spurlose Verschwinden ihres Sohnes. Castro selbst hatte die Gerüchteküche nur weiter angefacht, als er die Wogen hatte glätten wollen, indem er Ende April sagte:

> Das Einzige, was ich Ihnen sagen kann, ist, dass Kommandant Guevara immer dort sein wird, wo er der Revolution am meisten dient. Ich glaube, dass seine Reise durch Afrika sehr nützlich war. Er war auch mit einer Besucherdelegation unseres Landes in China. Er ist vielseitig und von außergewöhnlicher Auffassungsgabe. Einer der vollkommensten Führer.

Damit hatte Castro sogar selbst einige verdeckte Hinweise gegeben, und auch Celias mütterliche Intuition hatte spontan Richtung Afrika gewiesen. Aber zunächst einmal war das eine Bestätigung, dass Guevara sich aus der Revolutionsführung Kubas zurückgezogen hatte. Und dass der Nachfahre weißer Konquistadoren sich stattdessen ins Herz des schwarzen Kontinents begeben haben könnte, war offenbar ein derart abenteuerlicher Gedanke, dass er Freund wie Feind abwegig erschien – und als kubanisches Staatsgeheimnis sogar den Tod Guevaras noch um fast drei Jahrzehnte überlebt hat.

Auch in dieser Hinsicht hatten die CIA-Analysten wie die militanten Castro-Gegner sich mit ihrem diffamierenden Übereifer selbst in die Falle gelockt. So wurde in US-amerikanischen Rundfunksendungen für das Ausland verbreitet, Castro habe Guevara wegen dessen prochinesischer Tendenzen umgebracht. Ein (angeblich aus sowjetischer Quelle stammendes) »Memorandum R«, das in Presseumlauf gebracht wurde, behauptete dagegen, Guevara leide unter Erschöpfung und Geistesstörungen und befinde sich in einer psychiatrischen Klinik in Havanna. Dann wieder wollte man ihn bei einem Aufstand in der Dominikanischen Republik gesichtet haben, wo er umgekommen sein sollte, oder es hieß, er kämpfe in den Reihen des Vietcong.

So ergaben die interessierten Desinformationen aller Seiten binnen Kurzem ein undurchdringliches Dickicht, in dem nichts mehr zu erkennen war. Die Sowjets immerhin waren informiert: Castro hatte Alexejew bei einem Arbeitseinsatz beiseitegenommen und ihm vertraulich mitgeteilt, dass Guevara für einige Zeit als militärischer Berater der Rebellen im Kongo sei. Aus Moskauer Sicht war das eine Entwarnung.

Celias mütterliche Intuition freilich hatte auf ihre Weise ins Schwarze getroffen, als sie ihrem Sohn schrieb: »Ja, Du wirst immer ein Fremder sein. Dies scheint Dein ewiges Schicksal.«

Tage nach der Meldung über das Sterben seiner Mutter erreichte Che noch eine Hiobsbotschaft: Ben Bella war durch einen Militärputsch aus den eigenen Reihen gestürzt, unter Arrest gestellt und durch den Obersten Boumedienne ersetzt worden. Die erste Wirkung dieses Umsturzes, der einem Bedürfnis der algerischen Führung entsprang, sich angesichts der verschlechterten Wirtschaftslage stärker auf das eigene Land zu konzentrieren und die Verbindungen zur frühen Kolonialmacht Frankreich zu reparieren, war die Blockierung einer Schiffsladung kubanischer Waffen im Hafen von Oran – und eine Einschränkung der Aktionsmöglichkeiten der großen kubanischen Mission in Algier. Das ganze Projekt einer auf der Achse Havanna-Algier zu entrollenden Weltrevolutionspolitik war damit weitgehend geplatzt.

Umso verbissener ging Che die Aufgabe im Kongo an. Im Juli schlug er der kongolesischen Exilführung einen Überraschungsangriff auf die nicht allzu fern liegende Garnison und das Wasserkraftwerk von Front de Force (oder Force Bendera) vor. Für diese vor allem aus gruppendynamischen Gründen angesetzte Operation vereinbarte er mit den dort liegenden Ruandern die Aufstellung gemischter Kontingente. Kabila gab grünes Licht, bat Che aber, sich auf keinen Fall selbst zu beteiligen. Der überließ zähneknirschend Dreke das Kommando.

Es war die erste größere Operation, und sie endete mit einem Desaster. Die Ruander – die militärisch höher als die Kongolesen eingeschätzt worden waren – schossen ungezielt ihre Magazine leer und traten nach den ersten Verlusten durch feindliches Feuer einen chaotischen Rückzug an. Eine zweite Kolonne ließ sich vom Feind überraschen und hatte erhebliche Verluste, darunter auch vier Kubaner. In ihren Rucksäcken fanden sich Tagebücher in spanischer Sprache und an ihrer Kleidung Hinweise, die ihre Herkunft verrieten. Damit war die Anwesenheit kubanischer Kämpfer im Kongo offensichtlich geworden – mit weitreichenden Folgen. Die südafrikanischen Instrukteure der Regierungsarmee sandten einen Bericht an den Leiter der CIA-Mission im Kongo, Lawrence Devlin, der sich in seinen länger gehegten Vermutungen bestätigt fühlte.

Daraufhin rollte eine Unterstützungsmaschinerie an, in der die Contra-Kubaner in Diensten der CIA eine prominente Rolle spielen sollten. Die Hauptgruppe um Artimes MRR, die von Nicaragua aus operierte, war inzwischen von Piñeiros Leuten infiltriert; ihre Aktionen in Kuba wurden vorab verraten und auch deshalb immer blindwütiger. Ein kapitaler Fehlschuss – der Angriff auf einen spanischen Frachter, den sie mit dem Flaggschiff der kubanischen Flotte, der »Sierra Maestra«, verwechselt hatten – beendete Ende 1964 das ganze kubanische Contra-Experiment. Für die Regierung Johnson war Vietnam jetzt zur Top-Priorität geworden; und an zweiter Stelle der Bürgerkrieg im Kongo.

Die schnellen, auch für gezielte Landungsoperationen geeigneten Patrouillenboote der Gruppe wurden daher von Mittelamerika nach Afrika verschickt und patrouillierten nun in der Mündung des Kongo und auf dem Tanganyika-See. Und auf einem Flughafen wurden einige eingemottete alte Maschinen, die früher für Aktionen aus der Luft gegen Kuba verwendet worden waren, wieder flottgemacht und ebenfalls in den Kongo geschickt, zusammen mit einer Gruppe kubanischer Piloten und Militärberater, darunter einige Veteranen der Schweinebucht.

Victor Dreke hat im Nachhinein sehr nüchtern und (wäre das in Castros Kuba nicht verpönt) fast schuldbewusst erklärt: »Wir Kubaner durchbrachen das Gleichgewicht eines bewaffneten Friedens, den die Kongolesen erreicht hatten. Sie waren bewaffnet, aber zu Hause bei Frau und Kindern. Sie kämpften nicht.« Nach dem fehlgeschlagenen Angriff auf Front de Force begannen die Truppen der Zentralregierung, die de facto von einem belgischen General in Albertville kommandiert wurden, an verschiedenen Punkten vorzurücken, und die Erkundungen, bald auch die Bombardements durch feindliche Flugzeuge nahmen zu. Che hatte derweilen die Regierung Tansanias in aller Form und mit flauen Entschuldigungen von seiner Anwesenheit unterrichtet. Er erntete erschrockenes Schweigen.

Dafür erschien endlich Kabila, um seine Truppen zu inspizieren. Er kam mit einer großen Entourage (darunter ein paar Mulattinnen aus Guinea) und war *herzlich, aber arrogant*. Ches eindringliche Bitte, sich endlich selbst in die Kämpfe einschalten zu dürfen, um die einheimischen Kader (wie es doch geplant war) im Kampf auszubilden und zu testen, lehnte er glatt ab. Che sei ein Führer der Weltrevolution, der sich nicht der Gefahr aussetzen dürfe. Stattdessen schlug er ihm eine gemeinsame Rundreise an die verschiedenen Fronten vor, von der kurz danach keine Rede mehr war. Immerhin:

> *Kabila bewies, wie gut er die Mentalität seiner Leute kannte; gewandt und unterhaltsam erzählte er auf Suaheli, was sich alles bei der Konferenz in Kairo abgespielt hatte ... Er ließ die Bauern zu Wort kommen und gab kurze Antworten ... Alles endete mit einem kleinen Fest, auf dem die Teilnehmer zu einer Musik tanzten, deren Refrain lautete: ›Kabila va, Kabila eh‹ (Kabila voran, Kabila hey!).*

Hey Kabila! Hey Guevara! Für einen kurzen Moment schien Disziplin einzukehren und ein neuer Kampfgeist die Truppe zu erfüllen. Dann reiste Kabila unter durchsichtigen Vorwänden wieder ab. *Am nächsten Tag geriet der Rhythmus in der Basis ... wieder aus dem Gleichgewicht.* Die eben aufgenommenen Routinen wie das gemeinsame Aufstellen von Wachen und Ausheben von Schützengräben wurden wieder eingestellt – während die Angriffe aus der Luft zunahmen.

Aber auch die Moral der kubanischen Truppen sank mit Kabilas Abreise unaufhaltsam. Einer fragte (wie Che notierte): ›*Und wofür hat dieser Mann so viele Whisky-Flaschen mitgebracht, wenn er nur fünf Tage bleiben wollte?*‹ Die Anträge auf Rückkehr nach Kuba häuften sich, auch von Parteimitgliedern. Kurzum, es begann der Prozess der »Kongolisierung der Kubaner«.

Che reagierte auf typische Weise. Er bestrafte die, die zurückwollten, mit Schanzarbeiten im Lager unter seiner Aufsicht und ließ seine Kampfwilligen an die verschiedenen Fronten ausschwärmen. Sie sollten eine Reihe von Hinterhalten legen, in denen sie den wenigen, ebenfalls kampfwilligen Kongolesen zeigen sollten, wie es ging. Auch in der Sierra Maestra, schrieb er in einem Zirkular an seine Truppe, habe man Tiefpunkte durchlaufen, die Unzuverlässigen aussortiert und gerade so einen kleinen Kader wirklich erprobter und gefestigter Kämpfer geformt. Tatsächlich gab es unter Führung von Tamayo und Dreke zwei, drei erfolgreiche Scharmützel, die flugs als »Schlachten« bezeichnet wurden. Aber alle Gefechte ergaben denselben Befund: nämlich dass die Soldaten der »Befreiungsarmee«, Kongolesen wie Ruander, beim Ausbruch ernsterer Kämpfe meist nur blind in die Luft oder in die Gegend feuerten, um sich anschließend fluchtartig zurückzuziehen. Dagegen wirkten die schwarzen Truppen Tschombés mit ihren europäischen oder südafrikanischen Kommandeuren beunruhigend diszipliniert und effektiv.

Die Bauern in den Kampfgebieten versuchten sich vor den einen wie den anderen in Sicherheit zu bringen, und die Versorgung wurde schlechter. Die Kubaner mussten selbst losziehen, um noch etwas zu finden oder zu kaufen, während die kongolesischen Soldaten weiter darauf bestanden, *dass die Befehlshaber verpflichtet wären, ihnen das Essen zu besorgen.* Umso brutaler behandelten sie die Zivilbevölkerung, erst recht angebliche Spitzel des Feindes oder die Handvoll Gefangener. Sie wurden lebendig begraben oder bis zum Hals eingegraben langsam zu Tode gebracht. Die Kubaner, die das miterlebten, wandten sich schockiert ab. Erschießungen, natürlich! Aber das?

Im August hielt es Che nicht mehr in seinem Kommandostand, und er brach ohne Genehmigung an die Front auf, wobei er sich *ein wenig wie ein entflohener Häftling fühlte.* In dringenden Gesprächen mit den ruandischen und kongolesischen Kommandeuren versuchte er, ein anderes Verhalten gegenüber der Zivilbevölkerung zu erwirken, für die sie doch schließlich die Revolution machten. Ihn selbst überkam, während er Durchhalteparolen, strenge Ermahnungen und Disziplinarstrafen an die eigenen Leute austeilte, zunehmend das Gefühl der Vergeblichkeit: *Dies war unsere Arbeit, im Flug zu säen, hier und da verzweifelt Samen auszustreuen, damit einige davon keimen, bevor die schlechte Zeit kommt.*

Mit solchen Anflügen von Verzweiflung stürzte er sich nun selbst in die sporadischen Kämpfe und begann, sich dabei immer leichtsinniger zu verhalten, mit dem Ergebnis, dass seine Leute ihm Vorhaltungen machten, die er mürrisch akzeptierte, aber nur pro forma. Laut Dreke habe er gesagt: *Ab und zu muss auch mal eine Regel verletzt werden.* Das war ein Satz, den er keinem seiner Untergebenen hätte durchgehen lassen.

Während Che an der Front war, tauchten ohne Vorankündigung Fernández Mell und Emilio Aragonés im Lager auf, die von Castro geschickt worden waren, um sich ein Bild der Lage zu machen. Lange Zeit war man in Havanna optimistisch gewesen, da die Meldungen Ches Fortschritte suggerierten. Nach der Niederlage von Front de Force war plötzlich ein rabenschwarzer Bericht gekommen, der die Lage realistisch darstellte. Piñeiro habe spontan gesagt: »Verdammt, er hat Schiss bekommen!« Jedenfalls hatte Fidel beschlossen, sich ein unabhängiges Bild der Lage zu verschaffen – und Che notfalls rauszuholen. Als der im Basiscamp eintraf, war er sofort misstrauisch und fühlte sich überwacht. Aragonés war immerhin der Organisationssekretär der Partei. Was hatte er hier im Kongo zu suchen?

Das Bild, das sich den Abgesandten Castros bot, war besorgniserregend. Che schien sich selbst nicht mehr unter Kontrolle zu haben, seine gefürchteten Ausbrüche gegen alle und jeden wurden immer häufiger, und seine Anforderungen an die eigenen Leute immer extremer. Er verhängte nicht nur für kleinere oder größere Verfehlungen die gefürchteten Hungerstrafen. Mell stellte entsetzt fest, dass ein Teil der Leute auch keine Schuhe mehr hatte, und schlug vor, sofort welche in Kigoma zu kaufen. Che habe geantwortet: *Wenn die Schwarzen barfuß gehen, müssen die Kubaner das Gleiche tun.*

In Wirklichkeit war das eine weitere, drakonische Strafmaßnahme. Benigno, der später in Bolivien ebenfalls eine Zeit lang barfuß durch den Dschungel laufen musste, war etwas verständnisvoller. Die Genossen hätten ihre Stiefel eben aus Leichtsinn verloren; und da es zwar eine Reserve, aber nicht genug für alle gab, habe Che ihnen gesagt: Dann holt euch Stiefel beim Feind! »Es ist sicher nicht leicht, mit nackten Füßen durch den Dschungel zu laufen, zehn oder vierzehn Tage lang hat man wahnsinnige Schmerzen«, berichtet Benigno in seinem ernüchterten, in Paris verfassten Report über »Leben und Tod der kubanischen Revolution«. Immerhin räumt er ein, dass Che (den er sonst heilighält) im Kongo zunehmend Anzeichen einer unbegreiflichen Starrheit gezeigt habe. »Zum Beispiel hatte er dekretiert, dass jeder Kubaner, der sexuellen Verkehr mit einer Kongolesin hatte, sie heiraten und als seine Frau nach Kuba mitnehmen müsse, auch wenn er dort schon verheiratet war.« Benigno behauptet, einer der Kämpfer, ein Vater von zwei Kindern, den man mit einer Kongolesin überrascht habe, habe sich am Ende aus Verzweiflung »eine Kugel in den Kopf geschossen«.

Kurzum, Che begann, von ferne dem Agenten Kurtz in Joseph Conrads »Herz der Finsternis« zu gleichen, der ja auch einmal ausgezogen war, um die primitiven Wilden Mores zu lehren. Und wie bei jenem, war der Prozess der »Kongolisierung« einer des psychischen und physischen Verfalls. »Er verfiel von Tag zu Tag und war immer schlechter gelaunt ... Wir sahen ihn immer nur in seinem Buch lesen ... Er traf sich nicht mehr mit uns, wie er es am Anfang getan hatte. Wir stellten fest, dass das nicht mehr der Che war, den wir kannten.« So noch einmal Benigno. Der angereiste Aragonés bekam (wie er erst dreißig Jahre später preisgab) nachts von einem Kämpfer einen Zettel zugesteckt, auf dem stand: »Genosse, du bist genau wie Che Mitglied des Parteisekretariats. Che ist geblendet, du musst ihn hier herausholen.«

Anfang Oktober schrieb Che einen langen Brief an Fidel. Darin versuchte er, seine depressive Stimmung in bewährter Manier durch ein starrsinniges Nun-erst-recht zu überspielen:

> *Als Dein Danaergeschenk [Aragonés] hier eintraf, berichtete er mir, einer meiner Briefe hätte den Eindruck eines todgeweihten Gladiators gemacht ... Lass mich Dir nur sagen, dass ich nach Meinung derer, die um mich sind, hier den Ruf der Objektivität verloren habe, weil ich angesichts der existierenden, realen Lage über Gebühr optimistisch bin. Ich kann Dir versichern, dass dieser süße Traum sich ohne mich längst in einer allgemeinen Katastrophe aufgelöst hätte.*

Er verlangte weitere einhundert Männer, die nicht alle schwarz sein müssten, Techniker und Boote. Und Fidel solle nicht auf die Berichte der von Piñeiro nach Daressalam geschickten Verbindungsmänner (darunter Ulises Estrada) hören, *die utopische, von der Wirklichkeit weit entfernte Bilder entwerfen.* Um fast bettelnd zu schließen: *Ich habe mich bemüht, deutlich und objektiv, präzise und wahrheitsgemäß zu schreiben. Glaubst Du mir?*

Auch dieser Brief hätte Castro kaum von seinem Entschluss abhalten können, auf dem Gründungskongress der Kommunistischen Partei Kubas (PCC) am 3. Oktober 1965 in Sachen Che die Flucht nach vorn anzutreten. Die Fragen nach dessen Verbleib waren im In- und Ausland immer dringender und die daran geknüpften Spekulationen immer gewagter geworden. Castro hätte begründen müssen, warum unter den verlesenen Namen der Mitglieder des Zentralkomitees der von Che fehlte. Also zog er unter atemloser Spannung des Publikums in einer seiner souveränen Inszenierungen mehrere handgeschriebene Blätter sowie eine maschinelle Abschrift aus der Tasche, räusperte sich und begann feierlich:

> In unserem Zentralkomitee fehlt eine Person, die im höchsten Grade alle nötigen Verdienste und Tugenden hat … Um sie herum hat der Feind tausend Spekulationen aufbauen können; er hat versucht, Verwirrung zu stiften und Zwietracht und Zweifel zu säen, und geduldig haben wir abgewartet, denn wir mussten abwarten …

Jetzt war klar, um wen es ging. Und so verlas der Máximo Líder in seinem deklamatorischen Stil, der den von Generationen künftiger Schulkinder vorprägte, den Abschiedsbrief Guevaras, der nicht zuletzt eine abschließende, große Eloge auf ihn, Fidel Castro, war.

Che reagierte auf diese Nachricht mit Bestürzung. Hätte Fidel ihn nicht vorher fragen oder informieren können? Er fühlte sich, wie er seinen späteren Aufzeichnungen anvertraute, auf seinen Ausgangspunkt zurückgeworfen, *da die Genossen mich als Fremden unter den Kubanern ansahen, wie viele Jahre zuvor in der Sierra*. Aber vor allem sah er sich wohl in seinen künftigen Handlungsmöglichkeiten empfindlich eingeschränkt.

Zu alledem kam eine weitere, entscheidende Änderung der politischen Bedingungen des Kampfes im Kongo. Staatspräsident Kasawubu hatte auf Druck der USA den diskreditierten Tschombé entlassen (der seine Gendarmendienste geleistet hatte). Daraufhin war auf einer Gipfelkonferenz der afrikanischen Staaten in Accra am 13. Oktober die kongolesische Zentralregierung in Kinshasa von ihren bisherigen Gegnern anerkannt worden. Das hieß, dass die Frontstaaten ihre Unterstützung für die Rebellen einstellten und dass auch die Kubaner (von denen offiziell nie die Rede war) aufgefordert waren, das Gleiche zu tun. Das förmliche Ersuchen der tansanischen Regierung um ihren Abzug traf am 1. November ein. Che vermutete wohl (und möglicherweise nicht ganz zu Unrecht) auch die Sowjets hinter diesem Kurswechsel. Er fasste das alles in seinem späteren Bericht unter »Dolchstöße« zusammen.

Wenn die Fronten nun eine nach der anderen zusammenbrachen, dann nicht zuletzt, weil die Regierungspropaganda zunehmend Wirkung zeigte, in der die Rebellen als Werkzeuge von Fremden, von Kommunisten, gebrandmarkt und zur Desertion aufgefordert wurden. Das Gebiet, in dem Che mit seinen Leuten operierte, wurde vom Land wie vom See her zunehmend eingeschnürt. Am 24. Oktober wurde das Basislager von Regierungstruppen gestürmt. Auch Dokumente und Funkgeräte blieben zurück, sodass die Verbindungen teilweise abbrachen. Che und seine engsten Gefährten, die es verteidigen wollten, konnten sich nur knapp der Umzingelung entziehen: *Die Kongolesen desertierten, und ich stellte verbittert fest, dass wir dreizehn Mann waren, einer mehr, als Fidel damals hatte, nur ich war nicht derselbe Führer.* Während die Dörfer ringsum brannten, erging er sich in Vorwürfen an sich selbst, vor allem wegen des Todes eines ihm besonders wertvollen Kämpfers.

Jetzt hielten sie nur noch eine größere Enklave, die sie durch neue Abwehrstellungen sicherten. Für einen Moment gerieten die Vormärsche der Gegenseite nach dem Sturz Tschombés ins Stocken. Aber die Bombardements wie die Seeblockade wurden immer dichter, und eine Verschanzung auf der Bergbasis bei Luluaburg hätte die Umzingelung bedeuten können. Sie mussten hinunter zum See, über den sie noch die Verbindung mit eigenen Booten nach Kigoma aufrechterhielten.

Am 4. November erreichte die kubanische Expeditionstruppe ein Brief Castros, in dem dieser die Entscheidung über einen Rückzug formell in die Hände Ches und seines Kommandostabs legte und versuchte, ihm eine goldene Ehrenbrücke zu bauen:

> 1. Wir müssen alles tun, was in unsern Kräften steht, nur nicht das Absurde. 2. Wenn unsere Anwesenheit nach Tatus Ansicht nicht mehr zu rechtfertigen ist oder sinnlos wird, müssen wir den Rückzug ins Auge fassen. 3. Wenn Ihr es für besser haltet zu bleiben, werden wir so viel Leute und Material schicken, wie Ihr braucht. 4. Wir sind in Sorge, dass Ihr fälschlich befürchtet, man werde Eure Haltung für de-

> fätistisch oder pessimistisch halten. 5. Wenn Ihr Euch entschließt, die Mission zu beenden, kann Tatu seinen Status behalten und entweder hierher zurückkehren oder anderswo hingehen. 6. Wir werden jede Entscheidung, die Ihr trefft, unterstützen. 7. Vermeidet die Vernichtung!

Das war eine umsichtige Weisung, auf die Che mit der Gegenforderung reagierte, die kubanische Regierung müsse zuerst gegenüber Präsident Nyrere (und damit der afrikanischen Öffentlichkeit) klarmachen, dass das kubanische Kontingent auf Anforderung der kongolesischen Revolutionsregierung da sei. Er werde sich *nicht auf eine schmachvolle Flucht einlassen und seine kongolesischen Brüder auf Gedeih und Verderb den Söldnern ausliefern*:

> *Wir werden den Kampf nur dann aufgeben, wenn uns die Kongolesen aus triftigen Gründen ... selbst darum bitten, aber wir werden weiterkämpfen, sodass dieser Fall nicht eintreten wird.*

Auch als Kabilas Stellvertreter Masengo den Kubanern schließlich ein Dokument mit der förmlichen Bitte um Rückzug übergab (es war inzwischen Mitte November), weigerte Che sich hartnäckig, diesem Ersuchen Folge zu leisten. Er hatte allen Ernstes begonnen, Pläne zu machen, um mit einer Handvoll Getreuen sowie ein paar kampfwilligen Kongolesen durch die feindlichen Linien zu stoßen und einen Marsch quer durch den Kongo anzutreten, um mit den im Westen operierenden Rebellen Pierre Muleles Kontakt aufzunehmen. Die revolutionären und literarischen Vorbilder waren klar: Mao Tse-tungs »Langer Marsch« in den Norden Chinas und der Zug der »Kolonne Prestes« durchs Innere Brasiliens. Aber wer weiß, vielleicht dachte er auch an den britischen Conquistador und Afrikaforscher Henry Morton Stanley mit seinem legendären Marsch den Kongofluss aufwärts, auf der Suche nach dem verschollenen Missionar Henry Livingston, den er 1871 schließlich auf der anderen Seite des Tanganyika-Sees, in der Nähe von Kigoma, gefunden hatte.

Als auch diese Pläne sich zerschlugen, der Belagerungsring immer enger wurde und am 18. November endgültig die Evakuierung eingeleitet werden musste, verhielt Che sich wie der Kapitän eines sinkenden Schiffs. Mit den Booten, die der von Kigoma aus operierende kubanische »Seekapitän« Lawton alias Chango (der Leutnant Barcelay) bereitgestellt hatte, sollten zuerst die Frauen und Kinder evakuiert werden, die sich am Seeufer drängten – was Tage gedauert hätte. Erst dann sollte die Hauptgruppe der Kubaner übersetzen.

Che selbst wollte mit fünf Männern zurückbleiben, um auf zwei Versprengte zu warten und die Toten der letzten Gefechte zu bergen. Niemanden zurückzulassen entsprach einem ungeschriebenen Ehrenkodex der Guerilla. Aber im Kern ging es ihm um etwas Existenzielleres: darum, dass *die Selbstachtung einem Kämpfer gebot*, sich in einer derart schmachvollen Situation einem letzten Kampf zu stellen. Später machte er sich genau deshalb Vorwürfe: *Ich hatte nicht den Mut, im entscheidenden Moment das größte Opfer zu fordern.*

In dieser Situation nahm der von Fidel für die persönliche Sicherheit Ches verantwortlich gemachte Leutnant Barcelay (alias Lawton) die Sache in die Hand. Er erklärte, dass seine Befehle lauteten, ihn hier herauszuholen. »Und wenn ich Sie fesseln muss …, werde ich auch das tun.« Flüchtlinge, die sich schon in die Boote gedrängt hatten, mussten handgreiflich wieder herausgeworfen, Rebellensoldaten, die die Boote stürmen wollten, sogar mit Maschinengewehren in Schach gehalten werden.

Es war ein trostloses und ernüchterndes Schauspiel. Männer, die mich anflehten, mitfahren zu dürfen, musste ich zurückweisen. Nicht die Spur von Größe lag in diesem Rückzug, nicht ein Hauch von Rebellion … nur einige schluchzten, als [ich], der Anführer der Flüchtenden, dem Mann an der Bootsleine sagte, er solle ablegen.

Die Tage der Tricontinentale

Die »Erste Tricontinentale Konferenz der Völker Afrikas, Asiens und Lateinamerikas«, die im Januar 1966 in Havanna stattfand, »war die machtvollste Versammlung pro-kommunistischer und anti-amerikanischer Kräfte in der Geschichte der westlichen Hemisphäre«. Mit dieser alarmierenden Feststellung beginnt der Bericht eines Komitees des US-Senats über Verlauf und Wirkung dieses Meetings. Das entsprach spiegelbildlich der kubanischen Sicht, derzufolge es sich dabei um nichts Geringeres als die Gründungsversammlung einer neuen Internationale handeln sollte, einer »Tricontinentale« mit Sitz in Havanna.

Das Aufgebot der Konferenz war, äußerlich betrachtet, eindrucksvoll genug. 83 Regierungen oder Befreiungsorganisationen aus den drei Kontinenten waren mit über 500 Delegierten vertreten. Sowohl Sowjets wie Chinesen hatten hochrangige Delegationen geschickt. 130 Journalisten aus 35 Ländern waren als Beobachter anwesend. Aus Washingtoner Sicht waren die Beschlüsse der Konferenz ein Albtraum:

> Alle Vorwände einer Nichteinmischung in die Angelegenheiten anderer Nationen wurden fallen gelassen, und die Delegierten ... traten öffentlich für den Sturz sämtlicher ihnen nicht genehmer Regierungen ein. Die Konferenz etablierte ein kommunistisch beherrschtes Hauptquartier, um Guerilla-Operationen in Afrika, Asien und Lateinamerika zu unterstützen, zu dirigieren, zu intensivieren und zu koordinieren ... (Als Sitz) wurde Havanna ausgewählt.

Die Senatoren sahen dahinter vor allem die Hand Moskaus, das sich als »unbestrittene Kontrollmacht über den Apparat der internationalen Subversion« etabliert habe. »Auf ideologischer Ebene allerdings triumphierte der Maoismus«, wie die Reden und die Resolutionen gezeigt hätten, in denen der US-Imperialismus »als der Hauptfeind auf allen Kontinenten bezeichnet wurde«. Mit besonderer Sorge wurde schließlich beobachtet, dass am Ende der Konferenz eine »Lateinamerikanische Solidaritäts-Organisation« (OLAS) gegründet wurde, die sich schon dem Namen nach als revolutionäres Gegenstück der »Organisation Amerikanischer Staaten« (OAS) verstand und in deren Statuten Kuba als das »erste freie Territorium Lateinamerikas« bezeichnet wurde – nach dessen Muster die anderen Länder ebenfalls zu befreien waren.

Man fühlt sich unmittelbar an John Foster Dulles' beklemmende Weltvision des Jahres 1952 erinnert, worin die USA als letzter Felsen der Freiheit in einer anbrandenden roten Flut erschienen. Und man versteht etwas von der rasenden Wut, die die schiere Existenz des Regimes Fidel Castros in immer neuen Schüben in Washington auslöste, wenn es in dem zitierten Senatsbericht etwa heißt:

> Es ist demütigend genug, wenn die internationale kommunistische Konspiration die Kontrolle über ein Land gewinnt, das 60 Meilen vor der amerikanischen Küste liegt und sich dort trotz allen Drucks, den wir bisher schon zur Anwendung gebracht haben, an der Macht behauptet. Es ist noch tausendmal demütigender, wenn dieses Land in das Hauptquartier internationaler revolutionärer Subversion verwandelt wird, während die OAS und die mächtigen Vereinigten Staaten von Amerika hilflos und offenkundig zu keiner entscheidenden Aktion fähig zusehen müssen.

Der große Abwesende auf dieser Konferenz war freilich Che, in dessen Geist und auf dessen Initiative sie doch stattfand. Er saß eingeschlossen im Obergeschoss der Botschaft in Daressalam, die er über drei Monate hinweg nicht verließ (so jedenfalls die heute gültige Version). Nur drei, vier Eingeweihte durften wissen, dass er Tag und Nacht da oben las und schrieb. Im Februar schickte Castro für einige Tage Aleida nach Daressalam; aber auch sie verließ kaum das Haus; die beiden blieben im Bett, oder sie kochte und er schrieb. Che war überzeugt, dass die Agenten des Imperialismus ihm auf den Fersen waren – obwohl oder gerade weil die Flucht aus dem Kongo ein Ritt über den Bodensee gewesen war: Die feindlichen Flugzeuge und Schnellboote, die die Evakuierung der Kubaner über den Tanganyika-See am hellen Tag genau beobachtet hatten, hatten sie aus (bis heute) unerfindlichen Gründen nicht angriffen.

Reine Paranoia waren seine Befürchtungen nicht. Im Oktober 1965 war der Koordinator der entstehenden »Tricontinentale«, der charismatische marokkanische Sozialist Mehdi Ben-Barka, in Paris auf offener Straße gekidnappt worden und spurlos verschwunden. Auch der Kopf der portugiesischen Opposition, General Humberto Delgado, war Monate zuvor in seinem brasilianischen Exil ermordet worden, so wie in den USA der militante schwarze Prediger Malcolm X, der zuvor Algerien besucht hatte.

Selbstporträt Ches in der Botschaft in Daressalam, Anfang 1966

Das Fehlen Ches auf der Konferenz in Havanna – auf der er eine triumphale Rückkehr ins Rampenlicht hätte feiern können – war gleichwohl nicht von Furcht, eher von Scham diktiert: der Scham einer (auch persönlichen) Niederlage, die schwerlich geheim zu halten gewesen wäre. Außerdem hätte es seltsam ausgeschaut, wenn er drei Monate nach seinem feierlich bekannt gegebenen Abschied von Kuba dort wieder aufgetaucht wäre. Und schließlich gab es pragmatische Gründe, sich nicht zu zeigen: Längst bastelte er am Projekt seiner nächsten, dritten Expedition, während er noch den afrikanischen Teil seiner »Pasajes« zu Papier brachte. Sie enden mit der Feststellung: *Während jener letzten Stunden im Kongo hatte ich mich so allein gefühlt wie nie, weder in Kuba noch an irgendeinem anderen Ort meiner Wanderung durch die Welt.*

Das Nachwort, beflügelt durch den Erfolg der Konferenz in Havanna, schlug dagegen schon einen anderen, in die Zukunft gerichteten Ton an:

> Ich habe im Kongo viel gelernt. Einige Fehler werde ich nicht mehr machen, andere werden sich vielleicht wiederholen, und wieder andere werden hinzukommen. Mein Vertrauen in den Partisanenkampf ist größer denn je, auch wenn wir damit gescheitert sind. Ich trage große Verantwortung; ich werde weder die Niederlage noch die wertvollen Lehren daraus vergessen.

Der Torpedokäfer nahm also einen neuen Anlauf und entwickelte die dazu passenden Theorien, die sich schon in früheren Schriften angelegt finden. Was war schiefgelaufen im Kongo? An der Ausrüstung lag es nicht, im Gegenteil: *Im Wesentlichen besaß die Befreiungsarmee bessere Waffen als die Armee von Tschombé.* Lag es an der Hautfarbe? Gewiss, *bei mir hatte ich manchmal den Verdacht, dass meine Hautfarbe eine gewisse Rolle spielte.* Gravierender war aber, dass *es keine Übereinstimmung zwischen unserer kampferprobten, disziplinierten Truppe und den Kongolesen* gab. Die schwarzen kubanischen Kämpfer sagten etwa: ›*Schick mir mal zwei von den Schwarzen her*‹, wenn sie Hilfe brauchten, und meinten die Kongolesen, die sie entgegen Ches Ermahnungen und jeder marxistisch-leninistischen Correctness ›*die Kongos*‹ nannten.

Seine eigene Position hatte sich durch diese Erfahrungen nicht verändert. Denn *die rohe Masse, aus der der Künstler den revolutionären Geist formen muss, besaß im Kongo ganz ähnliche Grundvoraussetzungen wie die der Landbevölkerung in der Sierra Maestra.* Notwendig war vielmehr, *einige Schemata der marxistischen Analyse auf die Gegenwart abzustimmen.* Und den *Hauptwiderspruch unserer Epoche* sah Guevara eben nicht zwischen Kapital und Arbeiterklasse in den kapitalistischen Ländern, noch zwischen sozialistischen und imperialistischen Ländern (so die sowjetische Position). Vielmehr sprachen *immer gewichtigere Gründe dafür, dass der Hauptwiderspruch zwischen ausbeutenden Staaten und ausgebeuteten Völkern besteht.* Das war die chinesische Position.

Zwischen diesen ausgebeuteten Völkern gab es allerdings wesentliche Unterschiede: In Asien hatte *die Bourgeoisie ihre Rolle als Gegner des Imperialismus noch nicht ausgespielt.* Anders in Afrika, wo es solche selbstständigen nationalen Bourgeoisien nicht gab, sondern nur mit dem neokolonialen Kapital verbundene bürokratische Funktionärsschichten oder Militärkasten. Hier in Afrika war es *das Kleinbürgertum, das den Kampf gegen die Fremdherrschaft führt*; vor allem die zu den Universitäten geschickten Kinder dieses Kleinbürgertums, das *als führende Kraft eines Befreiungskampfes äußerst schwach* war. Was die Bauern betraf, so fehlte im Kongo *das wesentliche Merkmal aller Befreiungskriege … die Landarmut.* Land gab es genug; woran es mangelte, waren Mittel und Techniken, es urbar zu machen und zu bebauen.

Insofern war Afrika auch ein schwierigerer Fall als Lateinamerika, das *in seiner Gesamtheit ein neo-kolonisierter Kontinent ist, … wo der Befreiungskampf von Anfang an antiimperialistische, das heißt antikapitalistische Ziele verfolgt hat und … im höchsten Grade sozialistisch ist.* In Afrika dagegen mussten die sozialistischen Ideen erst noch *die Massen … erreichen, nicht wie ein Transplantat, sondern um die Bevölkerung an die neuen Bedingungen* [der staatlichen Unabhängigkeit] *heranzuführen und ihr ein konkretes Bild substanzieller Verbesserungen zu vermitteln.*

Versteht man Guevaras Theorie der drei Kontinente richtig, war der afrikanische Patient zwar der kränkste, aber kein hoffnungsloser Fall. Asien würde sich auf Basis breiter nationaler Fronten selbst befreien können – vorausgesetzt, der Krieg in Vietnam konnte gewonnen werden. Lateinamerika aber war der avancierteste Kontinent, der dem Weltfeind USA Auge in Auge gegenüberstand und dessen Kampf um Befreiung deshalb unmittelbar ein Kampf um den Sozialismus sein würde, mit ähnlichem Tempo und in ähnlicher Radikalität wie in Kuba.

Indem Che sich entschloss, seine klandestine Existenz weiterzuführen, gab er sich in die Hände der informell zum »Befreiungsministerium« avancierten »Technischen Abteilung« des Geheimdienstes, also der DGI, die er ursprünglich selbst mit aufgebaut hatte, aber längst nicht mehr kontrollierte. Piñeiros Mann in Daressalam war Ulises Estrada, der zum stellvertretenden Bereichsleiter für Afrika aufgestiegen war. Während Guevaras Kongo-Expedition hatte Estrada noch eine Reihe weiterer Aufträge abgewickelt: Waffentransporte für Kämpfer in der portugiesischen Kolonie Guinea-Bissau und der Öl-Enklave Cabinda, oder für die von Kubanern aufgestellte Präsidentengarde von Massemba-Débat in Brazzaville. Im März 1966 beorderte Piñeiro ihn erneut nach Daressalam, um Che auf den üblichen Irrwegen in ein nächstes, sicheres Quartier in Prag zu geleiten. Mit Estrada kam erneut der obskure Geheimdienstler »Dr. Fisin«, der Ches Physiognomie nach bewährtem Muster entstellte.

Die vier Monate, die Guevara von März bis Juli 1966 in Prag verbrachte, entwickelten sich zu einem undurchsichtigen Schattenspiel, nicht ohne humoristische und melancholische Züge. Nur in Umrissen ist das Bild seiner Aktivitäten und der Fäden, die er von hier aus zog, bis heute geklärt. Das gilt freilich für das ganze Doppeljahr 1965/66 – »das Jahr, in dem wir nirgendwo waren«.

In einem Vorort von Prag bezog Che mit seiner kleinen Entourage eins der vom tschechoslowakischen Bruderdienst bereitgestellten Geheimquartiere – dasselbe, in dem Tamara im Vorjahr mit ihrem Instrukteur Diosdado gelebt hatte. Allerdings sollte seine Identität auf keinen Fall bekannt werden. Wie Ulises berichtet, durften sie ihn auch innerhalb des Hauses auf keinen Fall als Comandante ansprechen, sondern nur als »Ramon« (wie im falschen Pass). Denn »die Tschechen … konnten Mikrofone versteckt haben; und wenn sie herausgefunden hätten, wer er war, hätte diese Information irgendwie in die Hände der CIA gelangen können«.

In dieser Haltung spiegelte sich ein wachsendes Misstrauen Guevaras in die Gastgeber, trotz der loyalen Hilfen, die sie seit Jahren leisteten. Die Führung der CSSR hatte sich bei den ökonomischen Reformen, durch die in die Planwirtschaften der Länder des sowjetischen Lagers Elemente »sozialistischer Marktbeziehungen« eingebaut wurden, mit an die Spitze gesetzt. Damit waren sie für Che ganz klar »auf dem kapitalistischen Weg«. Und diese Wege führten allesamt in den Rachen des Monsters.

Viel virulenter war freilich, was sich damals in Prag oder Bratislava im kulturellen Bereich abspielte. Hat Che irgendetwas von den großartigen tschechoslowakischen Filmen der Sechzigerjahre gesehen, die dem Begriff des »sozialistischen Realismus« eine Wendung ins Surreale gaben (wie etwa in Milos Formans »Feuerwehrball«)? Hat er von den lebhaften Diskussionen um »Kafka aus marxistisch-leninistischer Sicht« gehört, die drei Jahre zuvor mit der Konferenz in Liblice zum 80. Geburtstag des allmählich wieder gedruckten Dichters begonnen hatten – Diskussionen, die unmittelbar in den »Prager Frühling« von 1968 hineinführten, dessen erster Akt dann die Aufhebung der Zensur war?

Kafka kommt im literarischen Kanon des jungen Guevara (soweit er uns bekannt ist) nicht vor, und in dem des Mittdreißigers Che wohl erst recht nicht. Aus guten Gründen: Kafkas abgründige Lakonie hätte wie eine mild zersetzende Lauge auf Ches tragisch-pathetische Exaltationen gewirkt und die Gefühle von Fremdheit und Einsamkeit, die er bei sich diagnostizierte, in eine existenzielle Schwermut verwandelt, die er ja ständig gewaltsam niederzuhalten suchte. Die Tangos, die der Sohn

Argentiniens gelegentlich (schrecklich falsch) vor sich hin sang, waren das einzige Ventil, das er sich zugestand. Und wie hätte der Mann mit seinen ständig wechselnden, falschen Identitäten und seinem entstellten Gesicht sich bei der Lektüre von Kafkas »Verwandlung« gefühlt?

Nein, der Geist Kafkas war aus guevaristischer Sicht purer konterrevolutionärer Defätismus, Symptom einer moralischen Zersetzung, die schon viel zu sehr Platz gegriffen hatte. In diesem Punkt stand Che im Zweifel auf der Seite der Prager Altstalinisten, die im Jahr darauf mit ihrem Gegenangriff auf der Konferenz des Schriftstellerverbandes die Entwicklung erst beschleunigten – und die im Sommer 1968 dann die sowjetischen Panzer als letzte Instanz der Literatur wie des Lebens zu Hilfe riefen.

Ches Prager Inkognito war allerdings seltsam genug, um nicht zu sagen: ziemlich kafkaesk. Und das nicht nur wegen der Gesichtsplastiken, die er anlegte und wieder ablegte, sondern wegen der Situation selbst. Natürlich wurde er von den Tschechen engstens beschattet. Die Figur des Vlásek, den der argentinische Diplomat und Schriftsteller Abel Posse in seinem Roman »Los Cuadernos de Praga« (Die Prager Hefte) als den mit der Observierung Guevaras beauftragten tschechischen Geheimdienstoffizier berichten lässt, ist zumindest glaubwürdig, wenn nicht authentisch.

Vlásek sagt dort, dass sie durch ihre sowjetischen Kollegen (die ja über Ches Kongo-Abenteuer Bescheid wussten) selbstverständlich informiert waren, um wen es sich handelte – mit dem Auftrag, diesen trotzkistisch-maoistischen Abweichler und Unruhestifter stets im Auge zu behalten. Außerdem begab sich der Mann mit dem falschen Namen und Gesicht wegen auffälliger tropischer Hautkrankheiten in medizinische Spezialbehandlung. Und schließlich umgab er sich mit einer Entourage, zu der nicht nur der ebenholzschwarze Ulises Estrada, sondern abwechselnd auch seine beiden Leibwächter und schwarzen Ex-Kindersoldaten aus der Sierra, Harry Villegas alias »Pombo« und Carlos Coello alias »Tuma«, gehörten, die Castro ihm in den Kongo nachgeschickt hatte. Diese Jungs nervten ihn gewaltig, wenn sie begeistert *imperialistische Zigaretten* pafften (wie Che vergrätzt monierte) oder die illegal eingeschmuggelten Beatles-Platten hörten, die es in ihrem Geheimquartier gab. Ulises berichtet über das Aufsehen, das sie regelmäßig erweckten:

In den Restaurants stand ich im Mittelpunkt der Aufmerksamkeit der Kellnerinnen; meine schwarze Haut und das üppige Haar, das damals mein Haupt krönte, ließen sie nicht los, und sie fassten mich immer wieder an. Einmal sagte der Che mit seiner legendären Ironie: ›*Ja, ja, jetzt ist der schwarze Mann wichtiger geworden als der weiße Mann. Mich gucken sie nicht mal an, aber auf dich fliegen sie so, dass ich hier bald auffliegen werde.*‹

Ches Leibwächter sollten ihn nach einer Anweisung Fidels nicht aus den Augen lassen. Nur dass ihr Chef ihnen immer wieder tagelang entwischte und verschwand. Wohin? Da werden die Nebel auf der Prager Kleinseite dichter. Ist er einfach in die Cafés, Museen und – vielleicht doch – in die Kinos gegangen, was früheren Verhaltensmustern durchaus entsprochen hätte? Hat er, in den Prager Cafés sitzend, sein Tagebuch weitergeführt, wie Abel Posse sich romanhaft ausgemalt hat und wie auch seriöse Biografen vermuten? Kaum vorstellbar, dass die politisch-ökonomischen Manuskripte, die Guevara in Daressalam begonnen und hier offenbar weitergeführt hat, die einzigen persönlichen Aufzeichnungen gewesen sein sollen. Wir kennen diese originalen »Prager Tagebücher« (die außerordentlich instruktiv sein müssten) jedenfalls so wenig wie alle übrigen originalen Tagebücher des Che, mit Ausnahme seines letzten, des bolivianischen, das er bei seiner Gefangennahme im Rucksack mitführte.

Einmal ist Che (wie Piñeiro eingeräumt hat) für einige Tage alleine von Prag nach Paris gefahren, angeblich um sein neues Pseudonym zu testen. Andere, laut Anderson »gut informierte« Kenner der damaligen Situation wollen gehört haben oder sogar positiv wissen, dass er »den besonderen Schutz des ostdeutschen Geheimdienstes genossen« und sich irgendwann 1966 auch »einige Zeit« in der DDR aufgehalten habe. Posse lässt Che mit Markus Wolf in Leipzig zusammentreffen; und dabei hätte es natürlich in erster Linie um Tamara alias »Tania« gehen müssen.

Da die HVA der kubanischen DGI an sich brüderliche Hilfe leistete, wäre das eine einfache Auflösung der vielleicht gar nicht so tief gespaltenen Loyalitäten Tamaras. Nur dass es eine »Akte Tamara Bunke« bei der HVA eben nicht gegeben haben soll, wie Markus Wolf »definitiv« versichert hat. Was ihn nicht hinderte, mir sofort und nachdrücklich zu versichern: »Natürlich haben wir mit Che Guevara sympathisiert.« Und wer waren »wir«? Sein Bruder Konrad, der Filmemacher, der stets ein Plakat Guevaras an der Wand gehabt habe; und er, Markus Wolf, der als Chef der HVA so etwas natürlich nicht tun konnte.

Wo steckte Tamara überhaupt, und was hatte sie gemacht, seit man sie in La Paz Ende 1964 sich selbst überlassen hatte? Im September 1965 hatte sie ein kleines Verzweiflungssignal nach Havanna gesandt. Während die Gerüchte über das Schicksal des verschwundenen Che die internationale Presse füllten, war seine designierte Verbindungsfrau ohne jede Nachricht. Piñeiro hatte ihr schließlich im Dezember einen seiner professionellen Agenten, einen Guatemalteken mit dem Tarnnamen Mercy, geschickt, der als Vertreter einer europäischen Kosmetik-Firma umherreiste.

Mercy hatte den Auftrag, Tanias Lebensumstände und Alltag zunächst zu beobachten und zu überprüfen, ob sie wirklich nicht unter polizeilicher Observation stand. Erst als er sie für sauber befand, gab er ihr eine verschlüsselte Notiz über seine Ankunft. Wieder bedurfte es komplizierter Erkennungssignale und konspirativer Methoden der Annäherung, bis sie sich im dritten Anlauf auf einer Parkbank sprechen konnten. Weitere konspirative Treffen wurden vereinbart und geübt, tote Briefkästen angelegt und neue Codes für die Übermittlung von Nachrichten besprochen; Radiosignale in den Sendungen aus Havanna sollten verdeckte Hinweise für sie enthalten, usw. Alles wie im richtigen Spionagefilm.

Und wieder wird man das dumme Gefühl nicht los, das seien eher zwanghafte Rituale einer professionellen Geheimniskrämerei gewesen, die mit der Situation wenig zu tun hatten. Das Bolivien des Generals Barrientos war noch immer ein vergleichsweise offenes Land, in dem die kubanischen Revolutionsreisenden sich recht problemlos bewegen konnten. So reiste Tania immer wieder durch das Land und machte als Mitglied der ministeriellen Arbeitsgruppe, aber wohl auch aus echter Leidenschaft, »ethnologische Studien, vor allem Aufnahmen von Konzerten indianischer Musik. Und irgendwann 1966 schaffte sie es sogar, sich einen kleinen Sendeplatz in einem Lokalsender in Camiri zu beschaffen, in dem sie (heißt es) ihre Musikaufnahmen vorgespielt und über Probleme der Landfrauen berichtet habe.

Dabei war sie nach wie vor der gehätschelte Darling der Gesellschaftsdamen und Salonlöwen von La Paz, deren Kindern sie Deutschstunden gab und bei der niemand auch nur entfernt auf »Gedanken gekommen« wäre. In dieser Gesellschaft war es im Übrigen keineswegs verpönt, linke Ansichten zu haben, und so war sie (etwas gegen ihre Vorgaben) in studentische Zirkel geraten, in denen Anhänger der Moskauer und der Pekinger Linie unter Bildern von Castro oder Che lebhaft miteinander stritten. Tania ihrerseits spielte die freundlich-skeptische Unpolitische, was ihr alle Möglichkeiten von »Anbindung« oder Distanzierung ließ.

Sie hatte nämlich aus pragmatischen Gründen beschlossen, abermals aktiv »anzubinden«, sozusagen nach italienischem Muster. Unter den Bekannten, die die ledige 28-Jährige umschwirrten, pickte sie sich den sieben Jahre jüngeren Ingenieurstudenten Mario Martínez heraus, den sie im Frühsommer 1965 kennengelernt hatte und der eher der »Moskauer Linie« zuneigte. Im September, als sie ihn wieder traf, fragte sie ihn direkt, ob er sie heiraten wolle. Über diese Geschichte liegt nur der zusammenfassende Bericht vor, den sie selbst im April 1966 dem Stellvertreter Piñeiros, Juan Carretero alias Ariel, über ihre Situation in La Paz gab.

Genauer gesagt, handelt es sich um einen Auszug aus diesem Bericht, den Ulises Estrada in seinen Kultbüchern über Tania mit zahlreichen Auslassungen veröffentlicht hat. Estrada war es aus nachvollziehbaren politischen und persönlichen Gründen darum zu tun, das Bild Tanias rein zu halten, wenn auch nicht jungfräulich. So bleibt die Geschichte ihrer Zweckehe mit dem bolivianischen Studenten Mario Martínez noch unklarer, als sie in Wirklichkeit vielleicht war. Nach bolivianischem Recht war der junge Mann mit gerade 21 Jahren noch nicht ehefähig, außer mit Zustimmung seiner Eltern, die jedoch nichts erfahren durften. Tania, die nicht warten wollte, bis ihr Kandidat volljährig war, schaffte es mit Bestechung und Zureden, dass die Ehe heimlich, aber in gültiger Form geschlossen wurde.

Wurde sie auch »vollzogen«? Wohl schon. Tania konnte sich den amourösen Ehemann nicht ganz vom Leib halten, auch wenn sie weiterhin getrennt lebten. Er durfte sie dreimal wöchentlich bei ihren Gastgebern besuchen. Und einmal machte sie mit ihm eine Reise nach Chile, damit sie im Pass als Ehepaar eingetragen wurden. Das war Teil der kalkulierten »paperworks« zur strategischen Absicherung ihrer legalen Existenz. Andererseits sollte Mario, der Ehemann, nichts von dem mitbekommen, was Tania alias Laura sonst trieb, etwa von ihren geheimen Treffen mit Mercy. Jedenfalls nannte sie das in ihrem Report an Ariel ein »Problem«. Gravierender war, dass sie nicht einmal wusste, ob Mario nur ein Sympathisant oder nicht in Wirklichkeit ein Mitglied und Aktivist der bolivianischen KP war. Da befindet man sich wieder mitten in den komplexen Überschneidungszonen der kubanischen und sowjetischen Weltgeheimpolitiken.

Fest steht, dass es Tania vor Beginn der eigentlichen Guevara-Operation in Bolivien im Sommer 1966 gelang, den jungen Mann zu einer Fortsetzung seines Studiums als Stipendiat im sozialistischen Ausland »zu überreden«, ausgerechnet in Bulgarien. Wer bei dieser »Überredung« sonst mitgewirkt hat, bleibt ebenso unklar wie die Frage, ob der leicht traumatisiert wirkende, dickliche Ingenieur gleichen Namens, den Friedl Zapata Ende der Neunzigerjahre in Cochabamba aufgetrieben hat, wirklich mit dem Ex-Ehemann Tanias identisch war.

Im Februar/März 1966 reiste Tania mit Mercy unter dem Vorwand einer beruflichen Verpflichtung als Dolmetscherin für sechs Wochen nach Brasilien. Die beiden mieteten sich in einem Appartement am Meer nahe São Paulo ein. Tania erhielt tägliche Instruktionsstunden über Wirtschaft, Politik sowie weitere geheimdienstliche Tricks und Techniken. Sie war jetzt präpariert bis in die Haarspitzen – aber verlor im nahen Kontakt mit dem Führungsoffizier zunehmend ihre Fassung.

Sie war widerborstig, flippte aus, begann unmotiviert zu weinen oder zu schreien. Sie stritt über Kleinigkeiten wie das Essen und das Verhalten im Alltag, die richtige Art, sich zu kleiden, über Geiz oder Verschwendung beim Verpulvern ihrer revolutionären Geldmittel, usw. Hinter der überkontrollierten Fassade der Frau mit den vielen Gesichtern zeigte sich plötzlich ein angeschlagenes Nervenkostüm; und dahinter lagen noch existenziellere Fragen. Der Geheimdienstprofi »Mercy« war wenigstens so weit Psychologe, um zu verstehen, dass sie das Gefühl hatte, sich selbst zu verlieren und nicht mehr zu wissen, wer sie war. Gut möglich, dass sie schon in diesen Wochen die im Eingangskapitel zitierten, trüben Gedichtzeilen in ihr Notizbuch geschrieben hat: »Wird mein Name eines Tages nichts sein? / Werde ich nichts von mir zurücklassen auf dieser Erde?«

Vielleicht auch deshalb wurde beschlossen, sie aus São Paulo nach Mexiko zu holen und dort einen zusammenfassenden Bericht über

PCC
No. 063319
PARTIDO COMUNISTA
DE CUBA
El compañero Tamara Bunke Bider
Es militante del núcleo Ministerio Educaci
Seccional o Municipal
Regional Provincia La Habana
Expedido el 6 de Abril de 19 66
COMITE CENTRAL
FIDEL CASTRO RUZ
PRIMER SECRETARIO DEL COMITE CENTRAL

Der von »Ariel« überreichte Parteiausweis der KP Kubas

ihre Erlebnisse und Erfahrungen in La Paz einzuholen. Der hohe Geheimdienstoffizier, dem sie schließlich gegenübersaß, war der erwähnte Juan Carretero alias Ariel. Er kannte seine Agentin bisher nur aus den Akten und würde ihrem Verlobten Estrada nach ihrem Tod sagen, Tania habe »all die Süße gehabt, die eine junge Frau bieten kann, wenn sie liebt und sich einer gerechten Sache verschrieben hat«. Ja, die Kubaner! Er überreichte ihr feierlich eine Mitgliedskarte der neu gegründeten Kommunistischen Partei Kubas und überbrachte persönliche Grüße von Fidel, Raúl – und natürlich von Ulises und von Che. Das richtete sie wieder auf.

Ariel kam gerade aus Prag, wo er Estrada für eine Weile abgelöst hatte, weil dieser zu auffällig wirkte; so jedenfalls die offizielle Begründung. Ariel hatte Che einen Brief Fidels mitgebracht, in dem dieser vorschlug, Che solle zunächst inkognito nach Kuba zurückkehren, dort eine handverlesene Truppe für seine nächste Expedition zusammenstellen und dann nach entsprechenden Vorbereitungen mit der Operation beginnen. Che hatte dem zögernd zugestimmt; und kurz darauf wurden einige seiner engsten Vertrauten nach Südamerika in Marsch gesetzt. Und es wurde beschlossen, die Schläferin Tania zu »aktivieren«, d.h. stärker operativ einzubinden.

Sie bekam also einen neuen gefälschten argentinischen Pass, diesmal mit echten Fingerabdrücken, auf dessen Eintreffen aus der Fälscherküche in Havanna sie angeblich 14 Tage lang in Mexiko City warten musste. Daran knüpfen sich diverse Vermutungen und Spekulationen, sie könne in dieser Zeit bei Che in Prag gewesen sein.

Das ist von verschiedenen Autoren wiederum als romantische Affäre ausgemalt worden, in Posses Roman sogar als Orgie mit teutonischem Walkürensex – was immer ein Herr aus Buenos Aires sich darunter vorstellen mag. Wegen Tania soll Che seinen Nebenbuhler Ulises nach Havanna zurückgeschickt haben. Und wegen Tania soll Aleida, die ihren Mann in Prag besuchen kam, empört abgereist sein. Und mit den Waffen einer Frau soll Tania Che im Auftrag von KGB oder HVA auch noch abgeschöpft haben ...

Man versteht die besondere Erbitterung, mit der gerade Ulises Estrada diese Spekulationen der »Lohnschreiber des Imperialismus« zurückweist – und versteht sie auch wieder nicht. Denn warum hätte Tania eigentlich nicht nach Prag reisen sollen? Fast müsste man sich wundern, falls das nicht der Fall war. Es wäre genau der richtige Zeitpunkt gewesen, um sie noch einmal genau zu instruieren. Vielleicht hätte eine solche persönliche Instruktion durch Che sie sogar gehindert, sich und alle anderen im Jahr darauf ins Verderben zu reißen.

Wer wann den endgültigen Entschluss gefasst hat, dass Bolivien der Ort zur Bildung einer »Mutterguerilla« unter Guevaras Führung sein sollte, ist nicht ganz klar. Als Transitland und Ausgangspunkt (wie im Fall der Operation Masettis) war Bolivien immer schon im Gespräch gewesen. Jetzt verdichtete sich die Idee, dort auch die militärische Ausgangsbasis zu gründen und den Kampf zu beginnen.

Tatsächlich änderten sich die Rahmenbedingungen der geplanten »Operation Fantasma« fortlaufend. Anfang 1965 hatte es für einen Moment so ausgesehen, als ob in Venezuela, Kolumbien, Peru und etlichen anderen Ländern Lateinamerikas die verschiedenen – oft rivalisierenden – Guerillaorganisationen einen neuen und erfolgreichen Anlauf genommen hätten. Mitte 1966 hatten sich diese Erwartungen bereits wieder zerschlagen. So verlor die kolumbianische ELN, der sich der charismatische Befreiungstheologe Camilo Torres angeschlossen hatte, bereits Anfang 1966 ihre neue Leitfigur und damit auch diese Runde des Kampfes, während die mörderische »violencia« in Kolumbien sich als Schwelbrand immer weiterfraß (bis heute).

Die FALN in Venezuela war 1965 durch die Rückkehr der Kommunisten in die Legalität entscheidend geschwächt worden und wurde nach Jahren immer neuer, verlustreicher Anläufe fast völlig aufgerieben. Auch die Entsendung eines professionellen kubanischen Militärkontingents unter dem Kommandanten Ochoa half der Sache nicht mehr auf.

Eine Guerillagruppe der von Kuba unterstützten venezolanischen FALN im Regenwald von Falcón, Mitte der Sechzigerjahre

Guevaras eigene, erste Wahl wäre offenkundig Peru gewesen, nachdem Versuche, die Sympathisanten der EGP-Guerilla in Argentinien über Bustos neu zu aktivieren, sich als hoffnungslos erwiesen. Che hatte über seine Ex-Frau Hilda viele peruanische Bekannte, darunter ihren Bruder Ricardo Gadea, der einer der Mitgründer der »guevaristischen« MIR war. Diese hatte unter ihrem Anführer Luís de la Puente in der zweiten Jahreshälfte 1965 einen neuen Guerillafocus im Hochland eröffnet, der jedoch binnen weniger Monate aufgerieben wurde, nachdem de la Puente getötet und die Gruppe führerlos geworden war. Dasselbe geschah Anfang 1966 mit der rivalisierenden ELN Héctor Béjars, dessen Gruppe von Bolivien aus die Grenze überschritten hatte.

Dennoch hielt Che bis Mai/Juni 1966 an Peru fest. Gerade nach der deprimierenden Niederlage in Afrika musste er alle seine Ressourcen als Mythopoet mobilisieren, um sich selbst für das Projekt, »die Anden zur Sierra Maestra Lateinamerikas« zu machen, in Form zu bringen. Und wenn es eine historische Figur gab, die Guevara als direkter Vorläufer vorschwebte, dann war das zweifellos der argentinische Befreiungsgeneral José de San Martín, der bei seinem »Andenkreuzzug«

von 1817 an der Spitze einer vereinigten »Armee der Anden« von Nordargentinien über die eisigen Pässe nach Chile, und von dort weiter ins Hochland von Peru, vorgedrungen war und dafür mit dem Titel eines »Gran Capitán de los Andes« ausgezeichnet wurde.

Fidel Castro dagegen sah sich als Reinkarnation José Martís – aber vielleicht auch als jemand, dem es vergönnt sein könnte, bei günstigem Verlauf der Kämpfe auf dem Kontinent in der Rolle eines neuen Simon Bolívar aufzutreten. Dieser »bolivaristische« Traum Castros verknüpfte sich in erster Linie mit Venezuela, das er 1959 schon mit Kuba ideell vereinigt gesehen hatte, und darüber hinaus vor allem mit Kolumbien und Ekuador. Für Guevara dagegen war die Rolle eines neuen »Gran Capitán de los Andes« an die südliche Achse Peru-Bolivien-Argentinien gebunden. Gemeinsam hätten sie dann in verteilten Rollen jenes fantastische Werk vollenden können, das auch diesen beiden historischen Gründerfiguren vorgeschwebt hatte: nämlich – in den Worten von Gabriel García Márquez' Bolívar-Roman – »die größte Nation der Erde zu schaffen: ein einziges, freies und vereintes Land von Mexiko bis Kap Horn«.

Aber wie Márquez' »General in seinem Labyrinth« fanden auch sie sich bei diesem hehren Unternehmen in einem Gestrüpp der unterschiedlichsten und kleinlichsten Interessen und Ambitionen eingebunden. Zu dekretieren, dass Lateinamerika *in seiner Gesamtheit ein neo-kolonisierter Kontinent* sei, dessen Befreiungskampf antiimperialistisch und antikapitalistisch, also *in höchstem Grade sozialistisch* zu sein hatte, wie Guevara das tat, war eine Sache. In der Realität handelte es sich um verhältnismäßig junge Nationalstaaten, deren bürgerliche Eliten – wie gerade Argentinien mit dem Wechsel von Peronisten, Radikalen und Militärs exemplarisch zeigte – mal mit den und mal gegen die bewunderten und verhassten »Yankees« operierten, um ihre Staats- und Wirtschaftsapparate zu konsolidieren, an denen ihre eigenen Positionen und Pfründe hingen.

Als besonders entschiedene Verfechter eines solchen nationalen Entwicklungswegs traten im Übrigen die kommunistischen Parteien hervor, die dieses Ziel zwar in Abgrenzung von den USA und in Anlehnung an die UdSSR, aber nach Möglichkeit in einem Klima der »friedlichen Koexistenz« verfolgen wollten. Auch als Oppositionsparteien repräsentierten sie handfeste soziale Interessenkartelle, an den Universitäten, in den Gewerkschaften und »antiimperialistisch«

gestimmten Teilen des Bürger- und Kleinbürgertums. Die Subventionen aus den Moskauer Töpfen bildeten für ihre kleinen, aber wohlorganisierten Parteiapparate eine eigene materielle Basis. Deshalb gingen sie mit den Imperativen der Moskauer Weltpolitik nicht nur konform, sondern setzten sie materiell und ideell voraus. Dahinter steckte, wie Che richtig spürte, mehr als nur eine theoretische Differenz. Am Ende ging es, wie sein Konflikt mit der bolivianischen KP zeigen sollte, um eine tödliche Divergenz der Interessen.

Die Kubakrise im Oktober 1962 war insofern ein Scheidepunkt gewesen, als die Sowjets sich im neu austarierten weltpolitischen Gleichgewicht jetzt wieder auf das eigene Vorfeld in Osteuropa sowie auf Asien und den Nahen Osten konzentrierten und darüber hinaus in Afrika Fuß zu fassen suchten, während sie in Lateinamerika allenfalls noch indirekt intervenierten. Ihre militärische und ökonomische Unterstützung Kubas war darauf berechnet, diesen Stützpunkt, koste es, was es wolle, zu halten. Castro durfte seinen panamerikanischen und afrikanischen Ambitionen so weit frönen, als das ohne offenen Konflikt mit den USA möglich war. Die übrigen lateinamerikanischen KPs wurden jedoch von Moskau aus angehalten, eine Politik der »breiten Bündnisse« mit anderen nationalen Kräften einzugehen. Wenn diese (partiell erfolgreiche) Politik die Regierungen in Washington periodisch in Unruhe versetzte, umso besser. Denn Lateinamerika war für die sowjetische Weltpolitik vor allem eben ein probater Druck- und Reizpunkt gegenüber ihrer Gegenmacht.

Nochmals verkompliziert wurde diese Lage dadurch, dass mit der Volksrepublik China ein dritter *Global Player* auf den Plan getreten war, dessen Schisma mit Moskau und seiner »Generallinie« hinter allen scholastischen Formeln bereits einen handfesten Konflikt zweier Weltmächte barg (ein Konflikt, der Ende der Sechzigerjahre sogar bis an den Rand einer atomaren Konfrontation führen würde). So trat China, während es im Chaos des »Großen Sprungs« und der »Kulturrevolution« versank, nach außen desto militanter als Führungsmacht einer erwachenden »Dritten Welt« auf – ein Anspruch, der die Sowjetunion besonders traf, da er auf die Spaltung der kommunistischen Parteien abzielte.

Castro spielte mit einer gewissen Virtuosität auf allen diesen Klavieren, wohl wissend, dass Moskau ihn nur unter immensen Gesichtsverlusten fallen lassen konnte. Das gab ihm beachtliche Handlungsfreiheit, führte jedoch auch zu einer notorischen Selbstüberschätzung, die sich als drückende materielle Last auf seine kleine Insel legte.

Die Konferenz der Tricontinentale in Havanna im Januar 1966 war auch ein Kreuzungs- und Verknotungspunkt all dieser Politiken und Linien, Ambitionen und Umtriebe. In einer Rede am Vorabend kritisierte Castro aus heiterem Himmel die Chinesen, weil sie (aus uneingestandenen inneren Nöten) ihre Reislieferungen an Kuba gekürzt hatten – ein Affront, den sie ihm nie mehr verziehen. Andererseits waren die Sowjets durch die ziemlich »chinesisch« klingende Kampfrhetorik der kubanischen Gastgeber beunruhigt, und darüber, dass die Chinesen überhaupt so sichtbar und aggressiv in Havanna auftreten konnten. Noch mehr beunruhigte sie, dass der Pekinger Linie nahestehende Parteisplitter und Guerillagruppen eingeladen waren. Trotz dieser Irritationen entschied Moskau sich für eine Strategie der demonstrativen Umarmungen und massiven Präsenz, um akzeptable Formelkompromisse zu erreichen – was auch gelang.

Wie eine Kompassnadel in überlappenden Magnetfeldern bewegte sich der junge Vorsitzende der bolivianischen KP, Mario Monje, auf dieser Bühne. Er hatte alarmiert zur Kenntnis genommen, dass eine mit der Pekinger Linie sympathisierende, abgespaltene Parteifraktion um Oscar Zamora nach Havanna eingeladen worden war, von dem es hieß, dass er mit Che schon Gespräche über einen Guerilla-Focus geführt habe. Außerdem stellte Monje fest, dass eine Reihe junger Mitglieder seiner eigenen Partei ohne sein Wissen in Kuba waren, um dort ein militärisches Training zu bekommen. Was hatte das alles zu bedeuten? Und was führte der abwesende Che im Schilde?

Um auf den Busch zu klopfen, begann Monje ein geschicktes, vielleicht allzu geschicktes Doppelspiel. Er knüpfte die Konferenzteilnahme seiner Partei an die Ausladung Zamoras, erklärte sich aber seinerseits bereit, an einer militärischen Ausbildung in Kuba teilzunehmen, und schloss auch die Aufnahme eines bewaffneten Kampfes in Bolivien nicht prinzipiell aus. Sein Hauptinteresse war freilich, Klarheit über mögliche Vorbereitungen einer auf sein Land zielenden kubanischen Operation zu gewinnen. Zwischendrin fuhr er nach Moskau und tauschte seine Erkenntnisse mit dem Leiter der Internationalen Abteilung des ZK der KPdSU, Boris Ponomarjow, aus, der aber schon recht gut informiert war.

Zurück in Havanna, hatte Monje eine lange Diskussion mit Castro, der ihn auch direkt auf die Aussichten eines Guerilla-Focus in Bolivien ansprach – was der Bolivianer mit dem Verweis auf die Tradition bewaffneter Aufstände unter den früheren Diktaturen abzubiegen suchte. Das sah Castro (ganz richtig) als Ausflucht und ließ durch Piñeiro ausrichten, man gebe ihm »noch zwei bis drei Monate Zeit, seine Meinung zu ändern und den Guerillakrieg zu beginnen«; sonst werde man sich andere Partner suchen. So hat es jedenfalls Monje später verschiedenen Che-Biografen erzählt.

Bei einem weiteren Besuch im Mai habe Fidel ihn schließlich beiseitegenommen und es noch einmal im Guten versucht. Also: Man sei für die Hilfen seiner Partei bei den auf Argentinien und Peru angesetzten Operationen aufrichtig dankbar. »Nun ist es aber so, dass ein gemeinsamer Freund in sein Land zurückkehren möchte, dessen revolutionäres Format über alle Zweifel erhaben ist… Und er selbst meint, dass er am besten über Bolivien dorthin käme.« Man bitte daher die KP Boliviens, diesem gemeinsamen Freund behilflich zu sein. Monje möge eine Gruppe von Kadern seiner Partei benennen, die den Genossen »im Land begleiten und zur Grenze bringen« könnten. Es war klar, dass es um Che ging; und Monje verstand auch den Wink mit dem Zaunpfahl: dass er die in Kuba ausgebildeten jungen Parteikader abordnen möge, deren Kopf Roberto (»Coco«) Peredo war. Monje stimmte unter diesem Druck und mit dieser Einschränkung zu – und flog gleich anschließend wieder nach Moskau.

Eine bezeichnende Parallelepisode dazu war im Übrigen die Einbestellung von Ciro Bustos nach Havanna im selben Mai 1966, sicherlich auf Veranlassung Ches, der einen aktuellen Bericht über die Lage in Argentinien bekommen wollte. Piñeiro ließ, wie es seine selbstherrliche Art war, Bustos wochenlang warten, ohne ihn zu empfangen oder sich zu erklären. Dann hieß es plötzlich, er solle auf der Stelle einen Bericht zur Lage in Argentinien verfassen, was er auch tat – nur um zu hören, er möge zurückkehren und abwarten, bis man mit ihm Verbindung aufnehme.

Diejenigen, die alle diese Rochaden genau verfolgten, waren die Chinesen, die noch immer eine große Botschaft in Havanna unterhielten. Jedenfalls luden sie den frustrierten Bustos als Vertrauten

Guevaras nach Peking ein. Dort wurde er drei Wochen lang von Bankett zu Bankett gereicht, und man bot ihm an, »Che und seine Leute«, was immer sie vorhatten, militärisch auszubilden und finanziell zu unterstützen. Der einzige Haken war, dass man Bustos am Ende aufforderte, nicht nur die Sowjetunion, sondern auch Castro als »Handlanger des Imperialismus« zu denunzieren.

Das war der typische, zwischen Hyper-Internationalismus und Chauvinismus unberechenbar hin und her schwankende Stil der chinesischen Politik in den Jahren der »Großen Proletarischen Kulturrevolution«. Che, dem Bustos ein Jahr später im bolivianischen Dschungel über diesen Besuch berichtete, schien eher amüsiert: Da habe Bustos ja noch Glück gehabt. Schließlich hätte seine Weigerung, die »Moskowiter Hundeköpfe« und ihre Stiefellecker vor einer aufgeputschten Menge von Rotgardisten anzuprangern, ihn auch Kopf und Kragen kosten können.

Der Che, der im Winter 1966/67 seine letzten Getreuen im bolivianischen Dschungel sammelte, war gegenüber sämtlichen kommunistischen Orthodoxien des 20. Jahrhunderts tatsächlich zum »Häretiker« geworden – eine Bezeichnung, die allerdings so ziemlich das Gegenteil dessen meinte, was zur gleichen Zeit in den Ländern Osteuropas unter den Begriff des »Dissidenten« gefasst wurde.

Neben seinen rastlosen Tätigkeiten, Reisen, Reden und Gesprächen hatte er in einer Fülle von Skizzen und Notaten an einem eigenen theoretischen Vermächtnis gearbeitet: einer Kritik der politischen Ökonomie des real existierenden Sozialismus in seinen verschiedenen Varianten. Auch von diesen Che-Texten kennen wir vermutlich nur Auszüge, vor allem die, die sein ewiger Schüler Orlando Borrego zuerst 2001 in einer späten Rekonstruktion der Doktrinen des »Guevarismus« unter dem Titel »Camino del Fuego«, Der Weg des Feuers, veröffentlicht und mit eigenen Exegesen versehen hat. Im Kern geht es dabei um eine Reihe von Exzerpten und Anmerkungen Guevaras zum »Handbuch der Politischen Ökonomie«, das die Sowjetische Akademie der Wissenschaften 1954 in Moskau herausgegeben hat und das, einer Anregung Stalins folgend, den universell gültigen Weg zum Sieg und Aufbau des Sozialismus beschreiben sollte.

Borrego bezeichnete diese Aufzeichnungen als »Cuadernos de Praga« (Prager Hefte), weil Guevara ihm diese Hefte aus Prag hatte zukommen lassen.* Tatsächlich hatte Che schon während seiner langen Afrika-Reise, die mit der Rede in Algier geendet hatte, und dann im kongolesischen Dschungel und in der Botschaft in Daressalam an seinen politisch-ökonomischen Manuskripten gearbeitet. Aber auch in seinem Prager Versteck las er verbissen weiter im »Kapital«, das er dem sowjetischen Handbuch als die wahre »Bibel« entgegenhielt, sowie in den Texten anderer marxistischer Klassiker. Che wollte also zurück zu den Quellen und das Rad des Sozialismus neu erfinden. Und da ihm selbst die Zeit fehlte – er ging schließlich auf die vierzig! –, sollten einige jüngere Gefährten und Schüler dieses theoretische Werk vollenden oder wenigstens beginnen.

So erhielt Armando Hart, der Zuständige für Ideologie und Schulung im Sekretariat der neuen Kommunistischen Partei Kubas, aus Daressalam einen langen Brief Ches. Darin schlug er vor, eine Studiengruppe ins Leben zu rufen, die die *Basis einer wirklichen Schule des Denkens* legen sollte. Er skizzierte ein ehrgeiziges Lektüreprogramm, das von den alten Griechen über Hegel und die klassischen bürgerlichen Ökonomen wie Adam Smith weiter zu Marx, Engels und den Theoretikern des klassischen Marxismus (Kautsky, Hilferding usw.) reichen sollte, und von dort bis zu den *großen Revisionisten* (darunter *Dein Freund Trotzki*) und natürlich zu den Klassikern des Marxismus-Leninismus wie Lenin, Stalin und Mao. Aber auch die *großen Theoretiker des Kapitalismus* wie Marshall, Keynes oder Schumpeter sollten unbedingt studiert werden.

Das Ganze sollte an die Stelle der stupiden sowjetischen Ideologiebücher treten, die in spanischer Übersetzung jetzt nach Kuba strömten und *den Nachteil haben, dass sie dich nicht selbst denken lassen, weil die Partei bereits alles für dich vorgedacht hat.* Er (Che) selbst habe sich übrigens einen eigenen Lektüreplan gemacht, sei allerdings im Kampf *mit Meister Hegel … in der ersten Runde zweimal zu*

* 2005 sind diese »Prager Hefte« endlich auch offiziell in einem Band des Che-Guevara-Studienzentrums in Havanna unter dem Titel »Kritische Anmerkungen zur politischen Ökonomie« als integraler Text ediert worden, zusammen mit einigen anderen Manuskripten und Diskussionsprotokollen aus Ches Ministerium. Allerdings sind diese »Cuadernos de Praga« nicht mit dem früher zitierten, gleichnamigen Roman von Abel Posse zu verwechseln, der die vermutlich existierenden Prager Tagebücher Ches in Form innerer Monologe fiktiv zu rekonstruieren versucht.

Guevara während eines Arbeitseinsatzes mit Orlando Borrego, 1964

Boden gegangen. Das alles wolle er Hart in seiner neuen Funktion nur zu bedenken geben und werde ihn in Zukunft *nicht mehr mit diesem Zeug belästigen.*

Verpflichtender war da schon die Aufgabe, die Che seinem treuen Adlatus Borrego zugewiesen hatte. Dieser sollte auf Basis der Hefte und Aufzeichnungen Ches ein eigenes Handbuch der politischen Ökonomie für Kuba, und nicht nur für Kuba, verfassen. Bei einem letzten Treffen kurz vor der Abreise nach Bolivien hatte er seinem Jünger – der lieber mit ihm auf Mission gegangen wäre – dieses Projekt noch einmal eindringlich ans Herz gelegt. Aber der frisch zum Minister berufene junge Mann traute sich das nicht zu; und das Projekt hätte in den Jahrzehnten der Mitgliedschaft Kubas im Moskauer Lager wohl auch kaum die Vorzensur des Realpolitikers Fidel überstanden.

Denn Ches »Prager Hefte« enthielten, wie Borrego vierzig Jahre später schreiben würde, »eine furchtbare Prophezeiung: die Implosion der Sowjetunion zugunsten des Kapitalismus«. Dass Kuba überlebt habe, sei nicht zuletzt dem Erbe Guevaras zu verdanken, einer Art eiserner geistiger Ration, wonach die »persönlichen Interessen« der Einzelnen stets und vollständig den Gesamtinteressen der Revolution unterzuordnen waren, die vom Máximo Líder gültig formuliert wurden.

Ches Vorhaben als solches war nicht ganz originell. Schon Mao hatte sich 1960 das »Handbuch der Politischen Ökonomie« der sowjetischen Akademie vorgeknöpft, zusammen mit Stalins letzter Schrift »Ökonomische Probleme des Sozialismus in der UdSSR« von 1952, und hatte kritisch angemerkt, dass Stalin darin viel zu wenig das Primat des Politischen betone, sprich: der umfassenden Diktatur der Partei auch in den Fragen des »Überbaus«, der Ideologie, der Kultur und des Alltags. Eben das war das Thema der chinesischen »Kulturrevolution«.

Che bewegte sich in ähnlichen Bahnen wie Mao, monierte jedoch, dass dieser in der Kritik der sowjetischen Ökonomie nicht weit genug gegangen sei. Auch Mao hatte befunden, dass das »Wertgesetz ein Instrument bei der Arbeit am Wirtschaftsplan« sein könne, nur eben nicht »die Hauptbasis der Planung« sein dürfe, wie das (angeblich) in der Sowjetunion der Fall war. Für Che waren dagegen sozialistische Planung und Wertgesetz an sich schon antagonistische Widersprüche: *Für mich ist das Wertgesetz gleichbedeutend mit dem Kapitalismus.* *

Für diese Erbsünde des real existierenden Sozialismus müsse man aber – *so groß ist das Ausmaß unserer Kühnheit* – noch einen ursprünglichen *großen Schuldigen mit Vor- und Nachname enthüllen:*

---

* Guevaras Gleichsetzung von Kapitalismus und Wertgesetz ist allerdings vollkommen unterkomplex – oder auch direkt falsch. Tatsächlich handelt es sich beim »Wertgesetz«, Marx zufolge, um einen Regelmechanismus aller Waren produzierenden und tauschenden Gesellschaften, gleich welchen historischen Typs. Engels betont in seinem Nachtrag zum III. Band des »Kapital« sogar, dass das Wertgesetz (d. h. der Tausch von Produkten zu Preisen, in denen sich das reale Quantum der darin enthaltenen, gesellschaftlich notwendigen Arbeit ausdrückt) in seiner reinen Form gerade in den vorkapitalistischen Gesellschaften geherrscht habe: »(Das) Wertgesetz hat also geherrscht während einer Periode von fünf bis sieben Jahrtausenden.« Im modernen Kapitalismus sei es durch die Verwandlung der Masse der einfachen Warenproduzenten in Lohnarbeiter sowie durch den Zwang zur rastlosen »Verwertung des Werts« durch die Maximierung des Mehrwerts und der Profitraten überholt und überformt worden. Eben deshalb beginnt Marxens »Kapital« mit einer kritischen Analyse der »Mystifikationen« der Warenformen und Wertverhältnisse. Ob eine sozialistische Gesellschaft das Wertgesetz nicht gerade in seiner Funktion als Maßstab der gesellschaftlich notwendigen Arbeit wiederherzustellen hätte, um sich dann allmählich davon lösen zu können, bleibt nach dieser Argumentation offen. Eine schlichte »Abschaffung«, wie sie Guevara forderte, war jedenfalls eine direkt Marx-widrige Vorstellung und Praxis.

Vladimir Iljitsch Lenin. Ja, der Führer der Bolschewiki habe sich schuldig gemacht, als er auf dem Tiefpunkt der Verwüstungen des Bürgerkriegs und der Hungersnöte 1922 »einen Schritt zurück« getan und den Kriegskommunismus durch eine »Neue Ökonomische Politik« (NEP) ersetzt hatte. Für eine begrenzte Zeitspanne hatten die Kleinproduzenten und Bauern damals ihre Produkte wieder auf eigene Rechnung zu Markte tragen dürfen, statt sie dem Staat abzuliefern. Schon damit aber, so Che, sei *das große Trojanische Pferd des Sozialismus geschaffen* worden: ein bürgerliches Denken nämlich, worin das »persönliche Interesse« wieder als ökonomische Triebkraft anerkannt worden sei.

Zwar habe Stalins Politik der totalen Kollektivierung die NEP liquidiert. Aber er habe sich zu sehr darauf verlassen, dass die Sozialisierung der Produktion und Eliminierung des Privathandels auch das Denken der Menschen (den »Überbau«) entsprechend verändern werde. Den stalinistischen Massenterror erwähnt Che mit keinem Wort: Er galt ihm offenbar als eine unbedeutende historische Akzidenz – wenn nicht überhaupt als »imperialistische Lüge«, wie er schon 1956 befunden hatte. Che interessierte allein das Resultat: nämlich dass eine durchgreifende sozialistische Veränderung des »Überbaus« (des Denkens, der Kultur usw.) auch unter Stalin nicht erreicht worden sei, sodass die kapitalistischen Triebe und Elemente gleich nach seinem Tod wieder nach oben drängten.

Der sowjetische Kolchos sei eben nur eine halbsozialistische Betriebsform, worin die Bauern nebenher auf ihrem eigenen, kleinen Flecken Land mit einer Kuh und zwei, drei Schweinen wirtschaften durften und deshalb bestrebt seien, *die Arbeit für das Kollektiv zum eigenen Nutzen zu vermindern.* Aber auch im Sektor der staatlichen Industrie habe die Anerkennung des Wertgesetzes (der Rechnung mit »realen« Preisen) das kapitalistische Denken kultiviert. Die Praxis von Kauf und Verkauf, also von Warenbeziehungen, zwischen den staatlichen Produzenten und Vertriebsorganisationen habe zu unlösbaren Widersprüchen geführt. In Wirklichkeit seien die Länder des »real existierenden Sozialismus« deshalb auch nur *hybride* (halb sozialistische, halb kapitalistische) Gesellschaften. Angesichts des kapitalistischen Weltmarkts bedeute das aber in langer Sicht, dass der Sozialismus in den Kapitalismus zurückfallen werde.

Gnadenlos nahm Guevara die sowjetischen Lebenslügen auseinander. Von einer kontinuierlichen Steigerung des Lebensstandards in der UdSSR könne überhaupt keine Rede sein, schon wegen der riesigen Rüstungsausgaben, die der Staat machen müsse. Und ebenso wenig könne von einer immer harmonischeren Arbeitsteilung und Entwicklung des Sozialismus in den Ländern Osteuropas gesprochen werden, wie das Handbuch steif und fest behaupte. *Das ist offenbar für Kinder oder Idioten geschrieben. Was ist denn mit der sowjetischen Armee dort? Kratzt sie sich nur die Eier?!*

Umgekehrt stehe der Kapitalismus in den imperialistischen Weltzentren keineswegs vor dem Niedergang; sondern zeige unverändert *große Vitalität*. Er lasse die Arbeiter *teilhaben an den Gewinnen der Ausbeutung der anderen Völker* und erhöhe auch aus internen Gründen die Kaufkraft, da *die Steigerung der Produktion die Steigerung des Konsums voraussetzt*. Die Existenz von Proletariern mit Radio und Fernsehen, Auto und Haushaltsgeräten sei *ein delikates Problem, das auch Marx nicht mit ausreichender Tiefe analysiert hat*. Die Arbeiterklasse in diesen Ländern möge vielleicht gut organisiert sein, habe aber kaum ein Bewusstsein dessen, dass *sie selbst einen Teil der Ausbeuter der Welt* bilde und *auf Kosten der abhängigen Länder* lebe.

Sowenig sich die Revolutionäre in den unterentwickelten Ländern bei ihrem Kampf daher auf die einheimische Bourgeoisie stützen könnten, so wenig könne von einem Bündnis mit der Arbeiterklasse der entwickelten kapitalistischen Länder die Rede sein, wie das sowjetische Lehrbuch behaupte. Im Gegenteil: Deren Interessen stünden denen der Armen dieser Erde *antagonistisch*, also unversöhnlich gegenüber. Sogar die Industriearbeiter in den Entwicklungsländern seien eine privilegierte Schicht und oft Komplizen der Monopolisten. Nur *die Bauern dieser Länder … sind in der großen Mehrheit der Länder die wahren Elenden dieses Moments* der Geschichte und daher *die eigentliche revolutionäre Kraft*.

Aus all diesen Gründen könne es eine »friedliche Koexistenz« mit den Mächten des Imperialismus nicht geben. Es sei vielmehr *eine der gefährlichsten Thesen der UdSSR*, dass die bloße Existenz und Friedensbereitschaft des sozialistischen Lagers die Ambitionen der Imperialisten in die Schranken weise und daher in weiten Teilen der Welt die Perspektive eines friedlichen Übergangs zum Sozialismus eröffne. In Wirklichkeit hätten Völker wie Vietnam keine andere Wahl, als ihr Blut im Kampf gegen die imperialistischen Aggressoren zu vergießen.

Schlimmer noch: die *Politik der Beschwichtigung hat die Aggressivität der Yankees nur verstärkt.*

Und wie im Weltmaßstab sei es im Innern der einzelnen Länder: *Die Diktatur des Proletariats ist ein Regime der Gewalt.* Jede Abschwächung führe zu Konzessionen an das *persönliche Interesse* und damit zurück in bürgerliche Denkweisen. Auch die sozialistische Gesellschaft müsse daher *zur Durchsetzung ihrer Disziplin Zwang auf die Arbeiter ausüben, nur dass dieser Zwang (so sollte es jedenfalls sein) durch die Erziehung der Massen unterstützt wird.*

Was Guevara vorschwebte, war also ein »Kriegskommunismus« in Permanenz, eine puritanische und egalitäre Ordnung, in der alle gesellschaftlichen Mittel für Produktion wie Konsumtion in einen großen staatlichen Topf zu fließen und von dort nach »rationalen« und »gerechten« Gesichtspunkten wieder zu investieren oder zu verteilen waren – so wie er es als kubanischer Industrieminister selbst mit seinem »Etatmäßigen System der Finanzierung« (SPF) praktiziert hatte. Liest man in seinen »Prager Heften« Sätze wie: *Die soziale Pflicht des Individuums ist es, an der Produktion mitzuwirken und nicht den eigenen Wanst zu pflegen*, oder: *Das persönliche Interesse muss ein Reflex des sozialen Interesses sein* –, dann ist man wieder in der Welt des »Bienenvolks« oder »Bienenstocks«, mit dem er seine Guerilla als Keimzelle der neuen Gesellschaft und des Neuen Menschen beschrieben hatte: einer Gesellschaft, in der die Ähren oder das Zuckerrohr *mit Liebe und Anmut geschnitten werden* und die Proletarier sich, wie ihm 15 Jahre zuvor im chilenischen Chuquicamata schon vorgeschwebt hatte, *ihre Lungen mit bewusster Freude vergiften werden.*

Das einzige Problem mit dieser schönen neuen Welt des Ernesto Che Guevara lag darin, dass außer ihm niemand dafür gemacht war.

Operation Fantasma

»Also Jungs, ihr könnt euch nicht beklagen ... Ihr habt heute Nacht alle mit einer Frau geschlafen.« Tania war (endlich) wieder in ihrem Element. Sie hatte die Compañeros, die ab Anfang November 1966 nach und nach in Gruppen zu zweit in La Paz ankamen, in sichere Quartiere gebracht, sie ein wenig in ihrem Jeep durch die Stadt kutschiert, abends kubanisch für sie gekocht, übersprudelnd erzählt von Bolivien und dem Leben hier. Und spätnachts hatten sie, als partout keine Einigung möglich war, wer das einzige Bett nehmen sollte, sich zu fünft auf den Boden gelegt und so keusch und spartanisch wie in der Guerilla »miteinander geschlafen«.

Dass so eine junge, fröhliche Frau sie hier in La Paz erwarten würde, damit hatten sie nicht gerechnet. Allerdings hatten sie sowieso keine Ahnung, was sie erwartete. Erst kurz vor der Abreise war ihnen Bolivien als Ziel genannt worden, ein Land, von dem sie bestenfalls vage Vorstellungen hatten. Sie hatten kaum Zeit bekommen, sich von ihren Frauen und Kindern zu verabschieden, die wieder einmal nicht wissen durften, um was für eine »Mission« es sich handelte. Jetzt waren sie also hier, fieberten dem entgegen, was sie an der Seite des Che erwarten würde, und vergaßen für einen Moment die strengen Regeln der Konspiration, die sie auf ihren 14-tägigen Verwirrflügen um die halbe Welt mit ihren falschen Pässen in Flughäfen und teuren Hotels hatten einhalten müssen.

Die Ankunft in La Paz jedenfalls war verblüffend glattgegangen. Sie konnten sich frei im Feindesland bewegen. Und da war diese Genossin, »die schöne Tania«, wie sich Benigno (einer der Neuankömmlinge und später einer der drei kubanischen Überlebenden) schwärmerisch erinnern würde – eine junge Frau Ende zwanzig, die sie zum ersten Mal sahen und die für lange Zeit die letzte Frau sein würde, mit der sie auf kubanische Manier flirten durften: »Groß, grüne Augen, blonde Haare, ein durch Sport, Tanz und Gymnastik geformter Körper ...« Sie sei »wirklich schön« gewesen, aber keins der wenigen Fotos, die es von ihr gebe, habe »ein richtiges Bild dieser Schönheit« vermitteln können.

Als Tania im Mai 1966 aus Mexiko – via Prag oder Havanna, wer weiß es – nach La Paz zurückgekehrt war, hatte sie einen ihr avisierten Agenten Ches vorgefunden, in dem sie nach dem üblichen Zeremoniell konspirativer Annäherungen zu ihrer großen Freude »Papi« erkannte, den sie gern »Tarzan« nannte. Er war schon Anfang April von Che vorausgeschickt worden, um die politischen und logistischen Voraussetzungen für die Operation zu schaffen, deren Zielrichtung noch nicht ganz feststand. Im Juli, als klar war, dass Bolivien nicht nur Transitland, sondern Basis des Kampfes sein würde, hatte Che seine beiden schwarzen Leibwächter »Pombo« und »Tuma« aus Prag hinterhergeschickt – die sich von Tania allerdings strikt fernhalten sollten, da deren Legende auf keinen Fall gefährdet werden durfte. Anfang September erschien noch »Ivan« auf der Bühne, richtig Rénan Montero, ein Spezialist für konspirative Techniken wie der abgereiste Mercy.

Alle scheinen sie ein bisschen dem süßen Agentenleben gefrönt zu haben und hielten sich nicht an Ches Weisung, die Kontakte zu Tania »auf ein Minimum zu beschränken«. Jedenfalls habe die sich (laut Pombo) bei Che beklagt, dass Papi ihre freudigen Umarmungen missverstanden habe und »aufdringlich« geworden sei. Estrada wiederum würde später Rénan (Ivan), der in La Paz als betuchter Geschäftsmann auftrat, bezichtigen, Tania »belästigt« zu haben. Dafür versuchte Rénan sich mit Erfolg als Geheimdienst-Romeo bei einer Nichte des Staatspräsidenten, die er angeblich sogar heiratete. Jedenfalls verkehrte er wie Tania schon nach kurzer Zeit in den höheren Gesellschaftskreisen und Regierungszirkeln von La Paz – ein Umstand, der sein plötzliches Verschwinden im Jahr darauf, als Che in höchster Not und Rénan der letzte, nicht »verbrannte« Resident in La Paz war, umso fragwürdiger erscheinen lassen würde.

Allerdings mussten diese jungen Agenten auch in einer verwirrenden Kombination von Rollen agieren: als Geschäftsleute mit dicken Dollarbündeln, als konspirative Informationsbeschaffer – und gleichzeitig als diplomatische Unterhändler in Sachen Revolution. Die von Castro selbst in Kuba begonnenen Verhandlungen mit Mario Monje, dem Generalsekretär der Kommunistischen Partei Boliviens, setzten sich hier vor Ort in einem komplizierten, beiderseitigen Doppelspiel fort.

Monje wollte sich nach allen Seiten absichern: nach der Seite Moskaus wie Havannas, von denen er jeweils Subventionen kassierte; aber auch nach der Seite der gegensätzlichen Fraktionen in der eigenen Partei, von denen einige auf den legalen Weg setzten, während eine Gruppe junger Kader um die charismatischen Brüder Roberto (Coco) und Guido (Inti) Peredo sich bereits ganz dem Projekt Ches verschrieben hatten. Dann waren da die »chinesischen« Parteispalter um Oscar Zamora, die eine eigene kommunistische Partei (PCB-ML) gegründet hatten, von der sich wiederum eine Gruppe um Moisés Guevara, einen Bergarbeiterführer, abgespalten hatte. Ein anderer gewichtiger Faktor waren die (zum Teil trotzkistisch inspirierten) Aktivisten der Minenarbeiter-Gewerkschaft sowie die Parteigänger des ins Ausland abgeschobenen ehemaligen Vizepräsidenten und Führers des linken MNR-Flügels, Juan Lechín, der jetzt vom Exil her seine Fäden zog. Und schließlich gab es die gewählte Regierung Barrientos und das Spiel der parlamentarischen Parteien, zu denen auch die KP Boliviens jetzt wieder gehörte. Sie hatte sich an den Wahlen im Sommer 1966 beteiligt und dabei 20.000 Stimmen erhalten, was die meisten schon als einen beachtlichen Erfolg ansahen.

Verwirrend für die jungen kubanischen Agenten (die die Batista-Zeit nur noch aus den Monstergemälden ihrer Propaganda kannten) war die Tatsache, dass die sozialen Milieus, aus denen Kommunisten und Regierungsleute kamen, vielfach dieselben waren, sodass es zahlreiche Verschwisterungen und Verschwägerungen gab. So war Monjes Stellvertreter (und Rivale) Jorge Kolle zum Beispiel der Bruder des amtierenden Chefs der Luftwaffe. Und Inti Peredo war über eine Cousine seiner Frau mit dem bekannten Journalisten López Muñoz verschwägert, der zum Leiter des Pressebüros des Präsidenten Barrientos berufen worden war. Zu seinen vertrauten Mitarbeiterinnen zählte eine gewisse Laura Guíterrez Bauer – von deren Doppelrolle als Tania er womöglich wusste.

Über Tania sollten wiederum die KP-Leute nichts wissen. Aber in einer der Verhandlungen Monjes mit Papi, in der es auch um Geld ging (Monje verlangte 2000 Dollar für die Parteigehälter, was Papi verweigerte), brachte der plötzlich auch die Reisekosten für einen jungen Genossen namens Mario Martínez aufs Tapet, Tanias Ehemann also, der nach Bulgarien verschoben werden sollte. Leider könne die Partei ihm die Reise nicht zahlen – ein kaum versteckter Hinweis, dass die Führer der KP Boliviens alles im Blick hatten, was Ches Leute in ihrem Revier trieben.

Mario Monje ist später, nach dem Tod Guevaras, von Fidel Castro in seiner pathetischen Totenrede auf Che als Judas gebrandmarkt worden, der durch sein falsches Spiel und seine Feigheit die Guerilla in eine aussichtslose Lage gebracht habe. Unter dem Druck dieser Anklagen ging der verbitterte Monje 1968 in ein lebenslanges Moskauer Exil – ein kleines Bauernopfer im weltpolitischen Spiel der Sowjetunion.

In Wirklichkeit war seine Position bei allem Lavieren durchaus klar und mit der seiner Partei wie mit der Moskaus identisch. Wenn er einen Fehler gemacht hatte, dann den, dass er gegenüber dem kubanischen Drängen zu nachgiebig gewesen war. Natürlich schlossen die bolivianischen Kommunisten einen bewaffneten Widerstand, auch in Form einer Guerilla, prinzipiell nie aus. Sie waren keine Waisenknaben, sondern verfügten, klein wie ihre Partei war, über einen exzellenten, in Phasen der Illegalität erprobten klandestinen Apparat. Ihre Politik folgte – im Gegensatz zu der Ches – jedoch gewissen realpolitischen Maximen.

So gingen sie (nicht unbegründet) davon aus, dass das Regime des Generals Barrientos trotz seiner halbdemokratischen Legitimation durch die Wahl zum Präsidenten im Mai 1965 nicht auf allzu festen Füßen stand. Der General schaffte es nicht, eine tragfähige politische Koalition zusammenzubekommen; und seine Politik schwankte abrupt zwischen Reform und Repression. Wenn die Kommunisten eine Chance haben wollten, dann am ehesten in einer nächsten Krise, die auch ein neuer Militärputsch sein konnte, und als Teil einer linksnationalistischen Koalition.

Ansonsten stand die KP vor denselben Problemen wie alle politischen Kräfte in Bolivien: den tiefen Spaltungen zwischen Indios, Mestizen und Weißen; zwischen dem kargen Altiplano (Andenhochland) und dem tropischen Tiefland; zwischen den organisierten Minenarbeitern und der verstreuten Masse der Bauern. Es waren diese verschiedenen, sich überkreuzenden Bruchlinien, die wiederum die Stärke des Militärs als des scheinbar einzigen Garanten der Staatlichkeit begründeten. Irgendwo dazwischen mussten die Kommunisten lavieren, die sich als eine modernisierende, zentralistische und vorwiegend städtische Elite eigenen Zuschnitts darstellten.

Die dringenden Wünsche der kubanischen Agenten, eine oder zwei Farmen in Bolivien zu kaufen, die als Sammel-, Waffen- und Trainingsplätze dienen sollten, ließen bei Monje die Alarmglocken schrillen, konnten aber nicht einfach abgeschlagen werden. Also lenkte er die Aufmerksamkeit der Emissäre Ches, die es verdächtig eilig hatten, aber sich wenig auskannten, auf ein unwegsames Kordilleren-Vorland entlang des Ñacahuazú, eines Seitenflusses des Rio Grande. Dieses dünn besiedelte Gebiet, das nur zur Erdölstadt Camiri eine Straßenverbindung hatte, war für eine Guerilla-Operation denkbar ungeeignet; als abgelegener Sammelpunkt mochte es in Frage kommen, vor allem für eine »nach Süden«, sprich: nach Argentinien, gerichtete Operation. Und darum ging es doch, oder? Also gab Monje seinen Jungkadern um Coco Peredo (der als Käufer auftrat) grünes Licht für die Farm am Ñacahuazú – ein Kauf, den Papi und Pombo aus ihren Barreserven finanzierten.

Im September, während diese Kaufverhandlungen gerade abgeschlossen wurden, tauchte zur Irritation aller Beteiligten »der Franzose« auf, Régis Debray, der von Che den Auftrag erhalten hatte, »eine geopolitische Studie« über die günstigsten Guerillagebiete in Bolivien anzufertigen. Außerdem sollte er Sondierungsgespräche mit der maoistischen Splittergruppe um Moisés Guevara führen. Beides versetzte Monje vollends in Rage.

Debray, der seit Ende 1965 in Havanna lebte, reiste offiziell als Korrespondent einer chilenischen Zeitung und als Autor des französischen Verlegers François Maspéro. Seine Vorschläge für eine Guerillabasis wiesen mit guten Gründen in eine völlig entgegengesetzte Richtung. Er schlug das Alto Beni vor, eine dicht besiedelte und bewirtschaftete Gegend 140 km nördlich von La Paz, mit ihren nach Südwesten abgehenden Tälern, den subtropischen Yungas, die Guevara als junger Mann 1952 besucht hatte; oder alternativ das Chapare im Department Cochabamba, eine im Tiefland gelegene, bewaldete Landschaft, die damals gerade aus einem Zentrum des traditionellen Coca-Anbaus zu einer Zone illegaler Rauschgiftproduktion wurde – mit allen daran hängenden, eventuell politisch nutzbaren Konflikten.

Anfang Oktober kam von Che eine neue Weisung an seine enervierten Emissäre, die schon begonnen hatten, die gekauften Ausrüstungen nach Ñacahuazú zu transportieren: *Die jetzige Farm ist gut. Kauft noch eine, aber transferiert die Waffen nicht, bevor ihr Anweisung bekommt.* Also kauften sie »noch eine« Farm im Alto Beni, die sich allerdings als wenig tauglich erwies, da sie nahe bei einer Kaserne lag.

Nicht nur diese überhasteten Landkäufe, auch die übrigen Weisungen aus Kuba machten den Eindruck von Kopflosigkeit. »Die ursprüngliche Liste enthielt die Ausrüstung für fünfzig Mann«, notierte sich Pombo; jetzt sollten es nur noch dreißig Rucksäcke mit Zubehör sein. War nicht früher mal von 200 Leuten die Rede gewesen, die als Rekruten gewonnen werden sollten; darunter 120 Bolivianer, die in Kuba ausgebildet würden?

Von Monje gab es nur noch vage Versprechungen, aber entschiedene Vorhaltungen: Die KP Boliviens sei kein Handlanger der KP Kubas, sie müsse in allen ihr Land betreffenden Fragen die politische und militärische Führung innehaben. Er wolle über alles, was seitens der kubanischen Genossen geplant und unternommen werde, informiert werden. Und Debray mit seinen Kontakten zu maoistischen Spaltern, die »in jeder Hinsicht als Feinde betrachtet« würden, müsse sofort verschwinden.

Pombo war schließlich der Meinung, es sei »unser größter Fehler gewesen, ihm [Monje] zu vertrauen und ihn über alles auf dem Laufenden zu halten«. Che dagegen hielt es für seinen größten Fehler, seine Leibfüchse mit diesen Vorbereitungen betraut zu haben, was den im Oktober zum Rapport zurückbeorderten Papi zu Tränen trieb. Zumal der Chef nach einer seiner gefürchteten »Entladungen« (Schimpfkanonaden) ankündigte, dass er in Kürze selbst und ohne Voranmeldung nach La Paz kommen und die Sache in die Hand nehmen werde. Am 4. November war er da.

Was trieb Che überhaupt dazu, die Vorbereitungen für seine Bolivien-Operation in dieser Weise zu überstürzen? Jedenfalls waren es wohl eher persönliche als politische Gründe. Er ertrug es offenkundig nur schlecht, sich inkognito in Kuba aufzuhalten und dort (für seine Verhältnisse) stillzusitzen und Däumchen zu drehen. Seit seiner schmählichen Flucht aus dem Kongo war ein volles Jahr vergangen, und er hatte keine zwei Jahre mehr bis zur Altersgrenze für Guerilleros. Und statt ein neues »Handbuch der politischen Ökonomie« zu verfassen, wollte er eben doch die weißen Seiten seines Lebens füllen, etwas Großes, Entscheidendes, Finales ausprobieren. War die »Granma«-Expedition Fidels vielleicht perfekt vorbereitet gewesen?! Im Vergleich damit war diese »Operation Fantasma« doch ungleich aufwendiger, detaillierter und professioneller organisiert. Und irgendwann kam es nun einmal darauf an, so wie Lenin im Oktober 1917 oder Fidel im Dezember 1956, der napoleonischen Devise zu folgen: »On s'engage, et puis on voit!« Man stürzt sich in die Schlacht, und dann sieht man weiter. Anders konnte eine Revolution nicht gemacht werden.

Castro, der das an sich ganz ähnlich sah, versuchte Che gleichwohl zu überreden, sich mehr Zeit zu nehmen und die Sache noch einmal genauer zu überdenken. Wenn man den Augenzeugen trauen kann, die allerdings keine Ohrenzeugen waren, verlief ihr letztes Gespräch auf einem Baumstamm im latenten Dissens. Fidel redete laut gestikulierend auf seinen Gefährten ein; Che antwortete düster und verstockt. Dann schwiegen sie lange. Schließlich standen sie auf, klopften sich auf die Schultern, aber umarmten sich nicht – ihre letzte Begegnung.

Die kleine, handverlesene Truppe von 18 Leuten, die Che sich aus einer größeren Anzahl Freiwilliger für dieses nächste Abenteuer zusammengestellt hatte, bestand durchweg aus Weggefährten und Vertrauten. Da waren seine ehemaligen Kindersoldaten sowie weitere Mitkämpfer aus der Sierra Maestra und der Schlacht um Santa Clara, die in Armee und Geheimdienst Karrieren gemacht hatten; dazu einige Mitarbeiter aus der Nationalbank oder seinem Industrieministerium, die teilweise auch militärische Ränge hatten. Drei waren Mitglieder des Zentralkomitees, zwei stellvertretende Minister (des Innern und der Zuckerindustrie), einer Abteilungsleiter für die Minenindustrie, einer Chefchirurg einer großen Klinik, drei waren Kommandeure von Grenztruppen oder Militärbezirken. Die Jüngsten wie Tuma, Pombo oder Benigno waren jetzt auch schon Veteranen Mitte zwanzig, die Ältesten gingen wie Che auf die vierzig, oder sie waren deutlich drüber, wie Major Acuña (»Joaquín«), Ches Stellvertreter, der später die verlorene Nachhut kommandieren würde. Sie waren also ein reiner Offizierskader ohne Rekruten; die sollten die Bolivianer stellen. Ihre militärischen Ränge mussten sie allerdings ablegen; jeder war zunächst einfacher Fußsoldat, mit Ausnahme Ches.

Kaum nötig zu sagen, dass die angetretene Truppe – wie das schwarze Afrikakorps im Jahr zuvor – zu Beginn einem glatzköpfigen Menschen mit vorstehenden Zähnen vorgeführt wurde, einem »Genossen Ramon«, der sie abschätzig durch seine dicke Hornbrille musterte und laut eine »Versammlung von Flaschen« nannte – bis bei den Ersten der Groschen fiel (»Mensch, Che!«) und die kurze Beklemmung sich in Gelächter und Umarmungen auflöste. Dann wurde es langsam ernst: Nachtmärsche in der Sierra Rosario, Schießübungen, auch mit schweren Waffen, und kleinere Gefechte (Hinterhalte) auf einem der vielen Übungsplätze; schließlich ideologische Schulungen und Diskussionen über die weltpolitische Lage, zu denen Fidel einige Male persönlich erschien.

Endlich, kurz vor der Abreise, die Eröffnung: Es ging nach Bolivien; und von dort sollte der Kampf weiter nach Argentinien, Peru, Brasilien, Uruguay und Paraguay getragen werden – allerdings nicht nach Chile, das dafür »noch nicht reif« sei und als neutraler strategischer Rückraum dienen würde. Ein grobes Timing gab es auch schon: Das erste halbe Jahr würden die Guerilleros der verschiedenen Länder sich in einem abgelegenen Gelände in Bolivien sammeln, miteinander trainieren, sich bekannt machen. Und dann könnte es am 26. Juli 1967 mit einem Angriff auf eine noch ausfindig zu machende Kaserne in der Gegend von Sucre losgehen – als Feuertaufe im Stil der Moncada-Aktion, aber auch als sichtbares Fanal am Vorabend der für August 1967 angesetzten Ersten Konferenz der OLAS (der »Solidaritätsorganisation Lateinamerikas«), dem wichtigsten Glied der neu gegründeten »Tricontinentale« in Havanna.

Entstellt wie er war, machte Che vor Reiseantritt als »Onkel Ramón« einen letzten Besuch bei seiner Familie und überbrachte den Kindern kleine, ermahnende Botschaften ihres abwesenden Vaters. Auf einer Serie von Abschiedsfotos steht Aleida in verkrampfter Haltung und mit umschatteter Miene neben diesem Froschmann im dunklen Anzug, der einmal ihr Prinz war und den sie (wie sie wohl ahnte) nicht mehr sehen würde.

Dann machten sich die 18 Auserwählten in Gruppen zu zweit auf den Weg um die halbe Welt – als Erster Che mit Hauptmann Montes de Oca (Pacho). Über Moskau und Prag flog er via Wien und Zürich nach Frankfurt, wo er in einem Papiergeschäft auf der Kaiserstraße je-

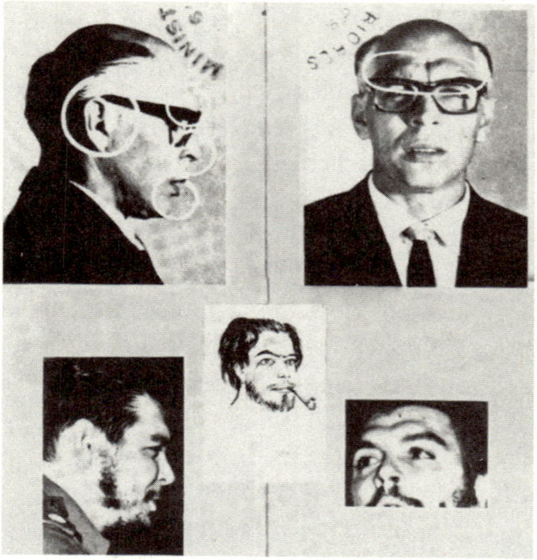

Identifizierungskarte der CIA mit dem Passbild von »Dr. Mena«, dessen physiognomische Charakteristika mit denen auf früheren Bildern Guevaras abgeglichen wurden (weiße Kringel). In der Mitte die Phantomzeichnung, die Ciro Bustos von Che als Guerillero »Ramon« in der Haft anfertigte. – Die Karte wurde erstellt, nachdem Ches falscher Pass Mitte August in einem der Erddepots des Guerillalagers gefunden wurde und Bustos die Anwesenheit Guevaras gestanden hatte.

nen Kalender für das Jahr 1967 kaufte, in den er sein bolivianisches Feldtagebuch schreiben würde; und von dort über Paris und Sao Paulo weiter nach La Paz. In der (faktischen) Hauptstadt Boliviens angekommen, stieg er mit seinem falschen Pass Nr. 2 als der uruguayische Soziologe Adolfo Mena in einem vornehmen Hotel ab. Er war von Tania mit einem Begleitschreiben der Presseabteilung des Präsidenten ausgestattet worden, wonach Dr. Mena im Auftrag der OAS eine Studienreise »zur Sammlung von Informationen über die soziale und ökonomische Lage der Landbevölkerung« unternehme. Dazu kamen Schreiben weiterer Ministerien, die die zivilen und militärischen Autoritäten anwiesen, dem OAS-Beauftragten »jede nötige Unterstützung bei der Sammlung relevanter Informationen und Daten« angedeihen zu lassen.

Das war eine hervorragende Coverstory, die es ihm risikolos ermöglicht hätte, Bolivien tatsächlich zu bereisen. Selbst Tania hätte ihn qua Amtes und ohne Aufsehen begleiten können. Wären sie ein Liebespaar gewesen, was für eine Gelegenheit! Aber offenbar hat Che seine Verbindungsfrau in La Paz, die alles so perfekt vorbereitet hatte, nur kurz gesehen. Und jedenfalls hat er keinen Versuch gemacht, das Land näher kennenzulernen. Nichts könnte präziser verdeutlichen, dass seine Vorstellung einer kontinentalen Guerilla sich von allen Begriffen einer sozialen Revolution weit entfernt hatte. Es lässt freilich auch an das blasierte Desinteresse des jungen Globetrotters aus dem Jahr 1952 zurückdenken, den die revolutionären Kämpfe und tiefen Umbrüche Boliviens, deren direkter Zeuge er wurde, nur enttäuschten.

Jetzt stand alles faktisch wie programmatisch unter dem Primat des Militärischen. Nach einer flüchtigen Tour durch La Paz ließ Che sich schon am Morgen des nächsten Tages von dem bolivianischen Studenten Jorge Vásquez Viaña (Loro) – der vor Schreck fast in den Abgrund fuhr, als er die Identität seines Passagiers erfuhr – und in Begleitung seiner engeren Leibgarde (Pombo, Tuma und Pacho) in zwei Jeeps in das Guerillagebiet bringen. Auf der gleichen, fast 1500 Kilometer langen Route nach Camiri, die vom eisigen Hochland in endlosen Serpentinen über 3000 Höhenmeter hinunter ins subtropische Flachland führte, würden die übrigen Männer in den folgenden anderthalb Monaten zu ihrem Zielort gebracht.

Ob Che sich wenigstens nach den steinernen Markierungen erkundigt hat, die am Straßenrand zu sehen waren, so wie Benigno es vier Wochen später auf derselben Route tat? Papi erklärte ihm, sie dienten der Einteilung der Felder und seien Zeichen der Agrarreform, »die jedem Indio ein Stück Land gibt«. Benigno, der Bauernsohn aus der Sierra Maestra, staunte. Es hatte hier eine Agrarreform gegeben, und sie ging noch weiter?!

Nach anderthalb Tagen Fahrt kam seine Gruppe spätabends, vier Stunden hinter Camiri, in einem urwaldartigen Gebiet an, das sich über steile Berghänge erstreckte. Die Straße ging in eine Schotterpiste über. Dann mussten sie aussteigen und warten. Papi erklärte: »Wir sind in der Nähe des Hauses eines Individuums namens Ciro Algarañaz, in den wir keinerlei Vertrauen haben … Er hat mehrere Knechte, und dauernd stecken sie ihre Nase bei uns rein.« Also warteten sie in der eisigen Nacht, bis der neugierige Nachbar schlief. Dann ging es ohne Licht weiter zur eigenen Farm, der Casa de Calamina (dem »Wellblechhaus«). Sie wurde pro forma von Loro bewirtschaftet, dessen »Knechte« zwei Guerilla-Rekruten indianischer Herkunft waren, Serapio und Apolinar.

Damit waren sie noch nicht angekommen. Nach kurzer Begrüßung ging es mit allem Gepäck vier Stunden über einen Dschungelpfad zu Fuß weiter zu dem etwa 10 km entfernten Basiscamp, wo sie frühmorgens endlich ankamen – und Che abermals nicht erkannten, weil er noch kahl und bartlos war. Es dauerte wegen seines schütteren Bartwuchses Wochen, bis er wieder der Alte war.

»Wir sollten die Idee, dass der Kampf in Kuba mit zwölf Mann begonnen hat, jetzt besser vergessen. Unter den aktuellen Umständen sollte der Kampf mit der größtmöglichen Zahl von Kräften begonnen werden.« Das hatte sich Pombo in einem Anflug von Nüchternheit schon im September in sein Tagebuch notiert. Darin lag jedenfalls ein gesunder Abwehrreflex gegen den morbiden Wiederholungszwang, unter den Che dieses ganze Unternehmen gestellt hatte.

Allerdings war es nicht die (imaginäre) kontinentale Dimension des Unternehmens, die den Unterschied machte, sondern der Mangel jeder Unterstützung vor Ort. Die Landung der »Granma« war ein Schiffbruch und eine Folge von Katastrophen, die zwei Drittel der Expeditionäre keine drei Tage überlebten. Im Vergleich dazu lief Ches »Operation Fantasma« zu Beginn wie am Schnürchen. Was Castro und seine Gefährten gerettet und am Ende zum Sieg geführt hatte, war das von Celia Sanchez oder Frank País gespannte Netz von ländlichen und städtischen Helfern und Kämpfern – und schließlich der schleichende Zusammenbruch des Batista-Regimes. In Bolivien fand Che nichts davon vor; und die Professionalität der Vorbereitungen konnte das höchstens zu Beginn überspielen.

Zu den 18 Kubanern, die bis Weihnachten eingetroffen waren, kamen ein Dutzend Bolivianer, und in den Wochen darauf noch ein Dutzend weiterer, teilweise völlig unvorbereiteter und untauglicher Rekruten; sowie drei, vier versprengte Peruaner unter dem »Chino« Juan Pablo Chang, Überlebende der gescheiterten Operation von Béjar. Das war's. Ches Streitmacht bestand aus weniger als einem halben Hundert kampffähiger Männer – und (später) einer Frau.

Sehr bald begann alles schiefzugehen; und von dieser schiefen Ebene würden sie mit den heroischsten Kraftakten nicht mehr herunterkommen. Die »Abgelegenheit« des Ortes erwies sich als strategischer Fehlgedanke. Gerade in dieser Waldeinsamkeit waren Bewegungen von Personen, Fahrzeugen und Materialien umso auffälliger. Jedenfalls begann der Nachbar Algarañaz sehr bald, erpresserische Angebote zu machen. Es war die Zeit des beginnenden Rauschgiftbooms, und der Mann (der ein paar kriminelle Episoden im Leben hatte) war überzeugt, dass die neuen Inhaber der Casa de Calamina, darunter Ausländer und Dunkelhäutige, irgendwo hinten im Wald ein Kokain-Labor installierten. Also ließ er sie durch seine Leute beobachten und deutete an, er »wisse Bescheid« und wolle beteiligt werden. Selbst Todesdrohungen hinderten ihn nicht, dieses Spiel weiterzuspielen und in Camiri damit anzugeben – bis im Februar die erste Polizeistreife auf der Casa de Calamina auftauchte.

Ches Truppe hatte hinter der Farm, an der alle Wege endeten, in Abständen von zehn bis zwanzig Kilometern eine Reihe weiterer Camps und getarnter Erddepots angelegt, eine kleine Festungsstadt nach dem Vorbild der Sierra Maestra, die nur über Waldpfade oder durch das Flussbett des Ñancahuazú zu erreichen war. Schon nach kurzer Zeit begann die zentrale Funkanlage zu streiken (ein irrsinnig schwerer, verrosteter Röhrenapparat, der aus dem Zweiten Weltkrieg stammte und mit einem eigenen Generator betrieben werden musste) und konnte nie wirklich in Betrieb genommen werden. Damit war die eigenständige Funkverbindung mit La Paz abgeschnitten, auch wenn sie chiffrierte Nachrichten aus »Manila« (Havanna) über ein Kurzwellenradio noch lange empfangen konnten. Um sie zu dechiffrieren, mussten sie sie allerdings auf Tonband aufzeichnen, bis auch diese Möglichkeit ausfiel. Über Kuriere konnten sie in den ersten Monaten noch Botschaften übermitteln. Dann brach auch dieses Verbindungs- und Versorgungsnetz zusammen, und sie waren auf sich gestellt.

Entscheidend dafür war der Abbruch der Beziehungen zur bolivianischen KP und ihrem konspirativen Apparat. An Silvester waren Tania und Papi ins Lager gekommen und hatten Mario Monje mitgebracht, der einen letzten Versuch machte, die auch für ihn und seine Partei riskante Situation zu retten. Solange Che in Bolivien war, reklamierte Monje (der sich angeblich selbst der Guerilla anschließen wollte) die »politisch-militärische Führung«. Che hätte sich also formell unterordnen und praktisch von ihm abhängig machen müssen – so wie im Kongo von Kabila. Dazu war er unter keinen Umständen bereit. Er bestand auf seiner Rolle als »Oberkommandierender«, unter Berufung auf den kontinentalen Charakter der Operation.

Es war ein kurzes und ergebnisloses Gespräch. Tania hatte derweilen als Sonnenschein der Truppe kleine Geschenke und Mitbringsel

Tania im Guerillacamp, beim Fotografieren und Selbst-Fotografiertwerden. Die geringe Vorsicht der Guerilleros bei der Produktion von Bildern, die früher oder später in den Händen der Armee landeten, gibt Rätsel auf.

sowie Post aus der Heimat verteilt, darunter einen Mitschnitt der Neujahrsbotschaft Fidels, worin er Che und sie alle (verschlüsselt) erwähnt hatte. Es gab ein letztes Festessen mit ein paar Flaschen Bier und Wein; und spätabends nahm Tania ihre Gitarre und sogar ein Akkordeon hervor und sang mit ihrer dunklen Stimme »Lieder, die direkt zum Herzen sprechen und dich an die Frau erinnern, die du liebst«, wie Benigno sich schwärmerisch erinnerte. Ein letzter, melancholischer Moment von Lagerfeuerromantik.

Um Mitternacht hielt Che im Anschluss an Monje, der auch einen Toast ausbrachte, eine Rede, worin er verkündete, dass eben dieser Moment ein neuer *Grito de Murillo der kontinentalen Revolution* sei – eine historische Anspielung, die es in sich hatte: Der Kampfruf (grito), den der Vorkämpfer der Unabhängigkeit Boliviens (des spanischen »Hoch-Peru«), Pedro Domingo Murillo, im Jahr 1809 auf dem Scheiterhaufen ausgestoßen hatte, lautete: »Ich werde sterben, doch die Fackel, die ich entzündete, wird niemals verlöschen.« Jetzt sollten sie also die Fackel der kontinentalen Revolution entzünden, auch wenn sie dabei verbrannten.

Monje verabschiedete sich am Neujahrsmorgen mit einer Miene *wie jemand, den man zur Hinrichtung führt.* Er hatte zuvor das Dutzend seiner Jugendkader, die sich Che angeschlossen hatten, in einer improvisierten Versammlung vor die Wahl gestellt, mit ihm zurückzukehren oder weiterzumachen. Mit den Brüdern Peredo als Sprecher entschieden sich alle fürs Weitermachen. Che notierte in sein Tagebuch: *Die Haltung Monjes kann einerseits die Entwicklung hemmen, andererseits auch vorantreiben, da sie mich von politischen Kompromissen befreit.*

Er nahm sich vor, im Gegenzug Moisés Guevara herbeizuzitieren und zu schauen, ob der sich mit seiner Gruppe dem Kampf anschließen würde. Gleichzeitig machte er Pläne, ein eigenes städtisches Unterstützungsnetz aufzubauen, für das er auf weitere abtrünnige KP-Kader wie Rodolfo Saldana und die junge Studentin Loyola de Guzman zählte. Papi dagegen sollte sich als erfahrener Kämpfer der Guerilla anschließen, sodass außer Tania nur noch Rénan als Resident in La Paz blieb – wie sich zeigte, eine verhängnisvolle Entscheidung.

Tania, die schon viel stärker als geplant operativ eingebunden war, erhielt von Che den Auftrag, möglichst bald nach Argentinien zu reisen und mit Ciro Bustos und anderen über die Entsendung argentinischer Rekruten sprechen – und den früher zitierten Brief an »Don Ernesto«, seinen Vater, aufzugeben, in dem alles noch nach Aufbruch und Abenteuer schmeckte: *Durch den von den Hufen meiner Rosinante aufgewirbelten Staub hindurch, mit eingelegter Lanze, bereit, meine Feinde, die Riesen, zu durchbohren, sende ich Euch … diese fast telepathische Botschaft …*

Noch waren sie in gehobener Stimmung und sah alles nach einer sich konzentrisch entfaltenden Initiative aus. Es gab dünne Verbindungsfäden nach Camiri und Cochabamba, La Paz und die Minenbezirke von Catavi, aber auch nach Chile, Peru und Brasilien, und weiterhin nach Havanna. Ende Januar kam Moisés Guevara ins Lager, ein dreißigjähriger, untersetzter Bergarbeiterfunktionär indianischer Herkunft, und sagte zu, seine Organisation ohne weitere ideologische Diskussionen aufzulösen und sich in vier bis sechs Wochen (nach dem Karneval) mit zwanzig ausgewählten Leuten der Guerilla anzuschließen.

Mit der gleichzeitig angekommenen Loyola de Guzman sprach Che über die weitere Organisation des städtischen Unterstützungsnetzes, den Kauf eines Lastwagens (aus einem Fonds von 80.000 Dollar, den

Gruppenfoto für die Geschichtsbücher, Anfang 1967: Che (Mitte links, mit Pfeife) und der lustige Tuma (Mitte rechts) als sein Doppelgänger. Weiter im Bild von links nach rechts: Alejandro, Inti, Pombo, Rolando, Arturo und Moro. Die Fotografin ist möglicherweise Tania.

Loyola jetzt verwalten sollte). Er erfuhr von ihr, dass Monje eine Gruppe aus Kuba zurückgekehrter Jungkommunisten abgefangen und gehindert hatte, sich der Guerilla anzuschließen, und alle mit Parteiausschluss bedrohte, die das schon getan hatten oder tun wollten. Che folgerte daraus, dass Monje nunmehr *zum Verräter geworden* sei. Und Verräter waren zu allem fähig: *Schon jetzt bewaffnet sich die Partei gegen uns, und ich weiß nicht, wie weit sie dabei gehen wird; aber … das wird sich langfristig positiv für uns auswirken (dessen bin ich mir fast sicher).*

Jetzt beginnt die eigentliche Guerilla-Etappe, notierte Che sich, bevor er am Morgen des 1. Februar mit dem Gros seiner mittlerweile eingetroffenen Leute mit allen Waffen und in voller Ausrüstung zu einem auf drei Wochen angesetzten Erkundungsmarsch aufbrach. Es wurde ernst. Begegnungen mit der Armee sollten vermieden werden, aber sie wollten Tuchfühlung mit dem Feind aufnehmen und sich ein Kontaktnetz unter den Bauern aufbauen. Che teilte seine Kämpfer schulbuchmäßig (nach seinem eigenem Lehrbuch) in die Vorhut, das Hauptfeld und die Nachhut ein, die sich in einem festen Rhythmus und in genauer Abstimmung zueinander zu bewegen hatten. Er schliff seine kleine Truppe also »mit dem Vergnügen des Künstlers«. Aber dabei trieb er seine Leute und sich selbst gleich zu Beginn schon in unvorhergesehener Weise an den Rand ihrer physischen und moralischen Leistungsfähigkeit.

Die Karten, die sie von der Region besaßen, waren, wie sich herausstellte, ungenau oder falsch; ebenso die Handskizzen, die ein KP-Genosse aus Lagunillas, dem nächstgelegenen Ort, angefertigt hatte. Sie tappten über weite Strecken im Dunkeln und mussten die Region, in der sie operieren wollten, mit den Füßen erkunden. Vielfach konnten sie sich ihren Weg nur Meter für Meter mit der Machete bahnen. Es gab tagelang eiskalten Regen, und dann wieder brannte die Sonne. Sie kamen in Gebiete, in denen sie kaum Wasserquellen fanden; zeitweise waren sie nah am Verdursten. Mit Nahrungsmitteln sah es kaum besser aus: Der Proviant in den Rucksäcken war (bis auf eine eiserne Reserve) schnell verbraucht; und der Wald gab kaum Früchte oder Wild her. Sie aßen, was ihnen vor die Flinte kam, ob Affen oder Papageien. Dafür gab es Myriaden von Mücken und Zecken; giftige Schlangen und Skorpione – eine wahre Büchse der Pandora.

Im Vergleich zu diesem Gebiet war die grüne und wasserreiche, besiedelte und kultivierte Sierra Maestra ein Landschaftsgarten mit mildem Klima gewesen. Hier am Ñacahuazú waren die kargen Bergrücken bis zur Höhe von 1500 Metern von steilen Seitentälern oder unwegsamen Abbrüchen durchzogen. Immer wieder mussten sie umkehren, weil es einfach nicht weiterging. Die Flüsse, auf die sie stießen, waren eiskalt; und nicht nur der Rio Grande, den sie nach mehreren Tagesmärschen schließlich erreichten, auch einige seiner Seitenflüsse erwiesen sich als breit und reißend. Oft konnten sie sie nur unter Lebensgefahr mit Flößen überqueren. Sehr früh würde die Truppe denn auch ihre *Todestaufe* empfangen, wie Che salbungsvoll notierte: durch das Ertrinken zweier junger bolivianischer Rekruten, die nicht schwimmen konnten und fortgerissen wurden.

Am 9. Tag stießen sie oberhalb des Rio Grande, am Zusammenfluss mit dem Masicuri, auf die erste menschliche Behausung: das Haus eines jungen Bauern mit sechs Kindern, der sie freundlich begrüßte und Honorato Rojas hieß. Sie kauften zwei Schweine und Mais und bezahlten hier wie überall gut. Che begleitete Inti zu einem weiteren Gespräch, bei dem der Mann sich mit Auskünften über die anderen Bauern in der Gegend allerdings zugeknöpft zeigte, nachdem Inti ihm gesagt hatte, *dass er der Guerillachef sei*. Ein Guerillachef?!

Benigno zufolge waren diese Verhandlungen sehr viel weiter gegangen. Inti habe im Auftrag Ches »die Karten auf den Tisch gelegt und vom Bauern verlangt, mit uns zu kollaborieren: für das Geld, das wir ihm geben würden, sollte er Tiere kaufen und aufziehen und Kartoffeln und andere Feldfrüchte anbauen«. Kurzum, dieser junge Bauer, den sie nicht kannten und der von diesen bewaffneten Fremden und ihren Zielen nicht das Geringste wusste, sollte, gemeinsam mit seinen Nachbarn, »eine Nahrungsmittelbasis für die Guerilla« aufbauen. Schließlich habe Inti ihm Verhaltensregeln im Umgang mit der Armee mitgegeben und ihn »gewarnt, dass es nicht in seinem Interesse sei, uns zu denunzieren«. Dafür gab man ihm ein größere Summe Geld auf Vorschuss (laut Benigno 40.000 bolivianische Pesos).

Che verfolgte die Verhandlungen mit diesem potenziellen Unterstützer eher skeptisch: Der Mann erscheine ihm *unfähig, uns zu helfen, aber auch unfähig, die Gefahren vorauszusehen, die der Kontakt mit uns bedeutet, und daher potenziell gefährlich*, notierte er. Das war fast schon eine Prophezeiung: Tatsächlich konnte der bettelarme junge Bauer der Verlockung nicht widerstehen. In den Monaten darauf fiel er in dem Ort, wo er einkaufen ging, auf, weil er Geld in großen Scheinen hatte (dass die Guerilleros nur große Scheine hatten, sprach sich rasch herum). Es war nur eine Frage der Zeit, bis Polizei und Armee ihn in die Mangel nahmen und ohne große Mühe umdrehten; so wie einst in der Sierra Maestra den ungleich standfesteren Eutimio Guerra.

So ist dieser Honorato Rojas als der archetypische Verräter – wie er zu jeder Heldenlegende gehört – in die Geschichte eingegangen. Monate später wird er die Nachhut Ches in die Falle führen. Präsident Barrientos wird im Hubschrauber auf seinem Hof einfliegen und Rojas einen vaterländischen Orden an die Brust heften, während der nichts ahnende Che mit seinen Leuten nur wenige Kilometer entfernt im Busch liegt. Und zwei Jahre später werden diejenigen, die das Banner der zerschlagenen ELN wieder aufnehmen, als Erstes diesen Vater von sechs Kindern durch einen exemplarischen Fememord töten.

Die ganze Episode ist allerdings von sehr viel grundsätzlicherer Bedeutung. Sie zeigt beispielhaft, wie wenig auch die bolivianischen Teilnehmer der Guerilla, die mehrheitlich aus städtischen Schichten und aus dem Hochland kamen, von den Lebensverhältnissen und Interessen der hier ansässigen Bauern wussten, die theoretisch das entscheidende revolutionäre Subjekt, oder jedenfalls die Basis des Kampfes der Guerilla, hätten bilden sollen. Es handelte sich zum großen Teil um Kolonisten, viele davon Veteranen des Chaco-Kriegs der Dreißigerjahre oder deren Nachfahren, die das Land mehr oder weniger frei hatten roden und in Besitz nehmen können. Ähnlich wie im Kongo, war hier nicht Landarmut das Problem, sondern die Armut an Produktionsmitteln und der mangelnde Antrieb, Überschüsse zu produzieren.

Im Übrigen war die Mehrzahl dieser selbstgenügsam vor sich hin wirtschaftenden Bauern Aymaras, die Guarani sprachen, was die Unterrichtsstunden in Quechua, denen Ches Partisanen sich murrend unterziehen mussten, wenig hilfreich machte (so wie beim Suaheli im Kongo). Vielfach verstanden diese Bauern auch kein Spanisch; oder sie würden das gegenüber den Guerilleros vorschützen, um sich taub zu stellen. Da sie als Indios meist bartlos waren, waren ihnen diese aus den Wäldern kommenden Fremden mit ihren wilden Bärten noch zusätzlich unheimlich; und dass es einige Schwarze darunter gab, verstärkte ihre Furcht noch.

Soweit sie überhaupt Verbindung zum Zentralstaat hatten, dann über die Armee. Viele hatten gedient; einige in Unteroffiziersrängen, aus denen sich häufig die eingesetzten Bürgermeister rekrutierten. Und diese Armee machte sich gerade in der Ära Barrientos daran, mit Arbeitskolonnen Straßen in die unwegsamen Gebiete des Landes zu bauen, was ihr eine gewisse Popularität verschaffte. Barrientos, der aus einem kleinen Dorf stammte und Quechua wie Guarani sprach, war zielstrebig bemüht, sich eine bäuerliche Basis zu schaffen, vor allem über die in den Agrarkämpfen der Vierziger- und Fünfzigerjahre entstandenen Bauernverbände, deren Hauptstützpunkt in den dichter besiedelten Agrarregionen um Cochabamba nördlich des Rio Grande lag.

Im Übrigen hatte auch Barrientos (darin Batista vergleichbar) eine frühe revolutionäre Biografie. Als junger Offizier und Aktivist der MNR hatte er nach den Kämpfen 1946 einige Jahre im Gefängnis verbracht und in den entscheidenden Tagen der Revolution von 1952 die Luftwaffenbasis bei La Paz auf die Seite der Aufständischen gebracht. Der Sturz Paz Estenssoros 1964, der ihn im Duumvirat mit dem Heeresgeneral Ovando an die Macht gebracht hatte, war anfangs durch studentische Gruppen und den linken MNR-Flügel um Juan Léchin unterstützt worden, da Estenssoros Regierung immer korrupter und selbstherrlicher geworden war. Zwar war diese Putsch-Koalition bald zerbrochen; aber in den Präsidentschaftswahlen im Juli 1966 bekam Barrientos trotz eines Teilboykotts der linken Opposition noch einmal jene 70 Prozent und 700.000 Stimmen, die die Präsidenten der MNR seit 1952 regelmäßig bekommen hatten.

In einem im November 1966 (fast parallel zu Ches Eintreffen in Bolivien) feierlich unterzeichneten »Pacto Campesino-Militar«, einem Bündnis der Militärs mit dem Bauernverband CNTCB, hatten die Generäle die Errungenschaften der Revolution von 1952, vor allem den Fortgang der Agrarreformen, erneut bekräftigt, während die Bauern ihre Unterstützung im Kampf gegen jegliche »Subversion« zugesagt hatten. Gemeint waren nicht die Guerillas, die es noch gar nicht gab, sondern die von radikalen Linken geführten Organisationen der Minenarbeiter und der Studenten.

Tatsächlich war diese Armee für die Söhne der indianischen Bauern trotz des harschen Regiments, das gewohnheitsmäßig herrschte, so etwas wie eine »Schule der Nation«, in der sie Lesen und Schreiben lernen und Verbindung mit dem Leben draußen aufnehmen konnten. Das dürfte mit dazu beigetragen haben, dass die unhörbare Buschtrommel der Bauern, die den Marsch der Guerilla begleitete, auch zu den Kommandoposten der Armee durchdrang.

Aber noch hatte diese Armee keine Ahnung, um wen und was es sich handelte; nur dass auf der Casa de Calamina irgendetwas Irreguläres vorging. Als Ches Truppe am 20. März endlich nach sieben Wochen verzehrender Märsche völlig erschöpft wieder in ihr Basiscamp zurückkehrte, war die Gendarmerie bereits ein zweites Mal da gewesen und hatte die Farm durchsucht, auf der Loro und seine »Knechte« ziemlich nachlässig die Stellung hielten. Der Polizeileutnant zog ab mit der Bemerkung, man werde sicher wiederkommen. Danach begann ein Aufklärungsflugzeug der Armee über dem Gebiet zu kreisen – wie Che schon vor seiner Ankunft sorgenvoll bemerkte.

In den Camps herrschte ziemliches Durcheinander. Moisés Guevara war mit einem Dutzend Bergarbeiter-Rekruten eingetroffen – und zwei davon waren schon wieder verschwunden. Zusammen mit der Restbesatzung warteten Tania, Bustos, der Chino-Peruaner Chang sowie Debray mit wachsender Nervosität auf Che und seine

Leute, die seit vier Wochen überfällig waren. Als die Hauptkolonne endlich auftauchte, bot sie – in Debrays Schilderung – ein episches Bild:

> Ganz in der Ferne taucht allmählich aus der Dunkelheit der Nacht eine Prozession buckliger Bettler auf ... Sie sehen aus wie Schlafwandler, gehen im Gänsemarsch ..., zerlumpt, durch das Gewicht der Tornister (mindestens 30 kg) nach vorn gebeugt ... Dann das klirrende Geräusch der Feldflaschen, der Revolver am Gürtel ... Che geht in der Mitte: den Oberkörper fast aufrecht mit einem Rucksack, der seinen Kopf nach unten drückt, den M-1-Karabiner in der Vertikalen, eine kaffeebraune Mütze auf dem Kopf und am Kinn einen Bartansatz.

Umso mehr war Debray beeindruckt, wie dieser vollständig ausgemergelte, schwer atmende Mann mit knappen Kommandos sofort wieder das Ruder übernahm und die latent herrschende Panik auflöste. Sie machten am helllichten Tag (was sonst verboten war) erst einmal Feuer, um zu kochen und zu essen. Dann zitierte er alle einzeln zu sich.

Er führte längere Gespräche mit Chang und mit Bustos, die dringend Rekruten herbeibringen sollten. Man werde sie *ein oder zwei Jahre lang hier abhärten* und dann kolonnenweise nach Argentinien und Peru zurückschicken. Der skeptischer gewordene Bustos empfand diese Vorstellungen des Comandante bereits als völlig wirklichkeitsfremd: »Als wäre er nicht mehr von dieser Welt.« Chang forderte zuerst Geld (50.000 Dollar) für den Wiederaufbau einer eigenen Gruppe im Gebiet von Ayacucho, was Che im Prinzip genehmigte; war dann aber einverstanden, mit zwei anderen Peruanern erst einmal dazubleiben.

Als Nächste kam Tania dran, über die ein Donnerwetter niederging, weil sie sich in mehrfacher Hinsicht nicht an ihre Anweisungen gehalten hatte. Sie hatte eben nicht nur wie besprochen Bustos nach La Paz geholt und ins Lager gebracht, sondern auch den überraschend wieder aufgetauchten, nach Kontakten suchenden Debray eigenmächtig aufgelesen und hergebracht. In völlig unverantwortlicher Weise war sie dann mit ihnen ins Camp gekommen und hatte auf Che gewartet, und das seit fast drei Wochen! Dabei hatte sie den klaren Befehl gehabt, beim städtischen Verbindungsnetz zu bleiben. Was hatte sie hier zu suchen? Wollte sie etwa die Aufdeckung ihrer falschen Identität willkürlich herbeiführen?

War es so? Ertrug sie das Doppelleben in La Paz nicht mehr länger? Oder war sie (wie Debray und Bustos bei der Herfahrt bemerkt hatten) einfach übermütig geworden? Ulises Estrada, den ich nach seiner Interpretation fragte, lächelte nur vieldeutig und wiederholte, was er auch in seinem Buch geschrieben hat: Dass Tania immer habe Guerillera werden wollen; und dass dieser Gang der Ereignisse es ihr ermöglicht habe, »endlich ihren Traum einer direkten Teilnahme am bewaffneten revolutionären Kampf in Lateinamerika zu erfüllen«.

Dann wäre, wie so oft, die einfachste Erklärung die schlüssigste. Nachdem Tania sich einmal entschlossen hatte, statt in ihrem Stammhotel in Camiri zu bleiben, mit Coco, Debray und Bustos weiter ins Basislager zu fahren und ihren Jeep mit persönlichen Sachen in der Garage stehen zu lassen, nahmen die Dinge ihren Lauf. Im Camp wurde sie vom Platzkommandanten Olo Pantoja (Antonio) wie selbstverständlich zu Wach- und Lagerdiensten eingeteilt, bekam Essgeschirr, Schlafzeug und eine Hängematte. Sie zog ihre alte kubanische Milizuniform und Mütze wieder an, trug ihren Revolver am Gürtel und mag sich wie in den schönen Tagen der Oktoberkrise gefühlt haben. Als die Situation sich anspannte und alle sich in das rückwärtige Lager (das sogenannte »Bärenlager«) zurückzogen, packte sie mit an. Alle bekamen einen Rucksack mit Notrationen sowie Waffen und Munition für den Ernstfall ausgehändigt. Eine eilige Rückkehr nach Camiri wäre ihr, von allen Risiken abgesehen, jetzt womöglich als Desertion erschienen. Und außerdem würden Bustos, Debray und Chang später doch wieder zurückgeschleust werden müssen. Also entschloss sie sich zu bleiben.

Der Preis für die Erfüllung ihres Traums war allerdings hoch; auch wenn die Kette fataler Ereignisse, die alles über den Haufen warf, nur teilweise mit ihrem Fehlverhalten zu tun hatte. Der eigentliche Auslöser waren die beiden »Deserteure«, wenn man sie so bezeichnen kann, die (was noch niemand wusste) der Gendarmerie in Camiri in die Arme gelaufen waren oder sich gestellt hatten. Moisés Guevara, der, wie sich zeigte, über gar keine feste Organisation verfügte, sondern nur über einen Kreis sympathisierender junger Bergarbeiter, hatte einige von ihnen während des Karnevals in alkoholisiertem Zustand angesprochen und mit dem Versprechen geködert, dass ihre Familien versorgt würden, während sie für einige Zeit in den Dschungel gingen.

Eine genauere Vorstellung dessen, was sie dort erwartete, hatten sie nicht.

Einer der Deserteure präsentierte sich der Polizei und dem Geheimdienst der Garnison in Camiri als jemand, der sich der Gruppe von Moisés Guevara nur als Informant angeschlossen habe und zu dieser Guerilla wie die Jungfrau zum Kinde gekommen sei. Das ist sogar gut möglich. Pastor war ein entlassener Mitarbeiter der Kriminalpolizei in La Paz, und Rocobado, der Zweite, war sein Kumpel. Ihre Aussagen waren zwar teilweise konfabuliert, weil sie vieles nur vom Hörensagen wussten, aber im Kern doch richtig. Sie berichteten von einem Lagerkomplex im Wald, hinter der Farm. Das Kommando führe dort ein Kubaner namens Antonio (Pantoja). Alle warteten auf einen »Großen Chef«, den sie zwar nicht zu Gesicht bekommen hatten; aus den Erzählungen der anderen schlossen sie jedoch, dass es Che Guevara sein müsse. Außerdem befänden sich eine Reihe weiterer Ausländer in diesem Camp, darunter ein blonder Franzose (Debray), der ebenfalls mit einem Gewehr herumlaufe, und ein Chino (Chang), der vielleicht auch ein Vietcong-Kommandeur sei. Und dann war da noch diese junge Frau mit dem Jeep, dessen Nummernschild sie notiert hatten, als sie hergebracht wurden.

Während Polizei und Armee noch über ihr Vorgehen berieten, organisierte Che, sobald er die Lage überblickte, die Verteidigung. Keinen Moment zu früh. Am dritten Tag rückte eine größere Militäreinheit auf die Casa de Calamina zu – und geriet in den Hinterhalt. Bei dem kurzen, einseitigen Gefecht, dem ersten dieses Krieges, wurden sieben Soldaten getötet, vier verwundet und siebzehn gefangen genommen, darunter zwei Offiziere mit einem improvisierten Operationsplan. Die Gefangenen bekamen nicht nur die Waffen abgenommen, sondern auch die Uniformen, die die zerrissenen Kleider der Kerntruppe ersetzen mussten. Nach längeren Verhören und politischen Belehrungen wurden sie in der aus der Sierra Maestra bekannten Weise in Unterhosen freigelassen.

Bereits am Tag darauf wurden die Farm und ihre nähere Umgebung bombardiert, was bei den unerfahrenen bolivianischen Guerillarekruten einige Panik auslöste. *Die Meldungen im Radio überschlugen sich*, wie Che in seinem Tagebuch notierte. *Es hagelte Kommuniqués, und Barrientos gab eine Pressekonferenz.* Am gravierendsten war, dass Tanias in Camiri zurückgelassener Jeep entdeckt worden war, mit

Papieren, Notizbüchern und Fotos (darunter einem mit ihr und dem Präsidenten). Es dauerte nur drei Tage, bis die (falsche) Identität der Frau im Guerillacamp aufgedeckt war – was in La Paz zu neuen Wellen der Erregung und des Klatsches führte. Eine Verbindungsfrau der Guerilla hatte demnach im Präsidentenpalast und in der guten Gesellschaft der Hauptstadt verkehrt! Wer hätte das dieser freundlichen, gebildeten, unpolitischen jungen Frau zugetraut? Lopez Muñoz und etliche andere ihrer Bekannten wurden festgenommen und verhört. Che notierte bitter: *Alles deutet darauf hin, dass Tania aufgeflogen ist. Damit sind zwei Jahre guter und geduldiger Arbeit verloren.*

Tanias Enttarnung bedeutete den Verlust jeder regulären Verbindung mit dem städtischen Netzwerk, und damit auch mit Havanna. Und wie der Operationsplan der Armee zeigte, war die ganz auf sich gestellte Gruppe recht genau lokalisiert und würde sich also, weit vor der geplanten Zeit, auf die Beine machen müssen. Zuvor war es dringend notwendig, diese Mini-Armee neu einzuteilen und zu reorganisieren.

Hauptproblemfall war der Befehlshaber der Vorhut, der 40-jährige Major Antonio Sánchez, genannt Marcos, ein Mitglied des Zentralkomitees, der als »Kommandant Pinares« seit den Tagen der Sierra Maestra und den Kämpfen gegen die »Banditen« im Escambray eine nicht unprominente Position im Heldenhimmel der kubanischen Revolution einnahm. Jetzt wurde dieser alte Haudegen von Che in einer erregten Versammlung wegen diverser militärischer Fehler und despotischem Verhalten (bis hin zur physischen Bedrohung seiner Untergebenen) degradiert und durch den jüngeren Leutnant Manuel Hernández alias Miguel ersetzt. Che drohte sogar, den uneinsichtigen Pinares aus der Guerilla zu verstoßen, was der mit dem erregten Satz quittierte: »Dann kannst du mich auch gleich erschießen!« Und Che sagte: »Wenn du das willst, kannst du das haben!«

So weit waren die Spannungen also gediehen, und sie würden immer weitergehen, sowohl unter den Kubanern wie mit den Bolivianern. Vier der Männer von Moisés Guevara wurden (in Ches harter Diktion) von Beginn an als *resaca* (Abschaum) und potenzielle Deserteure aussortiert, was faktisch bedeutete, dass sie bis auf Weiteres als unbewaffnete Kulis in der Nachhut mitgeführt werden mussten. Moisés Guevara, der sie hergebracht hatte, sollte sie dort selbst beaufsichtigen. In Wirklichkeit waren sie einfache Bergarbeiter aus dem

Hochland, die keineswegs ohne »politisches Bewusstsein«, aber völlig unvorbereitet waren, und sich klimatisch wie kulturell erst einmal hätten anpassen müssen. Unter ihrer Abstempelung als »Verräter«, zu denen sie (fast zwangsläufig) dann auch wurden, haben die beiden, die das überlebt haben (Paco und Eusebio), bis ans Ende ihrer Tage gelitten.

Da es angesichts der Ereignisse notwendig war, sich öffentlich zu Wort zu melden, verkündete Che in Absprache mit den Brüdern Peredo, dass ihre Gruppe ab jetzt »Nationale Befreiungsarmee Boliviens« (ELN) heißen werde. In einem kurzen Kommuniqué Nr. 1 wurden vor allem die Falschmeldungen der Armee über Verlauf und Opfer der ersten Konfrontation korrigiert. Als politisches Manifest beschränkte das Kommuniqué sich auf einige deklamatorische Formeln, wonach »das bewaffnete Volk« sich zum Kampf erhoben habe »gegen die verbrecherischen Militärs, die die Macht usurpiert haben, die Arbeiter ermorden und die Ressourcen des Landes an die US-Imperialisten ausliefern«. Die »klaren politischen Positionen« der ELN (von der niemand bisher gehört hatte) würden in späteren Kommuniqués bekannt gemacht.

Tatsächlich wurden in den folgenden Wochen noch vier weitere Kommuniqués verfasst; aber keins konnte mehr nach draußen gebracht werden, im Unterschied zu diesem Kommuniqué Nr. 1, das sie Mitte April dem gefangenen Major Sánchez mitgaben – der es tatsächlich nicht nur dem militärischen Geheimdienst übergab, sondern auch seinem Bruder, einem Journalisten, der es am 1. Mai in der Zeitung »Prensa Libre« publizierte.

Als die Armee Anfang April trotz der schweren Schlappe nachrückte und das Wellblechhaus sowie die Farm von Algarañaz (der selber verhaftet wurde) besetzte, mussten auch die Lager im Wald eilig geräumt werden, während die Erddepots getarnt und versiegelt wurden. Noch während die Guerilla sich zurückzog, besetzte die Armee, geführt von einem der Deserteure, das vordere Basiscamp und fand eine unvollständige Namensliste sowie ein Gruppenfoto, auf dem auch Che zu sehen war, der allerdings nicht klar identifizierbar war. Mit von der Partie war an diesem 4. April bereits eine Meute von Journalisten, die sich inzwischen in Camiri versammelt hatten. Zum ersten Mal wurde in ihren Meldungen der Verdacht auch öffentlich geäußert, dass der »große Chef« im Hintergrund, den weder die Deserteure noch die Gefangenen zu Gesicht bekommen hatten, tatsächlich Che Guevara sein könnte.

Der hatte sich noch nicht weit entfernt, sondern beobachtete die Situation. Er hatte beschlossen, dass es militärisch wie moralisch vorerst besser war, standzuhalten als zu flüchten; und seine erschöpften Leute mussten sich dringend noch regenerieren. Also lagerten sie in den Wäldern und warteten. Am 10. April ging ihnen eine weitere Armeepatrouille in den Hinterhalt; und wenig später auch schon die nächste, mit weiteren Toten, Verwundeten und Gefangenen. Wie sich zeigte, waren die ihnen gegenüberstehenden Soldaten ohne jede Kampferfahrung und für Ches erfahrene Kadertruppe (vorerst) leichte Beute. Aber einer seiner engsten und erfahrensten Kampfgefährten, Rubio (Hauptmann Suárez Gayol), wurde tödlich getroffen. Und ein weiterer Bolivianer (Salustio) war verschwunden. Ches Guerilla hatte damit bereits drei Tote und drei Deserteure zu verzeichnen, und weitere würden folgen. In dieser Hinsicht erwiesen sich alle »Siege«, die sie von nun an in Dutzenden von Hinterhalten erringen würden, als Pyrrhussiege – noch bevor es die ersten Niederlagen gab.

Bevor die Gruppe sich (so der strategische Plan) nach Norden über den Rio Grande absetzte, wurde beschlossen, Bustos und Debray zu einem der südlich gelegenen Orte zu bringen, von dem aus sie sich durchschlagen sollten. *Der Franzose erklärte etwas zu eifrig, wie nützlich er draußen wäre*, heißt es spitz in Ches Feldtagebuch. Debray sollte in Sao Paulo mit dem sympathisierenden Führungsmitglied der KP Brasiliens, Carlos Marighela, Kontakt aufnehmen, in Havanna Castro persönlich Bericht erstatten und anschließend mit Hilfe von Sartre, Feltrinelli, Russell und anderen Prominenten eine internationale Hilfskampagne für die bolivianische Guerilla organisieren. Bustos sollte die Verbindungen mit den noch nicht aufgeflogenen städtischen Kadern in La Paz wiederherstellen und ihnen schriftliche Instruktionen Ches übergeben. Danach sollte er frische Rekruten aus Argentinien herbeibringen.

Für dieses Projekt einer Internationalisierung des Kampfes spielte die Meldung eine wesentliche Rolle, dass US-Militärberater nach Bolivien entsandt worden seien. Che notierte sich am 13. April, erkennbar hoffnungsvoll: *Vielleicht erleben wir das erste Kapitel eines neuen Vietnam.*

Diese Bemerkung führt ins Zentrum aller spekulativen Erwartungen, die sich mit Ches großer »Operation Fantasma« verbanden. Am 17. April 1967 brachte das Zentralorgan »Granma« auf der Titelseite eine von Guevara verfasste »Botschaft an die Völker der Welt«. Vermutlich hätte sie erst auf der OLAS-Konferenz im August verlesen werden sollen, im Anschluss etwa an den geplanten Erstschlag der Guerilla am 26. Juli gegen eine Kaserne in Sucre. Aber da Ches Name wieder durch die Weltpresse geisterte, brachte Havanna dieses Lebenszeichen des Verschwundenen, um dessen Verbleib sich nach wie vor die wildesten Gerüchte rankten.

Der Text entwarf nichts Geringeres als das eschatologische Szenario eines revolutionären dritten Weltkriegs, eines globalen Armageddon als eines letzten Kampfs der Kräfte des Lichtes mit denen der Finsternis. Der Krieg der USA in Vietnam firmierte darin als der endgültige Beweis, dass *einundzwanzig Jahre nach dem Ende des Zweiten Weltkriegs* (verfasst war der Text demnach 1966, vor seiner Abreise) von einem Frieden keine Rede sein konnte. Vietnam kämpfe *in tragischer Einsamkeit*, und es könne nicht darum gehen, *dem Angegriffenen Erfolg zu wünschen, sondern sein Los zu teilen, ihn zu begleiten bis in den Tod oder zum Sieg.*

Che prangerte die nordamerikanischen Imperialisten, *deren Verbrechen ungeheuer sind und sich über den ganzen Erdball erstrecken*, als die Feinde der Menschheit schlechthin an. Aber er nannte auch diejenigen mitschuldig (wieder durfte sich Moskau angesprochen fühlen), *die im entscheidenden Augenblick zögerten, aus Vietnam einen unverletzlichen Teil des sozialistischen Territoriums zu machen* und auf diese Weise *die Imperialisten zu einer Entscheidung zu zwingen.* Das war eine eindeutige Erinnerung an die Oktoberkrise 1962 um Kuba, in der die Sowjets gekniffen hatten, während Che ohne Weiteres das Risiko eines atomaren Infernos eingegangen wäre – wie er hiermit noch einmal bekräftigte.

Da die sozialistischen Großmächte (auch die Chinesen) auswichen und sich stattdessen in ihre Differenzen untereinander verstrickten, erhoben sich jetzt in den drei Kontinenten die unterdrückten Völker gegen die Weltausbeuter – in Asien und in Afrika, und nun endlich auch in Lateinamerika, das *an den jüngsten Kämpfen für die politische Befreiung* (die Entkolonialisierung) nicht teilgenommen habe. Gerade Lateinamerika komme aber nun die entscheidende Aufgabe zu: *die Schaffung eines zweiten, dritten Vietnams.*

Wenn es in der bedrängten Situation, in der Che sich im Moment der Veröffentlichung seines »Aufrufs an die Völker der Welt« befand, eine Perspektive gab – hier war sie, ohne dass Bolivien genannt worden wäre:

> *Unsere Aufgabe in der ersten Stunde ist es zu überleben, dann wird das zeitlose Modell der Guerilla zum Tragen kommen, indem die bewaffnete Propaganda, in der vietnamesischen Bedeutung des Wortes, verwirklicht wird, das heißt, die Propaganda der Schüsse, der Gefechte, die gewonnen oder verloren, jedenfalls aber den Feinden geliefert werden. Die große Lehre von der Unbesiegbarkeit der Guerilla wird Wurzel schlagen in den Massen der Besitzlosen … Und der Hass als Faktor des Kampfes; der unnachgiebige Hass gegenüber dem Feind, der weit über die natürlichen Schranken eines Menschenwesens hinaustreibt und es in eine effektive, machtvolle, selektive und kalte Tötungsmaschine verwandelt.*

So endet dieser »Aufruf an die Völker der Welt« mit einem apokalyptischen Jauchzen, das in der Revolutionsliteratur seinesgleichen sucht:

> *Wie licht und nah würde sich uns die Zukunft darbieten, wenn zwei, drei, viele Vietnams auf der Erdoberfläche zutage träten, mit ihrem Blutzoll und ihren ungeheuerlichen Tragödien, mit ihrem täglichen Heldentum, mit ihren unablässigen Schlägen gegen den Imperialismus …*
>
> *Sollte es uns, die wir an einem kleinen Punkt des Globus unsere Pflicht erfüllen …, bestimmt sein, den letzten Atemzug zu tun auf einer Erde, die schon die unsrige ist, weil sie von unserem Blut getränkt ist; so möge man wissen, dass wir die Tragweite unserer Taten wohl ermessen und dass wir uns nicht für mehr halten als für Glieder der großen proletarischen Armee …*
>
> *Wo immer uns der Tod antrifft, er sei uns willkommen, wenn nur unser Kriegsruf ein aufnahmebereites Ohr getroffen hat und eine andere Hand sich ausstreckt, um unsere Waffen zu ergreifen, und andere Menschen sich daran machen, den Trauermarsch zu intonieren mit Maschinengewehrgeknatter und neuen Kriegs- und Siegesrufen.*

Man hört in diesem Text freilich das gar nicht so ferne Echo jenes Anrufs aus der Geschichte, den Ernesto Guevara als jugendlicher Tramp unter nachtschwarzem Andenhimmel aus dem Mund seines selbst zurechtgeschnitzten revolutionären Mentors oder Orakels vernommen haben wollte: eine okkulte Gewissheit über den herannahenden *Moment, da der große Spiritus Rector den gewaltigen Schnitt macht, der die gesamte Menschheit in nur zwei antagonistische Parteien teilt*; aber auch eine Gewissheit über die eigene Bereitschaft, *mit dem Geheul eines Besessenen die Barrikaden und Schützengräben zu stürmen, meine Waffen in Blut zu tauchen und rasend vor Wut jedem Besiegten, der mir in die Hände fällt, die Kehle zu durchschneiden*; um mit geblähten Nüstern und gespanntem Leib sein ganzes *Dasein zu einem Tempel zu machen, in dem das Wolfsgeheul des siegreichen Proletariats widerhallt.*

Man versteht zugleich, warum Che diesen Schubladentext seiner Jugend (wie Aleida preisgegeben hat) nach seinem Tod verbrannt wissen wollte. Er war ihm offenbar zu intim, weil er die ungeschützte, adoleszente Rohform seiner innersten Lebensmotive offenlegte – Motive und Ambitionen, die er später, als er sich vom *eklektischen … Psychoanalytiker von Dogmen* zum »historischen Materialisten« gewandelt hatte, lieber in die Gewänder geschichtlicher Gesetzmäßigkeiten gekleidet sehen wollte.

Ophelia

»Es war Che, der von uns verlangte, dass wir ein Tagebuch führen«, berichtet Benigno. »Dieses Tagebuch sollte mir dazu dienen, von jenen Ereignissen zu berichten, an denen teilzunehmen mir vergönnt gewesen ist.« Dieser Hinweis führt auf einen der erstaunlichsten Aspekte der Guerillapraxis des Che. Nicht nur er selbst, auch andere aus seiner Truppe führten Tagebuch – und wurden offenkundig dazu ermuntert. Und mit einer verwunderlichen Sorglosigkeit wurde von den romantischen Anfängen bis zum bitteren Ende auch fotografiert, von Tania wie von Che selbst. Auch in dieser Hinsicht blieb er dem Erbe der Sierra Maestra treu. Als wären sie Götter, unbesiegbar oder unsterblich.

Benigno, der erst in der Rebellenarmee Lesen und Schreiben gelernt hatte, stellte seinen Bericht über die Guerilla am Ñacahuazú mit größter Unbefangenheit unter den traditionellen Titel der »Gesta del Che«, der »Heldensaga des Che«, fast wie in den Tagen des Don Quichotte oder der romantischen Ritterepen des 19. Jahrhunderts. Auch er wandelte also mit seinem Herrn und Meister auf jenen Traumpfaden, deren literarische Logbücher sie immer im Gepäck führten. Im Lagerkomplex, den sie überhastet räumen mussten, waren Pombo zufolge nicht weniger als 600 Bücher in Erdhöhlen eingelagert – eine ganze Bibliothek.

Über ihre Zusammensetzung kann man nur mutmaßen. Einige Aufschlüsse geben Literaturlisten, die sich bei der Gefangennahme in Ches Rucksack fanden. Neben Büchern zur Geschichte, Wirtschaft und Gesellschaft Boliviens gab es einiges von jenem enormen Lesepensum in Sachen historischer Materialismus, das Che in seinem Brief an Armando Hart als Studienkanon umrissen hatte, von Hegel bis Kant, von Clausewitz bis Marx, von Lenin bis Mao. Lateinamerikanische Klassiker und Gegenwartsautoren, Romanciers und Lyriker, Essayisten und Historiografen, standen neben den großen Namen der Weltliteratur, von Homer bis Shakespeare, von Cervantes bis Goethe.

Aber wer sollte das eigentlich wann lesen? Benigno berichtet, welchen Schrecken es immer wieder verbreitete, wenn Che seine todmüden Krieger spätnachts noch zu Schulungssitzungen, Sprachkursen oder historisch-politischen Instruktionsstunden versammelte, um ihr »Niveau zu heben«. Sie waren ja eine bemerkenswerte Mischung aus städtischen Intellektuellen und ehemaligen Bauernjungen, die dem Analphabetismus kaum entronnen waren.

Meist zog Che sich aber, wann immer er konnte, in eine solitäre Einsamkeit zurück, wie Debray das in der kurzen Zeit seines Aufenthalts beobachtet hat: »Er blieb für sich, saß unter einer Plastikplane in der Hängematte, rauchte Pfeife, las, schrieb, dachte nach, trank Mate, reinigte das Gewehr, hörte nachts mit seinem Transistorradio ›Radio Havanna‹. Gab lakonische Befehle. War geistesabwesend, in sich versunken.« Auch als sie sich auf den Marsch machten und ihre Bibliothek zurücklassen mussten, schleppten sie noch einige Dutzend Bücher mit sich. Ohne Lektüre war Che fast so verloren wie ohne Asthmamittel – und beides ging ihm zunehmend aus.

Irgendwann, eher schon dem Ende zu, schrieb er ein Gedicht *Gegen Wind und Gezeiten*, das offenkundig für Aleida bestimmt war – und das sie nach seinem Tod irgendwann auch erreicht hat. Es ist ein authentisches Liebesgedicht, freilich sehr eigener Art, das mit den Zeilen endet:

> *Die schönste Kugel in dieser Pistole, die mich stets begleitet, / die unauslöschliche Erinnerung (allgegenwärtig und stark) an die Kinder, / die Du und ich eines Tages zeugten, / und das Stück Leben, das mir noch bleibt, / alles dies schenke ich (voller Überzeugung und Glück) der Revolution. / Nichts, das uns vereinen kann, wird stärker sein.*

Che schenkte also seine Erinnerung an Frau und Kinder und seine Liebe zu ihnen mitsamt dem ihm verbliebenen Lebensrest, beglaubigt durch seine letzte (schönste) Kugel – der Revolution. Jenseits der Revolution gab es weder Leben noch Liebe, so wie es für wahre Gläubige jenseits der Religion nichts gibt. Eine Religion der Revolution.

Am 17. April 1967 sendete Radio Havanna in feierlicher Lesung Ches »Aufruf an die Völker der Welt«. Im atmosphärischen Rauschen ihrer Kurzwellenempfänger muss das für das Häuflein Guerilleros am Ñacahuazú wie eine Verkündigung aus dem Jenseits geklungen haben. Aber weder Che noch die anderen haben das historische Ereignis in ihren Tagebüchern vermerkt. Zu groß war bereits die Diskrepanz zwischen dieser donnernden Proklamation eines nahe herbeigekommenen Weltgerichts und der Klemme, in der sie steckten. Tania hatte über 39 Grad Fieber, und sie war nicht die Einzige, die nicht mehr mitkam.

Deshalb traf Che genau an diesem 17. April eine Entscheidung, die für sie alle schicksalhaft werden würde: Die Nachhut unter seinem Stellvertreter Joaquín blieb mit den Kranken und den vier potenziellen Deserteuren zurück. Sie sollten drei Tage an Ort und Stelle verharren und sich auch danach nicht aus dem Gebiet entfernen, um *auf unsere Rückkehr zu warten.* Die Hauptgruppe mit Che würde unterdessen versuchen, in drei Tages- und Nachtmärschen Debray und Bustos in einem der Orte im Süden, in Muyupampa, abzusetzen und dann kehrtzumachen.

Unbegreiflicherweise wurden keine alternativen Treffpunkte ausgemacht oder Szenarien für den Fall diskutiert, dass man sich verpasste oder abgedrängt wurde. Der einzig nachvollziehbare Grund für dieses Versäumnis ist, dass sie als überlegene Kämpfer die Situation noch immer zu kontrollieren glaubten und keine zu frühen Festlegungen über ihre künftige Marschroute treffen wollten. Gerade das sollte die beiden Kolonnen jedoch in fataler Weise aneinander binden.

Kurz nach der Trennung geschah etwas Unheimliches: Wie aus dem Erdboden gewachsen tauchte bei Ches Vorhut ein »Gringo« auf, der von Kindern aus Lagunillas hergeführt wurde. Die Kinder wussten also, wo sie zu finden waren! Es handelte sich um einen Briten chilenischer Herkunft namens Andrew Roth, der noch Student war, sich aber als Journalist und Fotograf vorstellte. Er war kurz zuvor mit dem Pulk der Berichterstatter im geräumten Basislager gewesen, wo die Armee (wie er ihnen erzählte) neben Fotos und einer Namensliste auch ein Tagebuch von Braulio gefunden hatte, einem der kubanischen Kaderoffiziere. Darin waren sein eigener konspirativer Weg nach Bolivien und die erste Etappe der Guerilla detailliert beschrieben.

Disziplinlosigkeit und Verantwortungslosigkeit beherrscht alles, notierte Che voller Erbitterung. Er hatte Roth natürlich im Verdacht, ein CIA-Agent zu sein, und in der kubanischen Legende firmiert er bis heute als einer, der instruiert gewesen sei, die Kleider der Guerilla heimtückisch mit Geruchsspuren für die Suchhunde zu markieren. Es gibt für all das jedoch keinerlei Beweise, so mysteriös die Figur dieses Andrew Roth (der sich selbst nur sporadisch geäußert hat) geblieben ist. Es war jedenfalls »der Franzose« (Debray), der die Idee hatte, diesen regulär akkreditierten, sympathisierenden Briten als Deckung für sich und Bustos zu nutzen, da sie beide auch mit journalistischen Papieren reisten. Che, der sich fernhielt, um nicht erkannt zu werden, überließ die Entscheidung ihnen.

Nur wenige Stunden, nachdem die drei an der Straße vor Muyupampa abgesetzt worden waren, wurden sie von einer Polizeistreife festgenommen. Che erfuhr davon bereits am nächsten Tag von einigen Bauern und notierte stoisch: *Sie wurden Opfer ihrer Eile, schon fast ihrer Verzweiflung, hier wegzukommen ..., sodass nun auch die Verbindung zu Kuba abgeschnitten und der Aktionsplan in Argentinien verloren ist.*

Dass Debray und Bustos nach den ersten Verhören und Misshandlungen von den aufgeputschten Militärs – die nach den blamablen und verlustreichen Gefechten einen Riesenhass auf die »ausländischen Subversiven« schoben – nicht gleich umgebracht wurden, war jedenfalls Roth zu verdanken. Ein bolivianischer Journalist, der ihn kannte, hatte die drei kurz nach ihrer Festnahme im Rathaus von Muyupampa fotografiert und seinen Bericht in »Presencia« mit ihren Bildern illustriert. Das bewahrte sie womöglich vor dem Schicksal des wenig später verletzt aufgegriffenen Loro, der nach langen Foltern – in denen er standhaft seine Kenntnisse über die Gruppe und die Kontaktleute in der Stadt verschwieg – aus einem Hubschrauber gestoßen wurde.

Debray und Bustos waren weniger standhaft. Nach einigen Tagen waren sie in die Hände professioneller Vernehmer geraten, die bemüht waren, sie als Informationsquellen zu erhalten und auszuschöpfen. Darunter befand sich bereits ein anonymer, als Berater zugezogener CIA-Agent und Exil-Kubaner. Man hielt ihnen die Widersprüche ihrer Aussagen mit denen der anderen Gefangenen und mit den inzwischen gesammelten Erkenntnissen aus Braulios Tagebuch und weiteren Quellen vor, bis sowohl Bustos wie Debray die Anwesenheit von Che zugaben, den sie (das eben war ihre Legende) als Journalisten hatten treffen und interviewen wollen.

Bustos, der sein gesamtes späteres Leben im Schatten der Fama, »den Che verraten« zu haben, verbringen würde (als Judas Nummer zwei oder drei), sagte zu seiner Rechtfertigung, er habe nur »das Unleugbare zugegeben«. Che selbst habe ihm vorher gesagt, wenn er im Fall seiner Verhaftung feststelle, dass die Vernehmenden Bescheid wüssten, könne er seine Anwesenheit ruhig zugeben: *Dann kann ich wenigstens wieder ich selbst sein und meine Baskenmütze aufsetzen.*

Die Frage ist also, warum Che nicht von sich aus seine »Baskenmütze aufsetzte« und aus der Deckung trat, um die Publizität um die Verhafteten in offensiver Weise zu nutzen und so die *vollständige Isolation,* die er in seinem Tagebuch Monat für Monat konstatierte, zu durchbrechen. Wenn es darum ging, in Bolivien ein »zweites Vietnam« zu entzünden, wäre die Ankündigung seiner Präsenz doch womöglich ein probates Mittel gewesen, um die USA zu einer direkten Intervention zu provozieren und so eine Kettenreaktion auszulösen.

Sicher ist das allerdings nicht: Botschafter Henderson in La Paz ebenso wie die Pentagon-Generäle und CIA-Analysten vor Ort und in der Zentrale in Langley hielten zu den sich verdichtenden Informationen über Ches Führungsrolle in der bolivianischen Guerilla noch über Wochen und Monate skeptische Distanz. Sie argwöhnten teils eine gezielte kubanische Desinformation, teils eine bewusste Dramatisierung der Lage durch die Generäle in La Paz, die energisch auf finanzielle Subventionen und moderne Waffensysteme wie Bombenflugzeuge und Panzerfahrzeuge drängten. Ein US-Diplomat erklärte daraufhin, mit Napalm bombardierte Dörfer seien »das Letzte, was seine Regierung in Bolivien sehen wollte«.

Ironischerweise spielten bei dieser betonten Zurückhaltung die Erfahrungen in Vietnam und die internationalen Proteste gegen den Krieg tatsächlich eine wesentliche Rolle. Und deshalb taten die USA genau das nicht, was Che in seiner Analyse des Monats April schon für *gesichert* hielt: nämlich *dass die Nordamerikaner hier stark eingreifen werden und bereits Hubschrauber und Green Berets entsenden.* Tatsächlich schickten die USA nur ein Dutzend Ausbilder für das Training im Antiguerilla-Kampf sowie ein halbes Dutzend CIA-Spezialisten, die die Bolivianer bei der Informationsbeschaffung und Verbesserung der Kommunikation berieten und anleiteten. Alle hatten strikten Befehl, sich aus Kämpfen herauszuhalten.

Die US-Stellen registrierten im Übrigen sehr genau, dass die regierenden Militärs in La Paz trotz aller Alarmmeldungen über die Guerilla ihre besten Truppen weiterhin in der Nähe der Hauptstadt und der Bergbaugebiete konzentriert hielten. Die Lage im politischen Zentrum Boliviens machte auch der Regierung in Washington vorerst noch mehr Kopfzerbrechen als die Existenz dieser isolierten Guerillagruppe. Barrientos' Entscheidung, die Lage zu nutzen, um den Ausnahmezustand zu verhängen, ließ zudem seine parlamentarische Basis bröckeln. Selbst im Regierungslager und in der Armee gab es nationalistische Widerstände gegen die offene Inanspruchnahme von US-Hilfe.

Im Mai wurden alle Aktivitäten der Kommunisten und der übrigen Linksparteien untersagt. Zum ersten Mal schlossen Moskowiter und Pekingtreue, Trotzkisten und Lechín-Anhänger einen kurzlebigen Verteidigungspakt. Selbst Paz Estenssoro drohte aus dem Exil mit bewaffnetem Widerstand, distanzierte sich allerdings von allen ausländischen Einmischungen, auch denen Kubas. Im Juni demonstrierten wieder einmal die Studenten, und die Minenarbeiter berieten über einen Generalstreik für die Wiederherstellung ihrer 1965 suspendierten Gewerkschaften, die Erhöhung ihrer gekürzten Löhne und den Abzug der Armee aus den Grubenbezirken. Bei den Studenten wie den Minenarbeitern gab es einige vage Sympathien für die Guerilleros. Ein Bergarbeiter-Kongress im Minenbezirk von Catavi erklärte seine Solidarität, und ein Sender rief sogar zur Unterstützung auf. Che frohlockte: *Selten war die katalysatorische Wirkung der Guerilla so deutlich zu sehen.*

Aber warum kam es nicht einmal ansatzweise zu einer Fusion der Kräfte? Warum machte sich niemand auf, um zur Guerilla durchzudringen, oder eröffnete einen zweiten Focus? Und warum schickte Che nicht zwei, drei seiner besten bolivianischen Kämpfer, um sich in Zivil in die Minenbezirke durchzuschlagen und dort neue Kämpfer zu rekrutieren? Das war eben nicht nur eine Frage mangelnder Verbindungen oder allzu großer Distanzen. Sondern zwischen Ches hypertrophem Projekt einer Kontinentalguerilla als dem Zünder eines revolutionären Weltbrandes und den konkreten Forderungen und Interessen der kämpfenden Parteien, Gewerkschaften und Verbände in Bolivien lagen eben doch Welten. Tatsächlich nutzten die Oppositionsgruppen und Gewerkschaften die Präsenz der Guerilla ebenso für ihre taktischen Zwecke, wie es die Militärregierung umgekehrt auch tat, nämlich als Teil einer Drohkulisse.

Diese faktische Beziehungslosigkeit scheint Che und den Brüdern Peredo auch bewusst gewesen zu sein. Im »Kommuniqué Nr. 4« ihrer angeblichen »Nationalen Befreiungsarmee« (ELN) vom 20. Juni, das seine Adressaten (die streikenden Bergarbeiter) nie erreichte, hieß es verschleiernd:

> Was die Angaben über die Anwesenheit angeblicher Kämpfer aus anderen lateinamerikanischen Ländern angeht, werden wir aus Gründen der militärischen Geheimhaltung ... nur erklären, dass jeder Bürger, der unser zur Befreiung Boliviens führendes Minimalprogramm akzeptiert, in die revolutionären Reihen aufgenommen wird, mit den gleichen Rechten und Pflichten wie die bolivianischen Kämpfer, die natürlich die überwältigende Mehrheit unserer Bewegung stellen.

Das war eine ziemlich klägliche Notlüge, die kaum geeignet gewesen wäre, die reale Kluft zu überbrücken. Nur so ist auch die ärgerliche Eintragung Ches vom 10. Juli zu verstehen, in der er über Erklärungen von Debray und Bustos im Vorfeld des anberaumten Militärprozesses schrieb, sie seien *nicht gut*, weil sie *die interkontinentalen Ziele der Guerilla gestanden* hätten, *und das hätten sie nicht tun dürfen.* Man reibt sich die Augen: Was war dann mit Ches »Botschaft an die Völker der Welt«? Und hatten nicht gerade die »interkontinentalen Ziele der Guerilla« seine Rolle als Oberkommandierender begründet?

Für Che war nur der Guerillero der wahre, universale Sozialrevolutionär. Und deshalb hatte auch in Bolivien der »Llano« (die Ebene, die hier ein Altiplano, eine Hochebene, war) der »Sierra« (der Guerilla in den Bergen) prinzipiell zu folgen und zu dienen, und nicht andersherum. Alle Streiks, Demonstrationen und Kämpfe in den Städten und Bergbaurevieren waren nur insoweit von Belang, als sie seine Guerilla stärkten und entlasteten. Dass die Bergarbeiter nach einem heimtückischen Massaker der Armee am St. Johannistag (dem 24. Juni), als alle betrunken waren – einem Massaker, das nach amtlichen Angaben 14, nach Angaben der Gewerkschaften 87 Tote forderte, darunter viele Frauen und Kinder –, zu Kreuze kriechen und mit der staatlichen Bergwerksgesellschaft COMIBOL ein erzwungenes Friedensabkommen schließen mussten, registrierte Che mit verächtlicher Kürze. So ging es eben, wenn man der Guerilla nur seine Sympathie erklärte, aber nicht ihren Weg einschlug. Stattdessen notierte er Tage später: *Die Regierung zerfällt. Schade, dass ich jetzt nicht 100 Mann mehr habe.*

Diese hundert Mann fehlten ihm seiner Theorie zufolge vor allem, um in die dichter besiedelten Gebiete nördlich des Rio Grande vorzustoßen und sich dort endlich eine Basis unter den Bauern zu schaffen. Die Bewohner der Region, in der sie operierten, lieferten diese Basis jedenfalls nicht, im Gegenteil. Die Begegnungen verliefen nach dem immer gleichen, frustrierenden Muster. Einzelbauern, die sie im Haus oder auf den Feldern überraschten, mussten ihnen, wie bereitwillig oder widerstrebend auch immer, Schweine oder eine Kuh, Mais oder Kartoffeln verkaufen, die die Guerilleros sich nach Einbruch der Dunkelheit an Ort und Stelle zubereiteten. Gegessen wurde im Morgengrauen. Die Kämpfer schlangen in sich hinein, was eben ging, und bezahlten diese Fressereien regelmäßig mit Darmkoliken und Durchfällen. Einmal hatte sich Che im Schlaf derart vollgeschissen, dass er alle Kleider auszog und sich den Kot mit dem Messer vom Leib kratzte. Dennoch hatten sie geschworen, sich nicht zu waschen, bevor sie gesiegt hatten. Schweiß und Schmutz schütze die Haut, versicherten sie sich gegenseitig, und halte giftige Insekten fern. Und die Menschen?

Selbst wo sie freundlich empfangen wurden, war die Szene trügerisch: *Ich sprach und es schien mir, als ob die Leute mich kannten. Sie hatten einen Käse und etwas Brot und schenkten uns dies sowie Kaffee, aber bei dem Empfang schwang ein falscher Ton mit.* So notierte Che es am 28. Mai. Die Dörfler wollten, dass die Bärtigen möglichst rasch verschwanden – um, kaum dass sie weg waren, ihren Besuch pflichtschuldig beim nächsten Armeeposten zu melden. Denn wenn auf ihren Höfen Spuren der Guerilla gefunden wurden, mussten sie mit Strafaktionen rechnen. Viele versuchten daher zu fliehen, sobald sie die bewaffneten Fremden von ferne sahen – und mussten dann »eingefangen« werden.

Im Monatsrückblick für Mai hatte Che bereits notiert: *Vollständiges Fehlen von Zugängen aus der Bauernschaft … Die Armee teilt die Festnahme aller Bauern mit, die mit uns … kollaboriert haben.* Seine Schlussfolgerungen waren wieder dem Lehrbuch der Sierra Maestra entlehnt: *Jetzt kommt die Etappe, in der von beiden Seiten Terror gegen die Bauern ausgeübt werden wird, wenn auch mit unterschiedlicher Qualität…*

Aber irgendetwas hinderte ihn, mit dem Terror zu beginnen. Mitte Juni notierte er über die Ankunft in einem kleinen Weiler:

> *Die Bewohner musste man einfangen, um mit ihnen reden zu können. Sie waren wie verängstigte kleine Tiere. Sie empfingen uns insgesamt gut, aber Calixto, der erst vor einem Monat von einer Militärkommission, die hier vorbeigekommen war, zum Bürgermeister ernannt worden war, zeigte sich zurückhaltend und halsstarrig, als wir ihm ein paar Sachen abkaufen wollten.*

Kurz darauf tauchten drei Zivilisten mit Mausergewehren auf, von denen der Bürgermeister versicherte, es seien Händler. Aber einer der Bauernburschen, den die Guerilleros »eingefangen« hatten, um ihnen als Führer zu dienen, flüsterte ihnen zu, es seien verkleidete Gendarmen und Soldaten. Der Leutnant, der die Gruppe anführte, gestand das auch sofort weinend zu. Und jetzt wäre eigentlich klar gewesen, was zu folgen hatte: *Wir überlegten, sie zu erschießen, aber dann entschloss ich mich, sie nach einer ernsten Verwarnung über die Regeln des Krieges freizulassen.*

Solche Szenen einer unerwarteten Milde gibt es mehrere, obwohl die Taktik der Armee vollkommen klar war, das Gebiet weiträumig abzuriegeln und, bevor sie Vorstöße ins Innere machte, zuerst Soldaten, Gendarmen oder freiwillige Helfer in Zivil, getarnt als Händler, Jäger oder Hirten, vorzuschicken. Aber im Unterschied zu den permanenten Exekutionen in der Sierra Maestra verzichtete Che in Bolivien auf jede Form des Terrors, sowohl gegenüber den eigenen Leuten und den potenziellen Deserteuren wie gegenüber den Bauern, und selbst gegenüber den Spähern der Armee, die sie in der Sierra als »chivatos« (Spitzel) gleich serienweise exekutiert hatten. Fast zeigte Che ihm selbst unerklärliche Anflüge von Schwäche – etwa als ein Armeelaster mit zwei auf der Pritsche schlafenden, in Decken gehüllten »soldaditos« (so nannten sie die kleinwüchsigen Indio-Soldaten) unter ihren Augen ihren Hinterhalt passierte: *Mir fehlte der Mut, auf sie zu schießen…, wir ließen sie vorbei.*

Von allen Bauern, bei denen sie sich einquartierten oder die sie als Führer verwendeten (Che nennt sie ohne Zögern »Gefangene«), war der erwähnte kleine Denunziant namens Paulino der Einzige, der den

Guerilleros spontan seine Bereitschaft erklärte, für sie tätig zu werden. Sie schickten ihn mit verschlüsselten Berichten für Havanna und mit den unveröffentlichten »Kommuniqués« der ELN nach Cochabamba, wo er sie einer Schwester der Peredos übergeben sollte. Mit ihrer Hilfe sollte er auch Einkäufe machen und herbringen, vor allem Asthma-Medikamente für Che, die zur Neige gingen.

Auf diesem 20-jährigen Bauernjungen ruhten fast den ganzen Juli über ihre verzweifelten Hoffnungen. Aber Paulino kam nicht zurück; die »Händler« hatten (wie es absehbar war) gemeldet, dass der Junge sich den Guerilleros angedient habe. Schon in einem der nächsten Orte wurde er geschnappt und (wie es heißt) schwer misshandelt. Aber es dauerte wieder fast einen Monat, bis Che und seine Leute erfuhren, dass auch diese (fast schon letzte) Karte nicht gestochen hatte.

Nachdem klar war, dass sie die Nachhut mit Joaquín und Tania trotz intensiver Suche vorerst verloren hatten, mussten sie sich in andauernder Bewegung halten. Sie marschierten in einem großen Zickzack durch das menschenleere Gebiet auf beiden Seiten des Ñacahuazú, um sich endlich in einem weiten Bogen dem besiedelteren Norden jenseits des Rio Grande zuzuwenden, wohin, wie sie (irrtümlich) annahmen, die Nachhut sich bereits orientiert haben musste.

Immer wieder stießen sie auf kleinere Einheiten der Armee und siegten von einem Scharmützel zum nächsten. Aber sie verloren auch einen Kämpfer nach dem anderen. Ende April war es Rolando, den Che in der Sierra Maestra als Halbwüchsigen San Luis genannt hatte – *der beste Mann der Guerilla … Er war mein Gefährte, seit er fast noch ein Kind war.* Er hielt ihm ein stilles Requiem mit den (unfreiwillig komischen) Versen Nerudas für den toten Bolívar: »Dein kleiner tapferer Hauptmannsleichnam hat seine metallische Gestalt in die Unendlichkeit ausgestreckt.«

Ende Juni traf die Kugel dann seinen Liebling unter den ehemaligen Kindersoldaten, den immer fröhlichen Carlos Coello, genannt Tuma, der unter Ches Chirurgenhänden verblutete. Der Schmerz überwältigte ihn fast: *Schwarzer Tag für mich … Mit ihm ging ein Freund, dessen Treue in all den Jahren über jeden Zweifel erhaben war. Sein Fehlen empfinde ich jetzt fast wie das eines Sohnes.* Der Sterbende gab ihm seine Uhr, mit der Bitte, sie an seinen neugeborenen Sohn, *den er nie kennengelernt hat*, weiterzugeben. Che streifte sie über. Das war jene zweite Rolex, die er bei der Gefangennahme trug.

Seine Aufzeichnungen begannen jetzt immer mehr einem Selbstgespräch zu ähneln, so wie der Zug seiner Kolonne zu einem Unternehmen geworden war, das den lebendigen Bezug zur Welt und zur Politik draußen zunehmend verlor. Und die Mitte dieses epischen Zuges bildete er selbst, der jetzt auf einem Maultier oder einer kleinen Stute ritt und immer düsterer und in sich gekehrter wurde – während seine Anfälle von Asthma immer mehr das Tempo und sogar die Richtung des Marsches diktierten.

Anfang Juli hatten sie, fast schon in einer Verzweiflungsaktion, am helllichten Tag eine kleine Stadt namens Samaipata im Handstreich eingenommen und die Polizei- und Armeeposten überrumpelt. Diese Operation erweckte sogar internationales Aufsehen und einige Bewunderung. Aber sie mobilisierte auch alle Kräfte und Ressourcen der Gegenseite. Und praktisch war sie völlig zwecklos. Das Ziel war, *in der Apotheke einzukaufen, das Krankenhaus zu plündern, einige Konserven und Süßigkeiten einzukaufen.* Die Ausbeute war fast null: *Nichts Nützliches wurde gekauft, bei den Medikamenten keines der von mir benötigten.*

Samaipata war der nördlichste Punkt, den sie erreichten. Jean Ziegler, der junge Mann aus Genf, der mit Che hatte gehen wollen (wohin auch immer), ist die Strecke der Guerilla später abgefahren und stellte verblüfft fest, dass hinter Samaipata ein weiteres, dichtes Waldgebiet begann. »Wären sie über die Straßen gegangen, in den Dschungel hinein, hätte sie kein Mensch mehr gefunden. Aber ... Che hat befohlen, umzukehren.« Und warum? Jean Ziegler mutmaßt: »Bis zum Ende gehen: Darin lag eine eschatologische Dimension.«

Man mag nicht widersprechen. Aber es gab auch handfestere Gründe. Ches Not wuchs täglich: *Wenn Paulino seinen Auftrag nicht erfüllt, werden wir zum Ñacahuazú zurückkehren müssen, um Medikamente für mein Asthma zu holen.* In einem geheimen Erddepot des ursprünglichen Lagerkomplexes (der jetzt fast 200 km südlich von ihnen lag) gab es noch Ampullen und Tabletten. Außerdem war es eine eiserne Regel der Guerilla, niemanden zurückzulassen, schon gar nicht eine ganze Nachhut mit zwölf kampffähigen Männern sowie einer Frau. Im Radio hörten sie über Gefechte in entlegenen Orten, die sie mangels Karten kaum lokalisieren konnten – auch deshalb, weil die Armee bewusste Fehlinformationen in die Sendungen der Lokalsender einstreute. Es musste jedenfalls die versprengte Nachhut sein, die sich (so viel war zu erkennen) immer noch südlich des Rio Grande bewegte und zunehmend von der Armee bedrängt wurde. Also drehten sie um.

Ihr Marschtempo verlangsamte sich allerdings stetig, und auch die Wachsamkeit ließ nach, je quälender Hunger und Durst wurden. Ende Juli gingen sie zum ersten Mal der Armee direkt in die Falle. In dem Gefecht auf kurze Distanz wurden zwei Kubaner getötet, einer verwundet. Der eine Tote war Papi, hier Ricardo genannt. Jeder bekam im Tod von Che noch seine Beurteilung, so auch Papi, sein treuer Adjutant: *Ricardo war der undisziplinierteste aus der Gruppe der Kubaner ..., aber er war ein außergewöhnlicher Kämpfer und ein alter Compañero bei verschiedenen Abenteuern, wie bei der ersten Niederlage Segundos [Masettis], wie im Kongo und nun hier.*

Der Verwundete (mit Streifschuss am Hoden) war Pacho. Auch Pombo war in einem früheren Gefecht am Bein verletzt worden. Damit waren fast alle engeren Vertrauten Ches tot oder verwundet. Die Einschläge kamen näher. Noch bedeutungsvoller war für ihn womöglich aber der Verlust von elf Rucksäcken, die der Armee bei diesem Hinterhalt in die Hände fielen – *mit Medikamenten, Ferngläsern und einigen politisch sensiblen Dingen wie dem Tonbandgerät, mit dem die Botschaften aus Manila aufgenommen werden.* Ohne das Tonband konnten sie nicht einmal mehr die Mitteilungen aus Havanna entschlüsseln, die sie noch immer auffingen. Politisch sensibel war auch der Verlust von *Debrays Buch mit meinen Anmerkungen* (»Revolution in der Revolution« also, das sie eine Weile regelrecht geschult hatte) sowie Trotzkis Autobiografie »Mein Leben«. Schlimm daran war nicht nur *die politische Bedeutung dieser Beute für die Regierung,* sondern auch der *Gewinn von Selbstvertrauen für die Soldaten.*

Seit einiger Zeit hatte Che beobachtet, dass diese kleine, anfangs noch mit uralten Mausergewehren ausgerüstete, halb verhungerte und völlig unerfahrene bolivianische Regierungsarmee, deren 20.000 Mann (in der großen Mehrzahl frische, im April erst eingezogene Rekruten) über ein Land von der Größe Frankreichs und mit extremer Geografie verteilt waren, sich allmählich besser schlug. Einige Einheiten, auf die sie trafen, begannen sich geschickter zu bewegen und gegenseitig zu decken, bei Gefechten standzuhalten und sogar nachzusetzen. Das war eine Mischung aus wachsender Erfahrung und verbesserter Ausrüstung, gepaart mit einer systematischen Schulung der Offiziere, von denen etliche in den US-Camps in Panama ein Antiguerilla-Training durchlaufen hatten. Die Kommandeure der beteiligten Heeresdivisionen Vier und Acht hatten gewechselt. An die Stelle der hilflosen und brutalen Obristen der ersten Stunde waren jüngere, flexibler agierende Offiziere getreten, die mehr Gewicht darauf legten, nach US-Methode zuerst »intelligence« zu sammeln und das Terrain und die Lage zu erkunden, bevor sie ihre »soldaditos« ins Feuer schickten.

Dabei waren die von einer Gruppe von »Green Berets« in der Nähe von Santa Cruz geschulten Ranger-Bataillone noch gar nicht im Einsatz; das würde auch erst in letzter Minute, im Oktober, der Fall sein, als die Jagd auf Che ihrem Finale entgegenging. Ihr Ausbilder war der gut gelaunte Veteran diverser »low intensity wars« von Laos bis Santo Domingo, der Texaner »Pappy« Shelton (noch ein »Papi«), der fließend Spanisch sprach und mit den Viehranchern in Santa Cruz bestens zurechtkam. Shelton hatte seine kleine Truppe mit Arzt und Technikern verpflichtet, sich bei den Anwohnern nützlich zu machen, was ihnen eine recht entspannte Umgebung sicherte. Während die kubanische Propaganda schon von eintausend »Green Berets« zu sprechen begann, die in Bolivien als einem »zweiten Vietnam« angeblich im Einsatz seien, waren es tatsächlich genau vierzehn (14) – die selbst nie zum Einsatz kamen, außer eben als Berater und Ausbilder.

Währenddessen gab es in Ches eigener Truppe Auflösungserscheinungen. Pombo berichtet von einem Gespräch mit Moro (dem Chefchirurgen aus Havanna), der Anfang August ihn und Che »über Anzeichen einer offensichtlichen Demoralisierung« informiert habe. Es ging vor allem um drei der Bolivianer: León, der sich »getäuscht« fühlte, weil die Partei versprochen hatte, seine Familie zu unterstützen; Camba, »über dessen Haltung es nicht einmal lohnte zu reden« (so Pombo), weil er sich notorisch renitent zeigte; und Willi, ein junger Lehrer, der angeblich nur seine Familie besuchen und dann zurückkommen wollte. Diese Demoralisierung entsprach freilich der verzweifelten Situation der kaum noch bewegungsfähigen, auf 24 Mann geschrumpften Gruppe.

Am Abend des 8. August versammelte Che daraufhin seine Leute und hielt ihnen eine Bergpredigt eigener Art:

Dies ist einer der Momente, in denen große Entscheidungen getroffen werden müssen. Diese Art des Kampfes gibt uns die Möglichkeit, Revolutionäre zu werden, und damit die höchste Stufe der menschlichen Gattung zu erreichen, aber sie ermöglicht es uns auch, uns wenigstens als Menschen zu bewähren. Jene, die keines dieser beiden Stadien erreichen können, sollen es sagen und den Kampf aufgeben.

Sein altes Thema also: der revolutionäre Übermensch, der sich – einem Diamanten gleich – unter extremstem Druck erst wirklich herauskristallisierte. Aber zur eisernen Selbsterziehung hatte in der Sierra Maestra immer auch die vom Kollektiv beschlossene und vollzogene Eliminierung der Verräter, Deserteure und Schwächlinge gehört. Hier in Bolivien war das nicht möglich. Che selbst, der nicht mehr gehen, nur noch reiten konnte, und sich wegen seines chronischen Asthmas mittlerweile als *menschliches Wrack* sah, hatte sich (wie er selbst zugab) in einigen Situationen nicht mehr unter Kontrolle gehabt, so als er seine kleine Stute, die erschöpft bockte, in den Hals gestochen hatte – ein selbstzerstörerischer Akt von fast suizidaler Qualität. Kurzum, er war schon zu müde und selbst zu wenig Vorbild, um die harte Linie der terroristischen Säuberung durchzuziehen. Sie wäre auch der definitive Selbstmord gewesen.

Also versprach er denen, die gehen wollten, sie zu entlassen, sobald das für die Gruppe und für sie selbst gefahrlos möglich wäre. Um den immer enger werdenden Zirkel zu durchbrechen, in dem sie sich bewegten, sollte Benigno als der Zäheste und Schnellste zusammen mit einigen anderen, die eine Stafette bilden würden, aufbrechen, um aus dem hoffentlich noch nicht entdeckten Erddepot im Basislager *meine Medikamente zu holen.* Treffpunkt war beim Haus von Honorato Rojas, auf das sich, wie sie richtig annahmen, auch die versprengte Nachhut orientieren würde. Hier würden sie sich vereinen und mit Hilfe ihres Vertragsbauern, der hoffentlich seine Verpflichtungen erfüllt hatte, neu verproviantieren, um dann den Ausbruch nach Norden zu wagen. Das war der Plan, der verzweifelte Ähnlichkeit mit einem Strohhalm hatte.

»Alles, was in Lateinamerika fehlt, ist eine Initialzündung«, verkündete der glänzend gelaunte Fidel Castro bei seinem Geburtstagsbankett auf der Pinieninsel am 13. August seinen Gästen. »Sobald sie einmal gezündet hat, wird die Explosion eine solche Wucht annehmen, dass niemand … sich aus dieser Schlacht heraushalten kann.«

Diese Geburtstagsfeier war nur der behagliche Ausklang dreier grandioser Wochen. Begonnen hatten sie mit den Revolutionsfeiern zum 26. Juli, die wie immer in einer großen Rede des Máximo Líder kulminierten, diesmal auf dem Hauptplatz von Santiago. Zu den Teilnehmern zählte auch eine illustre Gruppe amerikanischer und europäischer Linksintellektueller, wie Stokeley Carmichael und Julius Lester, Marguerite Duras, Michel Leiris, François Maspéro, Jorge Semprún sowie K.S. Karol, ein polnischer Emigrant und Journalist in Paris, der wie die anderen zum intellektuellen Umfeld einer westlichen Neuen Linken gehörte. Karol hat die Szenerie eindrücklich beschrieben:

> Der Platz … war bereits schwarz vor Menschen, als wir die Tribüne der Ehrengäste gegen zwei Uhr nachmittags erreichten. Fidel begann seine Rede um sechs Uhr: Seine Verspätung verdankte sich der Tatsache, dass er mit den anderen Führern noch die Übertragung des Baseball-Matches zwischen Kuba und den USA bei den panamerikanischen Spielen in Kanada angeschaut hatte. Das ›geeinte Volk‹ fand das eine vollkommen plausible Erklärung, zumal Kuba gewonnen hatte …
>
> An diesem Tag erklärte Fidel vor der bewegten Menge: ›Cuba esta sola.‹ [Kuba steht allein.] Er warf dem sozialistischen Lager zwar nicht vor, Kuba im Stich gelassen zu haben; aber jedem fiel auf, dass er die UdSSR kein einziges Mal erwähnte … Kuba werde eine neue Form des Sozialismus entwickeln … und durch eine Politik der Offensive im Innern wie nach außen – mit Kühnheit, und noch einmal mit Kühnheit – alle seine Schwierigkeiten überwinden … Überall beherrschten riesige Porträts des Che die Menge, und auf Plakattafeln waren die wichtigsten Sätze aus seinen Büchern zitiert.

Wie Che selbst an diesem 26. Juli nach dem Abhören der abendlichen Radiosendung in seinem Tagebuch notierte, erwähnte *Fidel in knapper Weise Bolivien* – ohne jedoch seine (Ches) Anwesenheit und die der kubanischen Kämpfer, die inzwischen die Weltpresse beschäftigte, zu bestätigen oder zu dementieren.

Umso sichtbarer war die ideelle Präsenz Guevaras auf dem I. Kongress der OLAS, der Solidaritätsorganisation Lateinamerikas, der am 4. August in Havanna eröffnet wurde. Die feierliche Eröffnungssitzung fand unter den überlebensgroßen Porträts von Bolívar, Martí und Che statt. Er, der sichtbar Abwesende, wurde gleich eingangs zum »Ehrenpräsidenten« der Organisation gewählt – und das war mehr als eine formelle Ehrung. Wie sich Karol erinnerte:

> Es war schwierig, nicht an ihn zu denken, denn die Atmosphäre war bestimmt von unablässigen Berufungen auf Che und von den Ovationen, die jedes Mal ausbrachen, wenn sein Name erwähnt wurde. Es war ›seine‹ Konferenz, auch wenn er nicht da war. Er, der in irgendeinem Teil des Kontinents kämpfte …, gab allen Debatten erst ihre dramatische Dimension.

Natürlich lag Ches »Aufruf an die Völker der Welt« auf allen Tischen und wurde zahllose Male zitiert. Gleichzeitig gab es für die Vertreter von 27 revolutionären Parteien und Organisationen, die an der Konferenz teilnahmen, eine 159 Seiten lange »Stellungnahme der kubanischen Delegation«, die auf eine Übernahme der zentralen Thesen Guevaras durch die kubanische Führung hinauslief.

Noch bemerkenswerter war aber, dass auch Régis Debrays »Revolution in der Revolution« verteilt wurde – ein Buch, von dem es unwidersprochen hieß, dass es auf Basis langer Gespräche des Autors mit Fidel Castro verfasst worden sei, was ihm einen offiziösen Status verlieh.

Debray beschrieb darin ganz offen die kubanische »Häresie«, die sich von den Partei- und Revolutionstheorien sowjetischer, maoistischer oder trotzkistischer Observanz klar unterschied. Das kubanische Beispiel habe, jedenfalls für Lateinamerika, gültig bewiesen, dass es einer Führung des Kampfes durch eine kommunistische Partei nicht bedürfe; sondern umgekehrt, dass eine wahrhaft führende Partei wie die KP Kubas erst aus dem Schoß einer Guerilla entspringen könne. »Die Volksarmee wird der Kern der Partei sein und nicht umgekehrt.« Genau dies sei »die umwälzende Neuerung, die durch die kubanische Revolution eingeführt wurde«.

Erst in der Guerilla werde das »Arbeiter-Bauern-Bündnis« in der Praxis geschmiedet; »sie ist seine Verkörperung«. Die Revolutionäre bürgerlicher Herkunft, die viele der führenden Kader stellten, fungierten »als Bindemittel dieses Bündnisses«. Denn »die Berge machen den Bürger und den Bauern zum Proletarier«, während umgekehrt »ein Genosse, der sein Leben in der Stadt verbringt, im Vergleich mit dem Guerillero ein Bürger ist, auch gegen seinen Willen«.

Debray trieb diesen Gedanken bis zur Vorstellung einer »biologischen Selektion« der politisch-militärischen Kader. Die Stadt, so habe Fidel einmal gesagt, sei »ein Friedhof von Revolutionären und Ressourcen«. Das gelte im moralischen wie im physischen Sinne: »Lange Bäder verweichlichen. Es gibt nichts Besseres, als aus ihnen auszusteigen, um sich bewusst zu machen, wie weit dieser lauwarme Brutkasten kindisch macht und verbürgerlicht.« In den Bergen und im Dschungel dagegen »ist das Leben ganz einfach ein täglicher Kampf, in jedem kleinsten Detail – und zuallererst ein Kampf des Guerilleros gegen sich selbst«.

Ein revolutionärer Führer müsse daher ein in jeder Hinsicht starker und gestählter Mensch sein: »Physische Fähigkeiten sind die Bedingung zur Ausübung aller anderen möglichen Fähigkeiten.« Und deshalb waren es in Kuba auch die robusten, jungen Tatmenschen in Oliv, viele von ihnen bäuerlicher Herkunft, die sich als führende Gruppe der Revolution etabliert hatten. Und aus ihrer Mitte ragte die hünenhafte Figur Fidels hervor, in dessen Person sich »die militärische, die taktische und die politische Führung wieder vereint«. In dieser vollkommenen Führerschaft Castros sah Debray das Signum der neuen historischen Situation.

Wer aber würde der »Fidel«, der Führer der kontinentalen Revolution sein – die, wie die kubanische Stellungnahme amtlich versicherte, »nur eine einzige Revolution für ganz Lateinamerika« sein konnte, gegen die Ausbeutung und Beherrschung durch den Imperialismus und für den Sozialismus? In seiner Abschlussrede prophezeite Castro eine »unwiderstehliche Welle« revolutionärer Erhebungen, deren Führungsstab sich im Rahmen der »OLAS« herausbilden werde. Er versicherte, Kuba beanspruche keine Rolle als »führender Staat«, so wie die Sowjetunion das einst für die Kommunistische Internationale gewesen sei. Dennoch nutzte er seine Rede zu einer exemplarischen Abrechnung mit der Führung der Kommunistischen Partei Venezuelas, die fast einer verbalen Hinrichtung gleichkam – wie in den besten Tagen der stalinistischen Internationale.

Ausgerechnet die KP Venezuelas, die zu Beginn des Jahrzehnts die Führung einer vereinten Guerillafront übernommen hatte, hatte sich zwei Jahre zuvor (1965) aus dem bewaffneten Kampf zurückgezogen und den Weg zurück in die Legalität genommen. Jetzt bezichtigte Castro sie eines Opportunismus, der der imperialistischen Konterrevolution direkt in die Hände spiele. Im Mai 1967 war, als direkte Parallelaktion zur bolivianischen Expedition Ches, eine von Kuba gestartete Landungsoperation an der venezolanischen Küste unternommen worden – und war abermals schiefgegangen. Vier Kubaner waren verhaftet worden; der klarste Beweis bisher für eine direkte Verwicklung Havannas. Und diesmal war Castro den Vorwürfen der Regierungen in Caracas und in Washington mit offenem Visier entgegengetreten, als er sagte:

> Man beschuldigt uns, revolutionären Bewegungen Hilfe zu leisten. In der Tat: Wir leisten Beistand, und wir werden das weiterhin tun, wenn es sich um Bewegungen handelt, die gegen den Imperialismus kämpfen, sooft man uns fragt und in welchem Teil der Welt auch immer.

Damit hatte der Comandante eine provokante Pirouette auf der Nase des in Vietnam immer tiefer verstrickten US-Präsidenten Johnson gedreht. Aber zugleich hatte er auch den sowjetischen Premier Kossygin düpiert, der beim Gipfeltreffen von Glassboro im Juni – kurz nach dem »Sieben-Tage-Krieg« im Nahen Osten – einen neuen Anlauf gemacht hatte, die weltpolitischen Claims der beiden Großmächte abzustecken.

Auch durch einen anschließenden Blitzbesuch Kossygins auf der Insel hatte Castro sich (so sah es jedenfalls aus) nicht aus dem Konzept bringen lassen. Er hatte schließlich ein Eisen im Feuer, über das auf der OLAS-Konferenz offiziell nicht gesprochen, umso mehr aber geflüstert wurde. Es war ein Geflüstere auf allen Korridoren und bei sämtlichen Banketts und Meetings, und Karol fasste das, was er heraushörte, in die klare Vermutung: »Die Rolle Fidels in der Leitung der politischen und militärischen Gesamtoperationen in Lateinamerika – das konnte in den Verlautbarungen natürlich nicht gesagt werden – sollte Che einnehmen, der zu dieser Zeit mit seinem Guerillakern irgendwo da draußen operierte.«

Während der gut gelaunte Castro also seine Gäste beim abschließenden Geburtstagsbankett mit großen Monologen unterhielt (solange er sprach, rührte niemand das längst servierte Essen an), notierte der designierte Führer der kontinentalen Revolution in seinem Dschungel-Tagebuch:

Benigno …

… und Pombo

14. August. Schwarzer Tag … Am Abend wurde in der Nachrichtensendung die Besetzung der Höhle [durch die Armee] bekannt gegeben, wohin die Abgesandten [Benignos Gruppe] unterwegs waren … Jetzt bin ich dazu verurteilt, während eines unbegrenzten Zeitraums an Asthma zu leiden. Sie beschlagnahmten auch alle Arten von Dokumenten sowie Fotografien. Das ist der schwerste Schlag, den sie uns bisher versetzt haben; jemand muss geredet haben.

Bustos hatte in seinen Verhören Phantombilder der Guerilleros sowie eine Skizze des Lagerkomplexes gezeichnet. Einer der Deserteure aus Joaquíns Nachhut (Chingolo) hatte die Armee schließlich hingeführt. Nur dass der eine wie der andere von der Existenz dieser Depots, die nur wenige Eingeweihte gesehen hatten, gar nichts hätten wissen dürfen! Che war tief deprimiert und beunruhigt, zumal zu vermuten stand, dass Benigno beim Versuch, das letzte und geheimste Depot anzuzapfen, in die Falle gelaufen war.

Der Fund machte Sensation. Die Armee fand falsche Pässe mit Visen und Stempeln sowie detaillierte Angaben zu einzelnen Teilnehmern der Guerilla, dazu eine Vielzahl von Fotos, auf denen auch Che jetzt deutlicher zu erkennen war, nachdem man seine Passbilder mit Brille und Glatze gefunden hatte; dazu Ausarbeitungen von ihm über die politische Ökonomie Lateinamerikas; dechiffrierte Radiobotschaften aus Havanna, Asthma-Medikamente und – eine Zigarrenkiste. Ein echtes Pharaonengrab also, das nun der Weltöffentlichkeit präsentiert wurde.

Für die bolivianische Regierung waren diese Beweisstücke ein gefundenes Fressen, um der Welt zu demonstrieren, dass ihr Land Objekt einer kubanischen Invasion unter Führung Guevaras geworden war, wovon auch Washington jetzt überzeugt war. Außerdem konnte die auf den Fotos abgebildete Loyola de Guzman, eine Schlüsselfigur des ohnehin gelähmten städtischen Netzes, identifiziert und im September verhaftet werden. Die junge Frau, bei der zahlreiche Adressen und Dokumente gefunden wurden, versuchte, sich während der Verhöre aus dem Fenster zu stürzen, überlebte jedoch schwer verletzt – und voller Schuldgefühle.

Natürlich lieferten diese Materialien auch weitere Belastungsfunde für den Prozess gegen Bustos und Debray, der im September vor einem Militärgericht in Camiri beginnen sollte. Allerdings war inzwischen eine internationale Solidaritätskampagne in Gang gekommen, die ungefähr derjenigen entsprach, die Debray hätte initiieren sollen; nur dass er selbst jetzt ihr Hauptobjekt war. Sartre und andere sammelten Unterschriften unter eine Petition, in der die Freilassung der widerrechtlich festgenommenen »Journalisten« gefordert und die Militärs in La Paz (auf Verdacht, aber nicht zu Unrecht) der Folter angeklagt wurden. Der Mailänder Verleger Giangiacomo Feltrinelli tauchte in La Paz auf und wurde nach kurzer Zeit wieder abgeschoben. Dann erschien Debrays Verleger François Maspéro, der von Bolivien weiter nach Havanna flog, um Castro Bericht zu erstatten. Er traf ihn nach der großen Rede vom 26. Juli – und war erstaunt, dass der Comandante seine düstere und besorgte Schilderung der Lage in Bolivien heiter überging.

Für den Prozess stellte sich Ches alter Bekannter, der Anwalt Gustavo Roca, als Verteidiger Debrays zur Verfügung. Noch mehr Gewicht hatte es aber, dass General de Gaulle energisch zugunsten seines inhaftierten Staatsbürgers und Abkömmlings der Pariser politischen Aristokratie intervenierte. Schließlich schaltete sich sogar der Papst ein. Auf diese humanitäre Phalanx waren die Militärs in La Paz nicht vorbereitet. Statt als Ankläger auftreten zu können, waren sie selbst in die Position von Angeklagten gerückt. Noch bevor sie Che in Händen hatten, dürften sie sich darüber einig gewesen sein, dass sie einen zweiten solchen Prozess, und dann auch noch gegen Guevara, nicht durchstehen konnten.

Wo war die Nachhut abgeblieben? Aus sporadischen Gefechtsmeldungen schloss Che am 15. August, dass *Joaquín heftig bedrängt sein muss, zumal die beiden Gefangenen geredet haben*; und dass er sich noch immer südlich des Rio Grande befinden musste.

Über das Leben und die Konflikte in der Nachhut gibt es nur die Berichte der beiden Überlebenden, die zur Gruppe des unbewaffnet mitgeführten »Abschaums« gehörten. Der eine, Eusebio, hatte sich Ende Juli mit Chingolo abgesetzt und war kurz darauf der Armee in die Hände gelaufen, die zu ihrem Glück jetzt stärker als bisher erpicht war, Informationen zu erhalten, statt blinde Rache zu üben. Der andere Zeuge war Paco, der im letzten Gefecht am Vado del Yeso verwundet, aber nicht getötet und dann von dem CIA-Kubaner Felix Rodríguez als ergiebige Quelle in Beschlag genommen wurde.

Diese Berichte sind naturgemäß mit Vorsicht zu behandeln; erst recht in der stolzgeschwellten Wiedergabe aus der Feder des »Schattenkriegers« Rodríguez. Aber Eusebio und Paco haben in den Neunzigerjahren in einigen Interviews mit Dokumentaristen und Autoren noch einmal ausführliche Schilderungen ihrer Erlebnisse geliefert, die durchaus glaubwürdig wirken – gerade was die Konstellation der Hauptpersonen und den Leidensweg Tanias betraf, den sie mit einiger Sympathie und Anteilnahme beschrieben.

Die Führer der Nachhut waren selbst eine Art negative Auslese. Joaquín war ein analphabetischer Bauer aus der Sierra, der sich der Rebellenarmee angeschlossen und dort Karriere gemacht hatte. Ende Mai hatte Che sich über den Kommandeur seiner verschollenen Nachhut einige düstere Nachgedanken gemacht. Beim Probemarsch im Februar/März hatte er bei seinem Stellvertreter bereits einen *deutlichen physischen und moralischen Verfall* beobachtet, und dass dessen *einst gutmütiger Charakter einer ungeheuren Verbitterung gewichen war.* Die Berichte der Überlebenden lassen vermuten, dass der Mann je länger, desto mehr am Rande einer psychischen Entgleisung laborierte, die man Verfolgungswahn nennen würde, wären sie nicht wirklich verfolgt worden.

Fast noch härter fiel Ches Urteil über Braulio aus, den zweiten Mann in der Kommandokette, einen ebenfalls sehr ungebildeten, dreißigjährigen Schwarzen, bei dem Che sogar einen *absoluten Verfall* konstatiert haben wollte, physisch und moralisch: *Er fühlt sich schwach, aber wenn es ums Essen geht, kämpft er wie ein Wahnsinniger. Außerdem ist er vollkommen abgestumpft.* Warum hatte er diese beiden dann zu den Chefs der Nachhut ernannt?

Die Lage wurde noch verfahrener dadurch, dass der Dritte in dieser Führung der degradierte Marcos war, der einstige ruhmreiche Kommandant Pinares. Es konnte kaum ausbleiben, dass er sich über die Führungsqualitäten seiner Vorderleute ständig mokierte – bis Joaquín eines Tages auf ihn losging und ihm androhte, ihn standrechtlich zu erschießen.

Einig war sich dieses machistische Trio offenbar nur darin, dass Tania ihr Unglück war. Jaoquín nannte sie ein »feines Fräulein«; Marcos soll sie sogar ein »leichtes Mädchen« genannt haben. Sie habe nämlich (so Paco) gerne ihre höhere marxistisch-leninistische und allgemeine Bildung herausgekehrt und mit ihren Sprachkenntnissen renommiert. Und mehrfach habe sie von ihren Reisen durch Europa und Argentinien erzählt, einschließlich ihrer Bekanntschaften sowie touristischer oder kulinarischer Details – was wahrscheinlich zur Unterhaltung oder Aufmunterung gedacht war, aber ziemlich schlecht angekommen sei.

Tania hatte, nachdem ihre Fieberschübe abgeklungen waren, chronisch geschwollene Beine. Ihre Füße steckten in viel zu großen Stiefeln, in denen sie sich blutig lief. Sie konnte ihren schweren Rucksack kaum schleppen; aber Joaquín verbot, dass jemand anderer ihr etwas abnahm. Immer wieder fiel sie weit zurück und wurde dann zum Objekt gehässiger Attacken, die sie zu Tränen oder verbalen Gegenattacken trieben – die sich ihre männlichen Genossen kaum hätten herausnehmen können.

Als zu ihren anderen Leiden noch chronische Unterleibskrämpfe und später Blutungen kamen, brachte ihr das (gegen jede Logik) prompt auch noch den Ruf ein, schwanger zu sein. Paco wiederum wollte gehört haben, dass der peruanische Arzt Restituto Cabrera, genannt El Negro, bei ihr Gebärmutterkrebs diagnostiziert habe. Nur mit El Negros Hilfe überstand sie jedenfalls diese kritischen Situationen. Mit ihm saß sie meist abends zusammen. Sie hörten die Radiosendungen ab, die lokalen Sender und Radio Havanna (das war eine ihrer Aufgaben). Und sie schrieb vieles mit fliegendem Stift in ihre

Hefte, ob in Form eines Tagebuchs oder anderer Aufzeichnungen, bleibt unklar.

Das mag zur Flüsterpropaganda beigetragen haben, derzufolge sie eine Art Spionin Ches in ihren Reihen war, die alles notierte und ihm später brühwarm weiterpetzen würde. Und so tapfer sie marschierte und alle Härten klaglos ertrug, auch in zwei, drei Gefechten mitschoss und »ihren Mann stand« – so wenig bewahrte sie das davor, zum natürlichen, fast kreatürlichen Objekt aller Aggressionen und üblen Nachreden zu werden. Und dass sie als sexuelles Objekt tabu war (was laut Paco Eifersuchtsszenen nicht ausschloss), muss diesen Hass nur noch vermehrt haben.

Joaquíns Kolonne, die im Moment der Teilung aus 16 Männern und einer Frau bestand, hatte sich anfangs im weiteren Umkreis des geräumten Basislagers versteckt gehalten und nur bewegt, um der Armee auszuweichen. Sie bezahlte das mit rasendem Hunger und Durst, da jeder Kontakt mit Bauern oder Dörflern lebensgefährlich war. Irgendwann war der erste der designierten Deserteure auch tatsächlich verschwunden, ein gewisser Pepe; Tage später wurde sein Leichnam in Camiri als der eines erlegten Guerilleros zur Schau gestellt. Das war den anderen eine Warnung.

Anfang Juni starben ein weiterer Bolivianer sowie der degradierte Marcos (Pinares) bei einem überraschenden Zusammenstoß mit der Armee. Die Kolonne schaffte es aber, sich den nachsetzenden Truppen zu entziehen und erneut zu verstecken. Anfang Juli setzte sie sich vorsichtig Richtung Süden in Bewegung, wo Joaquín anscheinend noch immer Ches Hauptgruppe vermutete, der in Wirklichkeit schon zwei Monate früher an ihnen vorbei nach Norden marschiert war. Sie stießen erneut auf die Armee, und ein weiterer Bolivianer fiel. Dann, Ende Juli, setzten Eusebio und Chingolo sich ab und wurden prompt geschnappt. Jetzt waren sie nur noch elf und mussten schleunigst das Gebiet wechseln.

Am 9. August erreichten sie den südlichsten Punkt (fast auf der Höhe von Muyupampa) und machten kehrt, während Ches Hauptgruppe sich schon auf dem Rückmarsch von ihrem nördlichsten Punkt (bei Samaipata) befand. Zwischen ihnen lagen mehr als 250 Kilometer; aber nun marschierten sie (ohne es freilich zu wissen) wieder aufeinander zu, Che mit seinen Verwundeten im Schneckentempo den Rio Rosita abwärts, Joaquín in forcierten Märschen, die sie den Ñacahuazú aufwärts zum Rio Grande führten. Der einzig logische Treffpunkt war das Haus von Honorato Rojas.

Nach einem weiteren kurzen Gefecht, der dem jungen, allseits gemochten Bolivianer Pedro (von Che »Pan Divino«, Brot Gottes, getauft) das Leben kostete, erreichte Joaquíns Nachhut Ende August die Farm von Rojas. Der empfing sie freundlich, bot ihnen an zu bleiben und sich auszuruhen. Im Inneren seines Hauses lagerten, wie er sagte, zwei »kranke Freunde«. In Wirklichkeit waren es Botengänger des kommandierenden Hauptmanns Vargas Salinas, der in diesem Abschnitt das Kommando führte und Rojas zu seinem Agenten gemacht hatte. Einer der beiden rannte nachts unbemerkt los, um die Armee zu mobilisieren.

Am kommenden Morgen ging Rojas früh aus dem Haus, um, wie er sagte, die Lage an der Furt zu erkunden, an der er sie über den Rio Grande führen wollte. Die erschöpften Guerilleros vertrauten ihm. Rojas traf sich am Fluss mit Hauptmann Vargas, um die Einzelheiten des Hinterhalts zu besprechen. Sein Plan war umsichtig. Er würde ein weißes Hemd tragen und die Gruppe bis zur Furt begleiten, dort ein Handzeichen geben, wenn alles in Ordnung war, und dann umkehren.

Am Nachmittag kurz vor Sonnenuntergang war es so weit. Die Guerilleros erschienen am anderen Ufer, nach allen Seiten sichernd. Sie verabschiedeten sich herzlich von ihrem Retter und stiegen einer nach dem anderen in den Fluss, der ihnen bis zur Brust ging, Waffen und Rucksäcke über dem Kopf. Hauptmann Vargas wartete, bis alle im Wasser waren und die Ersten, Braulio voran, direkt vor ihm das Ufer betraten. Dann begann die Fusillade. El Negro konnte entkommen, indem er tauchte und sich abtreiben ließ; drei Tage später wurde auch er flussabwärts gestellt und erschossen. Nur einer überlebte verletzt: der unbewaffnete Paco.

An ihm war es, am Tag darauf die Leichen zu identifizieren. Die Soldaten, die ihn misshandelt hatten, aber leben ließen, waren in gehobener Stimmung, zumal Honorato Rojas erschien und ihnen ein Festmahl mit gebratenem Fleisch brachte, das sie zwischen den toten Feinden verzehrten. Auch Rojas schien hoch befriedigt; denn nur wenn alle tot waren, konnte er sich selbst gerettet fühlen. So hart waren die Entscheidungen, wenn man zwischen den Fronten stand.

Allerdings musste Salinas zu seiner großen Enttäuschung feststellen, dass es nicht die Gruppe von Che war, die er vernichtet hatte. Und es fehlte der Leichnam der Frau, die sie alle deutlich unter den Bärtigen ausgemacht hatten und von der sich seine Soldaten schon legendäre Dinge erzählten. »Ein paar von ihnen hatten im Traum eine weibliche Stimme gehört, die ihnen befahl, die Waffen niederzulegen.«

Als eine Ophelia der Weltrevolution ist Tamara langsam flussabwärts getrieben, bis ihr Rucksack sich im Gebüsch verfing. Ihre blonden Haare wehten in der Strömung und fielen nach und nach aus, bis sie fast kahl war. Die Fische zernagten ihr Gesicht und fraßen eines ihrer Augen aus. Ihre zerrissenen Kleider lösten sich vom Leib. Eine blutige Monatsbinde will der Sanitätssoldat an ihr gefunden haben, der sie nach einer Woche schließlich aus dem Wasser zog.

Die Soldaten teilten sich die Beute, die sie im Rucksack fanden. Der Sanitätssoldat nahm die Kompasstasche der Guerillera. Hauptmann Vargas nahm ein paar Filmrollen. Andere nahmen Parfumfläschchen, in denen aber Geheimtinte war. Tamaras Kamera, ihr Codebuch und ihre Ausweise wurden Staatspräsident Barrientos überreicht. Ihre Tagebuchhefte dürften zur papiernen Masse geworden, die Tinte verflossen sein. Jedenfalls ist nicht versucht worden, sie zu restaurieren. Dafür wurden einige wasserdicht verpackte Tonkassetten geborgen, auf denen sich nach langen Überprüfungen in CIA-Labors nur argentinische Volkslieder fanden.

Und dann will man einen ebenfalls wasserdicht verpackten Brief an ihre Mutter gefunden haben – was Nadja Bunke erbittert bestritten hat. Tatsächlich hat ihn niemand im Original gesehen. Das gilt für andere schriftliche Hinterlassenschaften aus Ches bolivianischer Guerilla allerdings auch, wofür es sehr unterschiedliche Erklärungen gibt. Immerhin: So »gut erfunden« Tamaras Brief wirkt, so schwer fällt es, sich einen bolivianischen Militär oder exilkubanischen CIA-Mann vorzustellen, der diesen Text verfasst haben könnte. Und sein Ton ähnelt ja durchaus jenem eingangs zitierten, existenziellen Gedicht, das sich ebenfalls in ihrem Rucksack gefunden haben muss und dessen Authentizität nicht bezweifelt wird. Der unvollendete Brief an die Mutter (unklar, ob in deutscher oder spanischer Sprache) soll jedenfalls gelautet haben:

> Liebe Mutter, ich habe Angst. Ich weiß nicht, was aus mir und all den anderen werden soll. Wahrscheinlich nichts. Die Furcht steckt tief in mir, und bei jeder Gelegenheit weine ich. Ich versuche, mich daran zu erinnern, was Mut, was Courage ist. Bist du vielleicht ›Mutter Courage‹? Ich auf jeden Fall bin nicht ›Tochter Courage‹. Ich bin nichts. Ich bin kein Mädchen, bin keine Frau, sondern nur ein kleines, verängstigtes Kind, das sich in irgendeine Ecke verkriechen möchte, um von niemandem gefunden zu werden. Am liebsten möchte ich mich davonschleichen und verstecken, wenn ich nur wüsste, wo …

Momente einer verzweifelten Regression, in denen sie solche Zeilen geschrieben haben könnte, dürfte es auf Tamaras Leidensweg genug gegeben haben – gerade weil ihre Quälgeister nicht die Feinde, sondern die eigenen Genossen waren. Aber das bedeutete eben auch, dass sie nach den unerbittlichen Maßstäben eines Che oder auch eines Ostrowski versagt hatte. Sie war kein Stahl, der im Feuer des Kampfes gehärtet werden konnte. Statt »Tania la Guerillera« war sie am Ende doch Tamara geblieben. Ihre Traumpfade endeten im Nirgendwo.

Man brachte ihren Leichnam ins Krankenhaus nach Vallegrande, wo sie aufgebahrt wurde. Ein Foto zeigt den eigens eingeflogenen Staatspräsidenten Barrientos mit vorgehaltenem Tüchlein vor dieser entstellten Wasserleiche, mit der er im Leben schließlich einmal routiniert geflirtet hatte. Geheimdienstchef Quintinilla versuchte, ihr Fingerabdrücke abzunehmen, was misslang. Identifiziert wurde sie schließlich von Paco und von Ciro Bustos.

Dann passierte etwas Bemerkenswertes: Die Frauen der Garnison bestanden darauf, dass die Guerillera eine anständige christliche Bestattung bekommen müsse, und der Platzkommandant Oberst Saucedo gab diesem Wunsch der Damen im Einverständnis mit Präsident Barrientos nach. Die Direktorin der Schule nahm mit einigen Lehrerinnen die Sache in die Hand. Sie besorgten ein weißes Totenkleid, weiße Tücher, Kerzen und einen Sarg und hielten, wie es sich gehörte, eine Totenwache, trotz des entsetzlichen Geruchs, den die Tote verbreitete. Am nächsten Tag brachte man sie zum Friedhof, wo eine Gruppe Soldaten zur Überwachung abgeordnet waren, die – unklar, auf wessen Impuls oder Befehl – der toten Guerillera die militärischen Ehren erwiesen. In der folgenden Nacht freilich wurde ihr Leichnam wieder exhumiert und in dem Massengrab auf einem Militärgelände verscharrt, in dem auch die anderen toten Guerilleros der Nachhut gelandet waren.

Zwei Wochen später bekamen die Bunkes Post aus Havanna – einen Ausschnitt aus der bolivianischen Zeitung »El Diario«, die den Präsidenten Barrientos neben der Leiche einer toten Guerillera namens Laura Guitiérrez Bauer zeigte, dazu eine Ablichtung ihres Passes. Die Eltern erkannten die junge Frau auf dem Passfoto nicht; aber sie verstanden sofort, was diese kommentarlose Zusendung bedeutete.

Ecce-Homo

El Señor Che kam wie der edle Ritter von der traurigen Gestalt auf einem langohrigen Maultier aus dem Frühnebel in die Morgensonne hinaufgeritten. Seine verfilzten Haare und sein Bart wehten im Wind, sein Leib war mit Schwären bedeckt, seine Kleidung zerrissen, die Brust entblößt; an den Füßen trug er Sandalen aus Stoff- und Lederresten. Aber da alle Umstände seines späteren Todes mit christlichen Bildzitaten getränkt sind, fällt es schwer, nicht auch an den Einzug des Herrn Jesus in Jerusalem zu denken: »Seht, euer König kommt zu euch. Er ist sanftmütig und reitet auf einem Esel …« (Matthäus 21, 5)

Nur dass dieser Herr keinen Palmzweig, sondern ein Gewehr trug; und dass der Ort, in den er einzog, das auf der Höhe liegende Abra del Picacho war, wo ein heidnisches Fest gefeiert wurde. *Die Bauern behandelten uns sehr gut, und wir zogen weiter ohne ausgeprägte Befürchtungen*, notierte Che sich. Benigno dagegen, der von seiner Exkursion zur Bärenhöhle heil zurückgekommen war und wie früher in der Vorhut marschierte, fühlte sich wie in einem Hexensabbat:

> Sie kommen, um uns mit Kalebassen voller *chicha* willkommen zu heißen. Ich schaue mich um, und überall liegen Indios auf der Erde, vollständig betrunken … Sie feiern die Ankunft des Frühlings, offiziell am 21. September …, dem Tag, an dem sie mit der Aussaat beginnen … Vorher produzieren sie einen Monat lang große Mengen chicha, ihren Maisschnaps … Das Fest dauert so lange, wie der chicha reicht.

Es war bereits der 26. September, und noch immer gab es *chicha*. Die Indiobauern in ihren farbigen Festgewändern drängten die Guerilleros, davon zu trinken. Miguel und Benigno lehnten ab, aber Che kam ihnen zu Hilfe und trank beide Kalebassen leer. »Du bist ein wahrer Hombre!«, sagte ihm ein Indio, und der Comandante legte ihm seinen Arm um die Schulter und lachte über beide Ohren. »Und das ist das erste Mal gewesen, dass ich den Che übermütig gesehen habe«, schreibt Benigno.

Aus dieser entrückten Höhe von fast 2300 Metern hatten sie einen grandiosen Blick hinunter in das Tal des Rio Grande, der einige Kilometer entfernt in der Sonne schimmerte. Sie rasteten, Inti sagte etwas zu den Frauen, die weniger betrunken waren; und angeblich soll er mit ihnen sogar gesungen und getanzt haben. Und, auch das ein Novum: »Die Bauern sagen uns auf Wiedersehen und winken uns mit den Händen nach.« Das machte Benigno vollends misstrauisch. Er irrte sich nicht, wie auch der ernüchterte Che kurz darauf feststellte:

> *Als wir Higuera erreichten, war alles verändert: Die Männer waren verschwunden und nur einige Frauen waren zu sehen. Coco ging zum Haus des Telegrafisten … und brachte eine Meldung vom 22. September, in der der stellvertretende Bürgermeister von Valle Grande dem Gemeindeältesten mitteilt, dass es Hinweise auf die Anwesenheit von Guerilleros in dem Gebiet gibt, und jede Nachricht darüber muss nach VG [Vallegrande] weitergeleitet werden … Der Mann war geflüchtet, aber die Frau versicherte, dass es heute keine Mitteilungen gegeben habe …*

Die Männer von Higuera hatten sich im Wald versteckt. Miguel rief ihnen zu, sie sollten herauskommen, es passiere ihnen nichts. »Die Männer sterben fast vor Angst; sie sind bereit, mit uns zu sprechen, weigern sich aber, in den Ort zurückzukehren … Wir wissen, dass etwas Seltsames vorgeht, aber führen es auf die Furcht zurück, die wir bei ihnen erwecken.« So noch einmal Benigno.

Der letzte Marsch der Guerilla-Kolonne Ches ähnelte ganz jenem »Zug der Schlafwandler«, den Debray sechs Monate vorher ins Lager hatte zurückkehren sehen. Aber damals war es pure Erschöpfung gewesen, die sie in diesen somnambulen Zustand versetzt hatte. Jetzt schien es, als hätten sie ihre zentralen Alarmsysteme ausgeschaltet.

Am 2. September hatten sie im Radio von der Vernichtung der Nachhut gehört. Che hatte das anfangs für *ein großes Täuschungsmanöver* gehalten. Die Rede war von einem Hinterhalt an der Yeso-Furt, also nahe beim Haus von Honorato Rojas. Aber genau dort, im Haus von Rojas, waren sie doch am Tag danach (am 1. September) selbst gewesen und hatten es verlassen vorgefunden. Die Vernichtung der kompletten Kolonne Joaquíns – die als solche schon unwahrscheinlich war – sollte demnach ganz in ihrer Nähe stattgefunden haben, vor ihrer Nase. Und sie hätten nichts davon bemerkt?!

Aber genauso war es. »Die Tatsache, dass wir Tiere mitführten und den Weg für sie freischlagen mussten, führte zu unserer Verspätung und verhinderte, dass beide Kolonnen gleichzeitig eintrafen. Wäre das nicht der Fall gewesen, wäre der Ausgang ein anderer gewesen.« So Pombo, der bis heute überzeugt ist, dass Che gegenüber Rojas weniger vertrauensselig gewesen wäre und niemals zugelassen hätte, dass sie alle gleichzeitig in den Fluss stiegen. Aber nach drei Tagen immer genauerer Meldungen musste sich auch Che eingestehen, dass die Informationen offenbar zutrafen. »Danach hörte er auf, über das Thema zu reden«, wie Taibo schreibt.

Das könnte man als Zeichen eines zunehmenden Realitätsverlustes nehmen. Sie befanden sich, wie sie bemerkten, in einer Zone verdichteter Truppenpräsenz. Es gab ein, zwei kleinere Schusswechsel. Flugzeuge und Hubschrauber waren in der Luft. Aber Che machte keine allzu entschiedenen Bemühungen, wegzukommen. Fast drei Wochen lang bewegten sie sich in kleinen Etappen auf beiden Seiten des Rio Grande – und beobachteten sogar (ohne es zu ahnen) aus einiger Entfernung den Hubschrauber des Präsidenten Barrientos, der nach Tamaras inszeniertem Begräbnis am 9. September auf der Farm von Rojas landete, um dem Zurückgekehrten Geld und einen Verdienstorden zu überreichen und die bolivianischen Guerilleros aufzufordern, sich zu stellen. Auf Che (lebend oder tot) setzte er eine Kopfprämie von 50.000 Pesos, etwa 4000 Dollar, aus.

Das blieb, wie Pombo vermerkte, nicht ohne Wirkung. Unter den bolivianischen Kämpfern – auch den standfesteren – gab es wachsende Unruhe. Che führte mit ihnen Einzelgespräche. Den einen, Julio, *bedrückt es, dass wir keinen Kontakt zur Bevölkerung haben und keine neuen Kämpfer gewinnen.* Ein anderer, Aniceto, *macht einen gefestigten Eindruck, meint aber, dass mehrere Bolivianer schlappmachen werden.* Es gab Reibereien wegen der immer knapper werdenden Nahrung, so *eine Beschwerde Eustaquios wegen einer Ration, die Ñato zusätzlich gegessen habe.* Sogar mit Inti, dem Anführer des bolivianischen Kontingents, sprach Che *über einige seiner Schwächen, die das Essen betreffen; er antwortete ziemlich verärgert.*

Unter den Kubanern sah es kaum besser aus. Einer der erfahrensten, Antonio (Hauptmann Pantoja), halluzinierte auf Wachposten Feinde, die nicht da waren. *Offensichtlich ist er nicht normal; er weinte, verneinte jedoch, Probleme zu haben.* Benigno beging beim Fischen am

Fluss eine Unvorsichtigkeit, als er sich örtlichen Jägern und Anglern zeigte, sie aber nicht gefangen nahm. *Ich war außer mir und bezeichnete das als Akt des Verrats, was bei Benigno einen Weinkrampf auslöste.* Zu den größten Sorgenkindern entwickelten sich Moro (der Chirurg Dr. Pedraja), der vor Schwäche kaum noch gehen konnte, und Chino (der Peruaner Chang), dessen Brille zu Bruch gegangen war. Später würde er sie vollends verlieren, und die Frauen in La Higuera würden ihn »den Blinden« nennen.

Und schließlich war da natürlich Che selbst, der seine letzten Medikamente verbraucht hatte, abgemagert, schlaflos, mit rasselndem Atem. Beim Übersetzen über den Fluss hatte er seine Schuhe verloren, was er *gar nicht lustig* fand. Immerhin hatte er bei dieser Gelegenheit *nach etwas mehr als sechs Monaten ein Bad genommen. Das ist ein Rekord.*

Er zerbrach sich den Kopf der Gegner: *Haben sie Angst? Unwahrscheinlich … Wollen sie uns marschieren lassen, um uns an einem strategischen Punkt abzufangen? Das wäre möglich. Glauben sie, dass wir aus Gründen der Versorgung im Gebiet von Masicuri bleiben wollen? Auch das ist möglich.* Eine klassische Zwickmühle also. Klar war, dass sie dringend in eine andere Zone hinüberwechseln mussten. Aber wohin? Der Entschluss, den Che mit den Brüdern Peredo schließlich fasste, erscheint aberwitzig, war vielleicht aber die letzte verbliebene Ausflucht. Von Pombo ließ er sich eine Bolivienkarte bringen.

> Er erklärte, wir müssten einen Schlag landen, um die Moral zu heben …, dann die Zone verlassen und uns für einige Zeit verstecken. In der Zeit würden wir Kontakte zur Stadt herstellen und vierzig bis fünfzig Männer aus La Paz eingliedern, die bereit seien, sich der Guerilla anzuschließen. Der Plan besagte, den Rio Pesca aufwärts … und von dort nach Vallegrande zu gehen, den Ort zu umgehen und nach der Straße zu suchen, die uns, der Karte nach, dann … ins Chapare oder nach Alto Beni führen würde.

Wie zuvor den Kongo, wollte Che demnach Bolivien mit einer Handvoll Getreuen im Handstreich durchqueren, um wie einst Prestes oder Mao neue »Stützpunktgebiete« zu erreichen. Oder war das schon eher wie Harry Potter? Jedenfalls würden sie zunächst in die Berge hinaufziehen müssen. Dort oben sollte es eine Schotterpiste geben, die nach

Vallegrande führte. Von »eingefangenen« Bauern und Jägern hatten sie gehört, dass jeden Tag ein kleiner Lastwagen vorbeikam, der die Dörfer versorgte. Den wollten sie kapern. Dass Vallegrande das Hauptquartier der auf sie angesetzten Achten Armee war, die Höhle des Löwen also, dürfte zum Kalkül gehört haben.

Schon im ersten größeren Ort, den sie erreichten, stellte sich allerdings heraus, dass sie die Rechnung ohne den Wirt gemacht hatten:

> Der Plan, ein Fahrzeug zu schnappen, das uns nach Vallegrande bringen würde, um uns dort mit Medizin zu versorgen, und dann ... weiterzukommen, war undurchführbar, weil die Armee entlang der Straße Checkpoints errichtet hatte.

Der wachsende Verfolgungsdruck, den Ches Gruppe jetzt spürte, ergab sich nicht zuletzt aus einer späten und fast kuriosen Überschätzung ihres Potenzials seitens der US-Stellen, die wie ein Spiegelbild der kubanischen Propaganda auf der OLAS-Konferenz im August wirkte. Nachdem die CIA sich davon überzeugt hatte, dass Che lebte und in Bolivien war, wurde das Ruder herumgelegt. Eine Ausarbeitung, die auch Präsident Johnson vorgelegt wurde, kam zu dem Schluss, dass die bolivianische Guerilla (die auf 100 bis 200 Mann geschätzt wurde) von allen bewaffneten lateinamerikanischen Gruppen »den entwickeltsten und professionellsten Eindruck« mache. Sie werde durch »das Guevara-Thema« in der internationalen Öffentlichkeit zusätzlich aufgewertet; und wenn sie »in Bolivien weiterhin Erfolg« (!) haben sollte, werde das auf den ganzen restlichen Kontinent ausstrahlen.

Die CIA hatte insgesamt sechs professionelle Agenten in Bolivien, wobei die beiden Anfang August eingetroffenen Exilkubaner Villoldo und Rodriguez direkt der bolivianischen Armee zugeordnet waren, deren Uniform sie auch anzogen. Sie sorgten als Erstes für eine verbesserte Kommunikation durch mobile Funkgeräte, sodass die Beobachtungsflugzeuge und Hubschrauber mit den Truppen am Boden Funkkontakt hatten. Und sie drängten die Armee, statt die Bauern und Dörfler zu terrorisieren lieber systematisch Informanten unter ihnen zu rekrutieren. Das Amnestieangebot von Präsident Barrientos an mögliche Deserteure wurde allgemein als Änderung der bisherigen Politik gesehen, zu Unrecht, wie sich dann zeigte.

Mithilfe der Zeugenaussagen von Bustos, Debray, Eusebio und

Paco, durch systematische Auswertung der gefundenen Fotografien und Dokumente (darunter eines weiteren Tagebuchs des toten Braulio) und durch den Abgleich mit den Berichten der Armeekommandos gelang es rasch, die Geschichte der Guerilla des Che, und vor allem die der beiden getrennten Kolonnen, die für einige Verwirrung gesorgt hatte, in Umrissen zu rekonstruieren. Auch über Stärke, Zusammensetzung und Gliederung der Gruppe, ihre physische und moralische Verfassung, die Rolle Ches und seine Krankheit, die Bewaffnung, technische Ausstattung und Versorgung, ihre Isoliertheit von der Landbevölkerung wie vom städtischen Untergrund – über all das gab es jetzt einen Strom von Informationen, die ein recht genaues Bild der Lage ergaben. Und schließlich erlaubten sporadische Schusswechsel sowie einlaufende Meldungen von Bauern, Fischern, Jägern und Dorfvorständen, Ches verbliebene Truppe annähernd zu lokalisieren. Viele Optionen, so viel war klar, hatte sie nicht mehr.

Als Fidel Castro am 18. Oktober 1967 in einer Rede antiken Formats vor 300.000 Menschen auf der Plaza de la Revolución die Erhebung des toten Che in den Götterhimmel der lateinamerikanischen Revolution zelebrierte, sagte er in klassischer Wendung: »Wenn Che als Guerillero eine Achillesferse hatte, dann war diese Achillesferse seine übermäßige Kampfbereitschaft …, die völlige Verachtung jeder Gefahr.« Das konnte man als Andeutung einer Kritik verstehen, war vor allem aber Teil der von Fidel verkündeten Che-Legende: vom »Künstler des revolutionären Kriegs«, der durch seine »Uneigennützigkeit, seine Bereitschaft, immer das Allerschwierigste zu vollbringen«, auch »den revolutionären Stoizismus auf eine neue Stufe gehoben hat«.

Zwanzig Jahre später hat derselbe Fidel Castro in einem langen Interview mit dem italienischen Journalisten Gianni Mina eine sehr viel schonungslosere und realistischere Beschreibung des Todesmarsches von Che nachgeliefert:

> Ich glaube, dass er am Ende seines Lebens mit einer gewissen Leichtfertigkeit gehandelt hat, denn unterwegs hält er inne und sagt: ›Die Gerüchte sind uns vorausgeeilt, alle warten bereits auf uns.‹ So ungefähr sagt er es, das kann man in seinem Tagebuch nachlesen … Ich glaube, dass die Gewissheit über den Tod von Joaquíns Gruppe seinen Gemütszustand erheblich beeinflusst hat …, und dass er in diesem Augenblick tollkühn gehandelt hat.

Er setzt den Marsch fort, erreicht ein menschenleeres Dorf. Ein menschenleeres Dorf ist ein Zeichen dafür, dass etwas vorgefallen ist … Jede, wirklich jede Truppe hätte auf diesem Weg angehalten und einen Hinterhalt gelegt. Stattdessen marschierte die Vorhut am helllichten Tag über kahle Berghänge weiter, so als ob es keine Armee gäbe.

Nur ein Schritt trennte Castro von der Schlussfolgerung, dass es ein halbbewusster Marsch in den Tod gewesen sein muss. Die Vorzeichen des Unheils waren ja tatsächlich nicht zu übersehen gewesen. Als Ches Kolonne am Abend des 18. September den Aufstieg in die Berge begann, wurde sie schon im ersten Ort, Alto Seco, *mit einer seltsamen Mischung aus Angst und Neugierde* empfangen. Die Guerilleros stellten fest, *dass der Gemeindeälteste offensichtlich gestern fortgegangen ist, um zu melden, dass wir in der Nähe sind. Zu Vergeltung beschlagnahmen wir seinen Laden.* Unter dem Geschrei seiner Frau nahmen sie alles als Beute, was sie fanden, das erste Mal ohne zu bezahlen, auch Kleidung und Rasierzeug (offenbar, um sich später aus *barbudos* in Zivilisten zu verwandeln); aber vor allem eine Riesenmenge an Brot, Süßigkeiten und anderen Nahrungsmitteln, die sie kaum schleppen konnten.

Abends hielt Inti in der Schule (1. und 2. Klasse) eine Ansprache vor einer Gruppe von erstaunten und schweigsamen Bauern und erläuterte ihnen die Bedeutung der Revolution, der Lehrer stellte als Einziger die Frage, ob wir auch in den Dörfern kämpfen würden. Er ist eine Mischung aus Bauernschläue, Belesenheit und kindlicher Einfalt, er stellte zahlreiche Fragen über den Sozialismus.

Auch Che hat den schweigenden Dörflern offenbar einen Vortrag über die bevorstehende kontinentale Revolution gehalten und auf das Beispiel von Santo Domingo hingewiesen, *ein Land wie Bolivien, wo die Amerikaner gekommen sind und viele Bauern getötet haben, nur weil sie ein besseres Leben gefordert haben.* Dasselbe werde *auch hier passieren, und deshalb kämpfen wir.* Eine ziemlich weit hergeholte Begründung.

Vier Tage und Nächte lang ziehen sie so über einen weithin einsehbaren Fahrweg in einem großen Halbkreis durch die Orte. Sie kommen wegen der schweren Rücksäcke nur langsam voran. Che leidet wegen des übermäßigen Essens unter Leberkoliken. Und seine Leute sind *erschöpft durch Märsche, mit denen wir nichts erreichen* – eine ungewohnt defätistische Feststellung in Ches Tagebuch. In den weiter oben gelegenen Orten wie Pujío (25. September) hat man sie schon von Weitem kommen sehen. Sie sind also *von Radio Bemba angekündigt*, wie man in Kuba die Buschtrommel nannte. Die Leute *waren bei unserem Anblick geflohen*; als nichts passiert, nähern sie sich wieder neugierig. Auch Bewohner von Higuera, dem übernächsten Ort, sind gekommen, um sich zu erkundigen, darunter der Dorfvorsteher. Die Guerilleros nehmen den Mann fest – und lassen ihn dann offenbar mit seinen Leuten zurücklaufen.

In der Nacht marschieren die Guerilleros weiter, landen am frühen Vormittag in Abra de Picacho, im Hexensabbat des Frühlingsfestes, unter den betrunkenen Indios, die ihnen *chicha* einflößen, singen, tanzen und freundlich hinterherwinken, und ziehen weiter in das ausgestorbene Higuera, wo der Gemeindevorsteher (derselbe, den sie in Pujío festgenommen hatten) geflohen ist. Sie bleiben dort und nehmen einen Bauern gefangen, der aus dem vor ihnen liegenden Pucará kommt:

> Che befragte ihn, und er versicherte, dass alles ruhig sei – es gebe dort keine Soldaten. Che sagte, er traue dem Mann nicht, er lüge wahrscheinlich, und war versucht …, alle Pläne zu ändern und in ein unzugänglicheres Gebiet hinüberzuwechseln. Aber dann beschloss er, das Risiko einzugehen und den Weg nach Pucará weiterzufolgen.

So wieder Pombo. Nach einer längeren Rast brechen sie am hellen Mittag auf – »als ob es keine Armee gäbe«. Zwei Stunden später hört Che heftiges Gewehrfeuer von vorne. Die Vorhut ist in einen schulmäßigen Hinterhalt geraten; aber auch die Hauptgruppe kommt unter Beschuss und droht, umzingelt zu werden. Benigno trifft verwundet ein; er hat noch versucht, den tödlich getroffenen Coco aus der Schusslinie zu bringen, und ist dabei selbst getroffen worden. Auch Miguel, der Chef der Vorhut, und Julio (ein Arzt aus Cochabamba) sind tot. Außer Benigno ist auch der kleine Pablito am Fuß verwundet. In der Verwirrung ist Camba, einer der unzufriedenen Bolivianer, verschwunden, wenig später ein zweiter, León. Beide werden kurz darauf von der Armee gefangen genommen.

Che befiehlt den Rückzug in eine Schlucht rechts des Weges, die sich als Mausefalle erweist. Am 28. September notiert er: *Ein Tag der Qualen, der zeitweilig unser letzter zu sein schien.* Sie sind von oben fast völlig eingeschlossen; nur die Zerklüftung des Terrains (ein unüberschaubares Netz von Haupt- und Nebenschluchten) ermöglicht es ihnen, sich zu verbergen, während die Armee blind bombardiert und mit Mörsern hinunterschießt. In der dritten Nacht schaffen sie es, sich ein Stück aus der Schusslinie zu bringen. Tagsüber halten sie sich im Dickicht verborgen, das den Boden und die Hänge des Tals bedeckt. Chinos Brille ist endgültig zerbrochen, er muss wie ein Kind an der Hand geführt werden. Zum Hauptproblem wird der Mangel an Wasser.

Auf die Nachricht, dass die Gruppe von Che bei La Higuera eingeschlossen sei, ist das erste der beiden im Anti-Guerillakampf trainierten Ranger-Bataillone aus Santa Cruz vorzeitig in den Kampf geschickt worden. Der Rundfunk meldet, dass 1800 Soldaten sich an der Einschließungsaktion beteiligen. Che hört mit grimmigem Amüsement, dass je nachdem, welche der beiden Armeegruppen (die Vierte oder die Achte) ihn fange, man ihm entweder in Camiri oder in Santa Cruz den Prozess machen werde. Halb ist das Nervenkrieg, halb wohl auch schon Verschleierungsmanöver.

Versuche der Guerillakolonne, sich nachts durch die Belagerungslinie zu schleichen, scheitern im Ansatz. Der einzige Fluchtweg führt durch das Gebüsch am Grund der Haupt- und Seitentäler hinunter zum Rio Grande. Aber das weiß auch die Armee, die Beobachtungsposten installiert hat und Patrouillen hinunterschickt.

Am 7. Oktober macht Che seinen letzten Eintrag im Tagebuch, in einer seltsam entrückten Stimmung:

> *Elf Monate sind seit dem Beginn unserer Guerilla-Aktivitäten ohne Komplikationen vergangen. Der Vormittag verlief ohne Gefahr, in fast idyllischer Stimmung, bis um 12.30 eine Alte, die ihre Ziegen hütete, in die Schlucht kam, in der wir lagerten; wir mussten sie festnehmen. Die Frau hatte keinerlei glaubwürdige Informationen über die Soldaten… Aus den Informationen der Alten ergibt sich, dass wir ungefähr eine Meile von Higuera entfernt sind… Um 17.30 gingen Inti, Aniceto und Pablito zum Haus der Alten, die eine Tochter liegt krank danieder und die andere ist fast ein Zwerg; ihr wurden 50 Pesos gegeben mit dem Verweis, kein Wort zu sagen, aber mit wenig Hoffnung, dass sie ihr Versprechen halten wird.*

Bei Mondschein brechen sie wieder auf. Sie hinterlassen Spuren in den Kartoffelfeldern, die hier unten sind. Der fast blinde Chino *ist eine wahre Last.* Eine Meldung im Rundfunk verortet *das Gebiet unserer Zuflucht zwischen den Flüssen Acero und Oro. Die Nachricht scheint eine Diversion zu sein.*

Mit dieser (irrigen) Vermutung bricht Ches Feldtagebuch ab. Im Geheimdienstjargon kommunistischer Staaten ist eine »Diversion« eine gezielte Fehlinformation oder Sabotageaktion. In Wirklichkeit hat die Armee sie ziemlich genau lokalisiert. Allerdings sind es nicht die alte Frau oder ihre bucklige Tochter, die sie verraten. Sondern ein Bauer, der spätabends seine Kartoffelfelder wässert, hat ihre Schatten gesehen und alarmiert die Ranger. Am folgenden Mittag finden die Guerilleros sich erneut eingekreist, genau in dem Moment, in dem sie versuchen, sich zum Rio Grande abzusetzen. Sie werden entdeckt, und es entwickelt sich eine heftige Schießerei, in deren Verlauf die Armee Maschinengewehre und Handgranaten einsetzt.

Um die Mittagszeit wird Che in der Wade getroffen, sodass er nicht mehr gehen kann; kurz darauf wird sein M2-Karabiner durch einen weiteren Treffer unbrauchbar. Willi Cuba, einer der Bolivianer (ein Bergbauingenieur, den Che Tage zuvor noch für den nächsten Deserteurskandidaten gehalten hat), versucht den verletzten Comandante über einen schmalen Pfad aus der Kampfzone zu schleppen. Am oberen Ende des Wegs erwartet sie eine Rangerpatrouille, der sie sich widerstandslos ergeben. Willi ruft ihnen zu: »Dies ist der Kommandant Guevara, Sie müssen sein Leben respektieren!« In weiteren Variationen dieser Erzählung wird daraus der Ruf Ches selbst: »Ich bin der Comandante Guevara, und lebend bin ich wertvoller für Sie als tot.« Die ursprüngliche Version ist die glaubhaftere.

Der verblüffte Soldat soll gesagt haben: »Setzen Sie sich, Señor!« Außer seinem defekten Gewehr werden Che ein Solinger Hirschfänger und eine Pistole abgenommen, deren Magazin er angeblich verloren hatte. Castro jedenfalls wird später auf dieser Version bestehen, da der Guerrillero heroico sich niemals kampflos ergeben haben kann. Dann wird Hauptmann Gary Prado, der Kommandeur der Einheit, herbeigerufen. Noch traut niemand der Sache so richtig. Der Hauptmann zieht eine Kopie der Zeichnungen von Bustos aus der Tasche und vergleicht. Che muss die Hand ausstrecken, auf der eine Narbe ist. Alles stimmt.

Prado wie seine Soldaten sind vom »eindrucksvollen Blick«, der stolzen Haltung und Ruhe des verdreckten und abgerissenen Mannes beeindruckt. Sie tauschen Zigaretten. Prado informiert per Funk Vallegrande über den »Fall Ramón«, lässt die Gefangenen mit ihren Gürteln fesseln und begibt sich wieder ins Gefecht, das nach wie vor in der Schlucht weiter tobt und bis zum Abend ein Dutzend Tote und Verwundete auf beiden Seiten fordern wird.

Bei einfallender Dunkelheit werden Che und Willi nach La Higuera eskortiert, wo sie vom Ranger-Major Ayarora und dem Obersten Selich vom Armeestab in Vallegrande erwartet werden. Beide sind mit einem Hubschrauber herbeigeeilt, der im Shuttleverkehr Tote und Verwundete ausfliegt. Die Gefangenen werden in der Dorfschule eingesperrt, in getrennten Räumen. Wenig später kommt der blutende und blinde Chino hinzu und wird (unversorgt) zu Willi gesperrt. Die Leichen von Antonio (Pantoja) und Arturo (dem Bruder von Papi) werden in dem Raum abgelegt, in dem Che gefesselt sitzt. Dessen Wunde wird von einem Soldaten notdürftig verbunden; er bekommt etwas Aspirin.

Das Dorf ist nach wie vor im Alarmzustand; eine nächtliche Befreiungsaktion der Guerilleros wird nicht ausgeschlossen. Tatsächlich sitzen sechs Kämpfer (Inti, Pombo, Benigno und drei andere) nur ein paar Hundert Meter unterhalb des Ortes in einem Gehölz, ohne zu ahnen, was mit Che passiert ist und wo er sich befindet. Sie waren als eine Art Selbstmordkommando zurückgeblieben, um den Rückzug der Hauptgruppe zu decken. Am Ende werden gerade sie es sein, die nach einer wochenlangen Odyssee entkommen und überleben. In dieser Nacht hören sie im Radio, dass Che verwundet und gefangen sein soll, und glauben es nicht.

Die Berichte über das weitere Geschehen in der Nacht und am Morgen vor der Ermordung des Che bleiben undeutlich. Fest steht, dass die drei Offiziere gegen zehn Uhr abends versuchen, ihre Gefangenen zu verhören. Guevara antwortet nur einsilbig. Prados späterem Bericht zufolge fällt Selich aus der Rolle, bedroht den Gefangenen und reißt ihn am Bart (vielleicht als Androhung von Folter) – woraufhin der ihm einen Hieb versetzt und Selich den Raum verlässt. Im Bericht Selichs ist es dagegen ein scharfes, aber zivilisiertes Streitgespräch, in dem Guevara zugegeben habe, »gescheitert« zu sein, vor allem wegen des mangelnden Vertrauens der Bauern. Auf die Frage, ob er Kubaner oder Argentinier sei, habe er geantwortet, er sei ein Bürger aller Nationen Lateinamerikas.

Die Offiziere haben den Rucksack gefilzt und finden Ches Tagebücher (in zwei Jahreskalendern), in die sie sich die ganze Nacht über vertiefen; dazu weitere Notizbücher, die auch den Funkcode enthalten, ein grünes Heft mit Gedichten, Landkarten, Filmrollen, ein kleines Transistorradio. Ob die Bücher, die Che bis zum Ende mitgeführt haben soll, sich in seinem Rucksack oder in dem anderer Gefangener und Gefallener seiner Truppe finden, bleibt unklar. Offiziere und Unteroffiziere beginnen, sich Trophäen zu nehmen; Selich klaut eine Pfeife Ches und eine seiner beiden Uhren. Später wird das Fleddern der Leichen und ihrer Habseligkeiten Züge einer totemistischen Orgie annehmen, oder eines katholischen Reliquienkults, was nicht sehr weit voneinander liegt.

Die Soldaten draußen feiern ihren Sieg; sie singen und trinken. Che, der zwischen seinen zwei toten Kameraden liegt, wird von sich ablösenden Gruppen von Soldaten bewacht. Einige stellen neugierige Fragen: Gibt es noch Christen auf Kuba? Stimmt es, dass man Sie gegen Traktoren austauschen wird? Andere wollen ihn provozieren (ihn »versuchen«, in der Sprache des Neuen Testaments). Ein Unteroffizier fragt ihn: Glauben Sie an die Unsterblichkeit des Esels? Und Che erklärt ihm, dünn lächelnd, dass er an die Unsterblichkeit der Revolution glaube. Ein anderer fragt drohend: Haben Sie meinen Freund getötet? Wieder ein anderer soll ihn an den Haaren gepackt und ins Gesicht gespuckt haben – und Che, heißt es, habe ihm nicht die andere Wange hingehalten, sondern zurückgespuckt.

Zwischendurch dämmert er weg. Dann ist er plötzlich mit zwei Soldaten allein im Raum, die ihm mit leiser Stimme über die Postenkette um das Dorf berichten, fast als wären sie bereit, ihm zur Flucht zu verhelfen. Aus Sympathie – oder weil man ihn »auf der Flucht erschießen« will? Ihnen soll er jedenfalls gesagt haben, er werde *nicht lange gefangen bleiben, denn viele Länder werden meine Freilassung fordern.* Er *glaube nicht, dass mir etwas passiert.*

Das alles sind fragmentarische Berichte, die Journalisten und Biografen Jahre und Jahrzehnte später gesammelt haben, und je öfter sie erzählt worden sind, desto großzügiger sind sie ausgeschmückt worden.

Gleich drei Frauen wollen dem Todgeweihten seine letzte Mahlzeit (eine Erdnuss-Suppe) gereicht haben: Ninfa, die Frau des Telegrafisten, ihre Tochter Elida sowie die junge Lehrerin Julia Cortez.

Im Film von Richard Dindo, Anfang der Neunzigerjahre, ist diese Lehrerin eine alterslose, schöne Frau in einem schwarzen Seidenkleid, das ihr etwas von einer Hohepriesterin verleiht. Mit gleichmäßig schwebender Stimme erzählt sie die Geschichte ihrer Begegnungen mit dem Todgeweihten – eine Geschichte, die sie auch früher schon erzählt hat und die sich je länger, umso mehr mit Nuancen und Bedeutungen anreichert, so wie Geschichten über Marienerscheinungen oder Wundertäter es eben tun.

In einer frühen Version dieser Erzählung hatte Guevara sie rufen lassen, auf einen kindlichen Schreibfehler auf der Schultafel hingewiesen und gesagt: *In Kuba gibt es bestimmt keine Schulen wie diese. Für uns wäre dies ein Gefängnis. Wie sollen hier Kinder von Bauern lernen können?* Sie habe ihn gefragt, warum er von so weit her gekommen sei, um hier zu kämpfen. Er sei *Revolutionär und an vielen Orten gewesen*, habe er geantwortet. Sie habe darauf entgegnet: Aber Sie sind gekommen, um unsere Soldaten zu töten. Und er: *Schauen Sie, im Krieg gewinnt man oder man verliert.*

Aus diesem (recht glaubwürdigen) Dialog zwischen dem abenteuernden Weltrevolutionär und der einfachen Dorflehrerin wird in Dindos Film 25 Jähre später eine ganz andere, epische Geschichte. Jetzt ist sie es, die ihn unbedingt sprechen will und mithilfe eines verliebten Soldaten zu ihm vordringt. Che sei sehr freundlich und liebenswürdig gewesen und habe ihr sogar Komplimente gemacht. Sie habe ihn gefragt, warum er hergekommen sei, und er: *Wegen meiner Ideale. Wenn man mich am Leben ließe, würde ich dafür sorgen, dass hier eine moderne Schule hinkommt, dass man euch Traktoren gibt und Straßen baut.*

Später, als der Gefangene aus der Schule geführt wurde, um fotografiert zu werden, sei sein Blick suchend umhergeirrt; und als er sie sah, habe er gelächelt und ihr zugenickt. Dann, sagt sie, will sie ihm jene legendäre Schüssel mit Erdnuss-Suppe gebracht haben, und er habe ihr gesagt, dass er nie etwas so Köstliches gegessen hat; und dass er sie nie vergessen wird. Dann muss sie gehen. Und kaum, dass sie zu Hause das Geschirr abgewaschen hat, hört sie Schüsse. Sie wirft die Teller zu Boden und läuft zur Schule. Niemand ist weit und breit zu sehen, auch kein Soldat. Che liegt auf dem Boden, die Arme weit ausgebreitet wie ein Gekreuzigter. Doch kaum ein Tropfen Blut ist seinem Körper entwichen. Und als sie sich ihm nähert, sieht sie, dass seine Augen weit offen sind und sie anschauen. Und noch immer ist das Dorf wie ausgestorben. Und die Erde ist wüst und leer.

Aber auch in den Berichten seiner Henker weht ein auratischer Geist um diesen Toten, dem sie sich nicht entziehen können – und auch nicht mehr entziehen wollen, im Gegenteil. Sie alle werden mitstricken an der Legende, die ja schließlich auch die ihre ist.

Der Armeestab in Vallegrande hat noch am Abend in La Paz um Anweisung gebeten, was mit den Gefangenen geschehen solle. Die Chiffre »600« bedeutet: Leben lassen; »700«: Exekutieren. In La Paz treten die Oberkommandierenden der bolivianischen Armee im Büro von Stabschef Ovando zu einer kurzen Sitzung zusammen. Der Beschluss (»700«) dürfte längst festgestanden haben. Auch der Führer des Linksputsches von 1970, General Torres, stimmt dafür. General Barrientos zeichnet den geheimen Beschluss als Präsident ab.

US-Botschafter Henderson wird (entgegen der kubanischen Standardversion) nicht offiziell informiert. Er hat allerdings längst über die CIA-Leute vor Ort erfahren, dass sich Guevara »schwer krank oder verletzt unter den Gefangenen befindet«. So gibt er es in der gleichen Nacht nach Washington weiter. Parallel dazu hat Rodríguez in einem direkten Funktelegramm das CIA-Hauptquartier alarmiert. Aber, wie Henry Butterfield Ryan in seiner Untersuchung der US-Quellen zum »Fall Che Guevaras« schreibt:

> Washington schweigt, und die Botschaft scheint wie eingefroren … Vielleicht wollte man es gar nicht wissen …; jedenfalls hat man nie in Washington angefragt: ›Sollen wir intervenieren, um Guevara zu retten?‹ Pontius Pilatus …

Hier setzt die Heldengeschichte ein, die der »Schattenkrieger« Felix Rodríguez sich später selbst auf den Leib geschrieben hat. Er, der am Morgen des 9. Oktober mit dem Ranger-Obersten Zenteno im Hubschrauber aus Vallegrande gelandet ist, will sich energisch für das Leben Guevaras eingesetzt haben. Als die chiffrierte Anweisung zur Exekution eintraf – »700« sowie der literaturwürdige Codesatz: »Sag Pappi guten Tag!« –, habe er Zenteno erklärt, seine Regierung verlange, dass Che am Leben bleiben und nach Panama ausgeflogen werden müsse, wo man ihm den Prozess machen wolle. Tatsächlich gibt es keine solche Anweisung. Aktenmäßig belegt ist allerdings, dass Rodríguez die generelle Order hatte, im Fall einer Gefangennahme Guevaras »alles zu tun, um ihn lebend zu bekommen«. Die USA hätten einen Schauprozess wohl tatsächlich vorgezogen.

Zenteno habe ihm bedauernd gesagt, er könne seinen Befehlen nicht zuwiderhandeln. Rodríguez will noch fieberhaft überlegt haben, was er tun könne. Dann habe er schon einen Schuss gehört, sei zum Schulhaus gelaufen, und dort sei ein Soldat aus dem Raum gekommen, in dem der gefangene Willi auf dem Boden sein Leben aushauchte. Daraufhin will er, Rodríguez, hinüber zu Che gegangen sein, der zusammengekrümmt auf dem Boden lag. Er habe ihm gesagt: »Comandante, ich komme nicht, um Sie zu verhören … Ich will mit Ihnen sprechen.« Nach einigem Zögern habe Che zugestimmt.

Er habe ihm die Fesseln abgenommen und Tabak für seine Pfeife gegeben. Dann will er eineinhalb Stunden lang mit Guevara über dessen Strategie einer kontinentalen Revolution diskutiert haben – bis dieser ihn plötzlich gefragt habe, ob er wirklich Bolivianer sei. Und er habe gesagt: Nein, ich bin Kubaner und ein ehemaliges Mitglied der Brigade 2506, die die Landung in der Schweinebucht vollbracht habe. Worauf Che nur *Ha!* gerufen habe, so als hätte er es gewusst.

Zwischendrin sei er (Rodríguez) hinausgegangen, um den Helikopter-Piloten Major Guzman zu bitten, ein Foto des Gefangenen zu machen. Darauf sieht man den pausbäckigen kubanischen CIA-Mann in der Uniform der bolivianischen Armee, wie er hinter dem Todgeweihten steht, der – geblendet von der Sonne – kaum den Blick hebt, während sein Häscher den Arm um ihn zu legen scheint. Man glaubt, eine Dornenkrone zu sehen, und wäre ein Holzkreuz im Bild, wäre es eine moderne Oberammergauer Passionsszene. »Das ist die einzige Fotografie, die Che lebend zeigt am Tag, an dem er starb«, behauptet Rodríguez.

Anschließend hätten sie sich noch etwas unterhalten. Aber als ein erneuter Schuss in der Nachbarzelle gefallen sei (der inzwischen gefangen genommene Aniceto, ein Bolivianer, wurde exekutiert), habe Che innegehalten und traurig den Kopf geschüttelt. In dem Moment habe er verstanden, dass man auch ihn erschießen würde. Und schließlich habe er, Rodríguez, es ihm auch gesagt.

Das mutmaßlich gefälschte »letzte Foto« mit Rodríguez (links) und dem gefesselten Che

> Sein Gesicht wurde weiß wie Papier. ›Es ist besser so, Felix. Ich hätte mich nie lebend gefangen geben dürfen.‹ Als ich ihn fragte, ob er eine Botschaft an seine Familie senden wolle, sagte er: ›Berichte Fidel, dass er bald den Triumph der Revolution in Amerika erleben wird.‹ Das klang, als verspotte er den Diktator Kubas, der ihn im bolivianischen Dschungel allein gelassen hatte. Dann fügte Che hinzu: ›Sag meiner Frau, dass sie sich wiederverheiraten und glücklich werden soll.‹

Sie umarmten sich von Kubaner zu Kubaner, und Rodríguez »verspürte keinen Hass mehr«. Denn sein besiegter Feind sah dem Moment seiner Wahrheit wie ein Mann entgegen, mutig und sogar »mit Anmut« (*grace*). Zum Abschied habe Che ihm seine Pfeife geschenkt. Draußen hätten bereits der angetrunken wirkende Sergeant Terán und ein Leutnant vor der Tür gelungert, die die Exekution ausführen sollten. Er habe ihnen Anweisung gegeben, nicht auf den Kopf zu schießen, sondern auf den Leib, sodass es wie eine Verwundung aussähe, die erst später tödlich gewirkt habe. Dann sei er fortgegangen, um das Schauspiel nicht ansehen zu müssen.

Später habe er dem Toten noch mit eigener Hand das Gesicht gewaschen, bevor er seinen Leichnam mit Major Guzman nach Vallegrande flog, wo er im Waschhaus aufgebahrt wurde. Er selbst habe sich aus diesem Trubel von Militärs, Zivilisten und Presseleuten entfernt, sei auf einen nahe gelegenen Berg gestiegen – und habe plötzlich bemerkt, dass er Atemnot hatte. Ein Wunder war geschehen: »Che mochte tot sein, aber irgendwie hatte sich sein Asthma – etwas, das ich in meinem Leben nie gekannt hatte – auf mich übertragen.«

Eine bewegende und auf ihre Weise sehr bezeichnende Geschichte, die den einzigen Nachteil hat, dass sie weitgehend erfunden ist. In Wirklichkeit ist Rodríguez schon am späten Vormittag mit Oberst Zenteno wieder zurückgeflogen, nachdem sie den Exekutionsbefehl übermittelt und die Freiwilligen ausgewählt hatten. Ihre Versuche eines Verhörs des Gefangenen waren gescheitert – nicht zuletzt, weil Guevara den CIA-Mann an seinem kubanischen Akzent sofort erkannt haben wird. Jedenfalls dauerte ihr Besuch in der Schule nur eine Viertelstunde. Keine Rede davon, dass Che ihm seine Pfeife geschenkt und (noch absurder) intime Botschaften an seine Frau aufgetragen hätte. Selbst die Rolex, die Rodríguez einem der Exekutoren Ches als Trophäe abgeluchst haben will, ist das falsche Modell.

Hauptsächlich war der CIA-Mann damit beschäftigt, die Rucksäcke der Gefangenen und Gefallenen zu filzen. Er bekam die Genehmigung, das Feldtagebuch Guevaras komplett abzufotografieren, was er auf einem Tisch im Tageslicht auf dem Dorfplatz auch sofort in Angriff nahm; danach die Chiffriertafeln und die Botschaften aus Havanna, die naturgemäß für die Zentrale in Langley von höchstem Interesse waren.

Und das Foto, das den lächelnden Rodríguez mit dem düsteren Che vor der Schule zeigt? Wie Winfried Huisman in seinem Film »Geschichte eines Bildes« nachgewiesen hat, ist es nach dem Urteil von Fachleuten eine nachträgliche Fotomontage, also eine Fälschung, mit der der Contra-Kubaner sein Renommee als Che-Jäger und letzter Gesprächspartner des Guerilleros weiter aufblasen wollte.

In Wirklichkeit sind in Higuera noch eine ganze Reihe von Fotos des lebenden wie des toten Gefangenen gemacht worden, sowohl von dem Piloten Major Guzman wie von einem anderen Militär. Auf den letzten Bildern des Lebenden kauert Che auf dem Boden, umstanden von Soldaten, und weigert sich, den Blick zu heben. Aber dann gibt es noch ein Bild, das man kaum jemals gesehen hat und dessen Herkunft unklar bleibt. Es zeigt den ungeschützten, keineswegs furchtlosen Blick eines Menschen in Erwartung seines gewaltsamen Todes. Ecce-Homo!

Ernesto Guevara hatte dem Tod (dem eigenen und dem anderer) viele Male ins Gesicht geschaut, und das nicht nur im Kampf. Der Tod war seit der Kindheit sein ständiger Begleiter gewesen; und den eigenen Heldentod hatte er schon als Halbwüchsiger besungen. Sein geheimnisvoller Mentor in der schwarzen Andennacht hatte ihm den sicheren Untergang vorausgesagt. Aus der Sierra Maestra hatte er einst nach Hause geschrieben: *Liebe Eltern, es geht mir gut, zwei Leben [habe ich] schon gelebt, fünf noch vor mir ..., aber vertraut darauf, dass Gott Argentinier ist. Es drückt Euch ganz fest, Teté.*

Wenn der Gott der Geschichte Argentinier war, war er (Che) ja wohl dessen Sohn. Jedenfalls sah er sich dazu bestimmt, am Tag des Weltgerichts an der Spitze der irdischen Heerscharen gegen »die Könige der ganzen bewohnten Erde« zu ziehen, um das letzte Gefecht gegen »die Bestie« (den US-Imperialismus) zu führen, oder in der Sprache der biblischen Apokalypse: gegen »das große Tier«, »die Hure Babylon«.

Sicher war Che ein radikal diesseitiger Mensch. Aber man könnte ihn durchaus als einen transzendentalen Fatalisten oder materialistischen Metaphysiker beschreiben, der unter letztem Einsatz »Geschichte machen« wollte. Unter letztem Einsatz hieß: Töten und Getötetwerden. Kaum anzunehmen, dass er in diesem Moment vor seiner Exekution an Eutimio Guerra gedacht hat, den Ersten, den er – in einem bewussten Initiationsritual – elf Jahre zuvor von eigener, chirurgisch geschulter Hand hingerichtet hatte und dessen Stimme »aus einer Ferne jenseits der Angst« zu ihm gedrungen war: er solle seine Uhr nehmen. Jetzt nahmen die Häscher ihm seine Uhren ab, seine eigene und die Tumas, seines schwarzen Soldatensohns, die dieser seinem neugeborenen Sohn zugedacht hatte.

Das alles waren für ihn Akte von hoher Bedeutung. Wenn es außer »der Revolution« etwas gab, das die eigene Existenz transzendierte, dann war es die Folge der Generationen. Darin war Che – wie Fidel – ein traditioneller Mensch: Er, der Sohn Ernesto Seniors und Celias, lebte fort in Ernestito und der kleinen Celia, so wie Aleida in der kleinen Aleida oder Hilda in Hildita, oder wie Fidel in seinem Fidelito, um den er zur Not einen »Hundertjährigen Krieg« geführt hätte. Aber darin steckte mehr als bloße Tradition. Beide dürften sie an das Genie, das man ihnen zuschrieb, ja durchaus geglaubt haben, und insoweit sahen sie sich weiterleben in ihren Nachkommen.

Aber das Medium, in dem diese tiefe Verbundenheit mit Eltern, Frauen und Kindern ihren Platz hatte, war (wie Ches letztes Gedicht an Aleida sagte) eben doch wieder »die Revolution«. Und Revolution hieß: »Tod oder Sieg«. Das bedeutete ein permanentes Über-sich-Hinauswachsen, ein Ringen um den Neuen Menschen, worin die Führer den Kadern und die Kader den Massen voranzugehen hatten. Und so steht am heroischen Ende dieses, nach eigenem, künstlerischen Entwurf geschaffenen Prototypus eines »Neuen Menschen« namens Che eine Pointe, deren Ironie ihm entgangen sein dürfte. Im Anhang seines Tagebuches nämlich finden sich (bis heute nur teilweise veröffentlichte) Notizen zur Literatur, die er anscheinend in den Kampf- und Marschpausen in Afrika und Bolivien verfasst hatte, wenn er solitär abseits saß, las und schrieb.

Néstor Kohan, ein junger argentinischer Guevaraloge, der im »Studienzentrum Che Guevara« in Havanna Einsicht in diese Texte bekam, hat in einer Hommage zu Ches 75. Geburtstag im Juni 2003 etwas offenbart, das kaum weiter zu kommentieren ist:

> Die Notizen Ches in Bolivien beschäftigen sich mit einem letzten Buch: ›Geheime Mächte‹ [Fuerzas Secretas]* von Friedrich Nietzsche, dem deutschen Idealisten, der den Übermenschen als das zentrale Bindeglied der menschlichen Geschichte gepriesen hat. Vielleicht weil niemand diese Rolle [des Übermenschen in der Geschichte] so verstanden hat wie Che. Gerade in diesen Momenten äußerster Herausforderung, als er sich umzingelt und geschlagen im bolivianischen Dschungel fand, kurz bevor er gefangen und ermordet wurde, ist Che also zu dieser Idee zurückgekehrt, um seine letzte Schlacht zu liefern.

Am Ende waren es aber die christlichen Konnotationen, die machtvoll nach oben drängten. Da sind die rohen »römischen« Soldaten und Häscher des Imperiums, die ihn als Gekreuzigten (mit ausgebreiteten Armen) liegen lassen, so wie seine »Veronika mit dem Schweißtuch«, Julia Cortéz, ihn gefunden haben will. Der Sergeant Mario Terán, der sich freiwillig als Henker gemeldet hat, weil er die »drei toten Marios« aus seiner Kompanie rächen will, muss sich erst Mut antrinken, bevor er hineingeht. Nach Teráns eigenem Zeugnis erhebt sich Che und spricht ihn direkt an: *Du bist also gekommen, um mich zu töten.* Und als der Sergeant sich vor seinem festen Blick abwendet, sagt er zu ihm: *Schieß endlich, Feigling, und sieh, wie ein Mensch stirbt.* Ein Satz für die Geschichtsbücher, und abermals voller christlicher Zitate: Ecce-Homo! Siehe, ein Mensch!

Nur ist diese allzu fromme Lesart wieder etwas trügerisch, denn der »hombre« ist im Spanischen zuerst mal ein Mann. Che sagt also zu dem feigen Sergeanten: *Sieh, wie ein Mann stirbt!* Und das erinnert schon eher wieder an Nietzsches letztes Werk »Ecce Homo«, in dem

* Dass es ein Buch dieses Titels von Nietzsche nicht gibt, es sich vielmehr um eine der populären posthumen Sammlungen von Nietzsche-Texten mit einem eher faschistisch inspirierten Titel handeln dürfte, macht die Sache noch ironischer.

der erblindende, am Rande des Wahnsinns balancierende Meisterdenker über seine eigene Genialität und seine Einsamkeit in der mit Stumpfheit geschlagenen menschlichen Herde reflektiert.

Kurz nach seiner Ermordung wird der tote Che mit den Leichen von Willi und Chino auf den Kufen eines Hubschraubers nach Vallegrande geflogen, wo sich bereits eine große Menge an Soldaten und Zivilisten eingefunden hat, darunter auch zwei Dutzend Fotografen und Journalisten. Der Mann, der dem Hubschrauber entsteigt und den Abtransport der Leichen dirigiert, ist nicht Rodríguez, sondern Villoldo. Er wird von den Journalisten (darunter dem jungen Richard Gott) sofort als CIA-Mann ausgemacht, da er kein Rangabzeichen trägt und auf die Frage, woher er kommt, antwortet: »From nowhere!«

Über die Aufbahrung Ches im Krankenhaus des Hl. Josef von Malta gibt es Sequenzen bewegter Bilder und zahllose Einzelaufnahmen. Sie wirken wie fotorealistische Abbildungen von der Kreuzabnahme Christi, wozu die auf dem Boden liegenden Leichen der beiden anderen Toten (in der biblischen Ikonografie: der beiden mitgekreuzigten »Schächer« oder Banditen) beitragen. Allerdings ist vor dieser Aufbahrung eine wesentliche Verwandlung mit dem Toten vonstattengegangen. Um seinen Körper gegen Verwesung zu schützen, haben Ärzte ihn über die Halsschlagader mit Formalin vollgepumpt, so wie die Mumie Lenins in seinem Mausoleum. Und man hat ihn gewaschen, ihm Haare und Bart geschnitten und seinen Oberkörper entblößt – alles im Dienste der besseren Identifizierung.

So haben die bolivianischen Militärs, die sich auch noch selbst ins Bild drängen, wie Hypnotisierte an der überlebensgroßen Legende dieses Besiegten mitgewirkt. Sie sind es, die seine Schönheit noch im Tode herausstellen. Statt ihm die Augen zuzudrücken, lassen sie sie so offen wie im Augenblick seines Todes. Alle, die anwesend waren, ob Journalisten, Soldaten oder Bauern, sagen dasselbe wie ein Korrespondent von UPI:

> Eine Art rätselhaftes Lächeln, das sich in seinem Gesicht andeutete, vermittelte den Eindruck, dass dieser Leichnam noch lebte. Ich glaube, mehr als einer der zwanzig Journalisten, die an jenem 10. Oktober 1967 in Vallegrande waren, wartete nur noch darauf, dass Ernesto Che Guevara zu uns sprach.

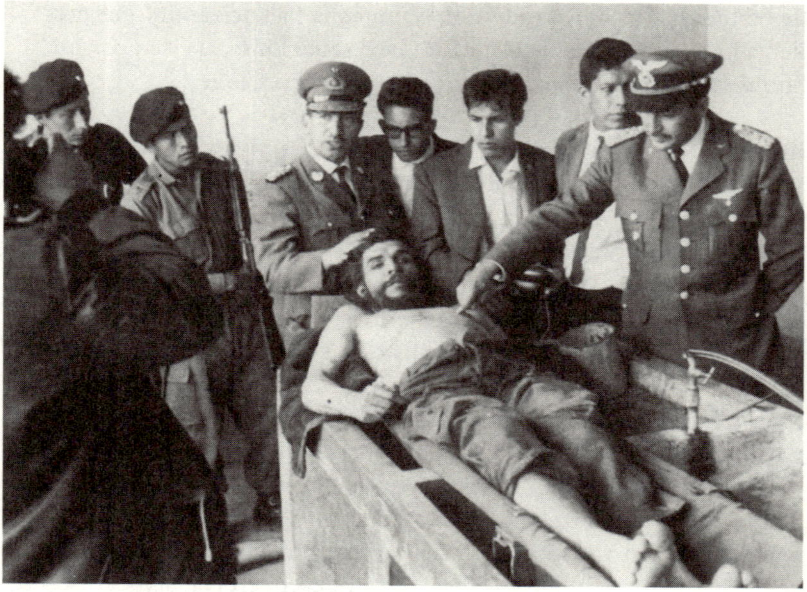

Eins der vielen Fotos des aufgebahrten Che

Und die Militärs können kaum genug davon bekommen, sich weiter als blutige Narren zu präsentieren. Sie zeigen mit den Fingern auf die Schusswunden, die – wie jeder Laie erkennen kann – ein einziges Dementi ihrer Behauptung vom verwundeten Kämpfer, der am Tag nach der Schlacht gestorben sei, darstellen. Und plötzlich wird aus der Kreuzabnahme eine Variation des Rembrandt-Bildes »Die Anatomie des Dr. Tulp« – auch das eine dem Toten sehr gemäße Szene.

Überhaupt schwankt das Bild dieser Grablegung unablässig zwischen Travestie und Tragödie. Fotografen stellen sich breitbeinig auf den Waschtisch, um den lächelnden Che von oben und aus allen Lagen aufzunehmen. Unterdessen entwickelt sich ein zweites Mal und wie von selbst eine zwischen Reliquienkult und Totemismus schwankende Form der magischen Vergewisserung. Nach den Offizieren, die immer wieder in das Haar ihrer edlen Beute fassen, und nach den Journalisten, die den Toten mit ihren Blicken und Linsen verzehren, sind es die Soldaten der Garnison, und später dann eine schweigende Menge von Zivilisten, die stundenlang an diesem aufgebahrten Leichnam vorbeidefilieren. Alle wollen ihn sehen und berühren. Viele bekreuzigen sich und tun, was einige Offiziere schon heimlich getan haben: Sie schneiden sich eine Locke des Toten ab, oder ein Stückchen von seiner Hose, oder ersatzweise einen Fetzen aus den Kleidern der am Boden liegenden Gefährten des Gekreuzigten. Und es bedarf keiner besonderen Fantasie, um sich vorzustellen, wie sich alle Angst und aller Hass angesichts dieses lächelnden Toten in Schuld und Reue verwandeln, von der aus es nur noch ein Schritt zur Verehrung und Heiligsprechung ist.

Und die Idioten dieses Prozesses sind noch immer die Militärs, die ihren Triumph in fast besessener Weise in sein Gegenteil verkehren; aber auch die vermeintlichen Masters of the Universe in Washington, die nichts von dem mitbekommen, was da gerade passiert. Irgendwann am frühen Abend wird die Leichenschau im Waschhaus beendet, und man bringt den toten Guevara in die Anatomie. Und natürlich ergibt die Obduktion einen Befund, der der offiziellen Version – die sich stündlich ändert – offenkundig widerspricht. Wer hätte auch einen Verwundeten gesehen, der einen Schuss ins Herz einen ganzen Tag überlebt? Es dauert nur Tage, bis die Wahrheit über den Mord an diesem prominenten Gefangenen vor aller Welt zutage tritt.

Geheimdienstchef Quintinilla hat (wie bei Tania) wieder die fixe Idee, er müsse dem toten Delinquenten noch Fingerabdrücke abnehmen; was sich als ebenso unmöglich erweist wie die Anfertigung einer Totenmaske. Sie haben schon viel zu viel mit dieser Leiche herumhantiert, die ihnen unter den Händen zerfällt. Immerhin, irgendjemand (darüber gibt es verschiedene Versionen) redet dem Staatschef Barrientos die monströse Eingebung aus, den Kopf des toten Guevara abzuschneiden. Stattdessen einigt man sich, seine Hände abzutrennen und in Formalin aufzubewahren.

Aber wenig später werden diese revolutionären Reliquien konspirativ den Weg nach Kuba finden, so wie die Tagebücher und andere schriftliche Hinterlassenschaften des Toten auch. Allerdings werden noch einmal dreißig Jahre vergehen, bis man die sterblichen Überreste des in dieser Nacht von Vallegrande am Rand eines Rollfelds mit Benzin übergossenen, mit einem Bulldozer verscharrten Che und seiner Gefährten finden und in das Mausoleum in Santa Clara überführen wird – wo sie in einem düsteren Schrein hinter antikisierenden Gipsmasken mit leeren Augen zur letzten Ruhe gebettet werden, Tania wie seine erste Jüngerin zur Linken des Che.

Mehr Revolution!

Einen solchen Aufmarsch hatte Havanna noch nicht erlebt. Hunderttausende versammelten sich in feierlicher Stille bei Einfall der Nacht auf dem Marsfeld, dem Platz der Revolution. Am 15. Oktober hatte Castro in einer Fernsehansprache die letzten Zweifel am Tod Guevaras verworfen und eine dreitägige Staatstrauer angeordnet. Am Abend des 18. Oktober 1967 dann trat er vor die Menge, diesmal war er pünktlich, und seine Rede war nicht wie sonst ausschweifend und improvisiert, sondern Wort für Wort abgemessen und von ungewöhnlicher Knappheit.

Natürlich zitierte er eingangs Ches Abschiedsbrief mit seinen Reminiszenzen an ihre erste Begegnung und »die zwölf von Kampf und von Geschichte erfüllten Jahre«, die sie miteinander geteilt hatten. Er rühmte Che als »Künstler des Krieges« und nannte seine »Achillesferse«, die Verachtung jeder Gefahr. Aber wenn die Feinde jetzt triumphierten, täuschten sie sich, denn Millionen Hände streckten sich bereits aus – so wie Che es in seinem Aufruf an die Völker der Tricontinentale beschworen hatte –, um die Waffe zu ergreifen, die seiner Hand entglitten war.

Der Punkt, auf den diese Rede zustrebte, war jedoch in einer Passage enthalten, die seitdem zur rituellen Formel geworden ist. Der Máximo Lidér sagte seinen Subjekten:

> Wenn wir ausdrücken wollen, wie wir uns unsere revolutionären Kämpfer, unsere Parteimitglieder, unsere Männer wünschen, müssen wir ohne jedes Zögern antworten: Sie sollen sein wie Che! Wenn wir ausdrücken wollen, wie wir uns die Menschen der kommenden Generation wünschen, müssen wir sagen: Sie sollen sein wie Che! Wenn wir ausdrücken wollen, wie wir unsere Kinder erziehen wollen, müssen wir ohne Zögern antworten: Sie sollen sein wie Che!

Castro erhob Che damit zum Prototypus des sozialistischen Übermenschen der Zukunft, der sich in einem heroischen Selbstopfer vollendet hatte. Der Katalog der revolutionären Sekundärtugenden

(Kampfbereitschaft, Disziplin, Selbstlosigkeit, Opfergeist, ideologische Festigkeit etc.) hatte damit ein menschliches und männliches Gesicht, und was für eines. Dass es sich um ein unerreichbares Über-Ich-Ideal handelte, verband den entstehenden Staatskult um Che mit den überkommenen christlichen Märtyrerkulten samt ihren heidnisch-mythologischen Subtexten. Dieser revolutionäre Sankt Georg, dessen Bildnis bis heute sämtliche kubanischen Kindergärten und Schulen, aber auch Amtsräume und Privatzimmer schmückt, hat wie die christlichen Heiligen mit dem profanen und sündigen Alltag der Menschen rein gar nichts zu tun. Genau darin liegt die Funktion dieses Kultes: die einer steten Erinnerung an die eigene Unzulänglichkeit, die für alle Rückschläge und für alle Misshelligkeiten des sozialistischen Alltags verantwortlich ist.

Natürlich hat sich im Bild des universellen Guerillero heroico auch der Schöpfer des Kultes gleich mit verklärt, was umso leichter war, als der Tote ihm reichlich gehuldigt hatte. So konnte Fidel mit Che wie zuvor mit Camilo gefahrlos das Spiel der Heiligsprechung spielen. Dieses Dioskurenpaar war nun das gültige Abbild der ewigen Jugendlichkeit seiner Revolution und seiner selbst, eine stete Erinnerung an den frühen Honeymoon zwischen Führern und Massen, an ihre karnevalistische Bluthochzeit. Und sie waren ein immerwährendes Versprechen auf eine lichte Zukunft, die durch dieselben finsteren Mächte verstellt wurde, die auch den Che ruchlos ermordet hatten.

Das große Poem zum Tage schuf Nicolas Guillén, der Vorsitzende des Verbandes der Künstler und Schriftsteller (UNEAC), mit der Routine eines alten Dichters, der mit den Devotionen und Exaltationen der stalinistischen Hochromantik groß geworden war. Statt »Stalin, großer Held, Kapitän« hieß es jetzt also »Che, Comandante, Freund«:

> Du bist gefallen, / doch dein Licht ist ungebrochen. / Im Wind und in den Wolken der Sierra / trägt ein flammendes Ross / dein Guerillabild …
>
> Kuba kennt dich: / Das vom Bart umrahmte Gesicht, / die gebräunte, elfenbeinfarbene Haut des jungen Heiligen …
>
> Du gehst vorüber, und dein Kampfanzug ist zerlumpt, / verschossen und durchlöchert. Du kommst / aus den Wäldern, wie du kommst / von der Sierra her. Kaum bedeckt / deine starke Brust …

Warte auf uns. Wir wollen mit dir gehen. Wir wollen / sterben, um zu leben; wie du gestorben bist, / um zu leben, wie du lebst: / Che, Comandante, / Freund.

In Wirklichkeit (aber das war noch nicht sichtbar) handelte es sich bei der Heiligsprechung Ches um ein Begräbnis erster Klasse, mit dem Castro – während er sich die guevaristischen Maximen scheinbar ganz zu eigen machte – auf eine neue, große Wende seiner inneren und äußeren Politik zusteuerte. Worin diese Wende bestehen würde, war ihm möglicherweise selbst noch nicht ganz klar. Aber er war eben ein Macht- und Realpolitiker mit einem hellwachen Gespür für die Gefahren, die links wie rechts seines Weges drohten. Und die waren akut gewachsen, gerade weil der aggressive Druck der USA sich abgeschwächt hatte.

Das eklatante Scheitern Ches in Bolivien – und zwar entgegen allen Behauptungen nicht im Kampf gegen »das Imperium«, sondern gegen die schwache bolivianische Nationalarmee – war mehr als ein bloßer Rückschlag für diese Revolutionierungspläne. Es war ihr faktisches Ende. Schon während das Desaster sich ankündigte, hatte der Rückzug Kubas vom Kontinent begonnen.

Mag sein, dass Castro bis in den September hinein geglaubt hat, mit der Expedition Ches werde es so gehen wie mit seiner eigenen in der Sierra Maestra: Dreimal totgesagt, würde Che wiederauferstehen. Dennoch hätte ihn das Abreißen aller Verbindungen seit dem Frühjahr alarmieren müssen. Aber nicht nur, dass nichts getan wurde, um sie wiederherzustellen. Sondern der Abzug von Rénan (alias Ivan), dem zweiten Verbindungsmann in La Paz neben Tania, im März 1967 und die Tatsache, dass er auch später nicht ersetzt wurde, bleibt ein bis heute unerklärliches Versäumnis des kubanischen Geheimdienstes.

Ariel (Juan Carretero), der Stellvertreter Piñeiros, hat bezeugt, dass eine Gruppe von Kubanern für eine Einsatzoperation in Bolivien bereitstand und seit dem Frühjahr 1967 zusammen mit zwanzig bolivianischen Studenten trainiert wurde; aber dass nie ein Einsatzbefehl kam. Im Gegenteil: Schon im Sommer wurden die kubanischen Kader nach Hause geschickt. Auch für Dutzende von Kampfwilligen aus Peru, Chile, Argentinien, Brasilien, Uruguay und anderen Ländern Lateinamerikas, die sich in den Trainingscamps auf der Insel befanden, gab es plötzlich keine Verwendung mehr.

Die Inaktivität Havannas hatte offensichtlich einen anderen Grund: Kossygin hatte bei seinem Blitzbesuch in Havanna nach dem Gipfel in Glassboro im Juni ultimativ Zurückhaltung angemahnt. Die Sowjets waren über Guevaras bolivianisches Abenteuer genauestens informiert; und Castro hatte vergeblich beteuert, dass Kuba nicht »direkt an diesem Kampf beteiligt« sei. Eine solche schlichte Verleugnung reichte den Geldgebern in Moskau nicht. Den ganzen Sommer 1967 über blieben die Verhandlungen über die Fortschreibung der wirtschaftlichen Vereinbarungen auf Eis; und als definitive Warnung wurden die Öllieferungen an Kuba reduziert, sodass das Benzin rationiert werden musste. Parallel dazu wurden die publizistischen Attacken gegen das Projekt Guevaras immer giftiger, wobei tschechische und ungarische Blätter vorangingen. Che hatte das vor seinem Tod noch mit Erbitterung registriert, so am 8. September:

Eine Budapester Zeitung kritisiert Che Guevara als pathetische und offenbar verantwortungslose Figur… Wie gerne würde ich an die Macht kommen, nur um Feiglinge und Lakaien jeglicher Art zu entlarven und ihre Schnauzen in ihre Schweinereien hineinzureiben.

Zwar verschärfte Castro auf der OLAS-Konferenz im August, und erst recht nach dem Tod Guevaras, noch einmal seine polemischen Ausfälle gegen die »Pseudo-Revolutionäre« der orthodoxen kommunistischen Parteien Lateinamerikas. Stellvertretend für sie alle wurde Mario Monje als der Hauptschuldige des bolivianischen Debakels gebrandmarkt.

Rückblickend betrachtet, deckte Castro damit aber nur seinen stillschweigenden Rückzug vom kontinentalen Schlachtfeld. Das im Urwald Venezuelas auf verlorenem Posten stehende kubanische Kontingent unter Kommandant Ochoa wurde Anfang 1968 in einer hochprofessionellen Operation – wie sie sonst nur die beiden Großmächte und Israel beherrschten – herausgeholt. Das war die letzte, von Kuba direkt unterstützte Guerillaunternehmung, die dem Focus-Modell Ches folgte. Das OLAS-Sekretariat, das alle diese Aktionen von Havanna aus hätte koordinieren sollen, trat nie zusammen, so wie die OLAS insgesamt ein totgeborenes Kind blieb. Aber auch die von Che initiierte »Tricontinentale« existierte nur noch in der Form der gleichnamigen Zeitschrift und ansonsten als eine mit Plakaten und Parolen bedeckte Fassade.

Man kann diese (nie offen erklärte) politische Wendung Castros mit jener vergleichen, die Stalin nach dem Tod Lenins und der Entmachtung Trotzkis unter der Losung vom »Aufbau des Sozialismus in einem Land« durchsetzte. Und wie im Falle Stalins bedeutete dieser Rückzug keine Milderung der inneren Politik, sondern folgte im Gegenteil der Logik einer Flucht nach vorn, die auf die totale Kollektivierung aller menschlichen und materiellen Ressourcen hinauslief. Noch größere Ähnlichkeiten trug Castros »revolutionäre Offensive« der Jahre 1968–70 aber mit Maos Politik des »Großen Sprungs nach vorn«, die derselben Logik gehorcht hatte und in der Zeit von 1958–61 ganz China in einen Ameisenhaufen mit rauchenden Kleinhochöfen und riesigen Arbeitsarmeen verwandelt hatte. Es war hier wie dort der Versuch, den gordischen Knoten der Widersprüche der eigenen Politik mit einem Gewaltstreich zu durchschlagen.

Freilich, wo Stalin wie Mao ihre Fäden vom Kreml oder von der Verbotenen Stadt aus gezogen hatten, da agierte Fidel stets in Person als oberster Animator, Organisator und Planer der totalen Umgestaltung seines Landes. K.S. Karol hat anschaulich berichtet, wie der rastlose Comandante mit seiner Schar handverlesener Gäste (von Marguerite Duras bis Stokeley Carmichael) gleich am Morgen nach seiner großen Rede am 26. Juli 1967 in Santiago mit einer Jeep-Kolonne aufbrach, um ihnen seine gigantischen Zukunftsprojekte vorzuführen.

Anhand einer Karte hatte er ihnen vorab seinen Generalplan für Kuba erläutert. Demnach sollte die Hälfte der Böden für das Zuckerrohr reserviert bleiben, aber durch Düngung, Melioration und Bewässerung so verbessert werden, dass 1970 das große Endziel einer 10-Millionen-Ernte erreicht werden würde. Ein zweiter Stützpfeiler seines Fünfjahresplanes würde die Ausdehnung und Intensivierung der Milch- und Fleischproduktion bringen. Er selbst, Fidel, hatte auf seiner persönlichen Viehfarm die Züchtung der F-1 überwacht, einer Kreuzung aus Zeburind und Holsteiner Milchkuh. Diese neue, den kargen Böden und tropischen Bedingungen angepasste Rinderrasse würde sowohl Fleisch wie Milch liefern. Zweitausend künstliche Besamungsstationen sollten für die exponentielle Vermehrung dieser neuen Superrasse sorgen, sodass Kuba 1975 bereits dreißig Millionen Tonnen Milch produzieren und (eine der Lieblingsvorstellungen des Comandante) mehr Käse als Frankreich liefern werde. Und das delikate Fleisch dieser Kühe werde nicht nur alle Kubaner satt machen, sondern zu einem Hauptexportartikel des Landes werden.

Als Nächstes kamen Tabak, Kaffee, Südfrüchte, Reis, Getreide, Baumwolle und anderes mehr. Castros geistiges Auge ließ auf seiner flachen Hand Felder und Plantagen erblühen. Alleine die Pinieninsel werde schon bald mehr Südfrüchte als Nordafrika und Israel zusammen erzeugen, Orangen, Bananen, Ananas, was das Herz begehre. Und auch beim Kaffee werde Kuba bald unter die größten Exporteure aufsteigen.

> Wir sind dabei, eine sozialistische Landwirtschaft zu schaffen, wie es sie nirgends sonst auf der Welt gibt! Wir haben Hunderttausende junger Leute, die bereit sind, auf den Feldern zu arbeiten, wo sie gebraucht werden, ohne sich um schmutzige materielle Interessen zu kümmern. Wir bilden Zehntausende von Agrotechnikern aus und liefern ihnen die besten Werkzeuge, darunter Maschinen zum Schneiden des Zuckerrohrs, auf die wir keinesfalls verzichten werden. Wir machen aus dieser Nation eine Nation von Technikern, wie es sie nirgends sonst gibt.

Anschließend fuhren die gehörig beeindruckten Besucher hoch in die Sierra de Cristal, auf eine Hochebene bei der Minenregion von Nicaro, wo die kubanischen Nickelvorkommen – die früher in den Händen von US-Firmen waren – jetzt in eigener Regie abgebaut wurden. Hier werde bald schon ein Industriezentrum mit 250.000 Arbeitern entstehen, ein kubanisches Pittsburgh, in dem hochwertiger Stahl produziert und zu Werkzeugen und Maschinen aller Art weiterverarbeitet werde. Zugleich würden 7000 Freiwillige, die Mehrzahl von ihnen Mädchen und junge Frauen, hier oben auf einer riesigen neuen Staatsfarm die Voraussetzungen für den Anbau von Früchten, Gemüse und festen Hölzern schaffen, mit denen dieses Industriezentrum sich selbst ernähren und erbauen könne.

Das Geheimnis aller künftigen Erfolge seien eben diese »neuen Menschen« Kubas, die die Überlegenheit seiner sozialistischen Produktionsformen erst zur Geltung brächten:

> Die Generation, die unter dem alten Regime gelebt hat, ist durch die Ideen und Werte der Zivilisation des Geldes geprägt. Wir leben im Umfeld der Vereinigten Staaten und waren mehr oder weniger vergiftet

> durch deren Mentalität … Seit acht Jahren verfolgen wir jetzt unsere kleine Kulturrevolution, um diese Überreste der alten Mentalität zu eliminieren. Und mit unserer Jugend kommen wir am besten voran … Die Pinieninsel, die früher ein Straflager war, wird jetzt eine Insel der Jugend, und, glauben Sie mir, sie wird die erste kommunistische Insel der Welt.

Castro verwendete die Formel von »unserer kleinen Kulturrevolution« nicht zufällig. In seinem Konflikt mit den orthodoxen kommunistischen Parteien versuchte er jetzt systematisch, die »Neue Linke« des Westens, die seit Jahren enthusiastisch auf Kuba schaute, als einen internationalen Resonanzboden und Verbündeten einzuspannen. Anfang 1968 lud er zu einem »Internationalen Kulturkongress«, für den 470 Intellektuelle aus 70 Ländern nach Havanna strömten, darunter prominente Namen wie Michel Leiris, Daniel Guérin, André Gorz, Arnold Wesker, Eric Hobsbawm, Ralph Miliband, Hans Magnus Enzensberger, Jorge Semprun, Julio Cortázar, Aimée Cesaire – um nur einige zu nennen. Und wieder einmal mit dabei: Giangiacomo Feltrinelli.

Sie tagten unter einem Bild des Che im Chaplin-Theater (das wenig später zum Marx-Theater wurde). Und Castro kam in seiner obligatorischen mehrstündigen Schlussansprache seinen Gästen noch einmal weit entgegen, als er zum verbalen Schlag gegen die orthodoxen Parteien ausholte:

> Bei wie vielen Gelegenheiten haben wir nicht die selbst ernannten organisierten Avantgarden vor dem Imperialismus weit zurückweichen sehen … Und wer waren denn die, die nach dem Tod von Che sein Banner hochgehalten haben, um die ganze Welt aufzurütteln? … Das waren nicht jene Organisationen und politischen Parteien, sondern die intellektuellen Arbeiter.

Castro bewies damit einiges Gespür für die jugendlichen Protest- und Oppositionsbewegungen, die sich vor allem am Krieg in Vietnam entzündet hatten und in den USA wie in Europa gerade in diesem Jahr 1968 für beträchtliche Turbulenzen sorgen würden. Diese radikale »Neue Linke« hatte sich nach dem Märtyrertod des Che seines emblematischen Abbilds und seiner Losung von den »zwei, drei, vielen Vietnams« bemächtigt. Die vom Fotografen Alberto Korda aus einem Gruppenbild herausgeschnittene Ikone des Che als des universellen Guerilleros, die Feltrinelli für eine Handvoll Dollar erworben hatte, verbreitete sich von Mailand aus blitzschnell in alle Himmelsrichtungen.

Mithilfe der linken Intellektuellen aller Länder wurde auch der Mediencoup vorbereitet, den die weltweite Veröffentlichung des »Bolivianischen Tagebuchs« des Che im Juli 1968 dann bedeutete. Die bolivianischen Militärs waren schon im November 1967 mit Angeboten großer Verlage überschwemmt worden und hatten erklärt, das Manuskript meistbietend zugunsten der Hinterbliebenen ihrer im Kampf gefallenen Soldaten versteigern zu wollen. Allerdings hatten verschiedene Indizien (als Erstes Castros Fernsehrede am 15. Oktober mit detaillierten Angaben über den Weg der Guerilla) schon darauf hingedeutet, dass Havanna gleich nach dem Tod Ches in den Besitz einer Kopie gekommen war. Auch Aleida March meldete entschieden ihre Copyright-Ansprüche an, was zum Rückzug mehrerer großer Verlage führte. Ausschnitte des Tagebuchs waren im Übrigen schon beim Prozess gegen Debray und Bustos als Teil der Anklage bekannt geworden.

Dennoch war es ein Paukenschlag, als das Tagebuch in einer generalstabsmäßigen Aktion am 1. Juli in Havanna sowie in einem Dutzend weiterer Länder in Spanisch, Englisch, Französisch und Deutsch veröffentlicht wurde, in den USA durch die linke Zeitschrift »Ramparts«, in Europa bei Maspéro in Paris, Trikont in München und Feltrinelli in Mailand. Das große Rätselraten, wie die schriftlichen Hinterlassenschaften der toten Guerilleros sowie die Fotos, die aus den Erddepots und Rucksäcken geborgen worden waren, aus den Tresoren in La Paz nach Havanna geschmuggelt worden waren, lüftete sich kurz darauf, als der bolivianische Innenminister Arguedas am 17. Juli nach Chile floh, um seiner Verhaftung zuvorzukommen. In einem Glas unter seinem Bett verwahrte er auch die abgeschnittenen Hände des Che, die im Jahr darauf ebenfalls den Weg nach Havanna fanden.*

---

* Der Fall des Antonio Arguedas zeigt, wie verschwimmend die politischen Fronten in einem Land wie Bolivien waren. Oberst Arguedas war ein ehemaliges Mitglied der Kommunistischen Parteijugend, der im Militär Karriere gemacht hatte. Als Innenminister in der Putschregierung von Barrientos unterhielt er sowohl dienstliche Beziehungen zur CIA wie Kontakte zur Linken, die er von Amts wegen zu überwachen hatte. Seine Sekretärin Ana Henrich war die Wohnungsgenossin von Tamara Bunke; und Arguedas hat später (plausibel) versichert, dass er »Tania« gekannt habe. – Nach dem Mord an Guevara spielte er eine Kopie des Tagebuchs sowie andere, von der Armee gefundene Dokumente den

Feltrinelli und Fidel, 1966

Giangiacomo Feltrinelli war inzwischen zu einem internationalen Einflussagenten Castros geworden, der ganz in seinen persönlichen Bannkreis geraten war. Ursprünglich hatte er eine autorisierte Biografie des Führers der kubanischen Revolution in seinem Verlag herausbringen wollen. Dieses Projekt kam nie zustande. Stattdessen hatte sich ein immer weiter gesponnener Gesprächsfaden zwischen den beiden gegensätzlichen Männern entwickelt, die Gefallen aneinander gefunden hatten. Nach dem ersten Kennenlernen im Februar 1965 hatte der feingeistige Verleger sich noch über den ewig räsonierenden Comandante notiert:

Kubanern zu. Bei seiner Flucht nach Chile im Juli 1968 nahm er die Hände Ches mit und ließ sie 1969 ebenfalls den Kubanern zukommen. Bald darauf kehrte er nach Bolivien zurück, wo Barrientos inzwischen bei einem (nicht aufgeklärten) Hubschrauberunfall ums Leben gekommen war, um sich einem Gericht zu stellen, flüchtete dann aber in die Botschaft Mexikos. Von dort ging er später nach Kuba, kehrte 1976 jedoch wieder nach Bolivien zurück, wo sich Links- und Rechtsputsche ablösten. Er soll selbst an bewaffneten Aktionen teilgenommen und dafür in den späten Achtzigerjahren im Gefängnis gesessen haben. Während seine Aktivitäten in einer Grauzone aus Drogenkriminalität und politischen Intrigen immer undurchsichtiger wurden, strickte er in vielen Interviews an seiner Legende als lateinamerikanischer Patriot, der zum Nachruhm Ches beigetragen habe. Im Jahr 2000 starb er einen geheimnisumwitterten Tod durch eine an seinem Körper befestigte Ladung Dynamit.

> Ideologisch konfus ... Schlecht informiert ... Er fragt nie nach Informationen, er scheint mir derart von sich überzeugt zu sein, von dem, was er zufällig mitgekriegt hat ... von Klischeevorstellungen und Gerüchten, dass es vollkommen sinnlos ist, ihm etwas zu sagen ...

Aber die informelle, bohemehafte Aura dieser revolutionären Macht hatte es ihm doch angetan: die nächtlichen Basketballspiele auf dem Dach eines der Domizile des Comandante inmitten ausschweifender Gespräche, in denen es wie in einem großen Sandkasten um die Weltmächte und die Weltrevolution ging.

Allerdings beunruhigte Feltrinelli vieles, was er von der kubanischen Innenpolitik mitbekam. Am 21. Mai 1965 notierte er sich unter den »an Fidel zu stellenden Fragen« an erster Stelle: »Warum ist er so sehr gegen homosexuelle Intellektuelle eingestellt?« Es lief gerade eine große Kampagne, in deren Verlauf 50.000 als Homoxexuelle stigmatisierte Männer ohne Verfahren, per polizeilicher Verfügung, in die sogenannten UMAP, Arbeitsbataillone oder Zwangsarbeitslager, eingewiesen worden waren. Die Antwort bekam Feltrinelli noch am selben Abend:

> Mit verwirrender, ja beunruhigender Selbstverständlichkeit und Heftigkeit stürzte er [Castro] sich auf das Argument und sagte: Wir müssen in dieser Zeit die besten Eigenschaften unseres Volkes fördern. Es gibt keinen Platz für Parasiten ..., die sich in bestimmten Positionen konzentrieren und die Jugend beeinflussen ... Absehbar, dass sich sein Zorn auf die Päderasten auf die Intellektuellen im Allgemeinen verlagert ... He, he! Ich sehe dunkle Wolken der Intoleranz aufziehen!!

Castros Flirt mit den Intellektuellen war tatsächlich nur von kurzer Dauer und wenig mehr als eine flankierende Operation zu den politischen Wendemanövern, die 1968 Schlag auf Schlag erfolgten. Und die Tatsache, dass die von ihm proklamierte »revolutionäre Offensive« scheinbar ganz im Geiste Guevaras und unter seinen Losungen betrieben wurde, machte diese Manöver nur noch verwirrender.

Schon im Vorjahr hatte Castro Karol einmal gestanden, »dass er Havanna überhaupt nicht schätze, sondern dass er im Grunde seines Herzens ein Bauer sei, der es liebe, in der Natur zu leben, ›vor allem, um sie besser verändern zu können‹«. Was das bedeutete, konnte Karol, der nach dem Kulturkongress noch drei Monate in Havanna blieb, aus nächster Nähe verfolgen. Genauer als die meisten anderen westlichen Besucher hatte er nicht nur die nächtlichen Schlangen vor den Staatsläden registriert, in denen ab sechs Uhr morgens die rationierten Grundgüter verteilt wurden, während alles, was der Staat nicht mehr liefern konnte, nur noch über einen ambulanten Schwarzmarkt zu bekommen war. Noch irritierender waren für ihn die Schlangen vor den staatlich konzessionierten Luxusrestaurants, in denen eine Mahlzeit einen ganzen Monatslohn kostete. Damit schöpfte das Regime, wie man ihm sachlich erklärte, die überschüssige Kaufkraft ab, die als »sozialistische Inflation« bezeichnet wurde, da es für die Löhne und Gehälter sonst nichts zu kaufen gab. Schließlich konstatierte Karol, der zu Beginn der Sechzigerjahre schon einmal in Havanna gewesen war, einen rapiden Verfall von allem, was einmal den Charme der Stadt ausgemacht hatte. Das Gewirr von Cafés und Bars, Musikkellern und Kabaretts, kleinen Läden oder Handwerksbetrieben lichtete sich unaufhaltsam. Und überall tauchten an den alten Stadthäusern bereits die Warnschilder »Derrumbe!« (Einsturzgefahr!) auf.

Aber auch diese Stadt war für den Über-Bauern Castro noch ein gefährlicher Sündenpfuhl. Am 13. März 1968 erklärte er aus heiterem Himmel und mit Che als seinem Kronzeugen, dass der Sumpf aus Schwarzmarkt, Spekulation, jugendlichem Müßiggang und Parasitismus trockenzulegen sei. In einer Brandrede in der Universität erklärte Castro im Februar:

> Es gibt noch eine richtige Crème von Privilegierten ... Faulpelze in perfektem Gesundheitszustand, die eine Kneipe aufziehen, irgendeinen Handel, um damit täglich 50 Pesos zu verdienen ... Wann wird man endlich einsehen ..., dass niemand hier sein Blut vergossen hat, um irgendjemandem das Recht zu garantieren, 50 Pesos an Omelettes oder Spiegeleiern zu verdienen!

Über Nacht wurden sämtliche noch existierenden privaten Kleinbetriebe im Land (58.000 an der Zahl), vom Handel über das Handwerk bis zur Autowerkstatt, zum Friseurladen oder zur Imbissbude, von Einsatzgruppen der CDR liquidiert und ihre angeblich illegitimen Warenlager requiriert. Auch Restaurants, Bars und Musiklokale wurden geschlossen und erst später in reduzierter Zahl unter staatlicher Regie wieder eröffnet.

KRIEG DER VERWEICHLICHUNG, DEM EGOISMUS, DEM INDIVIDUALISMUS, DEM PARASITISMUS, DER SÜNDE, DER AUSBEUTUNG! NOCH MEHR REVOLUTION!, notierte Karol sich von den roten Bannern, die kampagnenmäßig überall aufgehängt wurden. Das Land wurde mit »Kommandoposten« überzogen, von denen aus Mitglieder des Politbüros und von ihnen ernannte »Operationsleiter« die Gesamtproduktion in ihrem Gebiet militärisch zu organisieren und zu überwachen hatten. In allen Industrie- und Landwirtschaftsbetrieben wurden »rote Stoßbrigaden« aufgestellt, die in unbezahlten Überstunden die Planziele erfüllen und übererfüllen sollten.

Um den Geist des Müßiggangs in Havanna vollends auszurotten, hatte sich Castro noch eine besondere Maßnahme ausgedacht: Die gesamte Einwohnerschaft war aufgerufen, in »freiwilligen« Sonderschichten einen landwirtschaftlichen »Gürtel« (cordon) um die Stadt herum anzulegen. PARA TOMARLO, HAY QUE SEMBRARLO! WENN IHR IHN [DEN KAFFEE] TRINKEN WOLLT, BRAUCHT IHR IHN NUR ANZUPFLANZEN!, hieß eine der herausfordernden Losungen.

Im Herbst 1968 erklärte Castro vor den angetretenen CDRs der Hauptstadt als beglückende Zusammenschau aller seiner Maßnahmen:

> Heute, habe ich den Eindruck, sehen wir eine immense Armee, eine organisierte, disziplinierte, enthusiastische Armee des Volkes, die bereit ist, jede ihr übertragene Aufgabe in Angriff zu nehmen und jede Schlacht zu schlagen.

Eine Reihe von Sabotageakten, die hier und dort aufgeflackert waren, wies er ausnahmsweise nicht der CIA zu, sondern »parasitären Elementen«, deren Widerstand umso hasserfüllter werde, je mehr sich das Land dem Sozialismus nähere. Das war fast wörtlich eine Gedankenfigur Stalins aus dem Jahr 1936.

Zur Verwirrung der Lage trug bei, dass Castro im Februar 1968 die längst entmachtete »Mikrofraktion« um den ehemaligen PSP-Sekretär Anibal Escalante mit Getöse noch ein zweites Mal geköpft hatte und unter souveräner Übergehung der eigenen Gesetze zu hohen Haftstrafen verurteilen ließ. In seiner Geheimrede vor dem Zentralkomitee soll er die Orthodoxen sogar eines mit Moskau verabredeten Umsturzversuchs bezichtigt haben – was nicht einmal ganz unwahrscheinlich wirkt, wenn man die kopfschüttelnden bis feindseligen Berichte etwa der DDR-Botschaft in Havanna über Castro und sein Regime aus diesen Jahren liest. Mit der demonstrativen Ausschaltung Escalantes und seiner Gefolgschaft stellte Castro noch einmal klar, dass seine Kommunistische Partei Kubas (PCC) keine Vasallenpartei wie die anderen war, in denen der Kreml Führungen nach Bedarf austauschen konnte, sondern dass Moskau jetzt und in Zukunft mit ihm und mit niemand anderem zu reden hatte.

Diese PCC war tatsächlich eine reine Führerpartei. Castro hatte das gesamte Zentralkomitee und sämtliche Funktionsträger in eigener Machtvollkommenheit ausgesucht und ernannt. Niemand war auch nur pro forma gewählt. ZK wie Politbüro waren reine Akklamations- und Ratifizierungsorgane der Beschlüsse des Máximo Líder. Erst 1975, zehn Jahre nach der Gründung, fand der erste Parteitag statt. Zugleich bekam das Land nach 17 Jahren eine Verfassung sowjetischen Zuschnitts, die die (entgegen allen Versprechen) nie wieder in Kraft gesetzte demokratische Verfassung von 1940 ersetzte.

Dennoch blieb die KP Kubas, die verfassungsmäßig jetzt die »führende Kraft« war, weiterhin ein Kuriosum. Sie hatte bei ihrer Gründung nicht mehr als ein paar tausend Mitglieder; und trotz einer gewissen Öffnung in den Siebziger- und Achtzigerjahren waren es nie mehr als 60.000 Mitglieder, was etwa 0,8 Prozent der Bevölkerung entsprach, während in den »regulären« sozialistischen Ländern stets um die 10 Prozent in der Partei waren. Die geringe Größe verwies aber weniger auf den elitären Charakter dieser Partei als vielmehr auf ihre geringe Bedeutung. Tatsächlich war und ist das sozialistische Kuba seiner faktischen Verfassung nach über ein halbes Jahrhundert hinweg ein Führer- und Militärstaat geblieben, in dem die Kommunistische Partei allenfalls die Rolle eines »Transmissionsriemens«, nicht die eines Leitungs- und Führungsorgans gespielt hat.

Natürlich galt das für alle übrigen gesellschaftlichen Institutionen erst recht. Fidel Castro war der Präsident Kubas und sein eigener Ministerpräsident; er war Oberkommandierender der Streitkräfte und Generalsekretär der Partei; er war Vorsitzender der zentralen Planbehörde JUCEPLAN ebenso wie des Agrarinstituts INRA. Jede Anordnung, Eingebung oder selbst zufällige Äußerung Castros war Gesetz, und sein unablässiger »Kampf gegen die Bürokratie« war vor allem eine stete Demonstration seiner eigenen, durch keinerlei formalisierte

Verfahren gehemmten Machtvollkommenheit. Die Wirtschaftspläne wurden im Wesentlichen gemäß seinen fixen Ideen und Vorgaben, d. h. ohne jede empirische Basis, aufgestellt oder auf einen Wink von ihm eingestellt – was selbstverständlich auch bedeutete, dass ohne sein Plazet gar nichts geschah.

Nicht nur die Entscheidungswege und Ausführungsformen waren militärischer Natur und folgten der universellen Devise LOS MANDOS NO SE DISCUTEN, SE CUMPLEN! (Anordnungen werden nicht diskutiert, sondern ausgeführt!) Auch soziologisch war die führende Schicht des Landes eine Militärkaste, die einen Löwenanteil der Mittel und des Nachwuchses an sich zog. So wurden im Jahr 1968/69 zum Beispiel nur 150 Agraringenieure, aber 1500 Offiziersanwärter ausgebildet. Das war keine bloße Frage des moralischen Renommees; sondern die höheren Ränge dieser Militärkaste in Oliv hatten auch ihre eigenen, geschlossenen und sehr komfortablen Lebenssphären, mit Villen und privilegierten Einkaufsmöglichkeiten, guten Schulen für die Söhne und Ballettunterricht für die Töchter, Rolex-Uhren am Handgelenk und Zigarren in der Hand (die für die gewöhnlichen Kubaner völlig unerschwinglich geworden waren) – und mit Alfa Romeos als speziellen Statussymbolen. 2000 Alfas wurden teils als Dienstkarossen, teils auch als persönliche Auszeichnungen ausgerechnet im Jahr der größten Not 1969 importiert; und nicht selten überreichte Castro selbst die Schlüssel.

Mit seiner Säuberungsaktion gegen die »Mikrofraktion« der Altkommunisten hatte Castro jedenfalls noch einmal den Vorrang der von seinem Bruder Raúl kommandierten und handverlesenen Militärkaste in Staat, Partei und Gesellschaft bestätigt. Aber alles das spielte für die sowjetische Führung angesichts der Bedeutung Kubas als eines geostrategischen Faustpfands ihrer Weltpolitik letztlich nur eine sekundäre Rolle. Und Castro schwenkte hinter dem Rauchvorhang seiner revolutionären Rhetorik jetzt weltpolitisch immer stärker wieder auf die Moskauer Linie ein.

Als die radikalen Studenten im Pariser Mai ganz Frankreich für einen Monat lahmlegten, hüllte sich Havanna in ein irritierendes Schweigen, das den guten Beziehungen zur Regierung de Gaulle entsprach, aber ebenso der Politik Moskaus und dem Auftreten der KP Frankreichs als einer »Partei der Ordnung« entgegenkam. Auch die Studentenunruhen in Mexiko im Juli, die sich sogar ausdrücklich am

Datum des »26. Juli« orientierten und denen Abbilder des Che wie Ikonen vorangetragen wurden, brachten Havanna nicht aus der Reserve; sowenig wie das blutige Massaker auf dem Platz der drei Kulturen in Mexiko City im Oktober, unmittelbar vor Beginn der Olympischen Spiele, verhindert hätte, dass die kubanischen Sportler vor dem mexikanischen Präsidenten, der gerade einige Hundert seiner Studenten hatte ermorden lassen, paradierten und freundlich winkten. Es waren die schwarzen US-Sprinter, die mit ihrer geballten Faust ein Fanal des politischen Protestes in diese Weltspiele hineinbrachten.

Das Schlüsselereignis war jedoch der Einmarsch der Warschauer-Pakt-Truppen in die Tschechoslowakei am 21. August 1968. Der »Prager Frühling« war in Havanna offiziell mit Neutralität und in der Bevölkerung mit einiger Sympathie verfolgt worden, nicht zuletzt auch mit Blick auf die Verschärfung des Kurses im eigenen Land. Eben deshalb meldete sich Fidel Castro – entgegen allen Erwartungen – schon zwei Tage später in einer großen Rede zu Wort, in der er die sowjetische Invasion faktisch legitimierte. Zwar bedeute der Einmarsch eine Überschreitung des Völkerrechts; aber er sei notwendig gewesen, »um ein größeres Übel abzuwehren«: nämlich den unmittelbar bevorstehenden Übergang der Tschechoslowakei ins Lager des Imperialismus.

> Ein wahrer liberaler Furor wurde entfesselt; eine ganze Serie von politischen Slogans für die Bildung von Oppositionsparteien ... Bourgeoise Formen der ›Freiheit‹ der Presse wurden durchgesetzt. Das bedeutete, dass Konterrevolutionäre und Ausbeuter, die geschworenen Feinde des Sozialismus, das Recht erhielten, offen gegen den Sozialismus zu sprechen und zu schreiben.

Wenn Castro die Sowjetunion polemisch beschwor, angesichts dieser Erfahrungen auch selbst von allen wirtschaftlichen und politischen Liberalisierungen endlich Abstand zu nehmen und die ungeschmälerte »Diktatur des Proletariats« wiederherzustellen, mochte das noch dem Geist des radikalen Guevarismus entsprechen. Aber Castro ging einen Schritt weiter, als er seiner Hoffnung Ausdruck gab, dass die Sowjetunion »mit der gleichen Energie« wie in der Tschechoslowakei auch die sozialistischen Länder verteidigen werde, die mit dem Imperialismus direkt konfrontiert seien, wie Vietnam, Nordkorea und Kuba.

Zwar wurde seine Rede – wegen ihrer Nebentöne und Seitenhiebe –

nicht in der »Prawda« abgedruckt. Aber die Botschaft war angekommen. Und so blieb es einer Delegation der DDR-Staatsführung vorbehalten, im November 1968 zum Jahrestag der Oktoberrevolution in Havanna mit einigem Pomp empfangen zu werden und großzügige neue Wirtschaftsabkommen zu schließen, die den weiteren Weg vorzeichneten.

Bei seiner Rede am 2. Januar 1969, zum zehnten Jahrestag seiner Machtergreifung, rühmte Castro plötzlich wieder in überströmenden Wendungen die Hilfen und Errungenschaften des sozialistischen Lagers, und besonders der Sowjetunion. Und ein Name blieb unerwähnt, der in allen Reden der beiden Jahre zuvor stets als Kronzeuge herbeizitiert worden war: der Che Guevaras.

Ob Fidel Castro mit der seit 1965 verkündeten und für 1970 angesetzten »Gran Zafra«, der großen 10-Millionen-Ernte, den von Guevara konzipierten Pfad der Entwicklung schon definitiv verlassen hatte, ist sicher diskutabel. Als nackter Triumph des Willens trug das Projekt durchaus guevaristische Züge. Aber in seiner monomanen Fixierung auf den Zucker als den Grund- und Treibstoff aller künftigen Entwicklungen Kubas war diese »Gran Zafra« schon ein ureigenes Projekt des Chefkommandanten.

Dieses Ziel der 10 Millionen hatte er gegen den Rat nahezu aller Fachleute in die Welt gesetzt. Eine auslösende Rolle hatte ursprünglich der Bauernsohn im Kreml, Nikita Chruschtschow, gespielt, der bei seinem Besuch 1964 nicht nur die Abnahme von Millionen Tonnen Zucker pro Jahr versprochen hatte, sondern sich als kongenialer Autodidakt mit Castro gleich hingesetzt hatte, um eine Zuckerrohrschneidemaschine aufs Papier zu werfen, die er sich als abgewandelten Mähdrescher vorstellte. Sie sollte in 1000 Exemplaren gebaut und geliefert werden, und mit ihrer Hilfe, so verkündete Castro bei der Rückkehr, würden nur noch 20.000 Arbeiter gebraucht werden, um die angestrebten 10 Millionen zu ernten. Die ersten Prototypen dieser Maschine richteten allerdings schwere Verwüstungen auf den Feldern an. So liegt das Schicksal dieser Fehlinvestition ebenso im Schatten wie das der von Guevara protegierten, von US-Entwürfen abgekupferten kubanischen Eigenentwicklung.

Aber nachdem Castro die magische Zahl von 10 Millionen für 1970 einmal ausgegeben hatte, gab es für ihn kein Zurück. Auch die Tatsache, dass die Ernten zwischen 1964 und 1968 trotz aller Anstrengungen und Masseneinsätze mit 4,5 bis 6 Millionen Tonnen das vorrevolutionäre Niveau eher unter- als überschritten hatten und die Ernte 1969 sogar auf unter 4 Millionen Tonnen fiel, änderte nichts mehr an der einmal ausgegebenen Losung. Ches Vertrauter und Zuckerminister Orlando Borrego, der schüchtern vorschlug, die Zielvorgaben etwas zu reduzieren, wurde wegen »Defätismus« entlassen. Stattdessen verkündete Fidel Castro zum Auftakt der Ernte am 18. Oktober 1969 in Santa Clara:

> Die Zafra der 10 Millionen ... ist eine Bewährungsprobe, eine moralische Verpflichtung für dieses Land. Und deshalb ... akzeptieren wir nicht, dass auch nur ein einziges Gramm an diesen 10 Millionen fehlt ... Nur ein Pfund weniger als 10 Millionen – das erklären wir vor aller Welt – wäre eine Niederlage und kein Sieg.

Am Ende waren es trotz extremster Anspannung aller Kräfte und rücksichtslosem Einsatz aller vorhandenen Mittel und Reserven nur etwa 8,5 Millionen Tonnen – deren realer Kostpreis sich kaum mehr errechnen ließ. In seiner jährlichen Rede am 26. Juli 1970 gestand Castro die Niederlage ein und bot seinen Rücktritt an, den das versammelte Volk selbstverständlich ablehnte. Im Jahr darauf brachte das erschöpfte Land nicht einmal mehr 5 Millionen zusammen. Die Erzeugung von Nahrungsmitteln pro Kopf war auf 80 % des vorrevolutionären Niveaus gefallen. »Mas socialismo, mas hambre« (Mehr Sozialismus, mehr Hunger) lautete eine der geflüsterten Spottparolen. Castro mit seinen absurden Versprechungen hieß nur noch »Tía Tata«, das Sandmännchen. Das Regime steckte damit in der schwersten Krise seit seinem Machtantritt. Ihm blieb nur der Weg in die Arme der Sowjetunion.

Ein kurzer Exkurs über den Zucker

In der vorrevolutionären Gesellschaft Kubas hatten etwa 400.000 *macheteros* in 120 Tagen der kühlen Jahreszeit eine Ernte von etwa 4–6 Millionen Tonnen Zucker eingebracht. Diese professionellen *macheteros*, Saisonarbeiter, die am Tag 300–400 *arrobas* Zuckerrohr geschlagen hatten, gab es großteils nicht mehr. Die im Wechsel eingesetzten Kräfte, die aus den Städten auf die Felder geschafft wurden, schafften nicht einmal mehr die Norm von 100 *arrobas*, viele nur 60–80. Aber dasselbe galt auch für die meisten ländlichen Arbeiter, die nach offiziellem Eingeständnis selten länger als vier Stunden am Tag arbeiteten. Um die Zuckermühlen auszulasten, sollte die Ernte jetzt fast über das gesamte Jahr ausgedehnt werden, bis in die hochsommerliche Hitzeperiode hinein. Bei drei Millionen Beschäftigten war es ein einfaches Rechenexempel, dass eine verdoppelte Ernte bei einer auf etwa 20 % gesunkenen Arbeitsleistung, wenn überhaupt, nur auf Kosten eines rotierenden Einsatzes fast aller verfügbaren Arbeitskräfte des Landes, einschließlich der Schüler und Studenten, Frauen und Alten, möglich war, d. h. unter enormen Verlusten in anderen Bereichen.

Dazu kam, dass gewaltige Investitionen in die Erschließung, Düngung und Bewässerung neuer Flächen getätigt werden mussten. Dasselbe galt für die Mechanisierung und Organisation des Gesamtprozesses, der möglichst reibungslos ablaufen musste, wenn es nicht zu drastischen Verlusten des Zuckergehalts des geschnittenen Rohrs kommen sollte. Dass die kubanischen Zuckermühlen allesamt drei bis vier Jahrzehnte alt waren und als US-Fabrikate nur noch mit handgefertigten Ersatzteilen am Laufen gehalten werden konnten, erschwerte die Sache zusätzlich. Im Übrigen ist das Zuckerrohr eine mehrjährige Pflanze, die ihren höchsten Ertrag im ersten Jahr ergibt, in dem sie aber auch am meisten gedüngt und gepflegt werden muss, während die Erträge in den Folgejahren stark sinken. Wurde nicht sauber geschnitten, sanken die Erträge nochmals beträchtlich. Auch dieser komplexe Zyklus des Anpflanzens und Erntens ließ sich nicht gewaltsam modeln.

Davon noch ganz abgesehen, waren auch die an eine erfolgreiche 10-Millionen-Ernte geknüpften ökonomischen Erwartungen vollkommen illusionär. Castro hoffte, 5 Millionen Tonnen zum vereinbarten Festpreis an die Sowjetunion und 2 Millionen an die anderen sozialistischen Länder zu liefern, um nach Abzug des Eigenverbrauchs wenigstens 2 Millionen gegen Devisen auf dem Weltmarkt absetzen zu können. Damit sollten die Investitionen in anderen Bereichen finanziert werden, damit, wie er nicht müde wurde zu betonen, eine Ära des Wohlstands anbrechen konnte. Tatsächlich hatten aber schon die vorangegangenen Investitionen in die Zuckerproduktion zu einem beträchtlichen Teil in Devisen geleistet werden müssen – auch für die Teile der Ernte, die in nichtkonvertiblen Rubeln bezahlt wurden. So wären Fidels magische 10 Millionen selbst im Erfolgsfall noch eine Milchmädchenrechnung gewesen.

Die Krisenjahre von 1968 bis 1972 waren von einer kontinuierlichen Verschärfung der staatlichen Repressionen begleitet. 1967 hatte Castro einmal (freimütig oder beschönigend) von 10.000 politischen Häftlingen gesprochen – für die Maßstäbe lateinamerikanischer Diktaturen schon eine sehr ordentliche Quote. Im Schatten des Schlags gegen die »Mikrofraktion« und im Zuge der anschließenden »revolutionären Offensive« schnellten die Zahlen der Verhaftungen vielfach in die Höhe. Oft war der Grund nicht auszumachen, da es keine regulären Prozesse gab und soziale mit politischen »Abweichungen« verschmolzen. 1968 waren wieder die Homosexuellen dran, die als potenzielle politische Opposition behandelt wurden. Radio Havanna erregte sich in bester Spießermanier aber auch über die »städtischen Bikinis und sogenannten Minis, enge Hosen, langes Haar, gemusterte Strümpfe und epileptische Tänze«. Und Castro sagte einer angeblich noch immer vorhandenen »jeunesse dorée« den Kampf an, die sich vor ihren Verpflichtungen drücke. Jeder, der älter als fünfzehn Jahre alt sei und keine Schule besuche, werde in die Arbeitsbataillone eingezogen, so wie alle übrigen »parasitären« und »antisozialen Elemente« auch. Der kubanische Archipel der Straf- und Arbeitslager füllte sich mit neuen Menschenströmen auf.

Im April 1971 wurde ein Gesetz gegen Vagabundismus und Bummelei eingeführt, das bei konsequenter Anwendung auf die Einführung von allgemeiner Zwangsarbeit hinauslief – die es informell längst gab, aber auf dieselben praktischen Hindernisse stieß wie alle historischen Formen unfreier Arbeit. So hatte der »Absentismus« in den ländlichen Kooperativen wie in städtischen Betrieben und Behörden nach gelegentlich durchsickernden Angaben in diesen Jahren eine Quote von 30–40 % erreicht.

Der Grund war sehr einfach: Da es für die Löhne praktisch nichts mehr zu kaufen gab und der Schwarzmarkt völlig auf Tauschhandel zurückgefallen war, musste jeder sehen, wie er das nackte Überleben organisierte. Die auf »libreta« (das Rationierungsbuch) ausgegebenen Lebensmittel, für die man oft Stunden anstehen musste, reichten effektiv nicht aus, um eine Familie zu ernähren. Jede einfache Reparatur, jedes primitive Ersatzteil – alles konnte nur in Eigen- oder Schwarzarbeit erledigt bzw. hergestellt werden. Das alles wirkte wie eine grausame Karikatur der lebensfernen Parolen des Regimes.

Es waren ausgerechnet die Sowjets, die Castro 1971 überzeugten, dass es ein erhöhtes Angebot von Konsumgütern geben müsse – also doch die berühmten »materiellen Anreize« –, wenn das Land wieder zu einem halbwegs regulären Arbeitsmodus zurückfinden wolle. So wurden einige Tausend Mopeds, Kühlschränke, Fernseher und Radios geliefert, um wenigstens die »sozialistischen Bestarbeiter« zu prämieren. 1972 trat Kuba dem sowjetischen Wirtschaftsblock COMECON bei und gliederte sich in die von der Zentrale in Moskau vorgegebene Arbeitsteilung ein.

Den folgerichtigen Abschluss dieser Entwicklung bildete schließlich die im Frühjahr 1970 verhängte Sperre der Ausreise für alle Unzufriedenen und Oppositionellen, aber auch für alle, die auf private oder institutionelle Einladung hin einen Besuch im Ausland machen wollten. Bis dahin war das noch möglich gewesen, wenn auch unter großen Schwierigkeiten und Opfern. Ausreisewillige mussten alles zurücklassen, außer dem, was sie am Leibe trugen. Sie verloren ihre Arbeit und damit auch ihre »libreta«, und oft mussten sie für ein bis zwei Jahre in der Landwirtschaft arbeiten, bis man sie ziehen ließ.

Jetzt waren es nicht mehr nur die Reste des städtischen Mittelstands, die Facharbeiter, Selbstständigen oder Farmer, die wegwollten, sondern auch einfache Arbeiter und Angestellte, darunter in wachsender Zahl Schwarze, die sich wegen der Unterdrückung der afrokubanischen religiösen Kulte und damit verbundenen Lebensformen diskriminiert fühlten. Schon seit 1968 hatte sich die Zahl derer erhöht, die unter Inkaufnahme großer persönlicher Risiken in kleinen Booten oder auf selbst gebauten Flößen nach Florida flohen, oft von der kubanischen Küstenwache aufgebracht oder auch versenkt, oft in den tropischen Stürmen und hohen Wellen untergegangen und ertrunken. Ab 1970 stand für die meisten nur noch dieser Weg übers Meer offen. Die Schattenarmee der in vierzig Jahren Ertrunkenen hat niemand gezählt; die Schätzungen reichen von zehntausend bis über dreißigtausend.

In dieses Bild der »revolutionären Offensive« der Jahre 1968 bis 1970 und der anschließenden Sowjetisierung Kubas gehörten schließlich auch begleitende Maßregelungen als dekadent abgestempelter Künstler und Intellektueller. In einer exemplarischen Aktion wurden im Herbst 1968 alle drei von einer internationalen Jury ausgewählten Preisträger der »Casa de las Americas«, des renommierten Instituts für lateinamerikanische Literatur, der Lyriker Heberto Padilla, der Dramatiker Antón Arrufat und der Prosaist Norberto Fuentes, durch die Armeezeitung »Verde Olivo« einem Scherbengericht unterworfen. Einst von Che Guevara gegründet, spielte »Verde Olivo« unter der Regie Raúl Castros jetzt die Rolle eines ideologischen Kettenhundes.

Fuentes (der sich in den Spuren Isaak Babels sah) wurde wegen seiner schonungslosen Darstellung des Terrors gegen die »bandidos« in der Sierra de Escambray gerügt. Arrufat hatte in der surrealen Parabel »Sieben gegen Theben« den Kampf zweier Brüder um die Macht in einem ungenannten Land in Szene gesetzt, was als Anspielung auf die Castro-Brüder verstanden wurde. Am härtesten traf es Padilla und seinen Gedichtband »Außerhalb des Spiels« (Fuera del juego), der nur mit einem distanzierenden Vorwort des UNEAC-Vorsitzenden Nicolás Guillén pro forma und in winziger Auflage gedruckt wurde. Darin hieß es:

> Der prämierte Lyrikband *Außerhalb des Spiels* ... expliziert den Selbstausschluss des Autors aus dem kubanischen Leben ... (Padilla) suggeriert Verfolgungen und Repressionen in einer Revolution wie der unseren, die sich auszeichnet durch Generosität und Offenheit ... Er verletzt schmerzlich unser Gefühl für die Oktoberrevolution ..., er spricht vom Terror ..., von vollen Gefängnissen, vom Poeten, ›kundig der finstersten Verbrechen Stalins‹ ... Unsere revolutionäre Überzeugung erlaubt uns die Feststellung, dass diese Poesie und dieses Theaterstück [von Arrufat] unseren Feinden dienen und dass ihre Autoren Künstler sind, wie unsere Feinde sie benötigen, um ihr Trojanisches Pferd zu füttern.

In »Verde Olivo« wurde Padilla dann geradewegs als »Provokateur«, »Faschist« und »CIA-Agent« denunziert. Er verlor seine Arbeit und mit ihr die »libreta«. Ein ganzes Jahr lang musste er von Freunden mit durchgefüttert werden, aber dann bekam er auf Weisung »von ganz oben« eine Stelle als Übersetzer in einem staatlichen Verlag. Er fühlte sich gerettet, sogar geborgen, so wie Michail Bulgakow unter der vermeintlich schützenden Hand Stalins im Moskau der Dreißigerjahre. Aber Padilla schrieb, wie alle wussten, an einem Roman mit dem Titel »In meinem Garten grasen die Helden«; und schon dieser Titel hatte im Vorfeld wieder das Misstrauen der literarischen und polizeilichen Instanzen geweckt.

Jedenfalls, als Padilla Anfang 1971 in einer verschärften Neuauflage der Hexenjagd von 1968 mitsamt seinem Manuskript verhaftet wurde, wussten alle, was die Stunde geschlagen hatte – erst recht, als der Dichter in einer öffentlichen Selbstkritik, die den stalinistischen oder maoistischen Reueritualen beklemmend nahekam, vor Hunderten versammelter Berufskollegen erklärte:

> Ich habe dieses Buch [Außerhalb des Spiels] wie ein uralter und leberkranker Philosoph begonnen … Solche Gedichte bewirken einen defätistischen Geist, und dieser ist die Konterrevolution … Ich sprach in Kuba mit vielen Ausländern, z. B. mit K.S. Karol … Ich äußerte mich ihm gegenüber defätistisch, kritisch, verbittert und konterrevolutionär. Karol war ein Mann, der so etwas hören wollte … Mit Hans Magnus Enzensberger, dem deutschen Dichter und Essayisten, führte ich unzählige Gespräche, die ein Kompendium all meiner feindseligen und scharfen Meinungsäußerungen gegenüber der Revolution abgeben könnten … Genossen, es geht wirklich nicht, dass die Revolution ständig Großmut gegenüber uns Intellektuellen zeigen muss. Wir wollen Soldaten der Revolution sein und den Platz einnehmen, auf den sie uns stellt.

Als seine prominenten westlichen Freunde, auf deren Schutz er sich allzu lange verlassen hatte, in einem Protestbrief mit 61 Unterzeichnern (von Sartre und de Beauvoir über Enzensberger und Susan Sontag bis Vargas Llosa und Julio Cortázar) erklärten, dass dieses »Geständnis« unter Umständen zustande gekommen sein müsse, die düstere Erinnerungen weckten, antwortete Castro mit der Exkommunikation »dieser schamlosen Pseudo-Linken« und »Agenten des Imperialismus«, auf deren Unterstützung Kuba längst nicht mehr angewiesen sei.

Zu einer Schlüsselfigur (wider Willen) wurde in dieser exemplarischen Straf- und Gleichschaltungsaktion der junge chilenische Schriftsteller Jorge Edwards, der im November 1970 zum provisorischen ersten Gesandten der neuen chilenischen Volksfront-Regierung unter Salvador Allende in Havanna ernannt worden war. Edwards kam voll guten Muts und guten Willens. Er hatte zu den Teilnehmern des großen Kulturkongresses im Januar 1968 gehört, und er hatte in der Jury der »Casa de las Americas« gesessen, die Fuentes den Prosa-Preis zuerkannt hatte. Er kannte einen Großteil der linken internationalen Kulturszene ebenso wie die meisten kubanischen Autoren, und er verkehrte arglos mit

Statue eines F1-Bullen vor einer Rinderzuchtstation, 2006. Die Milchproduktion des Landes ist weit bis unter eine Million Tonnen gefallen. Auch in den besten Jahren konnte Fidels magische 30-Millionen-Tonnen-Milchernte nur in winzigen Bruchteilen erfüllt werden.

ihnen, bis er merkte, welch eine angstvolle und gedrückte Stimmung herrschte, in der stumm auf überall vermutete Wanzen gedeutet, Zettel geschrieben und verbrannt wurden, und – schon bevor es dem allzu übermütigen Padilla an den Kragen ging – alles riskant schien, was eben noch als freimütiger Umgang unter befreundeten Autoren galt.

Edwards hat über dieses halbe Jahr in Kuba in den Monaten nach der fehlgeschlagenen »Gran Zafra« ein eindrückliches literarisches Dokument hinterlassen, den Bericht »Persona non grata«. Diese »Unerwünschte Person« war, wie sich bald herausstellte, er selbst, da er wie seine Schriftstellerfreunde an jenem Mangel litt, den Guevara einmal die »Erbsünde« der Intellektuellen genannt hatte: keine echten Revolutionäre zu sein. Aber in einer merkwürdigen Wendung der Geschichte waren es nun gerade die »Neuen Linken«, die internationalen Bewunderer Ches und Kritiker der Sowjetunion, die Castro eben noch hofiert hatte, die nun plötzlich in den Ruch gerieten, verkappte CIA-Agenten zu sein.

Derjenige, der alle Schritte und Treffen Edwards' beobachten und abhören ließ, war natürlich der »Rotbart« Piñeiro. Aber die Fäden zog, wie sich am Ende herausstellte, der oberste Puppenspieler selbst. Edwards zeichnet ihn als einen begnadeten Manipulator und Kommunikator, aber auch als einen manischen Kontrollfreak, der sich in den Räumen seiner Macht wie in einer Glasmenagerie bewegte und ein jungenhaftes Vergnügen über seine Einfälle und Grillen, und wie alle darauf ansprangen, empfand.

In einer der vielen eindrücklichen Szenen sehen wir Fidel wieder einmal in jenem Schweizer Bungalow auf seiner Zuchtfarm, in dem er so viele Gäste empfangen hatte, so nun auch die Offiziere des chilenischen Schulschiffs »Esmeralda«, das in einem Akt demonstrativen Blockadebruchs 1971 Havanna besuchte – und notgedrungen auch den ungeliebten »Volksfront«-Gesandten Edwards, der seine Landsleute begleitete und das für die Nachwelt festhielt.

> Dies schien eines der mysteriösen Schlafquartiere zu sein, die Castro von Zeit zu Zeit bewohnte ... Was ich Gelegenheit hatte zu sehen, waren ein paar Stiefel in der Ecke, ein großes, modernes Buch mit Bildern von Pflanzen und Fischen ... und eine Leselampe auf dem Nachtisch ...
>
> Unser Mahl in dieser Kajüte sollte zunächst einmal Einfachheit demonstrieren, da Fidel alle gastronomischen Subtilitäten verabscheute, aber zweitens auch eine Vorführung der Produkte seiner Modellfarm sein ... Krüge wurden mit Milch gefüllt und trugen Etiketten, um die einen von den anderen zu unterscheiden ... Die Kühe hatten delikate weibliche Namen wie Maria Rosa, Clarissa, Maria Gracia – aber er behauptete, ihre Milch nach dem Geschmack unterscheiden zu können. ›Ah! Diese hier!‹, rief er aus. ›Die schmeckt wie Mandeln!‹ Und er reichte die Krüge herum, damit wir alle davon kosteten ...
>
> Als Trinker feiner Rotweine aus Chile bin ich nie einer solchen Euphorie, ja Trunkenheit begegnet, die durch Milch hervorgerufen worden wäre ... Dann brachte ein Soldat auf Fidels Anweisung eine große runde Platte mit Käsesorten. Auch sie waren Produkte dieser Modellfarm. Wir probierten einen kubanischen Camembert. Kein Zweifel, er war exzellent ... ›Wir werden besseren Camembert machen als Frankreich‹, sagte Fidel ... ›Ich habe einen französischen Experten kommen lassen und ihm gesagt, was wir planten. Und wissen Sie, was er sagte? Das ist unmöglich, Herr Premierminister!, hat er gesagt. Was für Chauvinisten diese Franzosen doch sind!‹

Ein Mädchen von hierzulande – Epitaph I

Die DDR war keine Insel – sehr zum Leidwesen ihrer politischen Führer. Auch zehn Jahre nach dem Bau des »antifaschistischen Schutzwalls« blieb sie mit ihrem westlichen Zwillingsstaat auf osmotische Weise verbunden. Und so kam es, dass vieles, was die Nachkriegsgeneration West in diesem »Roten Jahrzehnt« in ihren Bann schlug, auf andere Weise auch die Nachkriegsgeneration Ost beschäftigte.

Irgendwann im Jahr 1971 schrieb Wolfgang Kohlhaase, der Drehbuchautor des eminenten Regisseurs und Akademiepräsidenten Konrad Wolf (des Bruders von HVA-Chef Markus Wolf), ein kleines Memorandum unter dem Titel »Notizen zu einem Film über Tamara Bunke«. Der Film, den sie vorschlugen, sollte »nach dem Gesicht dieser Tamara Bunke fragen, die ein Mädchen von hierzulande war, eine Mitschülerin, Jugendfreundin und Genossin« – ein Gesicht, dessen weichere oder härtere, dunklere oder hellere Züge auf den wenigen Fotos nur schwer zu bestimmen seien. Gerade diese Vieldeutigkeit sollte »der poetische Ausgangspunkt« des geplanten Films sein:

> Der Film hätte von ihren Gedanken, ihrem Gefühl, ihrem Mut, ihrer Angst, ihrer Hoffnung zu handeln. Er müsste eine erstaunliche, abenteuerliche Mitteilung über den revolutionären Internationalismus enthalten.

Bei einem Vorgespräch hatten Wolf und Kohlhaase vom Leiter der Internationalen Abteilung des ZK, dem Genossen Hermann Axen, bereits zu hören bekommen, dass es nicht ratsam sei, sich »in so entfernte und diffizile Prozesse« wie die lateinamerikanischen Guerillabewegungen einzumischen; sie sollten das Projekt aufschieben, bis sich die Lage geklärt habe. »Man versteht und ist dennoch nicht froh«, notierte Kohlhaase in einer weiteren Aufzeichnung. Was die Genossen des ZK »über die Kompliziertheit des Problems Guevara sagen«, sei durchaus einleuchtend. Aber über »die Kunstwürdigkeit eines menschlichen Schicksals ist damit nichts gesagt«.

> Es könnte uns gehen wie schon öfter: Ein Thema, das uns gehört …, wird ausschließlich von den anderen gemacht, zu ihren Zwecken. Probleme, die die Weltwirklichkeit auch in das Bewusstsein unserer Jugend hineinträgt …, Probleme auch aus Irrwegen, Umwegen und Niederlagen: Verschiedenes ist hier von einem Mädchen erfahren worden bis zu einem tapferen und bitteren Ende.

Denn schließlich: »Das Problem des linken Radikalismus, der anarchistischen, kleinbürgerlichen Ungeduld«, das alles existiere doch »auch in unserem eigenen Gefühl und Bewusstsein«. Gerade ein Film sei das geeignete Medium, um solche Fragen »an einem schwierigen Gegenstand zu erproben«.

Aber genau das war mit noch so viel Loyalität und gutem Willen in der Deutschen Demokratischen Republik nicht zu machen. Dieser Zwang zur Eindeutigkeit war der Kern ihrer fatalen Unterkomplexität, in der Kunst wie im Leben. Während in der Bundesrepublik die »Systemfrage« durch einen fiebrigen Radikalismus und teilweise (es war schon die Zeit der RAF, der »Roten Armee Fraktion«) mit Bomben und Pistolen gestellt wurde, konnte sie in der DDR schon durch den Schmetterlingsschlag eines Films, sogar des bloßen Gedankens an einen Film, gestellt werden.

Kohlhaases Notizen zeigen auch, was für eine schwierige Heldin Tamara Bunke für ihre Partei und ihr Land war. Es hatte zwei Jahre gedauert, bis die Bürger der DDR überhaupt von der Existenz einer Guerillera aus Ost-Berlin erfahren durften – während alle Welt längst darüber sprach. Zwar hatte es am 3. November 1967 eine für die Usancen der SED sehr ungewöhnliche Todesanzeige im »Neuen Deutschland« gegeben. Aber wer hatte die schon gelesen? Und sie hatte keinerlei Hinweis darauf enthalten, dass es sich um eine ehemalige DDR-Bürgerin handelte – so wenig wie der Name Guevaras hätte genannt werden dürfen.

> Erst jetzt wurde es zur schmerzlichen Gewissheit, dass fern von uns unsere liebe tapfere Tochter, Schwester, Tante, Nichte und Schwägerin, Genossin Tamara Bunke, Guerillera ›Tanja‹, am 31. August 1967 am Rio Grande in Bolivien gefallen ist. Sie hat ihr junges Leben dem revolutionären Kampf um die Freiheit und Unabhängigkeit der Völker Lateinamerikas gewidmet und geopfert.

Ende Oktober, kurz nach Fidels großer Trauerrede auf Che, waren Nadja und Erich Bunke nach Havanna gerufen worden. Dort hatte man ihnen in befremdlich konspirativer Form (auf einem Zettel, den ihnen ein hoher Geheimdienstoffizier überreichte, so als hörte der Feind mit) den Tod ihrer Tochter eröffnet – den sie freilich längst geahnt hatten. Castro selbst hatte sie dann zu einem längeren Gespräch empfangen. Noch hielt Kuba sich, was die eigenen geheimdienstlichen Verwicklungen in Bolivien betraf, bedeckt. Aber es war nur eine Frage der Zeit, bis die Spur der »Tania« alias Laura Guitiérrez Bauer nach Kuba, und von dort in die DDR, zurückverfolgt werden würde.

Mit diesen Argumenten hatten die Bunkes nach ihrer Rückkehr den ZK-Sekretär für Presse und Propaganda Werner Lamberz (der sich natürlich Rückendeckung von »ganz oben« holte) auf die Todesanzeige im Zentralorgan und die Abhaltung einer internen Trauerfeier im Gebäude des FDJ-Zentralrats verpflichten können. Lamberz, der schon als ehemaliger FDJ-Vize ein besonders aktiver Reisekader der SED gewesen war, hatte Tamara 1961 wie beschrieben in Havanna kennengelernt. In ihrer Arbeit über die Konstruktion des Tania-Mythos in der DDR hat Ines Langelüddecke hervorgehoben, dass diese Generation von Nachwuchskadern sich bis zu einem gewissen Grade tatsächlich mit der von ihnen kreierten Heldenfigur der Guerillera identifizierten, die ihren eher ereignislosen Funktionärskarrieren einen Hauch von Exotik und Abenteuer beimischte.

Genau da lag allerdings auch das Problem. So erinnerte sich der für Lateinamerika zuständige ZK-Funktionär Friedel Trappen:

> Nach Kuba wollten viele, aber das ging ja nicht. Wenn wir da nicht aufpassten, dann kamen Informationen aus Kuba, dass da alles mit Samba und Rumba-Rhythmus gemacht wird. Ist ja Quatsch. Einige unserer Journalisten machten gerne so etwas daraus.

Und Eberhard Panitz, der Autor des späteren Kultbuchs »Der Weg zum Rio Grande«, sagte über die riskante Wirkung seines eigenen Buches:

> Das war für unsere Jugend, die ja nicht rausdurfte – wir als Schriftsteller, wir durften ja –, … eine ungeheure Sache, von einer zu erfahren, die aus diesem Land kam und für die richtige Sache, für die Revolution, für eine andere Welt … zu Felde zieht.

So ist die Nachgeschichte dieses späten Idols der DDR eine lange, melancholische Geschichte von ideologischem *face-lifting*, bis das Gesicht der vielgesichtigen Heldin zur »eindeutigen« Maske erstarrt war. Der Streit darum, was in ihrem Porträt bleiben durfte, was geglättet oder neu zugefügt werden musste, glich allerdings einem tragischkomischen Eiertanz.

So wurde die inoffizielle Totenfeier im FDJ-Gebäude im Dezember 1967 auf 25 ausgewählte Personen beschränkt, die das Gebäude unauffällig durch den Hintereingang betreten mussten. Neben Nadja und Erich Bunke, Bruder Olaf und Schwägerin Helga (die Schriftstellerin Helga Königsdorf) waren einige FDJ-Kader da, darunter der mit Tamara und Olaf aus den Schultagen in Fürstenberg her befreundete spätere Dissident Rudolf Bahro. Natürlich waren Eberhard Panitz und Horst Salomon mit von der Partie, die Tamara in Kuba gesehen hatten; sowie als prominentester Gast die Schriftstellerin Anna Seghers, die (heißt es) zeit ihres Lebens ein Bild von Tania und von Che an der Wand gehabt habe. Vom ZK der SED war niemand erschienen.

Der Trauerredner Frank Bochow, FDJ-Sekretär für Internationales, behauptete, Tamara sei mit Zustimmung der Partei nach Kuba gegangen, um »die friedliche, humanistische Politik des sozialistischen Staates den Jugendfunktionären und Jugendlichen Lateinamerikas nahezubringen«. Wie sie von Havanna nach La Paz kam und von dort in den Dschungel, blieb offen, da der Name Guevara nicht erwähnt werden durfte. Immerhin: »Guerillera ›Tamara‹ gab ihr junges Leben für die revolutionäre Sache der Völker, für Lateinamerika.«

In der Öffentlichkeit war der Name Tamara Bunke freilich noch völlig unbekannt. Als im Sommer 1968 die Che-Tagebücher in Kuba und im Westen – aber nicht im sozialistischen Lager – herauskamen, waren die Ideologiekader der DDR in gesteigerter Verlegenheit. Dazu kam, dass Mutter Bunke erneut auf Kuba weilte, um an der dort geplanten Hagiografie ihrer Tochter mitzuwirken. Die Verlegenheit in Ost-Berlin wurde noch größer, als der HVA-Deserteur Männel kurz darauf in der westdeutschen »Welt am Sonntag« behauptete, Tamara Bunke selbst für den KGB angeworben und auf Che »angesetzt« zu haben, mit dem Ziel, sein Unternehmen zu bespitzeln und zum Scheitern zu bringen; eine Behauptung, die in allen großen Zeitungen der Welt kolportiert wurde.

Gespiegeltes Filmstill der Trauerfeier im FDJ-Gebäude. Erkennbar sind Anna Seghers (vorn) und Egon Krenz (hinten), eventuell Rudolf Bahro (links).

Daraufhin wurde von den SED-Propagandisten hastig die Herausgabe einer biografischen Broschüre über Tamara Bunke in Auftrag gegeben und in der FDJ-Zeitung »Junge Welt« eine Artikel-Serie über »das Mädchen mit dem Kampfnamen Guerillera Tania« angekündigt. Nichts davon erschien allerdings, da (wie es in den internen Ausarbeitungen hieß) »eine Unterstützung der kubanischen politischen Linie der Verabsolutierung des bewaffneten Kampfes vermieden werden« müsse. Zwar wurden in der neu gegründeten Wochenzeitung »Horizont« Ende des Jahres einige kurze Auszüge aus den bolivianischen Tagebüchern Ches nachgedruckt, in denen die Einträge über »Tania« aber ausgespart waren.

Das führte zu einem neuen Feldzug Nadja Bunkes, die sich zu einer immer frenetischeren Hüterin des Nachruhms ihrer Tochter entwickelte. Ende 1968 reiste sie mit ihrem Mann zum dritten Mal auf persönliche Einladung Castros nach Kuba, wo »Tania« bereits in das Stadium der Seligsprechung eingetreten war. Und die Heiligsprechung in Form des von Nadja und Ulises vorbereiteten Kultbuchs war nur noch eine Frage der Inprimatur durch den Máximo Líder selbst.

Vor ihrer Abreise wandte Nadja Bunke sich mit einem Klagebrief an die Führung von Staat und Partei, in dem sie feststellte, dass die Medien der DDR bisher nicht auf »die in der westlichen reaktionären Presse ... entfesselte Hetzkampagne gegen Tamara« reagiert hätten. Ihre Tochter, »die frühere DDR-Bürgerin und Mitglied unserer Partei, der sie bis zu ihrem Tode angehört hatte«, werde gegen diese infamen Unterstellungen nicht verteidigt – zu einer Zeit, da auf Kuba (mit dem die DDR gerade ihre Beziehungen wieder normalisierte) bereits die ersten Schulen und Kindergärten nach ihrer Tochter benannt würden!

Daraufhin wurde schließlich von »ganz oben« angeordnet, dass die geplante Artikelserie über Lebensweg und Opfertod der Genossin Tamara B. nun doch in Angriff zu nehmen sei. Bevor der beauftragte Journalist den Griffel in die Hand nehmen durfte, wurden allerdings alle heiklen Fragen erst einmal wie heiße Kartoffeln hin- und hergewälzt. Einerseits musste natürlich »die Rolle Tamaras im Partisanenkampf geschildert« werden; andererseits durfte »die kubanische Konzeption der Revolution in Lateinamerika« auf keinen Fall gestützt werden. Che Guevara würde »insofern eine Rolle spielen, als es durch die Veröffentlichung seines Tagebuches bereits bekannt« war, und dabei sollte seiner »edlen revolutionären Gesinnung« durchaus Hochachtung gezollt werden; gleichzeitig musste aber klargestellt werden, dass sein Unternehmen zum Scheitern verurteilt war, weil »die objektiven revolutionären Bedingungen« fehlten.

Die peinliche Frage, wie Tamara im Jahr 1961 die DDR verlassen hatte, wurde dahingehend entschieden, »dass sie mit Wissen der SED nach Kuba geht und dort, so wie es die Partei von ihr weiß und erwartet, als glühender Internationalist kämpft«, etwa in der kubanischen Volksmiliz gegen die von den USA eingeschleusten Konterrevolutionäre. Aber wie war sie dann nach Bolivien gekommen? Und was machte sie da als »Guerillera« – ein Begriff, der für orthodoxe Kommunisten an sich schon wegen der Nähe zum Terrorismus fragwürdig klang. Also ersetzte man ihn nach Möglichkeit durch den Begriff der »Partisanin«, der aus den Traditionen des antifaschistischen Kampfs in der Weltkriegsperiode (von Spanien bis zur Sowjetunion) vertrauter war. Überlegungen, Tamara als »Kundschafterin« zu bezeichnen, wie Agenten der diversen östlichen Geheimdienste euphemistisch genannt wurden, waren wiederum wegen der westlichen Behauptungen über ihre KGB-Verbindungen problematisch.

In der Serie, die Mitte 1969 dann endlich in der »Jungen Welt« erschien, wurde die sensible Tatsache, dass Tamara sich als SED-Mitglied der Expedition Ches zur Verfügung gestellt hatte, mit einem anderen, durchaus fragwürdigen Kunstgriff gelöst: Man betonte ihre Liebe zu Argentinien und deutete an, dass die junge Frau für ihren berühmten Landsmann wohl ziemlich geschwärmt habe. Überhaupt wurde in zart hingetupften Andeutungen ihre Weiblichkeit herausgestellt:

> Tanja streicht ihre Haare, lange schwarze Haare, aus dem Gesicht, schiebt sie nach hinten, auf den Rücken. Die Baskenmütze setzt sie behutsam auf. Nicht so lieblos ... Der Griff der gleichen Hände zur Waffe ist wieder fest, energisch, ganz und gar Kämpfer.

Mit solchen Andeutungen wurde freilich nicht nur eine Guerillaromantik bestärkt, die man eigentlich bekämpfen wollte. Sondern es konnte womöglich den »imperialistischen« Gerüchten Vorschub geleistet werden, dass Tamara in Wahrheit doch die Geliebte Ches gewesen sei. Kurzum, das Bild der Heldin ließ sich mit allen ideologischen Begradigungen und Kunstgriffen nicht von seiner »Vieldeutigkeit« befreien, die den poetischen Ausgangspunkt für das Filmprojekt von Konrad Wolf und Wolfgang Kohlhaase hätte bilden sollen, das eben deshalb abgewürgt wurde.

Das Erscheinen des kubanischen Kultbuchs »Tania, la guerillera inolvidable« (Tania, die unvergessliche Guerillera) in 300.000 Exemplaren im Frühjahr 1970 setzte die SED-Ideologen noch weiter unter Druck. Zwar waren die Beziehungen zwischen dem sowjetischen Lager und Kuba inzwischen weitgehend repariert, und Castro hatte de facto vom guevaristischen »Abenteurertum« stillschweigend Abstand genommen. Aber dieser Rückzug war flankiert durch eine noch forciertere Idolisierung des Che, dem die Figur Tanias in einem festen ikonografischen Arrangement nun zur Seite gestellt wurde, wie in einem Gruppenbild mit Guerillera.

Nadja Bunke hatte bereits auf eigene Faust eine Übersetzung des kubanischen Kultbuchs angefertigt und drängte die Ideologiekader der SED, es unverzüglich zu veröffentlichen. Der Führungswechsel von Ulbricht zu Honecker im Mai 1971 schien eine neue kulturpolitische Lockerung zu bestätigen, die 1969 begonnen hatte und zu der auch ein paar vorsichtige Konzessionen an einen ungerichtet von links wehenden, jugendlichen Zeitgeist gehörten. Über die in den imperialistischen Feindsendern übertragenen Studentendemonstrationen in Westberlin und die Unruhen in vielen Städten der westlichen Welt seit 1967/68 waren viele DDR-Jugendliche schließlich gut informiert, und viele von ihnen waren auch aus ganz eigenen Motiven von diesen winds of change erfasst.

SED und FDJ versuchten diese diffusen Stimmungen vor allem durch eine Revolutions-Folklore aufzufangen, die sich teils der traditionellen bolschewistischen Kampfrhetoriken bediente und teils den neuen Musiken, Farben und Emblemen der Dritten Welt ihren Tribut zollte. Das Hauptinstrument der Steuerung war eine von der FDJ inszenierte »Singebewegung«, die natürlich von den narkotischen Pop- und Rockorgien der westlichen Medien sorgsam getrennt gehalten werden musste – was nur teilweise gelang.

Für 1973 stand der SED im Umgang mit diesem jugendlichen Linksradikalismus eine große Bewährungsprobe bevor: Die sozialistischen »Weltjugendfestspiele« sollten in diesem Jahr in Ost-Berlin abgehalten werden. Das bedeutete einen nicht ganz kontrollierbaren Zustrom östlicher, westlicher sowie »südländischer« und farbiger Teilnehmer, deren spontaner Impuls dahin ging, hier ein sozialistisches Woodstock mit Freibier und freier Liebe zu veranstalten, bei dem die inzwischen weltweit verbreiteten, emblematischen Bilder und Parolen des Che kaum würden ausgeschlossen werden können.

Das war der Hintergrund, vor dem beschlossen wurde, »Tania« zur neuen, zeitgemäßen FDJ-Heroine zu machen. Zu diesem Zweck sollte 1973 eine eigene, etwas mehr in Richtung FDJ und DDR akzentuierte Adaption des kubanischen Kultbuchs erscheinen. Als Bearbeiter wurde Eberhard Panitz gewählt – der die Texte etwas umstellen, erweitern und mit einer Einleitung versehen sollte, stattdessen aber, wie Nadja Bunke zu ihrer hellen Empörung feststellte, aus dem unbeholfen kompilierten Stoff mit stillschweigender Zustimmung des Verlags eine eigene, und wie man wohl fand, etwas jugendgemäßere Schmonzette gemacht hatte.

Daraufhin ging Nadja Bunke zum zweiten oder dritten Mal auf den

Kriegspfad. Jede Streichung oder Straffung wurde von ihr in einer minutiösen Aufzählung, die einer Anklageschrift glich, als »unseriös und eines sozialistischen Schriftstellers unwürdig« gegeißelt. Mal fand sie Aussagen weggelassen, die »äußerst wichtig sind, da noch heute in Berlin die unglaublichsten Gerüchte und Versionen verbreitet werden, wie Tamara nach Kuba gekommen wäre«. Dann fehlte ihr ein Zitat, das »für die Darstellung der Haltung und Gemütsverfassung Tamaras in diesem historischen Moment« (der Schweinebucht-Invasion) unverzichtbar sei. Ein anderer Satz schien ihr unverzichtbar »für die Herausarbeitung Tamaras Verbundenheit mit dem kubanischen Volk«. Und dann wurde auch noch durch irgendeinen erklärenden Satz »den Eltern eine für sie politisch untragbare Haltung unterstellt«, wo doch »die direkte Aussage der Mutter von besonderer Bedeutung ist, da Tamara mit ihrer Mutter viele ernste Gespräche darüber [über die kubanische Revolution] geführt hatte«. Für solche Verfehlungen wäre dieser Panitz in anderen, besseren Zeiten erschossen worden!

Jetzt konnte Nadja sich leider nur mit einer Zivilklage vor einem DDR-Gericht zur Wehr setzen. Immerhin, sie bekam teilweise recht. So wurden am Ende – zum Kopfschütteln der Rezensenten – zwei Bücher zum selben Thema kurz hintereinander veröffentlicht. Zuerst erschien das von Nadja und Ulises anonym verfasste, unter dem Namen der beiden Journalistinnen Marta Rojas und Mirta Rodríguez firmierende kubanische Kultbuch »Tania la Guerillera«, passenderweise im Militärverlag der DDR. Und kurz danach kam Eberhard Panitz' Bericht »Der Weg zum Rio Grande« im FDJ-nahen »Verlag Neues Leben« heraus, der ein bisschen Farbe auf das blasse Bild der braven Heldin auftragen durfte, freilich ohne zu viele Neger, weiße Cadillacs und feurige Augen ins Bild zu bringen, die den Geist der jungen Blauhemden hätten verwirren können.

Letztendlich ist Tamara Bunke eine tote Heldin der DDR geblieben. Zwar waren angeblich über 300 Schulen, Kindergärten oder Jugendbrigaden nach ihr benannt. Aber welche Institution oder Einheit wäre in der DDR nicht auf den Namen irgendeines toten Parteifunktionärs oder kommunistischen Märtyrers getauft gewesen. Und vor allem: Welche(r) Jugendliche hätte im Arbeiter-und-Bauern-Staat dem Vorbild Tanias nacheifern können oder dürfen? Auffällig ist auch, dass auf der Agenda der FDJ in den Siebziger- und Achtzigerjahren Tamara Bunke kaum vor-

Nadja Bunke im Jahr 1997, ganz in ihrem Element

kam. Als Heldin blieb sie offenbar zu jeder Zeit problematisch. Am besten, man ließ sie einfach auf dem Podest stehen, auf dem sie stand.

Eben das begründete freilich die fortdauernde Unruhe Nadja Bunkes, deren Identifikation mit ihrer Heldentochter wuchs, je länger deren Tod zurücklag. In dem 1989/90 gedrehten Film von Heidi Specogna über Tamara Bunke schlüpft die Greisin in einer gespenstischen Szene in die Uniformjacke ihrer toten Tochter, so als hätten ihrer beider Leben sich wie kommunizierende Röhren posthum miteinander vermengt und vertauscht.

Draußen in der Welt machte »Tania« derweilen ihre eigene und eigentümliche Karriere. Die kubanische Legende um die einzige Frau in Ches Guerilla wanderte in die lateinamerikanische Folklore hinüber und trieb dort ihre schwülen Blüten. Nadja Bunke hat einiges davon gesammelt. Im Lied eines venezolanischen Barden geht es recht schmalzig um »Tania, la flor en el jardin« (Tania, die Blume im Garten), die wie folgt besungen wird:

Sie hatte die blauesten Augen / Glühend vor Liebe und Zorn
Sie sang die Lieder der Freiheit / Auf ihrem Akkordeon …
Die Fluten des Rio Grande / Singen im ewigen Spiel
Das Lied der kämpfenden Blume / Die für die Freiheit fiel.

Neben den blauen Augen der Heldin ist es vor allem das mestizische Thema der Blutsvermischung, das die Fantasie vieler Liedermacher beschäftigte, so wenn es etwa heißt:

> Por la victoria final / de la América Latina / Alemania y Argentina / funden su sangre vital … Für den Endsieg / Latino-Amerikas / haben Deutschland und Argentinien / ihr Lebensblut vermischt …

Und dann ging es natürlich immer wieder um das reizvolle Widerspiel von Weiblichkeit und einer männlichen Kultur von Gewalt und Militanz. So heißt es in den Versen eines Liedes des Quartetts Yarabí über Tania: dass das Gewehr über der Schulter und die Ausstrahlung einer Frau »ihr den Schritt einer Tigerin verliehen«.

Ganz unabhängig von dieser Latino-Folklore entwickelte sich das auratische Bild der Guerillera in der Neuen Linken des Westens, und gerade in den USA. Dort verband es sich untrennbar mit der Geschichte der »Symbionese Liberation Army«, die sich in den frühen Siebzigerjahren in Kalifornien aus weißen Collegestudenten und schwarzen Häftlingen bildete – und zu deren prominentestem Mitglied die gekidnappte Tochter des Pressezars Randolph Hearst, Patty, wurde.

Es war ein Fall von Gehirnwäsche wie von Liebe, und die Bilder, auf denen die bewaffnete Multimillionärstochter wie eine Widergängerin der toten Guerillera aussah, haben sich der vom Krieg in Vietnam erschütterten Gesellschaft der Vereinigten Staaten tief eingeprägt. Nach einem Banküberfall, an dem Patty Hearst (die man in Geiselhaft wähnte) aktiv teilnahm, erklärte sie auf einem der Tonbänder, die ihre Entführer den Radiosendern regelmäßig zuspielten, mit zitternder und doch fester Stimme:

> Ich habe den Namen Tania bekommen, nach der Genossin, die mit Che in Bolivien für das Volk Boliviens gekämpft hat. Ich habe diesen Namen angenommen mit der festen Entschlossenheit, in ihrem Geiste weiterzukämpfen. Lahmarschige Revolutionsversuche können keinen Sieg bringen. Ich weiß, dass Tania ihr Leben dem Volk geweiht hat … Ich werde an der Revolution der unterdrückten Völker Amerikas weiterhin teilnehmen. Denn alle Fäden im bunten Gewebe der Menschheit sehnen sich nach Freiheit … Im Geiste Tanias sage ich: Patria o muerte! Venceremos!

Die Mehrzahl der Mitglieder dieser »Symbiotischen Befreiungs-Armee« kam bei einem großen Shoot-out mit der Polizei in einem brennenden Haus in Los Angeles ums Leben, darunter der Wärter, Mentor und Geliebte der gekidnappten Patty Hearst, Willie Wolfe, Kampfname Cujo, dem sie noch vor ihrer Festnahme auf einem Tonband ein Requiem sprach, das sie einige Jahre Gefängnis kostete:

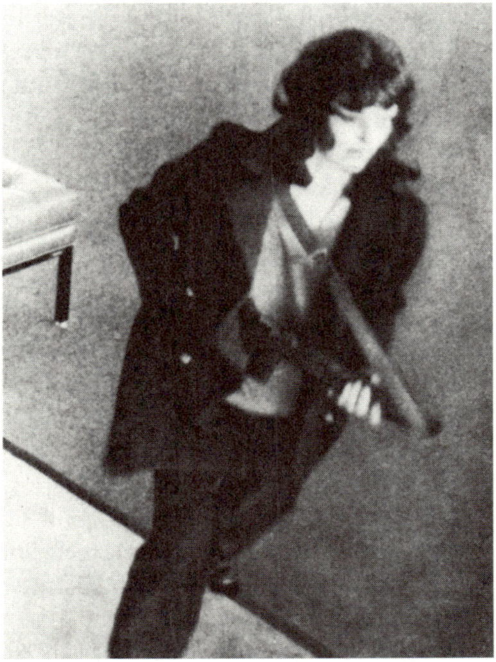

Patty Hearst als »Tania« beim Überfall auf die Hibernia Bank in San Francisco, 1974

> Cujo war der zärtlichste, schönste Mann, den ich je gesehen habe. Er hat mich die Wahrheit gelehrt, so wie er sie von seinen schönen Brüdern in den kalifornischen Konzentrationslagern erfahren hat. Wir haben uns so sehr geliebt! Und seine Liebe zum Volk war so tief, dass er bereit war, sein Leben dafür hinzugeben. Der Name Cujo heißt: Der Unbezwingbare ... Cujo hat sein Leben wie seinen Tod bezwungen, indem er ihnen ins Auge geschaut und gekämpft hat.

Und genau so, als eine Geschichte von Liebe, Tod und Befreiung, hat sich auch die Geschichte von Tania und Che im Bewusstsein der Linken und Liberalen der USA festgesetzt. Mick Jagger und Robert Redford wollten 1998 einen »Tania«-Film produzieren, der offenbar als eine pralle Revolutions- und Liebesstory gedacht war. In den Worten des Drehbuchautors Alex Butler kam diese Tamara alias Tania aus dem »wunderbaren, sonnigen, sexy Argentinien, wohin ihre Eltern vor den Nazis fliehen mussten«, in das »kalte, schlechte gelaunte Leipzig oder so«. Dort schnappte die Stasi sich das Girl und trimmte sie

»für diese Mata-Hari-Nummer – ziemlich deprimierend für ein junges Mädchen«. Bis Che nach Ost-Berlin kam: »Und Guevara war die aufregende Seite des Sozialismus. Er war Sex.« Also haute sie ab nach Kuba, und da traf sie Che wieder, »und er bittet sie, mit ihm die Revolution in die Welt zu tragen«. Sie geht ihm zuliebe »ins beschissene Bolivien«, ganz allein, und wartet, bis er endlich nachkommt, und folgt ihm in den Dschungel. Und dann im großen Finale »entscheidet sich diese Mata Hari, diese aufregende, außergewöhnliche Frau, an seiner Seite zu sterben«. Und einige Bolivianer schwören, sie sei schwanger gewesen: »Oh, da frage ich mich, von wem?«

Wenn diese aufgesexte Hollywood-Version der Che-&-Tania-Story zu den Irrsalen und Wirrsalen der wiedervereinigten Welt nach dem Mauerfall gehörte, so auch die Tatsache, dass es Nadja Bunke mithilfe eines bekannten Medienanwalts tatsächlich gelang, dieses Projekt zu verhindern. Und da sie gerade im Zug war, gelang es ihr auch, die ähnlich gepolte Kolportage des José Friedl Zapata über »Die Frau, die Che Guevara liebte« vom Markt zu klagen. Ein später Sieg der revolutionären Nachhut also, in deren Reihen Mutter Bunke bis zu ihrem Tod im Jahr 2003 gekämpft hat.

Aber der Geist Tamaras hat die Fantasie US-amerikanischer Filmemacher dennoch nicht aufgehört zu beschäftigen. Und so verwandelte sich der Stoff als Nächstes in ein existenzialistisches Epos über Ches Bolivien-Abenteuer, das Terence Malick 2003 verfilmen wollte. Nur um schließlich 2008 in das zweiteilige Che-Biopic von Stephen Soderbergh zu münden, in dem Franka Potente die Tania und Benicio del Toro den Che gibt.

Und so schreiben sich die Traumpfade der ausgebliebenen Weltrevolution des 20. Jahrhunderts immer weiter fort. Nur dass hinter der Schwelle des Milleniums eine ganz neue Spezies von Heiligen Kriegern gewartet hat, um den Angriff auf das »Herz der Bestie« wieder aufzunehmen. Diese »neuen Menschen des 21. Jahrhunderts«, von denen Che so oft gesprochen hat, sind allerdings von einem derartigen Geist der Unbedingtheit, der schier unbegrenzten Bereitschaft zum Endsieg und Selbstopfer erfüllt, dass selbst die übermenschliche Entschlossenheit des Guerillero heroico dagegen fast wie eine Hamlet-Geschichte wirkt – »von des Gedankens Blässe angekränkelt«. Und mit Ophelia.

Im Schatten des Feigenbaums – Epitaph II

Alle sind sie tot: die roten Väter und Überväter, mit denen wir neu getauften Linken des Jahres 1968 noch auf so vertrautem Fuße gestanden, deren Poster wir an die Wand geheftet und deren Schriften wir in der Tasche mitgeführt haben. Nur Bruder Che lebt. Mehr noch: Er führt ein Second Life als Widergänger seiner selbst, als eine fast zeitlos gewordene Kultfigur, deren Astralleib sich von der historischen Person weitgehend gelöst hat und mit jedem Schuljahr neu entdeckt wird.

Diese dauerhafte Idolisierung hat ihre eigene Geschichte, die man (wie ein Archäologe) Schicht für Schicht freilegen und deuten müsste. Sie beginnt, wie beschrieben, mit der frappierenden Leichtigkeit der kubanischen Revolution, die nach Guevaras eigener Lehre bewiesen haben soll, dass eine Handvoll entschlossener Männer eine ganze Armee und Diktatur besiegen kann. Ein solcher Triumph des Willens in einem Zeitalter der technisierten Kriege und Machtapparate hatte einen romantischen Appeal, der weit ausstrahlte. Und keiner verkörperte das so wie Che.

In dem von ihm selbst zur Doktrin erhobenen Krieg der Guerilla entfaltete sich »der ganze Zauber des nomadischen Lebens«, wie Pascal Bruckner und Alain Finkielkraut diagnostizierten. Das war »der Kampf derer da unten gegen die da oben, der Amateure gegen die Profis, der Einheimischen gegen die Fremden«. Dieser zur Kultfigur erhobene Guerillero war, wie Hans-Christoph Buch schrieb, auch eine späte Neuauflage des Mythos vom »edlen Wilden«. Der Guerillakrieg erschien nach den tradierten Mustern von Coopers »Lederstrumpf« oder Karl Mays »Winnetou« als ein natürlicher, sauberer, edelmütiger Krieg, im Unterschied zu den »schmutzigen Kriegen« der Herrschenden und Besitzenden aller Länder.

In der Gestalt des Che gewann dieser romantische Appeal aber noch eine ganz besondere Attraktion. »Guevara schlenderte nach Mitternacht herein, umgeben von einer kleinen Koterie von Freunden,

Bodyguards und Zaungästen; er trug sein Markenzeichen, das schwarze Barett, und sein Hemd stand bis zum Bauchnabel offen. Er war unglaublich schön.« So empfand Richard Gott als sympathisierender britischer Journalist die erste Begegnung mit dem Über-Guerillero, den er 1963 auf einem Empfang in Havanna traf. Nicht anders der US-Altlinke I. F. Stone: »Vor ihm war mir noch nie ein Mann begegnet, den ich nicht nur als gut aussehend, sondern als schön empfand. Mit seinem gelockten, rötlichen Bart sah er aus wie eine Kreuzung aus einem Faun und einem Sonntagsschulbild von Jesus.«

Das erstaunlichste Geständnis dieser Art war vielleicht das von Nikolai Metuzow, dem stellvertretenden Leiter der Internationalen Abteilung des ZK der KPdSU, der Ende 1963 nach Kuba kam, um die »ideologische Standfestigkeit« Ches, d.h. den Grad seiner maoistischen Abweichungen, auszuloten. Er berichtete Anderson dreißig Jahre später, er habe sich im Gespräch in Che glatt »verliebt« – und ihm das inmitten der ernsten Verhandlungen offen gesagt:

> ›Wie Sie wissen, bin ich ein bisschen älter als Sie …, aber ich mag Sie, vor allem Ihr Aussehen gefällt mir‹ … Und ich gestand ihm meine Liebe … Er hatte sehr schöne Augen, wunderbare Augen, ein so tiefer, so hochherziger, so ehrlicher Blick, dass man gar nicht anders empfinden konnte … Und er sprach sehr gut …, schwungvoll, so als ob er einen mit seinen Worten an sich drückte.

Kurz und gut, man ist bei Che – der zu dieser Zeit ja bereits zu den meistfotografierten Männern seiner Zeit gehörte – in der auratischen Sphäre eines Starkults und Sexappeals, der zuweilen auf beide Geschlechter gleichermaßen wirkt und dem sich auch der nüchternste Geist oder wütendste Homophobe nicht völlig entziehen kann.

Zu dieser überwältigenden physischen Ausstrahlung kam im Falle Ches allerdings noch das Flair des Intellektuellen, des »gescheiterten Dichters«, als der er sich in einem Brief an den von ihm verehrten Léon Felipe selbst beschrieb. Und schließlich war da der Prophet eines Sozialismus der Armut, der bis zur völligen Erschöpfung Zuckerrohr schlug oder Säcke verlud und offensichtlich danach strebte, in eigener Person die Blaupause des »Neuen Menschen« zu liefern, dessen Notwendigkeit er predigte. Die auf dieser Blut-, Schweiß- und Tränenseite seiner öffentlichen Existenz demonstrierten Züge eines eifernden Puritaners nahmen seine internationalen Verehrer/innen nur ungern wahr. Aber nach seinem Märtyrertod fügte sich alles harmonisch wieder zum Image eines spirituell durchglühten sozialistischen Übermenschen, der sich jeden Tag selbst überwindet und opfert.

Dazu gehörte durchaus auch der Zug von Grausamkeit, den Guevara als den Gegenpol seiner universellen Menschenliebe kultivierte, ein Charakterzug, der keineswegs abschreckend wirkte. Im Gegenteil: Zu den Flitterwochen der Revolution gehörte – was niemand überhören konnte – das skandierte »An die Wand!«, die große blutige Abrechnung. Und wer Ches Aufzeichnungen aus dem kubanischen Guerillakrieg las, die schon zu seinen Lebzeiten in vielen Sprachen verbreitet waren, wird unweigerlich jenen Gänsehauteffekt aus zweiter Hand genossen haben, wenn wie im Krimi oder Italo-Western die angstgeweiteten Augen des Delinquenten (eines Verräters, Schergen, Deserteurs oder Diebs) den »eiskalten Engel« nicht hindern, seine Mission zu erfüllen, ohne dass seine Hand zittert.

Und je nobler diese Mission, umso ruhiger die Hand. In dieser Hinsicht darf man Guevara tatsächlich in eine Reihe mit dem aristokratischen Tscheka-Gründer und »Ritter der Revolution«, Feliks Dsershinski, stellen, den man zu Lebzeiten als einen Hl. Franziskus gerühmt hat, der es auf sich genommen hatte, den menschlichen Unrat in die Grube zu befördern. Oder eben mit einem Nikolai Ostrowski, der sich in seinem revolutionären Erziehungsepos »Wie der Stahl gehärtet wurde« als reinen, unbestechlichen und unbarmherzigen Pawel Kortschagin neu erfand – und die Mädchenherzen höher schlagen ließ.

Eine nächste mythische Schicht legte sich in der Zeit seines Verschwindens auf Ches Bild. Er hatte (so viel war klar) auf alle Ämter und Privilegien, Heim und Familie verzichtet, um »an einer anderen Front der Weltrevolution« zu kämpfen – als ein Abenteurer, wie er sich selbst sah und beschrieb, aber eben als einer, »der seine Haut riskiert, um seine Wahrheit zu beweisen«. Und, wie Trotzki gesagt hatte, zeichnete sich der wahre Revolutionär nicht nur durch seine Bereitschaft zu töten, sondern zu sterben, aus – eine klassische soldatische Tugend natürlich (»Süß und ehrenhaft ist's, fürs Vaterland zu sterben«), aber in zweiter Potenz: PATRIA O MUERTE!

Das berühmteste Lied auf Che, Carlos Pueblas »Hasta siempre, Comandante«, das den Touristen heute von jeder Ecke Havannas entgegenplärrt (sodass man seine Schönheit fast nicht mehr hört), war in der Zeit dieser mysteriösen, die Fantasie beschäftigenden Abwesenheit des Che geschrieben worden. Es beginnt mit den Zeilen:

> Wir haben Dich zu lieben gelernt / auf jener historischen Höhe, / wo die Sonne Deiner Tapferkeit / dem Tod keine Chance gab.

Und es endet mit dem narkotischen Refrain:

> Aquí se queda la clara, / la entrañable transparencia, / de tu querida presencia, / Comandante Che Guevara ...

Daraus schnitzte Wolf Biermann die kernige Strophe:

> Uns bleibt, was gut war und klar war, / dass man bei dir immer durchsah / und Liebe, Hass, doch nie Furcht sah: / Comandante Che Guevara.

Aber die entscheidende Wendung war natürlich Ches Tod als Märtyrer der eigenen Sache – gerade früh genug, um der Forderung *Die young!* (Stirb jung!) zu genügen, die im Zeitalter der unbegrenzten medialen Reproduzierbarkeit die entscheidende Voraussetzung der Unsterblichkeit ist.

Gewürzt war dieser Tod mit dem Flair einer großartigen Vergeblichkeit, die an sich schon Selbstlosigkeit suggerierte. John Gerassi, einer der Herausgeber der Guevara-Schriften in den USA, war im Oktober 1967 doch ziemlich verblüfft, als er feststellte, dass die Nachricht vom Tod des Guerillero auch die keineswegs zur radikalen Linken zählenden Studentinnen und Studenten von San Francisco tief bewegte: »Es war offenkundig ..., dass diese liberalen und pazifistischen Studenten, so unglaublich es klingt, das Gefühl hatten, dass Che für sie gestorben sei.« Eine Umfrage unter Studenten und Schülern in den USA im Jahr 1968 ergab, dass die historische Persönlichkeit, mit der sie sich am stärksten identifizierten, Che Guevara war.

Hans Egon Holthusen, der damals an einer Provinzuniversität in den USA lehrte, machte ganz entsprechende Beobachtungen:

> Diese über alle bisherige Aufklärung hinaus aufklärungswütige, diese extrem autoritätsfeindliche und ehrfurchtslose Jugend: hier erlebt sie, wie zum ersten Male, die Epiphanie des Heldischen. War nicht der Held ... im Bewusstsein der Epoche zur unmöglichen Figur geworden? Bertolt Brecht oder die Widerlegung des Helden im Namen des ›Volkes‹ ... Und nun hier, unter Blumenkindern und Underground-Rebellen ..., eine Gestalt, welche die ›klassischen‹ Elemente des Heldischen in chemisch reiner Verhältniszahl in sich vereinigt: Selbstlosigkeit, Todesverachtung, Großmut und – Grausamkeit ...

Holthusen war durchaus bereit anzuerkennen, dass die »außerordentliche Energie, die sich selber in Form des Opfertodes für die große Idee der Gerechtigkeit ein Denkmal gesetzt hat, ... ihre unbedingte Leuchtkraft (hat)«. Was ihn am Che-Kult allerdings beunruhigte, war die Wiederkehr einer »mit Blut besiegelten Entscheidung für das Absolute im Bewusstsein der Jugend« – einer »Theologie der Revolution, die seither um sich gegriffen und in Deutschland die seltsamsten Blüten getrieben hat«.

Ein Paradebeispiel war die Exegese, die der Soziologie-Assistent Sven Papcke als Herausgeber einer Sammlung von Che-Schriften (»Brandstiftung oder Neuer Friede?«) diesen Texten 1968 angedeihen ließ. So rühmten junge deutsche Akademiker etwa »Guevaras Anthropologie« als »eine Lehre vom Menschen, die derart brutal die Annihilation des anderen fordert, um jenseits aller Egozentrik neue, menschliche Zustände zu schaffen«. Diese Lehre speise sich aus »dem endzeitlichen Grauen«, dass pazifistisches Nichtstun »dieser Erde ein für alle Mal die Chance versperrt, sie im Sinne der Solidarität zu vermenschlichen«. Nur wenn das »Medusenhaupt der Selbstsucht« endgültig abgeschlagen werde, könne dem »friedlichen Völkermord« des Kapitalismus ein Ende gemacht werden. Es »hilft somit, wie Guevara betont, nur eine Revolution als Exorzismus«. Dann endlich werde es heißen: »Brandstiftung als neuer Friede.« Ohne Fragezeichen.

Aber das waren nur intellektuelle Masturbationen vor dem Bild der schönen Leiche, deren wahrer Triumph ja gerade in der Aussichtslosigkeit ihres Kampfes und Todes lag. »Denn ein Sieg ist immer nur halb und kompromittiert, aber eine Niederlage und der Tod sind total und groß. Ein Sieg ist weltlich, eine Niederlage ist heilig.« So Paul Berman.

Die Transsubstantiation des Che beginnt – wie wir es beschrieben haben – im Moment seiner Ermordung und Aufbahrung; und es sind seine Mörder, die seinen Leichnam wie den eines gestürzten Engels oder eines Gottmenschen, eines zerschellten Ikarus oder eines Außerirdischen vorführen, betasten und bestaunen. Der von den Militärs herbeigeschaffte junge Fotograf Freddy Alborta, der die eindrucksvollsten Bilder des Toten schießt, berichtete später, ganz glaubwürdig:

> Ich hatte den Eindruck, dass ich Christus fotografierte, ich hatte tatsächlich diese Dimension betreten. Das war kein Kadaver, den ich fotografierte, sondern etwas Außergewöhnliches.

Ein Jahr danach veröffentlichte eine Zeitung in Cochabamba unter einem Bild vom aufgebahrten Che ein Gedicht, das im grünen Notizbuch des Toten gefunden worden sei. Es lautete:

> *Christus, ich liebe Dich ... / Weil Du mir enthüllt hast, dass der Mensch aus Blut / und aus Tränen besteht, / und aus Ängsten, / den Schlüsseln, die die verborgenen Pforten des Lichts öffnen. / Ja ... Du hast mich gelehrt, dass der Mensch Gott ist.*

Es stammte nicht, wie anfangs vermutet, von Che selbst, sondern von Léon Felipe. Che hatte es sich von eigener Hand notiert. Aber auch das war bezeichnend. Denn diese Verse führen auf das Feld einer dialektischen Christologie, die derjenigen nicht ganz unähnlich ist, die der gleichaltrige Theologieprofessor Joseph Ratzinger im selben Jahr 1967 in Tübingen in seiner wegweisenden »Einführung in das Christentum« zu entwickeln begann.

Auch für das spätere Kirchenoberhaupt ist »Christus nicht Gott, sondern nur ein Gott besonders nahes Wesen«. Erst durch sein bewusstes Martyrium am Kreuz wird der »völlig Gescheiterte« zu Gott. Und er wird es, weil er zuvor »das Tor unserer letzten Einsamkeit durchschritten hat«. Aber dadurch ist er zugleich auch »der exemplarische Mensch« geworden. »Gegenüber dem, was von unten kommt, der tierhaften Macht, deren prahlerische Brutalität die Welt verwüstet, ist er der ›Mensch‹, der von oben kommt.« Und gerade in seiner Schwachheit und seiner Furcht, die er beständig überwinden muss, verkörpert er »die Hoheit Gottes«. Denn siehe: »Er tritt unter die Tiere, ohne ein Tier zu werden, ohne ihre Methoden zu übernehmen. Und er wird aufgefressen. Aber gerade so besiegt er sie.«

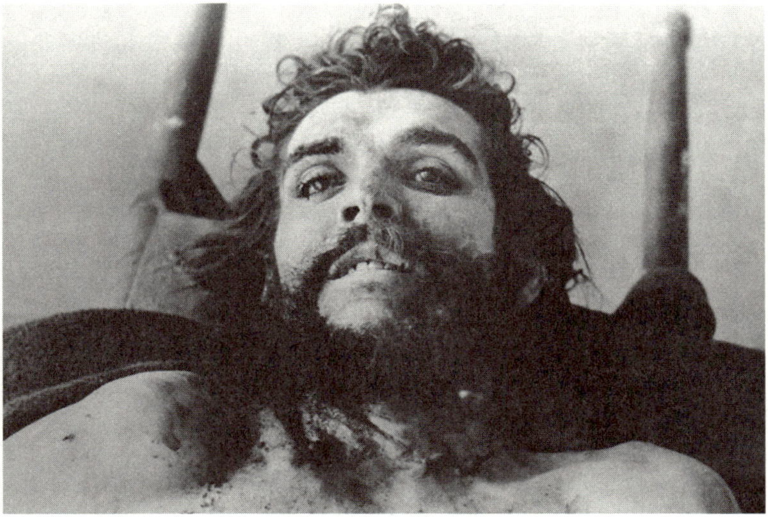

Eines der Christusbilder des Che von Freddy Alborta

Dass die linken Poeten Lateinamerikas den toten Che in ganz ähnlichen Kategorien und Metaphern verewigen würden, war allerdings nicht unbedingt zu erwarten. Pablo Neruda verband wie immer christliche, mythologische und kommunistische Motive, wenn er in seinem Gedicht »Bestürzung über den Tod eines Helden« seine Klage über »diesen Tod und diese Auferstehung unserer verdüsterten Hoffnung« anstimmt und »den Helden in das Schweigen des Volkes zurückkehren« lässt.

Ches Landsmann Ernesto Sabato assoziierte eher wieder den Don Quijote herbei, einen »armen Edelmann aus unsterblichem Geschlecht …, verrückt in seiner Großmut«. Aber er spricht auch, wie selbstverständlich, von Ches »letzten Tagen, dem Ende seiner Via Crucis«, seines Kreuzwegs, auf dem es »auch einen Judas geben musste«; oder gleich mehrere.

Am weitesten trieb der Salvadorianer Roque Dalton (der sich der Guerilla seines Landes anschloss und in den Siebzigerjahren von seinen eigenen Genossen hingerichtet wurde) diese Assoziationen, die eher schon Analogien waren, als er 1967 schrieb:

Der Che Jesuschristus / wurde gefangen genommen, / bevor er seine Bergpredigt vollenden konnte ... / Ihn verurteilten die Schriftgelehrten und revisionistischen Pharisäer, / deren Sprecher Kaifas Monje war, / während Pontius Barrientos versuchte, sich die Hände in Unschuld zu waschen ...

Nachdem sie Christus Guevara gekrönt hatten / mit der Dornenkrone eines Verrückten ..., / zwangen sie ihn unter das Kreuz seines Asthmas / und kreuzigten ihn mit Salven der M-2 ... / Woraufhin Che nichts anderes übrig blieb / als wiederaufzuerstehen / und zur Linken der Menschheit zu sitzen ... / Amen

Gegenüber diesen künstlerischen Exaltationen nehmen sich die Phänomene einer volkstümlichen Verehrung des Che, wie sie in vielen Reportagen von den Stätten des Geschehens als ein Faktum berichtet worden sind, scheinbar authentischer aus. Wie es heißt, werden für »San Ernesto de la Higuera« in Vallegrande jährlich am Tag seines Martyriums Messen gelesen, für die die Gläubigen zusammenlegen, um seinen Segen und seine Fürsprache zu erbitten. Und Julia Cortéz, die Lehrerin in La Higuera, deren Interviews bei Hochbetrieb jetzt 200 Dollar und mehr kosten, hat glaubwürdig versichert, dass sie während einer Dürrezeit zu San Ernesto um Regen gebetet hat – mit dem erwünschten Resultat.

Seit sich Hunderte und Tausende von frommen und unfrommen Pilgern aus aller Welt auf die von der Hilfsorganisation Care eingerichtete »Ruta del Che« – ein Passionsweg mit vielen Stationen – gemacht haben, sind allenthalben in den Orten die Haarsträhnen und sonstigen Reliquien aus Schachteln gekramt und vorgezeigt worden, die ihre Inhaber seinerzeit von »Ihm« genommen und versteckt aufbewahrt haben wollen. Und sehr bereitwillig wird berichtet, wie der Che ihnen im Traum erschienen ist, und wie plötzlich der Fußboden der Schule von Blut überschwemmt war. Diese Vermischung von Volksfrömmigkeit mit kleinen Geschäften und gefälligen Erzählungen ist als solche auch keineswegs verdächtig, sondern gehört vom Mittelalter bis ins 20. Jahrhundert zur Karriere und Ausgestaltung einer christlichen Heiligenlegende.

In Wirklichkeit dürfte die Chemie dieser volkstümlichen Verehrung an den Orten des Geschehens allerdings sehr viel komplexer sein. Der erste Impuls der Dörfler nach der Gefangennahme und Ermordung des bärtigen, fremden Guerilleros war Angst gewesen, gepaart mit Schuld. Sie hatten das klare Bewusstsein gehabt, ihn verraten zu ha-

Das Che-Denkmal in La Higuera, 2005. Die Inschrift besagt: »Dein Beispiel erleuchtet einen neuen Sonnenaufgang«.

ben. Und es gab akute Befürchtungen einer Rache der Überlebenden draußen im Busch oder auch einer Vergeltung aus dem fernen Kuba – vielleicht sogar aus der Luft?

Dann gab es 1969 den Fememord an dem jungen Bauern und »Judas« Honorato Rojas. Und es gab ja viele solche Judasse in den Dörfern, durch die die Guerilleros gezogen waren. Im Tagebuch des Che waren gleich Dutzende mit Namen genannt. Der entkommene Inti Peredo hatte inzwischen eine zweite ELN begründet, die das Guevara-Projekt noch einmal aufzunehmen versuchte. Zwar trug diese Neugründung – wie fast alle lateinamerikanischen Guerillabewegungen der Siebzigerjahre – eher das Gepräge einer Stadtguerilla und wurde in kurzer Zeit aufgerieben. Inti kam in einem umstellten Haus bei einem wilden Schusswechsel ums Leben (ähnlich wie »Tania« Hearsts Geliebter Cujo). Nach seinem Tod übernahm der dritte Bruder Peredos, Chato, die Führung. Aber bald begann sich die Restgruppe – wie die Guerilla Masettis oder wie die Terroristen in Dostojewskis »Dämonen« – selbst zu zerfleischen und wegen angeblichen Verrats oder irgendwelcher Verfehlungen gegenseitig »an die Wand« zu stellen.

Umso lebhafter müssen alle diese dramatischen Episoden die Fantasie der Dörfler und Kleinstädter in La Higuera, Vallegrande oder Camiri beschäftigt haben, erst recht, nachdem der glorreiche Che-Bezwinger General Barrientos durch einen unaufgeklärten Hubschrauber-Absturz ums Leben gekommen war. 1972 folgte dann der Fememord am vormaligen Geheimdienstchef Quintanilla durch die junge Deutsch-Bolivianerin Monika Ertl – die Tochter des völkischen Bergwelt-Romantikers, Riefenstahl-Assistenten und Nanga-Parbat-Bezwingers Hans Ertl, der 1945 nach Bolivien emigriert war.*

Schließlich wurden alle diese Ereignisse Teil einer ins Übernatürliche entrückten Legende vom »Fluch des Che«, der (so hieß es) alle ereile, die an seinem Mord beteiligt gewesen seien. Zwar waren die »geheimnisvollen Tode« einiger Beteiligter in Wirklichkeit von ähnlicher statistischer Signifikanz wie die im Falle der »Rache des Ötzi«, nämlich (fast) unvermeidlich. Aber die Legende einer menschlichen oder auch göttlichen Rache ging um und trieb den Exekutor Ches, den Unteroffizier Mario Terán, den man in einer Kaserne versteckte und als Kellner im Kasino beschäftigte, halb in den Trunk und halb in den Wahnsinn.

Mitte der Siebzigerjahre senkte sich jedoch Schweigen über diese ganze Geschichte, ein Schweigen, das keineswegs amtlich verordnet war, sondern eher wohl den Charakter einer heilsamen Amnesie hatte. Bis in den frühen Neunzigerjahren wieder die ersten Reporter und Filmemacher in Vallegrande und La Higuera auftauchten, wie Richard Dindo, der die zögernde Lehrerin Julia Cortéz und einige andere dazu brachte, die Kammern ihrer Erinnerungen wieder auf-

* In der Figur der Monika Ertl, die den »Weg Tanias« gehen wollte, verzweigen sich die Traumpfade der Weltrevolution wiederum auf neue, ganz eigene Weise. Als Studentin war sie Mitglied von Peredos ELN geworden, und mit der Erschießung Quintanillas (der sich auf eine subalterne Konsulatsposition in Hamburg zurückgezogen hatte) wollte sie den Tod des Che rächen. 1973 plante sie mit dem inzwischen freigelassenen und nach Kuba zurückgekehrten Régis Debray auch noch die Entführung des guten Bekannten ihres Vaters, des ehemaligen Lyoner Gestapochefs Klaus Barbie alias Altmann (zehn Jahre, bevor er verhaftet und an Frankreich ausgeliefert wurde). Bevor es dazu kam, fiel Monika Ertl der bolivianischen Polizei in die Hände und starb (wie es offiziell hieß) bei einem Schusswechsel, aber vielleicht auch unter der Folter.

zuschließen. Wenig später kamen dann die kubanischen und argentinischen Experten, die begannen, nach den Gebeinen von Che, Tania und ihren Gefährten zu graben, und mit ihnen die ganze Weltpresse.

Erst in diesen Neunzigerjahren dürfte das Gespenst des Che die Gestalt des wohltätigen »San Ernesto de la Higuera« angenommen haben. Denn jetzt ging es ja nicht mehr um Schuld oder Rache. Sondern die da kamen und fragten, sprachen vom Ermordeten als von einer weltweit ausstrahlenden Figur, einem selbstlosen Kämpfer gegen die Mächte des Bösen – als welchen nun auch viele Ortsansässige und sogar einige der Militärs, die ihn gejagt und gefangen hatten, den lächelnden Toten gleich damals erkannt haben wollten.

Diese späte Renaissance des Che-Kults fällt nicht zufällig in die Zeit des Untergangs des sozialistischen Weltlagers in einer Kette von »samtenen Revolutionen«, jähen Implosionen und stillschweigenden Transformationen. Von diesen offenen oder verdeckten Umwälzungen wurden praktisch alle von kommunistischen Staatsparteien geführten Länder erfasst – mit den einzigen Ausnahmen Nordkoreas und Kubas.

Angesichts dieser wiedervereinigten Welt wurden beträchtliche Teile der heimatlosen Linken, die das pauschal als »Sieg des Neoliberalismus« verbuchten, von einem frischen Hunger nach historischer Transzendenz erfasst. Und so erhob sich wie ein Phönix aus der Asche der gescheiterten Sozialexperimente und kommunistischen Führerkulte des 20. Jahrhunderts die Figur des Che, rein und schön wie am ersten Tag. Was machte es, dass er selbst ein mehrfach Gescheiterter war? Der Hunger nach einer Gegenfigur wurde, zumal in der Ära des George W. Bush, rasend – und trieb die schwülsten intellektuellen Blüten.

Eine der zugleich konfusesten und einsichtigsten Elogen stammt von dem spanisch-katalanischen Krimiautor Manuel Vásquez Montalbán:

> Wie ein Albtraum muss es auf … den Weltpolizisten gewirkt haben, als vor einiger Zeit die Figur des Che wiederauferstand, als Zeichen der Widerspenstigkeit, der Rebellion gegenüber der heiligen Inquisition der neoliberalen Orthodoxie … Er steht für das Recht des Individuums, solidarisch zu sein und sich nicht für die eigene Existenz entschuldigen zu müssen …

> Der Che ist … ein im Leben wie im Tode … geadelter König Artus, dessen Totenmaske zu einem Leichentuch Christi wird, zu einem Abbild des ermordeten Gerechten. Es handelt sich hier um einen Fall von militantem Romantizismus, dessen machtvoller Neuauftritt auf dem Markt der Symbole auf einen Mangel an historischen Vitaminen hinweist, auf eine offenkundige lyrische und epische Verkümmerung und auf den ungestillten Hunger derer, die Geschichte nur noch in pasteurisierter Form zu sich nehmen. Es ist die gleiche moralische Verkümmerung, die auch zur Himmelfahrt von Lady Di als Weggefährtin von Mutter Teresa geführt hat.

Diesen hübsch verworrenen Schlusspassus könnte man fast unterschreiben, ganz im Gegensatz zur scheinbar klaren Eingangsbemerkung Montalbáns, wonach die Wiederauferstehung der Figur des Che als ein »Albtraum« auf die »Hüter der neo-liberalen Orthodoxie« gewirkt habe. So als wäre die universell verwendbare Bildikone des Che, die zum Werbeträger jeglicher Handelsmarke und zur Fahne jedes Fanklubs geworden ist, nicht selbst ein prägnanter Ausdruck der »Pasteurisierung« von Geschichte! Sie erschreckt niemanden, sondern ist zum Accessoire eines »radical chic« als der modernen Wohlfühldroge schlechthin geworden.

Wenn dieser Ernesto Guevara bis heute noch ein tieferes Interesse wecken kann, dann deshalb, weil seine historische Person in der Persona, der Ikone, der hübschen Larve des »Che« nicht aufgeht; und weil man, anders als im Vers Biermanns, bei ihm keineswegs »immer durchsah, und Liebe, Hass, doch nie Furcht sah«. Sondern weil da noch immer ein Mensch in seinem Widerspruch zu erkennen war.

Als der junge Raidist und »militante Romantizist« Ernesto Guevara vor mehr als einem halben Jahrhundert den Spuren der »Großen Gesänge« des Pablo Neruda folgte, um als Enkel des weißen Conquistadoren-Adels an das »steinerne Herz« Lateinamerikas zu rühren und hinter die bronzenen Gesichter seiner Indios zu schauen, da glich er in vielem dem Weltenwanderer Bruce Chatwin, der sich mit der tadellosen Haltung eines Abkömmlings der britischen Herrenkaste zwei Jahrzehnte später daran machte, die »Songlines« oder »Traumpfade« der Aborigines (der schwarzen Ureinwohner) im australischen Outback zu erkunden, die sich wie unsichtbare mental maps über diesen kolonial arrondierten und technisch-kommerziell erschlossenen Kontinent zogen.

Chatwin starb zwanzig Jahre nach Che den unheroischen Tod eines bisexuellen Dandys, der sich mit den dunklen Seiten der Welt und der Menschen vertraut gemacht und irgendwann mit AIDS infiziert hatte. Bei seiner rastlosen Suche nach den archaischen Urmustern der Menschheit (eine schöne aristokratisch-reaktionäre Vorstellung) hatte er sich selbst in einen nomadischen Mythopoeten verwandelt, der – während er die »Eingeborenen« studierte – längst seine ganz eigenen *mental maps* entwarf, *Songlines* schrieb und *Traumpfade* ablief.

Wenn Chatwin in seinen blauen Moleskine-Heften, die er im Rucksack mitführte und in denen er seine Eindrücke und Lesefrüchte notierte, den Glauben der alten Mystiker erwähnte, »dass der ideale Mensch sich einen ›richtigen Tod‹ erwandern soll« – dann sprach er natürlich von sich selbst. Denn: »Wer angekommen ist, ›geht zurück‹.«

Im Australien der Aborigines gibt es besondere Regeln für das ›Zurückgehen‹, oder vielmehr dafür, sich dahin zu singen, wohin man gehört: zur ›Stätte der Empfängnis‹, zu dem Platz, wo der eigene Tschuringa lagert. Nur dort kann man Ahne werden …

Vielleicht hatte Che irgendetwas Ähnliches im Sinn, als er mit seinem abgezehrten Maultier hoch in die Morgensonne und sehenden Auges in sein Verderben ritt; und als er, was er sonst nie tat, zwei Kalebassen Chicha leerte und die betrunkenen Indios breit lachend umarmte. Vielleicht suchte er in La Higuera, das wörtlich »Der Feigenbaum« heißt, den Platz, wohin er gehörte, wo sein eigener Tschuringa lagerte, wo er Ahne werden konnte.

Der alte Mann und das Meer – Epitaph III

»Die Banalisierung des Che-Mythos hat nicht in den kapitalistischen Gesellschaften begonnen«, hat der ehemalige Botschafter Kubas bei den Vereinigten Nationen, Alcibiades Hidalgo, 2004 in einem Interview erklärt. Hidalgo datiert die Ursprünge der Kommerzialisierung des Che-Labels vielmehr auf die touristische Öffnung seines Landes Mitte der Neunzigerjahre. »Es war eine bewusste Entscheidung des Regimes, eine gewisse perverse Neugierde an Kuba als einem Museum, einem Land, das keinem anderen auf der Welt gleicht, auszubeuten.«

Mit dieser strategischen Umorientierung des Regimes auf den Tourismus ließe sich selbst der Beginn der Suche nach den Gebeinen des Che und seiner Gefährten Mitte der Neunzigerjahre in Verbindung bringen. Pünktlich zum Jahr 1997, das im Revolutionskalender bereits als »Das Jahr des Che« fest eingetragen war, wurden in der Umgebung von Vallegrande seine sterblichen Überreste endlich gefunden und in einer pompösen Zeremonie in das neu erbaute »Mausoleo del Guerillero heroico« in Santa Clara überführt.

Ob das womöglich nur eine propagandistische Charade war, in der – wie ein französischer und ein spanischer Autor aus verschiedenen Indizien geschlossen haben – ein anderes Skelett den Platz der nicht aufgefundenen echten Gebeine des Che einnehmen musste, kann getrost späteren Verifizierungen überlassen bleiben. Worauf es hier ankommt, ist die systematische, in großem Stil betriebene Wiederbelebung des Staatskultes um Che Guevara, und zwar genau in dieser »Spezialperiode«, in der Castros Regime sich nach dem Wegfall aller sowjetischen Subventionen am Rande des Staatsbankrotts bewegte und sich nur durch die touristische Öffnung des Landes knapp ins neue Jahrtausend hinüberrettete.

Wie es sich ergab, war dies auch genau die Zeit, in der ein paar junge kubanische Musiker mit dem US-Gitarristen und Produzenten Ry

Cooder die steinalten Musiker eines ephemeren »Buena Vista Social Club« wiederentdeckten oder neu erfanden, und mit ihnen die vorrevolutionären Musiken und Lieder der Vierziger- und Fünfzigerjahre, wie vor allem den Son, der eine kubanische Variante des Blues ist. Der deutsche Filmemacher Wim Wenders machte daraus einen wunderschönen Film, und die dazugehörige CD verkaufte sich weltweit geschätzte acht Millionen Mal.

Ende der Neunzigerjahre begannen die Touristen nach Havanna zu strömen und suchten nach diesem legendären »Buena Vista Social Club«, von dem die Kubaner nie gehört hatten, sowenig wie sie diesen Soundtrack hätten kaufen können, der in der ganzen übrigen Welt jetzt als Inbegriff der kubanischen Lebensfreude galt. Auch der Wenders-Film kam erst 2001 für kurze Zeit in die Kinos der Insel – und präsentierte mit Ibrahim Ferrer, Compay Segundo und den anderen eine greise Garde kubanischer Musiker, an die sich nur einige fast ebenso alte Leute noch von ferne erinnerten. In Wirklichkeit hatte es sie seit einem halben Lebensalter nicht mehr gegeben. Ihre Instrumente hatten sie verkauft oder irgendwo weggepackt – eine traurige, fast tragische Geschichte, wenn auch mit einem fabulösen Happy End: als diese wunderbaren Achtzigjährigen in ihren weißen Anzügen noch einmal auf Welttournee gingen und die Hochhäuser von New York bestaunen durften.

Die Ersten, die verstanden, welche Chancen sich mit diesem unverhofften Weltruhm eröffneten, waren die Straßenmusiker, die in den Touristenlokalen von Tisch zu Tisch gingen, um für ein paar Dollar zu spielen. Die staatlichen Tourismus-Unternehmen, die zu einem Gutteil in den Händen der Militärs sind, brauchten etwas länger, bis auch sie es kapiert hatten: dass da draußen in der Welt längst eine romantische Vorstellung von Kuba existierte, die mit dem realen Land zwar wenig zu tun hatte, aber ihnen ohne jeden Werbeaufwand positiv gestimmte Devisenträger jeder Altersgruppe und jeden Geschlechts in hellen Scharen lieferte.

In diesem virtuellen Touristen-Kuba gehörte der imaginäre »Buena Vista Social Club« mit seinen fabelhaft vitalen alten Knaben irgendwie mit den herrlich anachronistischen Amischlitten, den pittoresk verfallenen Häusern und mit seinem völlig aus der Zeit gefallenen, ebenfalls fabelhaft vitalen Máximo Líder zusammen, dessen wehender Bart und stundenlange Reden plötzlich wieder frischen Kultstatus genossen. Und über diesem Fantasialand eines zum Exotikum gewordenen Staatssozialismus schwebte das allgegenwärtige Porträt und Heldenlied des ewig jungen »Comandante Che Guevara«, dessen Sex-Appeal sich in den Augen dieser Erlebnisurlauber auf die liebenswürdigste und sinnwidrigste Art und Weise mit den Schönen der Nacht und mit den lässigen Latin Lovers verknüpfte, die eben diese Schönen, teure Zigarren, alten Rum, Restaurantplätze für Hummer und Edelfisch oder sich selbst an die Touristen vermittelten. Und wenn das alles nach den Landesgesetzen illegal war und direkt unter den Augen der dicht an dicht postierten Milizionäre passierte, so gab das der Sache einen zusätzlichen Kick.

Seltsam nur, wie wenigen Kuba-Reisenden des frühen 21. Jahrhunderts auffiel, dass das Meer um diese Trauminsel fast leer war. Da nahmen sie ihren Daiquiri in Hemingways bevorzugter Bar »Floridita«, sahen die Fotos an der Wand, auf denen der junge, virile Fidel Castro mit dem alten, virilen »Papa« Hemingway zum Wettfischen ging, lasen abends im Bett dessen klassische Novelle »Der alte Mann und das Meer« – ohne zu bemerken, dass dieses kleine Epos nicht nur mangels alter Fischer, sondern schon mangels Fischerbooten heute nicht mehr geschrieben werden könnte, weil alles, was irgendwie seegängig ist, entweder fort oder unter scharfer Kontrolle ist.

Aber dafür wirken die Angler in ihren aufgeblasenen Gummireifen in der Hafeneinfahrt von Havanna natürlich höchst fotogen. Und wer wird sich einen romantischen Abend am Meer mit dem Gedanken verderben, dass viele junge Leute »es« sogar in diesen Reifen versucht haben – und im Kampf gegen die Haie in der Straße von Florida nur wenig Chancen hatten. So wenig wie gegen die Patrouillenboote der US-Küstenwache, die die auf See aufgegriffenen Kubaner, nicht ohne schwarzen Humor, nach Guantanamo verbrachten, um sie nach einer kürzeren oder längeren Internierung den Heimatbehörden zu übergeben. Denn in Wirklichkeit hat es im feindlichen Gegenüber beider Länder immer stille Kooperationen gegeben.

In dunklen Nächten können die Besucher der Strände nördlich von Havanna die Lichter des 80 Seemeilen entfernten Miami sehen. Miami ist seit den Sechzigerjahren zunehmend eine kubanische Stadt geworden, eine Art feindliche Zwillingsstadt von Havanna. Wer Joan Didions preisgekrönte Reportage »Miami« aus den späten Achtziger-

Abend am Hafen von Havanna, Mai 2006. Die schwarzen Punkte sind Angler in Gummireifen.

jahren liest, versteht auch ohne spezifische Ortskenntnis, dass der Antagonismus wie die Attraktion beider Städte in Systemkategorien kaum zu fassen sind.

»*El exilio* war für die Kubaner eine rituelle, eine hoch respektierte Tradition. *La revolución* war ebenfalls ein Ritual, ein fixer Topos der kubanischen Rhetorik, spätestens seit José Martí«, schreibt Didion, die tief in die Welt der Exilkubaner eintauchte: »Den Amerikanern fehlt vor allem ›Leidenschaft‹ …, wurde ich wiederholt belehrt. Ich brauchte ja nur zu bedenken, wie wenig sie *la lucha* zu schätzen wussten.« La Lucha heißt Kampf – ein lebenslanger Kampf gegen Castro und sein Regime, das sie einst zu »gusanos«, Würmern, gestempelt und ihnen alles genommen hatte; gegen ein Regime, mit dem sie, unter dem Kopfschütteln der »Amerikaner« (ihrer US-amerikanischen Mitbürger), nun schon in zweiter oder dritter Generation in einer Art feindlicher Kampfgenossenschaft lebten.

Dabei dürften die Exilkubaner in Miami die einzige Emigrantengemeinde der Welt sein, die sich vom Land ihrer Herkunft und ihrer Sehnsucht selber aussperrt. Ihre tonangebenden Vertreter haben immer wieder darauf bestanden, dass eine Legislation eisern durchgehalten werden müsse, wonach es US-Bürgern (also auch ihnen selbst) unter Strafe verboten ist, ins kommunistische Kuba zu reisen; obwohl sie alle dort noch Verwandte haben, die wesentlich auch von ihren Überweisungen leben.

Was für ein Geschenk für die ihnen so verhassten Castro-Brüder! Denn wenn es etwas gab, das deren schwankendes Regime durch alle Krisen und »Spezialperioden« hindurch getragen hat, dann war es gerade diese »US-Blockade«, die sie für sämtliche Mängel und Härten ihres postsozialistischen Alltags und für die rigide Selbsteinschließung ihres Eilands verantwortlich machen konnten. So ist die Zeit, die im Kuba der Castros stehen geblieben ist, den Emigranten, die sie unbedingt noch stürzen sehen wollen, davongelaufen. Was nützte es ihnen, wenn sie mit sarkastischem Ingrimm nachlasen, wie der damalige Caudillo im Wartestand Ende 1954 seiner Geliebten Naty aus der recht komfortablen Festungshaft unter Batista schrieb:

> Ich denke, ein Mann sollte nicht über das Lebensalter hinaus leben, in dem er zu verfallen beginnt, und wenn die Flamme, die die lichtesten Momente seines Daseins erhellt, sich erschöpft hat.

Gerade diese süßen und vollkommen unverantwortlichen Suaden des Comandante, die ihm noch in jeder Lebenslage vom Munde geflossen sind, haben seine Feinde von jeher bis zur Weißglut gereizt. Und gerade in diesem Pawlow'schen Wechselspiel haben sie mit ihrer *Lucha* seiner *Revolución* noch aus jeder Patsche geholfen. So herrscht zwischen Miami und Havanna auch im fünfzigsten Jahr der Revolution eine Art lähmender Stabilität, eine sterile Selbstblockade sowohl des offiziellen Kuba wie der kubanischen Diaspora, die in dieser sturen Verbissenheit wohl einzigartig ist.

Dass von allen Büchern des unerschütterlichen Fidel-Freundes Gabriel García Márquez sein Roman »Der Herbst des Patriarchen« auf Kuba nie gedruckt worden ist, bedarf kaum einer tieferen Interpretation. Aber die Götterdämmerung hat doch begonnen, und anders als Márquez' Roman-Caudillo, der in seinem Spinnweb-Palast längst verstorben und vermodert ist, bevor die ersten Mutigen es bemerken und hineingehen, hat Fidel Castro die Etappen seines langen Abschieds von der Macht sorgfältig inszeniert. Auch wenn er sich bis zuletzt ganz sicher war, dass »die Flamme, die die lichtesten Momente seines Daseins erhellt hat«, sich noch längst nicht erschöpft hatte, sondern noch immer hell leuchtete! Weder ein slapstickartiger Sturz vor Millionen Zuschauern noch seine immer fisteligere Stimme und erkennbare Hinfälligkeit konnten ihn davon überzeugen, dass es an der Zeit wäre, sein Jugendgelübde zu erfüllen und die Bühne zu räumen. Erst eine Darmoperation, der er sich wegen akuter Lebensgefahr im Juli 2006 unterziehen musste (genaue Diagnose Staatsgeheimnis), zog ihn aus dem Verkehr.

So bin ich im Mai des gleichen Jahres zum ahnungslosen Zeugen des Anfangs vom Ende seiner nie enden wollenden Ära geworden. Fast an jedem Abend konnte man im Ersten Fernsehprogramm Kubas noch eine Gesprächsrunde sehen, die zunächst wie eine Studio-Diskussion aussah, bei der sich Minister, der Notenbankchef, hohe Fachbeamte und ausgelesene Journalisten mit einigem Brio die Bälle zuspielten. Bis man bemerkte, dass das nur die Simulation einer Diskussion war; und dass da noch jemand im Hintergrund saß, den man anfangs kaum sah: eine kleine, wie eine Fledermaus zusammengekauerte Gestalt in grüner Uniform, die sich versonnen den schütteren Bart kraulte und zu der (wie man allmählich bemerkte) alle in Wirklichkeit hin sprachen.

Bis das Gespräch plötzlich wie auf Kommando verstummte und die Kameras und alle Blicke sich auf Ihn richteten, den man jetzt erst richtig sah, der sich umständlich räusperte, in zerstreuten Papieren kramte – um endlich zögernd das Wort zu nehmen (»Bueno! Na schön!«) und zu einer anderthalb- oder zweistündigen Rede ohne bestimmten Anfang und ohne definiertes Ende anzuheben. Mittendrin rief er die teilnehmenden Minister oder Journalisten wie Schüler auf, fragte sie etwas (»Wie hieß das noch? Haben Sie die Zahl parat?«), ging virtuos auf unterstützende oder helfende Zwischenrufe oder Zwischenbemerkungen aus dem handverlesenen Publikum ein (»Ganz richtig! Dazu wollte ich noch kommen!«), kramte in immer neuen Papieren, die ihm von anonymen Händen aus dem Hintergrund zugereicht wurden (alle in Großschrift, da der Comandante von jeher zu eitel war, eine Brille zu tragen). Dann schwenkte er irgendwelche Diagramme und Statistiken, die die Zuschauer nicht erkennen konnten, fing mittendrin an, auf einem Blatt Papier etwas von Hand auszurechnen, mit langen Kunstpausen, in denen alle ehrfürchtiges Schweigen bewahrten. Nur um doch wieder anzufangen, wenn man dachte, er sei fertig. Bis er irgendwann unter lebhaftem Applaus abrupt zum Ende kam …

Beim ersten Auftritt, den ich sah – und dann an fast jedem Abend –, ging es vornehmlich darum, dass das US-Wirtschaftsmagazin »Forbes« ihn, Fidel Castro, wieder einmal unter die reichsten Männer der Welt gezählt hatte. Er zitierte erregt aus dieser in Kuba völlig unbekannten Zeitschrift und widerlegte deren Behauptungen mit einem Aufwand an Worten und rhetorischer Empörung, der mir ziemlich riskant erschien. Oder war das schon senil? Am verräterischsten war sein wiederholtes Angebot, sofort zurückzutreten, wenn man ihm nachweise, dass er »auch nur einen Dollar« besitze. Wo lebte der Mann? Wer »nicht einen Dollar« besitzt, kann auf Kuba nicht überleben.

Meine kubanischen Bekannten fanden diesen und alle nachfolgenden Auftritte des »Comandante en Jefe« freilich vollkommen normal. Wahrscheinlich werde er noch eine weitere Woche lang täglich zu sehen sein und dann wieder für längere Zeit verschwinden, lautete ihre Prognose. Sie erwies sich als richtig, nur dass diese Auftritte (was weder sie noch ich ahnten) den letzten Zyklus jenes Mannes einläuteten, der von Anfang bis Ende durch seine physische und oratorische Präsenz geherrscht hat; bis sein Redestrom zum improvisierten Bewusstseinsstrom wurde, an den das ganze Land wie mit einem Enzephalogramm (einem Hirnstrommesser) angeschlossen war.

So waren diese Fernsehrunden eine letzte Demonstration dessen, dass er, Fidel, noch immer der unbeschränkte Souverän seiner Zeit und damit seiner Subjekte war, und erst recht der seiner politischen Kreaturen. Kein Moderator, der gewagt hätte zu sagen: Vielen Dank, Comandante, das war ein schönes Schlusswort! Im Gegenteil: Auf diesen verlangsamten Tonus eines zerstreuten alten Mannes, ohne den über Jahrzehnte hinweg keine Straße gebaut, keine Fabrik eröffnet und kein Buch gedruckt werden konnte, schien das ganze Land sich fast habituell eingestellt zu haben. Und selbst die geduldig kreisenden Schwärme der Geier am Himmel über Havanna trugen zu diesem Eindruck bei.

Aber Kuba ist nicht Nordkorea. Auch wenn alle Satellitenschüsseln Anfang des Jahrtausends wieder abmontiert, alle Weltmedien ausgesperrt und alle privaten und öffentlichen Internetzugänge kontrol-

Einer der letzten Fernsehauftritte des Comandante, Mai 2006

liert und eingeschränkt wurden, außer in den geschützten Zonen der Devisen-Apartheid – die Welt da draußen dringt doch durch alle Ritzen. Auch die neuen Verbündeten in Lateinamerika, allen voran das »bolivaristische« Venezuela des Hugo Chavez, der den maroden Inselstaat der Brüder Castro mehr oder weniger huckepack genommen hat, sind inzwischen pluralistische Gesellschaften mit einer demokratischen Öffentlichkeit, die schrankenlosen Machtansprüchen ihrer neuen, linken Caudillos mit zähem Widerstand begegnen.

Aber auch das sozialistische Regime in Kuba selbst hat sich hinter der Fassade seiner martialischen Rhetoriken längst in ein Staatsunternehmen verwandelt, das die sowjetischen Subventionsmilliarden von einst durch Deviseneinkünfte aus der »gemischtwirtschaftlichen« Ausbeutung seiner natürlichen und menschlichen Ressourcen ersetzt hat. Längst sitzen smarte Funktionäre der Staatsjugend, Militärs und Geheimdienstkader als gut geschmierte Aufsichtsräte in den »Joint Ventures« der Tourismusunternehmen, der Luxusexportfirmen und Prospektionsagenturen zur Erschließung der neuen Öl- und Erzvorkommen.

Sie warten auf etwas, das sie nicht einmal zu denken, geschweige auszusprechen wagen. Darauf wartet auch das ganze übrige Land.

Aber der Comandante lässt sich Zeit. Er ist, wie der prototypische Potentat in Canettis »Masse und Macht«, von der Gier des Überlebens erfasst. Er hat neun US-Präsidenten überlebt, und er will unbedingt auch den zehnten, den jüngsten und beschränktesten, noch überleben. Das ist sein nächstes großes Ziel, das er sich im Kampf gegen die tödliche Krankheit gesteckt hat.

Während sein »jüngerer« Bruder die Regierungsgeschäfte führt, bombardiert der Alte seine Subjekte regelmäßig mit Botschaften aus dem Krankenzimmer, die allerdings immer häufiger jetzt einen Stich ins düster Apokalyptische haben. Schon in der »Botschaft des Chefkommandanten an die Teilnehmer der Feierlichkeiten anlässlich seines 80. Geburtstags« vom 28. November 2006 war ein neuer, elegischer Ton angeklungen, als er den ekuadorianischen Mythenmaler Oswaldo Guayasamín zitierte, dessen Stiftung die Feierlichkeiten ausrichtete und der ihn allein vier Mal porträtiert hatte: »Wie inspiriert waren seine (Guayasamíns) Worte, als er sagte: ›Von Quito bis in jeden Winkel der Erde lasst ein Licht brennen, denn ich werde spät zurückkommen.‹« Und er verabschiedete sich von seinen internationalen Gästen mit dem epochalen Satz: »Wir haben die Pflicht, unsere Gattung zu retten.«

Alles klang hier schon probehalber nach letzten Worten. Der Mann transzendierte sich bei lebendigem Leib selbst. Und seine Erben wirkten eifrig mit. »Die Feinde der kubanischen Revolution zählen die Minuten und hoffen, dass er stirbt, ohne zu begreifen, dass Fidel schon nicht mehr Fidel ist. Dass er das Volk ist, dass er jeder Mann und jede Frau ist, die bereit sind, für die Idee zu kämpfen, dass eine bessere Welt möglich ist.« So der ehemalige Privatsekretär Castros und als Kronprinz (unter vielen) gehandelte Außenminister Felipe Pérez Roque. Mit liturgischen Formeln wie dieser versucht die kubanische Nomenklatura natürlich auch sich selbst zu salben und das ungeheure Vakuum zu füllen, das der Máximo Líder ihr zwangsläufig hinterlassen wird.

Dass dieser Fidel Castro der Schöpfer des endgültig zur Nation gewordenen modernen Kuba ist, wird ihm am Ende niemand bestreiten können – auch wenn keine Gründe ersichtlich sind, warum es anders hätte kommen sollen. Die besondere geografische und kulturelle Nähe Kubas zu den USA hat neben starker Anziehung von jeher auch massive Abwehr erzeugt. Zwar hat keine Washingtoner Administration je ernsthaft versucht, die Insel zum Bundesstaat der USA zu machen. Dennoch musste vielleicht erst eine solch mächtige Machofigur »con cojones« (mit Eiern) wie Fidel Castro auftauchen, um in der heterogenen Gesellschaft Kubas ein hybrides Nationalgefühl zu produzieren.

Dieser Zeugungsakt wäre ohne die permanente feindliche Verklammerung mit »dem Imperium« allerdings unmöglich gewesen. Und die US-Regierungen von Eisenhower und Kennedy bis Clinton und Bush haben Fidel Castro diesen Wunsch mit unbegreiflicher Blindheit erfüllt. So konnte er als Wellenreiter globaler Konflikte – zuerst des atomaren Ost-West-Gegensatzes und nun einer neuen, multipolaren Weltordnung – ein System charismatischer Herrschaft errichten, das in mancher Hinsicht einzigartig gewesen ist. Mit seiner Herrschaftsmethode einer betäubenden Allpräsenz und lähmenden Allzuständigkeit, plus den klassischen Instrumenten der Repression natürlich, konnte er sich auch nach dem Zusammenbruch der Sowjetunion behaupten und, mehr noch, von der winzigen Plattform seiner in glänzender Isolation hindämmernden Insel noch einmal in die Position eines imaginären Weltstaatsmanns erheben.

Ja, fast könnte es scheinen, als hätten Castros Beispiel und das seines Kampfgefährten Guevara zu Beginn des 21. Jahrhunderts doch noch späte Schule gemacht. So hat man den greisen Comandante, der alle Schiffbrüche überlebt hat, bei seinen letzten Auftritten außerhalb des eigenen Inselstaats mit wohlwollendem Applaus überschüttet. Und die bolivianischen Cocabauern des Evo Morales haben wie viele andere soziale Bewegungen und linke Gruppierungen Lateinamerikas auch die Porträts und Sprüche des Che zu ihren politischen Schibboleths erhoben, ihren Erkennungswörtern für Freund und Feind.

Dass es sich um eine ernsthafte Renaissance des Castrismus oder Guevarismus handelt, darf dennoch redlich bezweifelt werden. Vielmehr sind die Länder Lateinamerikas auf dem Weg, sich endlich ihrer nationalen und kontinentalen Heterogenität auf demokratische Weise bewusst zu werden. Was seit dem Jahr 2008 als eine historische Linkswendung und als machtvolle Reaktion gegen die neoliberalen Abbruchpolitiken der Achtziger- und Neunzigerjahre erscheint, ist im Wesentlichen eine notwendige korrigierende Reform. Niemand redet mehr im Ernst davon, dass »die Anden zur Sierra Maestra« einer kontinentalen Revolution gegen einen allmächtigen US-Imperialismus werden müssten. Und die Träume Fidels oder Ches von einer gewaltsamen Homogenisierung des Kontinents nach kubanischem Vorbild sind so passé wie nur irgend möglich – auch wenn der Caudillo Venezuelas im roten Obristenhemd mit seinen Ölmilliarden das in seinen »bolivaristischen« Wachträumen von einem »Sozialismus des 21. Jahrhunderts« noch nicht ganz realisiert hat.

Nach der lähmenden Ära Bush bedarf es vielleicht nur noch einer ideologisch und realpolitisch weniger starren und bornierten Administration in Washington, um auch die überkommenen Antagonismen mit den »Riesen des Nordens« endlich in eine hemisphärische Kooperation zu überführen, deren Instrumente ja längst vorhanden sind – während gleichzeitig mit der Europäischen Union oder mit dem postkommunistischen China alte Mitspieler mit neuem Gewicht und Profil die Bühne betreten haben, die zur Flexibilisierung der Fronten beitragen.

Und gerade Kuba wird, wie lange die Fideldämmerung auch noch andauert (wir schreiben das Frühjahr 2008), früher oder später in eine Phase turbulenter und tief greifender Veränderungen eintreten. Die neckischen Erinnerungsfotos von Chavez, Ortega oder Lula mit dem kranken Comandante im roten Trainingsanzug werden weder für das künftige Kuba noch für die Entwicklung des Kontinents von Bedeutung sein. Es sind Abschiedsfotos. Dass die zum traurigen Ritter geschrumpfte und gerupfte Gestalt des Fidel Castro sich gleichwohl neben der entrückten, ewig jungen und makellosen Heiligenfigur des Comandante Che Guevara im Cyberspace der modernen Mythenwelt ihren Platz sichern wird, hat mit alledem kaum noch zu tun.

In Hemingways Erzählung gelingt es dem alten Mann nach einem langen, übermenschlichen Kampf, der ihn beinahe das Leben kostet, den riesigen Marlin, einen Schwertfisch, zu überwältigen. Aber dann kommen die Haie und fressen seine Beute Stück um Stück auf. Am Ende bringt er ein abgenagtes Gerippe in den Hafen. Immerhin, auch das trägt ihm einigen Ruhm wider Willen ein. Die Touristen fotografieren das Gerippe. Er selbst verfällt in einen tiefen, todesähnlichen Schlaf und träumt von afrikanischen Löwen, mit denen er sich als Nächstes messen wird.

Auch diesen Kampf hat der alte Comandante schon hinter sich.

Seine zwanzigjährigen Afrika-Expeditionen haben Tausende junger Kubaner das Leben und Zehntausende die Gesundheit gekostet. (Die genauen Zahlen sind Staatsgeheimnis.) Auf die Verhältnisse großer Staaten übertragen, wären das Hunderttausende – fast die Opferziffern eines kleinen Weltkriegs. Mit den romantischen Guerillakämpfen in der Sierra Maestra und mit den von Che inspirierten Abenteuer-Expeditionen der Sechzigerjahre hatten diese generalstabsmäßigen Militärinterventionen in großem Stil mit modernem Gerät und mit Hunderttausenden regulärer Soldaten ohnehin nichts mehr zu tun. Auf ihrem Höhepunkt will das kleine Kuba sogar die längste und schwerste Artillerie- und Panzerschlacht seit dem Zweiten Weltkrieg (bei Cuito Canavale in Angola 1988) geschlagen und gegen die Südafrikaner und ihre Verbündeten triumphal bestanden haben – und damit natürlich gegen »das Imperium«.

So ist der alte Mann in Havanna unter heroischen Opfern von Sieg zu Sieg geeilt und hat ein malerisches Gerippe hinterlassen, das nun die Touristen fotografieren.

Quellen- und Literaturverzeichnis

A. Primärquellen

I. Ernesto Guevara

Das Gros der Original-Quellen von und über Ernesto Guevara liegt im *Centro de Estudios Che Guevara* in Havanna. Daneben dürfte es relevante Aktenbestände über seine Zeit als Minister, Notenbankdirektor etc. in kubanischen Staatsarchiven geben. Über seine Rolle als Oberkommandierender der westlichen Militärbezirke während der Krisenjahre 1961/62 müsste es Akten in den Beständen der kubanischen Armee geben. Schließlich dürften die diversen Operationen in Lateinamerika wie in anderen Kontinenten, für die Che mit Hilfe Piñeiros einen eigenen Zweig des Auslandsgeheimdienstes DGI aufbaute (das sog. »Technische Vize-Ministerium«, auch »Befreiungsministerium« genannt), in den Akten der Geheimdienste zahlreiche Spuren hinterlassen haben.

Dass alle diese Bestände nur in Ausschnitten bis heute publiziert und für auswärtige Forscher zugänglich sind, ist im Text mehrfach angemerkt worden.

Den weitestgehenden Zugang zum persönlichen Nachlass Guevaras hat vor mehr als zehn Jahren der Che-Biograf John Lee Anderson erhalten, der von Aleida March auszugsweise Einblicke in (offenbar privat verwahrte) Tagebücher, Briefe und sonstige Texte Ches erhalten hat. Andere Che-Biografen wie Jorge G. Castañeda und Paco I. Taibo haben von den einzigen im *Centro de Estudios* verwahrten Dokumenten Gebrauch machen können.

Seitdem die großen Che-Biografien erschienen sind (1997/98), sind allerdings eine Reihe weiterer Original-Texte Ches auf verschiedenen Wegen ans Licht der Öffentlichkeit gekommen. Dazu zählen Auszüge aus seinen »Philosophischen Heften« sowie eine Reihe von literarischen Notizen und erzählerischen Texten, so zum Beispiel in dem von Victor Casaus in Kooperation mit Aleida March herausgegebenen Band »Selbstportrait Che Guevara« (dt. 2005). Eine Reihe bisher unbekannter Gedichte Guevaras sind, über die in den Erinnerungen von Hilda Gadea zitierten Verse hinaus, in biografischen Texten und verstreuten Aufsätzen kubanischer oder lateinamerikanischer Autoren aufgetaucht (siehe Literaturliste).

2001 publizierte Orlando Borrego in seiner Rekonstruktion des Guevarismus als einer originären politisch-ökonomischen Doktrin (»El Camino del Fuego«) erstmals Auszüge aus Guevaras »Cuadernos de Praga« (Prager Hefte), die seit 2006 jedoch auch vollständig ediert vorliegen: »Apuntos Criticos a la Economia Politica«, hrsg. vom Centro de Estudios. In diesem Band finden sich zugleich Auszüge aus den bis dahin nur intern publizierten Diskussionen im Industrieministerium.

1968, ein Jahr nach dem Tod Ches, hatte es bereits eine erste, in nur 120 Exemplaren gedruckte Ausgabe der »Gesammelten Werke Ernesto Che Guevaras« in sieben Bänden gegeben, inklusive der erwähnten Protokolle des Industrieministeriums, herausgegeben von Orlando Borrego. Diese Ausgabe wurde aber ausschließlich an führende Kader von Staat und Partei ausgehändigt und ist nie in Druck gegangen – ein beredtes Zeugnis der Tatsache, dass Guevaras theoretisches und literarisches Erbe für das Kuba Fidel Castros durchaus problematisch blieb. Die in den Siebzigerjahren erschienenen »Escritos y Discursos« in sieben Bänden, in denen wesentliche Texte fehlten, bildeten die Grundlage der in verschiedenen Sprachen erschienenen »Ausgewählten Werke«.

Kurzum, der »vollständige Che« wird mutmaßlich erst in einem Kuba nach Castro für Historiker wie für die interessierte Öffentlichkeit zugänglich werden. Aber auch so ist die Fülle der primären und sekundären Quellen von und über Ernesto Guevara enorm und (im Wortsinne) erschöpfend – und jedenfalls mehr als ausreichend, um ein fundiertes Bild seiner Person und ihrer wesentlichen Gedanken- und Handlungslinien zu zeichnen.

II. Tamara Bunke

Über Tamara Bunke steht ein von Nadja Bunke im Archiv von »Cuba Sí« (einer Unterorganisation der PDS bzw. der Linkspartei) deponierter Nachlass zur Verfügung. Ich danke Prof. Olaf Bunke für die freundliche Erlaubnis zur Einsicht in diesen »politischen Nachlass«, der allerdings nur einen Teil des persönlichen Nachlasses von Tamara Bunke und ihrer Familie bilden dürfte.

Die SED-Kaderakten von Nadja und Erich Bunke sind, wie die aller mittleren Parteikader, im Jahr 1990 routinemäßig vernichtet worden, soweit sie nicht privat aufbewahrt werden. Die SED-Kaderakte von Tamara Bunke ist dagegen relativ vollständig erhalten und im Bundesarchiv einsehbar (unter der Signatur: BA-SAPMO, DY 30/IV2/11/v.1846).

Akten des Ministeriums für Staatssicherheit (MfS) bzw. der Hauptverwaltung Aufklärung (HVA) für Nadja und Erich Bunke existieren nur noch in Form von Karteikarten des Typs F16 (Klarnamen) und F22 (Vorgang mit Deckname) sowie in Form von Querverweisen in anderen, nach der Flucht des Führungsoffiziers von Tamara, Günter Männel, erstellten Akten. Die Karteikarten tragen im Bestand der Bundesbehörde für die Unterlagen des Staatssicherheitsdienstes der DDR (BStU) die Signaturen MfS, HVA I, 4417/60. Ob es weitere Aktenstücke in den noch unvollständig ausgewerteten Beständen gibt, war nicht zu ermitteln.

Von Tamara Bunke existiert, wie im Text beschrieben, eine im September 1961 (also nach ihrem Weggang nach Kuba) nachgefertigte Erfassungs-Karte des Typs F16. Aus ihr geht hervor, dass sie am 9. Dezember 1958 erstmals von einem Mitarbeiter der Abteilung I der HVA kontaktiert und unter der Registriernummer 430/60 erfasst wurde. Darüber hinaus findet sich auf der Erfassungs-Karte ein Verweis auf eine zugehörige MfS-Akte, die jedoch fehlt. Schließlich geht daraus hervor, dass sie irgendwann (vermutlich im Winter 1960/61) an die Abt. III überstellt wurde, die für Auslandsspionage (ohne BRD) zuständig war.

Die wichtigsten Hinweise auf eine (informelle) HVA-Verpflichtung von Tamara Bunke befinden sich in den Akten über den desertierten Offizier der HVA, Abt. III/1, Günter Männel, der als ihr Kontakt- oder Führungsoffizier fungiert hatte. Diese Akten des (mit dem verächtlichen Decknamen »Lakai« bezeichneten) Unterleutnants Männel tragen die Registriernummer XV, 164/64.

Von Bedeutung für den Fall Tamara Bunke sind hier in erster Linie zwei Berichte der Abt. R (Oberstleutnant Heinrich) bzw. der Abt. III/1 (Major Täger) vom Juni/Juli 1962, in denen explizit davon die Rede ist, dass Tamara Bunke für die HVA »als IM arbeitet und die Eltern als KW einliegen«. Tamara B. habe »grundsätzlich ihr Einverständnis mit uns zusammenzuarbeiten« erklärt, auch und gerade nach ihrer Ausreise nach Argentinien, mit dem Ziel, »sie nach der Legalisierung in Argentinien nach den USA weiterzuschleusen«. Eine formelle Verpflichtung geht daraus allerdings nicht hervor. In dem Vorgang XV 164/64 CI3STU, Mfs, GH 99/78, Bd. 1 aus dem Januar 1964 erscheint Tamara Bunke denn auch nicht in der Liste der dringend zu warnenden, im Ausland angeworbenen Agenten des flüchtigen Männel, was verschiedene Interpretationen zulässt. Dafür erging bereits am 4. Juli 1961, also unmittelbar nach der Flucht ihres Verbindungsoffiziers, an sie ein direktes Warnschreiben, das bisher jedoch nicht auffindbar war.

In einem im Januar 1971 angefertigten zusammenfassenden »Sachstandsbericht« über Verlauf und Umfang des Verrats von Männel (MfS, HA XXI, Gh. 99/78) heißt es, dieser habe 13 von ihm geführte GM (Geheime Mitarbeiter) dem imperialistischen Klassenfeind preisgegeben sowie »einen weiblichen GM, der am 21.3.1967 (sic!) ums Leben kam und in La Paz eingesetzt war, gekannt«. Hier firmiert Tamara Bunke also als »Geheime Mitarbeiterin« der HVA, deren – zu dieser Zeit bereits idealisierter – Heldentod jedoch seltsam beiläufig vermerkt und krass falsch datiert wird.

Von Interesse für die HVA-Verstrickungen Tamara Bunkes sind schließlich die Akten der Schwestern Karin und Ina B., von denen die letztere als GI »Patria« verpflichtet und auf Tamara auf Kuba angesetzt wurde. Hier handelt es sich um Berichte der BSTU, Mfs, AIM, die unter der Archiv-Nr. 19049/63 bzw. Registrier-Nr. XV 7976/61 abgelegt sind.

Helmut Müller-Enbergs, der Spezialist für die Bestände der ehemaligen HVA in der Bundesbehörde für die Unterlagen der Staatssicherheitsbehörden der DDR (BStU), hat mir den Weg durch den Dschungel dieser MfS-Karteikarten und -Aktenbestände mit ihren zahlreichen Querverweisen gewiesen, wofür ich ihm sehr zu Dank verpflichtet bin.

Die Akten über die Behandlung des Falles Tamara Bunke nach ihrem Tod 1967 und über die Organisierung ihres problematischen Nachruhmes innerhalb der verschiedenen Gremien von Partei und FDJ einschließlich der Interventionen von Nadja Bunke finden sich vornehmlich in BA-SAPMO, DY 30/IV (ZK der SED, Abt. Internationale Verbindungen, insbesondere die Büros Albert Norden, Werner Lamberz, Hermann Axen) sowie unter DY 24 (Zentralrat der FDJ). Eine merkwürdig unzusammenhängende Sammlung von Aktennotizen findet sich auch unter MfS, ZAIG, Nr. 26064. Hier habe ich mich im Wesentlichen auf die sorgfältige Durchmusterung dieser Bestände in der Arbeit von Ines Langelüddecke (siehe Literaturliste unten) gestützt, der ich auch eine Reihe weiterer nützlicher Hinweise zum Thema verdanke.

Im Bestand des Konrad-Wolf-Archivs in der Akademie der Künste Berlin findet sich schließlich ein kleines Konvolut mit »Notizen zu einem Film über Tamara Bunke« von Wolfgang Kohlhaase (der mir freundlicherweise dazu ein paar ergänzende mündliche Auskünfte gab) sowie einer »Notiz zu einer Besprechung bei Günther Klein«, dem stellvertretenden Kulturminister der DDR.

Mein Gespräch mit Markus Wolf im April 2006 war außerordentlich instruktiv, allerdings kaum sehr ergiebig in Bezug auf die Figur von Tamara Bunke, sei es in ihrer Rolle als Perspektivagentin der HVA, sei es mit ihrem DDR-Nachruhm und den Versuchen Konrad Wolfs, sie zur Heldin eines Spielfilms zu machen.

Das frühe Filmporträt »Eine Mutter – Nadja Bunke«, ein Diplomfilm »des von der Kommunistischen Partei Israels zum Studium [an die Babelsberger Filmakademie] delegierten Malik Hag« von 1982, ist eher von atmosphärischem Interesse. Aufschlussreicher waren einige kurze dokumentarische Bildpassagen über Tamara Bunke in der mehrteiligen DDR-Fernsehproduktion »Unser Zeichen ist die Sonne«, einer filmischen Geschichte der FDJ aus dem Jahr 1988, kurz vor Sonnenuntergang – und die eher randständige Behandlung ihres »Beispiels« (das kein Beispiel werden durfte) innerhalb dieses epischen Propagandastücks.

Ergiebiger sind die Dokumentarfilme von Heidi Specogna über »Tania la Guerillera« (1991) und »Zeit der Roten Nelken« (2004), ein posthumes Porträt von Nadja Bunke, in dem die Widersprüche der Familiengeschichte freilich unaufgeklärt bleiben. Der Kontakt mit Heidi Specogna bildete den Ausgangspunkt zur Idee des hier vorliegenden Buches, bei dem ich dann allerdings eigene Wege gegangen bin – auch weil das Bild Tamara Bunkes sich mit den vorhandenen Quellen und Überlieferungen kaum weiter mit den Farben des Lebens auffüllen und zu einem Porträt verdichten ließ.

Die kurze Beschreibung der jugendlichen Tamara durch Helga Königsdorf (die ich wegen Krankheit leider nicht mehr persönlich sprechen konnte) sowie durch einige andere Schul- und Studienfreunde und eine kurze briefliche Beschreibung der Begegnungen mit Tamara Bunke durch Anita Prestes-Benario (Rio de Janeiro) haben diese Lücken in der Beschreibung ihrer Person und ihres Weges nicht befriedigend schließen können.

Meine Gespräche mit Ulises Estrada, Orlando Borrego und Angela Soto in Havanna im Mai 2006 waren vor allem atmosphärisch aufschlussreich und haben dem Bildmosaik einige bezeichnende Details hinzufügen können.

III. Verschiedene Quellenbestände

Akten zur frühen Parteigeschichte von Erich Bunke fanden sich im Russischen Staatsarchiv für soziale und politische Geschichte (RGASPI), im Bestand des Exekutivkomitees der Komintern (EKKI), Deutsche Kommission, Fonds 495, op. 47, in verschiedenen Einzelbeständen. (Ich danke Aleksander Vatlin für die Recherche.)

Die Akten über den Tamara-Vertrauten Ali Lameda im Bestand der BStU tragen die Signaturen MfS, AP 2213/60 sowie AP 2867/73; die aus den Achtzigerjahren unter dem Decknamen »Branco« die Signaturen MfS, HA II, 29146 sowie XV 3496/83, BStU, Mfs, AIM 8121/85.

Die US-Akten über Che Guevara können als »Guevara-Files« der CIA, des State Department und des Department of Defense (insgesamt 1231 Blatt) für 10 $ komplett auf CD-ROM bei www.paperlessarchives.com/guevara_.html gekauft und ohne Einschränkung verwendet werden.

Die CIA-Akten über die Mordkomplotte gegen Fidel Castro sind ebenfalls im Internet frei zugänglich, so der große Bericht von 1993 »The CIA Inspector General's Report on Plots to Assassinate Fidel Castro«. Vgl. www.foia.cia.gov/

Die US-Akten über die Schweinebucht-Invasion und Kuba-Krise 1962 sind in vielfältiger Form elektronisch zugänglich; siehe auch Literaturverzeichnis unten. Am vollständigsten ist das »Cuba Documentation Project« unter der Regie von Peter Kornbluh, dem Direktor des National Security Archive. Im Internet unter: www.gwu.edu/~nsarchiv/latin_america/cuba.htm

Akten der DDR-Botschaft in Havanna über die schwierigen Beziehungen zur Staats- und Parteiführung Kubas finden sich in den oben erwähnten Akten der Abteilung für internationale Beziehungen beim ZK der SED (BA-SAPMO, DY 30/IV A 2/20) sowie im Politischen Archiv des Auswärtigen Amts (PAA, MfAA-Archiv, VS 68-72)

B. Sekundärquellen

I. Ernesto Che Guevara

Die schriftlichen Arbeiten Guevaras liegen in einer Vielzahl von Ausgaben in der Originalsprache wie in anderen Sprachen gedruckt vor. Für diese Darstellung wurden im Wesentlichen die deutschsprachigen Ausgaben verwendet, allerdings unter vielfacher Korrektur der oft sehr mangelhaften Übersetzungen.

a) Tagebücher und Aufzeichnungen (chronologisch):

The Motorcycle Diaries. Latinoamericana. Tagebuch einer Motorradreise 1951/52 (Originaltitel: Notas de Viaje), Köln 1994/2004

Das magische Gefühl, unverwundbar zu sein. Das Tagebuch der Lateinamerika-Reise 1953–1956 (Originaltitel: Otra vez), Köln 2003

Cubanisches Tagebuch (Originaltitel: Pasajes de la Guerra Revolucionaria), hrsg. und übertragen von Horst-Eckart Gross (Bd. 2 der Ausgewählten Werke in Einzelausgaben, AW), Bonn 1990; *alternativ in sehr viel besserer Übersetzung*: Episoden aus dem Revolutionskrieg, Leipzig 1981

Der afrikanische Traum. Das wieder aufgefundene Tagebuch vom revolutionären Kampf im Kongo (Originaltitel: Pasajes de la Guerra Revolucionaria: Congo), Köln 2000

The complete Bolivian Diaries of Che Guevara, and other captured documents, ed. by Daniel James, New York 1968 (Neuausgabe 2000)

Das vollständige Bolivianische Tagebuch, hrsg. und übertragen von Horst-Eckart Gross (AW, Bd. 5), Bonn 1999

Ein interessantes Kuriosum ist eine illustrierte Ausgabe des Bolivianischen Tagebuchs Guevaras (mit Fotos aller Orte und Schlachtfelder sowie der von den Guerilleros verzehrten Vögel, Wildtiere usw.): El Diario del Che en Bolivia. Illustrado, La Habana 2000

b) Tagebuchauszüge, Briefe, Gedichte und philosophische Notizen:

Ernesto Guevara Lynch: Aquí va un soldado de América (Hier kommt ein Soldat Amerikas, eine vom Vater edierte und kommentierte Sammlung von Briefen Ernesto Guevaras an seine Eltern, Tante Beatriz und Tita Infante 1953–1956), Barcelona 2000

Hilda Gadea / Ricardo Gadea: Che Guevara – Les Années Décisives (Die Jahre der Entscheidung, darin auch persönliche Briefe und Gedichte Ches), Paris 1972/1997

Selbstportrait Che Guevara, hrsg. von Victor Casaus, Köln 2005 (eine reich bebilderte, aus bekannten und unbekannten persönlichen und literarischen Texten Ches kompiliertes »Autoportrait« des Helden bis zur Abreise nach Bolivien; kultisch, aber eindrucksvoll)

Xosé Lois Garcia: La revolución del poema en Che Guevara (mit einigen unbekannten Gedichtauszügen). (www.xoseloisgarcia.blogia.com)

Rosario Mañalich Suarez: La competencia literaria en Ernesto Che Guevara (www.oceanbooks.com.au/espanol/puntos/pun40.html)

Marta Perez-Rolo: Evolución Ideologica del Joven Ernesto Guevara (eine wissenschaftliche Arbeit an der Universität Havanna mit kommentierten Auszügen aus den »Philosophischen Heften« des jungen Guevara). (www.lasa.international.pitt.edu/Lasa2001/PerezRoloMarta.pdf)

Nestor Kohán: Memorias de Ernesto Guevara. Los Cuadernos inéditos del Che. In: Clarín, 15.6.2003 (www.aporrea.org)

Ders.: Los inéditos del Che Guevara. In: Rebelión, 15.6.2003 (www.rebelion.org)

El Cuaderno Verde del Che, hrsg. von Ignacio P. Taibo, Barcelona 2007 (Das im Rucksack gefundene »grüne Heft« mit den von Guevara notierten Gedichten von Pablo Neruda, Léon Felipe, Rubén Darío u. a.)

c) Guevara-Schriften zu Politik, Ökonomie und Krieg:

Ernesto Che Guevara: Ausgewählte Werke in Einzelausgaben, hrsg. und übertragen von Horst-Eckart Gross, Bonn 1990 ff.

Band 1: Guerillakampf und Befreiungsbewegung
Band 2: Cubanisches Tagebuch (siehe oben)
Band 3: Aufsätze zur Wirtschaftspolitik
Band 4: Schriften zum Internationalismus
Band 5: Bolivianisches Tagebuch (siehe oben)
Band 6: Der Neue Mensch

Wegen der miserablen Übersetzung und der DKP-nahen Kommentierungen habe ich verschiedentlich auf frühere, zeitnähere Ausgaben von Che-Texten zurückgegriffen, so etwa:

Guerilla – Theorie und Methode, hrsg. von Horst Kurnitzky, Berlin 1968

Brandstiftung oder Neuer Friede? Reden und Aufsätze, hrsg. von Sven G. Papcke, Reinbek 1969

Viele Reden, Interviews oder Zeitungsartikel Ernesto Che Guevaras sind im Original oder in diversen Übersetzungen auch im Internet zu finden. Die entsprechenden Kultseiten sind leicht zu finden und sprengen den Rahmen dieser Bibliografie. Ein Überblick über die bis heute zugänglichen Texte, Reden, Interviews etc. findet sich auf der Website des australischen Verlags für die Schriften Guevaras:

Ernesto Che Guevara: Bibliography of Writings and Speeches (www.oceanbooks.com.au)

Eine vollständige Ausgabe der Kritischen Notizen über das Handbuch der politischen Ökonomie der UdSSR (als Cuadernos des Praga oder »Prager Hefte« bezeichnet) sowie weitere Aufzeichnungen und Protokolle aus dem Industrieministerium Ches liegen gedruckt vor unter dem Titel:

Apuntos Criticos a la Economia Politica, hrsg. vom Centro de Estudios Che Guevara, La Habana 2006

Eine vollständige Version der »Cuadernos de Praga« findet man aber auch im Internet, etwa unter www.rebelion.org/argentina/notas190902.pdf. Eine biografisch-theoriegeschichtliche Skizze über Marx und Engels, die Che auf seinen Reisen 1965 verfasst hat, erschien zuletzt unter dem Titel:

Marx y Engels: Una síntesis biográfica, Melbourne-Havanna 2007

d) Persönliche Erinnerungen an Che Guevara:

Carlos (Calica) Ferrer: Mein Freund Ernesto. Mit Che Guevara durch Lateinamerika, München 2007

Ernesto Guevara Lynch: Mein Sohn Che, Hamburg 2000 (Originalausgabe Havanna 1987)

Alberto Granado: Mit Che durch Südamerika, Reisebericht, Köln 1988 (Originalausgabe Havanna 1985)

Hilda Gadea / Ricardo Gadea: Che Guevara – Les Années Décisives, Paris 1972/1997 (Originalausgabe Mexiko 1972)

Ricardo Rojo: Che Guevara – Leben und Tod eines Freundes, Hamburg 1968 (Originalausgabe Buenos Aires 1968)

e) Tagebücher und Aufzeichnungen von Kampfgefährten:

Sierra Maestra, Kuba

Che Guevara / Raúl Castro: Die Eroberung der Hoffnung. Tagebücher aus der kubanischen Guerilla 1956 bis Februar 1957 (eine von Paco Ignacio Taibo mit Hilfe Raúl Castros zusammengestellte und kommentierte Sammlung von überarbeiteten Tagebuchausschnitten Raúls wie Ches aus den ersten Monaten in der Sierra Maestra), Bad Honnef 1997

Che en la memoria de Fidel Castro. Prologo par Jesús Montané. Hrsg. von David Deutschmann, Melbourne-New York 1998 (eine Sammlung der verschiedenen historischen Würdigungen Ches durch Fidel Castro)

Afrika, Kongo

Paco Ignacio Taibo / Froilan Escobar / Felix Guerra (Hrsg.): Das Jahr, in dem wir nirgendwo waren. Ernesto Guevara und die afrikanische Guerilla, Berlin 1996 (Originalausgabe Mexiko 1994; eine Sammlung von Berichten der Mitkämpfer Ches bei der Kongo-Expedition, inkl. einiger Auszüge aus dem noch unpublizierten Kongo-Bericht Ches selbst)

William Galvez: Che in Africa, mit einer Einleitung von Jorge Risquet, Melbourne-New York 2001 (Originalausgabe Havanna 1997)

Argentinien, Masetti-Operation

Ciro Bustos: El sueño revolucionario del Che era Argentina (Der revolutionäre Traum des Che war Argentinien). Interview mit Jaime Padilla, Rebelión, Oktober 1997 (www.rebelion.org/internacional/padilla171202.pdf)

La Guerilla del Che en Salta, 40 años despues. Testimonios, reflexiones y un debate incluso (Ein Dossier mit Berichten und selbstkritischen Reflexionen von Teilnehmern der argentinischen Guerilla in Salta wie Héctor Jouvé u.a.). (www.elortiba.org/egp40.html)

Bolivien

Rolando's Diary, Pombo's Diary, Braulio's Diary. In: The complete Bolivian Diaries of Che Guevara and other Captured Documents, ed. by Daniel James, New York 1968 (Die von der bolivianischen Armee in Erddepots oder Rücksäcken der Gefallenen erbeuteten Tagebücher der Mitkämpfer Ches)

Carlos Soria Galvarro (Hrsg.): El Che en Bolivia. Documentos y Testimonios (5 Bände), La Paz 1994 (darin alle bekannten Tagebücher der Kombattanten, Dokumente der PCB, die Funkbotschaften nach und aus Havanna, militärische Dokumente usw.)

Inti Peredo: Mi campaña con el Che. El Che Guevara en Ñacahuazú (Meine Kampagne mit Che, ein von Inti Peredo vor seinem Tod verfasster Bericht über die Guerilla am Ñacahuazú), Chile 1971; vollständig im Internet unter: www.margencero.com/articulos/che_40aniv/inti_che.htm

Harry Villegas (Pombo): With Che Guevara in Bolivia 1966–68, New York-London (u.a.) 1997 (Originaltitel: Pombo: un hombre de la guerrilla del Che, La Habana 1996)

Dariel Alarcón Ramírez (Benigno): Le Che en Bolivie, Paris 1997 (Originaltitel: Benigno narra la gesta de Che y la guerilla del Ñacahuazú)

Ders. / Mariano Rodríguez: Les survivants du Che (Die Überlebenden des Che, die Epopöe der sechs Entkommenen der ersten bolivianischen Guerilla), Paris 1995

Über Person und Aktivitäten Ches insgesamt:

Dariel Alarcón Ramírez (Benigno): Vie et mort de la révolution cubaine, Paris 1996 (Originaltitel: Memorias de un soldado cubano. Vida y muerte de la Revolución; die große Abrechnung Benignos über Leben und Tod der kubanischen Revolution – mit zahlreichen Erinnerungsstücken an die Kämpfe in

der Sierra Maestra und im Escambray, in Afrika und in Bolivien, den »Verrat« an Che, und über Benignos weitere Arbeit als Agent und Militär)
Orlando Borrego: Che – Recuerdos en Rafaga (Stürmische Erinnerungen), Havanna 2004
Harry Villegas (Pombo): Las enseñanzas del Che (Die Lehren des Che). Interview mit Néstor Kohan. In: Rebelión, Oktober 2003. (www.rebelion.org/argentina/03101kohan.htm)
Ders.: Mi jefe, el Che (Mein Chef, der Che). Interview mit Jimmy Alexis Quintana. In: Tricontinental, März 2004
Ulises Estrada Lescaille: Days with Che. In: Tricontinental, März 2005
Ders.: El internacionalismo de la revolución cubana y la herencia del Che Guevara (Der Internationalismus der kubanischen Revolution und das Erbe des Che). Interview mit Néstor Kohan. In: Rebelión, August 2005. (www.rebelion.org/noticia.php?id=18996)
Manuel Piñeiro (Barbaroja): Che Guevara and the Latin American Revolutionary Movements, ed. by Luis Suárez Salazar, Melbourne-NEW YORK 2001 (eine Sammlung von Interviews mit »Rotbart« Manuel Piñeiro aus den 90er-Jahren sowie von einigen früheren Reden und Artikeln des Chefs der kubanischen DGI)
Mariano Rodríguez Herrera: Las huellas del Che Guevara (Die Spuren des Che Guevara, eine Sammlung von persönlichen Erinnerungen diverser Augenzeugen von Argentinien bis Bolivien), Mexiko 2004

f) Berichte und Texte von anderen Zeitzeugen:

Ahmed Ben Bella: Che as I knew him. In: Le Monde diplomatique, engl. Edition, Oktober 1997
Régis Debray: Revolution in der Revolution? Bewaffneter Kampf und politischer Kampf in Lateinamerika, München 1967
Ders.: Prison Writings, London 1973 (Aufzeichnungen aus dem Gefängnis und dem Prozess in Camiri)
Ders.: La guerrilla du Che, Paris 1974
Ders.: Kritik der Waffen. Wohin geht die Revolution in Lateinamerika?, Reinbek 1975
Ders.: Der Einzelgänger, Darmstadt 1976
Ders.: Ein Leben für ein Leben. Roman, Düsseldorf 1979
Ders.: Les masques. Une éducation amoureuse, Paris 1987
Ders.: Loués soient nos seigneurs. Une éducation politique, 1996
Günther Schaaf: Guevara. Begegnungen und Gespräche 1961–1964 in Kuba, Bonn 2002
I. F. Stone: A Personal Memory. Von Jon Halliday. In: Bulletin of concerned Asian scholars, Vol. 22, Bd. 1, 1990
Ursula Voss: Versuchen wir das Unmögliche. Erinnerungen an Che Guevara, (Hörfunk-Feature), WDR-Hörbuchverlag 2003
Jean Ziegler: Erinnerungen an Che Guevara – Guerilla in Afrika. In: Che Guevara und die Revolution. Hrsg. von Heinz Rudolf Sonntag, Frankfurt 1968; sowie das Interview mit Jean Ziegler (»Comandante, ich möchte mit euch gehen«) in: die tageszeitung, 14.5.2003

g) Berichte über Ches Tod in Bolivien

Militärs, CIA-Leute und Augenzeugen:

Federico Araña Serrudo: Che Guevara y otras intrigas, Mexiko-Bogota 2002 (Erinnerungen und Betrachtungen des früheren Chefs der militärischen Geheimpolizei)

Gary Prado Salmon: La Guerilla immolada, Santa Cruz 1987 (Erinnerungen des Obersten der Rangertruppen, der Che gefangen nahm)

Ders. / John Deredita: The defeat of Che Guevara. Military Response to the Guerilla Threat in Bolivia, Westport 1990 (Eine ausführliche politisch-militärische Einschätzung der Chancen und Fehler Guevaras)

Felix I. Rodríguez / John Weisman: Shadow Warrier. The CIA Hero of a Hundred Unknown Battles, N.Y.-London (u.a.) 1989 (Lebensbericht des »Schattenkriegers« Rodríguez, mit einem Kapitel über die systematische Einkreisung und die Ermordung Guevaras)

Luis Reque Terán (General i. R.): La campaña de Ñacahuazú, La Paz 1989

Ders.: La Lucha contra el »Che« Guevara. In: Airpower Journal – Español, 1. Trimester 1993

Reginaldo Ustariz Arze: El combate del Churo y el asesinato del Che, La Paz 1991 (Bericht eines jungen Arztes aus Vallegrande, der während der Aufbahrung Ches von Militärs und Ärztekollegen zugezogen wurde und seitdem ganz im Banne dieser Geschichte steht. In seinem Buch finden sich zahlreiche mündliche Berichte der beteiligten Soldaten sowie anderer Beobachter des Geschehens)

Mario Vargas Salinas: »El Che«. Mito y Realidad, La Paz 1988

Juan O. Tamayo: The man, who buried Che. In: Miami Herald, 19.9.1997 (Ein Gespräch und Porträt des CIA-Kubaners Gustavo Villoldo)

Spätere Rekonstruktionen und Berichte:

Richard Dindo: Ernesto Che Guevara. Le Journal de Bolivie (Dokumentarfilm, CH 1994; mit zahlreichen Zeugenaussagen von Soldaten und Bewohnern der Region am Ñacahuazú und in La Higuera, darunter der Lehrerin Julia Cortéz)

Wilfried Huismann: Schnappschuss mit Che (Dokumentarfilm, D 2007, ARD; auf den Spuren des offenbar gefälschten »letzten Bildes« des CIA-Agenten Felix Rodríguez mit Guevara vor der Exekution)

Richard Gott: Der Körper des Che. Das Ende des bolivianischen Revolutionsführers – Ein Augenzeugenbericht von Richard Gott. In: Le Monde diplomatique, dt. Ausgabe, August 2005

Ders.: Che Guevaras Hände. Wie die CIA das Idol der Revolution begrub. In: Frankfurter Allgemeine Zeitung, 4.7.1997

Bertrand La Grange: Dónde están los huesos del Che? (Woher stammen die Überreste des Che?) In: El País, 7.10.2007 (Sonntagsbeilage)

Henry Butterfield Ryan: The Fall of Che Guevara. A Story of Soldiers, Spies, and Diplomats, New York – Oxford 1998 (Eine Auswertung der Quellen der bolivianischen und US-amerikanischen Seite)

Cordt Schnibben: Der Schatz des Che. Über die Suche nach der Leiche des Unsterblichen. In: Der Spiegel, Nr. 35/1996

h) Biografische Darstellungen Che Guevaras

Über Che sind seit seinem Tod zwei Dutzend Biografien in verschiedenen Weltsprachen geschrieben worden. Die folgende Auswahl beschränkt sich auf diejenigen Arbeiten, die für diesen Band herangezogen worden sind.

Guevara als historische Figur:

John Lee Anderson: Che. Die Biographie, München 1997

Marie-Dominique Bertuccioli / Juan Andrés Neira Franco: Che, Comandant, Ami. Livre commémoratif sur le Che, Paris 2000. Vollständige Fassung im Internet: www.vdedaj.club.fr/cuba/livre_che_00.html

Adys Capull / Froilán Gonzales: De Ñacahuazú a La Higuera, Havanna 1989

Dies.: Un Hombre Bravo, Havanna 1995

Jorge G. Castañeda: Che Guevara. Biographie, Frankfurt 1998

Victor Causas: Selbstporträt, Köln 2005 (eine in Zusammenarbeit mit Aleida March erstellte, recht kultische, aber eindrucksvolle Kompilation von Fotos und Texten Ches, mit kurzen Einführungen)

Fernando Diego García / Oscar Sola: Che. Der Traum des Rebellen, Berlin 1997 (eine ursprünglich in Argentinien erschienene, ebenfalls kultische, aber reichhaltige Bildbiografie)

Daniel James: Che Guevara. Mythos und Wahrheit eines Revolutionärs, München 1985

Pierre Kalfon: Che Guevara. Une legende du siècle, Paris 1997

Stephan Lahrem: Che Guevara, Frankfurt 2005

Josef Lawrecki: Ernesto Guevara. Leben und Kampf eines Revolutionärs, Berlin (DDR) 1974

Elmar May: Che Guevara, Reinbek 1973

Thomas Mießgang: Che Guevara. Ich bin ein optimistischer Fatalist, Köln 2007 (ein Bildband)

Andrew Sinclair: Che Guevara, München 1970

Paco Ignacio Taibo: Che. Die Biographie des Ernesto Guevara, Hamburg 1997

Mauricio Vincent: El Che íntimo. In: El País, 7.10.2007 (Sonntagsbeilage)

Che als Kultfigur:

Paul Berman: The Cult of Che. Knowing what we know, why do we still celebrate him? In: The Slate Magazine, 24.9.2004 (www.slate.com/id/2107100/)

John Brentlinger: The Socialism and the Sacred. In: The Monthly Review, Vol. 44, H. 5

Hans-Christoph Buch: Der Guerillero als europäische Kultfigur. In: die tageszeitung, 21.8.1991

Elisabeth Burgos: Che: Deconstrución de un mito (www.luisdelion.free.fr)

Anthony Daniels: The real Che. In: New Criterion, Vol. 23, H. 2

Bertrand la Grange / Maite Rico: Operation Che. In: Frankfurter Allgemeine Zeitung, 9.3.2007

Sebastian Herrgott: Der Mythos Che Guevara. Sein Werk und die Wirkungsgeschichte in Lateinamerika, Marburg 2003

Christopher Hitchens: Es war einmal. Che Guevara – Parabel eines charismatischen Untergangs. In: Lettre International, H. 38/2005

Hans Egon Holthusen: Che Guevara. Leben, Tod und Verklärung. In: Merkur, Jg. 25, H. 11, November 1969
Eduardo Kaplan: Che Guevara: Icon of Capitalism. In: The Washington Times, 25. September 2004 (darin die Zitate von Alicibiades Hidalgo)
Manuel Vásquez Montalbán: Himmelfahrt einer Ehebrecherin. Heilige und Helden der modernen Zeit. In: Le Monde diplomatique (dt. Ausgabe), Nr. 5608 vom 14. August 1998
David Rieff: Che's second coming? In: The New York Times Magazine, 20.11.2005 (Über die vermeintliche Che-Renaissance in Bolivien, Venezuela und anderen Ländern Lateinamerikas)
Cordt Schnibben: Mythos Che Guevara. Der linke Pop-Star. In: Der Spiegel, Nr. 36/1996
Sonia Soler (Bolpress): El Che reaparecío en Vallegrande-Bolivia con el Film »Di buen día a papa« (Über den vierteiligen Che-Film von Fernando Vargas »Sag Papa guten Tag«, das Codewort zur Ermordung Ches, und über seine Aufführung in Vallegrande 2007)
Estelle Tarica: Fragments of a Dream: Che's Image in Contemporary Bolivian Narrative. In: Chasqui, Vol. 32, H. 2

II. Tamara Bunke / »Tania la Guerillera«

Primäre Kultliteratur:

Tania la Guerillera. Ein Junge-Welt-Bericht über Leben und Sterben der jungen Revolutionärin Tamara Bunke (13 Folgen). In: Junge Welt, Jg. 1969, Nr. 58, 64, 70, 76, 87, 93, 99, 105, 111, 117, 123, 130, 136 (Die erste offizielle Publikation über Tamara Bunke in der DDR, mit von den Eltern, Freunden und Besuchern gelieferten Berichten und Zitaten)
Tania la Guerillera inolvidable, La Habana 1970. Als angebliche Autorinnen werden genannt: Marta Rojas / Mirta Rodríguez Calderón; tatsächlich waren es Nadja Bunke und Ulises Estrada. Neu aufgelegt Havanna 2001, mit Ulises Estrada als Mitautor, und mit einem Vorwort von Juan Carretero (Ariel)
Dt. Ausgabe: Tania la Guerillera, Militärverlag der DDR, Berlin 1973; erweiterte Neuausgabe Berlin 1998 (Das Buch bleibt in allen Ausgaben im Wesentlichen eine Montage von eigenen Texten, Dokumenten und Berichten Dritter über Tamara alias »Tania«, wobei die deutschen Ausgaben von den kubanischen unwesentlich abweichen)
Eberhard Panitz: Der Weg zum Rio Grande. Ein biographischer Bericht über Tamara Bunke, Verlag Neues Leben, Berlin 1973 (Dieses Werk verarbeitet im Wesentlichen dieselben Quellen wie das vorgenannte Kultbuch; ergänzt um Erinnerungen an Begegnungen mit Tamara Bunke in Kuba, illustriert mit Fotos des mitreisenden Thomas Billhardt)

Spätere Erinnerungen und Dokumentationen:

Eberhard Panitz: Cuba mi amor. Die letzte Insel, Berlin 2004 (mit eingearbeiteten Aufzeichnungen über den Besuch der FDJ-Delegation 1961 in Kuba und ihre Begegnungen mit Tamara Bunke)

Nadja Bunke: Mein Kampf um die Wahrheit. Interview mit Nadja Bunke, Mutter von Tamara, der Tania la Guerillera. In: Junge Welt, 7.3.1998

Dies., Interview vom 27.11.1998 mit Saskia Höhn, Erfurt, für eine Jahresarbeit zum Thema Ernesto »Che« Guevara (In: NL Bunke, Cuba Sí)

Heidi Specogna: Die Zeit der roten Nelken (Dokumentarfilm, D 2004; ein Porträt von Nadja Bunke mit Gesprächen über die Geschichte der Familie und ihrer Tochter, sowie Interviews mit Ulises Estrada und anderen)

Helga Königsdorf: Landschaft in wechselndem Licht, Berlin 2002 (mit einer längeren Erinnerung an die Zeit als Schwiegertochter in der Familie Bunke und an die junge Schwägerin Tamara)

Ulises Estrada Lescaille: Tania – Undercover with Che Guevara in Bolivia, Melbourne-N.Y. 2005 (Diese Ausgabe erschien zeitgleich mit der spanischen Ausgabe u.d.T. Tania la guerillera; deutsche Ausgabe u.d.T. Tania. Mit Che Guevara im bolivianischen Untergrund, Bremen 2007). (Das Buch enthält eine knappe Beschreibung ihrer Rekrutierung und Ausbildung auf Kuba sowie einen längeren Dokumentenanhang über ihre Ausbildung, Reisen unter falschem Namen sowie Briefe und Berichte aus Prag und La Paz)

Ders., 13 Monate mit Tania – Gespräch mit Ulises Estrada Lescaille über seine Geliebte Tamara Bunke, über Nadja Bunke, Ernesto Che Guevara und die strengen Regeln der Konspiration. In: Junge Welt, 22.3.2003

Mariano Rodríguez Herrera: Tania. La guerillera del Che, Mexiko 2006 (Ein neuerlicher hagiografischer Lebensbericht mit den lange bekannten Berichten, Texten und Dokumenten von und über »Tania«, sowie einigen wenigen neuen Stimmen und Zitaten)

Angela Soto Cobián: La Muchacha de la Guerillera del Che. Tania: Leyendas y Realidades, Montevideo 1999 (Leider ohne die lebhaften persönlichen Eindrücke, die die Autorin mir im Gespräch im Mai 2006 in Havanna mitteilte)

Ines Langelüddecke: »So lebt Tanja in uns weiter.« Tamara Bunke und die Konstruktion eines politischen Mythos in der DDR (= Magisterarbeit am Institut für Geschichtswissenschaften der Humboldt-Universität Berlin, 2003). (Diese Arbeit beruht auf einer sorgfältigen Auswertung der Akten und Dokumente über Tamara Bunke in den genannten Archiven, auf einer Auswertung der DDR-Publizistik sowie auf persönlichen Interviews mit Nadja Bunke, Eberhard Panitz, Frank Bochow und Friedel Trappen)

Alexander Osang: Die letzte Guerillera. In: Der Spiegel, Nr. 11/2002 (über die Pläne eines Tania-Filmes von Mick Jagger, Robert Redford und dem Hollywood-Produzenten Alex Butler)

Weitere biografische Darstellungen:

Heidi Specogna: Tania la Guerillera (Dokumentarfilm ARD, 1991; mit Interviews der Eltern Bunke sowie einiger Bekannter von Tamara in Kuba und ehemaliger Mitkämpfer Tanias in Bolivien)

José A. Friedl Zapata: Tania. Die Frau, die Che Guevara liebte, Berlin 1997 (Die durch Mutter Bunke vom Markt geklagte Kolportage des uruguayischen Autors mit vielen haltlosen Spekulationen, allerdings auch mit einigen bemerkenswerten und glaubwürdigen Interviews von Zeitzeugen in Argentinien und Bolivien)

Cordt Schnibben: Drei Leben in einer Haut – Tamara Bunke, Che Guevaras deutsche Guerillera. In: Der Spiegel, Nr. 39/1996. Wieder abgedruckt in Ders.: Che Guevara und andere Helden, Hamburg 1997

III. Fidel Castro

Die nahezu unbegrenzte Menge der mündlichen Einlassungen Fidel Castros ist, wie im Text vermerkt, nirgends vollständig und authentisch dokumentiert. Ob sie zumindest aufgezeichnet und archiviert sind, wird man in einer späteren Zeit erfahren. Erst seit einigen Jahren sind die Reden und (seit Beginn der Krankheit im Juli 2006 und dem Rückzug von der operativen Machtausübung) die über das Zentralorgan »Granma« übermittelten Betrachtungen (reflexiones) des Comandante dokumentiert und im Original, teilweise auch in Übersetzungen, zugänglich gemacht worden (www.cuba.cu/gobierno/discursos/index.html)

a) Gedruckte Selbstdarstellungen und Lebenszeugnisse Fidel Castros:

The Prison Letters of Fidel Castro. Hrsg. von Ann Louise Bardach, Luis Conte Agüero und Efraim Conte, New York 2007 (Eine erw. Neuausgabe der älteren Gefängnisbriefe Castros von Luis Conte Agüero, Cartas del Presidio, La Habana 1959)

Frei Betto: Nachtgespräche mit Fidel, Fribourg/Schweiz 1986

Tomás Borge: Un Grano de Maíz: Conversación con Fidel Castro, Mexiko 1992

Gianni Mina: An Encounter with Fidel. An Interview by Gianni Mina, Melbourne-New York 1996

Fidel Castro: My Early Years, Melbourne-New York 1998 (darin neben biografischen Gesprächen und Interviews auch der bekannte Text von Gabriel García Márquez: A Personal Portrait of Fidel, 1987)

Claudia Furiati: Fidel Castro. Una biografia consentida, Rio de Janeiro 2002

Ignacio Ramonet: Cien Horas con Fidel. Biografia en dos voces, La Habana 2006; engl. Ausgabe: Fidel Castro (Die von Castro noch auf dem Krankenbett mehrfach überarbeitete »Biografie in zwei Stimmen«, eine Selbstdarstellung in Form eines hundertstündigen Interviews mit dem französischen Herausgeber von Le Monde diplomatique)

b) Beschreibungen Castros durch Dritte:

Im Folgenden eine Auswahl der für diese Arbeit herangezogenen Beschreibungen. Andere finden sich in der Literaturliste zu Kuba weiter unten.

Jean-Paul Sartre: Sartre on Cuba, New York 1961

Simone de Beauvoir: »Cuba est une démocratie directe«. In: Revolución, 11 March 1960; sowie »Cuba, la révolution exemplaire«, Interview mit Jean Ziegler. In: Dire (Genf), H. 4 (August 1960)

George McGovern: A Talk with Fidel Castro. In: New York Times Magazine, 13.3.1977

Carlos Franquí: Familiy Portrait with Fidel, New York 1985

Heberto Padilla: Self-Portrait of the Other: A Memoir, New York 1990
Jorge Edwards: Persona non grata. A Memoir of Disenchantment with the Cuban Revolution, New York 1993
Alina Fernández Revuelta: Castro's Daughter. An Exile's Memoir on Cuba, New York 1998 (Originaltitel: Alina: Memorias de la hija rebelde de Fidel Castro, 1997 – Die äußerst prägnanten Erinnerungen der aus der Verbindung Castros mit Naty Revuelta hervorgegangenen Tochter Alina)
Norberto Fuentes: Die Autobiografie des Fidel Castro, München 2006 (Eine Biografie in fiktiver Ich-Form aus der Feder des spät in Ungnade gefallenen kubanischen Autors Norberto Fuentes, mit vielen persönlichen Erinnerungen und Details)
Carlo Feltrinelli: Senior Service. Das Leben meines Vaters, München-Wien 2001 (Eine Lebensbeschreibung von Giangiacomo Feltrinelli mit langen Auszügen aus seinen Aufzeichnungen der Begegnungen mit Fidel Castro)
K.S. Karol: Les Guerilleros au pouvoir. Itinéraire politique de la revolution cubaine, Paris 1970
Marita Lorenz: Lieber Fidel. Mein Leben, meine Liebe, mein Verrat, München 2001
Jorge Semprún: Federico Sanchez. Eine Autobiografie, Hamburg 1978
Arthur Miller: A Visit with Castro. In: The Nation, Vol. 278, H. 2, 2004

c) Castro-Biografien:

Peter G. Bourne: Fidel Castro, Düsseldorf-Wien (u. a.) 1988
Jules Dubois: Fidel Castro: Rebel, Liberator or Dictator?, Indianapolis-New York 1960
Norberto Fuentes: Die Autobiografie des Fidel Castro, München 2006 (s. o.)
Georgie Anne Geyer: Guerilla Prince: The Untold Story of Fidel Castro, Boston (u. a.) 1991
Maurice Halperin: The Rise und Decline of Fidel Castro. An Essay in Contemporary History, Berkeley-L.A.-London 1972
Robert E. Quirk: Fidel Castro. New York-London 1993
Volker Skierka: Fidel Castro. Eine Biographie, Berlin 2001
Tad Szulc: Fidel. A Critical Portrait, New York 1986

IV. Einzelnachweise

Über Pablo Neruda

Alberto Acereda: Textos escondidos de Pablo Neruda. In: Libros, 14.4.2005 (darin auch seine Hymne an Batista)
David Schidlowsky: Las Furias y Las Penas. Pablo Neruda y su tiempo, Berlin 2003
Ders.: Interview mit Jürgen Neuber: »Einer der ganz Großen, aber einer wie alle«. In: Junge Welt, 10.7.2004
Karsten Garscha: Nachworte zu den Ausgaben von Pablo Neruda »Der große Gesang« und »Letzte Gedichte«, Darmstadt 1984, 1988

Über Josef Romualdewitsch Grigulewitsch / Josef Lawrecki

Nil Nikandrov: Grigulevič. Razvedčik, »kotoromu vezlo« (Der Agent, »dem alles gelang«), Moskau 2005

Ders.: Rjadovoj Kominterna po kličke ›Migel‹. In: Latinskaja Amerika (Moskau), H. 1/1999

Georgi Černjavski: Iosif Grigulevič: učjony I ubica. In: Vestnik, Nr. 25 (284), 4. Dezember 2001

Iosif Grigulevič. In: www.agentura.ru (Website des russischen Geheimdienstes FSB)

Über Argentinien als Exilland

Uki Goñi: Odessa: Die wahre Geschichte. Fluchthilfe für NS-Kriegsverbrecher, Berlin-Hamburg, 2006

Johanna Hopfengartner: Emigration deutschsprachiger Juden nach Argentinien (1933–1945). In: www.raul-wallenberg.org.ar

Rebecca Weiner: The Virtual Jeshiw History Tour: Argentina. In: www.jewishvirtuallibrary.org/jsource/vjw/Argentina.html

N.N.: Die Emigration der NS-Täter nach 1945. Schwerpunkt: Argentinien. In: http://www.lbihs.at/LVText/BspReferat2004.pdf

Behauptungen des desertierten MfS-Offiziers Günter Männel

»War Tania eine Agentin Pankows?« Interview mit Günter Männel. In: Welt am Sonntag, 21.7.1968

Verbindung Guevaras mit Perón und den Peronisten

Claudia Korol: El Che y los argentinos. Vortrag vor der Universidad Popular Mades de la Plaza de Mayo, 28. Juli 2002. In: www.lafogata.org/catedra/argentinos.htm

Rogelio Garcia Lupo: El encuentro secreto de Peron y el Che; sowie weitere Texte und Dokumente unter: www.es.altermedia.info/general/pernche_848.html

Über die Trikontinentale Konferenz in Havanna 1966

The Tricontinental Conference of African, Asian and Latin American Peoples. A Staff Study, prepared for the Committee on the Judiciary, United States Senate, Washington 1966. Unter: www.latinamericanstudies.org/tricontinental.htm

Über Monika Ertl

Christian Baudissin: Gesucht: Monika Ertl. Die Frau, die Che Guevara rächte, Dokumentarfilm, BRD 1988

Christian Eggers: Der Krieg geht weiter. Vor 30 Jahren wurde in Hamburg einer der Mörder Che Guevaras getötet. In: Jungle World, Nr. 15/2001

Claudia Heissenberg: Der alte Mann im Urwald – und andere Geschichten aus Bolivien (Bericht einer Stipendiatin der Konrad-Adenauer-Stiftung über einen Besuch bei Hans Ertl vor dessen Tod im Oktober 2000). Unter: www.sebra-verlag.de/aktuelles/hertl.html

Über Antonio Arguedas

Jorge Boccanegra: Un destino latinoamericano. In: Clarín, 12.3.2000. Im Internet unter: www.clarin.com/suplementos/zona/2000/03/12/i-00801e.htm

Roberto Cuevas Ramírez: Arguedas, La Paz 2000 (Ein auf ausgedehnten Interviews mit dem ehemaligen bolivianischen Innenminister Antonio Arguedas beruhendes Porträt)

Über Giangiacomo Feltrinelli

Carlo Feltrinelli: Senior Service. Das Leben meines Vaters, München-Wien 2001

Giangiacomo Feltrinelli. Verleger – Ein Mann in der Revolte. Titelgeschichte in: du, Heft Nr. 724, März 2002 (Mit zahlreichen Fotos und biografischen Beiträgen)

D. Weitere Literatur (Auswahl)

I. Geschichte und Gegenwart Lateinamerikas

Die Neue Welt. Chroniken Lateinamerikas von Kolumbus bis zu den Unabhängigkeitskriegen. Hrsg. von Emir Rodríguez Monegal, Frankfurt 1982

Der lange Kampf Lateinamerikas. Texte und Dokumente von José Martí bis Salvador Allende. Hrsg. von Angel Rama, Frankfurt 1982

Karl Braun (Hrsg.): »Sie suchen nach dem Gold wie die Schweine«. Die Eroberung Mexiko-Tenochtitlans aus indianischer Sicht, nach Bildern und Texten von Bernhardino de Sahagún, Tübingen 1982

Alma Guillermoprieto: Looking for History. Dispatches from Latin America, New York 2001

Wolfgang Lindig / Mark Münzel: Die Indianer. Kulturen und Geschichte der Indianer Nord-, Mittel- und Südamerikas, München 1978

Charles C. Mann: 1491. New Revelations of the Americas before Columbus, New York 2006

Tzvetan Todorov: Die Eroberung Amerikas. Das Problem des Anderen, Frankfurt 1985

II. Geschichte und Gegenwart Kubas

Ein Gesamtverzeichnis der »Literatur über Kuba 1990–2004« findet sich auf der Website von »Cuba Sí« unter: www.cuba-si.de. Im Folgenden eine Auswahl der für diese Darstellung herangezogenen Texte:

Fulgencio Batista: Cuba Betrayed, New York (u.a.) 1962

Alejo Carpentier: Mein Havanna. Geschichten über die Liebe zur Stadt, Zürich 2000

Ben Corbett: This is Cuba. An Outlaw Culture Survives, Cambridge, MA 2002

Darien J. Davies: Nationalism and Civil Rights in Cuba: a Comparative Perspective, 1930–1960. In: The Journal of Negro History, Vol. 83, 1998
Joan Didion: Miami, New York 1987
Jules Dubois: Fidel Castro – Rebel, Liberator or Dicatator? Indianapolis-New York 1960
René Dumont: Cuba – Socialisme et développement, Paris 1964
Economist Intelligence Unit: Cuba 2006–2007 (Country Risk Service), London 2007
Hans Magnus Enzensberger: Bildnis einer Partei. Vorgeschichte, Struktur und Ideologie der PCC (KP Kubas). In: Palaver. Politische Überlegungen 1968–1973, Frankfurt 1974
Samuel Farber: Origins of the Cuban Revolution Reconsidered, New York 2006
Ders.: Cuba Today: An Interview with Samuel Farber. In: New Politics, Vol. 9, No. 3, Sommer 2003
Carlos Franquí: Diary of the Cuban Revolution, New York 1980
Ders.: Camilo Cienfuegos, Barcelona 2001
Boris Goldenberg: Lateinamerika und die kubanische Revolution, Köln-Berlin 1963
Richard Gott: Cuba. A New History, New Haven-London 2004
Alma Guillermoprieto: Fidel in the Evening. In: The New York Review of Books, Vol. 45, No. 16, 22.10.1998
Alfred Herzka: Kuba – Abschied vom Kommandanten?, Frankfurt 1998
Paul Hollander: Political Pilgrims. Travels of Western Intellectuals to the Soviet Union, China, and Cuba 1928–1978, New York-Oxford 1981
Irving Louis Horowitz / Jaime Suchlicki, Eds.: Cuban Comunism (10th Edition), New Brunswick-London 2001
Leo Huberman / Paul M. Sweezy: Cuba: Anatomy of a Revolution, New York 1960
K.S. Karol: Les Guerilleros au pouvoir. Itinéraire politique de la revolution cubaine, Paris 1970
Günter Maschke: Kubanischer Taschenkalender. In: Kursbuch 30 (1972)
Huber Matos: Como llegó la noche – How night fell, Barcelona 2002
Thomas Mießgang: Die Geschichte des Buena Vista Social Club und der kubanischen Musik, Köln 2000
Douglas Payne: Cuba: Systematic Repression of Dissent. Hrsg. von INS Resource Information Center, Washington 1998 (PS/Cub/99.001)
David Rieff: The Exile. Cuba in the Heart of Miami, New York 1994
Julia E. Sweig: Inside the Cuban Revolution: Fidel Castro and the Urban Underground, Cambridge/Ms 2007
Hugh Thomas: Cuba or the Pursuit of Freedom, New York 1971/1998
Ders.: Cuba, the United States and Batista, 1952–58. In: World Affairs, Vol. 149, H. 4, 1987
Armando Valladares: Against all hope: A Memoir of Life in Castro's Gulag, New York 1986
Janine Verdès-Leroux: La lune et le caudillo. La rêve des intellectuals et le regime cubain, Paris 1989
Zenith and Eclipse: A Comparative Look at Socio-Economic Conditions in Pre-Castro und Present Day Cuba. Released by the Bureau of Inter-American Affairs (ARA), Washington 2002

III. Guerillabewegungen in Lateinamerika und Afrika

Alves / Detrez / Marighela: Zerschlagt die Wohlstandsinseln der III. Welt. Mit dem Handbuch des Stadtguerillero von São Paulo, Reinbek 1972

Héctor Béjar Rivera: Peru 1965. Aufzeichnungen eines Guerilla-Aufstands, Frankfurt 1970

Juan F. Benemelis: Las guerras secretas de Fidel Castro. Publicado por el Grupo de Apoyo a la Democracia, Miami 2002. Im Internet unter: http://www.gad-cuba.org/Guerras%20Secretas/Index.htm

Elisabeth Burgos: Bolivia o la passion nacional. In: Nuevo Mundo, Mundos Nuevos, Nr. 5/2005 (www.nuevomundo.revues.org/document35.html)

Che Guevara und die Revolution. Hrsg. von Heinz Rudolf Sonntag, Frankfurt 1968

Ulises Estrada: Operación Carlota, un Girón en Africa. In: Bohemia, 25.11.2005 (www.bohemia.cubaweb.cu/2005/nov/03/sumarios/HISTORIA.html)

Richard Gott: Guerilla-Movements in Latin America, London 1970

Ders.: Che Guevara and the Congob. In: New Left Review, H. 220, 1996

Alma Guillermoprieto: Don't Cry for Me, Venezuela. In: The New York Review of Books, Vol. 53, Nr. 15, 6. Oktober 2005

Donald C. Hodges: The Legacy of Che Guevara. A Documentary Story, London 1977

Catherine Hoskyns: The Congo since Independence, Oxford 1965

Robert Craig Johnson: Heart of Darkness: the Tragedy of the Congo, 1960–67. In: www.worldatwar.net/chandelle/v2/v2n3/congo.html (mit zahlreichen militärischen Details der Gegenseite)

Jean Lartéguy: Guerillas oder Der vierte Tod des Che Guevara, Gütersloh 1968

Lateinamerika: Ein zweites Vietnam? Texte von Douglas Bravo, Fidel Castro, Régis Debray, Ernesto Che Guevara (u. a.), hrsg. von Giangiacomo Feltrinelli, Reinbek 1968

Günther Maschke: Kritik des Guerillero. Zur Theorie des Volkskrieges, Frankfurt 1973

Jorge Masetti: In the Pirate's Den. My Life as a Secret Agent for Castro, San Francisco 2002 (Erinnerungen des auf Kuba aufgewachsenen und später in die Dienste des DGI getretenen Sohnes von Jorge Masetti)

Christián Pérez: Che Guevara's Army and it's Chilean Followers. In: Estudios Públicos 89, Sommer 2003

Henry B. Ryan: The Fall of Che Guevara. A Story of Soldiers, Spies, and Diplomats, New York-Oxford 1998

IV. Kubakrise, internationale Politik und Kalter Krieg

Richard M. Bissell: Reflections of a Cold Warrior: From Yalta to the Bay of Pigs, Yale Univ. 1996

Nikita Chruschtschow: Chruschtschow erinnert sich, Reinbek 1971

David W. Dent: The Legacy of the Monroe Doctrine. A Reference Guide to U.S. Involvement in Latin America and the Caribbean, London 1999

Jon Elliston: The Bay of Pigs Invasion, Dossier. Im Internet unter: www.paras-

cope.com – Von Elliston finden sich im Internet auch zahlreiche weitere Texte und Dokumentensammlungen zum Thema
Piero Gleijeses: Conflicting Missions: Havana, Washington and Africa, 1959–1976, Univ. of North Carolina 2002
Henry Heller: The Cold War and the New Imperialism: A Global History, 1945–2005, New York 2006
Irving Louis Horowitz: One Hundred Years of Ambiguity: US-Cuba Relations in the 20th Century. In: The National Interest, Spring 2002
Peter Kornbluh: The Bay of Pigs Declassified: The Secret CIA-Report on the Invasion of Cuba, Washington 1998
Bernd Stöver: Der Kalte Krieg. Geschichte eines radikalen Zeitalters 1947–1991, München 2007
Odd Arne Westad: The Global Cold War. Third World Interventions and the Making of Our Times, Cambridge-New York (u. a.) 2005
Markus Wolf: Im eigenen Auftrag. Bekenntnisse und Einsichten, Berlin 1991
Ders.: Spionagechef im geheimen Krieg. Erinnerungen, München 1997

V. Historische Literatur (Auswahl)

Jorge Amado: Der Ritter der Hoffnung. Das Leben von Luis Carlos Prestes, Berlin (DDR) 1953
Fernando Morais: Olga. Das Leben einer mutigen Frau, Köln 1989
Nikolai Ostrowski: Wie der Stahl gehärtet wurde, Berlin (DDR) 1949
Anita Prestes-Benario: A coluna Prestes, São Paulo 1997
Ruth Werner: Olga Benario. Die Geschichte eines tapferen Lebens, Berlin 1961
Dies.: Sonjas Rapport. Berlin (DDR) 1977

VI. Lyrik, Belletristik (Auswahl)

Edmundo Aray (Hrsg.): Ché Amigo. Kubanische Lyrik der Gegenwart, Wuppertal 1971
Lisa St. Aubin de Terán: Deckname Otto. Roman, Frankfurt-Leipzig 2007
Guillermo Cabrera Infante: Ansicht der Tropen im Morgengrauen, Frankfurt 1992
Ders.: Drei traurige Tiger, Roman, Frankfurt 1987
Jay Cantor: The Death of Che Guevara. Roman, New York 1977
Bruce Chatwin: Traumpfade. The Songlines. Roman, München-Wien 1990
Hans Magnus Enzensberger: Das Verhör von Habana, Frankfurt 1970
Norberto Fuentes: Condenados de Condado, Havanna 1971
Ders.: Cazabandidos, Havanna 1968
Gabriel García Márquez: Hundert Jahre Einsamkeit. Roman, Köln 1967
Ders.: Der Herbst des Patriarchen. Roman, Köln 1978
Ders.: Der General in seinem Labyrinth, Köln 1989
Pablo Neruda: Der große Gesang (Canto General), Berlin (DDR) 1953
Ders.: Die Trauben und der Wind, Berlin (DDR) 1955
Ders.: Liebesgedichte (Deutsch-Spanisch), München 2002 (darin auch die »Veinte Poemas de Amor y una Cancion desesperada«, 1924)

Ders.: Ich bekenne, ich habe gelebt. Memoiren, Darmstadt-Neuwied 1974
Ders.: Letzte Gedichte. Vollständige Ausgabe, September 1988
Heberto Padilla: Außerhalb des Spiels (Fuera del Juego). Gedichte, Frankfurt 1971
Ders.: In meinem Garten grasen die Helden. Roman, München-Wien 1985
Abel Posse: Los Cuadernos de Praga, Buenos Aires (u. a.) 1998

Bildnachweis

Editora Capitan San Luis S. 137

Associated Press S. 145, 442

Ullstein Bild S. 169, 258, 342, 344, 353, 543, 551

Yale University Press S. 177, 181, 182

Magnum S. 190, 292

DPA S. 197, 541

Che Guevara Study Centre S. 244, 392, 407

Felix Rodriguez S. 265

Liborio Noval S. 425

Archiv CIA S. 438

Corbis S. 506

Inge Feltrinelli S. 516

Gerd Koenen S. 530, 536, 561, 565

Bernhard Luther S. 553

Soweit es möglich war, hat der Verlag die Copyright-Fragen zu den Fotos geklärt. Nicht erwähnte Inhaber von Bildrechten werden gebeten, sich beim Verlag zu melden.

Personen-Register

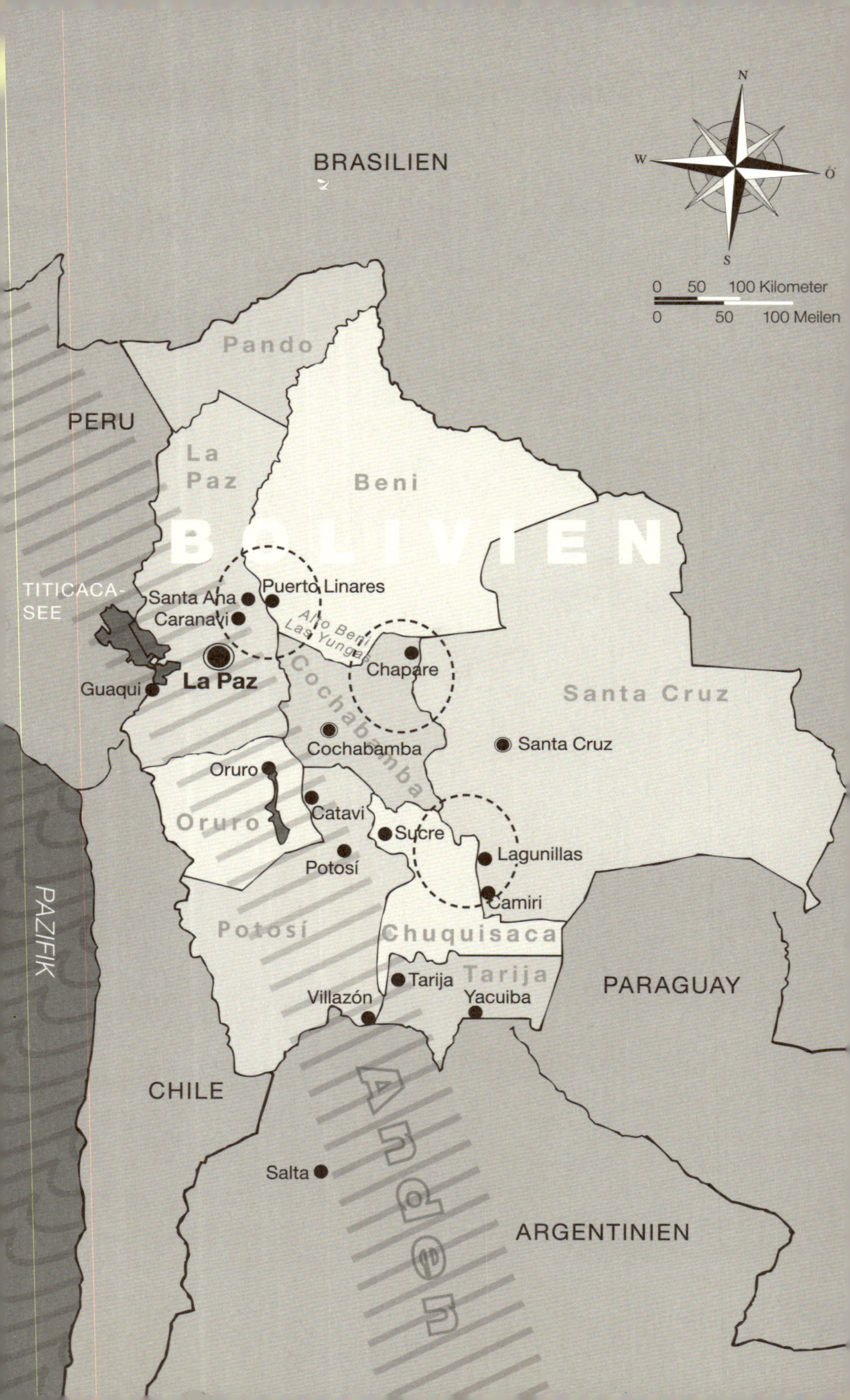

N
W
Ö
S
0 50 100 Kilometer
0 50 100 Meilen
BRASILIEN
PERU
Pando
La Paz
Beni
BOLIVIEN
TITICACA-SEE
Santa Ana
Caranavi
Puerto Linares
Alto Beni
Las Yungas
Chapare
La Paz
Guaqui
Cochabamba
Santa Cruz
Santa Cruz
Cochabamba
Oruro
Catavi
Oruro
Sucre
Lagunillas
Potosí
Camiri
PAZIFIK
Potosí
Chuquisaca
Tarija
Tarija
Villazón
Yacuiba
PARAGUAY
CHILE
Anden
Salta
ARGENTINIEN